過去連体形2	未来連体形	仮定	命令形	…ながら	…しましょう	…しても	…するけれど…したけれど	…するから	…するので…したので	…して
	살	사면	사라	사면서	살까요	사도	사지만 샀지만	사니까	사서	사고
	켤	켜면	켜라	켜면서	켤까요	켜도	켜지만 켰지만	켜니까	켜서	켜고
	올	오면	와라	오면서	올까요	와도	오지만 왔지만	오니까	와서	오고
신	마실	마시면	마셔라	마시면서	마실까요	마셔도	마시지만 마셨지만	마시니까	마셔서	마시고
린	내릴	내리면	내려라	내리면서	내릴까요	내려도	내리지만 내렸지만	내리니까	내려서	내리고
은	먹을	먹으면	먹어라	먹으면서	먹을까요	먹어도	먹지만 먹었지만	먹으니까	먹어서	먹고
은	읽을	읽으면	읽어라	읽으면서	읽을까요	읽어도	읽지만 읽었지만	읽으니까	읽어서	읽고
은	깎을	깎으면	깎아라	깎으면서	깎을까요	깎아도	깎지만 깎았지만	깎으니까	깎아서	깎고
는	있을	있으면	있어라	있으면서	있을까요	있어도	있지만 있었지만	있으니까	있어서	있고
	할	하면	하여라 해라	하면서	할까요	해도	하지만 했지만	하니까	해서	하고
걸은	걸을	걸으면	걸어라	걸으면서	걸을까요	걸어도	걷지만 걸었지만	걸으니까	걸어서	걷고
른	부를	부르면	불러라	부르면서	부를까요	불러도	부르지만 불렀지만	부르니까	불러서	부르고
운	도울	도우면	도와라	도우면서	도울까요	도와도	돕지만 도왔지만	도우니까	도와서	돕고
은	나을	나으면	나아라	나으면서	나을까요	나아도	낫지만 나았지만	나으니까	나아서	낫고
쓴	쓸	쓰면	써라	쓰면서	쓸까요	써도	쓰지만 썼지만	쓰니까	써서	쓰고
든	만들	만들면	만들어라	만들면서	만들까요	만들어도	만들지만 만들지만			

韓国語
動詞と形容詞の使い方辞典

泉文明・宋美妍=監修
三省堂編修所=編

CD付き

三省堂

© Sanseido Co., Ltd. 2008
Printed in Japan

編集協力	金倫廷　　崔煕眞	
	株式会社　ジャレックス	
ＣＤ吹き込み	宋美姸（韓国語）	
	松原　純子（日本語）	
ＣＤ録音・編集	studio Aversion	
装　丁	岡本　健＋	

はじめに

　韓国語を学び始めると，あることに気づきます．それは，たとえば英語やフランス語などに比べると，何だか日本語に似ているということです．
　もちろん，韓国語は日本人にとっては英語やフランス語と同じく外国語であるわけですから，日本語にはないむずかしい発音や一から覚えなければならない文法の約束事がたくさんあります．しかし，韓国語と日本語には，以下のような共通点・類似点があります．
　① 語順がほぼ同じであること．
　② 助詞があること．
　③ 文末で意味内容が決定されること．
　つまり，韓国語は日本語と同じく，用言（動詞や形容詞）がさまざまに活用することによって文を組み立てていく言語なのです．したがって，動詞や形容詞の活用のパターンを覚えることが非常に重要です．
　本書は，できるだけ効率よく韓国語の用言の活用変化をマスターできるように作成しました．韓国語能力試験の4級レベルによく出題される重要動詞150と重要形容詞50を見出しとして，日本語の代表的な活用形に相当する韓国語の活用形が一目で分かるようにしました．活用形ばかりではなく，助詞や補助動詞との結びつき方も示してあります．その活用形が使われる日常的な例文が示してあるので，より理解を深めることができます．
　また，韓国語にはカナ発音が付いていますので，発音の参考にしてください．このカナ発音は，一部，2001年の韓国におけるローマ字表記改正の趣旨に添った表記が充てられています（例：釜山　pusan　→　busan「ブサン」）．
　巻末には，韓国国立国語院が選んだ学習語彙から最重要の約700語が「覚えておきたい単語」として掲載されています．この中には，名詞・代名詞・依存名詞・固有名詞・副詞・数詞・冠形詞が含まれています．また，よく使われる助詞については例文つきでまとめてありますので，日本語と似ている助詞・似ていない助詞を区別して覚えてください．
　付録CDでは，主な活用パターン別に，用例まで含めてネイティブ音声が聴けるようになっています（本文1〜34頁）．音声CDと併用していただくと，さらに学習効率がアップするはずです．
　本書は，龍谷大学准教授　泉文明先生と作新学院大学非常勤講師　宋美妍先生に全体の監修をお願いいたしました．
　辞書にはいちいち挙げることのできない活用形の用例を集中して学べる本書は，大学や高校などのテキストとしても，また，独学自習の参考書としてもお使いいただけることと思います．

　　2008年2月

　　　　　　　　　　　　　　　　　　　　　　　　　　　　三省堂編修所

目　次

はじめに	(3)
本書をお使いになる方へ	(5)〜(8)
不規則活用について	(9)
反切表とカナ発音表記	(10)〜(11)
韓国語のカナ発音表記について／略語・記号一覧	(12)〜(13)
韓国語索引	(14)〜(16)
日本語索引	(17)〜(19)
CD録音の動詞と形容詞	*1〜34*
動詞	*35〜385*
形容詞	*387〜476*
主な助詞について	*478〜482*
覚えておきたい単語	*483〜491*

＊CDには，本書1頁から34頁までの見出し語と活用形，およびその用例を収録してあります。

本書をお使いになる方へ

1.【文体について】韓国語の文体には最上級の丁寧なものから口語体までいくつかのスタイルがありますが，本書では日常よく使われる해요体（平叙文の文末に요が付くもの）を使用しています．相手に対して敬意を払った普通の言い方で，会話で多く用いられます．요は用言の語尾のうしろに付いて，相手に尊敬の意を表す補助詞です．文章（書きことば）やごく改まった場面では -ㅂ니다体が用いられます．この他に日記などで用いられる -ㄴ다体もありますが，本書では使用していません．

例) 그것은 내일 해요．それは明日します．
　　지금 출발합니다．今出発します / 今出発いたします．

2.【待遇表現について】韓国語は日本語と同じく，敬語の発達した言語です．ただし，自分の親や兄姉に対しても敬語を用いる点などは，日本語と異なっています．さらに，他人に自分の親や兄姉の話をするときも，敬意を表した言い方をします．尊敬・謙譲を表す専用の用言（말씀하다「おっしゃる」など）を使用するほかに，通常は用言に付された -시- で敬意を表します．また，韓国語では，님や께など，敬語表現に用いられる接尾辞や助詞があります．

例) 사장님과 이야기하고 있어요．社長（さま）と話しています．
　　그의 어머님께 인사했어요．彼のお母さまに挨拶しました．
　　자주 가시나요？よくいらっしゃいますか．

3.【縮約形について】名詞と助詞，語尾と補助詞などの結びつきに見られるように，一般的に口語表現では合成・縮約された形を多く用います．本書では，よく使われる縮約形も使用しています．

例) 나는 → 난，저는 → 전，
　　것 → 거，것+을 → 걸，
　　-지요 → -죠，など．

4.【未来を表す表現について】日本語でも未来の出来事を述べる場合に「明日行きます」と動詞の現在形を用いるように，韓国語でも現在形で未来を表すことができます．韓国語の動詞の未来形を使用すると，話し手の意思がより強調されます．

例) 지금 가요．今行きます．《現在》

(6) 내일 가겠어요. 明日行きます. 《未来》

そのほか，거예요，-ㄹ래요，-고 싶어요などの語尾で意志・推測・可能性・願望などのさまざまな意味を表現します．

例) 부를 거예요. 呼ぶつもりです.
　　이름을 불러 볼래요. 名前を呼んでみます.
　　그도 부르고 싶어요. 彼も呼びたいです.

5.【否定を表す表現】用言の語幹の後に -지 않다とする形と用言の前に안を付ける形の2種類があります．안은아니の縮約形，않다は아니하다の縮約形です．口語表現では，안を前に付ける形が多く用いられます．

例) 피자는 먹지 않아요. ピザは食べません.
　　피자는 안 먹어요. ピザは食べません.

6.【疑問文について】基本的に平叙文の文末に疑問符を付し，発話では文末を上げれば疑問文になります．このほかに，用言語幹に나요を付けて疑問文にすると，相手の意思を確認するニュアンスが強まります（나は疑問を表す語尾，요は相手に敬意を表す補助詞）．また，形容詞の場合には -ㄴ가/은가を付けて疑問文にすることも多いです．

例) 걸어요? 歩きますか．
　　토요일도 일 하나요? 土曜日も働くんですか．
　　가벼운가요? 軽いですか．

7.【「…(し)ている／いない」について】日本語の「…(し)ている」は「掃除をしています」のように動作が進行している場合に使われたり，「結婚しています」のように結果や継続を表す場合にも使われます．一方，韓国語ではこの両者は区別して表現されます．現在進行形には -고 있다を用い，結果・継続には -했다という過去形が用いられます．

例) 친구와 말하고 있어요. 友だちと話しています.
　　언니[누나]는 결혼 안 했어요. 姉は結婚していません.

8.【連体形の「…する〜」について】日本語では，現在も未来も区別はありませんが，韓国語では現在については -하는，未来については -할を用います．ただし，「…する前に」「…するために」という場合には，-하기を用います．

例) 그는 못하는 일이 없어요. 彼にできないことはありません.
　　식사할 시간도 없어요. 食事する時間もありません.
　　공부하기 전에 텔레비전을 꺼요. 勉強する前にテレビを消します.

過去連体形の「…した～」は -했던/-한の両方が同じように使われますが, -했던のほうが完了の意味合いが強くなります. 見返しの活用表では -했던を過去連体形 1, -한を過去連体形 2 としています.

例) 어제 전화 했던 사람인데요. 昨日電話した者ですが.
　　그가 노래한 것은 록이었어요. 彼が歌ったのはロックでした.

9. 【「…しながら」と -면서について】 -면서は「新聞を読みながらご飯を食べる」のように 2 つのことが同時に進行する状況を表したり,「結婚するときもらった指輪」などのように時間・タイミングの合致を表します. これとは別に, 日本語の「…しながら」にも含意されるように,「子どもでありながら落ち着いている」など, 2 つのことが対立関係にあることを表すことも多いです. 本書では, -면서については, 前者の用例を出すように心がけました.

例) 그녀는 대답하면서 웃었어요. 彼女は答えながら笑いました.
　　걷지도 못하면서 뛰려고 해요. 歩くこともできないのに走ろうとする.

10. 【-니까/-할 테니까/-해서について】 日本語の「…(し)て」「…から」「…ので」に対応する韓国語は, この 3 つが代表的なものです. それぞれ原因・根拠・前提を表す点では共通していますが, 本書では, あることに続いて次のことが並列的に生じる理由(「…するから」)には -니까/-할 테니까, 原因を強調する場合(「…ので」)には -해서を主に用いています. ただし, 形容詞では니까/-서を区別せず用例を示しています.

例) 혼자서는 못하니까 선생님께 배워요. 一人ではできないから先生に習います.
　　운전을 못해서 차가 없어요. 運転ができないので車がないです.

11. 【「…してください」と해 주세요/하세요】「…してください」と依頼する表現には, この 2 つがあります. -주세요は本動詞주세요(「ください」の意)が補助動詞化したものです. 하세요を用いると, 一般に強制力を伴ったり婉曲な表現になったりします(ただし, 動詞によっては逆のニュアンスを帯びることもあります). 両者に共通する語尾 -세요は, 丁寧な指示・命令を表すものです.

例) 다시 한 번 생각해 주세요. もう一度考えてください.
　　이 번호로 전화하세요. この番号に電話してください.

12.【「ある・いる/いない・ない」と있다/없다】 韓国語の있다は, 物・こと・人・生き物の区別なく「ある・いる」を表します.「いない・ない」には있다とは別の없다を使用し, これも物・こと・人・生き物の区別をしません. 있다/없다はいわゆる「存在詞」などとも呼ばれ, 動詞と形容詞の両側面をもった活用をするため韓国語文法でもその所属は明確ではありません. 本書では, 있다は動詞の項で, 없다は形容詞の項で扱っています.

例) 컴퓨터는 책상위에 있어요. パソコンは机の上にあります.
　　오늘은 집에 있어요. 今日は家にいます.
　　설탕이 없어요. 砂糖がありません.
　　방에는 아무도 없어요. 部屋には誰もいません.

13.【「…すること・したこと」について】 よく使われる形としては, 하는 것/할 것/했던 것/했던 적/한 것/한 적などいろいろな言い方がありますが, 本書では하는 것・할 것 困/했던적・한 적の形のみを示しました.

例) 한 마디로 대답하는 것은 어려워요. 一言で答えることは難しいです.
　　누군가를 사랑한 적이 있나요? だれかを愛したことがありますか.

14.【「…しやすい/…しにくい」について】 よく使われるのは -기 쉽다/-기 어렵다ですが, 語によって微妙に使い方が違う편하다/불편하다を使う場合もあります. 本書では, 主に쉽다と어렵다の形を示しました.

例) 그렇게 생각하기 쉬워요. そのように考えやすいです.
　　체질은 바꾸기 어려워요. 体質は変えにくいです.
　　앉기 편해요. 座りやすいです.
　　앉기 불편해요. 座りにくいです.

15.【「…させる」について】 하다動詞の場合は하게 하다のような活用形を用いる場合もありますが, 通常は시키다という使役動詞を使います.

例) 심부름은 동생이 하게 해요. お使いは弟にさせます.
　　심부름은 동생한테 시켜요. お使いは弟にさせます.

また, 他の動詞は…해요の形ではなく, 別個の使役動詞を用いることが多いです.

例) 자다 → 재우다, 울다 → 울리다, 먹다 → 먹이다, など.

不規則活用について

1. ㄷ（ディグッ）**不規則活用** —— 語幹のパッチムㄷが母音の前でㄹに変わる．
    例） 듣다 : 듣 (語幹)+ 어 (語尾) → 들어
    걷다 : 걷 (語幹)+ 어 (語尾) → 걸어

2. ㄹ(リウル)**不規則活用** —— 語幹のㄹが語尾 -ㄴ, -ㅂ니다, -오-, -시- の前で脱落する．語幹がㄹで終わるすべての語．
    例） 살다 : 살 (語幹)+ 니 (語尾) → 사니

3. 러(ロ) **不規則活用** —— 語尾 -어が -러に変わる．이르다 (至る)，푸르다 (青い)，누르다 (黄色い) の3つのみ．
    例） 푸르다 : 푸르 (語幹)+ 어 (語尾) → 푸르러
    이르다 : 이르 (語幹)+ 어 (語尾) → 이르러

4. 르(ル) **不規則活用** —— 語幹の으が母音語尾の前で脱落し，ㄹが現れㄹㄹの形になる．
    例） 오르다 : 오르 (語幹)+ 아 (語尾) → 올라
    다르다 : 다르 (語幹)+ 아 (語尾) → 달라

5. ㅂ(ビウプ) **不規則活用** —— 語幹のパッチムㅂが母音の前で오/우に変わる．
    例） 굽다 : 굽 (語幹)+ 어 (語尾) → 구워
    눕다 : 눕 (語幹)+ 어 (語尾) → 누워

6. ㅅ(シオッ) **不規則活用** —— 語幹のパッチムㅅが母音の前で脱落する．
    例） 잇다 : 잇 (語幹)+ 어 → 이어
    긋다 : 긋 (語幹)+ 어 (語尾) → 그어

7. 여(ヨ) **不規則活用** —— 語幹하-の後に来る語尾 -아 / -어が-여に変わる．하다が付くすべての語．
    例） 공부하다 : 공부하 (語幹)+ 어 (語尾) → 공부하여
    노래하다 : 노래하 (語幹)+ 어 (語尾) → 노래하여

8. 우 (ウ) **不規則活用** —— 語幹の우が 語尾어の前で脱落する．푸다 (汲む) のみ．
    例） 푸다 : 푸 (語幹)+ 어 (語尾) → 퍼

9. 으(ウ) **不規則活用** —— 語幹으が 語尾아어 の前で脱落する．ただし，르다で終るほとんどの単語は르不規則活用．
    例） 쓰다→써   끄다 → 꺼

10. ㅎ(ヒウッ) **不規則活用** —— ㄴで始まる語尾の前で語幹のㅎが脱落し，語尾 -아/-어が애に変わる．動詞はすべて該当しない．
    例） 파랗다 : 파랗 (語幹)+ ㄴ (語尾) → 파란
    파랗 (語幹)+ 아 (語尾) → 파래

反切表とカナ発音表記

	ㅏ	ㅑ	ㅓ	ㅕ	ㅗ	ㅛ	ㅜ	ㅠ	ㅡ	ㅣ
ㄱ	가 ガ	갸 ギャ	거 ゴ	겨 ギョ	고 ゴ	교 ギョ	구 グ	규 ギュ	그 グ	기 ギ
ㄴ	나 ナ	냐 ニャ	너 ノ	녀 ニョ	노 ノ	뇨 ニョ	누 ヌ	뉴 ニュ	느 ヌ	니 ニ
ㄷ	다 ダ	댜 デャ	더 ド	뎌 デョ	도 ド	됴 デョ	두 ドゥ	듀 デュ	드 ドゥ	디 ディ
ㄹ	라 ラ	랴 リャ	러 ロ	려 リョ	로 ロ	료 リョ	루 ル	류 リュ	르 ル	리 リ
ㅁ	마 マ	먀 ミャ	머 モ	며 ミョ	모 モ	묘 ミョ	무 ム	뮤 ミュ	므 ム	미 ミ
ㅂ	바 バ	뱌 ビャ	버 ボ	벼 ビョ	보 ボ	뵤 ビョ	부 ブ	뷰 ビュ	브 ブ	비 ビ
ㅅ	사 サ	샤 シャ	서 ソ	셔 ショ	소 ソ	쇼 ショ	수 ス	슈 シュ	스 ス	시 シ
ㅇ	아 ア	야 ヤ	어 オ	여 ヨ	오 オ	요 ヨ	우 ウ	유 ユ	으 ウ	이 イ
ㅈ	자 ジャ	쟈 ジャ	저 ジョ	져 ジョ	조 ジョ	죠 ジョ	주 ジュ	쥬 ジュ	즈 ジュ	지 ジ
ㅊ	차 チャ	챠 チャ	처 チョ	쳐 チョ	초 チョ	쵸 チョ	추 チュ	츄 チュ	츠 チュ	치 チ
ㅋ	카 カ	캬 キャ	커 コ	켜 キョ	코 コ	쿄 キョ	쿠 ク	큐 キュ	크 ク	키 キ
ㅌ	타 タ	탸 テャ	터 ト	텨 テョ	토 ト	툐 テョ	투 トゥ	튜 テュ	트 トゥ	티 ティ
ㅍ	파 パ	퍄 ピャ	퍼 ポ	펴 ピョ	포 ポ	표 ピョ	푸 プ	퓨 ピュ	프 プ	피 ピ
ㅎ	하 ハ	햐 ヒャ	허 ホ	혀 ヒョ	호 ホ	효 ヒョ	후 フ	휴 ヒュ	흐 フ	히 ヒ

	ㅏ	ㅑ	ㅓ	ㅕ	ㅗ	ㅛ	ㅜ	ㅠ	ㅡ	ㅣ
ㄲ	까 ッカ	꺄 ッキャ	꺼 ッコ	껴 ッキョ	꼬 ッコ	꾜 ッキョ	꾸 ック	뀨 ッキュ	끄 ック	끼 ッキ
ㄸ	따 ッタ	땨 ッテャ	떠 ット	뗘 ッテョ	또 ット	뚀 ッテョ	뚜 ットゥ	뜌 ッテュ	뜨 ットゥ	띠 ッティ
ㅃ	빠 ッパ	뺘 ッピャ	뻐 ッポ	뼈 ッピョ	뽀 ッポ	뾰 ッピョ	뿌 ップ	쀼 ッピュ	쁘 ップ	삐 ッピ
ㅆ	싸 ッサ	쌰 ッシャ	써 ッソ	쎠 ッショ	쏘 ッソ	쑈 ッショ	쑤 ッス	쓔 ッシュ	쓰 ッス	씨 ッシ
ㅉ	짜 ッチャ	쨔 ッチャ	쩌 ッチョ	쪄 ッチョ	쪼 ッチョ	쬬 ッチョ	쭈 ッチュ	쮸 ッチュ	쯔 ッチュ	찌 ッチ

母音一覧

아	애	야	얘	어	에	여	예	오	와	왜
ア	エ	ヤ	イェ	オ	エ	ヨ	イェ	オ	ワ	ウェ

외	요	우	워	웨	위	유	으	의	이
ウェ	ヨ	ウ	ウォ	ウェ	ウィ	ユ	ウ	ウィ	イ

終声（音節末子音）のカナ発音表記例

악	간	곧	말	입	옷	방
アク	ガン	ゴッ	マル	イプ	オッ	バン

韓国語のカナ発音表記について

■ (10)～(11)頁の反切表に，ハングルとそのカナ発音表記の基本的な対応関係を示しました．主な原則は，次のとおりです．

1. 平音（ㄱ，ㄷ，ㅂ，ㅈなど）は，「ガ，ダ，バ，ジャ」のように表記した（⇒ 13頁の3参照）．

2. 激音（ㅋ，ㅌ，ㅍ，ㅊ）は，「カ，タ，パ，チャ」のように表記した．

3. 濃音（ㄲ，ㄸ，ㅃ，ㅉなど）は，原則として「ッカ，ッタ，ッパ，ッチャ」のように表記した（日本語の「やっぱり」の「っ」の音）．

　　　例： 짜다 ッチャダ　　아까 アッカ

なお，ハングルの綴りの上では平音で書かれていても実際の発音が濃音である場合，なるべく発音どおり濃音で表記した．

　　　例： 안다 アンッタ　　사건 サッコン
　　　　　 발전 パルッチョン

ただし，直前が閉鎖音の終声（-p, -t, -k つまりプ，ッ，ク）の場合には，「ッ」を入れず，「カ，タ，パ，チャ」などで表記した．

　　　例： 없다 オプタ　　걱정 コクチョン

4. 終声（音節末子音）のうち，ㄴ，ㅇは「ン」で表記した．それ以外の終声は，(11)頁の表に示したように小字で表した．

5. 鼻音化，側面音化，激音化が起きる場合には，なるべく発音どおりに表記した．

　　　例： 입맛 イムマッ　　진리 ジルリ
　　　　　 생각하다 センガカダ

6. 若い世代の発音では，母音の長短を区別しないことが多いので，長母音の表示は省略した．

■ 発音のカナ表記はあくまでも目安を示すものであって，韓国語の発音を正確に反映したものではありません．ＣＤを聞いて，ネイティブの音に慣れてください．とくに注意を要する点は，次のとおりです．

1. 母音のうち，어と오はともに「オ」，으と우はともに「ウ」と表記したが，これらを区別することは非常に重要である．

   어は日本語の「オ」より口の開きが大きく，唇をあまり円めない．오は日本語の「オ」に近いが，唇をはっきり円めて発音する．
   으は唇を横に引いて発音し，우は唇を円めて発音する．

2. 終声のうち，ㄴとㅇはともに「ン」で表記したが，これらを区別することもたいへん重要である．

   ㄴは，舌の先端を上の歯の裏にしっかりつけて発音する．
   ㅇは，舌を後ろに引いて発音する．

3. 平音の子音は，「ガ，ダ，バ，ジャ」など日本語の濁音で表記したが，単語のはじめの位置では，無声音になる．

4. 終声として小字で示したものは，子音だけを発音する．また，말（マㇽ）のように小字の「ㇽ」で示したものは，欧米の言語に見られるような [l] の発音である．

```
■ 略語・記号一覧
［…］差し替え可              （…）省略可・補足説明
未 未来形                    補 補助動詞
過 過去形                    副 副詞
名 名詞                      固有 固有名詞
代 代名詞                    依存 依存名詞
数 数詞                      感嘆 感嘆詞
冠 冠形詞                    ＊ 注記など
接 接尾辞
```

韓国語索引

ㄱ, ㄲ

가깝다 /ガッカプタ/ ...403
가다 /ガダ/ ...22
가르치다 /ガルチダ/ ...195
가볍다 /ガビョプタ/ ...405
가져오다 /ガジョオダ/ ...176
가지다 /ガジダ/ ...198
걱정하다 /ゴクチョンハダ/ ...79
건강하다 /ゴンガンハダ/ ...388
걷다 /ゴッタ/ ...5
걸다 /ゴルダ/ ...129
걸어가다 /ゴロガダ/ ...158
걸어오다 /ゴロオダ/ ...179
결혼하다 /ギョロンハダ/ ...80
공부하다 /ゴンブハダ/ ...81
그리다 /グリダ/ ...201
기다리다 /ギダリダ/ ...204
길다 /ギルダ/ ...424
깎다 /ッカタ/ ...28
끄다 /ックダ/ ...122
끝나다 /ックンナダ/ ...207
끝내다 /ックンネダ/ ...209

ㄴ

나가다 /ナガダ/ ...161
나다 /ナダ/ ...211
나쁘다 /ナップダ/ ...430
나오다 /ナオダ/ ...182
낫다 /ナッタ/ (治る) ...14
낮다 /ナッタ/ (低い) ...441
내다 /ネダ/ ...213
내려가다 /ネリョガダ/ ...164
내려오다 /ネリョオダ/ ...185
내리다 /ネリダ/ ...216
넓다 /ノルタ/ ...443
넣다 /ノタ/ ...219
노래하다 /ノレハダ/ ...36
놀다 /ノルダ/ ...132
놀라다 /ノルラダ/ ...222
높다 /ノプタ/ ...445
좋다 /ノタ/ ...224
늦다 /ヌッタ/ (遅れる) ...227
늦다 /ヌッタ/ (遅い) ...447

ㄷ, ㄸ

다녀오다 /ダニョオダ/ ...187
다니다 /ダニダ/ ...229
닦다 /ダクタ/ ...232
닫다 /ダッタ/ ...235
달다 /ダルダ/ ...426

대답하다 /デダパダ/ ...39
덥다 /ドプタ/ ...407
도착하다 /ドチャカダ/ ...82
돌아가다 /ドラガダ/ ...167
돌아오다 /ドラオダ/ ...189
돕다 /ドプタ/ ...11
되다 /ドェダ/ ...238
드리다 /ドゥリダ/ ...241
듣다 /ドゥッタ/ (聞く) ...109
듣다 /ドゥッタ/ (効く) ...112
들다 /ドゥルダ/ (持つ) ...135
들다 /ドゥルダ/ (入る) ...138
들어가다 /ドゥロガダ/ ...170
들어오다 /ドゥロオダ/ ...192
따뜻하다 /ッタットゥッタダ/ ...31
떠나다 /ットナダ/ ...244
똑같다 /ットッカッタ/ ...449
뛰다 /ッティダ/ ...247
뜨겁다 /ットゥゴプタ/ ...409

ㅁ

마시다 /マシダ/ ...250
만나다 /マンナダ/ ...253
만들다 /マンドゥルダ/ ...19
많다 /マンタ/ ...451

말씀하다 /マルッスムハダ/ 42	빠르다 /ッパルダ/ 422	쓰다 /ッスダ/ (かぶる) 128
말하다 /マルハダ/ 83		씻다 /ッシッタ/ 303
맛없다 /マドプタ/ 453	**ㅅ, ㅆ**	
맛있다 /マシッタ/ 33	사다 /サダ/ 281	**ㅇ**
먹다 /モクタ/ 256	사랑하다 /サランハダ/ 47	아프다 /アプダ/ 437
멀다 /モルダ/ 428	사용하다 /サヨンハダ/ 86	안다 /アンッタ/ 306
모르다 /モルダ/ 120	살다 /サルダ/ 143	안되다 /アンデダ/ 295
못하다 /モッタダ/ 45	생각하다 /センガカダ/ 49	앉다 /アンッタ/ 308
무겁다 /ムゴプタ/ 411	생기다 /センギダ/ 284	알다 /アルダ/ 146
묻다 /ムッタ/ (聞く) 114	서다 /ソダ/ 287	약속하다 /ヤクソカダ/ 92
묻다 /ムッタ/ (つく) 259	선물하다 /ソンムルハダ/ 87	어둡다 /オドゥプタ/ 415
	설명하다 /ソルミョンハダ/ 52	어렵다 /オリョプタ/ 416
ㅂ, ㅃ	소개하다 /ソゲハダ/ 88	없다 /オプタ/ 463
바꾸다 /バックダ/ 260	쉬다 /シュイダ/ 290	여행하다 /ヨヘンハダ/ 60
바쁘다 /バップダ/ 432	쉽다 /シュイプタ/ 413	연습하다 /ヨンスパダ/ 93
받다 /パッタ/ 263	슬프다 /スルプダ/ 435	열다 /ヨルダ/ 149
밝다 /パクタ/ 455	시원하다 /シウォンハダ/ 392	오다 /オダ/ 25
배고프다 /ペゴプダ/ 434	시작되다 /シジャクテダ/ 293	오르다 /オルダ/ 117
배우다 /ペウダ/ 266	시작하다 /シジャカダ/ 89	올라가다 /オルラガダ/ 173
버리다 /ポリダ/ 269	식사하다 /シクサハダ/ 55	요리하다 /ヨリハダ/ 94
벗다 /ポッタ/ 272	신다 /シンッタ/ 297	운동하다 /ウンドンハダ/ 97
보내다 /ポネダ/ 275	싫다 /シルタ/ 459	운전하다 /ウンジョンハダ/ 98
보다 /ポダ/ 278	싫어하다 /シロハダ/ 58	울다 /ウルダ/ 152
복잡하다 /ポクチャパダ/ 390	싸다 /ッサダ/ 461	웃다 /ウッタ/ 311
부르다 /プルダ/ 8	싸우다 /ッサウダ/ 300	위험하다 /ウィホムハダ/ 396
불다 /プルダ/ 140	쓰다 /ッスダ/ (書く) 16	유명하다 /ユミョンハダ/ 394
비싸다 /ピッサダ/ 457	쓰다 /ッスダ/ (使う) 127	이야기하다 /イヤギハダ/ 99

이해하다 /イヘハダ/ 62
인사하다 /インサハダ/ 64
일어나다 /イロナダ/ 314
일하다 /イルハダ/ 67
읽다 /イクタ/ 317
잃다 /イルタ/ 320
잃어버리다 /イロボリダ/ 322
입다 /イプタ/ 324
있다 /イッタ/ 327
잊다 /イッタ/ 330
잊어버리다 /イジョボリダ/ 333

ㅈ, ㅉ

자다 /ジャダ/ 336
작다 /ジャクタ/ 465
잘하다 /ジャルハダ/ 70
잠자다 /ジャムジャダ/ 339
잡다 /ジャプタ/ (つかむ) 341
잡다 /ジャプタ/ (決める) 344
잡수시다 /ジャプスシダ/ 345
재미있다 /ジェミイッタ/ 467
적다 /ジョクタ/ 469
전화하다 /ジョンファハダ/ 73
조용하다 /ジョヨンハダ/ 397
졸업하다 /ジョロパダ/ 102
좋아하다 /ジョアハダ/ 76

주다 /ジュダ/ 348
죽다 /ジュクタ/ 351
준비하다 /ジュンビハダ/ 103
즐겁다 /ジュルゴプタ/ 418
지내다 /ジネダ/ 353
지우다 /ジウダ/ 356
질문하다 /ジルムンハダ/ 104
짜다 /ッチャダ/ 471
짧다 /ッチャルタ/ 473
찍다 /ッチクタ/ 359

ㅊ

찾다 /チャッタ/ 362
청소하다 /チョンソハダ/ 105
초대하다 /チョデハダ/ 106
추다 /チュダ/ 365
축하하다 /チュカハダ/ 107
출발하다 /チュルバルハダ/ .108
춤추다 /チュムチュダ/ 368
춥다 /チュプタ/ 420
치다 /チダ/ 371
친절하다 /チンジョルハダ/ 398
친하다 /チンハダ/ 399

ㅋ

켜다 /キョダ/ 374
크다 /クダ/ (育つ) 125

크다 /クダ/ (大きい) 439

ㅌ

타다 /タダ/ (乗る) 377
타다 /タダ/ (燃える) 380
태어나다 /テオナダ/ 381

ㅍ

파랗다 /パラタ/ 475
팔다 /パルダ/ 155
피곤하다 /ピゴンハダ/ 400
피우다 /ピウダ/ 383
필요하다 /ピリョハダ/ 401

ㅎ

하다 /ハダ/ 1

日本語索引

あ

挨拶する 64
愛する 47
会う 253
青い 475
上がる 117, 173
明るい 455
開ける 149
あげる 348
遊ぶ 132
与える 348
暖かい 31, 407
温かい 31
暑い 407
熱い 409
危ない 396
甘い 426
歩む 158
歩んで来る 179
洗う 303
ある 327
歩いて行く 158
歩いて来る 179
歩く 5
言う 83
癒える 14
行く 22
忙しい 432
痛い 437
行ってくる 187
いない 463
嫌がる 58
嫌だ 459

いる 327
入れる 219
祝う 107
受ける 263
歌う 36
打つ 371
うまい 70
生まれる 381
産まれる 381
売る 155
うれしい 418
運転する 98
運動する 97
描く 201
おいしい 33
お祝いする 107
多い 451
大きい 439
大きくなる 125
起きる 284, 314
置く 224
送る 275
遅れる 227
行う 1
起こる 284, 314
教える 195
遅い 447
おっしゃる 42
踊る 365, 368
驚く 222
お腹がすいている ... 434
同じだ 449
お話しになる 42

重い 411
思う 49
おもしろい 467
下りていく 164
下りてくる 185
下りる 164, 185
降りる 185, 216
下りる 216
終わらせる 209
終わる 207

か

開始する 89
買う 281
帰っていく 167
帰ってくる 189
帰る 167
変える 260
抱える 306
書く 16
描く 201
かける 128, 129
駆ける 247
悲しい 435
かぶる 128
通う 229
軽い 405
考える 49
聞く 109, 114
聴く 109
効く 112
危険だ 396
気難しい 416

(17)

決める............................344	死ぬ............................351	出す............................213
興味がある..................467	閉める..........................235	助ける............................11
嫌いだ..........................459	出発する......................108	尋ねる..........................114
着る..............................324	準備する......................103	叩く..............................371
暗い..............................415	紹介する........................88	発つ..............................244
暮らす..................143, 353	上手だ............................70	立つ..............................287
来る................................25	使用する........................86	建つ..............................287
加わる..........................138	招待する......................106	立てる..........................344
消す......................122, 356	食事する........................55	楽しい..........................418
削る................................28	しょっぱい..................471	食べる..........................256
結婚する........................80	知らない......................120	だめだ..........................295
けんかする..................300	知る..............................146	小さい..........................465
元気だ..........................388	親切だ..........................398	近い..............................403
健康だ..........................388	心配する........................79	使う......................86, 127
交換する......................260	吸う..............................383	つかむ..........................341
焦げる..........................380	好きだ............................76	疲れている..................400
答える............................39	少ない..........................469	着く......................82, 308
応える............................39	過ごす..........................353	つく..............................259
好む................................76	涼しい..........................392	作る................................19
困難だ..........................416	捨てる..........................269	つける..........................374
	住む..............................143	勤める............................67
さ	する..................................1	つるす..........................129
探す..............................362	座る..............................308	できない........................45
捜す..............................362	生活する......................143	手助けする....................11
差し上げる..................241	成長する......................125	手伝う............................11
さす..............................128	説明する........................52	出て行く......................161
定める..........................344	掃除する......................105	出てくる......................182
寒い..............................420	育つ..............................125	出る................161, 182, 211
さわやかだ..................392	卒業する......................102	電話する........................73
塩辛い..........................471	そっくりだ..................449	問う..............................114
仕事をする....................67		到着する........................82
静かだ..........................397	**た**	遠い..............................428
親しい..........................399	高い......................445, 457	閉じる..........................235
知っている..................146	抱く..............................306	届く................................82
質問する......................104	たくさんだ..................451	取り替える..................260

日本語索引

取る 272, 341	話す 83, 99	**や**
撮る 359	早い 422	約束する 92
	速い 422	焼ける 380
な	販売する 155	易しい 413
ない 463	低い 441	安い 461
治る 14	びっくりする 222	休む 132, 290
長い 424	必要だ 401	やる 1, 348
流す 303	開く 149	有名だ 394
泣く 152	広い 443	愉快だ 418
鳴く 152	吹く 140	呼ぶ 8
なくしてしまう 322	拭く 232	読む 317
なくす 320, 322, 333	複雑だ 390	
習う 266	付着する 259	**ら**
なる 238	ぶら下げる 129	理解する 62
握る 341	プレゼントする 87	料理する 94
脱ぐ 272	勉強する 81	旅行する 60
ぬぐう 232	返事する 39	練習する 93
眠る 336, 339	豊富だ 451	
寝る 336, 339		**わ**
登る 117	**ま**	わからない 120
飲む 250	まずい 453	わかる 146
乗る 377	待つ 204	忘れてしまう 333
	学ぶ 266	忘れる 330, 333
は	招く 8	笑う 311
入って行く 170	短い 473	悪い 430
入ってくる 192	見る 278	
入る 138, 170, 192	難しい 416	
履く 297, 324	召し上がる 345	
始まる 89	燃える 380	
始まる 293	持つ 135, 198	
始める 89, 293	持ってくる 176	
走る 247	戻ってくる 189	
外す 272	戻る 167, 189	
働く 67	もらう 263	
話をする 99		

하다 /ハダ/ する・やる・行う

他 ①(ある行為を)する・やる・(名詞が表す行為を)行う(ある表情・形を)する. ②(ある分野の仕事を)する・従事する. ③たしなむ. ④〔…(이)라고 하다の形で〕…と呼ぶ・…と言う. ⑤〔…을(를)…로 해서の形で〕…を…にして・…を…として. ⑥〔…을(를)…기로 하다の形で〕…を…することにする.

―自 ①する・やる. ②できる. ③思う. ④…と言う. ⑤〔…고 하여・…고 해서などの形で〕理由・原因を表す；…ので, …から, …したりして. ⑥〔…기로 하다の形で〕…ことにする. ⑦〔…것으로(걸로) 하다の形で〕…ことにする.

―補 ①〔…려(고) 하다・…고자 하다の形で〕意思・意図を表す：…と思っている. ②〔…(으)면 하다の形で〕願望を表す：…したい. ③〔…도록 하다・…게 하다の形で〕使役を表す：…させる. ④〔…아야 하다・…어야 하다・…여야 하다・…해야 하다の形で〕当為を表す：…なければならない. ⑤〔動詞の活用語尾기に助詞 까지・도・만・조차などが加わった語に付いて〕語意を強める.

―接 ①名詞に付いて動詞を作る. ②名詞に付いて形容詞を作る. ③副詞に付いて形容動詞をつくる. ④〔形容詞の活用語尾 -아・-어の後ろに付いて〕動詞を作る. ⑤〔依存名詞 체・척・양・듯などの後ろに付いて〕補助動詞または補助形容詞を作る.

	辞書形	丁寧体	会話体	連体形
現在形	する 하다 ハダ	します 합니다 ハムニダ	します 해요 ヘヨ	する〜 하는 ハヌン
過去形	した 했다 ヘッタ	しました 했습니다 ヘッスムニダ	しました 했어요 ヘッソヨ	した〜 했던/한 ヘットン/ハン
未来形	する 하겠다 ハゲッタ	します 하겠습니다 ハゲッスムニダ	します 하겠어요 ハゲッソヨ	する〜 할 ハル

動詞・여(ヨ)不規則活用

❏ します　해요 ヘヨ
> それは明日します.
> 그건 내일 해요.
> グゴン ネイル ヘヨ

❏ しますか　해요?・하나요? ヘヨ・ハナヨ

❏ します　하겠어요 困 ハゲッソヨ

❏ するつもりです　할 거예요 ハル コイエヨ
> 化粧をするつもりです.
> 화장을 할 거예요.
> ファジャンウル ハル コイエヨ

❏ しようと思います　할 생각이에요 ハル センガギエヨ
> きれいに化粧をしようと思います.
> 예쁘게 화장을 할 생각이에요.
> イェップゲ ファジャンウル ハル センガギエヨ

❏ しません　하지 않아요・안 해요 ハジ アナヨ・アン ヘヨ

動詞・여(르)不規則活用

| 心配しません. | 걱정 안 해요. ゴクチョン アン ヘヨ |

□ しませんか　하지 않을래요?・안 할래요? 腰　ハジ アヌルレヨ・アン ハルレヨ

| 一緒に食事しませんか. | 같이 식사 하지 않을래요? ガチ シクサ ハジ アヌルレヨ |

□ しています　하고 있어요　ハゴ イッソヨ

| 宿題をしています. | 숙제를 하고 있어요. スクチェルル ハゴ イッソヨ |

□ しました　했어요　ヘッソヨ

| それはさっきしました. | 그것은 방금 했어요. グゴスン バングム ヘッソヨ |

□ していません　하고 있지 않아요・안 하고 있어요　ハゴ イッチ アナヨ・アン ハゴ イッソヨ

| 朝から何もしていません. | 아침부터 아무것도 안 하고 있어요. アチムブト アムゴット アン ハゴ イッソヨ |

□ しませんでした　하지 않았어요・안 했어요　ハジ アナッソヨ・アン ヘッソヨ

| 挨拶をしませんでした. | 인사를 안 했어요. インサルル アン ヘッソヨ |

□ すれば　하면　ハミョン

| 練習をすればうまくなります. | 연습을 하면 잘할 수 있어요. ヨンスブル ハミョン ジャルハル ス イッソヨ |

□ しなければ　하지 않으면・안 하면　ハジ アヌミョン・アン ハミョン

| この宿題は今日しなければなりません. | 이 숙제는 오늘 안 하면 안 돼요. イ スクチェヌン オヌル アン ハミョン アン ドェヨ |

□ しなくても　하지 않아도・안 해도　ハジ アナド・アン ヘド

| 手術はしなくてもいいそうです. | 수술은 안 해도 된대요. ススルン アン ヘド ドェンデヨ |

□ すること / したこと　하는 것・할 것 困　했던 적・한 적　ハヌン ゴッ・ハル コッ / ヘットン ジョク・ハン ジョク

| 彼は嫌な顔をしたことがありません. | 그는 불쾌한 얼굴을 한 적이 없어요. グヌン ブルクェハン オルグルル ハン ジョギ オプソヨ |

□ しながら　하면서　ハミョンソ

| 電話をしながら掃除をします. | 전화를 하면서 청소를 해요. ジョンファルル ハミョンソ チョンソルル ヘヨ |

□ しましょうか　할까요?　ハルッカヨ

| 私がしましょうか. | 내가 할까요? ネガ ハルッカヨ |

□ したいです / したくないです　하고 싶어요 / 하고 싶지 않아요　ハゴ シポヨ / ハゴ シプチ アナヨ

放送局に就職したいです。　　　　방송국에 취직하고 싶어요.
　　　　　　　　　　　　　　　パンソングゲ チュィジカゴ シポヨ

❏ してみます　**해 볼래요** ヘ ボルレヨ
いま電話をしてみます。　　　　지금 전화를 해 볼래요.
　　　　　　　　　　　　　　　ジグム ジョンファルル ヘ ボルレヨ

❏ するそうです　**한대요** ハンデヨ
社員を募集するそうです。　　　사원을 모집한대요.
　　　　　　　　　　　　　　　サウォヌル モジパンデヨ

❏ する〜　**하는・할** ハヌン・ハル
食事をする時間もありません。　식사를 할 시간도 없어요.
　　　　　　　　　　　　　　　シクサルル ハル シガンド オプソヨ

❏ しない〜　**하지 않은・안 하는** ハジ アンヌン・アン ハヌン
化粧をしない人もいます。　　　화장을 안 하는 사람도 있어요.
　　　　　　　　　　　　　　　ファジャンウル アン ハヌン サラムド イッソヨ

❏ した〜　**했던・한** ヘットン・ハン
落書きをした学生　　　　　　　낙서를 한 학생
　　　　　　　　　　　　　　　ナクソルル ハン ハクセン

❏ しなかった〜　**하지 않았던・안 했던・안 한** ハジ アナットン・アン ヘットン・アン ハン
宿題をしなかった学生　　　　　숙제를 안 했던 학생
　　　　　　　　　　　　　　　スクチェルル アン ヘットン ハクセン

❏ してください　**해 주세요・하세요** ヘ ジュセヨ・ハセヨ
約束をしてください。　　　　　약속을 해 주세요.
　　　　　　　　　　　　　　　ヤクソグル ヘ ジュセヨ

❏ してはいけません　**하면 안 돼요** ハミョン アン ドェヨ
遅刻をしてはいけません。　　　지각을 하면 안 돼요.
　　　　　　　　　　　　　　　ジガグル ハミョン アン ドェヨ

❏ しないでください　**하지 마세요** ハジ マセヨ
誤解はしないでください。　　　오해는 하지 마세요.
　　　　　　　　　　　　　　　オヘヌン ハジ マセヨ

❏ しても　**해도** ヘド
運動してもやせません。　　　　운동을 해도 살이 안 빠져요.
　　　　　　　　　　　　　　　ウンドンウル ヘド サリ アン ッパジョヨ

❏ するけれど／したけれど　**하지만／했지만** ハジマン／ヘッチマン
応募はしたけれど落ちました。　응모는 했지만 떨어졌어요.
　　　　　　　　　　　　　　　ウンモヌン ヘッチマン ットロジョッソヨ

❏ させます　**하게 해요・시켜요** ハゲ ヘヨ・シキョヨ
お使いは弟にさせます。　　　　심부름은 남동생한테 시켜요.
　　　　　　　　　　　　　　　シムブルムン ナムドンセンハンテ シキョヨ

*「…させる」という言い方には **시키다**をよく使います。 **시키다** のほうが「目上から目下に」言うときには、「～させる」という意味がより強くなります。

☐ して　하고　ハゴ
練習して試合に臨みます。　　　　연습을 하고 시합에 임해요.
ヨンスブル ハゴ シハベ イメヨ

☐ しそうです　할 것 같아요　ハル コッ ガタヨ
引越しをしそうです。　　　　　　이사를 할 것 같아요.
イサルル ハル コッ ガタヨ

☐ しやすい / しにくい　하기 쉬워요 / 하기 어려워요　ハギ シュィウォヨ / ハギ オリョウォヨ

☐ するから　하니까・할 테니까 困　ハニッカ・ハル テニッカ
久しぶりに勉強をするから難しいです。　오랜만에 공부를 하니까 어려워요.
オレンマネ ゴンブルル ハニッカ オリョウォヨ

☐ するので，したので　해서　ヘソ
掃除をしたのできれいです。　　　　청소를 해서 깨끗해요.
チョンソルル ヘソ ッケックテヨ

☐ できます　할 수 있어요　ハル ス イッソヨ
1人でできます。　　　　　　　　　혼자서 할 수 있어요.
ホンジャソ ハル ス イッソヨ

☐ できません　할 수 없어요　ハル ス オプソヨ
食欲を抑制できません。　　　　　　식욕을 억제 할 수 없어요.
シギョグル オクチェ ハル ス オプソヨ

*「…できません」という場合には、通常**못** 해요を用います。

☐ したり　하거나　ハゴナ
勉強をしたり読書をしたりします。　공부를 하거나 독서를 하거나 해요.
ゴンブルル ハゴナ ドクッソルル ハゴナ ヘヨ

☐ しに行きます [来ます]　하러 가요 [와요]　ハロ ガヨ [ワヨ]
先生に質問をしに行きます。　　　　선생님께 질문을 하러 가요.
ソンセンニムッケ ジルムヌル ハロ ガヨ

걷다 /ゴッタ/ 歩く

	辞書形	丁寧体	会話体	連体形
現在形	歩く 걷다 ゴッタ	歩きます 걷습니다 ゴッスムニダ	歩きます 걸어요 ゴロヨ	歩く〜 걷는 ゴッヌン
過去形	歩いた 걸었다 ゴロッタ	歩きました 걸었습니다 ゴロッスムニダ	歩きました 걸었어요 ゴロッソヨ	歩いた〜 걸었던 /걸은 ゴロットン / ゴルン
未来形	歩く 걷겠다 ゴッケッタ	歩きます 걷겠습니다 ゴッケッスムニダ	歩きます 걷겠어요 ゴッケッソヨ	歩く〜 걸을 ゴルル

❏ 歩きます　걸어요　ゴロヨ

彼女はよく歩きます。 / 1日に1時間ずつ歩きます。　그녀는 잘 걸어요./ 하루에 한 시간씩 걸어요. グニョヌン ジャル ゴロヨ/ ハルエ ハン シガンッシク ゴロヨ

❏ 歩きますか　걸어요 ?・걷나요 ?　ゴロヨ・ゴンナヨ

❏ 歩くつもりです　걸을 거예요　ゴルル コイェヨ

会社まで歩くつもりです。　회사까지 걸을 거예요. フェサッカジ ゴルル コイェヨ

❏ 歩こうと思います　걸을 생각이에요　ゴルル センガギエヨ

公園を歩こうと思います。　공원을 걸을 생각이에요. ゴンウォヌル ゴルル センガギエヨ

❏ 歩きません　걷지 않아요・안 걸어요　ゴッチ アナヨ・アン ゴロヨ

❏ 歩きませんか　걷지 않을래요 ?・안 걸을래요 ?　ゴッチ アヌルレヨ・アン ゴルルレヨ

少し歩きませんか。　조금 걷지 않을래요 ? ジョグム ゴッチ アヌルレヨ

❏ 歩いています　걷고 있어요　ゴッコ イッソヨ

健康のために歩いています。　건강을 위해서 걷고 있어요. ゴンガンウル ウィヘソ ゴッコ イッソヨ

❏ 歩きました　걸었어요　ゴロッソヨ

駅まで歩きました。　역까지 걸었어요. ヨッカジ ゴロッソヨ

❏ 歩きませんでした　걷지 않았어요・안 걸었어요　ゴッチ アナッソヨ・アン ゴロッソヨ

❏ 歩いていません　걷고 있지 않아요・안 걷고 있어요　ゴッコ イッチ アナヨ・アン ゴッコ イッソヨ

最近は歩いていません。　요즘은 안 걷고 있어요. ヨジュムン アン ゴッコ イッソヨ

動詞・ㄷ (ティグッ) 不規則活用

6

- **歩けば** 걸으면 ゴルミョン

  もっと歩けばいいのに。 　　좀 더 걸으면 좋을 텐데. ジョム ド ゴルミョン ジョウル テンデ

- **歩かなければ** 걷지 않으면・안 걸으면 ゴッチ アヌミョン・アン ゴルミョン

  学校まで歩かなければなりません。　　학교까지 걷지 않으면 안 돼요. ハクキョッカジ ゴッチ アヌミョン アン ドェヨ

- **歩かなくても** 걷지 않아도・안 걸어도 ゴッチ アナド・アン ゴロド

  もう歩かなくてもいいです。　　더 걷지 않아도 돼요. ド ゴッチ アナド ドェヨ

- **歩くこと / 歩いたこと** 걷는 것・걸을 것困/ 걸었던 적・걸은 적 ゴンヌン ゴッ・ゴルル コッ/ ゴロットン ジョク・ゴルン ジョク

  歩くことはダイエットに効果的です。　　걷는 것은 다이어트에 효과적이에요. ゴンヌン ゴスン ダイオトゥエ ヒョグヮジョギエヨ

- **歩きながら** 걸으면서 ゴルミョンソ

  歩きながら話しましょう。　　걸으면서 이야기해요. ゴルミョンソ イヤギヘヨ

- **歩きたいです / 歩きたくないです** 걷고 싶어요 / 걷고 싶지 않아요 ゴッコ シポヨ/ ゴッコ シッチ アナヨ

- **歩いてみます** 걸어 볼래요 ゴロ ボルレヨ

  少しずつ歩いてみます。　　조금씩 걸어 볼래요. ジョグムッシク ゴロ ボルレヨ

- **歩くそうです** 걷는대요 ゴンヌンデヨ

  たくさん歩くそうです。　　많이 걷는대요. マニ ゴンヌンデヨ

- **歩く〜** 걷는・걸을困 ゴンヌン・ゴルル

  健康のために歩く人が増えました。　　건강을 위해 걷는 사람이 늘었어요. ゴンガヌル ウィヘ ゴンヌン サラミ ヌロッソヨ

- **歩かない〜** 걷지 않는・안 걷는 ゴッチ アンヌン・アン ゴンヌン

  歩かない日はありません。　　안 걷는 날은 없어요. アン ゴンヌン ナルン オプソヨ

- **歩いた〜** 걸었던・걸은 ゴロットン・ゴルン

  昨日も歩いた道です。　　어제도 걸었던 길이에요. オジェド ゴロットン ギリエヨ

- **歩かなかった〜** 걷지 않았던・안 걸었던・안 걸은 ゴッチ アナットン・アン ゴロットン・アン ゴルン

  この道は一度も歩いたことがない道です。　　이 길은 한번도 안 걸었던 길이에요. イ ギルン ハンボンド アン ゴロットン ギリエヨ

歩いてはいけません　걸으면 안 돼요　ゴルミョン アン ドェヨ

完治するまで歩いてはいけません.　　완치될 때까지 걸으면 안 돼요.
　　　　　　　　　　　　　　　　　　ワンチドェル ッテッカジ ゴルミョン アン ドェヨ

歩かないでください　걷지 마세요　ゴッチ マセヨ

危険なので歩かないでください.　　위험하니까 걷지 마세요.
　　　　　　　　　　　　　　　　　ウィホムハニッカ ゴッチ マセヨ

歩いても　걸어도　ゴロド

歩いてもいいですか.　　걸어도 돼요?
　　　　　　　　　　　ゴロド ドェヨ

歩かせます　걷게 해요　ゴッケ ヘヨ

散策路を歩かせます.　　산책로를 걷게 해요.
　　　　　　　　　　　サンチェクロルル ゴッケ ヘヨ

歩いて　걷고　ゴッコ

歩きそうです　걸을 것 같아요　ゴルル コッ ガタヨ

今日はたくさん歩きそうです.　　오늘은 많이 걸을 것 같아요.
　　　　　　　　　　　　　　　オヌルン マニ ゴルル コッ ガタヨ

歩きやすい / 歩きにくい　걷기 편해요 / 걷기 불편해요　ゴッキ ピョンヘヨ / ゴッキ プルピョンヘヨ

歩きやすい靴を買いました.　　걷기 편한 신발을 샀어요.
　　　　　　　　　　　　　　ゴッキ ピョンハン シンバルル サッソヨ

歩くから　걸으니까・걸을 테니까 困　ゴルニッカ・ゴルル テニッカ

歩くので, 歩いたので　걸어서　ゴロソ

たくさん歩いたので疲れました.　　많이 걸어서 지쳤어요.
　　　　　　　　　　　　　　　　マニ ゴロソ ジチョッソヨ

歩けます　걸을 수 있어요　ゴルル ス イッソヨ

まだまだ歩けます.　　아직 걸을 수 있어요.
　　　　　　　　　　アジク ゴルル ス イッソヨ

歩けません　걸을 수 없어요　ゴルル ス オプソヨ

疲れてこれ以上歩けません.　　피곤해서 더 이상 걸을 수 없어요.
　　　　　　　　　　　　　　ピゴンヘソ ド イサン ゴルル ス オプソヨ

歩いたり　걷다가　ゴッタガ

歩いたり走ったり　　걷다가 뛰다가
　　　　　　　　　ゴッタガ ットゥィダガ

動詞・ㄷ(ティグッ)不規則活用

부르다 /ブルダ/ 呼ぶ・招く

①呼ぶ・招く・招待する．②呼ぶ・称する．②歌う．③(値段を)言う・つける．④読み上げる・叫ぶ．

	辞書形	丁寧体	会話体	連体形
現在形	呼ぶ 부르다 ブルダ	呼びます 부릅니다 ブルムニダ	呼びます 불러요 ブルロヨ	呼ぶ～ 부르는 ブルヌン
過去形	呼んだ 불렀다 ブルロッタ	呼びました 불렀습니다 ブルロッスムニダ	呼びました 불렀어요 ブルロッソヨ	呼んだ～ 불렀던/부른 ブルロットン/ブルン
未来形	呼ぶ 부르겠다 ブルゲッタ	呼びます 부르겠습니다 ブルゲッスムニダ	呼びます 부르겠어요 ブルゲッソヨ	呼ぶ～ 부를 ブルル

☐ 呼びます　불러요 ブルロヨ

お母さんを呼びます．　　엄마를 불러요．
　　　　　　　　　　　　オムマルル ブルロヨ

☐ 呼びますか　불러요?・부르나요? ブルロヨ・ブルナヨ

☐ 呼びます　부르겠어요 [未] ブルゲッソヨ

明日家に友人を呼びます．　　내일 집에 친구를 부르겠어요．
　　　　　　　　　　　　　　ネイル ジベ チングルル ブルゲッソヨ

☐ 呼ぶつもりです　부를 거예요 ブルル コイェヨ
☐ 呼ぼうと思います　부를 생각이에요 ブルル センガギエヨ
☐ 呼びません　부르지 않아요・안 불러요 ブルジ アナヨ・アン ブルロヨ

明日はだれも呼びません．　　내일은 아무도 안 불러요．
　　　　　　　　　　　　　　ネイルン アムド アン ブルロヨ

☐ 呼びませんか　부르지 않을래요?・안 부를래요? ブルジ アヌルレヨ・アン ブルルレヨ

キム チョルスさんも呼びませんか．　　김 철수 씨도 부르지 않을래요?
　　　　　　　　　　　　　　　　　　ギム チョルス ッシド ブルジ アヌルレヨ

☐ 呼んでいます　부르고 있어요 ブルゴ イッソヨ

キム チョルスさんが呼んでいますよ．　　김 철수 씨가 부르고 있어요．
　　　　　　　　　　　　　　　　　　　ギム チョルス ッシガ ブルゴ イッソヨ

☐ 呼びました　불렀어요 ブルロッソヨ

私がチョルスさんを呼びました．　　제가 철수 씨를 불렀어요．
　　　　　　　　　　　　　　　　ジェガ チョルス ッシルル ブルロッソヨ

☐ 呼びませんでした　부르지 않았어요・안 불렀어요 ブルジ アナッソヨ・アン ブルロッソヨ
☐ 呼べば　부르면 ブルミョン

動詞・르〈ル〉不規則活用

彼は呼べば来るでしょう。	그는 부르면 오겠지요.
	グヌン プルミョン オゲッチョ

☐ 呼ばなければ　**부르지 않으면・안 부르면**　プルジ アヌミョン・アン プルミョン

大勢の客を呼ばなければなりません。	많은 손님을 부르지 않으면 안 돼요.
	マヌン ソンニムル プルジ アヌミョン アン ドェヨ

☐ 呼ばなくても　**부르지 않아도・안 불러도**　プルジ アナド・アン プルロド

その人は呼ばなくても来ます。	그 사람은 안 불러도 와요.
	グ サラムン アン プルロド ワヨ

☐ 呼ぶこと / 呼んだこと　**부르는 것・부를 것**[ル]/ **불렀던 적・부른 적**　プルヌン ゴッ・プルル コッ / プルロットン ジョク・プルン ジョク

☐ 呼びながら　**부르면서**　プルミョンソ

名前を呼びながら走って行きました。	이름을 부르면서 뛰어 갔어요.
	イルムル プルミョンソ ットゥィオ ガッソヨ

☐ 呼びましょうか　**부를까요？**　プルルッカヨ

私が彼を呼びましょうか。	제가 그를 부를까요？
	ジェガ グルル プルルッカヨ

☐ 呼びたいです / 呼びたくないです　**부르고 싶어요 / 부르고 싶지 않아요**　プルゴ シポヨ / プルゴ シッチ アナヨ

彼も呼びたいです。	그도 부르고 싶어요.
	グド プルゴ シポヨ

☐ 呼んでみます　**불러 볼래요**　プルロ ボルレヨ

名前を呼んでみます。	이름을 불러 볼래요.
	イルムル プルロ ボルレヨ

☐ 呼ぶそうです　**부른대요**　プルンデヨ

お互いあだ名で呼ぶそうです。	서로 별명으로 부른대요.
	ソロ ピョルミョンウロ プルンデヨ

☐ 呼ぶ〜　**부른・부를**[ル]　プルン・プルル

もう呼ぶ人はいません。	더 부를 사람은 없어요.
	ド プルル サラムン オプソヨ

☐ 呼ばない〜　**부르지 않는・안 부르는**　プルジ アンヌン・アン プルヌン

呼ばない理由	부르지 않는 이유
	プルジ アンヌン イユ

☐ 呼んだ〜　**불렀던・부른**　プルロットン・プルン

呼んだ人は全員来ました。	부른 사람은 모두 왔어요.
	プルン サラムン モドゥ ワッソヨ

☐ 呼ばなかった〜　**부르지 않았던・안 불렀던・안 부른**　プルジ アナットン・アン プルロットン・アン プルン

彼を呼ばなかったことを後悔しています. 그를 안 부른 것을 후회하고 있어요.
グルル アン ブルン ゴスル フフェハゴ イッソヨ

❑ 呼んでください　불러 주세요・부르세요　ブルロ ジュセヨ・ブルセヨ
チョルスと呼んでください. 철수라고 부르세요.
チョルスラゴ ブルセヨ

❑ 呼んではいけません　부르면 안 돼요　ブルミョン アン ドェヨ
彼をあだ名で呼んではいけません. 그를 별명으로 부르면 안 돼요.
グルル ビョルミョンウロ ブルミョン アン ドェヨ

❑ 呼ばないでください　부르지 마세요　ブルジ マセヨ
そのように呼ばないでください. 그렇게 부르지 마세요.
グロケ ブルジ マセヨ

❑ 呼んでも　불러도　ブルロド
彼は呼んでも来ませんよ. 그는 불러도 안 와요.
グヌン ブルロド アン ワヨ

❑ 呼ぶけれども / 呼んだけれど　부르지만・불렀지만　ブルジマン・ブルロッチマン
❑ 呼ばせます　부르게 해요　ブルゲ ヘヨ
❑ 呼んで　부르고　ブルゴ
❑ 呼びそうです　부를 것 같아요　ブルル コッ ガタヨ
警察を呼びそうです. 경찰을 부를 것 같아요.
ギョンチャルル ブルル コッ ガタヨ

❑ 呼びやすい / 呼びにくい　부르기 쉬워요 / 부르기 어려워요　ブルギ シュィウォヨ / ブルギ オリョウォヨ
呼びやすい名前ですね. 부르기 쉬운 이름이네요.
ブルギ シュィウン イルミネヨ

❑ 呼ぶから　부르니까・부를 테니까 困　ブルニッカ・ブルル テニッカ
支度ができたら呼ぶから待っていてね. 준비가 되면 부를 테니까 기다려요.
ジュンビガ ドェミョン ブルル テニッカ ギダリョヨ

❑ 呼ぶので, 呼んだので　불러서　ブルロソ
先生が呼んだので教員室に行きました. 선생님이 불러서 교무실에 갔어요.
ソンセンニミ ブルロソ ギョムシレ ガッソヨ

❑ 呼べます　부를 수 있어요　ブルル ス イッソヨ
❑ 呼べません　부를 수 없어요　ブルル ス オプソヨ
❑ 呼んだり　부르거나　ブルゴナ
❑ 呼びに行きます [来ます]　부르러 가요 [와요]　ブルロ ガヨ [ワヨ]
友だちを呼びに行きます. 친구를 부르러 가요.
チングルル ブルロ ガヨ

動詞・르〈ル〉不規則活用

돕다 /ドㇷ゚タ/ 手伝う・手助けする・助ける

①手伝う・手助けする・助ける．②救援する．③後押しする・助力する・援助する・力になる．④促す．

	辞書形	丁寧体	会話体	連体形
現在形	手伝う 돕다 ドㇷ゚タ	手伝います 돕습니다 ドㇷ゚スㇷ゚ニダ	手伝います 도와요 ドワヨ	手伝う〜 돕는 ドㇷ゚ヌン
過去形	手伝った 도왔다 ドワッタ	手伝いました 도왔습니다 ドワッスㇷ゚ニダ	手伝いました 도왔어요 ドワッソヨ	手伝った〜 도왔던/도운 ドワットン/ドウン
未来形	手伝う 돕겠다 ドㇷ゚ケッタ	手伝います 돕겠습니다 ドㇷ゚ケッスㇷ゚ニダ	手伝います 돕겠어요 ドㇷ゚ケッソヨ	手伝う〜 도울 ドウル

❏ **手伝います 도와요** ドワヨ
- 私が手伝います．
- 내가 도와요．
  ネガ ドワヨ

❏ **手伝いますか 도와요?・돕나요?** ドワヨ・ドㇷ゚ナヨ

❏ **手伝います 돕겠어요**困 ドㇷ゚ケッソヨ

❏ **手伝うつもりです 도울 거예요** ドウル コイェヨ
- 今日からお母さんを手伝うつもりです．
- 오늘부터 어머니를 도울 거예요．
  オヌルブト オモニルル ドウル コイェヨ

❏ **手伝おうと思います 도울 생각이에요** ドウル センガギエヨ

❏ **手伝いません 돕지 않아요・안 도와요** ドㇷ゚チ アナヨ・アン ドワヨ
- 弟は何も手伝いません．
- 남동생은 아무것도 안 도와요．
  ナムドンセンウン アムゴット アン ドワヨ

❏ **手伝いませんか 돕지 않을래요?・안 도울래요?** ドㇷ゚チ アヌルレヨ・アン ドウルレヨ
- お母さんを手伝いませんか．
- 어머니를 돕지 않을래요?
  オモニルル ドㇷ゚チ アヌルレヨ

❏ **手伝っています 돕고 있어요** ドㇷ゚コ イッソヨ
- 家事を手伝っています．
- 집안일을 돕고 있어요．
  ジバンニルル ドㇷ゚コ イッソヨ

❏ **手伝いました 도왔어요** ドワッソヨ
- 友だちを手伝いました．
- 친구를 도왔어요．
  チングルル ドワッソヨ

❏ **手伝っていません 돕고 있지 않아요・안 돕고 있어요** ドㇷ゚コ イッチ アナヨ・アン ドㇷ゚コ イッソヨ

動詞・ㅂ(ピウㇷ゚)不規則活用

CD 4

	今は店のことを手伝っていません.	지금은 가게일을 안 돕고 있어요. ジグムン ガゲイルル アン ドプコ イッソヨ
❏	手伝いませんでした　돕지 않았어요・안 도왔어요　ドプチ アナッソヨ・アン ドワッソヨ	
	だれも私を手伝いませんでした.	아무도 나를 돕지 않았어요. アムド ナルル ドプチ アナッソヨ
❏	手伝えば　도우면　ドウミョン	
	お互い手伝えば何でもできます.	서로 도우면 뭐든지 할 수 있어요. ソロ ドウミョン ムォドゥンジ ハル ス イッソヨ
❏	手伝わなければ　돕지 않으면・안 도우면　ドプチ アヌミョン・アン ドウミョン	
	私が手伝わなければいけません.	내가 돕지 않으면 안 돼요. ネガ ドプチ アヌミョン アン デェヨ
❏	手伝わなくても　돕지 않아도・안 도와도　ドプチ アナド・アン ドワド	
	手伝わなくても1人でできます.	안 도와도 혼자서 할 수 있어요. アン ドワド ホンジャソ ハル ス イッソヨ
❏	手伝うこと/手伝ったこと　돕는 것・도울 것 困 / 도왔던 적・도운 적　ドプヌン ゴッ・ドウル コッ/ドワットン ジョク・ドウン ジョク	
	他人を助けることはいいことです.	남을 돕는 것은 좋은 일이에요. ナムル ドプヌン ゴスン ジョウン イリエヨ
❏	手伝いながら　도우면서　ドウミョンソ	
	彼は家業を手伝いながら勉強しました.	그는 가업을 도우면서 공부했어요. グヌン ガオブル ドウミョンソ ゴンブヘッソヨ
❏	手伝いましょうか　도울까요?　ドウルッカヨ	
	私が手伝いましょうか.	제가 도울까요? ジェガ ドウルッカヨ
❏	手伝いたいです/手伝いたくないです　돕고 싶어요 / 돕고 싶지 않아요　ドプ コ シポヨ/ドプコ シプチ アナヨ	
	私も一緒に手伝いたいです.	저도 같이 돕고 싶어요. ジョド ガチ ドプコ シポヨ
❏	手伝ってみます　도와 볼래요　ドワ ボルレヨ	
❏	手伝うそうです　돕는대요　ドプヌンデヨ	
	弟が手伝うそうです.	남동생이 돕는대요. ナムドンセンイ ドプヌンデヨ
❏	手伝う [助ける] ～　돕는・도울 困　ドプヌン・ドウル	
	消化を助ける薬	소화를 돕는 약 ソファルル ドプヌン ヤク
❏	手伝わない～　돕지 않는・안 돕는　ドプチ アンヌン・アン ドプヌン	
	家事を手伝わない夫	가사일을 안 돕는 남편 ガサイルル アン ドプヌン ナムピョン

動詞・ㅂ(ピウプ)不規則活用

- ❏ 手伝った〜　도왔던・도운　ドワットン・ドウン

  彼の仕事を手伝ったことがあります。　　그의 일을 도운 적이 있어요.
  　　　　　　　　　　　　　　　　　　　　グウィ イルル ドウン ジョギ イッソヨ

- ❏ 手伝わなかった〜　돕지 않았던・안 도왔던・안 도운　ドッチ アナットン・アン ドワットン・アン ドウン

- ❏ 手伝って[助けて]ください　도와 주세요・도우세요　ドワジュセヨ・ドウセヨ

  助けてください。　　도와 주세요.
  　　　　　　　　　　ドワジュセヨ

- ❏ 手伝ってはいけません　도우면 안 돼요　ドウミョン アン ドェヨ

  子どもの宿題を手伝ってはいけません。　아이의 숙제를 도우면 안 돼요.
  　　　　　　　　　　　　　　　　　　　アイウィ スクチェルル ドウミョン アンドェヨ

- ❏ 手伝わないでください　돕지 마세요　ドッチ マセヨ

- ❏ 手伝っても　도와도　ドワド

  みんなが少しずつ手伝っても大きな力になります。　모두가 조금씩만 도와도 큰 힘이 돼요.
  　　　　　　　　　　　　　　　　　　　　　　　　モドゥガ ジョグムッシンマン ドワド クン ヒミ ドェヨ

- ❏ 手伝うけれど / 手伝ったけれど　돕지만 / 도왔지만　ドッチマン / ドワッチマン

  手伝うけれど役に立つかどうかわかりません。　돕지만 도움이 될지 어떨지 몰라요.
  　　　　　　　　　　　　　　　　　　　　　　ドッチマン ドウミ ドェルチ オットルチ モルラヨ

- ❏ 手伝わせます　돕게 해요　ドッケ ヘヨ

  妹に手伝わせます。　　여동생에게 돕게 해요.
  　　　　　　　　　　　ヨドンセンエゲ ドッケ ヘヨ

- ❏ 手伝って　돕고　ドッコ

- ❏ 手伝うから　도우니까・도울 테니까　困　ドウニッカ・ドウル テニッカ

  いつでも手伝うから言ってください。　언제든지 도울 테니까 말하세요.
  　　　　　　　　　　　　　　　　　　オンジェドゥンジ ドウル テニッカ マルハセヨ

- ❏ 手伝うので，手伝ったので　도와서　ドワソ

  彼が手伝ったので早く終りました。　그가 도와서 빨리 끝났어요.
  　　　　　　　　　　　　　　　　　グガ ドワソ ッパルリ ックッナッソヨ

- ❏ 手伝えます　도울 수 있어요　ドウル ス イッソヨ

  私たちも手伝えます。　　우리도 도울 수 있어요.
  　　　　　　　　　　　　ウリド ドウル ス イッソヨ

- ❏ 手伝えません　도울 수 없어요　ドウル ス オプソヨ

  今は手伝えません。　　지금은 도울 수 없어요.
  　　　　　　　　　　　ジグムン ドウル ス オプソヨ

動詞・ㅂ(ピウプ)不規則活用

낫다 /ナッタ/ 治る・癒える

	辞書形	丁寧体	会話体	連体形
現在形	治る 낫다 ナッタ	治ります 낫습니다 ナッスムニダ	治ります 나아요 ナアヨ	治る〜 낫는 ナッヌン
過去形	治った 나았다 ナアッタ	治りました 나았습니다 ナアッスムニダ	治りました 나았어요 ナアッソヨ	治った〜 나았던 /나은 ナアットン/ナウン
未来形	治る 낫겠다 ナッケッタ	治ります 낫겠습니다 ナッケッスムニダ	治ります 낫겠어요 ナッケッソヨ	治る〜 나을 ナウル

❏ 治ります　나아요　ナアヨ
薬を飲めば治ります.　　　　　　　　　약을 먹으면 나아요.
　　　　　　　　　　　　　　　　　　ヤグル モグミョン ナアヨ

❏ 治りますか　나아요? ・ 낫나요?　ナアヨ・ナンナヨ
この薬を飲めば風邪が治りますか.　　　이 약을 먹으면 감기가 낫나요?
　　　　　　　　　　　　　　　　　　イ ヤグルモグミョン ガムギガ ナンナヨ

❏ 治ります　낫겠어요　困　ナッケッソヨ

❏ 治りません　낫지 않아요 ・ 안 나아요　ナッチ アナヨ・アン ナアヨ
風邪が治りません.　　　　　　　　　　감기가 안 나아요.
　　　　　　　　　　　　　　　　　　ガムギガ アン ナアヨ

❏ 治っています　낫고 있어요　ナッコ イッソヨ
少しずつ治っています.　　　　　　　　조금씩 낫고 있어요.
　　　　　　　　　　　　　　　　　　ジョグムッシク ナッコ イッソヨ

❏ 治りました　나았어요　ナアッソヨ
病気が治りました.　　　　　　　　　　병이 나았어요.
　　　　　　　　　　　　　　　　　　ピョンイ ナアッソヨ

❏ 治っていません　낫고 있지 않아요 ・ 안 낫고 있어요　ナッコ イッチ アナヨ・アン ナッコ イッソヨ
まだ治っていません.　　　　　　　　　아직 안 낫고 있어요.
　　　　　　　　　　　　　　　　　　アジク アン ナッコ イッソヨ

❏ 治りませんでした　낫지 않았어요 ・ 안 나았어요　ナッチ アナッソヨ・アン ナアッソヨ
腹痛は治りませんでした.　　　　　　　복통이 안 나았어요.
　　　　　　　　　　　　　　　　　　ボクトンイ アン ナアッソヨ

❏ 治れば　나으면　ナウミョン

病気が治ればいいのに. 병이 나으면 좋을 텐데. ビョンイ ナウミョン ジョウル テンデ

❏ **治らなければ** **낫지 않으면・안 나으면** ナッチ アヌミョン・アン ナウミョン
薬で治らなければ手術するそうです. 약으로 안 나으면 수술한대요. ヤグロ アン ナウミョン ススルハンデヨ

❏ **治らなくても** **낫지 않아도・안 나아도** ナッチ アナド・アン ナアド
風邪が治らなくても試合に出ます. 감기가 안 나아도 시합에 나갈래요. ガムギガ アン ナアド シハベ ナガルレヨ

❏ **治ること / 治ったこと** **낫는 것・나을 것**困**/ 나았던 적・나은 적** ナッヌン ゴッ・ナウル コッ / ナアットン ジョッ・ナウン ジョッ
この薬を飲んで治ったことがあります. 이 약을 먹고 나은 적이 있어요. イ ヤグル モッコ ナウン ジョギ イッソヨ

❏ **治りたいです / 治りたくないです** **낫고 싶어요・낫고 싶지 않아요** ナッコ シポヨ・ナッコ シッチ アナヨ
早く治りたいです. 빨리 낫고 싶어요. ッパルリ ナッコ シポヨ

❏ **治るそうです** **낫는대요** ナッヌンデヨ
すぐ治るそうです. 금방 낫는대요. グムバン ナッヌンデヨ

❏ **治る～** **낫는・나을**困 ナッヌン・ナウル
早く治る方法はないでしょうか. 빨리 낫는 방법이 없을까요? ッパルリ ナッヌン パンボビ オプスルッカヨ

❏ **治った～** **나았던・나은** ナアットン・ナウン

❏ **治らなかった～** **낫지 않았던・안 나았던・안 나은** ナッチ アナットン・アン ナアットン・アン ナウン
この薬で治らなかった人はいません. 이 약으로 안 나은 사람은 없어요. イ ヤグロ アン ナウン サラムン オプソヨ

❏ **治っても** **나아도** ナアド
治っても再発しやすいです. 나아도 재발하기 쉬워요. ナアド ジェバルハギ シュィウォヨ

❏ **治るけれど / 治ったけれど** **낫지만 / 나았지만** ナッチマン / ナアッチマン
治るけれど傷跡が残ります. 낫지만 상처가 남아요. ナッチマン サンチョガ ナマヨ

❏ **治りそうです** **날 것 같아요・나을 것 같아요** ナルコッ ガタヨ・ナウルコッ ガタヨ
休んだら治りそうです. 쉬면 나을 것 같아요. シュィミョン ナウル コッ ガタヨ

❏ **治るので, 治ったので** **나아서** ナアソ
風邪が治ったので行けます. 감기가 나아서 갈 수 있어요. ガムギガ ナアソ ガル ス イッソヨ

쓰다 /ッスダ/ 書く

	辞書形	丁寧体	会話体	連体形
現在形	書く 쓰다 ッスダ	書きます 씁니다 ッスムニダ	書きます 써요 ッソヨ	書く〜 쓰는 ッスヌン
過去形	書いた 썼다 ッソッタ	書きました 썼습니다 ッソッスムニダ	書きました 썼어요 ッソッソヨ	書いた〜 썼던/쓴 ッソットン/ッスン
未来形	書く 쓰겠다 ッスゲッタ	書きます 쓰겠습니다 ッスゲッスムニダ	書きます 쓰겠어요 ッスゲッソヨ	書く〜 쓸 ッスル

動詞・이(으)不規則活用

☐ 書きます　써요　ッソヨ
　　ハングルで名前を書きます。　　한글로 이름을 써요.　ハングルロ イルムル ッソヨ

☐ 書きますか　써요?・쓰나요?　ッソヨ・ッスナヨ
　　住所はここに書きますか。　　주소는 여기다 쓰나요?　ジュソヌン ヨギダ ッスナヨ

☐ 書きます　쓰겠어요 困　ッスゲッソヨ
☐ 書くつもりです　쓸 거예요　ッスル コイェヨ
☐ 書こうと思います　쓸 생각이에요　ッスル センガギエヨ
☐ 書きません　쓰지 않아요・안 써요　ッスジ アナヨ・アン ッソヨ
☐ 書きませんか　쓰지 않을래요?・안 쓸래요?　ッスジ アヌルレヨ・アン ッスルレヨ
☐ 書いています　쓰고 있어요　ッスゴ イッソヨ
　　名前を書いています。　　이름을 쓰고 있어요.　イルムル ッスゴ イッソヨ

☐ 書きました　썼어요　ッソッソヨ
　　住所を書きました。　　주소를 썼어요.　ジュソルル ッソッソヨ

☐ 書いていません　쓰고 있지 않아요・안 쓰고 있어요　ッスゴ イッチ アナヨ・アン ッスゴ イッソヨ

☐ 書きませんでした　쓰지 않았어요・안 썼어요　ッスジ アナッソヨ・アン ッソッソヨ
　　電話番号を書きませんでした。　　전화번호를 안 썼어요.　ジョンファボノルル アン ッソッソヨ

☐ 書けば　쓰면　ッスミョン

- 書かなければ　쓰지 않으면・안 쓰면　ッスジ アヌミョン・アン ッスミョン
  - 名前を書かなければいけません.
  - 이름을 안 쓰면 안 돼요.
  - イルムル アン ッスミョン アン ドェヨ
- 書かなくても　쓰지 않아도・안 써도　ッスジ アナド・アン ッソド
- 書くこと / 書いたこと　쓰는 것・쓸 것图 / 썼던 적・쓴 적　ッスヌン ゴッ・ッスルコッ / ッソットン ジョッ・ッスン ジョッ
- 書きながら　쓰면서　ッスミョンソ
  - 書きながら漢字を覚えました.
  - 쓰면서 한자를 외웠어요.
  - ッスミョンソ ハンチャルル ウェウォッソヨ
- 書きましょうか　쓸까요?　ッスルッカヨ
- 書きたいです / 書きたくないです　쓰고 싶어요 / 쓰고 싶지 않아요　ッスゴ シポヨ / ッスゴ シッチ アナヨ
- 書いてみます　써 볼래요　ッソ ボルレヨ
  - 試しに書いてみます.
  - 시험삼아 써 볼래요.
  - シホムサマ ッソ ボルレヨ
- 書くそうです　쓴대요　ッスンデヨ
  - 小説を書くそうです.
  - 소설을 쓴대요.
  - ソソルル ッスンデヨ
- 書く〜　쓰는・쓸图　ッスヌン・ッスル
  - 書くものを貸してください.
  - 쓸 것을 빌려주세요.
  - ッスル コスル ビルリョ ジュセヨ
- 書かない〜　쓰지 않는・안 쓰는　ッスジ アンヌン・アン ッスヌン
- 書いた〜　썼던・쓴　ッソットン・ッスン
  - だれが書いた小説ですか.
  - 누가 쓴 소설인가요?
  - ヌガ ッスン ソソリンガヨ
- 書かなかった〜　쓰지 않았던・안 썼던・안 쓴　ッスッジ アナットン・アン ッソットン・アン ッスン
- 書いてください　써 주세요・쓰세요　ッソ ジュセヨ・ッスセヨ
  - ここに書いてください.
  - 여기에 써 주세요.
  - ヨギエ ッソ ジュセヨ
- 書いてはいけません　쓰면 안 돼요　ッスミョン アン ドェヨ
- 書かないでください　쓰지 마세요　ッスジ マセヨ
  - ここには何も書かないでください.
  - 여기에는 아무것도 쓰지 마세요.
  - ヨギエヌン アムゴット ッスジ マセヨ
- 書いても　써도　ッソド
- 書くけれど / 書いたけれど　쓰지만 / 썼지만　ッスジマン / ッソッチマン

- ❏ 書かせます　쓰게 해요　ッスゲ ヘヨ
- ❏ 書いて　쓰고　ッスゴ

　　名前を書いて印鑑を押しました．　　　이름을 쓰고 도장을 찍었어요．
　　　　　　　　　　　　　　　　　　　　イルムル ッスゴ ドジャンウル ッチゴッソヨ

- ❏ 書きそうです　쓸 것 같아요　ッスル コッ ガタヨ
- ❏ 書きやすい／書きにくい　쓰기 편해요／쓰기 불편해요　ッスギ ピョンヘヨ／ッスギ ブルピョンヘヨ

　　このペンは書きにくいです．　　　이 펜은 쓰기 불편해요．
　　　　　　　　　　　　　　　　　　イ ペヌン ッスギ ブルピョンヘヨ

- ❏ 書くから　쓰니까・쓸 테니까 困　ッスニッカ・ッスル テニッカ
- ❏ 書くので，書いたので　써서　ッソソ
- ❏ 書けます　쓸 수 있어요　ッスル ス イッソヨ

　　ハングルが書けます．　　　한글을 쓸 수 있어요．
　　　　　　　　　　　　　　　ハングルル ッスル ス イッソヨ

- ❏ 書けません　쓸 수 없어요　ッスル ス オプソヨ
- ❏ 書いたり　쓰거나・썼다가　ッスゴナ・ッソッタガ

　　書いたり消したり　　　썼다가 지웠다가
　　　　　　　　　　　　　ッソッタガ ジウォッタガ

만들다 /マンドゥルダ/ 作る

他 ①作る・作成する．②設ける．③工面する・こしらえる．④引き起こす．⑤〔…을／를…로 만들다の形で〕…を…にする．
— 補 〔…도록；…게の形で〕…ようにする．…ようにさせる．…ように仕向ける．

	辞書形	丁寧体	会話体	連体形
現在形	作る 만들다 マンドゥルダ	作ります 만듭니다 マンドゥムニダ	作ります 만들어요 マンドゥロヨ	作る〜 만드는 マンドゥヌン
過去形	作った 만들었다 マンドゥロッタ	作りました 만들었습니다 マンドゥロッスムニダ	作りました 만들었어요 マンドゥロッソヨ	作った〜 만들었던 /만든 マンドゥロットン/マンドゥン
未来形	作る 만들겠다 マンドゥルゲッタ	作ります 만들겠습니다 マンドゥルゲッスムニダ	作ります 만들겠어요 マンドゥルゲッソヨ	作る〜 만들 マンドゥル

❏ 作ります　만들어요　マンドゥロヨ
子どもと一緒にケーキを作ります．
아이와 함께 케이크를 만들어요．
アイワ ハムッケ ケイクルル マンドゥロヨ

❏ 作りますか　만들어요 ?・만드나요 ?　マンドゥロヨ・マンドゥナヨ

❏ 作ります　만들겠어요 困　マンドゥルゲッソヨ

❏ 作るつもりです　만들 거예요　マンドゥル コイェヨ
庭に菜園を作るつもりです．
정원에 채소밭을 만들 거예요．
ジョンウォネ チェソバトゥル マンドゥル コイェヨ

❏ 作ろうと思います　만들 생각이에요　マンドゥル センガギエヨ
庭に菜園を作ろうと思います．
정원에 채소밭을 만들 생각이에요．
ジョンウォネ チェソバトゥル マンドゥル センガギエヨ

❏ 作りません　만들지 않아요・안 만들어요　マンドゥルジ アナヨ・アン マンドゥロヨ

❏ 作りませんか　만들지 않을래요 ?・안 만들래요 ?　マンドゥルジ アヌルレヨ・アン マンドゥルレヨ
花壇を作りませんか．
화단을 만들지 않을래요 ?
ファダヌル マンドゥルジ アヌルレヨ

❏ 作っています　만들고 있어요　マンドゥルゴ イッソヨ
今餃子を作っています．
지금 만두를 만들고 있어요．
ジグム マンドゥルル マンドゥルゴ イッソヨ

❏ 作りました　만들었어요　マンドゥロッソヨ

❏ 作っていません　만들고 있지 않아요・안 만들고 있어요　マンドゥルゴ イッチ アナヨ・アン マンドゥルゴ イッソヨ

動詞・ㄹ（リウル）不規則活用

	今は作っていません。	지금은 안 만들고 있어요. ジグムン アン マンドゥルゴ イッソヨ

❏ 作りませんでした　만들지 않았어요・안 만들었어요　マンドゥルジ アナッソヨ・アン マンドゥロッソヨ

のり巻きは作りませんでした。	김밥은 만들지 않았어요. ギムパブン マンドゥルジ アナッソヨ

❏ 作れば　만들면　マンドゥルミョン

この小説で映画を作ればいいでしょう。	이 소설로 영화를 만들면 좋겠죠. イ ソソルロ ヨンファルル マンドゥルミョン ジョケッチョ

❏ 作らなければ　만들지 않으면・안 만들면　マンドゥルジ アヌミョン・アン マンドゥルミョン

新しいIDを作らなければなりません。	새로운 ID를 만들지 않으면 안 돼요. セロウン アイディルル マンドゥルジ アヌミョン アン ドェヨ

❏ 作らなくても　만들지 않아도・안 만들어도　マンドゥルジ アナド・アン マンドゥロド

サンプルは作らなくてもいいです。	샘플은 안 만들어도 돼요. セムプルン アン マンドゥロド ドェヨ

❏ 作ること / 作ったこと　만드는 것・만들 것困 / 만들었던 적・만든 적　マンドゥヌン ゴッ・マンドゥル コッ / マンドゥロットン ジョク・マンドゥン ジョク

❏ 作りながら　만들면서　マンドゥルミョンソ

作りながら味見をします。	만들면서 맛을 봐요. マンドゥルミョンソ マスル ボワヨ

❏ 作りましょうか　만들까요 ?　マンドゥルッカヨ

この材料で何を作りましょうか。	이 재료로 무얼 만들까요 ? イ ジェリョロ ムオル マンドゥルッカヨ

❏ 作りたいです / 作りたくないです　만들고 싶어요 / 만들고 싶지 않아요　マンドゥルゴ シポヨ / マンドゥルゴ シプチ アナヨ

パンを作りたいです。	빵을 만들고 싶어요. ッパヌル マンドゥルゴ シポヨ

❏ 作ってみます　만들어 볼래요　マンドゥロ ボルレヨ

ブログを作ってみます。	블로그를 만들어 볼래요. ブルログルル マンドゥロ ボルレヨ

❏ 作るそうです　만든대요　マンドゥンデヨ

石けんを作るそうです。	비누를 만든대요. ビヌルル マンドゥンデヨ

❏ 作る〜　만드는・만들困　マンドゥヌン・マンドゥル

作る材料がありません。	만들 재료가 없어요. マンドゥル ジェリョガ オプソヨ

❏ 作らない〜　만들지 않는・안 만드는　マンドゥルジ アンヌン・アン マンドゥヌン

動詞・ㄹ〈リウル〉不規則活用

敵は作らない方がいいです. 적은 안 만드는게 좋아요.
ジョグン アン マンドゥヌンゲ ジョアヨ

❏ 作った〜　만들었던・만든　マンドゥロットン・マンドゥン
紙で作った人形 종이로 만든 인형
ジョンイロ マンドゥン インヒョン

❏ 作ってください　만들어 주세요・만드세요　マンドゥロ ジュセヨ・マンドゥセヨ
1つだけ作ってください. 하나만 만들어 주세요.
ハナマン マンドゥロ ジュセヨ

❏ 作って […させて] はいけません　만들면 안 돼요　マンドゥルミョン アン ドェヨ
不幸にさせてはいけません. 불행하게 만들면 안 돼요.
プレンハゲ マンドゥルミョン アン ドェヨ

❏ 作らない […させない] でください　만들지 마세요　マンドゥルジ マセヨ
失望させないでください. 실망하게 만들지 마세요.
シルマンハゲ マンドゥルジ マセヨ

❏ 作っても　만들어도　マンドゥロド
製品を作っても売れません. 제품을 만들어도 안 팔려요.
ジェプムル マンドゥロド アン パルリョヨ

❏ 作るけれど / 作ったけれど　만들지만 / 만들었지만　マンドゥルジマン・マンドゥロッチマン

❏ 作らせます　만들게 해요　マンドゥルゲ ヘヨ
難しいのは他の人に作らせます. 어려운 것은 다른 사람한테 만들게 해요.
オリョウン ゴスン ダルン サラムハンテ マンドゥルゲ ヘヨ

❏ 作って　만들고　マンドゥルゴ

❏ 作りやすい / 作りにくい　만들기 쉬워요 / 만들기 어려워요　マンドゥルギ シュィウォヨ・
マンドゥルギ オリョウォヨ
このプラモデルは作りやすいです. 이 플라스틱 모형은 만들기 쉬워요.
イ プルラスティク モヒョンウン マンドゥルギ シュィウォヨ

❏ 作るから　만드니까・만들 테니까　㊅　マンドゥニッカ・マンドゥル テニッカ
とんかつを作るから食べて行ってください. 돈가스를 만드니까 먹고 가세요.
ドンガスルル マンドゥニッカ モッコ ガセヨ

❏ 作るので, 作ったので　만들어서　マンドゥロソ

❏ 作れます　만들 수 있어요　マンドゥルス イッソヨ
簡単に作れます. 간단하게 만들 수 있어요.
ガンタンハゲ マンドゥル ス イッソヨ

❏ 作れません　만들 수 없어요・못 만들어요　マンドゥル ス オプソヨ・モッ マンドゥロヨ
今の技術では作れません. 지금 기술로는 만들 수 없어요.
ジグム ギスルロヌン マンドゥル ス オプソヨ

＊活用形は만들 수 없어요ですが, 日常的には못 만들어요のほうがよく使われます.

動詞・ㄹ（リウル）不規則活用

가다 /ガダ/ 行く

自 ①行く．②出向く・向かう・赴く．③進む・通う．④移動する・移す．⑤去る・発つ．⑥届く・伝わる．
⑦(ひびなどが)入る．⑧(視線などが)向く．⑨(手間などが)かかる．⑩(時計などが)動く．
— 補 …して行く，…つつある

	辞書形	丁寧体	会話体	連体形
現在形	行く 가다 ガダ	行きます 갑니다 ガムニダ	行きます 가요 ガヨ	行く〜 가는 ガヌン
過去形	行った 갔다 ガッタ	行きました 갔습니다 ガッスムニダ	行きました 갔어요 ガッソヨ	行った〜 갔던/간 ガットン/ガン
未来形	行く 가겠다 ガゲッタ	行きます 가겠습니다 ガゲッスムニダ	行きます 가겠어요 ガゲッソヨ	行く〜 갈 ガル

動詞・規則活用

❑ 行きます　가요　ガヨ
平日は会社に行きます．
평일은 회사에 가요．
ピョンイルン フェサエ ガヨ

❑ 行きますか　가요？・가나요？　ガヨ・ガナヨ

❑ 行きます　가겠어요　困　ガゲッソヨ

❑ 行くつもりです　갈 거예요　ガル コイェヨ
来月行くつもりです．
다음달에 갈 거예요．
ダウムタレ ガル コイェヨ

❑ 行こうと思います　갈 생각이에요　ガル センガギエヨ
韓国に行こうと思います．
한국에 갈 생각이에요．
ハングゲ ガル センガギエヨ

❑ 行きません　가지 않아요・안 가요　ガジ アナヨ・アン ガヨ
日曜日はどこへも行きません．
일요일은 아무데도 안 가요．
イリョイルン アムデド アン ガヨ

❑ 行きませんか　가지 않을래요？・안 갈래요？　ガジ アヌルレヨ・アン ガルレヨ
美術館に行きませんか．
미술관에 안 갈래요？
ミスルグヮネ アン ガルレヨ

❑ 行きました　갔어요　ガッソヨ
昨日図書館に行きました．
어제 도서관에 갔어요．
オジェ ドソグヮネ ガッソヨ

❑ 行っていません　가고 있지 않아요・안 가고 있어요　ガゴ イッチ アナヨ・アン ガゴ イッソヨ

- まだ行っていません。　　アジゥ アン ガゴ イッソヨ
  아직 안 가고 있어요.

- ☐ **行きませんでした**　가지 않았어요・안 갔어요　ガジ アナッソヨ・アン ガッソヨ
  学校に行きませんでした。　　학교에 안 갔어요.
  ハッキョエ アン ガッソヨ

- ☐ **行けば**　가면　ガミョン
  行けばいいのに。　　가면 좋을 텐데.
  ガミョン ジョウル テンデ

- ☐ **行かなければ**　가지 않으면・안 가면　ガジ アヌミョン・アン ガミョン
  今日病院に行かなければなりません。　　오늘 병원에 가지 않으면 안 돼요.
  オヌル ビョンウォネ ガジ アヌミョン アン ドェヨ

- ☐ **行かなくても**　가지 않아도・안 가도　ガジ アナド・アン ガド
  私は行かなくてもいいですか。　　나는 안 가도 돼요?
  ナヌン アン ガド ドェヨ

- ☐ **行くこと / 行ったこと**　가는 것・갈 것 [困]・갔던 적・간 적　ガヌン ゴッ・ガル コッ/
  ガットン ジョク・ガン ジョク
  釜山に行ったことがあります。　　부산에 간 적이 있어요.
  ブサネ ガン ジョギ イッソヨ

- ☐ **行きましょうか**　갈까요?　ガルッカヨ
  私が代わりに行きましょうか。　　제가 대신 갈까요?
  ジェガ デシン ガルッカヨ

- ☐ **行きたいです / 行きたくないです**　가고 싶어요 / 가고 싶지 않아요　ガゴ シポヨ・
  ガゴ シプチ アナヨ
  ソウルに行きたいです。/ 会社に行きたくないです。　서울에 가고 싶어요./ 회사에 가고 싶지 않아요.
  ソウレ ガゴ シポヨ/ フェサエ ガゴ シプチ アナヨ

- ☐ **行ってみます**　가 볼래요　ガ ボルレヨ
  本屋に行ってみます。　　서점에 가 볼래요.
  ソジョメ ガ ボルレヨ

- ☐ **行くそうです**　간대요　ガンデヨ
  彼はアメリカに行くそうです。　　그는 미국에 간대요.
  グヌン ミグゲ ガンデヨ

- ☐ **行く～**　가는・갈 [困]　ガヌン・ガル
  行くときは知らせてください。　　갈 때는 알려 주세요.
  ガルッ テヌン アルリョ ジュセヨ

- ☐ **行かない～**　가지 않는・안 가는　ガジ アンヌン・アン ガヌン
  遠足に行かない学生　　소풍을 가지 않는 학생
  ソプンウル ガジ アンヌン ハクセン

- ☐ **行った～**　갔던・간　ガットン・ガン

❏ 行かなかった〜　가지 않은・안 가는・안 간　ガジ アヌン・アン ガヌン・アン ガン
❏ 行ってはいけません　가면 안 돼요　ガミョン アン ドェヨ

| 危ないから行ってはいけません | 위험하니까 가면 안 돼요.
ウィホムハニッカ ガミョン アン ドェヨ |

❏ 行かないでください　가지 마세요　ガジ マセヨ

| 危険な場所へ行かないでください. | 위험한 장소에 가지 마세요.
ウィホムハン ジャンソエ ガジ マセヨ |

❏ 行っても　가도　ガド

| 私も行ってもいいですか. | 나도 가도 되나요?
ナド ガド ドェナヨ |

❏ 行くけれど / 行ったけれど　가지만 / 갔지만　ガジマン / ガッチマン

| 行ったけれどもだれもいませんでした. | 갔지만 아무도 없었어요.
ガッチマン アムド オプソッソヨ |

❏ 行かせます　가게해요　ガゲヘヨ

| 先に行かせます. | 먼저 가게해요.
モンジョ ガゲヘヨ |

❏ 行って　가고　ガゴ
❏ 行きやすい / 行きにくい　가기 쉬워요 / 가기 어려워요　ガギ シュィウォヨ / ガギ オリョウォヨ

| 近いから行きやすいです | 가까워서 가기 쉬워요.
ガッカウォソ ガギ シュィウォヨ |

❏ 行くから　가니까・갈 테니까 困　ガニッカ・ガル テニッカ

| 明日行くから部屋を用意してください. | 내일 가니까 방을 준비해 주세요.
ネイル ガニッカ パンウル ジュンビヘ ジュセヨ |

❏ 行くので, 行ったので　가서　ガソ
❏ 行けます　갈 수 있어요　ガル ス イッソヨ

| 明日は行けます. | 내일은 갈 수 있어요.
ネイルン ガル ス イッソヨ |

❏ 行けません　갈 수 없어요　ガル ス オプソヨ

| 時間がないので行けません. | 시간이 없어서 갈 수 없어요.
シガニ オプソソ ガル ス オプソヨ |

❏ 行ったり　갔다가　ガッタガ

| 行ったり来たり | 왔다가 갔다가
ワッタガ ガッタガ |

＊韓国語では「来たり行ったり」と言います.

動詞・規則活用

오다 /オダ/ 来る

自 ①来る・やってくる．②至る．③(雪などが)降る．
— 補 行動・状態などが進行する意を表す：…してくる．

	辞書形	丁寧体	会話体	連体形
現在形	来る 오다 オダ	来ます 옵니다 オムニダ	来ます 와요 ワヨ	来る〜 오는 オヌン
過去形	来た 왔다 ワッタ	来ました 왔습니다 ワッスムニダ	来ました 왔어요 ワッソヨ	来た〜 왔던/온 ワットン/オン
未来形	来る 오겠다 オゲッタ	来ます 오겠습니다 オゲッスムニダ	来ます 오겠어요 オゲッソヨ	来る〜 올 オル

❑ 来ます　와요　ワヨ
　彼は毎日ここに来ます．/ 明日友人が来ます．
　그는 매일 여기에 와요 / 내일 친구가 와요．
　グヌン メイル ヨギエ ワヨ / ネイル チングガ ワヨ

❑ 来ますか　와요? ・오나요?　ワヨ・オナヨ
❑ 来ます　오겠어요 困　オゲッソヨ
❑ 来るつもりです　올 거예요　オル コイェヨ
❑ 来ようと思います　올 생각이에요　オル センガギエヨ
　ときどきここに来ようと思います．
　가끔 여기에 올 생각이에요．
　ガックム ヨギエ オル センガギエヨ

❑ 来ません　오지 않아요・안 와요　オジ アナヨ・アン ワヨ
　今日はだれも来ません．
　오늘은 아무도 안 와요．
　オヌルン アムド アン ワヨ

❑ 来ませんか　오지 않을래요?・안 올래요?　オジ アヌルレヨ・アン オルレヨ
　あなたも来ませんか．
　당신도 오지 않을래요?
　ダンシンド オジ アヌルレヨ

❑ 来ています　오고 있어요　オゴ イッソヨ
　友だちが来ています．
　친구가 오고 있어요．
　チングガ オゴ イッソヨ

❑ 来ました　왔어요　ワッソヨ
　昨日手紙が来ました．
　어제 편지가 왔어요．
　オジェ ピョンジガ ワッソヨ

❑ 来ていません　오고 있지 않아요・안 오고 있어요　オゴ イッチ アナヨ・アン オゴ イッソヨ

❏ キム チョルスさんはまだ来ていません. 　　김 철수 씨는 아직 안 왔어요. 過
　　　　　　　　　　　　　　　　　　　　ギム チョルス ッシヌン アジク アン ワッソヨ

❏ 来ませんでした　오지 않았어요・안 왔어요　オジ アナッソヨ・アン ワッソヨ
❏ 来れば　오면　オミョン
　あなたも来ればいいのに.　　　　　　　너도 오면 좋을 텐데.
　　　　　　　　　　　　　　　　　　　　ノド オミョン ジョウル テンデ

❏ 来なければ　오지 않으면・안 오면　オジ アヌミョン・アン オミョン
　今日までに連絡が来なければ不合格です.　오늘까지 연락이 안 오면 불합격이에요.
　　　　　　　　　　　　　　　　　　　　オヌルッカジ ヨンラギ アン オミョン プルハプキョギエヨ

❏ 来なくても　오지 않아도・안 와도　オジ アナド・アン ワド
❏ 来ること / 来たこと　오는 것・올 것 困 / 왔던 적・온 적　オヌン ゴッ・オル コッ / ワットン ジョク・オン ジョク
　ここに来たことはありません.　　　　　여기에 온 적은 없어요.
　　　　　　　　　　　　　　　　　　　　ヨギエ オン ジョグン オプソヨ

❏ 来ながら　오면서　オミョンソ
❏ 来ましょうか　올까요?　オルッカヨ
　明日も来ましょうか.　　　　　　　　　내일도 올까요?
　　　　　　　　　　　　　　　　　　　　ネイルド オルッカヨ

❏ 来たいです / 来たくないです　오고 싶어요 / 오고 싶지 않아요　オゴ シポヨ / オゴ シプチ アナヨ
　また来たいです.　　　　　　　　　　　또 오고 싶어요.
　　　　　　　　　　　　　　　　　　　　ット オゴ シポヨ

❏ 来てみます　와 볼래요　ワ ボルレヨ
　今度は1人で来てみます.　　　　　　　다음에는 혼자서 와 볼래요.
　　　　　　　　　　　　　　　　　　　　ダウメヌン ホンジャソ ワ ボルレヨ

❏ 来るそうです　온대요　オンデヨ
　彼も来るそうです.　　　　　　　　　　그도 온대요.
　　　　　　　　　　　　　　　　　　　　グド オンデヨ

❏ 来る〜　오는・올 困　オヌン・オル
　来るときは連絡をください.　　　　　　올 때는 연락을 주세요.
　　　　　　　　　　　　　　　　　　　　オル ッテヌン ヨンラグル ジュセヨ

❏ 来ない〜　오지 않는・안 오는　オジ アンヌン・アン オヌン
　お客が来ない理由　　　　　　　　　　　손님이 오지 않는 이유
　　　　　　　　　　　　　　　　　　　　ソンニミ オジ アンヌン イユ

❏ 来た〜　왔던・온　ワットン・オン
　さっき来た人がキム チョルスさんです.　방금 왔던 사람이 김 철수 씨예요.
　　　　　　　　　　　　　　　　　　　　バングム ワットン サラミ ギム チョルス ッシイエヨ

動詞・規則活用

- ❏ 来なかった〜　오지 않았던・안 왔던・안 온　オジ アナットン・アン ワットン・アン オン
  - 会合に来なかった人
  - 모임에 안 왔던 사람
  - モイメ アン ワットン サラム

- ❏ 来てください　와 주세요・오세요　ワ ジュセヨ・オセヨ
  - また来てください.
  - 또 와 주세요・또 오세요.
  - ット ワ ジュセヨ・ット オセヨ

- ❏ 来てはいけません　오면 안 돼요　オミョン アン ドェヨ
  - 手ぶらで来てはいけません.
  - 빈손으로 오면 안 돼요.
  - ピンソヌロ オミョン アン ドェヨ

- ❏ 来ない [近づかない] でください　오지 마세요　オジ マセヨ
  - 近づかないでください.
  - 가까이 오지 마세요.
  - ガッカイ オジ マセヨ

- ❏ 来ても　와도　ワド
  - 明日は来てもだれもいません.
  - 내일은 와도 아무도 없어요.
  - ネイルン ワド アムド オプソヨ

- ❏ 来る [降る] けれど / 来たけれど　오지만・왔지만　オジマン / ワッチマン
  - 雪は降るけれど暖かいです.
  - 눈은 오지만 따뜻해요.
  - ヌヌン オジマン ッタットゥテヨ

- ❏ 来させます　오게 해요　オゲ ヘヨ

- ❏ 来て　오고　オゴ

- ❏ 来そうです　올 것 같아요　オル コッ ガタヨ
  - そろそろ彼が来そうです.
  - 곧 그가 올 것 같아요.
  - ゴッ グガ オル コッ ガタヨ

- ❏ 来やすい / 来にくい　오기 편해요 / 오기 불편해요　オギ ピョンヘヨ / オギ プルピョンヘヨ
  - どこからでも来やすい場所
  - 어디에서도 오기 편한 장소
  - オディエソド オギ ピョンハン ジャンソ

- ❏ 来る [降る] から　오니까・올 테니까　困　オニッカ・オル テニッカ
  - 雪が降るから道が滑ります.
  - 눈이 오니까 길이 미끄러워요.
  - ヌニ オニッカ ギリ ミックロウォヨ

- ❏ 来るので, 来たので　와서　ワソ

- ❏ 来られます　올 수 있어요　オル ス イッソヨ
  - 来ようと思えばいつでも来られます.
  - 오려고 생각하면 언제라도 올 수 있어요.
  - オリョゴ センガカミョン オンジェラド オル ス イッソヨ

- ❏ 来られません　올 수 없어요　オル ス オプソヨ
  - 毎日は来られません.
  - 매일은 올 수 없어요.
  - メイルン オル ス オプソヨ

깎다 /ッカタ/ 削る

①削る・むく．②剃る・刈る．③値切る・減らす．④(名誉などを)傷つける．
＊「皮をむく」場合は，りんご・じゃがいもなど，削り取るようにむくものに対して使います．

	辞書形	丁寧体	会話体	連体形
現在形	削る 깎다 ッカタ	削ります 깎습니다 ッカスムニダ	削ります 깎아요 ッカカヨ	削る〜 깎는 ッカンヌン
過去形	削った 깎았다 ッカカッタ	削りました 깎았습니다 ッカカッスムニダ	削りました 깎았어요 ッカカッソヨ	削った〜 깎았던 / 깎은 ッカカットン / ッカクン
未来形	削る 깎겠다 ッカケッタ	削ります 깎겠습니다 ッカケッスムニダ	削ります 깎겠어요 ッカケッソヨ	削る〜 깎을 ッカクル

❑ 削ります　깎아요　ッカカヨ
鉛筆を削ります．　　　연필을 깎아요．
　　　　　　　　　　　ヨンピルル ッカカヨ

❑ 削りますか　깎아요? ・ 깎나요?　ッカカヨ・ッカンナヨ

❑ 削ります　깎겠어요 困　ッカケッソヨ

❑ 削るつもりです　깎을 거예요　ッカクル コイェヨ

❑ 削ろうと思います　깎을 생각이에요　ッカクル センガギエヨ

❑ 削りません　깎지 않아요・ 안 깎아요　ッカチ アナヨ・アン ッカカヨ

❑ 削りませんか　깎지 않을래요? ・ 안 깎을래요?　ッカチ アヌルレヨ・アン ッカクルレヨ
庭の草を刈りませんか．　　마당의 풀을 깎지 않을래요?
　　　　　　　　　　　　　マダンウィ プルル ッカチ アヌルレヨ

❑ 削って [むいて] います　깎고 있어요　ッカコ イッソヨ
母はりんごをむいています．　어머니는 사과를 깎고 있어요．
　　　　　　　　　　　　　　オモニヌン サグヮルル ッカコ イッソヨ

❑ 削りました　깎았어요　ッカカッソヨ
予算を削りました．　　　예산을 깎았어요．
　　　　　　　　　　　　イェサヌル ッカカッソヨ

❑ 削っていません　깎고 있지 않아요・ 안 깎고 있어요　ッカコ イッチ アナヨ・アン ッカコ イッソヨ

❑ 削りませんでした　깎지 않았어요・ 안 깎았어요　ッカチ アナッソヨ・アン ッカカッソヨ
今日はひげを剃りませんでした．　오늘은 수염을 안 깎았어요．
　　　　　　　　　　　　　　　　オヌルン スヨムル アン ッカカッソヨ

❏ 削れば　깎으면　ッカクミョン

❏ 削らなければ　깎지 않으면・안 깎으면　ッカチ アヌミョン・アン ッカクミョン
　髪を切らなければいけません.　머리를 안 깎으면 안 돼요.
　　　　　　　　　　　　　　　モリルル アン ッカクミョン アン ドェヨ

❏ 削らなくても　깎지 않아도・안 깎아도　ッカチ アナド・アン ッカカド

❏ 削ること / 削ったこと　깎는 것・깎을 것 困 / 깎았던 적・깎은 적　ッカヌン ゴッ・
　ッカクル コッ / ッカカットン ジョク・ッカクン ジョク

❏ 削りながら　깎으면서　ッカクミョンソ

❏ 削りましょうか　깎을까요?　ッカクルッカヨ
　私が果物をむきましょうか.　제가 과일을 깎을까요?
　　　　　　　　　　　　　　ジェガ グワイルル ッカクルッカヨ

❏ 削りたいです / 削りたくないです　깎고 싶어요 / 깎고 싶지 않아요　ッカコ シポヨ /
　ッカコ シッチ アナヨ

❏ 削って [値切って] みます　깎아 볼래요　ッカカ ボルレヨ
　値切ってみます.　가격을 깎아 볼래요.
　　　　　　　　　ガギョグル ッカカ ボルレヨ

❏ 削るそうです　깎는대요　ッカンヌンデヨ
　来月から給料を削るそうです.　다음달부터 월급을 깎는대요.
　　　　　　　　　　　　　　　ダウムッタルブト ウォルグブル ッカンヌンデヨ

❏ 削る〜　깎는・깎을 困　ッカンヌン・ッカクル
　果物をむくナイフはどれですか.　과일을 깎는 칼은 어느 건가요?
　　　　　　　　　　　　　　　　グワイルル ッカンヌン カルン オヌ ゴンガヨ

❏ 削らない〜　깎지 않는・안 깎는　ッカチ アンヌン・アン ッカンヌン

❏ 削った〜　깎았던・깎은　ッカカットン・ッカクン
　むいた皮はごみ箱に捨ててください.　깎은 껍질은 쓰레기통에 버려 주세요.
　　　　　　　　　　　　　　　　　　ッカクン ッコプチルン ッスレギトンエ ボリョ ジュセヨ

❏ 削らなかった〜　깎지 않았던・안 깎았던・안 깎은　ッカチ アナットン・アン ッカカットン・
　アン ッカクン

❏ 削ってください　깎아 주세요・깎으세요　ッカカ ジュセヨ・ッカクセヨ
　安くしてください.　깎아 주세요.
　　　　　　　　　ッカカ ジュセヨ

❏ 削ってはいけません　깎으면 안 돼요　ッカクミョン アン ドェヨ
　爪をあまり短く切ってはいけません.　손톱을 너무 짧게 깎으면 안 돼요.
　　　　　　　　　　　　　　　　　　ソントブル ノム ッチャルッケ ッカクミョン アン ドェヨ

❏ 削ら [値切ら] ないでください　깎지 마세요　ッカチ マセヨ
　これ以上値切らないでください.　이 이상 깎지 마세요.
　　　　　　　　　　　　　　　　イ イサン ッカチ マセヨ

動詞・規則活用

❏ 削っても　깎아도　ッカカド

❏ 削るけれど / 削ったけれど　깎지만 / 깎았지만　ッカチマン / ッカカッチマン

口ひげは剃るけれどあごひげは剃りません.　　콧수염은 깎지만 턱수염은 안 깎아요.
コッスヨムン ッカチマン トゥスヨムン アン ッカカヨ

❏ 削らせます　깎게 해요　ッカケ ヘヨ

ひげを剃らせます.　　수염을 깎게 해요.
スヨムル ッカケ ヘヨ

❏ 削って　깎고　ッカコ

髪を切ってヘアカラーもしました.　　머리를 깎고 염색도 했어요.
モリルル ッカコ ヨムセクト ヘッソヨ

❏ 削りそうです　깎을 것 같아요　ッカクル コッ ガタヨ

❏ 削りやすい / 削りにくい　깎기 쉬워요 / 깎기 어려워요　ッカキ シュィウォヨ / ッカキ オリョウォヨ

❏ 削るから　깎으니까・깎을 테니까 困　ッカクニッカ・ッカクル テニッカ

❏ 削るので, 削ったので　깎아서　ッカカソ

❏ 削れます　깎을 수 있어요　ッカクル ス イッソヨ

りんごをきれいにむけます.　　사과를 예쁘게 깎을 수 있어요.
サグヮルル イェップゲ ッカクル ス イッソヨ

❏ 削れません　깎을 수 없어요　ッカクル ス オプソヨ

❏ 削ったり　깎거나・깎았다가　ッカコナ・ッカカッタガ

따뜻하다 /ッタットゥッタダ/ 暖かい・温かい

- あたたかいです　**따뜻해요**　ッタットゥッテヨ

  (天気が) 暖かいです.　　　　날씨가 따뜻해요.
  　　　　　　　　　　　　　　ナルッシガ ッタットゥッテヨ

- あたたかいですか　**따뜻해요? · 따뜻하나요? · 따뜻한가요?**　ッタットゥッテヨ? · ッタットゥッタナヨ · ッタットゥッタンガヨ

  (天気が) 暖かいですか.　　　날씨가 따뜻해요?
  　　　　　　　　　　　　　　ナルッシガ ッタットゥッテヨ

- あたたかくありません　**따뜻하지 않아요 · 안 따뜻해요**　ッタットゥッタジ アナヨ · アン ッタットゥッテヨ

  牛乳が温かくありません.　　우유가 안 따뜻해요.
  　　　　　　　　　　　　　　ウユガ アン ッタットゥッテヨ

- あたたかかったです　**따뜻했어요**　ッタットゥッテッソヨ

  部屋は暖かかったです.　　　방은 따뜻했어요.
  　　　　　　　　　　　　　　パンウン ッタットゥッテッソヨ

- あたたかくなかったです　**따뜻하지 않았어요 · 안 따뜻했어요**　ッタットゥッタジ アナッソヨ · アン ッタットゥッテッソヨ

  部屋が暖かくなかったです.　방이 따뜻하지 않았어요.
  　　　　　　　　　　　　　　パンイ ッタットゥッタジ アナッソヨ

- あたたかい〜　**따뜻한 · 따뜻할**[困]　ッタットゥッタン · ッタットゥッタル

  温かい心　　　　　　　　　　따뜻한 마음
  　　　　　　　　　　　　　　ッタットゥッタン マウム

  暖かい日　　　　　　　　　　따뜻한 날
  　　　　　　　　　　　　　　ッタットゥッタン ナル

  温かい内に召し上がってください.　따뜻할 때 (식기 전에) 드세요.
  　　　　　　　　　　　　　　ッタットゥッタル ッテ (シクキ ジョネ) ドゥセヨ

- あたたかかった〜　**따뜻했던 · 따뜻한**　ッタットゥッテットン · ッタットゥッタン

  温かかった飲み物が冷めてしまいました.　따뜻했던 음료가 차가워져 버렸어요.
  　　　　　　　　　　　　　　ッタットゥッテットン ウムニョガ チャガウォジョ ボリョッソヨ

- あたたかいかもしれません　**따뜻할지도 몰라요**　ッタットゥッタルチド モルラヨ

  (天気が) 暖かいかもしれません.　날씨가 따뜻할지도 몰라요.
  　　　　　　　　　　　　　　ナルッシガ ッタットゥッタルチド モルラヨ

- あたたかいそうです　**따뜻하대요**　ッタットゥッタデヨ

  (天気が) 暖かいそうです.　　날씨가 따뜻하대요.
  　　　　　　　　　　　　　　ナルッシガ ッタットゥッタデヨ

- あたたかかったそうです　**따뜻했대요**　ッタットゥッテッテヨ

形容詞・여(ヨ)不規則活用

(天気が)暖かかったそうです。	날씨가 따뜻했대요.	ナルッシガ ッタットゥッテッテヨ

□ あたたかいでしょう　따뜻하겠지요・따뜻하겠죠　ッタットゥッタゲッチヨ・ッタットゥッタゲッチョ

明日は暖かいでしょう。	내일은 따뜻하겠지요.	ネイルン ッタットゥッタゲッチヨ

□ あたたかくて　따뜻하고　ッタットゥッタゴ

温かくて甘い飲み物がほしいです。	따뜻하고 단 음료수가 마시고 싶어요.	ッタットゥッタゴ ダン ウムニョスガ マシゴ シポヨ

□ あたたかいから　따뜻하니까・따뜻해서　ッタットゥッタニッカ・ッタットゥッテソ

温かいからおいしいです。	따뜻하니까 맛있어요.	ッタットゥッタニッカ マシッソヨ

□ あたたかかったので　따뜻했으니까・따뜻해서　ッタットゥッテッスニッカ・ッタットゥッテソ

温かかったのでおいしかったです。	따뜻해서 맛있었어요.	ッタットゥッテソ マシッソッソヨ

□ あたたかく　따뜻하게・따뜻이　ッタットゥッタゲ・ッタットゥッシ

温かくもてなしてくれました。	따뜻하게 대해주셨어요.	ッタットゥッタゲ デヘジュショッソヨ

□ あたたかいけれども　따뜻하지만・따뜻해도　ッタットゥッタジマン・ッタットゥッテド

暖かいけれども眠れません。	따뜻하지만 잠이 들지 않아요.	ッタットゥッタジマン ジャミ ドゥルジ アナヨ

□ あたたかければ　따뜻하면　ッタットゥッタミョン

暖かければいいのに。	따뜻하면 좋을 텐데.	ッタットゥッタミョン ジョウル テンデ

□ あたたかくていらっしゃいます　따뜻하세요　ッタットゥッタセヨ

心が温かくていらっしゃいます。	마음이 따뜻하세요.	マウミ ッタットゥッタセヨ

□ あたたかくていらっしゃいました　따뜻하셨어요　ッタットゥッタショッソヨ

心が温かくていらっしゃいました。	마음이 따뜻하셨어요.	マウミ ッタットゥッタショッソヨ

□ あたたかくても　따뜻해도・따뜻하지만　ッタットゥッテド・ッタットゥッタジマン

暖かくても上着を持って行ったほうがいいですよ。	따뜻해도 상의를 가지고 가는게 좋아요.	ッタットゥッテド サンウィルル ガジゴ ガヌンゲ ジョアヨ

맛있다 /マシッタ/ おいしい

	辞書形	丁寧体	会話体	連体形
現在形	おいしい 맛있다 マシッタ	おいしいです 맛있습니다 マシッスムニダ	おいしいです 맛있어요 マシッソヨ	おいしい〜 맛있는 マシッヌン
過去形	おいしかった 맛있었다 マシッソッタ	おいしかったです 맛있었습니다 マシッソッスムニダ	おいしかったです 맛있었어요 マシッソッソヨ	おいしかった〜 맛있던 / 맛있었던 マシットン/マシッソットン

❏ **おいしいです** 맛있어요 マシッソヨ
料理がおいしいです．　　요리가 맛있어요．
　　　　　　　　　　　　ヨリガ マシッソヨ

❏ **おいしいですか** 맛있어요? ・ 맛있나요? マシッソヨ・マシッナヨ
ナムルがおいしいですか．　나물이 맛있어요?
　　　　　　　　　　　　　ナムリ マシッソヨ

❏ **おいしくありません** 맛있지 않아요 ・ 맛없어요 マシッチ アナヨ・マドプソヨ
ハンバーガーがおいしくありません．　햄버거가 맛없어요．
　　　　　　　　　　　　　　　　　　ヘムボゴガ マドプソヨ

＊活用形は맛있지 않아요ですが，日常的には맛없어요「まずい」をよく使います．

❏ **おいしかったです** 맛있었어요 マシッソッソヨ
キムチがおいしかったです．　김치가 맛있었어요．
　　　　　　　　　　　　　　ギムチガ マシッソッソヨ

❏ **おいしくなかったです** 맛있지 않았어요 ・ 맛없었어요 マシッチ アナッソヨ・マドプソッソヨ
料理がおいしくなかったです．　요리가 맛있지 않았어요．
　　　　　　　　　　　　　　　　ヨリガ マシッチ アナッソヨ

❏ **おいしい〜** 맛있는 ・ 맛있을 困 マシンヌン・マシッスル
おいしいお米です．　맛있는 쌀이에요．
　　　　　　　　　　マシンヌン ッサリエヨ

❏ **おいしかった〜** 맛있었던 マシッソットン
おいしかった料理は忘れません．　맛있었던 요리는 잊을 수 없어요．
　　　　　　　　　　　　　　　　マシッソットン ヨリヌン イジュル ス オプソヨ

❏ **おいしいかもしれません** 맛있을지도 몰라요 マシッスルチド モルラヨ
刺身がおいしいかもしれません．　생선회가 맛있을지도 몰라요．
　　　　　　　　　　　　　　　　センソンフェガ マシッスルチド モルラヨ

❏ **おいしいそうです** 맛있대요 マシッテヨ

パンがおいしいそうです。　　　　　빵이 맛있대요.
　　　　　　　　　　　　　　　　　ッパンイ マシッテヨ

□ おいしかったそうです　맛있었대요　マシッソッテヨ
カルビがおいしかったそうです。　　갈비가 맛있었대요.
　　　　　　　　　　　　　　　　　ガルビガ マシッソッテヨ

□ おいしいでしょう　맛있겠지요・맛있겠죠　マシッケッチヨ・マシッケッチョ
彼女の料理はきっとおいしいでしょう。　그녀의 요리는 틀림없이 맛있겠지요.
　　　　　　　　　　　　　　　　　グニョウィ ヨリヌン トゥルリムオプシ マシッケッチヨ

□ おいしくて　맛있고　マシッコ
おいしくて体にもいいです。　　　　맛있고 몸에도 좋아요.
　　　　　　　　　　　　　　　　　マシッコ モメド ジョアヨ

□ おいしいから　맛있으니까・맛있어서　マシッスニッカ・マシッソ
おいしいから全部食べました。　　　맛있어서 다 먹었어요.
　　　　　　　　　　　　　　　　　マシッソ ダ モゴッソヨ

□ おいしかったので　맛있었으니까・맛있어서　マシッソッスニッカ・マシッソソ

□ おいしく　맛있게　マシッケ
もっとおいしく作れます。　　　　　더 맛있게 만들 수 있어요.
　　　　　　　　　　　　　　　　　ド マシッケ マンドゥル ス イッソヨ

□ おいしいけれども　맛있지만・맛있어도　マシッチマン・マシッソド
おいしいけれどもカロリーが高いです。　맛있지만 칼로리가 높아요.
　　　　　　　　　　　　　　　　　マシッチマン カルロリガ ノパヨ

□ おいしければ　맛있으면　マシッスミョン
食べてみておいしければまた買います。　먹어 보고 맛있으면 또 살게요.
　　　　　　　　　　　　　　　　　モゴ ボゴ マシッスミョン ット サルケヨ

□ おいしくても　맛있어도　マシッソド
おいしくても高ければ買いません。　　맛있어도 비싸면 안 사요.
　　　　　　　　　　　　　　　　　マシッソド ピッサミョン アン サヨ

□ おいしそうな　맛있을 것 같은　マシッスル コッ ガトゥン
おいしそうなケーキですね。　　　　맛있을 것 같은 케이크예요.
　　　　　　　　　　　　　　　　　マシッスル コッ ガトゥン ケイクイェヨ

形容詞・規則活用

動詞

노래하다 /ノレハダ/ 歌う

	辞書形	丁寧体	会話体	連体形
現在形	歌う 노래하다 ノレハダ	歌います 노래합니다 ノレハムニダ	歌います 노래해요 ノレヘヨ	歌う〜 노래하는 ノレハヌン
過去形	歌った 노래했다 ノレヘッタ	歌いました 노래했습니다 ノレヘッスムニダ	歌いました 노래했어요 ノレヘッソヨ	歌った〜 노래했던 /노래한 ノレヘットン/ノレハン
未来形	歌う 노래하겠다 ノレハゲッタ	歌います 노래하겠습니다 ノレハゲッスムニダ	歌います 노래하겠어요 ノレハゲッソヨ	歌う〜 노래할 ノレハル

여(ヨ) 不規則活用

❏ 歌います　노래해요　ノレヘヨ

楽しく歌います.　　즐겁게 노래해요.
　　　　　　　　　ジュルゴプケ ノレヘヨ

❏ 歌いますか　노래해요?・노래하나요?　ノレヘヨ・ノレハナヨ

❏ 歌います　노래하겠어요 困　ノレハゲッソヨ

❏ 歌うつもりです　노래할 거예요　ノレハル コイェヨ

❏ 歌おうと思います　노래할 생각이에요　ノレハル センガギエヨ

❏ 歌いません　노래하지 않아요・노래 안 해요　ノレハジ アナヨ・ノレアン ヘヨ

❏ 歌いませんか　노래하지 않을래요?・노래 안 할래요?　ノレハジ アヌルレヨ・ノレ アン ハルレヨ

一緒に歌いませんか.　　함께 노래하지 않을래요?
　　　　　　　　　　　ハムッケ ノレハジ アヌルレヨ

❏ 歌っています　노래하고 있어요　ノレハゴ イッソヨ

妹が歌っています.　　여동생이 노래하고 있어요.
　　　　　　　　　　ヨドンセンイ ノレハゴ イッソヨ

❏ 歌いました　노래했어요　ノレヘッソヨ

友人の結婚式で歌いました.　　친구의 결혼식에서 노래했어요.
　　　　　　　　　　　　　　チングウィ ギョロンシゲソ ノレヘッソヨ

❏ 歌っていません　노래하고 있지 않아요・노래 안 하고 있어요　ノレハゴ イッチ アナヨ・ノレ アン ハゴ イッソヨ

❏ 歌いませんでした　노래하지 않았어요・노래 안 했어요　ノレハジ アナッソヨ・ノレ アン ヘッソヨ

彼は歌いませんでした.　　그는 노래하지 않았어요.
　　　　　　　　　　　　グヌン ノレハジ アナッソヨ

□ 歌えば　노래하면　ノレハミョン
楽しく歌えば気分もよくなります。　　즐겁게 노래하면 기분도 좋아져요．
　　　　　　　　　　　　　　　　　　ジュルゴケ ノレハミョン ギブンド ジョアジョヨ

□ 歌わなければ　노래하지 않으면・노래 안 하면　ノレハジ アヌミョン・ノレ アン ハミョン
全員で歌わなければなりません。　　모두가 노래하지 않으면 안 돼요．
　　　　　　　　　　　　　　　　　モドゥガ ノレハジ アヌミョン アン ドェヨ

□ 歌わなくても　노래하지 않아도・노래 안 해도　ノレハジ アナド・ノレ アン ヘド
□ 歌うこと / 歌ったこと　노래하는 것・노래할 것困／ 노래했던 적・노래한 적　ノレハヌン ゴッ・ノレハル コッ／ノレヘットン ジョク・ノレハン ジョク
歌うことが好きです。　　노래하는 것이 좋아요．
　　　　　　　　　　　　ノレハヌン ゴシ ジョアヨ

□ 歌いながら　노래하면서　ノレハミョンソ
歌いながら歩きました。　　노래하면서 걸었어요．
　　　　　　　　　　　　　ノレハミョンソ ゴロッソヨ

□ 歌いましょうか　노래할까요？　ノレハルッカヨ
□ 歌いたいです / 歌いたくないです　노래하고 싶어요 / 노래하고 싶지 않아요　ノレハゴ シポヨ／ノレハゴ シッチ アナヨ
韓国語で歌いたいです。　　한국어로 노래하고 싶어요．
　　　　　　　　　　　　　ハングゴロ ノレハゴ シポヨ

□ 歌ってみます　노래해 볼래요　ノレヘ ボルレヨ
私が歌ってみます。　　내가 노래해 볼래요．
　　　　　　　　　　　ネガ ノレヘ ボルレヨ

□ 歌うそうです　노래한대요　ノレハンデヨ
弟が先に歌うそうです。　　남동생이 먼저 노래한대요．
　　　　　　　　　　　　　ナムドンセンイ モンジョ ノレハンデヨ

□ 歌う〜　노래하는・노래할困　ノレハヌン・ノレハル
歌う曲は何ですか。　　노래할 곡은 무엇인가요？
　　　　　　　　　　　ノレハル ゴグン ムオシンガヨ

□ 歌わない〜　노래하지 않는・노래 안 하는　ノレハジ アンヌン・ノレ アン ハヌン
□ 歌った〜　노래했던・노래한　ノレヘットン・ノレハン
彼が歌ったのはロックでした。　　그가 노래한 것은 록이었어요．
　　　　　　　　　　　　　　　　グガ ノレハン ゴスン ロギオッソヨ

□ 歌わなかった〜　노래하지 않았던・노래 안했던・노래 안 한　ノレハジ アナットン・ノレ アンヘットン・ノレ アン ハン

□ 歌ってください　노래해 주세요・노래하세요　ノレヘ ジュセヨ・ノレハセヨ

여 (ヨ) 不規則活用

- ❏ 歌ってはいけません　노래하면 안 돼요　ノレハミョン アン ドェヨ

ここで歌ってはいけません　　　　　　　　여기서 노래하면 안 돼요.
　　　　　　　　　　　　　　　　　　　　ヨギソ ノレハミョン アン ドェヨ

- ❏ 歌わないでください　노래하지 마세요　ノレハジ マセヨ

夜中に歌わないでください.　　　　　　　밤중에 노래하지 마세요.
　　　　　　　　　　　　　　　　　　　　パムチュンエ ノレハジ マセヨ

- ❏ 歌っても　노래해도　ノレヘド

歌ってもいいですか.　　　　　　　　　　노래해도 돼요?
　　　　　　　　　　　　　　　　　　　　ノレヘド ドェヨ

- ❏ 歌うけれど / 歌ったけれど　노래하지만 / 노래했지만　ノレハジマン / ノレヘッチマン
- ❏ 歌わせます　노래하게 해요　ノレハゲ ヘヨ
- ❏ 歌って　노래하고　ノレハゴ

歌って踊りました.　　　　　　　　　　　노래하고 춤을 췄어요.
　　　　　　　　　　　　　　　　　　　　ノレハゴ チュムル チュォッソヨ

- ❏ 歌いそうです　노래할 것 같아요　ノレハル コッ ガタヨ
- ❏ 歌いやすい / 歌いにくい　노래하기 쉬워요 / 노래하기 어려워요　ノレハギ シュィウォヨ / ノレハギ オリョウォヨ

歌いにくい曲です.　　　　　　　　　　　노래하기 어려운 곡이에요.
　　　　　　　　　　　　　　　　　　　　ノレハギ オリョウン ゴギエヨ

- ❏ 歌うから　노래하니까・노래할 테니까 困　ノレハニッカ・ノレハル テニッカ

歌うから聞いてください.　　　　　　　　노래할 테니까 들어주세요.
　　　　　　　　　　　　　　　　　　　　ノレハル テニッカ ドゥロジュセヨ

- ❏ 歌うので, 歌ったので　노래해서　ノレヘソ
- ❏ 歌えます　노래할 수 있어요　ノレハル ス イッソヨ
- ❏ 歌えません　노래할 수 없어요　ノレハル ス オプソヨ

難しくて歌えません.　　　　　　　　　　어려워서 노래할 수 없어요.
　　　　　　　　　　　　　　　　　　　　オリョウォソ ノレハル ス オプソヨ

여(ヨ)不規則活用

대답하다 /デダパダ/ 答える・応える・返事する

	辞書形	丁寧体	会話体	連体形
現在形	答える 대답하다 デダパダ	答えます 대답합니다 デダパムニダ	答えます 대답해요 デダペヨ	答える〜 대답하는 デダパヌン
過去形	答えた 대답했다 デダペッタ	答えました 대답했습니다 デダペッスムニダ	答えました 대답했어요 デダペッソヨ	答えた〜 대답했던 / 대답한 デダペットン / デダパン
未来形	答える 대답하겠다 デダパゲッタ	答えます 대답하겠습니다 デダパゲッスムニダ	答えます 대답하겠어요 デダパゲッソヨ	答える〜 대답할 デダパル

❑ 答えます 대답해요 デダペヨ

「はい」と答えます．

"네"라고 대답해요．
"ネ"ラゴ デダペヨ

❑ 答えますか 대답해요？・대답하나요？ デダペヨ・デダパナヨ

これは日本語でどう答えますか．

이건 일본어로 어떻게 대답해요？
イゴン イルボノロ オットケ デダペヨ

❑ 答えるつもりです 대답할 거예요 デダパル コイエヨ

❑ 答えようと思います 대답할 생각이에요 デダパル センガギエヨ

嫌だと答えようと思います．

싫다고 대답할 생각이에요．
シルタゴ デダパル センガギエヨ

❑ 答えません 대답하지 않아요・대답 안 해요 デダパジ アナヨ・デダァ アン ヘヨ

聞いても答えません．

물어도 대답 안 해요．
ムロド デダァ アン ヘヨ

❑ 答えました 대답했어요 デダペッソヨ

「嫌だ」と答えました．

"싫다"고 대답했어요．
"シルタ"ゴ デダペッソヨ

❑ 答えていません 대답하고 있지 않아요・대답 안 하고 있어요 デダパゴ イッチ アナヨ・デダァ アン ハゴ イッソヨ

何も答えていません．

아무 대답도 안 하고 있어요．
アム デダァト アン ハゴ イッソヨ

❑ 答えません[返事しません]でした 대답하지 않았어요・대답 안 했어요 デダパジ アナッソヨ・デダァ アン ヘッソヨ

呼んでも返事しませんでした．

불러도 대답 안 했어요．
プルロド デダァ アン ヘッソヨ

여(ヨ)不規則活用

答えれば　대답하면　デダパミョン

ちゃんと答えればいいのに。

제대로 대답하면 좋을 텐데.
ジェデロ デダパミョン ジョウル テンデ

答えなければ　대답하지 않으면・대답 안 하면　デダパジ アヌミョン・デダァ アン ハミョン

質問に答えなければなりません。

질문에 대답하지 않으면 안 돼요.
ジルムネ デダパジ アヌミョン アン ドェヨ

答えなくても　대답하지 않아도・대답 안 해도　デダパジ アナド・デダァ アン ヘド

今答えなくてもかまいません。

지금 대답 안 해도 괜찮아요.
ジグム デダァ アン ヘド グェンチャナヨ

答えること / 答えたこと　대답하는 것・대답할 것困 / 대답했던 적・대답한 적　デダパヌン ゴッ・デダパル コッ / デダペットン ジョク・デダパン ジョク

一言で答えることは難しいです。

한 마디로 대답하는 것은 어려워요.
ハン マディロ デダパヌン ゴスン オリョウォヨ

答えながら　대답하면서　デダパミョンソ

彼女は答えながら笑いました。

그녀는 대답하면서 웃었어요.
グニョヌン デダパミョンソ ウソッソヨ

答えましょうか　대답할까요 ?　デダパルッカヨ

聞かれたらなんと答えましょうか。

물어보면 뭐라고 대답할까요 ?
ムロボミョン ムォラゴ デダパルッカヨ

答えたいです / 答えたくありません　대답하고 싶어요 / 대답하고 싶지 않아요　デダパゴ シポヨ / デダパゴ シプチ アナヨ

その質問には答えたくありません。

그 질문에는 대답하고 싶지 않아요.
グ ジルムネヌン デダパゴ シプチ アナヨ

答えてみます　대답해 볼래요　デダペ ボルレヨ

英語で答えてみます。

영어로 대답해 볼래요.
ヨンオロ デダペ ボルレヨ

答えるそうです　대답한대요　デダパンデヨ

明日答えるそうです。

내일 대답한대요.
ネイル デダパンデヨ

答える～　대답하는・대답할困　デダパヌン・デダパル

私が答える順番です。

제가 대답할 차례에요.
ジェガ デダパル チャレイェヨ

答えない～　대답하지 않는・대답 안 하는　デダパジ アンヌン・デダァ アン ハヌン

質問に答えないのは悪い癖です。

질문에 대답하지 않는 것은 나쁜 버릇이에요.
ジルムネ デダパジ アンヌン ゴスン ナップン ボルシエヨ

答えた～　대답했던・대답한　デダペットン・デダパン

答えた人は何人ですか。

대답한 사람은 몇 명인가요 ?
デダパン サラムン ミョッ ミョンインガヨ

여 (ヨ) 不規則活用

- ❏ 答えなかった〜　대답하지 않았던・대답 안 했던・대답 안 한　デダパジ アナットン・デダファ アン ヘットン・デダファ アン ハン
- ❏ 答えてください　대답해 주세요・대답하세요　デダペ ジュセヨ・デダパセヨ
  - 聞いたことに答えてください．
  - 물은 것에 대답해 주세요．
    ムルン ゴセ デダペ ジュセヨ
- ❏ 答えてはいけません　대답하면 안 돼요　デダパミョン アン ドェヨ
  - そんな質問に答えてはいけません．
  - 그런 질문에 대답하면 안 돼요．
    グロン ジルムネ デダパミョン アン ドェヨ
- ❏ 答えないでください　대답하지 마세요　デダパジ マセヨ
- ❏ 答えても　대답해도　デダペド
  - 私が代わりに答えてもいいですか．
  - 제가 대신 대답해도 될까요？
    ジェガ デシン デダペド ドェルッカヨ
- ❏ 答えるけれど／答えたけれど　대답하지만／대답했지만　デダパジマン／デダペッチマン
  - 答えたけれど自信はありませんでした．
  - 대답했지만 자신은 없었어요．
    デダペッチマン ジャシヌン オプソッソヨ
- ❏ 答えさせます　대답하게 해요　デダパゲ ヘヨ
  - 1人ずつ答えさせます．
  - 한 명씩 대답하게 해요．
    ハン ミョンッシク デダパゲ ヘヨ
- ❏ 答えて　대답하고　デダパゴ
  - アンケートに答えてプレゼントをもらいました．
  - 앙케이트에 대답하고 선물을 받았어요．
    アンケイトゥエ デダパゴ ソンムルル パダッソヨ
- ❏ 答えやすい／答えにくい　대답하기 쉬워요／대답하기 어려워요　デダパギ シュィウォヨ／デダパギ オリョウォヨ
  - 答えにくい質問ですね．
  - 대답하기 어려운 질문이네요．
    デダパギ オリョウン ジルムンイネヨ
- ❏ 答えるので，答えたので　대답해서　デダペソ
  - 間違って答えたので叱られました．
  - 잘 못 대답해서 혼났어요．
    ジャル モッ デダペソ ホンナッソヨ
- ❏ 答えられます　대답할 수 있어요　デダパル ス イッソヨ
  - 中国語で答えられます．
  - 중국어로 대답할 수 있어요．
    ジュングゴロ デダパル ス イッソヨ
- ❏ 答えられません　대답할 수 없어요　デダパル ス オプソヨ
  - その質問には答えられません．
  - 그 질문에는 대답할 수 없어요．
    グ ジルムネヌン デダパル ス オプソヨ

여 (ヨ) 不規則活用

말씀하다 /マルッスムハダ/ おっしゃる・お話しになる

①말の尊敬語．おっしゃる・お話しになる．お話・お言葉・おっしゃること．②말の謙譲語．申し上げる・話・言葉・一言．

	辞書形	丁寧体	会話体	連体形
現在形	おっしゃる 말씀 マルッスム	おっしゃいます 말씀하다 マルッスムハダ	おっしゃいます 말씀해요 マルッスムヘヨ	おっしゃる〜 말씀하는 マルッスムハヌン
過去形	おっしゃった 말씀했다 マルッスムヘッタ	おっしゃいました 말씀했습니다 マルッスムヘッスムニダ	おっしゃいました 말씀했어요 マルッスムヘッソヨ	おっしゃった〜 말씀했던 / 말씀한 マルッスムヘットン / マルッスムハン
未来形	おっしゃる 말씀하겠다 マルッスムハゲッタ	おっしゃいます 말씀하겠습니다 マルッスムハゲッスムニダ	おっしゃいます 말씀하겠어요 マルッスムハゲッソヨ	おっしゃる〜 말씀할 マルッスムハル

여(ㅋ)不規則活用

☐ おっしゃいます　말씀해요　マルッスムヘヨ
　先生はいつも落ち着いてお話しになります．　선생님은 항상 차분하게 말씀해요．
　ソンセンニムン ハンサン チャブンハゲ マルッスムヘヨ

☐ おっしゃいますか　말씀해요?・말씀하나요?　マルッスムヘヨ・マルッスムハナヨ

☐ 申し上げるつもりです　말씀드릴 거예요　マルッスムドゥリル コイェヨ

☐ 申し上げようと思います　말씀드릴 생각이에요　マルッスムドゥリル センガギエヨ
　明日申し上げようと思います．　내일 말씀드릴 생각이에요．
　ネイル マルッスムドゥリル センガギエヨ

☐ おっしゃいません　말씀하지 않아요・말씀 안 해요　マルッスムハジ アナヨ・マルッスム アン ヘヨ
　何もおっしゃいません．　아무 말씀 안 해요．
　アム マルッスム アン ヘヨ

☐ おっしゃいませんか　말씀 안 할래요?　マルッスム アン ハルレヨ

☐ おっしゃっています　말씀하고 있어요　マルッスムハゴ イッソヨ
　お父さんがおっしゃっています．　아버지가 말씀하고 있어요．
　アボジガ マルッスムハゴ イッソヨ

☐ おっしゃいました　말씀했어요　マルッスムヘッソヨ
　金教授がおっしゃいました．　김 교수님이 말씀했어요．
　ギム ギョスニミ マルッスムヘッソヨ

☐ おっしゃっていません　말씀하고 있지 않아요 現・말씀 안 하고 있어요　マルッスムハゴ イッチ アナヨ・マルッスム アン ハゴ イッソヨ
　先生はそうはおっしゃっていません．　선생님은 그렇게 말씀하고 있지 않아요．
　ソンセンニムン グロケ マルッスムハゴ イッチ アナヨ

❏ おっしゃいませんでした　말씀하지 않았어요　マルッスムハジ アナッソヨ

許諾するとはおっしゃいませんでした.　　허락한다고는 말씀하지 않았어요.
ホラカンダゴヌン マルッスムハジ アナッソヨ

❏ おっしゃれば, おっしゃるのなら　말씀하면　マルッスムハミョン

そうおっしゃるのなら心寂しいです.　　그렇게 말씀하면 섭섭해요.
グロケ マルッスムハミョン ソプソペヨ

❏ おっしゃらなければ　말씀하지 않으면・말씀 안 하면　マルッスムハジ アヌミョン・マルッスム アン ハミョン

何もおっしゃらなければこれにします.　　아무 말씀 안 하면 이걸로 하겠어요.
アム マルッスム アン ハミョン イゴルロ ハゲッソヨ

❏ おっしゃらなくても　말씀하지 않아도・말씀 안 해도　マルッスムハジ アナド・マルッスム アン ヘド

何もおっしゃらなくてもわかります.　　아무 말씀 안 해도 알겠어요.
アム マルッスム アン ヘド アルゲッソヨ

❏ おっしゃること / おっしゃったこと　말씀하는 것・말씀할 것 困 / 말씀했던 적・말씀한 적　マルッスムハヌン ゴッ・マルッスムハル コッ・マルッスムヘットン ジョク・マルッスムハン ジョク

おっしゃることはわかりますが.　　말씀하는 것은 알겠지만.
マルッスムハヌン ゴスン アルゲッチマン

❏ おっしゃりながら　말씀하면서　マルッスムハミョンソ

おっしゃりながら涙を流しました.　　말씀하면서 눈물을 흘렸어요.
マルッスムハミョンソ ヌンムルル フルリョッソヨ

❏ 申し上げたいです　말씀드리고 싶어요　マルッスムドゥリゴ シポヨ

率直に申し上げたいです.　　솔직하게 말씀드리고 싶어요.
ソルチカゲ マルッスムドゥリゴ シポヨ

❏ 申し上げてみます　말씀드려 볼래요　マルッスムドゥリョ ボルレヨ

先生に申し上げてみます.　　선생님께 말씀드려 볼래요.
ソンセンニムッケ マルッスムドゥリョ ボルレヨ

❏ おっしゃる [お話しになる] そうです　말씀한대요　マルッスムハンデヨ

今日は愛についてお話しになるそうです.　　오늘은 사랑에 대해서 말씀한대요.
オヌルン サランエ デヘソ マルッスムハンデヨ

❏ おっしゃる〜　말씀하는・말씀할 困　マルッスムハヌン・マルッスムハル

おっしゃる通りです.　　말씀하는 대로예요.
マルッスムハヌン デロイェヨ

❏ おっしゃらない〜　말씀하지 않는　マルッスムハジ アンヌン

彼にはおっしゃらない方がいいです.　　그에게는 말씀하지 않는 게 좋아요.
グエゲヌン マルッスムハジ アンヌン ゲ ジョアヨ

❏ おっしゃった〜　말씀했던・말씀한　マルッスムヘットン・マルッスムハン

여(ㅋ) 不規則活用

昨日おっしゃったネクタイです.	어제 말씀한 넥타이예요. オジェ マルッスムハン ネクタイイェヨ

❏ おっしゃらなかった〜　말씀하지 않은・말씀하지 않았던・말씀 안 한 マルッスムハジ アヌン・マルッスムハジ アナットン・マルッスム アン ハン

おっしゃらなかったこと	말씀하지 않은 것 マルッスムハジ アヌン ゴッ

❏ おっしゃってください　말씀해 주세요・말씀하세요 マルッスムヘ ジュセヨ・マルッスムハセヨ

理由をおっしゃってください.	이유를 말씀해 주세요. イユルル マルッスムヘ ジュセヨ

❏ おっしゃってはいけません　말씀하면 안 돼요 マルッスムハミョン アン ドェヨ

何もおっしゃってはいけません.	아무것도 말씀하면 안 돼요. アムゴット マルッスムハミョン アン ドェヨ

❏ おっしゃらないでください　말씀하지 마세요 マルッスムハジ マセヨ

そんなことはおっしゃらないでください.	그런 말씀하지 마세요. グロン マルッスムハジ マセヨ

❏ おっしゃっても　말씀해도 マルッスムヘド

韓国語でおっしゃっても大丈夫です.	한국어로 말씀해도 괜찮아요. ハングゴロ マルッスムヘド グェンチャナヨ

❏ おっしゃいますが / おっしゃいましたが　말씀하지만 マルッスムハジマン

簡単におっしゃいますが思った以上に難しいです.	쉽게 말씀하지만 생각보다 어려워요. シュイプケ マルッスムハジマン センガクボダ オリョウォヨ

❏ おっしゃって　말씀하고 マルッスムハゴ

おっしゃっています.	말씀하고 계세요. マルッスムハゴ ゲセヨ

❏ おっしゃりそうです　말씀할 것 같아요 マルッスムハル コッ ガタヨ

恥ずかしいとおっしゃりそうです.	창피하다고 말씀할 것 같아요. チャンピハダゴ マルッスムハル コッ ガタヨ

❏ おっしゃりやすい / おっしゃりにくい　말씀하기 쉬워요 / 말씀하기 어려워요 マルッスムハギ シュイウォヨ / マルッスムハギ オリョウォヨ

ここではおっしゃりにくいですか.	여기서는 말씀하기 어려운가요? ヨギソヌン マルッスムハギ オリョウンガヨ

❏ おっしゃるから　말씀하니까・말씀할 테니까 囝 マルッスムハニッカ・マルッスムハル テニッカ

先生がおっしゃるから間違いないです.	선생님이 말씀하니까 틀림 없어요. ソンセンニミ マルッスムハニッカ トゥルリム オプソヨ

❏ おっしゃるので, おっしゃったので　말씀해서 マルッスムヘソ

여(ヨ)不規則活用

못하다 /モッタダ/ できない

- 他 できない.
- 補 〔…(지) 못하다の形で〕…できない；…しない.

	辞書形	丁寧体	会話体	連体形
現在形	できない 못하다 モッタダ	できません 못합니다 モッタムニダ	できません 못해요 モッテヨ	できない〜 못하는 モッタヌン
過去形	できなかった 못했다 モッテッタ	できませんでした 못했습니다 モッテッスムニダ	できませんでした 못했어요 モッテッソヨ	できなかった〜 못했던/못한 モッテットン/モッタン
未来形	できる 못하겠다 モッタゲッタ	できます 못하겠습니다 モッタゲッスムニダ	できます 못하겠어요 モッタゲッソヨ	できる〜 못할 モッタル

□ **できません 못해요** モッテヨ
韓国語はできません. / 明日は忙しくて電話できません.
한국어는 못해요. / 내일은 바빠서 전화를 못해요.
ハングゴヌン モッテヨ / ネイルン パッパソ ジョンファルル モッテヨ

□ **できませんか 못해요？・못하나요？** モッテヨ・モッタナヨ

□ **でき [使え] ないでいます 못하고 있어요** モッタゴ イッソヨ
マニュアルがなくて使えないでいます.
설명서가 없어서 사용 못하고 있어요.
ソルミョンソガ オプソソ サヨン モッタゴ イッソヨ

□ **できませんでした 못했어요** モッテッソヨ
忙しくて連絡できませんでした.
바빠서 연락을 못했어요.
パッパソ ヨンラグル モッテッソヨ

□ **できなければ 못하면** モッタミョン
自分に勝つことができなければ成功できません.
자신을 이기지 못하면 성공 못해요.
ジャシヌル イギジ モッタミョン ソンゴン モッテヨ

□ **できなくても 못해도** モッテド
行くことはできなくても電話はできます.
가지는 못해도 전화는 할 수 있어요.
ガジヌン モッテド ジョンファヌン ハル ス イッソヨ

□ **できないこと / できなかったこと 못하는 것・못 할 것** 困 **/ 못했던 적・못한 적** モッタヌン ゴッ・モッタル コッ / モッテットン ジョク・モッタン ジョク
彼にできないことはありません.
그는 못하는 일이 없어요.
グヌン モッタヌン イリ オプソヨ

□ **できないくせに 못하면서** モッタミョンソ
歩く事もできないくせに走ろうとする.
걷지도 못하면서 뛰려고 해요.
ゴッチド モッタミョンソ ットゥィリョゴ ヘヨ

여(ヨ) 不規則活用

❏ できないそうです　못한대요　モッタンデヨ

恥ずかしくて話ができないそうです.　　창피해서 말을 못한대요.
チャンピヘソ マルル モッタンデヨ

❏ できない〜　못하는　モッタヌン

できないことは引き受けません.　　못하는 것은 맡을 수 없어요.
モッタヌン ゴスン マトゥルス オプソヨ

❏ できなかった〜　못했던・못한　モッテットン・モタン

想像もできなかった方法　　상상도 못했던 방법
サンサンド モッテットン パンボプ

❏ できなくても　못해도　モッテド

走るのはできなくても歩けます.　　뛰지는 못해도 걸을 수는 있어요.
ットゥィジヌン モッテド ゴルル スヌン イッソヨ

❏ できないけれど／できなかったけれど　못하지만／못했지만　モッタジマン／モッテッチマン

勉強はできないけれど性格はいい子です.　　공부는 못하지만 성격은 좋은 아이예요.
ゴンブヌン モッタジマン ソンッキョグン ジョウン アイイェヨ

❏ できなさそうです, できそうもありません　못할 것 같아요　モッタル コッ ガタヨ

直接あったら何も話せそうもありません.　　직접 만나면 아무 말 못할 것 같아요.
ジクチョプ マンナミョン アム マル モッタル コッ ガタヨ

❏ できないから　못하니까・못할 테니까　困　モッタニッカ・モッタル テニッカ

1人ではできないから先生に習います.　　혼자서는 못하니까 선생님께 배워요.
ホンジャソヌン モッタニッカ ソンセンニムッケ ペウォヨ

❏ できないので, できなかったので　못해서　モッテソ

運転ができないので車がないです.　　운전을 못해서 차가 없어요.
ウンジョヌル モッテソ チャガ オプソヨ

여 (ヨ) 不規則活用

사랑하다 / サランハダ / 愛する

	辞書形	丁寧体	会話体	連体形
現在形	愛する 사랑하다 サランハダ	愛します 사랑합니다 サランハムニダ	愛します 사랑해요 サランヘヨ	愛する〜 사랑하는 サランハヌン
過去形	愛した 사랑했다 サランヘッタ	愛しました 사랑했습니다 サランヘッスムニダ	愛しました 사랑했어요 サランヘッソヨ	愛した〜 사랑했던 / 사랑한 サランヘットン / サランハン
未来形	愛する 사랑하겠다 サランハゲッタ	愛します 사랑하겠습니다 サランハゲッスムニダ	愛します 사랑하겠어요 サランハゲッソヨ	愛する〜 사랑할 サランハル

❑ 愛します　사랑해요　サランヘヨ

だれもが彼女を愛します。　　누구나 그녀를 사랑해요.
　　　　　　　　　　　　　　ヌグナ グニョルル サランヘヨ

＊「愛しています」と相手に言うときにも "사랑해요" を使います。

❑ 愛します　사랑하겠어요 困　サランハゲッソヨ

❑ 愛しません　사랑하지 않아요　サランハジ アナヨ

彼は動物を愛しません。　　그는 동물을 사랑하지 않아요.
　　　　　　　　　　　　　グヌン ドンムルル サランハジ アナヨ

❑ 愛しました　사랑했어요　サランヘッソヨ

本当に彼を愛しました。　　정말 그를 사랑했어요.
　　　　　　　　　　　　　ジョンマル グルル サランヘッソヨ

❑ 愛していません　사랑하고 있지 않아요　サランハゴ イッチ アナヨ

彼を愛していません。　　그를 사랑하고 있지 않아요.
　　　　　　　　　　　　グルル サランハゴ イッチ アナヨ

＊사랑하지 않아요 もほとんど同じに使われます。

❑ 愛しませんでした　사랑하지 않았어요・사랑 안 했어요　サランハジ アナッソヨ・サラン アン ヘッソヨ

彼は一生だれも愛しませんでした。　　그는 평생 아무도 사랑하지 않았어요.
　　　　　　　　　　　　　　　　　　グヌン ピョンセン アムド サランハジ アナッソヨ

❑ 愛せば　사랑하면　サランハミョン

だれかを愛せばきれいになります。　　누군가를 사랑하면 예뻐져요.
　　　　　　　　　　　　　　　　　　ヌグンガルル サランハミョン イェッポジョヨ

❑ 愛さなければ　사랑하지 않으면・사랑 안 하면　サランハジ アヌミョン・サラン アン ハミョン

愛さなければ愛されません。　　사랑하지 않으면 사랑받을 수 없어요.
　　　　　　　　　　　　　　　サランハジ アヌミョン サランパドゥル ス オプソヨ

여(ヨ)不規則活用

48

- ❏ 愛さなくても　사랑하지 않아도　サランハジ アナド
- ❏ 愛すること / 愛したこと　사랑하는 것・사랑할 것 困 / 사랑했던 적・사랑한 적　サランハヌン ゴッ・サランハル コッ / サランヘットン ジョク・サランハン ジョク

| だれかを愛したことがありますか. | 누군가를 사랑한 적이 있나요？
ヌグンガルル サランハン ジョギ インナヨ |

- ❏ 愛する [愛している] そうです　사랑한대요　サランハンデヨ

| その人が私を愛しているそうです. | 그 사람이 나를 사랑한대요.
グ サラミ ナルル サランハンデヨ |

- ❏ 愛する～　사랑하는・사랑할 困　サランハヌン・サランハル

| 愛する人と暮していますか. | 사랑하는 사람과 살고 있나요？
サランハヌン サラムグヮ サルゴ インナヨ |

- ❏ 愛さない～，愛していない～　사랑하지 않는・사랑 안 하는　サランハジ アンヌン・サラン アン ハヌン

| 愛していない人とは一緒に暮らせません. | 사랑하지 않는 사람과는 함께 살 수 없어요.
サランハジ アンヌン サラムグヮヌン ハムッケ サル ス オプソヨ |

- ❏ 愛した～　사랑했던・사랑한　サランヘットン・サランハン

| 愛した人 | 사랑했던 사람.
サランヘットン サラム |

- ❏ 愛さなかった～　사랑하지 않았던・사랑하지 않은　サランハジ アナットン・サランハジ アヌン
- ❏ 愛してはいけません　사랑하면 안 돼요　サランハミョン アン ドェヨ

| あんな人を愛してはいけません. | 저런 사람을 사랑하면 안 돼요.
ジョロン サラムル サランハミョン アン ドェヨ |

- ❏ 愛していても　사랑해도　サランヘド

| どんなに愛していても我慢できない事があります. | 아무리 사랑해도 참을 수 없는 것이 있어요.
アムリ サランヘド チャムル ス オプヌン ゴシ イッソヨ |

- ❏ 愛して　사랑하고　サランハゴ
- ❏ 愛しているので，愛していたので　사랑해서　サランヘソ

| 愛していたので結婚しました. | 사랑해서 결혼 했어요.
サランヘソ ギョロン ヘッソヨ |

- ❏ 愛せません　사랑할 수 없어요　サランハル ス オプソヨ

| どうしても彼を愛せません. | 도저히 그를 사랑할 수 없어요.
ドジョヒ グルル サランハル ス オプソヨ |

여 (ヨ) 不規則活用

생각하다 /センガカダ/ 考える・思う

	辞書形	丁寧体	会話体	連体形
現在形	考える 생각하다 センガカダ	考えます 생각합니다 センガカムニダ	考えます 생각해요 センガケヨ	考える〜 생각하는 センガカヌン
過去形	考えた 생각했다 センガケッタ	考えました 생각했습니다 センガケッスムニダ	考えました 생각했어요 センガケッソヨ	考えた〜 생각했던 / 생각한 センガケットン / センガカン
未来形	考える 생각하겠다 センガヵカゲッタ	考えます 생각하겠습니다 センガヵカゲッスムニダ	考えます 생각하겠어요 センガヵカゲッソヨ	考える〜 생각할 センガカル

❏ 考えます　생각해요　センガケヨ

❏ 考えますか　생각해요 ?・생각하나요 ?　センガケヨ・センガカナヨ
　あなたはどう考えますか.
　당신은 어떻게 생각하나요 ?
　ダンシヌン オットケ センガカナヨ

❏ 考えます　생각하겠어요 困　センガカゲッソヨ
　もう彼はいない人と考えます.
　이제 그는 없는 사람으로 생각하겠어요.
　イジェ グヌン オプヌン サラムロ センガカゲッソヨ

❏ 考えるつもりです　생각할 거예요　センガカル コイェヨ
　いいように考えるつもりです.
　좋게 생각할 거예요.
　ジョケ センガカル コイェヨ

❏ 考えようと思います　생각하려고 해요　センガカリョゴ ヘヨ
　楽しいことを考えようと思います.
　즐거운 일을 생각하려고 해요.
　ジュルゴウン イルル センガカリョゴ ヘヨ

❏ 考えません　생각하지 않아요・생각 안 해요　センガカジ アナヨ・センガヵ アン ヘヨ
　過ぎたことは考えません.
　지난 일은 생각하지 않아요.
　ジナン イルン センガカジ アナヨ

❏ 考えています　생각하고 있어요　センガカゴ イッソヨ
　今答えを考えています.
　지금 답을 생각하고 있어요.
　ジグム ダブル センガカゴ イッソヨ

❏ 考えました　생각했어요　センガケッソヨ
　これからの進路について考えました.
　앞으로의 진로에 대해 생각했어요.
　アプロウィ ジンロエ デヘ センガケッソヨ

❏ 考えていません　생각하지 않아요・생각 안 해요　センガカジ アナヨ・センガヵ アン ヘヨ
　彼が正しいとは考えていません.
　그가 옳다고는 생각하지 않아요.
　グガ オルタゴヌン センガカジ アナヨ

여 (ヨ) 不規則活用

❏ 考えませんでした　생각하지 않았어요・생각 안 했어요　センガカジ アナッソヨ・センガク アン ヘッソヨ

| 真剣に考えませんでした. | 진지하게 생각하지 않았어요.
ジンジハゲ センガカジ アナッソヨ |

❏ 考えれば　생각하면　センガカミョン

❏ 考えなければ　생각하지 않으면・생각 안 하면　センガカジ アヌミョン・センガク アン ハミョン

| 真剣に考えなければなりません. | 진지하게 생각하지 않으면 안 돼요.
ジンジハゲ センガカジ アヌミョン アン ドェヨ |

❏ 考えなくても　생각하지 않아도・생각 안 해도　センガカジ アナド・センガク アン ヘド

| 深刻に考えなくてもいいです. | 심각하게 생각하지 않아도 돼요.
シムガカゲ センガカジ アナド ドェヨ |

❏ 考えること / 考えたこと　생각하는 것・생각할 것困/ 생각했던 적・생각한 적　センガカヌン ゴッ・センガカル コッ / センガケットン ジョク・センガカン ジョク

| そんなことは考えたことありません. | 그런 일은 생각한 적 없어요.
グロン イルン センガカン ジョク オプソヨ |

❏ 考えながら　생각하면서　センガカミョンソ

| 明日の事を考えながら寝ます. | 내일 일을 생각하면서 자요.
ネイル イルル センガカミョンソ ジャヨ |

❏ 考えましょうか　생각할래요?　センガカルレヨ

| 一緒に考えましょうか. | 같이 생각할래요?
ガチ センガカルレヨ |

❏ 考えたいです / 考えたくないです　생각하고 싶어요 / 생각하고 싶지 않아요　センガカゴ シポヨ / センガカゴ シッチ アナヨ

| 辛いことは考えたくないです. | 고통스러운 일은 생각하고 싶지 않아요.
ゴトンスロウン イルン センガカゴ シッチ アナヨ |

❏ 考えてみます　생각해 볼래요　センガケ ボルレヨ

| もう一度考えてみます. | 다시 한 번 생각해 볼래요.
ダシ ハン ボン センガケ ボルレヨ |

❏ 考える〜　생각하는・생각 할困　センガカヌン・センガ カル

| 考える人 | 생각하는 사람
センガカヌン サラム |

❏ 考えない〜　생각하지 않는・생각 안 하는　センガカジ アンヌン・センガク アン ハヌン

| 何も考えないほうがいいですよ. | 아무것도 생각하지 않는 게 좋아요.
アムゴット センガカジ アンヌン ゲ ジョアヨ |

❏ 考えた〜　생각했던・생각한　センガケットン・センガカン

| 健康を考えた食べ物 | 건강을 생각한 음식
ゴンガンウル センガカン ウムシク |

考えなかった〜　생각하지 않았던・생각하지 않은・안 생각한　センガカジ アナットン・センガカジ アヌン・アン センガカン

娘のことを考えなかった日はありません．　　딸의 일을 생각하지 않은 날은 없어요．
　　　　　　　　　　　　　　　　　　　　　ッタルィ イルル センガカジ アヌン ナルン オプソヨ

考えてください　생각해 주세요・생각하세요　センガケ ジュセヨ・センガカセヨ

もう一度考えてください．　　다시 한 번 생각해 주세요．
　　　　　　　　　　　　　　ダシ ハン ボン センガケ ジュセヨ

考えてはいけません　생각하면 안 돼요　センガカミョン アン ドェヨ

辞めることを考えてはいけません．　　그만 둘 생각을 하면 안 돼요．
　　　　　　　　　　　　　　　　　　グマン ドゥル センガグル ハミョン アン ドェヨ

考えない［思わない］でください　생각하지 마세요　センガカジ マセヨ

悪く思わないでください．　　나쁘게 생각하지 마세요．
　　　　　　　　　　　　　　ナップゲ センガカジ マセヨ

考えても　생각해도　センガケド

いくら考えてもわかりません．　　아무리 생각해도 모르겠어요．
　　　　　　　　　　　　　　　　アムリ センガケド モルゲッソヨ

考えるけれど / 考えたけれど　생각하지만 / 생각했지만　センガカジマン / センガケッチマン

考えさせます　생각하게 해요　センガカゲ ヘヨ

弟に自分で考えさせます．　　남동생이 스스로 생각하게 해요．
　　　　　　　　　　　　　　ナムドンセンイ ススロ センガカゲ ヘヨ

考えて　생각하고　センガカゴ

よく考えて行動してください．　　잘 생각하고 행동하세요．
　　　　　　　　　　　　　　　　ジャル センガカゴ ヘンドンハセヨ

考えそうです　생각할 것 같아요　センガカル コッ ガタヨ

考えやすい / 考えにくい　생각하기 쉬워요 / 생각하기 어려워요　センガカギ シュィウォヨ / センガカギ オリョウォヨ

そのように考えやすいです．　　그렇게 생각하기 쉬워요．
　　　　　　　　　　　　　　　グロケ センガカギ シュィウォヨ

考えるので，考えたので　생각해서　センガケソ

安全だと考えたので許諾しました．　　안전하다고 생각해서 허락했어요．
　　　　　　　　　　　　　　　　　　アンジョンハダゴ センガケソ ホラケッソヨ

考えられます　생각할 수 있어요　センガカル ス イッソヨ

いくつかの方法が考えられます．　　몇 가지 방법을 생각할 수 있어요．
　　　　　　　　　　　　　　　　　ミョッ カジ パンボブル センガカル ス イッソヨ

考えられません　생각할 수 없어요　センガカル ス オプソヨ

今は何も考えられません．　　지금은 아무것도 생각할 수 없어요．
　　　　　　　　　　　　　　ジグムン アムゴット センガカル ス オプソヨ

여(ヨ) 不規則活用

설명하다 /ソルミョンハダ/ 説明する

	辞書形	丁寧体	会話体	連体形
現在形	説明する 설명하다 ソルミョンハダ	説明します 설명합니다 ソルミョンハムニダ	説明します 설명해요 ソルミョンヘヨ	説明する〜 설명하는 ソルミョンハヌン
過去形	説明した 설명했다 ソルミョンヘッタ	説明しました 설명했습니다 ソルミョンヘッスムニダ	説明しました 설명했어요 ソルミョンヘッソヨ	説明した〜 설명했던 / 설명한 ソルミョンヘットン / ソルミョンハン
未来形	説明する 설명하겠다 ソルミョンハゲッタ	説明します 설명하겠습니다 ソルミョンハゲッスムニダ	説明します 설명하겠어요 ソルミョンハゲッソヨ	説明する〜 설명할 ソルミョンハル

여(ㅋ)不規則活用

❏ **説明します** 설명해요 ソルミョンヘヨ
絵で説明します.
그림으로 설명해요.
グリムロ ソルミョンヘヨ

❏ **説明しますか** 설명해요? ・ 설명하나요? ソルミョンヘヨ・ソルミョンハナヨ

❏ **説明します** 설명하겠어요 困 ソルミョンハゲッソヨ
機械の仕組みを説明します.
기계 구조를 설명하겠어요.
ギゲ グジョルル ソルミョンハゲッソヨ

❏ **説明するつもりです** 설명할 거예요 ソルミョンハル コイェヨ

❏ **説明しません** 설명하지 않아요 ・ 설명 안 해요 ソルミョンハジ アナヨ・ソルミョン アン ヘヨ
詳細については説明しません.
상세한 것에 대해서는 설명하지 않아요.
サンセハン ゴセ デヘソヌン ソルミョンハジ アナヨ

❏ **説明しています** 설명하고 있어요 ソルミョンハゴ イッソヨ
上司が新入社員に説明しています.
상사가 신입사원에게 설명하고 있어요.
サンサガ シニプサウォネゲ ソルミョンハゴ イッソヨ

❏ **説明しました** 설명했어요 ソルミョンヘッソヨ
社内の組織を説明しました.
사내 조직을 설명했어요.
サネ ジョジグル ソルミョンヘッソヨ

❏ **説明していません** 설명하고 있지 않아요 ・ 설명 안 하고 있어요 ソルミョンハゴ イッチ アナヨ・ソルミョン アン ハゴ イッソヨ
まだ何も説明していません.
아직 아무것도 설명 안 하고 있어요.
アジク アムゴット ソルミョン アン ハゴ イッソヨ

❏ **説明しませんでした** 설명하지 않았어요 ・ 설명 안 했어요 ソルミョンハジ アナッソヨ・ソルミョン アン ヘッソヨ
部下には説明しませんでした.
부하에게는 설명하지 않았어요.
ブハエゲヌン ソルミョンハジ アナッソヨ

❏ 説明すれば　설명하면　ソルミョンハミョン

丁寧に説明すれば彼も納得するでしょう。　자세하게 설명하면 그도 납득하겠지요.
ジャセハゲ ソルミョンハミョン グド ナプットゥカゲッチヨ

❏ 説明しなければ　설명하지 않으면・설명 안 하면　ソルミョンハジ アヌミョン・ソルミョン アンハミョン

簡潔に説明しなければなりません。　간결하게 설명하지 않으면 안 돼요.
ガンギョルハゲ ソルミョンハジ アヌミョン アン ドェヨ

❏ 説明しなくても　설명하지 않아도・설명 안 해도　ソルミョンハジ アナド・ソルミョン アン ヘド

説明しなくてもわかります。　설명 안 해도 알아요.
ソルミョン アン ヘド アラヨ

❏ 説明すること / 説明したこと　설명하는 것・설명할 것 困 / 설명했던 적・설명한 적　ソルミョンハヌン ゴッ・ソルミョンハル コッ / ソルミョンヘットン ジョク・ソルミョンハン ジョク

きちんと説明することが大切です。　정확히 설명하는 것이 중요해요.
ジョンファキ ソルミョンハヌン ゴシ ジュンヨヘヨ

❏ 説明しながら　설명하면서　ソルミョンハミョンソ

長所を説明しながら紹介しました。　장점을 설명하면서 소개했어요.
ジャンチョムル ソルミョンハミョンソ ソゲヘッソヨ

❏ 説明しましょうか　설명할까요?　ソルミョンハルッカヨ

私が説明しましょうか。　내가 설명할까요?
ネガ ソルミョンハルッカヨ

❏ 説明したいです / 説明したくないです　설명하고 싶어요 / 설명하고 싶지 않아요　ソルミョンハゴ シポヨ / ソルミョンハゴ シッチ アナヨ

これ以上説明したくないです。　이 이상 설명하고 싶지 않아요.
イ イサン ソルミョンハゴ シッチ アナヨ

❏ 説明してみます　설명해 볼래요　ソルミョンヘ ボルレヨ

私が説明してみます。　제가 설명해 볼래요.
ジェガ ソルミョンヘ ボルレヨ

❏ 説明するそうです　설명한대요　ソルミョンハンデヨ

理由は後で説明するそうです。　이유는 나중에 설명한대요.
イユヌン ナジュンエ ソルミョンハンデヨ

❏ 説明する〜　설명하는・설명할 困　ソルミョンハヌン・ソルミョンハル

説明する人が必要です。　설명할 사람이 필요해요.
ソルミョンハル サラミ ピリョヘヨ

❏ 説明した〜　설명했던・설명한　ソルミョンヘットン・ソルミョンハン

詳細に説明した本　상세하게 설명한 책
サンセハゲ ソルミョンハン チェク

❏ 説明しなかった〜　설명하지 않았던・설명 안 했던・설명 안 한　ソルミョンハジ アナットン・ソルミョン アン ヘットン・ソルミョン アン ハン

여 (ヨ) 不規則活用

説明しなかった内容	설명 안 했던 내용 ソルミョン アン ヘットン ネヨン

❏ **説明してください　설명해 주세요・설명하세요** ソルミョンヘ ジュセヨ・ソルミョンハセヨ

わかるように説明してください.	알 수 있도록 설명해 주세요. アル ス イットロク ソルミョンヘ ジュセヨ

❏ **説明してはいけません　설명하면 안 돼요** ソルミョンハミョン アン ドェヨ

長々と説明してはいけません.	길게 설명하면 안 돼요. ギルゲ ソルミョンハミョン アン ドェヨ

❏ **説明しないでください　설명하지 마세요** ソルミョンハジ マセヨ

必要以上に説明しないでください.	필요 이상으로 설명하지 마세요. ピリョ イサンウロ ソルミョンハジ マセヨ

❏ **説明しても　설명해도** ソルミョンヘド

彼には説明しても無駄です.	그에게는 설명해도 소용없어요. グエゲヌン ソルミョンヘド ソヨンオプソヨ

❏ **説明するけれど / 説明したけれど　설명하지만 / 설명했지만** ソルミョンハジマン / ソルミョンヘッチマン

説明したけれど彼は理解できませんでした.	설명했지만 그는 이해 못했어요. ソルミョンヘッチマン グヌン イヘ モッテッソヨ

❏ **説明させます　설명하게 해요** ソルミョンハゲ ヘヨ

彼女に説明させます.	그녀에게 설명하게 해요. グニョエゲ ソルミョンハゲ ヘヨ

❏ **説明しやすい / 説明しにくい　설명하기 쉬워요 / 설명하기 어려워요** ソルミョンハギ シュィウォヨ / ソルミョンハギ オリョウォヨ

口では説明しにくいです.	입으로는 설명하기 어려워요. イプロヌン ソルミョンハギ オリョウォヨ

❏ **説明するから　설명하니까・설명할 테니까** 困 ソルミョンハニッカ・ソルミョンハル テニッカ

説明するから静かにしてください.	설명할 테니까 조용히 해주세요. ソルミョンハル テニッカ ジョヨンヒ ヘジュセヨ

❏ **説明するので, 説明したので　설명해서** ソルミョンヘソ

❏ **説明できます　설명할 수 있어요** ソルミョンハル ス イッソヨ

あなたに説明できます.	당신에게 설명할 수 있어요. ダンシネゲ ソルミョンハル ス イッソヨ

❏ **説明できません　설명할 수 없어요** ソルミョンハル ス オプソヨ

簡単には説明できません.	간단하게는 설명할 수 없어요. ガンタンハゲヌン ソルミョンハル ス オプソヨ

❏ **説明しに行きます / 説明しに来ます　설명하러 가요 [와요]** ソルミョンハロ ガヨ [ワヨ]

私が説明しに行きます.	제가 설명하러 가요. ジェガ ソルミョンハロ ガヨ

여(ㅕ) 不規則活用

식사하다 /シクサハダ/ 食事する

*식사(를) 하다 のほうが 밥을 먹다 よりも丁寧な表現です．また，日本語としては「食事をする・食べる」のほうが自然な場合もあります．

	辞書形	丁寧体	会話体	連体形
現在形	食事する 식사하다 シクサハダ	食事します 식사합니다 シクサハムニダ	食事します 식사해요 シクサヘヨ	食事する〜 식사하는 シクサハヌン
過去形	食事した 식사했다 シクサヘッタ	食事しました 식사했습니다 シクサヘッスムニダ	食事しました 식사했어요 シクサヘッソヨ	食事した〜 식사했던 / 식사한 シクサヘットン / シクサハン
未来形	食事する 식사하겠다 シクサハゲッタ	食事します 식사하겠습니다 シクサハゲッスムニダ	食事します 식사하겠어요 シクサハゲッソヨ	食事する〜 식사할 シクサハル

- ❏ 食事します　식사해요　シクサヘヨ
- ❏ 食事しますか　식사해요？・식사하나요？　シクサヘヨ・シクサハナヨ
- ❏ 食事します　식사하겠어요　困　シクサハゲッソヨ

  私は部屋で食事します．　　나는 방에서 식사하겠어요．
  ナヌン パンエソ シクサハゲッソヨ

- ❏ 食事するつもりです　식사할 거예요　シクサハル コイエヨ
- ❏ 食事しようと思います　식사할 생각이에요　シクサハル センガギエヨ

  チョルスさんと食事しようと思います．　철수 씨와 식사할 생각이에요．
  チョルス ッシワ シクサハル センガギエヨ

- ❏ 食事しません　식사하지 않아요・식사 안 해요　シクサハジ アナヨ・シクサ アン ヘヨ
- ❏ 食事しませんか　식사하지 않을래요？・식사 안 할래요？　シクサハジ アヌルレヨ・シクサ アン ハルレヨ

  一緒に食事しませんか．　　같이 식사하지 않을래요？
  ガチ シクサハジ アヌルレヨ

- ❏ 食事しています　식사하고 있어요　シクサハゴ イッソヨ

  今チョルスさんと食事しています．　지금 철수 씨와 식사하고 있어요．
  ジグム チョルス ッシワ シクサハゴ イッソヨ

- ❏ 食事しました　식사했어요　シクサヘッソヨ

  カフェで食事しました．　　카페에서 식사했어요．
  カペエソ シクサヘッソヨ

- ❏ 食事していません　식사하고 있지 않아요・식사 안 하고 있어요　シクサハゴ イッチ アナヨ・シクサ アン ハゴ イッソヨ

여(ヨ)不規則活用

❏ 食事しませんでした　식사하지 않았어요・식사 안 했어요 シクサハジ アナッソヨ・シクサ アン ヘッソヨ

| ホテル以外では食事しませんでした. | 호텔 이외에서는 식사하지 않았어요. ホテル イウェエソヌン シクサハジ アナッソヨ |

❏ 食事すれば　식사하면 シクサハミョン

| あなたも一緒に食事すればいいのに. | 당신도 함께 식사하면 좋을 텐데. ダンシンド ハムッケ シクサハミョン ジョウル テンデ |

❏ 食事しなければ　식사하지 않으면・식사 안 하면 シクサハジ アヌミョン・シクサ アン ハミョン

| 規則的に食事しなければなりません. | 규칙적으로 식사하지 않으면 안 돼요. ギュチュッチョグロ シクサハジ アヌミョン アン ドェヨ |

❏ 食事しなくても　식사하지 않아도・식사 안 해도 シクサハジ アナド・シクサ アン ヘド

| 食事しなくてもいいですか. | 식사 안 해도 되겠어요? シクサ アン ヘド ドェゲッソヨ |

❏ 食事すること / 食事したこと　식사하는 것・식사할 것[困] / 식사했던 적・식사한 적 シクサハヌン ゴッ・シクサハル コッ / シクサヘットン ジョク・シクサハン ジョク

| 彼の家で食事したことがあります. | 그의 집에서 식사한 적이 있어요. グウィ ジベソ シクサハン ジョギ イッソヨ |

❏ 食事しながら　식사하면서 シクサハミョンソ

| 夫は食事しながら新聞を読みます. | 남편은 식사하면서 신문을 읽어요. ナムピョヌン シクサハミョンソ シンムヌル イルゴヨ |

❏ 食事しましょうか　식사할까요? シクサハルッカヨ

| このカフェで食事しましょうか. | 이 카페에서 식사할까요? イ カペエソ シクサハルッカヨ |

❏ 食事したいです / 食事したくないです　식사하고 싶어요 / 식사하고 싶지 않아요 シクサハゴ シポヨ / シクサハゴ シッチ アナヨ

| 彼女と食事したいです. | 그녀와 식사하고 싶어요. グニョワ シクサハゴ シポヨ |

❏ 食事するそうです　식사한대요 シクサハンデヨ

| ほとんど外で食事するそうです. | 거의 밖에서 식사한대요. ゴウィ パケソ シクサハンデヨ |

❏ 食事する〜　식사하는・식사할[困] シクサハヌン・シクサハル

| 一緒に食事する相手がいません. | 함께 식사할 사람이 없어요. ハムッケ シクサハル サラミ オプソヨ |

❏ 食事しない〜　식사하지 않는・식사 안 하는 シクサハジ アンヌン・シクサ アン ハヌン

❏ 食事した〜　식사했던・식사한 シクサヘットン・シクサハン

| 先生とは食事したことがありません. | 선생님과는 식사한 적이 없어요. ソンセンニムグヮヌン シクサハン ジョギ オプソヨ |

여 (요) 不規則活用

- ❏ 食事しなかった〜　식사하지 않았던・식사 안 했던・식사 안 한　シクサハジ アナットン・シクサ アン ヘットン・シクサ アン ハン
- ❏ 食事してください　식사해 주세요・식사하세요　シクサヘ ジュセヨ・シクサハセヨ
  - 休憩時間に食事してください.　휴식 시간에 식사하세요.
    ヒュシク シガネ シクサハセヨ
- ❏ 食事してはいけません　식사하면 안 돼요　シクサハミョン アン ドェヨ
  - この場所では食事してはいけません.　이 장소에서는 식사하면 안 돼요.
    イ ジャンソエソヌン シクサハミョン アン ドェヨ
- ❏ 食事しないでください　식사하지 마세요　シクサハジ マセヨ
- ❏ 食事しても　식사해도　シクサヘド
  - 前日9時までは食事してもいいです.　전날 아홉 시까지는 식사해도 돼요.
    ジョンナル アホプ シッカジヌン シクサヘド ドェヨ
- ❏ 食事するけれど / 食事したけれど　식사하지만 / 식사했지만　シクサハジマン / シクサヘッチマン
  - 1時間前に食事したけれどもうお腹が減りました.　한 시간 전에 식사했지만 벌써 배가 고파요.
    ハン シガン ジョネ シクサヘッチマン ボルッソ ペガ ゴパヨ
- ❏ 食事させます　식사하게 해요　シクサハゲ ヘヨ
- ❏ 食事して　식사하고　シクサハゴ
- ❏ 食べそうです　식사할 것 같아요　シクサハル コッ ガタヨ
  - 今頃食事しそうです.　지금쯤 식사할 것 같아요.
    ジグムッチュム シクサハル コッ ガタヨ
- ❏ 食事しやすい / 食事しにくい　식사하기 편해요 / 식사하기 불편해요　シクサハギ ピョンヘヨ / シクサハギ プルピョンヘヨ
- ❏ 食事するから　식사하니까・식사할 테니까　[来]　シクサハニッカ・シクサハル テニッカ
- ❏ 食事するので, 食事したので　식사해서　シクサヘソ
- ❏ 食事できます　식사할 수 있어요　シクサハル ス イッソヨ
- ❏ 食事できません　식사할 수 없어요　シクサハル ス オプソヨ
- ❏ 食事したり　식사하거나・식사했다가　シクサハゴナ・シクサヘッタガ
- ❏ 食事しに行きます [来ます]　식사하러 가요 [와요]　シクサハロ ガヨ [ワヨ]
  - 友だちの家へ食事しに行きます.　친구 집에 식사하러 가요.
    チング ジベ シクサハロ ガヨ

여(ヨ)不規則活用

싫어하다 /シロハダ/ 嫌がる

	辞書形	丁寧体	会話体	連体形
現在形	嫌がる 싫어하다 シロハダ	嫌がります 싫어합니다 シロハムニダ	嫌がります 싫어해요 シロヘヨ	嫌がる〜 싫어하는 シロハヌン
過去形	嫌がった 싫어했다 シロヘッタ	嫌がりました 싫어했습니다 シロヘッスムニダ	嫌がりました 싫어했어요 シロヘッソヨ	嫌がった〜 싫어했던/싫어한 シロヘットン/シロハン
未来形	嫌がる 싫어하겠다 シロハゲッタ	嫌がります 싫어하겠습니다 シロハゲッスムニダ	嫌がります 싫어하겠어요 シロハゲッソヨ	嫌がる〜 싫어할 シロハル

여(ヨ)不規則活用

❏ 嫌がります　싫어해요 シロヘヨ
息子は幼稚園に行くのを嫌がります.
아들은 유치원에 가는 것을 싫어해요.
アドゥルン ユチウォネ ガヌン ゴスル シロヘヨ

❏ 嫌がりますか　싫어해요?・싫어하나요? シロヘヨ・シロハナヨ

❏ 嫌がりません　싫어하지 않아요・안 싫어해요 シロハジ アナヨ・アン シロヘヨ
彼はどんな仕事も嫌がりません.
그는 어떤 일도 싫어하지 않아요.
グヌン オットン イルド シロハジ アナヨ

❏ 嫌がっています　싫어하고 있어요 シロハゴ イッソヨ
彼女は彼を嫌がっています.
그녀는 그를 싫어하고 있어요.
グニョヌン グルル シロハゴ イッソヨ

❏ 嫌がりました　싫어했어요 シロヘッソヨ
子どもは注射を嫌がりました.
아이는 주사를 싫어했어요.
アイヌン ジュサルル シロヘッソヨ

❏ 嫌がっていません　싫어하고 있지 않아요・안 싫어하고 있어요 シロハゴ イッチ アナヨ・アン シロハゴ イッソヨ
そんなに嫌がっていません.
그렇게 싫어하고 있지 않아요.
グロケ シロハゴ イッチ アナヨ

❏ 嫌がりませんでした　싫어하지 않았어요・안 싫어했어요 シロハジ アナッソヨ・アン シロヘッソヨ
ちっとも嫌がりませんでした.
조금도 싫어하지 않았어요.
ジョグムド シロハジ アナッソヨ

❏ 嫌がれば, 嫌ならば　싫어하면 シロハミョン

❏ 嫌がらなければ　싫어하지 않으면・안 싫어하면 シロハジ アヌミョン・アン シロハミョン
数学を嫌がらなければいいのに.
수학을 싫어하지 않으면 좋을 텐데.
スハグル シロハジ アヌミョン ジョウル テンデ

❏ 嫌がらなくても　싫어하지 않아도・안 싫어해도　シロハジ アナド・アン シロヘド
そんなに嫌がらなくてもいいでしょう。　　그렇게 싫어하지 않아도 되잖아요.
　　　　　　　　　　　　　　　　　　　　　グロケ シロハジ アナド ドェジャナヨ

❏ 嫌がること / 嫌がったこと　싫어하는 것・싫어할 것困/ 싫어했던 적・싫어
　한 적　シロハヌン ゴッ・シロハル コッ / シロヘットン ジョク・シロハン ジョク

❏ 嫌がりながら, 嫌々　싫어하면서　シロハミョンソ
嫌々やっても能率が上がりません。　　싫어하면서 하면 능률이 안 올라요.
　　　　　　　　　　　　　　　　　　シロハミョンソ ハミョン ヌンリュリ アン オルラヨ

❏ 嫌がる～　싫어하는・싫어할困　シロハヌン・シロハル
他人が嫌がることをしてはいけません。　　다른 사람이 싫어하는 일을 하면 안 돼요.
　　　　　　　　　　　　　　　　　　　　ダルン サラミ シロハヌン イルル ハミョン アン ドェヨ

❏ 嫌がらない～　싫어하지 않는・안 싫어하는　シロハジ アンヌン・アン シロハヌン
❏ 嫌がった～　싫어했던・싫어한　シロヘットン・シロハン
❏ 嫌がらなかった～　싫어하지 않았던・안 싫어했던　シロハジ アナットン・アン シロヘットン
❏ 嫌がってはいけません　싫어하면 안 돼요　シロハミョン アン ドェヨ
お母さんの手伝いを嫌がってはいけません。　　어머니를 돕는 것을 싫어하면 안 돼요.
　　　　　　　　　　　　　　　　　　　　　　オモニルル ドムヌン ゴスル シロハミョン アン ドェヨ

❏ 嫌がらないでください　싫어하지 마세요　シロハジ マセヨ
❏ 嫌がっても　싫어해도　シロヘド
嫌がってもやるしかありません。　　싫어해도 할 수 밖에 없어요.
　　　　　　　　　　　　　　　　　シロヘド ハル ス バッケ オプソヨ

❏ 嫌がるけれど / 嫌がったけれど　싫어하지만 / 싫어했지만　シロハジマン / シロヘッチマン
運動を嫌がるけれど健康のためにさせよう　　운동을 싫어하지만 건강을 위해서 시키려
と思います。　　　　　　　　　　　　　　　고 해요.
　　　　　　　　　　　　　　　　　　　　　ウンドンウル シロハジマン ゴンガンウル ウィヘソ シキリョゴ ヘヨ

❏ 嫌がりそうです　싫어할 것 같아요　シロハル コッ ガタヨ
この服は彼が嫌がりそうです。　　이 옷은 그가 싫어할 것 같아요.
　　　　　　　　　　　　　　　　イ オスン グガ シロハル コッ ガタヨ

❏ 嫌がるから　싫어하니까・싫어할 테니까困　シロハニッカ・シロハル テニッカ
彼が嫌がるからこの話はもうやめましょう。　　그가 싫어하니까 이 이야기는 이제 그만하죠.
　　　　　　　　　　　　　　　　　　　　　　グガ シロハニッカ イ イヤギヌン イジェ グマンハジョ

여(ヨ)不規則活用

여행하다 /ヨヘンハダ/ 旅行する

	辞書形	丁寧体	会話体	連体形
現在形	旅行する 여행하다 ヨヘンハダ	旅行します 여행합니다 ヨヘンハムニダ	旅行します 여행해요 ヨヘンヘヨ	旅行する〜 여행하는 ヨヘンハヌン
過去形	旅行した 여행했다 ヨヘンヘッタ	旅行しました 여행했습니다 ヨヘンヘッスムニダ	旅行しました 여행했어요 ヨヘンヘッソヨ	旅行した〜 여행했던 / 여행한 ヨヘンヘットン / ヨヘンハン
未来形	旅行する 여행하겠다 ヨヘンハゲッタ	旅行します 여행하겠습니다 ヨヘンハゲッスムニダ	旅行します 여행하겠어요 ヨヘンハゲッソヨ	旅行する〜 여행할 ヨヘンハル

- ❏ 旅行します　여행해요　ヨヘンヘヨ
- ❏ 旅行しますか　여행해요？・여행하나요？　ヨヘンヘヨ・ヨヘンハナヨ
- ❏ 旅行するつもりです　여행할 거예요　ヨヘンハル コイエヨ
- ❏ 旅行しようと思います　여행할 생각이에요　ヨヘンハル センガギエヨ

  アフリカを旅行しようと思います.　　아프리카를 여행할 생각이에요.
  　　　　　　　　　　　　　　　　　アプリカルル ヨヘンハル センガギエヨ

- ❏ 旅行しません　여행하지 않아요・여행 안 해요　ヨヘンハジ アナヨ・ヨヘン アン ヘヨ
- ❏ 旅行しませんか　여행하지 않을래요？・여행 안 할래요？　ヨヘンハジ アヌルレヨ・ヨヘン アン ハルレヨ

  2人で旅行しませんか.　　둘이서 여행하지 않을래요？
  　　　　　　　　　　　ドゥリソ ヨヘンハジ アヌルレヨ

- ❏ 旅行しています　여행하고 있어요　ヨヘンハゴ イッソヨ

  母は今韓国を旅行しています.　　어머니는 지금 한국을 여행하고 있어요.
  　　　　　　　　　　　　　　　オモニヌン ジグム ハンググル ヨヘンハゴ イッソヨ

- ❏ 旅行しました　여행했어요　ヨヘンヘッソヨ

  昨年カナダを旅行しました.　　작년에 캐나다를 여행했어요.
  　　　　　　　　　　　　　ジャンニョネ ケナダルル ヨヘンヘッソヨ

- ❏ 旅行しませんでした　여행하지 않았어요　ヨヘンハジ アナッソヨ

  去年は旅行しませんでした.　　작년에는 여행하지 않았어요.
  　　　　　　　　　　　　　ジャンニョネヌン ヨヘンハジ アナッソヨ

- ❏ 旅行すれば　여행하면　ヨヘンハミョン
- ❏ 旅行しなければ　여행하지 않으면・여행 안 하면　ヨヘンハジ アヌミョン・ヨヘン アン ハミョン
- ❏ 旅行すること / 旅行したこと　여행하는 것・여행할 것 困 / 여행했던 적・여행한 적　ヨヘンハヌン ゴッ・ヨヘンハル コッ / ヨヘンヘットン ジョク・ヨヘンハン ジョク

여 (ヨ) 不規則活用

釜山に旅行したことがあります。	부산을 여행한 적이 있어요. プサヌル ヨヘンハン ジョギ イッソヨ

❏ 旅行しながら　여행하면서　ヨヘンハミョンソ

旅行しながら写真を撮りました。	여행하면서 사진을 찍었어요. ヨヘンハミョンソ サジヌル ッチゴッソヨ

❏ 旅行したいです／旅行したくないです　여행하고 싶어요／여행하고 싶지 않아요　ヨヘンハゴ シポヨ／ヨヘンハゴ シッチ アナヨ

インドを旅行したいです。	인도를 여행하고 싶어요. インドゥル ヨヘンハゴ シポヨ

❏ 旅行してみます　여행해 볼래요　ヨヘンヘ ボルレヨ

1人で旅行してみます。	혼자서 여행해 볼래요. ホンジャソ ヨヘンヘ ボルレヨ

❏ 旅行するそうです　여행한대요　ヨヘンハンデヨ

退職したら世界を旅行するそうです。	퇴직하면 세계를 여행한대요. トェジカミョン セゲルル ヨヘンハンデヨ

❏ 旅行する〜　여행하는・여행할 困　ヨヘンハヌン・ヨヘンハル

一緒に旅行する人を探しています。	같이 여행할 사람을 찾고 있어요. ガチ ヨヘンハル サラムル チャッコ イッソヨ

❏ 旅行した〜　여행했던・여행한　ヨヘンヘットン・ヨヘンハン

写真で旅行した記録を残します。	사진으로 여행한 기록을 남겨요. サジヌロ ヨヘンハン ギログル ナムギョヨ

❏ 旅行してください　여행하세요　ヨヘンハセヨ

❏ 旅行してはいけません　여행하면 안 돼요　ヨヘンハミョン アン ドェヨ

紛争地域を旅行してはいけません。	분쟁지역을 여행하면 안 돼요. ブンジェンジヨグル ヨヘンハミョン アン ドェヨ

❏ 旅行しても　여행해도　ヨヘンヘド

❏ 旅行するけれど／旅行したけれど　여행하지만／여행했지만　ヨヘンハジマン／ヨヘンヘッチマン

❏ 旅行させます　여행하게 해요　ヨヘンハゲ ヘヨ

息子を1人で旅行させます。	아들 혼자서 여행하게 해요. アドゥル ホンジャソ ヨヘンハゲ ヘヨ

❏ 旅行できます

1人で旅行できます。	혼자서 여행할 수 있어요. ホンジャソ ヨヘンハル ス イッソヨ

❏ 旅行できません　여행할 수 없어요　ヨヘンハル ス オプソヨ

忙しくて旅行できません。	바빠서 여행할 수 없어요. バッパソ ヨヘンハル ス オプソヨ

여 (ヨ) 不規則活用

이해하다 /イヘハダ/ 理解する

	辞書形	丁寧体	会話体	連体形
現在形	理解する 이해하다 イヘハダ	理解します 이해합니다 イヘハムニダ	理解します 이해해요 イヘヘヨ	理解する〜 이해하는 イヘハヌン
過去形	理解した 이해했다 イヘヘッタ	理解しました 이해했습니다 イヘヘッスムニダ	理解しました 이해했어요 イヘヘッソヨ	理解した〜 이해했던 / 이해한 イヘヘットン / イヘハン
未来形	理解する 이해하겠다 イヘハゲッタ	理解します 이해하겠습니다 イヘハゲッスムニダ	理解します 이해하겠어요 イヘハゲッソヨ	理解する〜 이해할 イヘハル

여(ヨ)不規則活用

❏ 理解します　이해해요　イヘヘヨ
❏ 理解しますか　이해해요? ・ 이해하나요?　イヘヘヨ・イヘハナヨ

私の話を理解しますか.　　　제 말을 이해하나요?
　　　　　　　　　　　　　ジェ マルル イヘハナヨ

❏ 理解するつもりです　이해할 거예요　イヘハル コイェヨ
❏ 理解しようと思います　이해할 생각이에요　イヘハル センガギエヨ

もう一度読んでしっかり理解しようと思います.　다시 한 번 읽고 확실히 이해할 생각이에요.
　　　　　　　　　　　　　　　　　　　　　ダシ ハン ボン イルッコ ファクッシルヒ イヘハル センガギエヨ

❏ 理解しています　이해하고 있어요　イヘハゴ イッソヨ

彼を理解しています.　　　그를 이해하고 있어요.
　　　　　　　　　　　グルル イヘハゴ イッソヨ

❏ 理解しました　이해했어요　イヘヘッソヨ

説明を聞いて理解しました.　설명을 듣고 이해했어요.
　　　　　　　　　　　　　ソルミョンウル ドゥッコ イヘヘッソヨ

❏ 理解すれば　이해하면　イヘハミョン

お互い理解すればいいのに.　서로 이해하면 좋을 텐데.
　　　　　　　　　　　　　ソロ イヘハミョン ジョウル テンデ

❏ 理解しなければ　이해하지 않으면　イヘハジ アヌミョン

私たちが彼を理解しなければなりません.　우리가 그를 이해하지 않으면 안 돼요.
　　　　　　　　　　　　　　　　　　ウリガ グルル イヘハジ アヌミョン アン ドェヨ

❏ 理解すること / 理解したこと　이해하는 것・이해할 것 困 / 이해했던 적・이해한 적　イヘハヌン ゴッ・イヘハル コッ / イヘヘットン ジョク・イヘハン ジョク

相手を理解することが大切です.　상대를 이해하는 것이 중요해요.
　　　　　　　　　　　　　　　サンデルル イヘハヌン ゴシ ジュンヨヘヨ

- ❑ 理解したいです　이해하고 싶어요　イヘハゴ シポヨ
- ❑ 理解する〜　이해하는・이해할 困　イヘハヌン・イヘハル

| すべてを理解する必要はありません. | 전부 이해할 필요는 없어요.
ジョンブ イヘハル ピリョヌン オプソヨ |

- ❑ 理解しない〜　이해하지 않는　イヘハジ アンヌン
- ❑ 理解した〜　이해했던・이해한　イヘヘットン・イヘハン

| その先生の話を理解した学生はいません. | 그 선생님의 말을 이해한 학생은 없어요.
グ ソンセンニムウィ マルル イヘハン ハクセンウン オプソヨ |

- ❑ 理解してください　이해해 주세요・이해하세요　イヘヘ ジュセヨ・イヘハセヨ

| どうか事情を理解してください. | 아무쪼록 사정을 이해해 주세요.
アムッチョロク サジョンウル イヘヘ ジュセヨ |

- ❑ 理解しても　이해해도　イヘヘド

| 頭では理解しても実行するのは難しいです. | 머리로는 이해해도 실행하는 건 어려워요.
モリロヌン イヘヘド シルヘンハヌン ゴン オリョウォヨ |

- ❑ 理解するけれど／理解したけれど　이해하지만／이해했지만　イヘハジマン／イヘヘッチマン

| 理解するけれど許せません. | 이해하지만 용서할 수 없어요.
イヘハジマン ヨンソハル ス オプソヨ |

- ❑ 理解させます　이해하게 해요・이해시켜요　イヘハゲ ヘヨ・イヘシキョヨ

| 経験を通じて理解させます. | 경험을 통해 이해하게 해요.
ギョンホムル トンヘ イヘハゲ ヘヨ |

- ❑ 理解して　이해하고　イヘハゴ
- ❑ 理解しそうです　이해할 것 같아요　イヘハル コッ ガタヨ

| 絵で説明すれば簡単に理解しそうです. | 그림으로 설명하면 쉽게 이해할 것 같아요.
グリムロ ソルミョンハミョン シュィプケ イヘハル コッ ガタヨ |

- ❑ 理解しやすい／理解しにくい　이해하기 쉬워요／이해하기 어려워요　イヘハギ シュィウォヨ／イヘハギ オリョウォヨ

| 子どもにはまだ理解しにくい言葉です. | 아이에게는 아직 이해하기 어려운 말이에요.
アイエゲヌン アジク イヘハギ オリョウン マリエヨ |

- ❑ 理解できます　이해할 수 있어요　イヘハル ス イッソヨ

| 十分に理解できます. | 충분히 이해할 수 있어요.
チュンブンヒ イヘハル ス イッソヨ |

- ❑ 理解できません　이해할 수 없어요　イヘハル ス オプソヨ

| それは理解できません. | 그것은 이해할 수 없어요.
グゴスン イヘハル ス オプソヨ |

여(ヨ)不規則活用

인사하다 /インサハダ/ 挨拶する

	辞書形	丁寧体	会話体	連体形
現在形	挨拶する 인사하다 インサハダ	挨拶します 인사합니다 インサハムニダ	挨拶します 인사해요 インサヘヨ	挨拶する〜 인사하는 インサハヌン
過去形	挨拶した 인사했다 インサヘッタ	挨拶しました 인사했습니다 インサヘッスムニダ	挨拶しました 인사했어요 インサヘッソヨ	挨拶した〜 인사했던 / 인사한 インサヘットン / インサハン
未来形	挨拶する 인사하겠다 インサハゲッタ	挨拶します 인사하겠습니다 インサハゲッスムニダ	挨拶します 인사하겠어요 インサハゲッソヨ	挨拶する〜 인사할 インサハル

여(ヨ) 不規則活用

❏ 挨拶します 　인사해요 　インサヘヨ
いつも先に挨拶します. 　　　　　항상 먼저 인사해요.
　　　　　　　　　　　　　　　ハンサン モンジョ インサヘヨ

❏ 挨拶しますか 　인사해요? · 인사하나요? 　インサヘヨ · インサハナヨ

❏ 挨拶します 　인사하겠어요 困 インサハゲッソヨ

❏ 挨拶するつもりです 　인사할 거예요 　インサハル コイェヨ

❏ 挨拶しようと思います 　인사할 생각이에요 　インサハル センガギエヨ
今度会ったら挨拶しようと思います. 　이번에 만나면 인사할 생각이에요.
　　　　　　　　　　　　　　　　　イボネ マンナミョン インサハル センガギエヨ

❏ 挨拶しません 　인사하지 않아요 · 인사 안 해요 　インサハジ アナヨ · インサ アン ヘヨ

❏ 挨拶しませんか 　인사하지 않을래요? · 인사 안 할래요? 　インサハジ アヌルレヨ · インサ アン ハルレヨ
あの方に挨拶しませんか. 　　　　저 분께 인사하지 않을래요?
　　　　　　　　　　　　　　　ジョ ブンッケ インサハジ アヌルレヨ

❏ 挨拶しています 　인사하고 있어요 　インサハゴ イッソヨ
あなたに挨拶しています. 　　　　당신에게 인사하고 있어요.
　　　　　　　　　　　　　　　ダンシネゲ インサハゴ イッソヨ

❏ 挨拶しました 　인사했어요 　インサヘッソヨ
彼のお母さまに挨拶しました. 　　그의 어머님께 인사했어요.
　　　　　　　　　　　　　　　グウィ オモニムッケ インサヘッソヨ

❏ 挨拶していません 　인사하고 있지 않아요 · 인사 안 하고 있어요 　インサハゴ イッチ アナヨ · インサ アン ハゴ イッソヨ

❏ 挨拶しませんでした 　인사하지 않았어요 · 인사 안 했어요 　インサハジ アナッソヨ · インサ アン ヘッソヨ

最初はお互い挨拶しませんでした。　　처음에는 서로 인사 안 했어요．
チョウメヌン ソロ インサ アン ヘッソヨ

❑ 挨拶すれば　　인사하면　インサハミョン
ちゃんと挨拶すればいいのに。　　제대로 인사하면 좋을 텐데．
ジェデロ インサハミョン ジョウル テンデ

❑ 挨拶しなければ　　인사하지 않으면・인사 안 하면　インサハジ アヌミョン・インサ アン ハミョン
挨拶しなければ怒られます。　　인사 안 하면 혼나요．
インサ アン ハミョン ホンナヨ

❑ 挨拶しなくても　　인사하지 않아도・인사 안 해도　インサハジ アナド・インサ アン ヘド
直接挨拶しなくてもいいです。　　직접 인사 안 해도 돼요．
ジクチョプ インサ アン ヘド ドェヨ

❑ 挨拶すること / 挨拶したこと　　인사하는 것・인사할 것困/ 인사했던 적・인사한 적　インサハヌン ゴッ・インサハル コッ / インサヘットン ジョク・インサハン ジョク

❑ 挨拶しながら　　인사하면서　インサハミョンソ
挨拶しながら名刺を交換しました。　　인사하면서 명함을 교환했어요．
インサハミョンソ ミョンハムル ギョファンヘッソヨ

❑ 挨拶したいです / 挨拶したくないです　　인사하고 싶어요 / 인사하고 싶지 않아요　インサハゴ シポヨ / インサハゴ シッチ アナヨ
会って挨拶したいです。　　만나서 인사하고 싶어요．
マンナソ インサハゴ シポヨ

❑ 挨拶してみます　　인사해 볼래요　インサヘ ボルレヨ
今日は私が先に挨拶してみます。　　오늘은 내가 먼저 인사해 볼래요．
オヌルン ネガ モンジョ インサヘ ボルレヨ

❑ 挨拶するそうです　　인사한대요　インサハンデヨ
俳優が舞台挨拶をするそうです。　　배우가 무대인사를 한대요．
ベウガ ムデインサルル ハンデヨ

❑ 挨拶する〜　　인사하는・인사할困　インサハヌン・インサハル
挨拶するときは笑顔でしてください。　　인사할 때는 웃는 얼굴로 하세요．
インサハル ッテヌン ウンヌン オルグルロ ハセヨ

❑ 挨拶しない〜　　인사하지 않는・인사 안 하는　インサハジ アンヌン・インサ アン ハヌン
挨拶しない子ども　　인사 안 하는 아이
インサ アン ハヌン アイ

❑ 挨拶した〜　　인사했던・인사한　インサヘットン・インサハン
彼と挨拶したことがありますか。　　그와 인사한 적이 있나요？
グワ インサハン ジョギ インナヨ

❑ 挨拶しなかった〜　　인사하지 않았던・인사 안 했던・인사 안 한　インサハジ アナットン・インサ アン ヘットン・インサ アン ハン

여（ヨ）不規則活用

❏ 挨拶してください　인사해 주세요・인사하세요　インサヘ ジュセヨ・インサハセヨ

大きい声で挨拶してください．　큰 소리로 인사해 주세요．
　　　　　　　　　　　　　　クン ソリロ インサヘ ジュセヨ

❏ 挨拶してはいけません　인사하면 안 돼요　インサハミョン アン ドェヨ

❏ 挨拶しないでください　인사하지 마세요　インサハジ マセヨ

❏ 挨拶しても　인사해도　インサヘド

彼は挨拶しても無視します．　그는 인사해도 안 받아요．
　　　　　　　　　　　　　グヌン インサヘド アン バダヨ

❏ 挨拶するけれど / 挨拶したけれど　인사하지만 / 인사했지만　インサハジマン / インサヘッチマン

彼に挨拶したけれど気づきませんでした．　그에게 인사했지만 알지 못했어요．
　　　　　　　　　　　　　　　　　　　グエゲ インサヘッチマン アルジ モッテッソヨ

❏ 挨拶させます　인사하게 해요・인사시켜요　インサハゲ ヘヨ・インサシキョヨ

子どもにはきちんと挨拶させます．　아이에게는 제대로 인사하게 해요．
　　　　　　　　　　　　　　　　アイエゲヌン ジェデロ インサハゲ ヘヨ

❏ 挨拶して　인사하고　インサハゴ

みんなに挨拶して帰りました．　모두에게 인사하고 돌아갔어요．
　　　　　　　　　　　　　　モドゥエゲ インサハゴ ドラガッソヨ

❏ 挨拶しやすい / 挨拶しにくい　인사하기 쉬워요 / 인사하기 어려워요　インサハギ シュィウォヨ / インサハギ オリョウォヨ

怖い先生には挨拶しにくいです．　무서운 선생님에게는 인사하기 어려워요．
　　　　　　　　　　　　　　　ムソウン ソンセンニメゲヌン インサハギ オリョウォヨ

❏ 挨拶するから　인사하니까・인사할 테니까　困　インサハニッカ・インサハル テニッカ

❏ 挨拶するので，挨拶したので　인사해서　インサヘソ

❏ 挨拶できます　인사할 수 있어요　インサハル ス イッソヨ

この子はちゃんと挨拶できます．　이 아이는 제대로 인사할 수 있어요．
　　　　　　　　　　　　　　　イ アイヌン ジェデロ インサハル ス イッソヨ

❏ 挨拶できません　인사할 수 없어요　インサハル ス オプソヨ

恥ずかしくて挨拶できません．　부끄러워서 인사할 수 없어요．
　　　　　　　　　　　　　　ブックロウォソ インサハル ス オプソヨ

❏ 挨拶したり　인사하거나　インサハゴナ

積極的に挨拶したり話しかけたりします．　적극적으로 인사하거나 말을 걸거나 해요．
　　　　　　　　　　　　　　　　　　　ジョクチョグロ インサハゴナ マルル ゴルゴナ ヘヨ

❏ 挨拶しに行きます [来ます]　인사하러 가요 [와요]　インサハロ ガヨ [ワヨ]

彼女の家に挨拶に行きます．　애인 집에 인사하러 가요．
　　　　　　　　　　　　　エイン ジベ インサハロ ガヨ

여 (ヨ) 不規則活用

일하다 /イルハダ/ 働く・仕事をする・勤める

	辞書形	丁寧体	会話体	連体形
現在形	働く 일하다 イルハダ	働きます 일합니다 イルハムニダ	働きます 일해요 イルヘヨ	働く〜 일하는 イルハヌン
過去形	働いた 일했다 イルヘッタ	働きました 일했습니다 イルヘッスムニダ	働きました 일했어요 イルヘッソヨ	働いた〜 일했던 / 일한 イルヘットン / イルハン
未来形	働く 일하겠다 イルハゲッタ	働きます 일하겠습니다 イルハゲッスムニダ	働きます 일하겠어요 イルハゲッソヨ	働く〜 일할 イルハル

여 (ヨ) 不規則活用

☐ 働きます　일해요　イルヘヨ

ここで働きます.
여기서 일해요.
ヨギソ イルヘヨ

☐ 働きますか　일해요？/ 일 하나요？　イルヘヨ / イル ハナヨ

土曜日も働きますか.
토요일도 일 하나요？
トヨイルド イル ハナヨ

☐ 働きます　일하겠어요 困　イル ハゲッソヨ

明日から働きます.
내일부터 일하겠어요.
ネイルブト イルハゲッソヨ

☐ 働くつもりです　일 할 거예요　イル ハル コイェヨ

一生懸命に働くつもりです.
열심히 일 할 거예요.
ヨルッシムヒ イル ハル コイェヨ

☐ 働きません　일하지 않아요・일 안 해요　イルハジ アナヨ・イル アン ヘヨ

土曜日には働きません.
토요일에는 일 안해요.
トヨイレヌン イル アンヘヨ

☐ 働いています　일하고 있어요　イルハゴ イッソヨ

弟は銀行で働いています.
남동생은 은행에서 일하고 있어요.
ナムドンセンウン ウンヘンエソ イルハゴ イッソヨ

☐ 働きました　일했어요　イルヘッソヨ

一生懸命に働きました.
열심히 일했어요.
ヨルッシムヒ イルヘッソヨ

☐ 働いていません　일하고 있지 않아요・일 안 하고 있어요　イルハゴ イッチ アナヨ・イル アン ハゴ イッソヨ

息子は働いていません
아들은 일하고 있지 않아요.
アドゥルン イルハゴ イッチ アナヨ

여(ヨ)不規則活用

❏ 働きませんでした　일하지 않았어요・일 안 했어요　イルハジ アナッソヨ・イル アン ヘッソヨ
昨日は働きませんでした。	어제는 일 안 했어요. オジェヌン イル アン ヘッソヨ

❏ 働けば　일하면　イルハミョン
働けば働くほど収入が増えます。	일하면 일할수록 수입이 늘어요. イルハミョン イルハルスロク スイビ ヌロヨ

❏ 働かなければ　일하지 않으면・일 안 하면　イルハジ アヌミョン・イル アン ハミョン
忙しくて休日も働かなければなりません。	바빠서 휴일도 일하지 않으면 안 돼요. パッパソ ヒュイルド イルハジ アヌミョン アン ドェヨ

❏ 働かなくても　일하지 않아도・일 안 해도　イルハジ アナド・イル アン ヘド
働かなくても給料をくれる会社はありません。	일 안 해도 월급을 주는 회사는 없어요. イル アン ヘド ウォルグブル ジュヌン フェサヌン オプソヨ

❏ 働くこと / 働いたこと　일하는 것・일할 것[困] / 일했던 적・일한 적　イルハヌン ゴッ・イルハル コッ / イルヘットン ジョク・イルハン ジョク
芸能界で仕事をすることが夢です。	연예계에서 일하는 것이 꿈이에요. ヨンイェゲエソ イルハヌン ゴシ ックミエヨ

❏ 働きながら　일하면서　イルハミョンソ
働きながら勉強しています。	일하면서 공부하고 있어요. イルハミョンソ ゴンブハゴ イッソヨ

❏ 働きましょうか　일할까요?　イルハルッカヨ
今日から働きましょうか。	오늘부터 일할까요? オヌルブト イルハルッカヨ

❏ 働きたいです / 働きたくないです　일하고 싶어요 / 일하고 싶지 않아요　イルハゴ シポヨ / イルハゴ シプチ アナヨ
アメリカで働きたいです。	미국에서 일하고 싶어요. ミグゲソ イルハゴ シポヨ

❏ 働いてみます　일해 볼래요　イルヘ ボルレヨ
ここで働いてみます。	여기서 일해 볼래요. ヨギソ イルヘ ボルレヨ

❏ 働くそうです　일한대요　イルハンデヨ
日曜日も働くそうです。	일요일도 일한대요. イリョイルド イルハンデヨ

❏ 働く～　일하는・일할[困]　イルハヌン・イルハル
働く女性が増えました。	일하는 여성이 늘었어요. イルハヌン ヨソンイ ヌロッソヨ

❏ 働かない～　일하지 않는・일 안 하는　イルハジ アンヌン・イル アン ハヌン
働かない人	일 안 하는 사람 イル アン ハヌン サラム

❑ 働いた〜　일했던・일한　イルヘットン・イルハン
　一緒に働いた人　　같이 일했던 사람
　　　　　　　　　　ガチ イルヘットン サラム

❑ 働かなかった〜　일하지 않았던・일 안했던・일 안 한　イルハジ アナットン・イル アンヘットン・イル アン ハン
　先月働かなかった日は2日だけです.　지난달 일 안 한 날은 이틀뿐이에요.
　　　　　　　　　　　　　　　　　　ジナンダル イル アン ハン ナルン イトゥルップニエヨ

❑ 働いてください　일해 주세요・일 하세요　イルヘ ジュセヨ・イル ハセヨ
　責任感を持って働いてください.　책임감을 가지고 일해 주세요.
　　　　　　　　　　　　　　　　チェギムガムル ガジゴ イルヘ ジュセヨ

❑ 働いてはいけません　일하면 안 돼요　イルハミョン アン ドェヨ
　傷が治るまで働いてはいけません.　상처가 나을 때까지 일 하면 안 돼요.
　　　　　　　　　　　　　　　　　サンチョガ ナウル ッテッカジ イルハミョン アン ドェヨ

❑ 働いても　일해도　イルヘド
　働いてもなかなか仕事が終わりません.　일해도 좀처럼 일이 끝나지 않아요.
　　　　　　　　　　　　　　　　　　　イルヘド ジョムチョロム イリ ックンナジ アナヨ

❑ 働くけれど / 働いたけれど　일하지만 / 일 했지만　イルハジマン / イル ヘッチマン
　働くけれどお金が貯まりません.　일하지만 돈이 모이지 않아요.
　　　　　　　　　　　　　　　　イルハジマン ドニ モイジ アナヨ

❑ 働きそうです　일할 것 같아요　イルハル コッ ガタヨ
　明日から一緒に働きそうです.　내일부터 같이 일할 것 같아요.
　　　　　　　　　　　　　　　　ネイルブト ガチ イルハル コッ ガタヨ

❑ 働くから　일하니까・일할 테니까 困　イルハニッカ・イルハル テニッカ
　彼はまじめに働くから信頼されています.　그는 열심히 일하니까 신뢰를 받고 있어요.
　　　　　　　　　　　　　　　　　　　　グヌン ヨルッシムヒ イルハニッカ シルルェルル パッコ イッソヨ

❑ 働くので, 働いたので　일해서　イルヘソ
　遅くまで働いたので疲れます.　늦게까지 일해서 피곤해요.
　　　　　　　　　　　　　　　ヌッケッカジ イルヘソ ピゴンヘヨ

❑ 働けます　일할 수 있어요　イルハル ス イッソヨ
　今日からでも働けます.　오늘부터라도 일할 수 있어요.
　　　　　　　　　　　　オヌルブトラド イルハル ス イッソヨ

❑ 働けません　일할 수 없어요　イルハル ス オプソヨ

❑ 働きに行きます [来ます]　일하러 가요 [와요]　イルハロ ガヨ [ワヨ]
　来週から働きに行きます.　다음주부터 일하러 가요.
　　　　　　　　　　　　　ダウムッチュブト イルハロ ガヨ

여 (ヨ) 不規則活用

잘하다 /ジャルハダ/ うまい・上手だ

①うまい・上手だ．②優れている・秀でている．③よく…する．④(人に)優しい・親切だ．⑤〔反語的に〕情けない．

	辞書形	丁寧体	会話体	連体形
現在形	うまい 잘하다 ジャルハダ	うまいです 잘합니다 ジャルハムニダ	うまいです 잘해요 ジャルヘヨ	うまい～ 잘하는 ジャルハヌン
過去形	うまかった 잘했다 ジャルヘッタ	うまかったです 잘했습니다 ジャルヘッスムニダ	うまかったです 잘했어요 ジャルヘッソヨ	うまかった～ 잘했던 / 잘한 ジャルヘットン / ジャルハン
未来形	うまい 잘하겠다 ジャルハゲッタ	うまいです 잘하겠습니다 ジャルハゲッスムニダ	うまいです 잘하겠어요 ジャルハゲッソヨ	うまい～ 잘할 ジャルハル

여(ヨ)不規則活用

❏ うまいです　잘해요　ジャルヘヨ
　彼は英語がうまいです．　　　　　　　그는 영어를 잘해요．
　　　　　　　　　　　　　　　　　　　グヌン ヨンオルル ジャルヘヨ

❏ うまいですか　잘해요？・잘하나요？　ジャルヘヨ・ジャルハナヨ
❏ うまいです　잘하겠어요 困　ジャルハゲッソヨ
❏ うまくするつもりです　잘할 거예요　ジャルハル コイェヨ
❏ うまくしようと思います　잘할 생각이에요　ジャルハル センガギエヨ
❏ うまくありません　잘하지 않아요・잘못해요　ジャルハジ アナヨ・ジャルモッテヨ
　韓国語はうまくありません．　　　　　한국어는 잘못해요．
　　　　　　　　　　　　　　　　　　　ハングゴヌン ジャルモッテヨ

❏ うまくしています　잘하고 있어요　ジャルハゴ イッソヨ
　1人でうまくやっています．　　　　　혼자서 잘하고 있어요．
　　　　　　　　　　　　　　　　　　　ホンジャソ ジャルハゴ イッソヨ

❏ うまかったです　잘했어요　ジャルヘッソヨ
❏ うまくしていません　잘하고 있지 않아요・잘못하고 있어요　ジャルハゴ イッチ アナヨ・ジャルモッタゴ イッソヨ
❏ うまくしませんでした　잘하지 않았어요・잘못했어요　ジャルハジ アナッソヨ・ジャルモッテッソヨ
　すみませんでした．　　　　　　　　　잘못했어요．
　　　　　　　　　　　　　　　　　　　ジャルモッテッソヨ

＊「うまくしなかった」ということで，「すみませんでした」を表します．

71

❏ うまくすれば　잘하면　ジャルハミョン

| うまくいけば合格するでしょう. | 잘하면 합격할 거예요.
ジャルハミョン ハプキョカル コイェヨ |

❏ うまくなければ　잘하지 않으면・잘못하면　ジャルハジ アヌミョン・ジャルモッタミョン

| 下手するとこのゲームに負けます. | 잘못하면 이 게임에 져요.
ジャルモッタミョン イ ゲイメ ジョヨ |

❏ うまくなくても　잘하지 않아도・잘못해도　ジャルハジ アナド・ジャルモッテド

| 英語がうまくなくても就職できます. | 영어를 잘못해도 취직할 수 있어요.
ヨンオルル ジャルモッテド チュィジカル ス イッソヨ |

❏ うまいこと/うまかったこと　잘하는 것・잘할 것(困)/잘했던 적・잘한 적
　　ジャルハヌン ゴッ・ジャルハル コッ/ジャルヘットン ジョク・ジャルハン ジョク

❏ うまいのに　잘하면서　ジャルハミョンソ

❏ うまくしたいです　잘하고 싶어요　ジャルハゴ シポヨ

| 韓国語が上手になりたいです. | 한국어를 잘하고 싶어요.
ハングゴルル ジャルハゴ シポヨ |

❏ うまくしてみます　잘해 볼래요　ジャルヘ ボルレヨ

| 今度はうまくやってみます. | 이번에는 잘해 볼래요.
イボネヌン ジャルヘ ボルレヨ |

❏ うまいそうです　잘한대요　ハンデヨ

| 彼は料理もうまいそうです. | 그는 요리도 잘한대요.
グヌン ヨリド ジャルハンデヨ |

❏ うまい〜　잘하는・잘할(困)　ジャルハヌン・ジャルハル

| 話がうまい人 | 말 잘하는 사람.
マル ジャルハヌン サラム |

❏ うまくない〜, 下手な〜　잘하지 않는・잘못하는　ジャルハジ アンヌン・ジャルモッタヌン

| 下手な選手 | 잘못하는 선수
ジャルモッタヌン ソンス |

❏ うまかった〜　잘했던・잘한　ジャルヘットン・ジャルハン

| 最もうまかった選手 | 가장 잘한 선수
ガジャン ジャルハン ソンス |

❏ うまくなかった[間違った]〜　잘하지 않았던・잘못했던・잘못한　ジャルハジ アナットン・ジャルモッテットン・ジャルモッタン

| 間違っていた点を反省しています. | 잘못했던 점을 반성하고 있어요.
ジャルモッテットン ジョムル バンソンハゴ イッソヨ |

❏ うまくしてください　잘해 주세요・잘하세요　ジャルヘ ジュセヨ・ジャルハセヨ

| 父母によく仕えてください. | 부모님께 잘하세요.
プモニムッケ ジャルハセヨ |

여(ヨ)不規則活用

＊「父母にうまくしてください」で「親孝行しなさい」ということを表します。

- うまくしてはいけません　잘하면 안 돼요　ジャルハミョン アン ドェヨ
- うまくしないでください　잘하지 마세요　ジャルハジ マセヨ
- うまくても　잘해도　ジャルヘド

  どんなにうまくても彼には勝てません。　　아무리 잘해도 그에게는 이길 수 없어요.
  アムリ ジャルヘド グエゲヌン イギル ス オプソヨ

- うまいけれど／うまかったけれど　잘하지만／잘했지만　ジャルハジマン／ジャルヘッチマン

  英語はうまいけれど韓国語はできません。　　영어는 잘하지만 한국어는 못 해요.
  ヨンオヌン ジャルハジマン ハングゴヌン モッテヨ

- うまくさせます　잘하게 해요　ジャルハゲ ヘヨ
- うまくて, できて　잘하고　ジャルハゴ

  勉強もできて言うこともよく聞きます。　　공부도 잘하고 말도 잘 들어요.
  ゴンブド ジャルハゴ マルド ジャル ドゥロヨ

- うまそうです　잘할 것 같아요　ジャルハル コッ ガタヨ

  彼は韓国語がうまそうです。　　그는 한국어를 잘할 것 같아요.
  グヌン ハングゴルル ジャルハル コッ ガタヨ

- うまいから　잘하니까・잘할 테니까 困　ジャルハニッカ・ジャルハル テニッカ
- うまいので, うまかったので　잘해서　ジャルヘソ
- うまくできます　잘할 수 있어요　ジャルハル ス イッソヨ

  どうすればうまくできますか。　　어떻게하면 잘할 수 있어요?
  オットケハミョン ジャルハル ス イッソヨ

- うまくできません　잘할 수 없어요　ジャルハル ス オプソヨ

여(ヨ)不規則活用

전화하다 / ジョンファハダ / 電話する

	辞書形	丁寧体	会話体	連体形
現在形	電話する 전화하다 ジョンファハダ	電話します 전화합니다 ジョンファハムニダ	電話します 전화해요 ジョンファヘヨ	電話する〜 전화하는 ジョンファハヌン
過去形	電話した 전화했다 ジョンファヘッタ	電話しました 전화했습니다 ジョンファヘッスムニダ	電話しました 전화했어요 ジョンファヘッソヨ	電話した〜 전화했던 / 전화한 ジョンファヘットン / ジョンファハン
未来形	電話する 전화하겠다 ジョンファハゲッタ	電話します 전화하겠습니다 ジョンファハゲッスムニダ	電話します 전화하겠어요 ジョンファハゲッソヨ	電話する〜 전화할 ジョンファハル

여(ヨ)不規則活用

❏ 電話します　전화해요　ジョンファヘヨ
❏ 電話しますか　전화해요？・전화하나요？　ジョンファヘヨ・ジョンファハナヨ

| どこに電話しますか. | 어디에 전화해요？
オディエ ジョンファヘヨ |

❏ 電話します　전화하겠어요 困　ジョンファハゲッソヨ

| あとで電話します. | 나중에 전화하겠어요.
ナジュンエ ジョンファハゲッソヨ |

❏ 電話するつもりです　전화할 거예요　ジョンファハル コイエヨ
❏ 電話しません　전화하지 않아요・전화 안 해요　ジョンファハジ アナヨ・ジョンファ アン ヘヨ

| もう電話しません. | 이제 전화 안 해요.
イジェ ジョンファ アン ヘヨ |

❏ 電話しませんか　전화하지 않을래요？・전화 안 할래요？　ジョンファハジ アヌルレヨ・ジョンファ アン ハルレヨ

| 彼に電話しませんか. | 그에게 전화 안 할래요？
グエゲ ジョンファ アン ハルレヨ |

❏ 電話しています　전화하고 있어요　ジョンファハゴ イッソヨ

| 先生に電話しています. | 선생님께 전화하고 있어요.
ソンセンニムッケ ジョンファハゴ イッソヨ |

❏ 電話しました　전화했어요　ジョンファヘッソヨ

| 消防署に電話しました. | 소방서에 전화했어요.
ソバンソエ ジョンファヘッソヨ |

❏ 電話しませんでした　전화하지 않았어요・전화 안 했어요　ジョンファハジ アナッソヨ・ジョンファ アン ヘッソヨ

| 会社には電話しませんでした. | 회사에는 전화 안 했어요.
フェサエヌン ジョンファ アン ヘッソヨ |

❏ **電話すれば** 전화하면 ジョンファハミョン

電話すればすぐに来ます。 / 전화하면 금방 와요. ジョンファハミョン グムバン ワヨ

❏ **電話しなければ** 전화하지 않으면・전화 안 하면 ジョンファハジ アヌミョン・ジョンファ アン ハミョン

母に電話しなければなりません。 / 어머니에게 전화하지 않으면 안 돼요. オモニエゲ ジョンファハジ アヌミョン アン ドェヨ

❏ **電話すること／電話したこと** 전화하는 것・전화할 것 困／전화했던 적・전화한 적 ジョンファハヌン ゴッ・ジョンファハル コッ／ジョンファヘットン ジョク・ジョンファハン ジョク

彼女に電話したことがあります。 / 그녀에게 전화한 적이 있어요. グニョエゲ ジョンファハン ジョギ イッソヨ

❏ **電話しながら** 전화하면서 ジョンファハミョンソ

電話しながら運転してはいけません。 / 전화하면서 운전하면 안 돼요. ジョンファハミョンソ ウンジョンハミョン アン ドェヨ

❏ **電話しましょうか** 전화할까요? ジョンファハルッカヨ

警察に電話しましょうか。 / 경찰에 전화할까요? ギョンチャレ ジョンファハルッカヨ

❏ **電話したいです／電話したくないです** 전화하고 싶어요／전화하고 싶지 않아요 ジョンファハゴ シポヨ／ジョンファハゴ シッチ アナヨ

彼に電話したいです。 / 그에게 전화하고 싶어요. グエゲ ジョンファハゴ シポヨ

❏ **電話してみます** 전화해 볼래요 ジョンファヘ ボルレヨ

明日電話してみます。 / 내일 전화해 볼래요. ネイル ジョンファヘ ボルレヨ

❏ **電話するそうです** 전화한대요 ジョンファハンデヨ

あとで電話するそうです。 / 나중에 전화한대요. ナジュンエ ジョンファハンデヨ

❏ **電話する〜** 전화하는・전화할 困 ジョンファハヌン・ジョンファハル

彼女に電話する勇気がありません。 / 그녀에게 전화할 용기가 없어요. グニョエゲ ジョンファハル ヨンギガ オプソヨ

❏ **電話しない〜** 전화하지 않는・전화 안 하는 ジョンファハジ アンヌン・ジョンファ アン ハヌン

友だちに電話しない日はありません。 / 친구에게 전화 안 하는 날이 없어요. チングエゲ ジョンファ アン ハヌン ナリ オプソヨ

❏ **電話した〜** 전화했던・전화한 ジョンファヘットン・ジョンファハン

❏ **電話しなかった〜** 전화하지 않았던・전화 안 했던・전화 안 한 ジョンファ ハジ アナットン・ジョンファ アン ヘットン・ジョンファ アン ハン

❏ 電話してください　전화해 주세요・전화하세요　ジョンファヘ ジュセヨ・ジョンファハセヨ

この番号に電話してください.　이 번호로 전화하세요.
イ ボンホロ ジョンファハセヨ

❏ 電話してはいけません　전화하면 안 돼요　ジョンファハミョン アン ドェヨ

彼は会議中だから電話してはいけません.　그는 회의중이니까 전화하면 안 돼요.
グヌン フェウィジュンイニッカ ジョンファハミョン アン ドェヨ

❏ 電話しないでください　전화하지 마세요　ジョンファハジ マセヨ

会社には電話しないでください.　회사에는 전화하지 마세요.
フェサエヌン ジョンファハジ マセヨ

❏ 電話しても　전화해도　ジョンファヘド

今彼に電話しても出ないでしょう.　지금 그에게 전화해도 받지 않겠지요.
ジグム グエゲ ジョンファヘド パッチ アンケッチヨ

❏ 電話するけれど／電話したけれど　전화하지만／전화했지만　ジョンファハジマン／ジョンファヘッチマン

家に電話したけれどだれも出ませんでした.　집에 전화했지만 아무도 받지 않았어요.
ジベ ジョンファヘッチマン アムド パッチ アナッソヨ

❏ 電話させます　전화하게 해요　ジョンファハゲ ヘヨ

息子に電話させます.　아들에게 전화하게 해요.
アドゥレゲ ジョンファハゲ ヘヨ

❏ 電話して　전화하고　ジョンファハゴ

❏ 電話しそうです　전화할 것 같아요　ジョンファハル コッ ガタヨ

❏ 電話しやすい／電話しにくい　전화하기 쉬워요／전화하기 어려워요　ジョンファハギ シュィウォヨ／ジョンファハギ オリョウォヨ

こんな遅い時間には電話しにくい.　이렇게 늦은 시간에는 전화하기 어려워요.
イロケ ヌジュン シガネヌン ジョンファハギ オリョウォヨ

❏ 電話するから　전화하니까・전화할 테니까 困　ジョンファハニッカ・ジョンファハル テニッカ

後で電話するから待ってください.　나중에 전화할 테니까 기다리세요.
ナジュンエ ジョンファハル テニッカ ギダリセヨ

❏ 電話するので，電話したので　전화해서　ジョンファヘソ

❏ 電話できます　전화할 수 있어요　ジョンファハル ス イッソヨ

今夜なら電話できます.　오늘밤이라면 전화할 수 있어요.
オヌルバミラミョン ジョンファハル ス イッソヨ

❏ 電話できません　전화할 수 없어요　ジョンファハル ス オプソヨ

会議中なので電話できません.　회의중이라서 전화할 수 없어요.
フェウィジュンイラソ ジョンファハル ス オプソヨ

여(ㅛ)不規則活用

좋아하다 /ジョアハダ/ 好きだ・好む

①好きだ・好む. ②喜ぶ・うれしがる.

	辞書形	丁寧体	会話体	連体形
現在形	好きだ 좋아하다 ジョアハダ	好きです 좋아합니다 ジョアハムニダ	好きです 좋아해요 ジョアヘヨ	好きな〜 좋아하는 ジョアハヌン
過去形	好きだった 좋아했다 ジョアヘッタ	好きでした 좋아했습니다 ジョアヘッスムニダ	好きでした 좋아했어요 ジョアヘッソヨ	好きだった〜 좋아했던 / 좋아한 ジョアヘットン / ジョアハン
未来形	好きだ 좋아하겠다 ジョアハゲッタ	好きです 좋아하겠습니다 ジョアハゲッスムニダ	好きです 좋아하겠어요 ジョアハゲッソヨ	好きな〜 좋아할 ジョアハル

여 (ヨ) 不規則活用

❏ 好きです 좋아해요 ジョアヘヨ
猫が好きです. / 고양이를 좋아해요. ゴヤンイルル ジョアヘヨ

❏ 好きですか 좋아해요?・좋아하나요? ジョアヘヨ・ジョアハナヨ

❏ 喜ぶでしょう 좋아하겠어요 困 ジョアハゲッソヨ
子どもが喜ぶでしょう. / 아이가 좋아하겠어요. アイガ ジョアハゲッソヨ

❏ 好きではありません 좋아하지 않아요・안 좋아해요 ジョアハジ アナヨ・アン ジョアヘヨ
お酒は別に好きではありません. / 술은 별로 안 좋아해요. スルン ビョルロ アン ジョアヘヨ

❏ 好いて [喜んで] います 좋아하고 있어요 ジョアハゴ イッソヨ
成績が上がって喜んでいます. / 성적이 올라서 좋아하고 있어요. ソンジョギ オルラソ ジョアハゴ イッソヨ

❏ 好きでした・喜びました 좋아했어요 ジョアヘッソヨ
プレゼントをもらって喜びました. / 선물을 받고 좋아했어요. ソンムルル パッコ ジョアヘッソヨ

❏ 好いて [喜んで] いません 좋아하지 않아요・안 좋아해요 ジョアハジ アナヨ・アン ジョアヘヨ

❏ 好きではありませんでした 좋아하지 않았어요・안 좋아했어요 ジョアハジ アナッソヨ・アン ジョアヘッソヨ
勉強することは好きではありませんでした. / 공부하는건 안 좋아했어요. ゴンブハヌンゴン アン ジョアヘッソヨ

❏ 好めば, 好きなら 좋아하면 ジョアハミョン

好きなら好きと言ったほうがいいです.	좋아하면 좋아한다고 말 하는게 좋아요. ジョアハミョン ジョアハンダゴ マル ハヌンゲ ジョアヨ
❏ 好まなければ，好きでなければ　좋아하지 않으면・안 좋아하면　ジョアハジ アヌミョン・アン ジョアハミョン	
好きでなければ食べないでください.	안 좋아하면 먹지 마세요. アン ジョアハミョン モクチ マセヨ
❏ 好まなくても，好きでなくても　좋아하지 않아도・안 좋아해도　ジョアハジ アナド・アン ジョアヘド	
好きでなくてもやらなければなりません.	안 좋아해도 하지 않으면 안 돼요. アン ジョアヘド ハジ アヌミョン アン ドェヨ
❏ 好む [好きな] こと / 好んだ [好きだった] こと　좋아하는 것・좋아할 것囲/ 좋아했던 적・좋아한 적　ジョアハヌン ゴッ・ジョアハル コッ／ジョアヘットン ジョク・ジョアハン ジョク	
好きなこととできることは違います.	좋아하는 일과 할 수 있는 일은 달라요. ジョアハヌン イルグヮ ハル ス インヌン イルン ダルラヨ
❏ 好みながら，好きなのに　좋아하면서　ジョアハミョンソ	
ビールは好きなのにワインは嫌がります.	맥주는 좋아하면서 와인은 싫어해요. メクチュヌン ジョアハミョンソ ワイヌン シロヘヨ
❏ 好む [好きだ] そうです　좋아한대요　ジョアハンデヨ	
彼は釣りが好きだそうです.	그는 낚시를 좋아한대요. グヌン ナクシルル ジョアハンデヨ
❏ 好む〜，好きな〜　좋아하는・좋아할囲　ジョアハヌン・ジョアハル	
好きな人といつも一緒にいたいです.	좋아하는 사람과 항상 함께 있고 싶어요. ジョアハヌン サラムグヮ ハンサン ハムッケ イッコ シポヨ
❏ 好まない〜，好きでない〜　좋아하지 않는・안 좋아하는　ジョアハジ アンヌン・アン ジョアハヌン	
好きでない科目	안 좋아하는 과목 アン ジョアハヌン グヮモク
❏ 好んだ〜，好きだった〜　좋아했던・좋아한　ジョアヘットン・ジョアハン	
昔好きだった人に偶然出会いました.	예전에 좋아했던 사람과 우연히 만났어요. イェジョネ ジョアヘットン サラムグヮ ウヨンヒ マンナッソヨ
❏ 好まなかった〜，好きでなかった〜　좋아하지 않았던・안 좋아했던・안 좋아한　ジョアハジ アナットン・アン ジョアヘットン・アン ジョアハン	
好きでなかった食べ物	안 좋아했던 음식 アン ジョアヘットン ウムシク
❏ 好んで [喜んで] はいけません　좋아하면 안 돼요　ジョアハミョン アン ドェヨ	
ただだからといって喜んではいけません.	공짜라고 좋아하면 안 돼요. ゴンッチャラゴ ジョアハミョン アン ドェヨ

여 (ヨ) 不規則活用

- **好まない [喜ばない] でください**　좋아하지 마세요　ジョアハジ マセヨ

  安いからといって喜ばないでください.　싸다고 좋아하지 마세요.
  ッサダゴ ジョアハジ マセヨ

- **好んでも, 好きでも**　좋아해도　ジョアヘド

  お酒は好きでもたくさんは飲めません.　술은 좋아해도 많이는 못 마셔요.
  スルン ジョアヘド マニヌン モッ マショヨ

- **好む [好きだ] けれど / 好んだけれど**　좋아하지만・좋아했지만　ジョアハジマン / ジョアヘッチマン

  ワインは好きだけれどたくさんは飲めません.　와인은 좋아하지만 많이는 마시지 못해요.
  ワイヌン ジョアハジマン マニヌン マシジ モッテヨ

- **好んで, 好きで**　좋아하고　ジョアハゴ

  スポーツも好きで旅行も好きです.　스포츠도 좋아하고 여행도 좋아해요.
  スポツド ジョアハゴ ヨヘンド ジョアヘヨ

- **好み [好き] そうです**　좋아할 것 같아요　ジョアハル コッ ガタヨ

  彼の好きそうな映画です.　그가 좋아할 것 같은 영화예요.
  グガ ジョアハル コッ ガトゥン ヨンファイェヨ

- **好む [好きだ] から**　좋아하니까・좋아할 테니까　困 ジョアハニッカ・ジョアハル テニッカ

  好きだからできる仕事です.　좋아하니까 할 수 있는 일이에요.
  ジョアハニッカ ハル ス インヌン イリエヨ

- **好きなので, 好きだったので**　좋아해서　ジョアヘソ

- **好めます, 好きになれます**　좋아할 수 있어요　ジョアハル ス イッソヨ

  どうしてそんな人が好きになれますか.　어떻게 그런 사람을 좋아할 수 있어요?
  オットケ グロン サラムル ジョアハル ス イッソヨ

- **好めません, 好きになれません**　좋아할 수 없어요　ジョアハル ス オプソヨ

  その人は到底好きになれません.　그 사람은 도저히 좋아할 수 없어요.
  グ サラムン ドジョヒ ジョアハル ス オプソヨ

여(ㅕ)不規則活用

걱정하다 /ゴッチョンハダ/ 心配する

- 心配します　걱정해요　ゴッチョンヘヨ
  - 遅く帰ると両親が心配します．
  - 늦게 들어가면 부모님이 걱정해요．
    ヌッケ ドゥロガミョン ブモニミ ゴッチョンヘヨ

- 心配するでしょう　걱정하겠어요　ゴッチョンハゲッソヨ
- 心配しません　걱정하지 않아요・걱정 안 해요　ゴッチョンハジ アナヨ・ゴッチョン アン ヘヨ
  - 何も心配しません．
  - 아무것도 걱정하지 않아요．
    アムゴット ゴッチョンハジ アナヨ

- 心配しました　걱정했어요　ゴッチョンヘッソヨ
  - とても心配しました．
  - 매우 걱정했어요．
    メウ ゴッチョンヘッソヨ

- 心配する〜　걱정하는・걱정할 困　ゴッチョンハヌン・ゴッチョンハル
  - 心配することはありません．
  - 걱정할 것 없어요．
    ゴッチョンハル コッ オプソヨ

- 心配した〜　걱정했던・걱정한　ゴッチョンヘットン・ゴッチョンハン
- 心配して　걱정하고　ゴッチョンハゴ

여(ヨ) 不規則活用

결혼하다 /ギョロンハダ/ 結婚する

- **結婚します** 결혼해요 ギョロンヘヨ

  来月結婚します。 / 다음달 결혼해요. ダウムッタル ギョロンヘヨ

- **結婚しません** 결혼하지 않아요・결혼 안 해요 ギョロンハジ アナヨ・ギョロン アン ヘヨ

  彼とは結婚しません。 / 그와는 결혼 안 해요. グワヌン ギョロン アン ヘヨ

- **結婚しています** 결혼했어요 過 ギョロンヘッソヨ

  姉は結婚しています。 / 언니[누나]는 결혼했어요. オンニ[ヌナ]ヌン ギョロンヘッソヨ

- **結婚しました** 결혼했어요 ギョロンヘッソヨ

  昨年結婚しました。 / 작년에 결혼했어요. ジャンニョネ ギョロンヘッソヨ

- **結婚したいです / 結婚したくないです** 결혼하고 싶어요 / 결혼하고 싶지 않아요 ギョロンハゴ シポヨ / ギョロンハゴ シッチ アナヨ

  早く結婚したいです。 / 빨리 결혼하고 싶어요. ッパルリ ギョロンハゴ シポヨ

- **結婚する〜** 결혼하는・결혼할 困 ギョロンハヌン・ギョロンハル

  結婚するときには知らせてくださいね。 / 결혼할 때에는 알려주세요. ギョロンハル ッテエヌン アルリョジュセヨ

- **結婚した〜** 결혼했던・결혼한 ギョロンヘットン・ギョロンハン

  結婚した年に子どもが生まれました。 / 결혼한 해에 아이가 태어났어요. ギョロンハン ヘエ アイガ テオナッソヨ

- **結婚して** 결혼하고 ギョロンハゴ

  結婚して変わったことがありますか。 / 결혼하고 달라진게 있나요? ギョロンハゴ ダルラジンゲ インナヨ

- **結婚できます** 결혼할 수 있어요 ギョロンハル ス イッソヨ
- **結婚できません** 결혼할 수 없어요 ギョロンハル ス オプソヨ

  あなたとは結婚できません。 / 당신과는 결혼할 수 없어요. ダンシングヮヌン ギョロンハル ス オプソヨ

여〈ヨ〉不規則活用

공부하다 /ゴンブハダ/ 勉強する

- 勉強します　**공부해요**　ゴンブヘヨ
  - 毎日韓国語を勉強します。
  - 매일 한국어를 공부해요.
  - メイル ハングゴルル ゴンブヘヨ

- 勉強しません　**공부하지 않아요・공부 안 해요**　ゴンブハジ アナヨ・ゴンブ アン ヘヨ
  - ほとんど勉強しません。
  - 거의 공부 안 해요.
  - ゴウィ ゴンブ アン ヘヨ

- 勉強しました　**공부했어요**　ゴンブヘッソヨ
  - 韓国語の勉強をしました。
  - 한국어 공부를 했어요.
  - ハングゴ ゴンブルル ヘッソヨ

- 勉強したいです／勉強したくないです　**공부하고 싶어요／공부하고 싶지 않아요**　ゴンブハゴ シポヨ／ゴンブハゴ シッチ アナヨ
  - もっと韓国語を勉強したいです。
  - 한국어를 더 공부하고 싶어요.
  - ハングゴルル ド ゴンブハゴ シポヨ

- 勉強する〜　**공부하는・공부할**困　ゴンブハヌン・ゴンブハル
  - 勉強する時間がありませんでした。
  - 공부할 시간이 없었어요.
  - ゴンブハル シガニ オプソッソヨ

- 勉強した〜　**공부했던・공부한**　ゴンブヘットン・ゴンブハン
  - フランス語を勉強したことがあります。
  - 프랑스어를 공부한 적이 있어요.
  - プランスオル ゴンブハン ジョギ イッソヨ

- 勉強して　**공부하고**　ゴンブハゴ
- 勉強できます　**공부할 수 있어요**　ゴンブハル ス イッソヨ
- 勉強できません　**공부할 수 없어요**　ゴンブハル ス オプソヨ
  - あまり難しくて1人では勉強できません。
  - 너무 어려워서 혼자서는 공부할 수 없어요.
  - ノム オリョウォソ ホンジャソヌン ゴンブハル ス オプソヨ

여(ヨ)不規則活用

도착하다 /ドチャカダ/ 到着する・着く・届く

到着します　도착해요　ドチャケヨ
2時に到着します。/ 列車は定刻に到着します。
두 시에 도착해요. / 열차는 정각에 도착해요.
ドゥ シエ ドチャケヨ / ヨルチャヌン ジョンガゲ ドチャケヨ

到着しません　도착하지 않아요　ドチャカジ アナヨ
今日は到着しません。
오늘은 도착하지 않아요.
オヌルン ドチャカジ アナヨ

到着しました　도착했어요　ドチャケッソヨ
父の乗ったバスが到着しました。
아버지가 탄 버스가 도착했어요.
アボジガ タン ボスガ ドチャケッソヨ

到着したいです / 到着したくないです　도착하고 싶어요 / 도착하고 싶지 않아요　ドチャカゴ シポヨ / ドチャカゴ シッチ アナヨ
夕方には到着したいです。
저녁에는 도착하고 싶어요.
ジョニョゲヌン ドチャカゴ シポヨ

到着する〜　도착하는・도착할 [困]　ドチャカヌン・ドチャカル
夜遅く到着する飛行機
밤늦게 도착하는 비행기
パムヌッケ ドチャカヌン ピヘンギ

到着した [届いた]〜　도착한・도착했던　ドチャカン・ドチャケットン
届いた荷物を開けました。
도착한 짐을 풀었어요.
ドチャカン ジムル プロッソヨ

到着してください　도착해 주세요・도착하세요　ドチャケ ジュセヨ・ドチャカセヨ
午前9時までに到着してください。
오전 아홉 시까지 도착해 주세요.
オジョン アホプ シッカジ ドチャケ ジュセヨ

到着するけれど / 到着したけれど　도착하지만 / 도착했지만　ドチャカジマン / ドチャケッチマン
今日到着するけれどあなたに会う時間はありません。
오늘 도착하지만 당신을 만날 시간은 없어요.
オヌル ドチャカジマン ダンシヌル マンナル シガヌン オプソヨ

到着して　도착하고　ドチャカゴ

到着できます　도착할 수 있어요　ドチャカル ス イッソヨ
9時までに到着できます。
아홉 시까지 도착할 수 있어요.
アホプ シッカジ ドチャカル ス イッソヨ

到着できません　도착할 수 없어요　ドチャカル ス オプソヨ
定刻には到着できません。
정각에는 도착할 수 없어요.
ジョンガゲヌン ドチャカル ス オプソヨ

여 (ㅋ) 不規則活用

말하다 /マルハダ/ 話す・言う

①話す・言う・述べる・しゃべる・述べる．②〔말해 보다の形で〕頼む．③〔말해 주다の形で〕物語る．

	辞書形	丁寧体	会話体	連体形
現在形	話す 말하다 マルハダ	話します 말합니다 マルハムニダ	話します 말해요 マルヘヨ	話す〜 말하는 マルハヌン
過去形	話した 말했다 マルヘッタ	話しました 말했습니다 マルヘッスムニダ	話しました 말했어요 マルヘッソヨ	話した〜 말했던／말한 マルヘットン／マルハン
未来形	話す 말하겠다 マルハゲッタ	話します 말하겠습니다 マルハゲッスムニダ	話します 말하겠어요 マルハゲッソヨ	話す〜 말할 マルハル

- ❏ **話します**　말해요　マルヘヨ
  - 英語で話します．
  - 영어로 말해요．
  - ヨンオロ マルヘヨ

- ❏ **話しますか**　말해요？・말 하나요？　マルヘヨ・マル ハナヨ
- ❏ **話すつもりです**　말할 거예요　マルハル コイエヨ
- ❏ **話そうと思います**　말할 생각이에요　マルハル センガギエヨ
  - いつか話そうと思います．
  - 언젠가 말할 생각이에요．
  - オンジェンガ マルハル センガギエヨ

- ❏ **話しません**　말하지 않아요・말 안 해요　マルハジ アナヨ・マル アン ヘヨ
  - 自分の考えを話しません．
  - 자기 생각을 말 안해요．
  - ジャギ センガグル マル アンヘヨ

- ❏ **話しませんか**　말하지 않을래요？・말 안 할래요？　マルハジ アヌルレヨ・マル アン ハルレヨ
- ❏ **話しています**　말하고 있어요　マルハゴ イッソヨ
  - 友だちと話しています．
  - 친구와 말하고 있어요．
  - チングワ マルハゴ イッソヨ

- ❏ **話しました**　말했어요　マルヘッソヨ
- ❏ **話していません**　말하고 있지 않아요・말 안 하고 있어요　マルハゴ イッチ アナヨ・マル アン ハゴ イッソヨ
  - だれにも話していません．
  - 아무에게도 말 안 하고 있어요．
  - アムエゲド マル アン ハゴ イッソヨ

- ❏ **話しませんでした**　말하지 않았어요・말 안 했어요　マルハジ アナッソヨ・マル アン ヘッソヨ
- ❏ **話せば**　말하면　マルハミョン

여(ヨ)不規則活用

話せばわかるのに。	말하면 알 텐데. マルハミョン アル テンデ

❏ **話さなければ** 말하지 않으면・말 안 하면 マルハジ アヌミョン・マル アン ハミョン

ちゃんと話さなければわかりません。	제대로 말하지 않으면 알 수 없어요. ジェデロ マルハジ アヌミョン アル ス オプソヨ

❏ **話さなくても** 말하지 않아도・말 안 해도 マルハジ アナド・マル アン ヘド

話さなくてもわかるでしょう。	말 안 해도 알겠죠? マル アン ヘド アルゲッチョ

❏ **話すこと / 話したこと** 말하는 것・말할 것囲/ 말했던 적・말한 적 マルハヌン
ゴッ・マルハル コッ/ マルヘットン ジョク・マルハン ジョク

外国語で話すことは難しいです。	외국어로 말하는 것은 어려워요. ウェグゴロ マルハヌン ゴスン オリョウォヨ

❏ **話しながら** 말하면서 マルハミョンソ

彼女は話しながら笑いをこらえていました。	그녀는 말하면서 웃음을 참고 있었어요. グニョヌン マルハミョンソ ウスムル チャムコ イッソッソヨ

❏ **話しましょうか** 말할까요？ マルハルッカヨ

彼には私から話しましょうか。	그에게는 내가 말할까요？ グエゲヌン ネガ マルハルッカヨ

❏ **話したいです / 話したくないです** 말하고 싶어요 / 말하고 싶지 않아요 マル
ハゴ シポヨ / マルハゴ シッチ アナヨ

正直に話したいです。	솔직히 말하고 싶어요. ソルッチキ マルハゴ シポヨ

❏ **話してみます** 말해 볼래요 マルヘ ボルレヨ

両親に話してみます。	부모님께 말해 볼래요. ブモニムッケ マルヘ ボルレヨ

❏ **話すそうです** 말한대요 マルハンデヨ

両親に話すそうです。	부모님께 말한대요. ブモニムッケ マルハンデヨ

❏ **話す〜** 말하는・말할囲 マルハヌン・マルハル

これから話すことをよく聞いてください。	지금부터 말하는 것을 잘 들어주세요. ジグムブト マルハヌン ゴスル ジャル ドゥロジュセヨ

❏ **話さない〜** 말하지 않는・말 안 하는 マルハジ アンヌン・マル アン ハヌン

❏ **話した〜** 말했던・말한 マルヘットン・マルハン

私が話した内容はだれにも言ってはいけません。	내가 말했던 내용은 누구에게도 말하면 안 돼요. ネガ マルヘットン ネヨンウン ヌグエゲド マルハミョン アン ドェヨ

❏ **話さなかった〜** 말하지 않았던・말 안 했던・말 안 한 マルハジ アナットン・マル アン ヘットン・マル アン ハン

여(ㅕ)不規則活用

話さなかったことがあります。	말 안 했던 것이 있어요.
	マル アン ヘットン ゴシ イッソヨ

❏ **話してください　말해주세요・말하세요** マルヘジュセヨ・マルハセヨ

率直に話してください。	솔직히 말해 주세요.
	ソルッチキ マルヘジュセヨ

❏ **話してはいけません　말하면 안 돼요** マルハミョン アン ドェヨ

授業中に話してはいけません。	수업중에 말하면 안 돼요.
	スオプチュンエ マルハミョン アン ドェヨ

❏ **話さない[言わない]でください　말하지 마세요** マルハジ マセヨ

彼には言わないでください。	그에게는 말하지 마세요.
	グエゲヌン マルハジ マセヨ

❏ **話しても　말해도** マルヘド

話してもわからないでしょう。	말해도 모르겠죠?
	マルヘド モルゲッチョ

❏ **話すけれど／話したけれど　말하지만／말했지만** マルハジマン／マルヘッチマン

もう一度話すけれど。	다시 한 번 말하지만.
	ダシ ハン ボン マルハジマン

❏ **話させます　말하게 해요** マルハゲ ヘヨ
❏ **話して　말하고** マルハゴ

1時間話して10分休みました。	한 시간 말하고 십 분 쉬었어요.
	ハン シガン マルハゴ シプ プン シュィオッソヨ

❏ **話しそうです　말할 것 같아요** マルハル コッ ガタヨ

事実を話しそうです。	사실을 말할 것 같아요.
	サシルル マルハル コッ ガタヨ

❏ **話しやすい／話しにくい　말하기 쉬워요／말하기 어려워요** マルハギ シュィウォヨ／マルハギ オリョウォヨ

ちょっと話しにくいことなのですが…。	좀 말하기 어려운 일입니다만.
	ジョム マルハギ オリョウン イリムニダマン

❏ **話すので，話したので　말해서** マルヘソ
❏ **話せます　말할 수 있어요** マルハル ス イッソヨ

自信を持って話せます。	자신있게 말할 수 있어요.
	ジャシンイッケ マルハル ス イッソヨ

❏ **話せません　말할 수 없어요** マルハル ス オプソヨ

それは話せません。	그건 말할 수 없어요.
	グゴン マルハル ス オプソヨ

❏ **話しに行きます[来ます]　말하러 가요[와요]** マルハロ ガヨ[ワヨ]

そんなことを話しに来たのですか。	그런 걸 말하러 왔어요?
	グロン ゴル マルハロ ワッソヨ

여(ヨ)不規則活用

사용하다 /サヨンハダ/ 使用する・使う

❏ 使用します　사용해요　サヨンヘヨ
この機械は始めて使用します。
이 기계는 처음 사용해요.
イ ギゲヌン チョウム サヨンヘヨ

❏ 使用しません　사용하지 않아요・사용 안 해요　サヨンハジ アナヨ・サヨン アン ヘヨ
化学調味料は一切使用しません。
화학조미료는 일절 사용하지 않아요.
ファハクジョミリョヌン イルッチョル サヨンハジ アナヨ

❏ 使用しました　사용했어요　サヨンヘッソヨ
1週間ほど使用しました。
일주일 정도 사용했어요.
イルッチュイル ジョンド サヨンヘッソヨ

❏ 使用したいです / 使用したくないです　사용하고 싶어요 / 사용하고 싶지 않아요　サヨンハゴ シポヨ / サヨンハゴ シッチ アナヨ
奥の部屋を使用したいのです。
안쪽 방을 사용하고 싶어요.
アンッチョク パンウル サヨンハゴ シポヨ

❏ 使用する〜　사용하는・사용할 困　サヨンハヌン・サヨンハル
パソコンを使用する人
컴퓨터를 사용하는 사람
コムピュトルル サヨンハヌン サラム

❏ 使用した〜　사용했던・사용한　サヨンヘットン・サヨンハン
今回使用したものはこちらです。
이번에 사용했던 것은 이것이에요.
イボネ サヨンヘットン ゴスン イゴシエヨ

❏ 使用してください　사용해 주세요・사용 하세요　サヨンヘ ジュセヨ・サヨン ハセヨ
右側のエレベーターを使用してください。
오른쪽 엘리베이터를 사용해 주세요.
オルンッチョク エルリベイトルル サヨンヘ ジュセヨ

❏ 使用するけれど / 使用したけれど　사용하지만 / 사용했지만　サヨンハジマン / サヨンヘッチマン

❏ 使用して　사용하고　サヨンハゴ

❏ 使用できます　사용할 수 있어요　サヨンハル ス イッソヨ
だれでも使用できます。
누구라도 사용할 수 있어요.
ヌグラド サヨンハル ス イッソヨ

❏ 使用できません　사용할 수 없어요　サヨンハル ス オプソヨ
このトイレは使用できません。
이 화장실은 사용할 수 없어요.
イ ファジャンシルン サヨンハル ス オプソヨ

여 (ヨ) 不規則活用

선물하다 /ソンムルハダ/ プレゼントする

❑ プレゼントします　**선물해요** ソンムルヘヨ
両親の誕生日には毎年プレゼントします.　부모님의 생일에는 매년 선물을 해요.
プモニムウィ センイレヌン メニョン ソンムルル ヘヨ

❑ プレゼントしません　**선물하지 않아요・선물 안 해요** ソンムルハジ アナヨ・ソンムル アンヘヨ

❑ プレゼントしました　**선물했어요** ソンムルヘッソヨ
息子にゲームをプレゼントしました.　아들에게 게임을 선물했어요.
アドゥレゲ ゲイムル ソンムルヘッソヨ

❑ プレゼントしたいです / プレゼントしたくないです　**선물하고 싶어요 / 선물하고 싶지 않아요** ソンムルハゴ シポヨ / ソンムルハゴ シプチ アナヨ
彼にチョコレートをプレゼントしたいです.　그에게 초콜릿을 선물하고 싶어요.
グエゲ チョコルリスル ソンムルハゴ シポヨ

❑ プレゼントする〜　**선물하는・선물할** 困 ソンムルハヌン・ソンムルハル
本をプレゼントするのもいいでしょう.　책을 선물하는 것도 좋겠죠?
チェグル ソンムルハヌン ゴット ジョケッチョ

❑ プレゼントした〜　**선물했던・선물한** ソンムルヘットン・ソンムルハン
プレゼントしたDVDは気に入りましたか.　선물한 디브이디는 마음에 들었어요?
ソンムルハン ディブイディヌン マウメ ドゥロッソヨ

❑ プレゼントしてください　**선물해 주세요・선물하세요** ソンムルヘ ジュセヨ・ソンムルハセヨ
あなたの作った曲をプレゼントしてください.　당신이 만든 곡을 선물해 주세요.
ダンシニ マンドゥン ゴグル ソンムルヘ ジュセヨ

❑ プレゼントするけれど / プレゼントしたけれど　**선물하지만 / 선물했지만** ソンムルハジマン / ソンムルヘッチマン

❑ プレゼントして　**선물하고** ソンムルハゴ
彼が彼女にプレゼントして2人は付き合い始めました.　그가 그녀에게 선물하고 둘은 사귀기 시작했어요.
グガ グニョエゲ ソンムルハゴ ドゥルン サグィギ シジャケッソヨ

❑ プレゼントできます　**선물할 수 있어요** ソンムルハル ス イッソヨ
❑ プレゼントできません　**선물할 수 없어요** ソンムルハル ス オプソヨ
❑ プレゼントしたり　**선물하거나** ソンムルハゴナ

여(ヨ)不規則活用

소개하다 /ソゲハダ/ **紹介する**

- 紹介します　**소개해요**　ソゲヘヨ
- 紹介しません　**소개하지 않아요・소개 안 해요**　ソゲハジ アナヨ・ソゲ アン ヘヨ
- 紹介しました　**소개했어요**　ソゲヘッソヨ

| 両親に友だちを紹介しました. | 부모님께 친구를 소개했어요.
プモニムッケ チングルル ソゲヘッソヨ |

- 紹介すれば　**소개하면**　ソゲハミョン

| 友だちを紹介すればポイントが貯まります. | 친구를 소개하면 포인트가 쌓여요.
チングルル ソゲハミョン ポイントゥガ ッサヨヨ |

- 紹介したいです / 紹介したくないです　**소개하고 싶어요 / 소개하고 싶지 않아요**　ソゲハゴ シポヨ / ソゲハゴ シッチ アナヨ

| チョルスさんを紹介したいのですが. | 철수 씨를 소개하고 싶은데요.
チョルス ッシルル ソゲハゴ シプンデヨ |

- 紹介する〜　**소개하는・소개할**困　ソゲハヌン・ソゲハル

| 観光地を紹介するサイト | 관광지를 소개하는 사이트
グヮングヮンジルル ソゲハヌン サイトゥ |

- 紹介した〜　**소개했던・소개한**　ソゲヘットン・ソゲハン

| 人気番組で紹介した商品 | 인기 프로그램에서 소개한 상품
インキ プログレメソ ソゲハン サンプム |

- 紹介してください　**소개해 주세요・소개하세요**　ソゲヘ ジュセヨ・ソゲハセヨ

| チョルスさんを紹介してください. | 철수 씨를 소개해 주세요.
チョルス ッシルル ソゲヘ ジュセヨ |

- 紹介して　**소개하고**　ソゲハゴ

| 友だちに紹介したい映画 | 친구에게 소개하고 싶은 영화
チングエゲ ソゲハゴ シプン ヨンファ |

- 紹介できます　**소개할 수 있어요**　ソゲハル ス イッソヨ

| 彼なら紹介できます. | 그라면 소개할 수 있어요.
グラミョン ソゲハル ス イッソヨ |

- 紹介できません　**소개할 수 없어요**　ソゲハル ス オプソヨ

| そんな格好では親に紹介できません. | 그런 모습으로는 부모님께 소개할 수 없어요.
グロン モスブロヌン プモニムッケ ソゲハル ス オプソヨ |

여(ヨ) 不規則活用

시작하다 /シジャカダ/ 始める・開始する・始まる

	辞書形	丁寧体	会話体	連体形
現在形	始める 시작하다 シジャカダ	始めます 시작합니다 シジャカムニダ	始めます 시작해요 シジャケヨ	始める～ 시작하는 シジャカヌン
過去形	始めた 시작했다 シジャケッタ	始めました 시작했습니다 シジャケッスムニダ	始めました 시작했어요 シジャケッソヨ	始めた～ 시작했던 / 시작한 シジャケットン / シジャカン
未来形	始める 시작하겠다 シジャカゲッタ	始めます 시작하겠습니다 シジャカゲッスムニダ	始めます 시작하겠어요 シジャカゲッソヨ	始める～ 시작할 シジャカル

❏ 始めます　시작해요　シジャケヨ
　6時に始めます.　　여섯 시에 시작해요.
　　　　　　　　　　ヨソッ シエ シジャケヨ

❏ 始めますか　시작해요 ? ・ 시작하나요 ?　シジャケヨ・シジャカナヨ
　いつ始めますか.　　언제 시작해요 ?
　　　　　　　　　　オンジェ シジャケヨ

❏ 始めるつもりです　시작할 거예요　シジャカル コイェヨ

❏ 始めようと思います　시작할 생각이에요　シジャカル センガギエヨ
　ヨガを始めようと思います.　　요가를 시작할 생각이에요.
　　　　　　　　　　　　　　　ヨガルル シジャカル センガギエヨ

❏ 始めません　시작하지 않아요・시작 안 해요　シジャカジ アナヨ・シジャク アン ヘヨ

❏ 始めませんか　시작하지 않을래요 ?　シジャカジ アヌルレヨ

❏ 始めています　시작하고 있어요　シジャカゴ イッソヨ
　最初から再度始めています.　　처음부터 다시 시작하고 있어요.
　　　　　　　　　　　　　　　チョウムブト ダシ シジャカゴ イッソヨ

❏ 始めました　시작했어요　シジャケッソヨ
　4月から韓国語の勉強を始めました.　　사월부터 한국어 공부를 시작했어요.
　　　　　　　　　　　　　　　　　　サウォルブト ハングゴ ゴンブルル シジャケッソヨ

❏ 始めていません　시작하고 있지 않아요・시작 안 하고 있어요　シジャカゴ イッチ アナヨ・シジャク アン ハゴ イッソヨ
　まだ始めていません.　　아직 시작 안 하고 있어요.
　　　　　　　　　　　　アジク シジャク アン ハゴ イッソヨ

❏ 始めませんでした　시작하지 않았어요・시작 안 했어요　シジャカジ アナッソヨ・シジャク アン ヘッソヨ

여(ㅋ)不規則活用

❏ 始めれば　시작하면　シジャカミョン
どこから始めればいいですか。　어디서부터 시작하면 좋을까요?
オディソブト シジャカミョン ジョウルッカヨ

❏ 始めなければ　시작하지 않으면・시작 안 하면　シジャカジ アヌミョン・シジャク アン ハミョン
そろそろ試験勉強を始めなければなりません。　슬슬 시험공부를 시작하지 않으면 안 돼요.
スルスル シホムコンブルル シジャカジ アヌミョン アン ドェヨ

❏ 始めなくても　시작하지 않아도・시작 안 해도　シジャカジ アナド・シジャク アン ヘド
今始めなくてもいいです。　지금 시작하지 않아도 괜찮아요.
ジグム シジャカジ アナド グェンチャナヨ

❏ 始めること / 始めたこと　시작하는 것・시작할 것 困 / 시작했던 적・시작한 적　シジャカヌン ゴッ・シジャカル コッ / シジャケットン ジョク・シジャカン ジョク
小さいことから始めることが大切です。　작은 것부터 시작하는 것이 중요해요.
ジャグン ゴッブト シジャカヌン ゴシ ジュンヨヘヨ

❏ 始めながら　시작하면서　シジャカミョンソ

❏ 始めましょうか　시작할까요?　シジャカルッカヨ
私が先に掃除を始めましょうか。　내가 먼저 청소를 시작할까요?
ネガ モンジョ チョンソルル シジャカルッカヨ

❏ 始めたいです / 始めたくないです　시작하고 싶어요 / 시작하고 싶지 않아요　シジャカゴ シポヨ / シジャカゴ シプチ アナヨ
明日から作業を始めたいです。　내일부터 작업을 시작하고 싶어요.
ネイルブト ジャゴブル シジャカゴ シポヨ

❏ 始めてみます　시작해 볼래요　シジャケ ボルレヨ
ダイエットを始めてみます。　다이어트를 시작해 볼래요.
ダイオトゥルル シジャケ ボルレヨ

❏ 始めるそうです　시작한대요　シジャカンデヨ
授業を始めるそうです。　수업을 시작한대요.
スオブル シジャカンデヨ

❏ 始める～　시작하는・시작할 困　シジャカヌン・シジャカル

❏ 始めない～　시작하지 않는・시작 안 하는　シジャカジ アンヌン・シジャク アン ハヌン

❏ 始めた～　시작했던・시작한　シジャケットン・シジャカン
始めた事業が軌道に乗りました。　시작한 사업이 궤도에 올랐어요.
シジャカン サオビ グェドエ オルラッソヨ

❏ 始めなかった～　시작하지 않았던・시작 안 했던・시작 안 한　シジャカジ アナットン・シジャク アン ヘットン・シジャク アン ハン

❏ 始めてください　시작해 주세요・시작 하세요　シジャケ ジュセヨ・シジャカセヨ
作業を始めてください。　작업을 시작해 주세요.
ジャゴブル シジャケ ジュセヨ

- ❏ 始めてはいけません　시작하면 안 돼요　シジャカミョン アン ドェヨ
  - まだゲームを始めてはいけません。
  - 아직 게임을 시작하면 안 돼요.
    アジㇰ ゲイムル シジャカミョン アン ドェヨ

- ❏ 始めないでください　시작하지 마세요　シジャカジ マセヨ
  - 指示があるまで始めないでください。
  - 지시가 있을 때까지 시작하지 마세요.
    ジシガ イッスル ッテッカジ シジャカジ マセヨ

- ❏ 始めても　시작해도　シジャケド
  - 今から始めても遅くありません。
  - 지금부터 시작해도 안 늦어요.
    ジグムブト シジャケド アン ヌジョヨ

- ❏ 始めるけれど / 始めたけれど　시작하지만 / 시작했지만　シジャカジマン / シジャケッチマン

- ❏ 始めさせます　시작하게 해요　シジャカゲ ヘヨ

- ❏ 始めて　시작하고　シジャカゴ
  - ヨガを始めて健康になりました。
  - 요가를 시작하고 건강해졌어요.
    ヨガルル シジャカゴ ゴンガンヘジョッソヨ

- ❏ 始めそうです　시작할 것 같아요　シジャカル コッ ガタヨ
  - 花が咲き始めそうです。
  - 꽃이 피기 시작할 것 같아요. 補
    ッコチ ピギ シジャカル コッ ガタヨ

- ❏ 始めやすい / 始めにくい　시작하기 쉬워요 / 시작하기 어려워요　シジャカギ シュィウォヨ / シジャカギ オリョウォヨ

- ❏ 始めるから　시작하니까・시작할 테니까　困　シジャカニッカ・シジャカル テニッカ

- ❏ 始めるので, 始めたので　시작해서　シジャケソ

- ❏ 始められます　시작할 수 있어요　シジャカル ス イッソヨ
  - すぐに始められます。
  - 금방 시작할 수 있어요.
    グムバン シジャカル ス イッソヨ

- ❏ 始められません　시작할 수 없어요　シジャカル ス オㇷ゚ソヨ

- ❏ 始めたり　시작하거나　シジャカゴナ

여(ㄱ) 不規則活用

약속하다 /ヤクソカダ/ 約束する

- 約束します　약속해요　ヤクソケヨ
- 約束しません　약속하지 않아요・약속 안 해요　ヤクソカジ アナヨ・ヤクソク アン ヘヨ

守れないことは約束しません.　　지키지 못할 약속 안 해요.
　　　　　　　　　　　　　　　ジキジ モッタル ヤクソク アン ヘヨ

- 約束しました　약속했어요　ヤクソケッソヨ

指輪をあげると約束しました.　　반지를 주기로 약속했어요.
　　　　　　　　　　　　　　　バンジルル ジュギロ ヤクソケッソヨ

- 約束すれば　약속하면　ヤクソカミョン

約束すればいいのに.　　약속하면 좋을 텐데.
　　　　　　　　　　　ヤクソカミョン ジョウル テンデ

- 約束したいです / 約束したくありません　약속하고 싶어요 / 약속하고 싶지 않아요　ヤクソカゴ シポヨ / ヤクソカゴ シプチ アナヨ

不確実なことは約束したくありません.　　불확실한 일은 약속하고 싶지 않아요.
　　　　　　　　　　　　　　　　　　　プルファクシルハン イルン ヤクソカゴ シプチ アナヨ

- 約束する〜　약속하는・약속할 困　ヤクソカヌン・ヤクソカル
- 約束した〜　약속했던・약속한・　ヤクソケットン・ヤクソカン

約束したことは守ります.　　약속한 것은 지켜요.
　　　　　　　　　　　　　ヤクソカン ゴスン ジキョヨ

- 約束してください　약속해 주세요・약속하세요　ヤクソケ ジュセヨ・ヤクソカセヨ
- 約束して　약속하고　ヤクソカゴ

明日会うと約束して帰りました.　　내일 만나기로 약속하고 돌아갔어요.
　　　　　　　　　　　　　　　　ネイル マンナギロ ヤクソカゴ ドラガッソヨ

- 約束できます　약속할 수 있어요　ヤクソカル ス イッソヨ
- 約束できません　약속할 수 없어요　ヤクソカル ス オプソヨ

それは約束できません.　　그것은 약속할 수 없어요.
　　　　　　　　　　　　グゴスン ヤクソカル ス オプソヨ

여(ㅛ)不規則活用

연습하다 / ヨンスパダ / 練習する

- 練習します　**연습해요**　ヨンスペヨ
  - 毎日練習します． / 明日は一日中練習します．
  - 매일 연습해요． / 내일은 하루종일 연습해요．
    メイル ヨンスペヨ / ネイルン ハルジョンイル ヨンスペヨ

- 練習しません　**연습하지 않아요・연습 안 해요**　ヨンスパジ アナヨ・ヨンスプ アン ヘヨ
  - 彼はほとんど練習しません．
  - 그는 거의 연습 안 해요．
    グヌン ゴウィ ヨンスプ アン ヘヨ

- 練習しました　**연습했어요**　ヨンスペッソヨ
  - 昨日も練習しました．
  - 어제도 연습했어요．
    オジェド ヨンスペッソヨ

- 練習すれば　**연습하면**　ヨンスパミョン
  - もっと練習すればいいのに．
  - 더 연습하면 좋을 텐데．
    ド ヨンスパミョン ジョウル テンデ

- 練習したいです / 練習したくないです　**연습하고 싶어요 / 연습하고 싶지 않아요**　ヨンスパゴ シポヨ / ヨンスパゴ シプチ アナヨ
  - 密かに練習したいです．
  - 몰래 연습하고 싶어요．
    モルレ ヨンスパゴ シポヨ

- 練習する〜　**연습하는・연습할** 囲　ヨンスパヌン・ヨンスパル
  - 練習する場所がありません．
  - 연습할 장소가 없어요．
    ヨンスパル ジャンソガ オプソヨ

- 練習した〜　**연습했던・연습한**　ヨンスペットン・ヨンスパン
  - 練習した人はよい結果を得られるでしょう．
  - 연습한 사람은 좋은 결과를 얻을 수 있겠지요．
    ヨンスパン サラムン ジョウン ギョルグヮルル オドゥル ス イッケッチヨ

- 練習してください　**연습해 주세요・연습하세요**　ヨンスペ ジュセヨ・ヨンスパセヨ
  - 今からでも練習してください．
  - 지금부터라도 연습하세요．
    ジグムブトラド ヨンスパセヨ

- 練習して　**연습하고**　ヨンスパゴ
  - 練習してご飯を食べました．
  - 연습하고 밥을 먹었어요．
    ヨンスパゴ パブル モゴッソヨ

- 練習できます　**연습할 수 있어요**　ヨンスパル ス イッソヨ
  - 毎日練習できます．
  - 매일 연습할 수 있어요．
    メイル ヨンスパル ス イッソヨ

- 練習できません　**연습할 수 없어요・연습 못 해요**　ヨンスパル ス オプソヨ・ヨンスプ モッテヨ

여(ヨ)不規則活用

요리하다 /ヨリハダ/ 料理する

	辞書形	丁寧体	会話体	連体形
現在形	料理する 요리하다 ヨリハダ	料理します 요리합니다 ヨリハムニダ	料理します 요리해요 ヨリヘヨ	料理する〜 요리하는 ヨリハヌン
過去形	料理した 요리했다 ヨリヘッタ	料理しました 요리했습니다 ヨリヘッスムニダ	料理しました 요리했어요 ヨリヘッソヨ	料理した〜 요리했던 / 요리한 ヨリヘットン / ヨリハン
未来形	料理する 요리하겠다 ヨリハゲッタ	料理します 요리하겠습니다 ヨリハゲッスムニダ	料理します 요리하겠어요 ヨリハゲッソヨ	料理する〜 요리할 ヨリハル

여(ョ) 不規則活用

❑ 料理します　요리해요　ヨリヘヨ

家族のために料理します.　가족을 위해서 요리해요.
　　　　　　　　　　　　ガジョグル ウィヘソ ヨリヘヨ

❑ 料理しますか　요리해요？・요리하나요？　ヨリヘヨ・ヨリハナヨ

❑ 料理するつもりです　요리할 거예요　ヨリハル コイェヨ

❑ 料理しようと思います　요리할 생각이에요　ヨリハル センガギエヨ

この本を参考にして料理しようと思います.　이 책을 참고로 요리할 생각이에요.
　　　　　　　　　　　　　　　　　　　　イ チェグル チャムゴロ ヨリハル センガギエヨ

❑ 料理しません　요리하지 않아요・요리 안 해요　ヨリハジ アナヨ・ヨリ アン ヘヨ

妹は料理しません.　여동생은 요리 안 해요.
　　　　　　　　　ヨドンセンウン ヨリ アン ヘヨ

❑ 料理しませんか　요리하지 않을래요？・요리 안 할래요？　ヨリハジ アヌルレヨ・ヨリ アン ハルレヨ

❑ 料理しています　요리하고 있어요　ヨリハゴ イッソヨ

レシピを見ながら料理しています.　레시피를 보면서 요리하고 있어요.
　　　　　　　　　　　　　　　　レシピルル ボミョンソ ヨリハゴ イッソヨ

❑ 料理しました　요리했어요　ヨリヘッソヨ

釣った魚を料理しました.　잡은 고기를 요리했어요.
　　　　　　　　　　　　ジャブン ゴギルル ヨリヘッソヨ

❑ 料理していません　요리하고 있지 않아요・요리 안 하고 있어요　ヨリハゴ イッチ アナヨ・ヨリ アン ハゴ イッソヨ

最近は料理していません.　요즘은 요리 안 하고 있어요.
　　　　　　　　　　　　ヨジュムン ヨリ アン ハゴ イッソヨ

❑ 料理しませんでした　요리하지 않았어요・요리 안 했어요　ヨリハジ アナッソヨ・ヨリ アン ヘッソヨ

❑ **料理すれば** 요리하면 ヨリハミョン

料理すればいいのに。　　　요리하면 좋을 텐데.
　　　　　　　　　　　　　　ヨリハミョン ジョウル テンデ

❑ **料理しなければ** 요리하지 않으면・요리 안 하면 ヨリハジ アヌミョン・ヨリ アン ハミョン

だれかが料理しなければなりません。　누군가가 요리하지 않으면 안 돼요.
　　　　　　　　　　　　　　　　　　ヌグンガガ ヨリハジ アヌミョン アン ドェヨ

❑ **料理しなくても** 요리하지 않아도・요리 안 해도 ヨリハジ アナド・ヨリ アン ヘド

今日は料理しなくてもいいです。　오늘은 요리 안 해도 돼요.
　　　　　　　　　　　　　　　　オヌルン ヨリ アン ヘド ドェヨ

❑ **料理すること／料理したこと** 요리하는 것・요리할 것[困]／요리했던 적・요리한 적 ヨリハヌン ゴッ・ヨリハル コッ／ヨリヘットン ジョク・ヨリハン ジョク

料理することは楽しいです。　요리하는 것은 즐거워요.
　　　　　　　　　　　　　　ヨリハヌン ゴスン ジュルゴウォヨ

❑ **料理しながら** 요리하면서 ヨリハミョンソ

料理しながら片付けます。　요리하면서 정리해요.
　　　　　　　　　　　　　ヨリハミョンソ ジョンリヘヨ

❑ **料理しましょうか** 요리할까요？・요리 할래요？ ヨリハルッカヨ・ヨリハルレヨ

何から料理しましょうか。　무엇부터 요리할까요？
　　　　　　　　　　　　　ムオップト ヨリハルッカヨ

❑ **料理したいです／料理したくないです** 요리하고 싶어요／요리하고 싶지 않아요 ヨリハゴ シポヨ／ヨリハゴ シッチ アナヨ

楽しく料理したいです。　즐겁게 요리하고 싶어요.
　　　　　　　　　　　　ジュルゴプケ ヨリハゴ シポヨ

❑ **料理するそうです** 요리한대요 ヨリハンデヨ

魚を料理するそうです。　생선을 요리한대요.
　　　　　　　　　　　　センソヌル ヨリハンデヨ

❑ **料理する〜** 요리하는・요리할[困] ヨリハヌン・ヨリハル

魚を料理する方法。　생선을 요리하는 방법.
　　　　　　　　　　センソヌル ヨリハヌン バンボプ

❑ **料理しない〜** 요리하지 않는・요리 안 하는 ヨリハジ アンヌン・ヨリ アン ハヌン

料理しない主婦が増えています。　요리 안 하는 주부가 늘고 있어요.
　　　　　　　　　　　　　　　　ヨリ アン ハヌン ジュブガ ヌルゴ イッソヨ

❑ **料理した〜** 요리했던・요리한 ヨリヘットン・ヨリハン

私が料理したものはだれも食べませんでした。　내가 요리한 것은 아무도 안 먹었어요.
　　　　　　　　　　　　　　　　　　　　　　ネガ ヨリハン ゴスン アムド アン モゴッソヨ

❑ **料理しなかった〜** 요리하지 않았던・요리 안 했던・요리 안 한 ヨリハジ アナット ン・ヨリ アン ヘットン・ヨリ アン ハン

여(ヨ)不規則活用

料理しなかった野菜はしまいました. 요리 안 한 야채는 치웠어요. ヨリ アン ハン ヤチェヌン チウォッソヨ

❑ 料理してください　요리해 주세요・요리하세요　ヨリヘ ジュセヨ・ヨリハセヨ

手順通りに料理してください. 순서대로 요리해 주세요. スンソデロ ヨリヘ ジュセヨ

❑ 料理してはいけません　요리하면 안 돼요　ヨリハミョン アン デェヨ
❑ 料理しないでください　요리하지 마세요　ヨリハジ マセヨ

強火で料理しないでください. 강한불로 요리하지 마세요. ガンハンブルロ ヨリハジ マセヨ

❑ 料理しても　요리해도　ヨリヘド

だれが料理してもおいしい魚です. 누가 요리해도 맛있는 생선이에요. ヌガ ヨリヘド マシンヌン センソンイエヨ

❑ 料理するけれども / 料理したけれど　요리하지만 / 요리했지만　ヨリハジマン / ヨリヘッチマン

料理したけれどだれも食べませんでした. 요리했지만 아무도 안 먹었어요. ヨリヘッチマン アムド アン モゴッソヨ

❑ 料理させます　요리하게 해요　ヨリハゲ ヘヨ
❑ 料理して　요리하고　ヨリハゴ
❑ 料理しやすい / 料理しにくい　요리하기 편해요 / 요리하기 불편해요　ヨリハギ ピョンヘヨ / ヨリハギ プルピョンヘヨ

料理しやすいキッチンです. 요리하기 편한 부엌이에요. ヨリハギ ピョンハン プオギエヨ

❑ 料理するから　요리하니까・요리할 테니까　㊤　ヨリハニッカ・ヨリハル テニッカ

料理するから少し待っていてください. 요리하니까 조금 기다리세요. ヨリハニッカ ジョグム ギダリセヨ

❑ 料理するので, 料理したので　요리해서　ヨリヘソ

私が料理したのでまずいです. 내가 요리해서 맛없어요. ネガ ヨリヘソ マドプソヨ

❑ 料理できます　요리할 수 있어요　ヨリハル ス イッソヨ

家庭でも料理できます. 가정에서도 요리할 수 있어요. ガジョンエソド ヨリハル ス イッソヨ

❑ 料理できません　요리할 수 없어요・요리 못해요　ヨリハル ス オプソヨ・ヨリ モッテヨ

魚は料理できません. 생선은 요리 못해요. センソヌン ヨリ モッテヨ

여 (ヨ) 不規則活用

운동하다 /ウンドンハダ/ 運動する

☐ **運動します   운동해요** ウンドンヘヨ

規則的に運動します。 　　規칙적으로 운동해요.
　　　　　　　　　　　　ギュチクチョグロ ウンドンヘヨ

☐ **運動しません   운동하지 않아요・운동 안 해요** ウンドンハジ アナヨ・ウンドン アン ヘヨ

最近は運動しません。 　　요즘은 운동 안 해요.
　　　　　　　　　　　　ヨジュムン ウンドン アン ヘヨ

☐ **運動しました   운동했어요** ウンドンヘッソヨ

外で運動しました。 　　　밖에서 운동했어요.
　　　　　　　　　　　　パケソ ウンドンヘッソヨ

☐ **運動すれば   운동하면** ウンドンハミョン

運動すれば気持ちが良くなります。　운동하면 기분이 좋아져요.
　　　　　　　　　　　　ウンドンハミョン ギブニ ジョアジョヨ

☐ **運動したいです / 運動したくないです   운동하고 싶어요 / 운동하고 싶지 않아요** ウンドンハゴ シポヨ / ウンドンハゴ シプチ アナヨ

もっと運動したいです。 　좀 더 운동하고 싶어요.
　　　　　　　　　　　　ジョム ド ウンドンハゴ シポヨ

☐ **運動する〜   운동하는・운동할** 困 ウンドンハヌン・ウンドンハル

健康の為に運動する人が増えました。　건강을 위해 운동하는 사람이 늘었어요.
　　　　　　　　　　　　ゴンガンウル ウィヘ ウンドンハヌン サラミ ヌロッソヨ

☐ **運動した〜   운동했던・운동한** ウンドンヘットン・ウンドンハン

運動した後の食事はおいしいです。　운동한 후의 식사는 맛있어요.
　　　　　　　　　　　　ウンドンハン フウィ シクサヌン マシッソヨ

☐ **運動してください   운동해 주세요・운동하세요** ウンドンヘ ジュセヨ・ウンドンハセヨ

健康のために運動してください。　건강을 위해서 운동하세요.
　　　　　　　　　　　　ゴンガンウル ウィヘソ ウンドンハセヨ

☐ **運動して   운동하고** ウンドンハゴ

運動してシャワーを浴びました。　운동하고 샤워를 했어요.
　　　　　　　　　　　　ウンドンハゴ シャウォルル ヘッソヨ

☐ **運動できます   운동할 수 있어요** ウンドンハル ス イッソヨ

室内でも運動できます。 　실내에서도 운동 할 수 있어요.
　　　　　　　　　　　　シルネエソド ウンドンハル ス イッソヨ

☐ **運動できません   운동할 수 없어요** ウンドンハル ス オプソヨ

家では運動できません。 　집에서는 운동할 수 없어요.
　　　　　　　　　　　　ジベソヌン ウンドンハル ス オプソヨ

여 (ヨ) 不規則活用

운전하다 / ウンジョンハダ / 運転する

- 運転します　운전해요　ウンジョンヘヨ

- 運転しません　운전하지 않아요・운전 안 해요　ウンジョンハジ アナヨ・ウンジョン アン ヘヨ
  妻は運転しません．
  아내는 운전 안 해요．
  アネヌン ウンジョン アン ヘヨ

- 運転しました　운전했어요　ウンジョンヘッソヨ
  ソウルまで運転しました．
  서울까지 운전했어요．
  ソウルッカジ ウンジョンヘッソヨ

- 運転すれば　운전하면　ウンジョンハミョン
  交替で運転すればいいのに．
  교대로 운전하면 좋을 텐데．
  ギョデロ ウンジョンハミョン ジョウル テンデ

- 運転したいです / 運転したくないです　운전하고 싶어요 / 운전하고 싶지 않아요　ウンジョンハゴ シポヨ / ウンジョンハゴ シッチ アナヨ
  いつかは大型車を運転したいです．
  언젠가는 대형차를 운전하고 싶어요．
  オンジェンガヌン デヒョンチャルル ウンジョンハゴ シポヨ

- 運転する〜　운전하는・운전할 [困]　ウンジョンハヌン・ウンジョンハル
  運転する人はお酒を飲んではいけません．
  운전하는 사람은 술을 마시면 안 돼요．
  ウンジョンハヌン サラムン スルル マシミョン アン ドェヨ

- 運転した〜　운전했던・운전한　ウンジョンヘットン・ウンジョンハン
  優勝した車を運転したレーサー
  우승한 차를 운전했던 레이서
  ウスンハン チャルル ウンジョンヘットン レイソ

- 運転してください　운전해 주세요・운전하세요　ウンジョンヘ ジュセヨ・ウンジョンハセヨ
  代わりに運転してください．
  대신 운전해 주세요．
  デシン ウンジョンヘ ジュセヨ

- 運転して　운전하고　ウンジョンハゴ
  自分で運転して病院に行きました．
  직접 운전하고 병원에 갔어요．
  ジクチョプ ウンジョンハゴ ビョンウォネ ガッソヨ

- 運転できます　운전할 수 있어요　ウンジョンハル ス イッソヨ
  大型車を運転できます．
  대형차를 운전할 수 있어요．
  デヒョンチャルル ウンジョンハル ス イッソヨ

- 運転できません　운전할 수 없어요・운전 못 해요　ウンジョンハル ス オプソヨ・ウンジョン モッテヨ
  免許がないので運転できません．
  면허가 없어서 운전할 수 없어요．
  ミョンホガ オプソソ ウンジョンハル ス オプソヨ

여 (ㅋ) 不規則活用

이야기하다 /イヤギハダ/ 話す・話をする

①話す・話をする. ②話し合う・語る.
＊英語の "talk" のニュアンスです.

	辞書形	丁寧体	会話体	連体形
現在形	話す 이야기하다 イヤギハダ	話します 이야기합니다 イヤギハムニダ	話します 이야기해요 イヤギヘヨ	話す〜 이야기하는 イヤギハヌン
過去形	話した 이야기했다 イヤギヘッタ	話しました 이야기했습니다 イヤギヘッスムニダ	話しました 이야기했어요 イヤギヘッソヨ	話した〜 이야기했던 / 이야기한 イヤギヘットン / イヤギハン
未来形	話す 이야기하겠다 イヤギハゲッタ	話します 이야기하겠습니다 イヤギハゲッスムニダ	話します 이야기하겠어요 イヤギハゲッソヨ	話す〜 이야기할 イヤギハル

❑ 話します　이야기해요　イヤギヘヨ
　静かに話します.　　　조용히 이야기해요.
　　　　　　　　　　　ジョヨンヒ イヤギヘヨ

❑ 話しますか　이야기해요 ? ・ 이야기 하나요 ?　イヤギヘヨ・イヤギ ハナヨ

❑ 話すつもりです　이야기할 거예요　イヤギ ハル コイェヨ
　今日話すつもりです.　　오늘 이야기할 거예요.
　　　　　　　　　　　　オヌル イヤギハル コイェヨ

❑ 話そうと思います　이야기할 생각이에요　イヤギハル センガギエヨ

❑ 話しません　이야기하지 않아요 ・ 이야기 안 해요　イヤギハジ アナヨ・イヤギ アン ヘヨ
　彼には話しません.　　　그에게는 이야기하지 않아요.
　　　　　　　　　　　　グエゲヌン イヤギハジ アナヨ

❑ 話しませんか　이야기하지 않을래요 ? ・ 이야기 안 할래요 ?　イヤギハジ アヌルレヨ・イヤギ アン ハルレヨ
　少し話しませんか.　　　잠시 이야기하지 않을래요 ?
　　　　　　　　　　　　ジャムシ イヤギハジ アヌルレヨ

❑ 話しています　이야기하고 있어요　イヤギハゴ イッソヨ
　社長と話しています.　　사장님과 이야기하고 있어요.
　　　　　　　　　　　　サジャンニムグヮ イヤギハゴ イッソヨ

❑ 話しました　이야기했어요　イヤギヘッソヨ

❑ 話していません　이야기하고 있지 않아요 ・ 이야기 안 하고 있어요　イヤギハゴ
　イッチ アナヨ・イヤギ アン ハゴ イッソヨ
　だれにも話していません.　아무에게도 이야기 안 하고 있어요.
　　　　　　　　　　　　　アムエゲド イヤギ アン ハゴ イッソヨ

여 (ヨ) 不規則活用

❏ 話しませんでした　이야기하지 않았어요・이야기 안 했어요　イヤギハジ アナッソヨ・イヤギ アン ヘッソヨ

❏ 話せば　이야기하면　イヤギハミョン
話せばわかってもらえるはずです。　이야기하면 알아 줄거예요.　イヤギハミョン アラ ジュルコイェヨ

❏ 話さなければ　이야기하지 않으면・이야기 안 하면　イヤギハジ アヌミョン・イヤギ アン ハミョン
正直に話さなければなりまません。　정직하게 이야기하지 않으면 안 돼요.　ジョンジカゲ イヤギハジ アヌミョン アン ドェヨ

❏ 話さなくても　이야기하지 않아도・이야기 안 해도　イヤギハジ アナド・イヤギ アン ヘド
わざわざ話さなくてもわかります。　일부러 이야기 안 해도 알아요.　イルブロ イヤギ アン ヘド アラヨ

❏ 話すこと / 話したこと　이야기하는 것・이야기할 것 困／이야기했던 적・이야기한 적　イヤギハヌン ゴッ・イヤギハル コッ／イヤギヘットン ジョク・イヤギハン ジョク
彼と話したことはありません。　그와 이야기한 적은 없어요.　グワ イヤギハン ジョグン オプソヨ

❏ 話しながら　이야기하면서　イヤギハミョンソ
話しながら歩きました。　이야기하면서 걸었어요.　イヤギハミョンソ ゴロッソヨ

❏ 話しましょうか　이야기할까요？　イヤギハルッカヨ
私から話しましょうか。　나부터 이야기할까요？　ナブト イヤギハルッカヨ

❏ 話したいです / 話したくないです　이야기하고 싶어요・이야기하고 싶지 않아요　イヤギハゴ シポヨ／イヤギハゴ シプチ アナヨ
その人と話したいです。　그 사람과 이야기하고 싶어요.　グ サラムグヮ イヤギハゴ シポヨ

❏ 話してみます　이야기해 볼래요　イヤギヘ ボルレヨ
先生に直接話してみます。　선생님께 직접 이야기해 볼래요.　ソンセンニムッケ ジクチョプ イヤギヘ ボルレヨ

❏ 話すそうです　이야기한대요　イヤギハンデヨ
自分の経験を話すそうです。　자신의 경험을 이야기한대요.　ジャシヌィ ギョンホムル イヤギハンデヨ

❏ 話す〜　이야기하는・이야기할 困　イヤギハヌン・イヤギハル
何も話すことはありません。　아무것도 이야기할 것이 없어요.　アムゴット イヤギハル コシ オプソヨ

❏ 話さない〜　이야기하지 않는・이야기 안 하는　イヤギハジ アンヌン・イヤギ アン ハヌン

❏ 話した〜　이야기했던・이야기한　イヤギヘットン・イヤギハン

여(ㅋ)不規則活用

| 彼が話した内容は覚えていません. | 그가 이야기했던 내용은 기억하고 있지 않아요.
グガ イヤギヘットン ネヨンウン ギオカゴ イッチ アナヨ |

❏ **話さなかった～** 이야기하지 않았던・이야기 안 했던・이야기 안 한 イヤギ
ハジ アナットン・イヤギ アン ヘットン・イヤギ アン ハン

| 彼に話さなかったわけは何ですか. | 그에게 이야기 안 한 이유가 뭐죠?
グエゲ イヤギ アン ハン イユガ ムォジョ |

❏ **話してください** 이야기해 주세요・이야기하세요 イヤギヘ ジュセヨ・イヤギハセヨ

| 理由を話してください. | 이유를 이야기해 주세요.
イユルル イヤギヘ ジュセヨ |

❏ **話してはいけません** 이야기하면 안 돼요 イヤギハミョン アン ドェヨ

❏ **話さないでください** 이야기하지 마세요 イヤギハジ マセヨ

| 彼女には話さないでください. | 그녀에게는 이야기하지 마세요.
グニョエゲヌン イヤギハジ マセヨ |

❏ **話しても** 이야기해도 イヤギヘド

| いくら話しても信じません. | 아무리 이야기해도 안 믿어요.
アムリ イヤギヘド アン ミドヨ |

❏ **話すけれど / 話したけれど** 이야기하지만・이야기했지만 イヤギハジマン / イヤギヘッチマン

❏ **話させます** 이야기하게 해요 イヤギハゲ ヘヨ

| 彼に話させます. | 그에게 이야기하게 해요.
グエゲ イヤギハゲ ヘヨ |

❏ **話して** 이야기하고 イヤギハゴ

| まず彼に話して意見を聞きます. | 먼저 그에게 이야기하고 의견을 듣겠어요.
モンジョ グエゲ イヤギハゴ ウィギョヌル ドゥッケッソヨ |

❏ **話しやすい / 話しにくい** 이야기하기 편해요 / 이야기하기 불편해요 イヤギハ
ギ ピョンヘヨ / イヤギハギ プルピョンヘヨ

| 姉には何でも話しやすいです. | 언니[누나]에게는 뭐든지 이야기하기 편해요.
オンニ[ヌナ] エゲヌン ムォドゥンジ イヤギハギ ピョンヘヨ |

❏ **話すから** 이야기하니까・이야기할 테니까 ㉠ イヤギハニッカ・イヤギハル テニッカ
❏ **話すので，話したので** 이야기해서 イヤギヘソ
❏ **話せます** 이야기할 수 있어요 イヤギハル ス イッソヨ

| 今は話せます. | 지금은 이야기할 수 있어요.
ジグムン イヤギハル ス イッソヨ |

❏ **話せません** 이야기할 수 없어요 イヤギハル ス オプソヨ

| そのことはだれにも話せません. | 그 일은 아무에게도 이야기할 수 없어요.
グ イルン アムエゲド イヤギハル ス オプソヨ |

여(ㅁ)不規則活用

졸업하다 /ジョロパダ/ 卒業する

❑ 卒業します　졸업해요　ジョロペヨ
今年大学を卒業します.　　올해 대학을 졸업해요.
　　　　　　　　　　　　オルヘ デハグル ジョロペヨ

❑ 卒業しません　졸업하지 않아요・졸업 안 해요　ジョロパジ アナヨ・ジョロプ アン ヘヨ

❑ 卒業しました　졸업했어요　ジョロペッソヨ
専門学校を卒業しました.　　전문학교를 졸업했어요.
　　　　　　　　　　　　　ジョンムンハクキョルル ジョロペッソヨ

❑ 卒業したいです / 卒業したくないです　졸업하고 싶어요 / 졸업하고 싶지 않아요　ジョロパゴ シポヨ / ジョロパゴ シプチ アナヨ
早く卒業したいです.　　빨리 졸업하고 싶어요.
　　　　　　　　　　　ッパルリ ジョロパゴ シポヨ

❑ 卒業する〜　졸업하는・졸업할 困　ジョロパヌン・ジョロパル
来年卒業する学生　　내년에 졸업할 학생
　　　　　　　　　ネニョネ ジョロパル ハクセン

❑ 卒業した〜　졸업했던・졸업한　ジョロペットン・ジョロパン
大学を卒業した年に結婚しました.　　대학을 졸업한 해에 결혼했어요.
　　　　　　　　　　　　　　　　　デハグル ジョロパン ヘエ ギョロンヘッソヨ

❑ 卒業してください　졸업해 주세요・졸업하세요　ジョロペ ジュセヨ・ジョロパセヨ

❑ 卒業するけれど / 卒業したけれど　졸업하지만 / 졸업했지만　ジョロパジマン / ジョロペッチマン

❑ 卒業して　졸업하고　ジョロパゴ
卒業してすぐ就職しました.　　졸업하고 바로 취직했어요.
　　　　　　　　　　　　　　ジョロパゴ バロ チュィジクヘッソヨ

❑ 卒業できます　졸업할 수 있어요　ジョロパル ス イッソヨ
まじめに勉強すれば卒業できます.　　착실하게 공부하면 졸업할 수 있어요.
　　　　　　　　　　　　　　　　　チャクッシルハゲ ゴンブハミョン ジョロパル ス イッソヨ

❑ 卒業できません　졸업할 수 없어요　ジョロパル ス オプソヨ
単位がとれないと卒業できません.　　학점을 못 따면 졸업할 수 없어요.
　　　　　　　　　　　　　　　　　ハクチョムル モッ ッタミョン ジョロパル ス オプソヨ

여 (ㅁ) 不規則活用

준비하다 /ジュンビハダ/ 準備する

＊日本語は「準備をする」も.

- **準備します**　준비해요　ジュンビヘヨ

  語学研修の準備をします.　　어학연수를 준비해요.
  　　　　　　　　　　　　　　オハｸﾖﾝｽﾙ ジュンビヘヨ

- **準備しません**　준비하지 않아요・준비 안 해요　ジュンビハジ アナヨ・ジュンビ アン ヘヨ

- **準備しました**　준비했어요　ジュンビヘッソヨ

  災害用の食料品を準備しました.　재해용 식료품을 준비했어요.
  　　　　　　　　　　　　　　　ジェヘヨン シンニョプムル ジュンビヘッソヨ

- **準備すれば**　준비하면　ジュンビハミョン

  何を準備をすればいいですか.　무엇을 준비하면 좋을까요？
  　　　　　　　　　　　　　　　ムオスル ジュンビハミョン ジョウルッカヨ

- **準備したいです / 準備したくないです**　준비하고 싶어요 / 준비하고 싶지 않아요　ジュンビハゴ シポヨ / ジュンビハゴ シｯチ アナヨ

  早めに準備したいです.　　일찍 준비하고 싶어요.
  　　　　　　　　　　　　イルッチｸ ジュンビハゴ シポヨ

- **準備する〜**　준비하는・준비할 困　ジュンビハヌン・ジュンビハル

  食事を準備する人が必要です.　식사를 준비할 사람이 필요해요.
  　　　　　　　　　　　　　　シｸｻﾙ ジュンビハル サラミ ピリョヘヨ

- **準備した〜**　준비했던・준비한　ジュンビヘットン・ジュンビハン

  準備した原稿が無駄になりました.　준비했던 원고가 쓸모없게 됐어요.
  　　　　　　　　　　　　　　　　ジュンビヘットン ウォンゴガ ｯｽﾙﾓｵﾌﾟｹ ドェッソヨ

- **準備してください**　준비해 주세요・준비하세요　ジュンビヘ ジュセヨ・ジュンビハセヨ

  急いで準備してください.　서둘러 준비해 주세요.
  　　　　　　　　　　　　ソドゥルロ ジュンビヘ ジュセヨ

- **準備して**　준비하고　ジュンビハゴ

  準備して待っています.　준비하고 기다리고 있어요.
  　　　　　　　　　　　ジュンビハゴ ギダリゴ イッソヨ

- **準備できます**　준비할 수 있어요　ジュンビハル ス イッソヨ

  すぐに準備できます.　금방 준비할 수 있어요.
  　　　　　　　　　　グムパン ジュンビハル ス イッソヨ

- **準備できません**　준비할 수 없어요　ジュンビハル ス オプソヨ

  そんな金額は準備できません.　그런 금액은 준비할 수 없어요.
  　　　　　　　　　　　　　　グロン グメグン ジュンビハル ス オプソヨ

여 (ヨ) 不規則活用

질문하다 /ジルムンハダ/ 質問する

- 質問します　질문해요　ジルムンヘヨ
  - わからないことは先生に質問します。
  - 모르는 것은 선생님께 질문해요. モルヌン ゴスン ソンセンニムニッケ ジルムンヘヨ

- 質問しません　질문하지 않아요・질문 안 해요　ジルムンハジ アナヨ・ジルムン アン ヘヨ
  - だれにも質問しません。
  - 아무에게도 질문 안 해요. アムエゲド ジルムン アン ヘヨ

- 質問しました　질문했어요　ジルムンヘッソヨ
  - 手を挙げて質問しました。
  - 손을 들고 질문했어요. ソヌル ドゥルゴ ジルムンヘッソヨ

- 質問すれば　질문하면　ジルムンハミョン
  - わからないなら質問すればいいでしょう。
  - 모르면 질문하면 좋을 텐데. モルミョン ジルムンハミョン ジョウル テンデ

- 質問したいです／質問したくないです　질문하고 싶어요 / 질문하고 싶지 않아요　ジルムンハゴ シポヨ / ジルムン ハゴ シッチ アナヨ
  - 先生に質問したいです。
  - 선생님께 질문하고 싶어요. ソンセンニムッケ ジルムンハゴ シポヨ

- 質問する〜　질문하는・질문할　困　ジルムンハヌン・ジルムンハル
  - 質問することを恐れてはいけません。
  - 질문하는 것을 두려워해서는 안 돼요. ジルムンハヌン ゴスル ドゥリョウォヘソヌン アン ドェヨ

- 質問した〜　질문했던・질문한　ジルムンヘットン・ジルムンハン
  - 質問したことに対する答弁
  - 질문한 것에 대한 답변 ジルムンハン ゴセ デハン ダプピョン

- 質問してください　질문해 주세요・질문하세요　ジルムンヘ ジュセヨ・ジルムンハセヨ
  - 何でも質問してください。
  - 무엇이든 질문하세요. ムオシドゥン ジルムンハセヨ

- 質問して　질문하고　ジルムンハゴ
  - 質問して後悔しました。
  - 질문하고 후회했어요. シルムンハゴ フフェヘッソヨ

- 質問できます　질문할 수 있어요　ジルムンハル ス イッソヨ
  - 自由に質問できます。
  - 자유롭게 질문할 수 있어요. ジャユロプケ ジルムンハル ス イッソヨ

- 質問できません　질문할 수 없어요　ジルムンハル ス オプソヨ
  - 講演が終わるまで質問できません。
  - 강연이 끝날 때까지 질문할 수 없어요. ガンヨニ ックンナル ッテッカジ ジルムンハル ス オプソヨ

여(ヨ)不規則活用

청소하다 /チョンソハダ/ 掃除する

- ☐ 掃除します　청소해요　チョンソヘヨ
  家族が出かけたら部屋を掃除します。　가족이 외출하면 방을 청소해요.
  ガジョギ ウェチュルハミョン パンウル チョンソヘヨ

- ☐ 掃除しません　청소하지 않아요・청소 안 해요　チョンソハジ アナヨ・チョンソ アン ヘヨ
  平日は掃除しません。　평일은 청소 안 해요.
  ピョイルン チョンソ アン ヘヨ

- ☐ 掃除しました　청소했어요　チョンソヘッソヨ
  トイレを掃除しました。　화장실을 청소했어요.
  ファジャンシルル チョンソヘッソヨ

- ☐ 掃除すれば　청소하면　チョンソハミョン
  掃除すればきれいになります。　청소하면 깨끗해져요.
  チョンソハミョン ッケックッテジョヨ

- ☐ 掃除したいです / 掃除したくないです　청소하고 싶어요 / 청소하고 싶지 않아요　チョンソハゴ シポヨ / チョンソハゴ シッチ アナヨ
  車庫を掃除したいです。　차고를 청소하고 싶어요.
  チャゴルル チョンソハゴ シポヨ

- ☐ 掃除する～　청소하는・청소할 困　チョンソハヌン・チョンソハル
  掃除するところがたくさんあります。　청소할 곳이 많아요.
  チョンソハル ゴシ マナヨ

- ☐ 掃除しない～　청소하지 않는・청소 안 하는　チョンソハジ アンヌン・チョンソ アン ハヌン
  掃除しない日はありません。　청소 안 하는 날이 없어요.
  チョンソ アン ハヌン ナリ オプソヨ

- ☐ 掃除した～　청소했던・청소한　チョンソヘットン・チョンソハン
  掃除した部屋は気持ちがいいです。　청소한 방은 기분이 좋아요.
  チョンソハン パウン ギブニ ジョアヨ

- ☐ 掃除してください　청소해 주세요・청소하세요　チョンソ ヘ ジュセヨ・チョンソハセヨ
  きれいに掃除してください。　깨끗하게 청소해 주세요.
  ッケックッタゲ チョンソヘ ジュセヨ

- ☐ 掃除して　청소하고　チョンソハゴ
  浴室を掃除してシャワーを浴びました。　욕실을 청소하고 샤워를 했어요.
  ヨクシルル チョンソハゴ シャウォルル ヘッソヨ

- ☐ 掃除できます　청소할 수 있어요　チョンソハル ス イッソヨ
  簡単に掃除できます。　쉽게 청소할 수 있어요.
  シュィプケ チョンソハル ス イッソヨ

- ☐ 掃除できません　청소할 수 없어요　チョンソハル ス オプソヨ

여 (ヨ) 不規則活用

초대하다 /チョデハダ/ 招待する

- 招待します　**초대해요**　チョデヘヨ
  - 友だちを招待します。
  - 친구를 초대해요.
    チングルル チョデヘヨ

- 招待しません　**초대하지 않아요・초대 안 해요**　チョデハジ アナヨ・チョデ アン ヘヨ
  - その人は招待しません。
  - 그 사람은 초대 안 해요.
    ク サラムン チョデ アン ヘヨ

- 招待すれば　**초대하면**　チョデハミョン
  - チョルスさんも招待すればいいのに。
  - 철수 씨도 초대하면 좋을 텐데.
    チョルス ッシド チョデハミョン ジョウル テンデ

- 招待したいです / 招待したくないです　**초대하고 싶어요 / 초대하고 싶지 않아요**　チョデハゴ シポヨ / チョデハゴ シッチ アナヨ
  - チョルスさんはぜひ招待したいです。
  - 철수 씨는 꼭 초대하고 싶어요.
    チョルス ッシヌン ッコク チョデハゴ シポヨ

- 招待する〜　**초대하는・초대할**[困]　チョデハヌン・チョデハル
  - 招待する客のリスト
  - 초대할 손님 리스트[명단]
    チョデハル ソンニム リストゥ[ミョンダン]

- 招待した〜　**초대했던・초대한**　チョデヘットン・チョデハン
  - 招待した人数の半分しか集まりませんでした。
  - 초대한 인원의 절반밖에 안 모였어요.
    チョデハン イヌォヌィ ジョルバンバッケ アン モヨッソヨ

- 招待してください　**초대해주세요・초대하세요**　チョデヘジュセヨ・チョデハセヨ
  - ぜひ私も招待してください。
  - 꼭 저도 초대해 주세요.
    ッコク ジョド チョデヘ ジュセヨ

- 招待して　**초대하고**　チョデハゴ
- 招待できます　**초대할 수 있어요**　チョデハル ス イッソヨ
  - 広い会場なので100人は招待できます。
  - 넓은 회장이라서 백 명은 초대할 수 있어요.
    ノルブン フェジャンイラソ ペク ミョンウン チョデハル ス イッソヨ

- 招待できません　**초대할 수 없어요**　チョデハル ス オプソヨ
  - 子どもは招待できません。
  - 아이는 초대할 수 없어요.
    アイヌン チョデハル ス オプソヨ

여 (ㅋ) 不規則活用

축하하다 /チュカハダ/ 祝う・お祝いする

❑ 祝います, おめでとう　**축하해요**　チュカヘヨ

お誕生日おめでとう. ／ 생일 축하해요. センイル チュカヘヨ

❑ 祝いません　**축하하지 않아요**・**축하 안 해요**　チュカハジ アナヨ・チュカ アン ヘヨ

❑ 祝いました　**축하했어요**　チュカヘッソヨ

娘の入学を祝いました. ／ 딸의 입학을 축하했어요. ッタルィ イパグル チュカヘッソヨ

❑ 祝いませんでした　**축하하지 않았어요**　チュカハジ アナッソヨ

❑ 祝えば　**축하하면**　チュカハミョン

どうやって祝えばいいでしょうか. ／ 어떻게 축하하면 좋을까요? オットケ チュカハミョン ジョウルッカヨ

❑ 祝いたいです／祝いたくないです　**축하하고 싶어요／축하하고 싶지 않아요**　チュカハゴ シポヨ／チュカハゴ シッチ アナヨ

みんなで祝いたいです. ／ 다 같이 축하하고 싶어요. ダ ガチ チュカハゴ シポヨ

❑ 祝う〜　**축하하는**・**축하할** 困　チュカハヌン・チュカハル

彼らの婚約を祝う会を開きました. ／ 그들의 약혼을 축하하는 모임을 열었어요. グドゥルィ ヤコヌル チュカハヌン モイムル ヨロッソヨ

❑ 祝った〜　**축하했던**・**축하한**　チュカヘットン・チュカハン

❑ 祝ってください　**축하해주세요**　チュカヘジュセヨ

結婚を祝ってください. ／ 결혼을 축하해주세요. ギョロヌル チュカヘジュセヨ

❑ 祝って　**축하하고**　チュカハゴ

❑ 祝えます　**축하할 수 있어요**　チュカハル ス イッソヨ

❑ 祝えません　**축하할 수 없어요**　チュカハル ス オプソヨ

彼の結婚を素直に祝えません. ／ 그의 결혼을 순수하게 축하할 수 없어요. グウィ ギョロヌル スンスハゲ チュカハル ス オプソヨ

여(ㅋ) 不規則活用

出発하다 /チュルバルハダ/ 出発する

❏ 出発します　출발해요　チュルバルヘヨ

今出発します。

지금 출발해요.
ジグム チュルバルヘヨ

❏ 出発しません　출발하지 않아요・출발 안 해요　チュルバルハジ アナヨ・チュルバル アン ヘヨ

まだ出発しません。

아직 출발 안 해요.
アジク チュルバル アン ヘヨ

❏ 出発しました　출발했어요　チュルバルヘッソヨ

飛行機は定時に出発しました。

비행기는 정시에 출발했어요.
ピヘンギヌン ジョンシエ チュルバルヘッソヨ

❏ 出発すれば　출발하면　チュルバルハミョン

今出発すれば間に合うでしょう。

지금 출발하면 늦지 않겠지요.
ジグム チュルバルハミョン ヌッチ アンケッチヨ

❏ 出発したいです / 出発したくないです　출발하고 싶어요 / 출발하고 싶지 않아요　チュルバルハゴ シポヨ / チュルバルハゴ シプチ アナヨ

今日出発したいです。

오늘 출발하고 싶어요.
オヌル チュルバルハゴ シポヨ

❏ 出発する〜　출발하는・출발할 困　チュルバルハヌン・チュルバルハル

ソウルから出発するバスに乗ります。

서울에서 출발하는 버스를 타요.
ソウレソ チュルバルハヌン ボスルル タヨ

❏ 出発した〜　출발했던・출발한　チュルバルヘットン・チュルバルハン

6時に出発した列車がまだ到着してません。

여섯시에 출발한 열차가 아직 도착 안 했어요.
ヨソッシエ チュルバルハン ヨルチャガ アジク ドチャク アン ヘッソヨ

❏ 出発してください　출발해 주세요・출발하세요　チュルバルヘ ジュセヨ・チュルバルハセヨ

少し早めにホテルを出発してください。

조금 일찍 호텔을 출발해 주세요.
ジョグム イルッチク ホテルル チュルバルヘ ジュセヨ

❏ 出発して　출발하고　チュルバルハゴ

❏ 出発できます　출발할 수 있어요　チュルバルハル ス イッソヨ

準備が整えば出発できます。

준비가 되면 출발할 수 있어요.
ジュンビガ ドェミョン チュルバルハル ス イッソヨ

❏ 出発できません　출발할 수 없어요　チュルバルハル ス オプソヨ

全員そろわないと出発できません。

전원 안 모이면 출발할 수 없어요.
ジョヌォン アン モイミョン チュルバルハル ス オプソヨ

여(ㅕ) 不規則活用

듣다 /ドゥッタ/ 聞く・聴く

①聞く・聴く（耳で・音として）．②耳にする．③(小言・称賛などを) 言われる．④(人の言葉に) 従う．
⑤(要求・頼みなどを) 聞き入れる．

	辞書形	丁寧体	会話体	連体形
現在形	聞く 듣다 ドゥッタ	聞きます 듣습니다 ドゥッスムニダ	聞きます 들어요 ドゥロヨ	聞く〜 듣는 ドゥンヌン
過去形	聞いた 들었다 ドゥロッタ	聞きました 들었습니다 ドゥロッスムニダ	聞きました 들었어요 ドゥロッソヨ	聞いた〜 들었던/들은 ドゥロットン/ドゥルン
未来形	聞く 듣겠다 ドゥッケッタ	聞きます 듣겠습니다 ドゥッケッスムニダ	聞きます 듣겠어요 ドゥッケッソヨ	聞く〜 들을 ドゥルル

ㄷ(ティグッ)不規則活用

❏ 聞きます　들어요　ドゥロヨ
音楽を聞きます．
음악을 들어요．
ウマグル ドゥロヨ

❏ 聞きますか　들어요? ・ 듣나요?　ドゥロヨ・ドゥンナヨ

❏ 聞くつもりです　들을 거예요　ドゥルル コイェヨ

❏ 聞こうと思います　들을 생각이에요　ドゥルル センガギエヨ

❏ 聞きません　듣지 않아요・안 들어요　ドゥッチ アナヨ・アン ドゥロヨ
彼は人の話を聞きません．
그는 다른 사람의 이야기를 듣지 않아요．
グヌン ダルン サラムウィ イヤギルル ドゥッチ アナヨ

❏ 聞きませんか　듣지 않을래요? ・ 안 들을래요?　ドゥッチ アヌルレヨ・アン ドゥルルレヨ
CDを聞きませんか．
CD를 듣지 않을래요?
ッシディルル ドゥッチ アヌルレヨ

❏ 聞いています　듣고 있어요　ドゥッコ イッソヨ

❏ 聞きました　들었어요　ドゥロッソヨ
その曲は何度も聞きました．
그 곡은 몇 번이나 들었어요．
グ ゴグン ミョッ ボニナ ドゥロッソヨ

❏ 聞いていません　듣고 있지 않아요・안 듣고 있어요　ドゥッコ イッチ アナヨ・アン ドゥッコ イッソヨ

❏ 聞きませんでした　듣지 않았어요・안 들었어요　ドゥッチ アナッソヨ・アン ドゥロッソヨ

❏ 聞けば　들으면　ドゥルミョン
あなたも彼女の歌を聞けばいいのに．
당신도 그녀의 노래를 들으면 좋을 텐데．
ダンシンド グニョウィ ノレルル ドゥルミョン ジョウル テンデ

聞かなければ 듣지 않으면・안 들으면 ドゥッチ アヌミョン・アン ドゥルミョン

聞かなければその曲のよさはわかりません。　안 들으면 그 곡의 좋은 점을 알 수 없어요
アン ドゥルミョン グ ゴグィ ジョウン ジョムル アル ス オプソヨ

聞かなくても 듣지 않아도・안 들어도 ドゥッチ アナド・アン ドゥロド

聞かなくてもわかります。　안 들어도 알아요.
アン ドゥロド アラヨ

聞くこと / 聞いたこと 듣는 것・들을 것困/ 들었던 적・들은 적 ドゥンヌン ゴッ・ドゥルル コッ/ ドゥロットン ジョㇰ・ドゥルン ジョㇰ

その曲は聞いたことがありません。　그 곡은 들은 적 없어요.
グ ゴグン ドゥルン ジョㇰ オプソヨ

聞きながら 들으면서 ドゥルミョンソ

音楽を聞きながら昼寝しました。　음악을 들으면서 낮잠을 잤어요.
ウマグル ドゥルミョンソ ナッチャムル ジャッソヨ

聞きましょうか 들을까요?・들을래요? ドゥルルッカヨ・ドゥルルレヨ

聞きたいです / 聞きたくないです 듣고 싶어요 / 듣고 싶지 않아요 ドゥッコ シポヨ / ドゥッコ シプチ アナヨ

ショパンが聞きたいです。　쇼팽을 듣고 싶어요.
ショペンウル ドゥッコ シポヨ

聞いてみます 들어 볼래요 ドゥロ ボルレヨ

彼の意見を聞いて見ます。　그의 의견을 들어 볼래요.
グィ ウィギョヌル ドゥロ ボルレヨ

聞くそうです 듣는대요 ドゥンヌンデヨ

聞く〜 듣는・들을困 ドゥンヌン・ドゥルル

聞かない〜 듣지 않는・안 듣는 ドゥッチ アンヌン・アン ドゥンヌン

聞いた〜 들었던・들은 ドゥロットン・ドゥルン

今聞いた曲はバッハです。　지금 들은 곡은 바하예요.
ジグム ドゥルン ゴグン バハイェヨ

聞かなかった〜 듣지 않았던・안 들었던・안 들은 ドゥッチ アナットン・アン ドゥロットン・アン ドゥルン

聞かなかったことにしてください。　안 들은 걸로 해 주세요.
アン ドゥルン ゴルロ ヘ ジュセヨ

聞いてください 들어 주세요・들으세요 ドゥロ ジュセヨ・ドゥルセヨ

聞いてはいけません 들으면 안 돼요 ドゥルミョン アン デヨ

彼の言うことを聞いてはいけません。　그가 말하는 것을 들으면 안 돼요.
グガ マルハヌン ゴスル ドゥルミョン アン デヨ

聞かないでください 듣지 마세요 ドゥッチ マセヨ

聞いても 들어도 ドゥロド

ㄷ(ティグッ) 不規則活用

いつ聞いてもいい歌です.	언제 들어도 좋은 노래예요. オンジェ ドゥロド ジョウン ノレイェヨ

❏ 聞くけれども / 聞いたけれど　듣지만 / 들었지만　ドゥッチマン / ドゥロッチマン

❏ 聞かせます　듣게 해요・들려줘요　ドゥッケ ヘヨ・ドゥルリョジュオヨ

子守唄を聞かせます.	자장가를 들려줘요. ジャジャンガルル ドゥルリョジュオヨ

　＊活用形は 듣게 해요ですが，日常的には 들려줘요をよく使います.

❏ 聞いて　듣고　ドゥッコ

ラジオを聞いて寝ます.	라디오를 듣고 자요. ラディオルル ドゥッコ ジャヨ
それを聞いて安心しました.	그것을 듣고 안심했어요. グゴスル ドゥッコ アンシムヘッソヨ

❏ 聞きそうです　들을 것 같아요　ドゥルル コッ ガタヨ

彼はクラシックを聞きそうです.	그는 클래식을 들을 것 같아요. グヌン クルレシグル ドゥルル コッ ガタヨ

❏ 聞きやすい / 聞きにくい　듣기 편해요 / 듣기 불편해요　ドゥッキ ピョンヘヨ / ドゥッキ プルピョンヘヨ

聞きやすい曲です.	듣기 편한 곡이에요. ドゥッキ ピョンハン ゴギエヨ

❏ 聞けます　들을 수 있어요　ドゥルル ス イッソヨ

❏ 聞けません　들을 수 없어요　ドゥルル ス オプソヨ

❏ 聞いたり　듣거나　ドゥッコナ

❏ 聞きに行きます [来ます]　들으러 가요 [와요]　ドゥルロ ガヨ [ワヨ]

ジャズを聞きに行きます.	재즈를 들으러 가요. ジェジュルル ドゥルロ ガヨ

ㄷ (ティグッ) 不規則活用

듣다 /ドゥッタ/ 効く

①効く. ②（機械などが）正常に動く・調子がいい.

- ❏ 効きます　**듣어요**　ドゥロヨ
  - この薬はよく効きます.
  - 이 약은 잘 들어요.
  - イ ヤグン ジャル ドゥロヨ

- ❏ 効きますか　**들어요? ・ 듣나요?**　ドゥロヨ・ドゥンナヨ
- ❏ 効きません　**듣지 않아요 ・ 안 들어요**　ドゥッチ アナヨ・アン ドゥロヨ
  - 風薬が効きません.
  - 감기약이 안 들어요.
  - ガムギヤギ アン ドゥロヨ

- ❏ 効いています　**듣고 있어요**　ドゥッコ イッソヨ
- ❏ 効いていません　**듣고 있지 않아요 ・ 안 듣고 있어요 ・ 안 들어요**　ドゥッコ イッチ アナヨ・アン ドゥッコ イッソヨ・アン ドゥロヨ
  - 鎮痛剤が効いていません.
  - 진통제가 안 듣고 있어요.
  - ジントンジェガ アン ドゥッコ イッソヨ

- ❏ 効きませんでした　**듣지 않았어요 ・ 안 들었어요**　ドゥッチ アナッソヨ・アン ドゥロッソヨ
- ❏ 効けば　**들으면**　ドゥルミョン
- ❏ 効かなければ　**듣지 않으면 ・ 안 들으면**　ドゥッチ アヌミョン・アン ドゥルミョン
  - この薬が効かなければ手術するそうです.
  - 이 약이 안 들으면 수술을 한대요.
  - イ ヤギ アン ドゥルミョン ススルル ハンデヨ

- ❏ 効かなくても　**듣지 않아도 ・ 안 들어도**　ドゥッチ アナド・アン ドゥロド
- ❏ 効くこと／効いたこと　**듣는 것 ・ 들을 것 困 / 들었던 적 ・ 들은 적**　ドゥンヌン ゴッ・ドゥルル コッ/ドゥロットン ジョク・ドゥルン ジョク
  - この薬は効いたことがありません.
  - 이 약은 들은 적이 없어요.
  - イ ヤグン ドゥルン ジョギ オプソヨ

- ❏ 効きながら　**들으면서**　ドゥルミョンソ
- ❏ 効くそうです　**듣는대요**　ドゥンヌンデヨ
  - この薬はよく効くそうです.
  - 이 약은 잘 듣는대요.
  - イ ヤグン ジャル ドゥンヌンデヨ

- ❏ 効く〜　**듣는 ・ 들을 困**　ドゥンヌン・ドゥルル
  - 風邪によく効く薬
  - 감기에 잘 듣는 약
  - ガムギエ ジャル ドゥンヌン ヤク

- ❏ 効かない〜　**듣지 않는 ・ 안 듣는**　ドゥッチ アヌン・アン ドゥンヌン
  - 抗生物質が効かない菌
  - 항생제가 안 듣는 세균
  - ハンセンジェガ アン ドゥンヌン セギュン

- ❏ 効いた〜　**들었던 ・ 들은**　ドゥロットン・ドゥルン

ㄷ (ティグッ) 不規則活用

| この薬は効いた事がありません. | 이 약은 들은 적이 없어요. |
| | イヤグン ドゥルン ジョギ オプソヨ |

❏ 効かなかった〜　듣지 않았던・안 들었던・안 들은　ドゥッチ アナットン・アン ドゥロットン・アン ドゥルン

❏ 効いても　들어도　ドゥロド

❏ 効くけれど / 効いたけれど　듣지만・들었지만　ドゥッチマン・ドゥロッチマン

| この薬はよく効くけれど高価です. | 이 약은 잘 듣지만 비싸요. |
| | イヤグン ジャル ドゥッチマン ピッサヨ |

❏ 効きそうです　들을 것 같아요　ドゥルル コッ ガタヨ

| 薬がすぐ効きそうです. | 약이 금방 들을 것 같아요. |
| | ヤギ グムバン ドゥルル コッ ガタヨ |

❏ 効くから　들으니까・들을 테니까 困　ドゥルニッカ・ドゥルル テニッカ

| すぐに効くから安心してください. | 금방 들으니까 안심하세요. |
| | グムバン ドゥルニッカ アンシムハセヨ |

❏ 効くので，効いたので　들어서　ドゥロソ

| 鎮痛剤が効いたので痛くありませんでした. | 진통제가 들어서 안 아팠어요. |
| | ジントンジェガ ドゥロソ アン アパッソヨ |

ㄷ (ティグッ) 不規則活用

묻다 /ムッタ/ 聞く・尋ねる・問う

①聞く・尋ねる・問う. ②うかがう. ②(責任などを)問う.

	辞書形	丁寧体	会話体	連体形
現在形	聞く 묻다 ムッタ	聞きます 묻습니다 ムッスムニダ	聞きます 물어요 ムロヨ	聞く〜 묻는 ムッヌン
過去形	聞いた 물었다 ムロッタ	聞きました 물었습니다 ムロッスムニダ	聞きました 물었어요 ムロッソヨ	聞いた〜 물었던/물은 ムロットン/ムルン
未来形	聞く 묻겠다 ムッケッタ	聞きます 묻겠습니다 ムッケッスムニダ	聞きます 묻겠어요 ムッケッソヨ	聞く〜 물을 ムルル

(ティグッ) 不規則活用

❏ 聞きます　물어요　ムロヨ
わからないことは人に聞きます.　모르는 것은 다른 사람에게 물어요
モルヌン ゴスン ダルン サラメゲ ムロヨ

❏ 聞きますか　물어요?・묻나요?　ムロヨ・ムンナヨ
面接ではどんな事を聞きますか.　면접에서는 어떤 것을 묻나요?
ミョンジョベソヌン オットン ゴスル ムンナヨ

❏ 聞きます　묻겠어요 困 ムッケッソヨ

❏ 聞くつもりです　물을 거예요　ムルル コイェヨ

❏ 聞こうと思います　물을 생각이에요　ムルル センガギエヨ
だれかに聞こうと思います.　누군가에게 물을 생각이에요
ヌグンガエゲ ムルル センガギエヨ

❏ 聞き[問い]ません　묻지 않아요・안 물어요　ムッチ アナヨ・アン ムロヨ
あなたに責任は問いません.　당신에게 책임은 안 물어요
ダンシネゲ チェギムン アン ムロヨ

❏ 聞きませんか　묻지 않을래요?・안 물을래요?　ムッチ アヌルレヨ・アン ムルルレヨ
おまわりさんに道を聞きませんか.　경찰(순경)에게 길을 묻지 않을래요?
ギョンチャル(スンギョン) エゲ ギルル ムッチ アヌルレヨ

❏ 聞いています　묻고 있어요　ムッコ イッソヨ

❏ 聞きました　물었어요　ムロッソヨ
そのことは弟に聞きました.　그 일은 남동생에게 물었어요
グ イルン ナムドンセンエゲ ムロッソヨ

❏ 聞いていません　안 물었어요　アン ムロッソヨ

❏ 聞きませんでした　묻지 않았어요・안 물었어요　ムッチ アナッソヨ・アン ムロッソヨ

	彼には何も聞きませんでした.	그에게는 아무것도 묻지 않았어요 グエゲヌン アムゴット ムッチ アナッソヨ

❏ 聞けば　　물으면　ムルミョン

	彼に聞けばわかるでしょう.	그에게 물으면 알겠죠? グエゲ ムルミョン アルゲッチョ

❏ 聞かなければ　　묻지 않으면・안 물으면　ムッチ アヌミョン・アン ムルミョン

	彼に聞かなければわかりません.	그에게 묻지 않으면 알 수 없어요 グエゲ ムッチ アヌミョン アル ス オプソヨ

❏ 聞かなくても　　묻지 않아도・안 물어도　ムッチ アナド・アン ムロド

	人に聞かなくてもネットで調べられます.	다른 사람에게 안 물어도 인터넷에서 찾을 수 있어요 ダルン サラメゲ アン ムロド イントネッセソ チャスル ス イッソヨ

❏ 聞くこと / 聞いたこと　　묻는 것・물을 것困/ 물었던 적・물은 적　ムンヌン ゴッ・ムルル コッ / ムロットン ジョク・ムルン ジョク

❏ 聞きながら　　물으면서　ムルミョンソ

❏ 聞きたいです / 聞きたくないです　　묻고 싶어요 / 묻고 싶지 않아요　ムッコ シポヨ / ムッコ シッチ アナヨ

	ちょっと聞きたいのですが.	좀 묻고 싶은데요. ジョム ムッコ シプンデヨ

❏ 聞いてみます　　물어 볼래요　ムロ ボルレヨ

	あの人に道を聞いてみます.	저 사람에게 길을 물어 볼래요. ジョ サラメゲ ギルル ムロ ボルレヨ

❏ 聞くそうです　　묻는대요　ムンヌンデヨ

	妹は映画のことは彼氏に聞くそうです.	여동생은 영화에 관한 일은 애인에게 묻는대요 ヨドンセンウン ヨンファエ グヮンハン イルン エインエゲ ムンヌンデヨ

❏ 聞く〜　　묻는・물을困　ムンヌン・ムルル

	私が聞くことに答えてくださいね.	내가 묻는 것에 대답해 주세요. ネガ ムンヌン ゴセ デダペ ジュセヨ

❏ 聞かない〜　　묻지 않는・안 묻는　ムッチ アンヌン・アン ムンヌン

	聞かないこと	안 묻는 것 アン ムンヌン ゴッ

❏ 聞いた〜　　물었던・물은　ムロットン・ムルン

❏ 聞かなかった〜　　묻지 않았던・안 물었던・안 물은　ムッチ アナットン・アン ムロットン・アン ムルン

	聞かなかったことも教えてくれました.	묻지 않았던 것도 가르쳐줬어요. ムッチ アナットン ゴット ガルチョジュオッソヨ

❏ 聞いてください　　물으세요　ムルセヨ

	だれか他の人に聞いてください.	누군가 다른 사람에게 물으세요. ヌグンガ ダルン サラメゲ ムルセヨ

ㄷ (ティグッ) 不規則活用

❑ 聞いてはいけません　물으면 안 돼요　ムルミョン アン ドェヨ

失礼なことを聞いてはいけません。　　실례되는 일을 물으면 안 돼요.
　　　　　　　　　　　　　　　　　　シルレドェヌン イルル ムルミョン アン ドェヨ

❑ 聞かないでください　묻지 마세요　ムッチ マセヨ

何も聞かないでください。　　아무것도 묻지 마세요.
　　　　　　　　　　　　　　アムゴット ムッチ マセヨ

❑ 聞いても　물어도・물어봐도　ムロド・ムロブヮド

ちょっと聞いてもいいですか。　　좀 물어봐도 돼요?
　　　　　　　　　　　　　　　　ジョム ムロブヮド ドェヨ

＊活用形は물어도ですが，日常的には물어봐도をよく使います。

❑ 聞くけれども / 聞いたけれど　묻지만・물었지만　ムッチマン・ムロッチマン

❑ 聞いて　묻고　ムッコ

❑ 聞きやすい / 聞きにくい　묻기 쉬워요 / 묻기 어려워요　ムッキ シュィウォヨ / ムッキ オリョウォヨ

その事に関しては聞きにくいです。　　그 일에 관해서는 묻기 어려워요.
　　　　　　　　　　　　　　　　　　グ イレ グヮンヘソヌン ムッキ オリョウォヨ

❑ 聞くから　물으니까・물을 테니까　囷　ムルニッカ・ムルル テニッカ

あなたが聞くから答えただけです。　　당신이 물으니까 대답한 것뿐이에요.
　　　　　　　　　　　　　　　　　　ダンシニ ムルニッカ デダパン ゴップニエヨ

❑ 聞くので，聞いたので　물어서　ムロソ

❑ 聞けます　물을 수 있어요　ムルル ス イッソヨ

わからないことはだれにでも聞けます。　　모르는 것은 누구에게라도 물을 수 있어요.
　　　　　　　　　　　　　　　　　　　　モルヌン ゴスン ヌグエゲラド ムルル ス イッソヨ

❑ 聞けません　물을 수 없어요　ムルル ス オプソヨ

恥ずかしくて人には聞けません。　　부끄러워서 남에게는 물을 수 없어요.
　　　　　　　　　　　　　　　　　ブックロウォソ ナメゲヌン ムルル ス オプソヨ

❑ 聞きに行きます [来ます]　물으러 가요 [와요]　ムロロ ガヨ [ワヨ]

わからないことを先生に聞きに行きます。　　모르는 것을 선생님께 물으러 가요.
　　　　　　　　　　　　　　　　　　　　　モルヌン ゴスル ソンセンニムッケ ムルロ ガヨ

ㄷ (ティグッ) 不規則活用

오르다 /オルダ/ 上がる・登る

① (高いところ・食卓などに) 上がる・登る. ② (乗り物に) 乗る. ③ (値段や数値などが) 上がる・達する. ④載る・掲載される. ⑤ (歓声などが) 上がる. ⑥ (ある地位に) 就く.

	辞書形	丁寧体	会話体	連体形
現在形	上がる 오르다 オルダ	上がります 오릅니다 オルムニダ	上がります 올라요 オルラヨ	上がる〜 오르는 オルヌン
過去形	上がった 올랐다 オルラッタ	上がりました 올랐습니다 オルラッスムニダ	上がりました 올랐어요 オルラッソヨ	上がった〜 올랐던 /오른 オルラットン / オルン
未来形	上がる 오르겠다 オルゲッタ	上がります 오르겠습니다 オルゲッスムニダ	上がります 오르겠어요 オルゲッソヨ	上がる〜 오를 オルル

르(ル) 不規則活用

❏ 上がります　올라요　オルラヨ
いつも季節の食材が食卓に上がります.　　항상 제철 음식이 식탁에 올라요.
ハンサン ジェチョル ウムシギ シクタゲ オルラヨ

❏ 上がりますか　올라요?・오르나요?　オルラヨ・オルナヨ

❏ 上がります [登ります]　오르겠어요　困　オルゲッソヨ
富士山に登ります.　　후지산에 오르겠어요.
フジサネ オルゲッソヨ

❏ 上がるつもりです　오를 거예요　オルル コイェヨ

❏ 上がろう [登ろう] と思います　오를 생각이에요　オルル センガギエヨ
富士山に登ろうと思います.　　후지산에 오를 생각이에요.
フジサネ オルルセンガギエヨ

❏ 上がりません　오르지 않아요・안 올라요　オルジ アナヨ・アン オルラヨ
外国語の成績が上がりません.　　외국어 성적이 안 올라요.
ウェグゴ ソンジョギ アン オルラヨ

❏ 上がり [登り] ませんか　오르지 않을래요?・안 오를래요?　オルジ アヌルレヨ・アン オルルレヨ
山に登りませんか.　　산에 오르지 않을래요?
サネ オルジ アヌルレヨ

❏ 上がっています　오르고 있어요　オルゴ イッソヨ
気温がぐんぐん上がっています.　　기온이 부쩍 오르고 있어요.
ギオニ プチョク オルゴ イッソヨ

❏ 上がりました　올랐어요　オルラッソヨ

物価が上がりました。	물가가 올랐어요.
	ムルカガ オルラッソヨ

❏ 上がっていません　오르고 있지 않아요・안 오르고 있어요　オルゴ イッチ アナヨ・アン オルゴ イッソヨ

給料が上がっていません。	월급이 안 오르고 있어요.
	ウォルグビ アン オルゴ イッソヨ

❏ 上がりませんでした　오르지 않았어요・안 올랐어요　オルジ アナッソヨ・アン オルラッソヨ

株価は上がりませんでした。	주가는 오르지 않았어요.
	ジュッカヌン オルジ アナッソヨ

❏ 上がれば, 登ると　오르면　オルミョン

山に登ると空気がいいです。	산에 오르면 공기가 좋아요.
	サネ オルミョン ゴンギガ ジョアヨ

❏ 上がらなければ　오르지 않으면・안 오르면　オルジ アヌミョン・アン オルミョン

成績が上がらなければ怒られます。	성적이 안 오르면 혼나요.
	ソンジョギ アン オルミョン ホンナヨ

❏ 上がらなくても　오르지 않아도・안 올라도　オルジ アナド・アン オルラド

地位は上がらなくてもかまいません。	지위는 오르지 않아도 괜찮아요.
	チウィヌン オルジ アナド ゲンチャナヨ

❏ 上がること／上がったこと　오르는 것・오를 것囷／올랐던 적・오른 적　オルヌン ゴッ・オルル コッ／オルラットン ジョッ・オルン ジョッ

❏ 上がり［登り］ながら　오르면서　オルミョンソ

山を登りながら見る景色	산을 오르면서 보는 경치
	サヌル オルミョンソ ボヌン ギョンチ

❏ 上がりましょうか　오를까요？　オルルッカヨ

富士山に登りましょうか。	후지산에 오를까요？
	フジサネ オルルッカヨ

❏ 上がりたいです／上がりたくないです　오르고 싶어요／오르고 싶지 않아요　オルゴ シポヨ／オルゴ シッチ アナヨ

❏ 上がってみます　올라 볼래요　オルラ ボルレヨ

❏ 上がるそうです　오른대요　オルンデヨ

原油価格がまた上がるそうです。	원유 가격이 또 오른대요.
	ウォニュ カギョギ ット オルンデヨ

❏ 上がる〜　오르는・오를囷　オルヌン・オルル

❏ 上がらない〜　오르지 않는・안 오르는　オルジ アンヌン・アン オルヌン

❏ 上がった〜　올랐던・오른　オルラットン・オルン

成績が上がった生徒が増えました。	성적이 오른 학생이 늘었어요.
	ソンジョギ オルン ハクセンイ ヌロッソヨ

르⟨ル⟩不規則活用

❏ 上がらなかった〜　오르지 않았던・안 올랐던・안 오른　オルジ アナットン・アン オルラットン・アン オルン

❏ 上がって［上げて］ください　올려주세요・올리세요　オルリョジュセヨ・オルリセヨ
| 給料を上げてください。 | 월급을 올려 주세요. |
| | ウォルグブル オルリョ ジュセヨ |

❏ 上がってはいけません　오르면 안 돼요　オルミョン アン ドェヨ
| 舞台に上がってはいけません。 | 무대에 오르면 안 돼요. |
| | ムデエ オルミョン アン ドェヨ |

❏ 上がっても　올라도　オルラド
| 価格が上がっても買います。 | 가격이 올라도 살 거예요. |
| | ガギョギ オルラド サル コイェヨ |

❏ 上がるけれど／上がったけれど　오르지만／올랐지만　オルジマン／オルラッチマン
| 成績は上がったけれど学校は楽しくありません。 | 성적은 올랐지만 학교는 재미없어요. |
| | ソンジョグン オルラッチマン ハクキョヌン ジェミオプソヨ |

❏ 上がらせます　오르게 해요　オルゲ ヘヨ

❏ 上がって　오르고　オルゴ
| 会社の利益も上がって給料も上がりました。 | 회사의 이익도 오르고 월급도 올랐어요. |
| | フェサウィ イイクト オルゴ ウォルグプト オルラッソヨ |

❏ 上がりそうです　오를 것 같아요　オルル コッ ガタヨ
| 血圧が上がりそうです。 | 혈압이 오를 것 같아요. |
| | ヒョラビ オルル コッ ガタヨ |

❏ 上がり［登り］やすい／上がり［登り］にくい　오르기 쉬워요／오르기 어려워요　オルギ シュィウォヨ／オルギ オリョウォヨ
| この山は低くて登りやすいです。 | 이 산은 얕아서 오르기 쉬워요. |
| | イ サヌン ヤタソ オルギ シュィウォヨ |

❏ 上がるから　오르니까・오를 테니까　困　オルニッカ・オルル テニッカ
| 株価が上がるから買い時です。 | 주가가 오르니까 살 때예요. |
| | ジュッカガ オルニッカ サル ッテイェヨ |

❏ 上がるので，上がったので　올라서　オルラソ

❏ 上がれます　오를 수 있어요　オルル ス イッソヨ
| 階段も上れます。 | 계단도 오를 수 있어요. |
| | ゲダンド オルル ス イッソヨ |

❏ 上がれません　오를 수 없어요　オルル ス オプソヨ

❏ 上がったり　오르거나・올랐다가　オルゴナ・オルラッタガ
| 上がったり下がったり | 올랐다가 내렸다가 |
| | オルラッタガ ネリョッタガ |

르（ル）不規則活用

모르다 /モルダ/ 知らない・わからない

①知らない・わからない．②覚えがない．③理解できない．④気づかない・感知しない．

	辞書形	丁寧体	会話体	連体形
現在形	知らない 모르다 モルダ	知りません 모릅니다 モルムニダ	知りません 몰라요 モラヨ	知らない〜 모르는 モルヌン
過去形	知らなかった 몰랐다 モルラッタ	知りませんでした 몰랐습니다 モルラッスムニダ	知りませんでした 몰랐어요 モルラッソヨ	知らなかった〜 몰랐던 /모른 モルラットン/モルン
未来形	知らない 모르겠다 モルゲッタ	知りません 모르겠습니다 モルゲッスムニダ	知りません 모르겠어요 モルゲッソヨ	知らない〜 모를 モルル

르(ル)不規則活用

❏ 知り[わかり]ません　몰라요　モルラヨ

韓国語はよくわかりません．

한국어는 잘 몰라요．
ハングゴヌン ジャル モルラヨ

❏ 知り[わかり]ませんか　몰라요?・모르나요?　モルラヨ・モルナヨ

❏ 知りません　모르겠어요　モルゲッソヨ

よくわかりません．

잘 모르겠어요．
ジャル モルゲッソヨ

＊모르겠어요は未来形ですが，잘 모르겠어요．のように婉曲な表現でよく使われます．

❏ 知りませんでした　몰랐어요　モルラッソヨ

彼は知りませんでした．

그는 몰랐어요．
グヌン モルラッソヨ

❏ 知らなければ　모르면　モルミョン

知らなければ教えてあげます．

모르면 가르쳐 줄게요．
モルミョン ガルチョ ジュルケヨ

❏ 知らないこと/知らなかったこと　모르는 것・모를 것困/ 몰랐던 적・모른 적　モルヌン ゴッ・モルル コッ/ モルラットン ジョク・モルン ジョク

知らないことは教えてください．

모르는 것은 가르쳐 주세요．
モルヌン ゴスン ガルチョ ジュセヨ

❏ 知らないながら[のに]　모르면서　モルミョンソ

あの人は知らないのに知ったかぶりをしています．

저 사람은 모르면서 아는 척하고 있어요．
ジョ サラムン モルミョンソ アヌン チョクカゴ イッソヨ

❏ 知らないそうです　모른대요　モルンデヨ

彼は何も知らないそうです．

그는 아무것도 모른대요．
グヌン アムゴット モルンデヨ

❏ 知らない〜　모르는・모를 困　モルヌン・モルル

知らない人	모르는 사람
	モルヌン サラム

❏ 知らなかった〜　몰랐던・모른　モルラットン・モルン

知らなかった事実	몰랐던 사실
	モルラットン サシル

❏ 知らなくてはいけません　모르면 안 돼요　モルミョン アン ドェヨ

暗証番号を知らなくてはいけません.	비밀번호를 모르면 안 돼요.
	ビミルボンホルル モルミョン アン ドェヨ

❏ 知らなくても　몰라도　モルラド

名前は知らなくてもあの俳優が好きです.	이름은 몰라도 저 배우가 좋아요.
	イルムン モルラド ジョ ベウガ ジョアヨ

❏ 知らないけれど / 知らなかったけれど　모르지만・몰랐지만　モルジマン・モルラッチマン

よく知らないけれど頑張ります.	잘 모르지만 열심히 하겠어요.
	ジャル モルジマン ヨルシミ ハゲッソヨ

❏ 知らせません　모르게 해요　モルゲ ヘヨ

このことは弟には内緒です.	이 일은 남동생에게는 모르게해요.
	イ イルン ナムドンセンエゲヌン モルゲヘヨ

❏ 知ら[わから]なくて　모르고　モルゴ

❏ 知らなさそうです　모를 것 같아요　モルル コッ ガタヨ

だれも知らなさそうです.	아무도 모를 것 같아요.
	アムド モルル コッ ガタヨ

❏ 知らないから　모르니까・모를 테니까 困　モルニッカ・モルル テニッカ

使い方がわからないから教えてください.	쓰는 법을 모르니까 가르쳐 주세요.
	ッスヌン ポブル モルニッカ ガルチョ ジュセヨ

❏ 知らないので，知らなかったので　몰라서　モルラソ

使い方を知らなかったので使えませんでした.	사용법을 몰라서 못썼어요.
	サヨンポブル モルラソ モッソッソヨ

르(ル)不規則活用

끄다 /ックダ/ 消す

① (火や電気などを) 消す. ② (スイッチなどを) 切る.

	辞書形	丁寧体	会話体	連体形
現在形	消す 끄다 ックダ	消します 끕니다 ックムニダ	消します 꺼요 ッコヨ	消す〜 끄는 ックヌン
過去形	消した 껐다 ッコッタ	消しました 껐습니다 ッコッスムニダ	消しました 껐어요 ッコッソヨ	消した〜 껐던 / 끈 ッコットン / ックン
未来形	消す 끄겠다 ックゲッタ	消します 끄겠습니다 ックゲッスムニダ	消します 끄겠어요 ックゲッソヨ	消す〜 끌 ックル

❏ 消します　꺼요　ッコヨ

ラジオを消します.　　라디오를 꺼요.
　　　　　　　　　　　ラディオルル ッコヨ

❏ 消しますか　꺼요? · 끄나요?　ッコヨ・ックナヨ

❏ 消します　끄겠어요 困　ックゲッソヨ

テレビを消します.　　텔레비전을 끄겠어요.
　　　　　　　　　　　テルレビジョヌル ックゲッソヨ

❏ 消すつもりです　끌 거예요　ックル コイェヨ

❏ 消そうと思います　끌 생각이에요　ックル センガギエヨ

❏ 消しません　끄지 않아요 · 안 꺼요　ックジ アナヨ・アン ッコヨ

パソコンの電源は切りません.　컴퓨터는 안 꺼요.
　　　　　　　　　　　　　　　コムピュトヌン アン ッコヨ

❏ 消しませんか　끄지 않을래요? · 안 끌래요?　ックジ アヌルレヨ・アン ックルレヨ

❏ 消しています　끄고 있어요　ックゴ イッソヨ

ケーキのろうそくを消しています.　케이크의 촛불을 끄고 있어요.
　　　　　　　　　　　　　　　　　ケイクウィ チョップルル ックゴ イッソヨ

❏ 消しました　껐어요　ッコッソヨ

レンジの火を消しました.　(가스)레인지의 불을 껐어요.
　　　　　　　　　　　　　(ガス) レインジウィ プルル ッコッソヨ

❏ 消していません　끄고 있지 않아요 · 안 끄고 있어요　ックゴ イッチ アナヨ・アン ックゴ イッソヨ

❏ 消しませんでした　끄지 않았어요 · 안 껐어요　ックジ アナッソヨ・アン ッコッソヨ

自動車のエンジンを切りませんでした.　자동차의 시동을 안 껐어요.
　　　　　　　　　　　　　　　　　　　ジャドンチャウィ シドンウル アン ッコッソヨ

❏ 消せば　끄면　ッックミョン

ヒーターを消せば寒くなるでしょう。　히터를 끄면 추워지겠지요.
　　　　　　　　　　　　　　　　　　ヒトルル ックミョン チュウォジゲッチョ

❏ 消さなければ　끄지 않으면・안 끄면　ックジ アヌミョン・アン ックミョン

使わない電気は消さなければなりません。　안 쓰는 전기는 끄지 않으면 안 돼요.
　　　　　　　　　　　　　　　　　　　　アン ッスヌン ジョンギヌン ックジ アヌミョン アン ドェヨ

❏ 消さなくても　끄지 않아도・안 꺼도　ックジ アナド・アン ッコド

電源を切らなくても自動的に切れます。　전원을 안 꺼도 자동으로 꺼져요.
　　　　　　　　　　　　　　　　　　ジョヌォヌル アン ッコド ジャドンウロ ッコジョヨ

❏ 消すこと / 消したこと　끄는 것・끌 것囲 / 껐던 적・끈 적　ックヌン ゴッ・ックル コッ /
　　ッコットン ジョク・ックン ジョク

スイッチを切ることを忘れました。　스위치를 끄는 것을 잊었어요.
　　　　　　　　　　　　　　　　スウィチルル ックヌン ゴスル イジョッソヨ

❏ 消しながら　끄면서　ックミョンソ

ろうそくを消しながら願い事をします。　촛불을 끄면서 소원을 빌어요.
　　　　　　　　　　　　　　　　　　チョップルル ックミョンソ ソウォヌル ピロヨ

❏ 消しましょうか　끌까요？　ックルッカヨ

電気を消しましょうか。　전기를 끌까요？
　　　　　　　　　　　　ジョンギルル ックルッカヨ

❏ 消したいです / 消したくないです　끄고 싶어요 / 끄고 싶지 않아요　ックゴ シポヨ
　　/ ックゴ シッチ アナヨ

テレビを消したいのですが。　텔레비전을 끄고 싶은데요.
　　　　　　　　　　　　　テルレビジョヌル ックゴ シプンデヨ

❏ 消してみます　꺼 볼래요　ッコ ボルレヨ

❏ 消すそうです　끈대요　ックンデヨ

照明を消すそうです。　조명을 끈대요.
　　　　　　　　　　ジョミョンウル ックンデヨ

❏ 消す〜　끄는・끌囲　ックヌン・ックル

火を消す方法　불을 끄는 방법
　　　　　　　プルル ックヌン パンボプ

❏ 消さない〜　끄지 않는・안 끄는　ックジ アンヌン・アン ックヌン

寝るとき電気を消さない人もいます。　잘 때 전기를 안 끄는 사람도 있어요.
　　　　　　　　　　　　　　　　　ジャル ッテ ジョンギルル アン ックヌン サラムド イッソヨ

❏ 消した〜　껐던・끈　ッコットン・ックン

❏ 消さなかった〜　끄지 않았던・안 껐던・안 끈　ックジ アナットン・アン ッコットン・アン ックン

車のライトを消さなかったようです。　차의 라이트를 안 껐던 것 같아요.
　　　　　　　　　　　　　　　　　チャウィ ライトゥルル アン ッコットン ゴッ ガタヨ

이(우) 不規則活用

- ❏ 消してください　꺼 주세요・끄세요　ッコ ジュセヨ・ックセヨ

  電気を消してください.　　　전기를 꺼 주세요.
  　　　　　　　　　　　　　ジョンギルル ッコ ジュセヨ

- ❏ 消してはいけません　끄면 안 돼요　ックミョン アン ドェヨ
- ❏ 消さないでください　끄지 마세요　ックジ マセヨ

  パソコンを消さないでください.　컴퓨터를 끄지 마세요.
  　　　　　　　　　　　　　　　　コンピュトルル ックジ マセヨ

- ❏ 消しても　꺼도　ッコド

  エアコンを消してもいいですよ.　에어컨을 꺼도 돼요.
  　　　　　　　　　　　　　　　　エオコヌル ッコド ドェヨ

- ❏ 消すけれど / 消したけれど　끄지만 / 껐지만　ックジマン / ッコッチマン

  火は消したけれど家は全部燃えました.　불은 껐지만 집은 전부 탔어요.
  　　　　　　　　　　　　　　　　　　　ブルン ッコッチマン ジブン ジョンブ タッソヨ

- ❏ 消させます　끄게 해요　ックゲ ヘヨ

  食事中にはテレビを消させます.　식사 중에는 텔레비전을 끄게 해요.
  　　　　　　　　　　　　　　　　シクサ ジュンエヌン テルレビジョヌル ックゲ ヘヨ

- ❏ 消して　끄고　ックゴ

  明かりを消して窓の外を見ました.　불을 끄고 창문 밖을 봤어요.
  　　　　　　　　　　　　　　　　　ブルル ックゴ チャンムン バクル バッソヨ

- ❏ 消しそうです　끌 것 같아요　ックルコッ ガタヨ
- ❏ 消しやすい / 消しにくい　끄기 쉬워요 / 끄기 어려워요　ックギ シュイウォヨ / ックギ オリョウォヨ
- ❏ 消すから　끄니까・끌 테니까 困　ックニッカ・ックル テニッカ

  明かりを消すから暗いです.　불을 끄니까 어두워요.
  　　　　　　　　　　　　　　ブルル ックニッカ オドゥウォヨ

- ❏ 消すので, 消したので　꺼서　ッコソ
- ❏ 消せます　끌 수 있어요　ックル ス イッソヨ

  リモコンで扇風機を消せます.　리모컨으로 선풍기를 끌 수 있어요.
  　　　　　　　　　　　　　　　リモコヌロ ソンプンギルル ックル ス イッソヨ

- ❏ 消せません　끌 수 없어요　ックル ス オプソヨ

  火の勢いが強くて消せません.　불기운이 세서 끌 수 없어요.
  　　　　　　　　　　　　　　　ブルキウニ セソ ックル ス オプソヨ

- ❏ 消したり　끄거나・껐다가　ックゴナ・ッコッタガ

  蛍光灯を点けたり消したりしました.　형광등을 켰다가 껐다가 했어요.
  　　　　　　　　　　　　　　　　　　ヒョングヮンドゥンウル キョッタガ コッタガ ヘッソヨ

이(ウ)不規則活用

크다 /クダ/ (人間・動物が) 育つ・成長する・大きくなる

＊「背が高くなる」のニュアンスです。

	辞書形	丁寧体	会話体	連体形
現在形	育つ 크다 クダ	育ちます 큽니다 クムニダ	育ちます 커요 コヨ	育つ〜 크는 クヌン
過去形	育った 컸다 コッタ	育ちました 컸습니다 コッスムニダ	育ちました 컸어요 コッソヨ	育った〜 컸던/큰 コットン/クン
未来形	育つ 크겠다 クゲッタ	育ちます 크겠습니다 クゲッスムニダ	育ちます 크겠어요 クゲッソヨ	育つ〜 클 クル

□ 育ちます　커요　コヨ

□ 育ち[大きくなり]ません　크지 않아요・안 커요　クジ アナヨ・アン コヨ
> 子どもがなかなか大きくなりません.
> 아이가 좀처럼 안 커요.
> アイガ ジョムチョロム アンコヨ

□ 育っています　크고 있어요　クゴ イッソヨ
> すくすくと育っています.
> 쑥쑥 크고 있어요.
> ッスクスク クゴ イッソヨ

□ 育ち[大きくなり]ました　컸어요　コッソヨ
> 息子もこんなに大きくなりました.
> 아들도 이렇게 컸어요.
> アドゥルド イロケ コッソヨ

□ 育っていません　크고 있지 않아요・안 크고 있어요　クゴ イッチ アナヨ・アン クゴ イッソヨ

□ 育ちませんでした　크지 않았어요・안 컸어요　クジ アナッソヨ・アン コッソヨ
> 高校のときからあまり大きくなりませんでした.
> 고등학교때 부터 별로 안 컸어요.
> ゴドゥンハクキョッテ ブト ピョルロ アン コッソヨ

□ 育てば　크면　クミョン
> 子どもが元気で育てばうれしいです.
> 아이가 건강하게 크면 기뻐요.
> アイガ ゴンガンハゲ クミョン ギッポヨ

□ 育たなければ　크지 않으면・안 크면　クジ アヌミョン・アン クミョン

□ 育たなくても　크지 않아도・안 커도　クジ アナド・アン コド

□ 育つこと/育ったこと　크는 것・클 것困/ 컸던 적・큰 적　クヌン ゴッ・クルコッ/ コットン ジョッ・クン ジョッ
> 健康に育つことだけ祈ります.
> 건강하게 크는 것만 바래요.
> ゴンガンハゲ クヌン ゴッマン バレヨ

으(ウ)不規則活用

❏ 育ちながら・大きくなるにつれて	크면서	クミョンソ
大きくなるにつれて言う事を聞きません。	크면서 말을 안 들어요.	クミョンソ マルル アン ドゥロヨ
❏ 育ち[大きくなり]たいです / 大きくなりたくないです	크고 싶어요 / 크고 싶지 않아요	クゴ シポヨ / クゴ シッチ アナヨ
もっと背が高くなりたいです。	키가 더 크고 싶어요.	キガ ド クゴ シポヨ
❏ 育つそうです	큰대요	クンデヨ
あの犬は早く育つそうです。	저 개는 빨리 큰대요.	ジョ ゲヌン ッパルリ クンデヨ
❏ 育つ〜	크는・클 困	クヌン・クル
子どもが育つのは早いです。	아이가 크는 것은 빨라요.	アイガ クヌン ゴスン ッパルラヨ
❏ 育たない〜	크지 않는・안 크는	クジ アンヌン・アン クヌン
❏ 育った〜	컸던・큰	コットン・クン
❏ 育たなかった〜	크지 않았던・안 컸던・안 큰	クジ アナットン・アン コットン・アン クン
❏ 育ってください	커 주세요・크세요	コ ジュセヨ・クセヨ
元気な子に育ってください。	건강한 아이로 커 주세요.	ゴンガンハン アイロ コ ジュセヨ
❏ 育ってはいけません	크면 안 돼요	クミョン アン ドェヨ
悪い子に育ってはいけません。	나쁜 아이로 크면 안 돼요.	ナップン アイロ クミョン アン ドェヨ
❏ 育たないでください	크지 마세요	クジ マセヨ
❏ 育っても	커도	コド
❏ 育つけれど / 育ったけれど	크지만 / 컸지만	クジマン / コッチマン
❏ 育って	크고	クゴ
彼は立派に育って就職しました。	그는 훌륭하게 커서 취직을 했어요.	グヌン フルリュンハゲ コソ チジグルヘッソヨ
❏ 育ちそうです	클 것 같아요	クル コッ ガタヨ
あの子はいい子に育ちそうです。	저 아이는 착한 아이로 클 것 같아요.	ジョ アイヌン チャカン アイロ クルコッ ガタヨ
❏ 育つので、育ったので	커서	コソ
子どもが育ったので楽になりました。	아이가 커서 편해졌어요.	アイガ コソ ピョヘジョッソヨ

으(ウ)不規則活用

쓰다 /ッスダ/ 使う

①（物・体の一部・頭などを）使う・使用する．②（人を）使う・雇う．③（お金を）費やす．④おごる・ご馳走する．

❏ 使います　써요　ッソヨ

いつもこのカバンを使います．
항상 이 가방을 써요．
ハンサン イ ガバンウル ッソヨ

❏ 使いません　쓰지 않아요・안 써요　ッスジ アナヨ・アン ッソヨ

この皿はあまり使いません．
이 접시는 별로 안 써요．
イ ジョプシヌン ピョルロ アン ッソヨ

❏ 使いました　썼어요　ッソッソヨ

パソコンを使いました．
컴퓨터를 썼어요．
コムピュトルル ッソッソヨ

❏ 使えば　쓰면　ッスミョン

電卓を使えば楽ですよ．
계산기를 쓰면 편해요．
ゲサンギルル ッスミョン ピョンヘヨ

❏ 使いたいです / 使いたくないです　쓰고 싶어요 / 쓰고 싶지 않아요　ッスゴ シポヨ / ッスゴ シッチ アナヨ

人が使ったものは使いたくないです．
다른 사람이 썼던 것은 쓰고 싶지 않아요．
ダルンサラミ ッソットン ゴスン ッスゴ シッチ アナヨ

❏ 使う〜　쓰는・쓸 困　ッスヌン・ッスル

電子辞書を使う人が増えました．
전자사전을 쓰는 사람이 늘었어요．
ジョンジャサジョヌル ッスヌン サラミ ヌロッソヨ

❏ 使った〜　썼던・쓴　ッソットン・ッスン

使った物は元のところに戻してください．
썼던 물건은 제자리에 돌려놓으세요．
ッソットン ムルゴヌン ジェジャリエ ドルリョノウセヨ

❏ 使ってください　써 주세요・쓰세요　ッソ ジュセヨ・ッスセヨ

自由に使ってください．
자유롭게 (편하게) 쓰세요．
ジャユロプケ (ピョンハゲ) ッスセヨ

❏ 使って　쓰고　ッスゴ

一回使って捨てます．
한 번 쓰고 버려요．
ハン ボン ッスゴ ボリョヨ

❏ 使えます　쓸 수 있어요　ッスル ス イッソヨ

パソコンが使えます．
컴퓨터를 쓸 수 있어요．
コムピュトルル ッスル ス イッソヨ

❏ 使えません　쓸 수 없어요　ッスル ス オプソヨ

으(ウ)不規則活用

쓰다 /ッスダ/ かぶる・かける・さす

① (帽子などを) かぶる・(めがねを) かける・(傘を) さす．② (ほこりなどを) 浴びる．③ (濡れ衣を) 着せられる．

❏ **かぶります** 써요 ッソヨ

夏は帽子をかぶります． 여름에는 모자를 써요． ヨルメヌン モジャルル ッソヨ

雨が降ったら傘を差します． 비가 오면 우산을 써요． ピガ オミョン ウサヌル ッソヨ

❏ **かぶりません** 쓰지 않아요・안 써요 ッスジ アナヨ・アン ッソヨ

雨が降っても傘を差しません． 비가와도 우산을 안 써요． ピガワド ウサヌル アン ッソヨ

❏ **かぶりました** 썼어요 ッソッソヨ

暑いので帽子をかぶりました． 더워서 모자를 썼어요． ドウォソ モジャルル ッソッソヨ

❏ **かぶれば，かければ** 쓰면 ッスミョン

めがねをかければよく見えるのに． 안경을 쓰면 잘 보일 텐데． アンギョヌル ッスミョン ジャル ボイル テンデ

❏ **かぶり[かけ]たいです / かぶり[かけ]たくないです** 쓰고 싶어요 / 쓰고 싶지 않아요 ッスゴ シポヨ / ッスゴ シッチ アナヨ

めがねをかけたいです． 안경을 쓰고 싶어요． アンギョヌル ッスゴ シポヨ

❏ **かぶる[かけた]～** 쓰는・쓸 困 ッスヌン・ッスル

あそこのめがねをかけた人が先生ですか． 저기 안경을 쓴 사람이 선생님인가요？ ジョギ アンギョヌルッスン サラミ ソンセンニミンガヨ

❏ **かぶった～** 썼던・쓴 ッソットン・ッスン

彼がかぶった帽子は野球帽でした． 그가 쓴 모자는 야구모자였어요． グガ ッスン モジャヌン ヤグモジャヨッソヨ

❏ **かぶってください** 써 주세요・쓰세요 ッソ ジュセヨ・ッスセヨ

帽子をかぶってください． 모자를 써 주세요． モジャルル ッソ ジュセヨ

❏ **かぶって** 쓰고 ッスゴ

帽子をかぶって出かけます． 모자를 쓰고 외출해요． モジャルル ッスゴ ウェチュルヘヨ

으(ウ) 不規則活用

걸다 /ゴルダ/ かける・つるす・ぶら下げる

①かける・つるす・ぶら下げる．②（声や電話を）かける．②（エンジンなどを）かける．③（会議や裁判などに）かける．③（望みや期待を）かける．③（一生・首・名誉を）かける．④賭ける．

	辞書形	丁寧体	会話体	連体形
現在形	かける 걸다 ゴルダ	かけます 겁니다 ゴムニダ	かけます 걸어요 ゴロヨ	かける〜 거는 ゴヌン
過去形	かけた 걸었다 ゴロッタ	かけました 걸었습니다 ッゴロッスムニダ	かけました 걸었어요 ゴロッソヨ	かけた〜 걸었던 /건 ゴロットン/ゴン
未来形	かける 걸겠다 ゴルゲッタ	かけます 걸겠습니다 ゴルゲッスムニダ	かけます 걸겠어요 ゴルゲッソヨ	かける〜 걸 ゴル

ㅁ **かけます　걸어요** ゴロヨ
会社に電話をかけます． 회사에 전화를 걸어요．
フェサエ ジョンファルル ゴロヨ

ㅁ **かけますか　걸어요? ・ 거나요?** ゴロヨ・ゴナヨ
ㅁ **かけます　걸겠어요** 困 ゴルゲッソヨ
ㅁ **かけるつもりです　걸 거예요** ゴルコイェヨ
ㅁ **かけようと思います　걸 생각이에요** ゴル センガギエヨ
壁に絵をかけようと思います． 벽에 그림을 걸 생각이에요．
ビョゲ グリムル ゴル センガギエヨ

ㅁ **かけません　걸지 않아요・안 걸어요** ゴルジ アナヨ・アン ゴロヨ
ㅁ **かけませんか　걸지 않을래요? ・ 안 걸래요?** ゴルジ アヌルレヨ・アン ゴルルレヨ
ここにコートをかけませんか． 여기에 코트를 걸지 않을래요?
ヨギエ コトゥルル ゴルジ アヌルレヨ

ㅁ **かけています　걸고 있어요** ゴルゴ イッソヨ
彼女は真珠のネックレスをかけています． 그녀는 진주목걸이를 걸고 있어요．
グニョヌン ジンジュモクコリルル ゴルゴ イッソヨ

ㅁ **かけました　걸었어요** ゴロッソヨ
壁に絵をかけました． 벽에 그림을 걸었어요．
ビョゲ グリムルゴロッソヨ

ㅁ **かけていません　걸고 있지 않아요・안 걸고 있어요** ゴルゴ イッチ アナヨ・アン ゴルゴ イッソヨ
何も期待をかけていません． 아무런 기대를 안 걸고 있어요．
アムロン ギデルル アン ゴルゴ イッソヨ

ㄹ（リウル）不規則活用

❏ かけませんでした　걸지 않았어요・안 걸었어요　ゴルジ アナッソヨ・アン ゴロッソヨ

❏ かければ　걸면　ゴルミョン

| いつでも電話をかければ出ます。 | 언제든지 전화를 걸면 받아요.
オンジェドゥンジ ジョンファルル ゴルミョン パダヨ |

❏ かけなければ　걸지 않으면・안 걸면　ゴルジ アヌミョン・アン ゴルミョン

| 窓にカーテンをかけなければなりません。 | 창문에 커튼을 걸지 않으면 안 돼요.
チャンムネ コトゥヌル ゴルジ アヌミョン アン ドェヨ |

❏ かけなくても　걸지 않아도・안 걸어도　ゴルジ アナド・アン ゴロド

| 今エンジンをかけなくてもいいです。 | 지금 시동을 안 걸어도 돼요.
ジグムシドンウル アン ゴロド ドェヨ |

❏ かけること / かけたこと　거는 것・걸 것 [閑]・걸었던 적・건 적　ゴヌン ゴッ・ゴルコッ / ゴロットン ジョク・ゴン ジョク

| 初対面の人に声をかけることは苦手です。 | 처음 보는 사람에게 말을 거는 것은 어려워요.
チョウム ボヌン サラメゲ マルルゴヌン ゴスン オリョウォヨ |

❏ かけながら　걸면서　ゴルミョンソ

| 電話をかけながら運転をするのは危険です。 | 전화를 걸면서 운전하는 것은 위험해요.
ジョンファルル ゴルミョンソ ウンジョンハヌン ゴスン ウィホメヨ |

❏ かけましょうか　걸까요?　ゴルッカヨ

| コートをハンガーにかけましょうか。 | 코트를 옷걸이에 걸까요?
コトゥルルオッコリエ ゴルッカヨ |

❏ かけたいです / かけたくないです　걸고 싶어요 / 걸고 싶지 않아요　ゴルゴ シポヨ / ゴルゴ シッチ アナヨ

| 電話をかけたいのですが。 | 전화를 걸고 싶은데요.
ジョンファルル ゴルゴ シプンデヨ |

❏ かけてみます　걸어 볼래요　ゴロ ボルレヨ

| 彼に声をかけてみます。 | 그에게 말을 걸어 볼래요.
グエゲ マルル ゴロ ボルレヨ |

❏ かけるそうです　건대요　ゴンデヨ

| 6番の馬にかけるそうです。 | 육번 말에 건대요.
ユクポン マレ ゴンデヨ |

❏ かける～　거는・걸 [閑]　ゴヌン・ゴル

| コートをかけるところはどこですか。 | 코트를 거는 곳은 어디인가요?
コトゥルルゴヌン ゴスン オディインガヨ |

❏ かけない～　걸지 않는・안 거는　ゴルジ アンヌン・アン ゴヌン

| 今は声をかけない方がいいです。 | 지금은 말을 걸지 않는게 좋아요.
ジグムン マルルゴルジ アヌンゲ ジョアヨ |

❏ かけた〜　걸었던・건　ゴロットン・ゴン

| 壁にかけた額が落ちてきました. | 벽에 걸었던 액자가 떨어졌어요.
ピョゲ ゴロットン エクチャガ ットロジョッソヨ |

❏ かけなかった〜　걸지 않았던・안 걸었던・안 건　ゴルジ アナットン・アン ゴロットン・アン ゴン

❏ かけてください　걸어 주세요・거세요　ゴロ ジュセヨ・ゴセヨ

| ここにひもをかけてください. | 여기에 끈을 걸어 주세요.
ヨギエ ックヌル ゴロ ジュセヨ |

❏ かけてはいけません　걸면 안 돼요　ゴルミョン アン ドェヨ

| ゴルフでお金をかけてはいけません. | 골프에 돈을 걸면 안 돼요.
ゴルプエ ドヌル ゴルミョン アン ドェヨ |

❏ かけないでください　걸지 마세요　ゴルジ マセヨ

| 仕事中に声をかけないでください. | 일할 때 말을 걸지 마세요.
イハルッテ マルル ゴルジ マセヨ |

❏ かけても　걸어도　ゴロド

| 電話をかけても出ません. | 전화를 걸어도 안 받아요.
ジョンファルル ゴロド アン バダヨ |

❏ かけるけれど / かけたけれど　걸지만 / 걸었지만　ゴルジマン / ゴロッチマン

| 彼に電話をかけたけれど留守でした. | 그에게 전화를 걸었지만 부재중이었어요.
グエゲ ジョンファルル ゴロッチマン ブジェジュンイオッソヨ |

❏ かけさせます　걸게 해요　ゴルゲ ヘヨ

| 電話をかけさせます. | 전화를 걸게해요.
ジョンファルル ゴルゲ ヘヨ |

❏ かけて　걸고　ゴルゴ

| 彼は一生をかけて遺伝子の研究をしました. | 그는 평생을 걸고 유전자 연구를 했어요.
グヌン ピョンセンウル ゴルゴ ユジョンジャ ヨングルル ヘッソヨ |

❏ かけやすい / かけにくい　걸기 쉬워요 / 걸기 어려워요　ゴルギ シュイウォヨ / ゴルギ オリョウォヨ

| 彼女に声をかけにくいです. | 그녀에게 말을 걸기 어려워요.
グニョエゲ マルル ゴルギ オリョウォヨ |

❏ かけるから　거니까・걸 테니까　困　ゴニッカ・ゴル テニッカ

❏ かけるので, かけたので　걸어서　ゴロソ

❏ かけられます　걸 수 있어요　ゴル ス イッソヨ

| 国際電話もかけられます. | 국제전화도 걸 수 있어요.
グクチェジョンファド ゴル ス イッソヨ |

❏ かけられません　걸 수 없어요　ゴル ス オプソヨ

2 (リウル) 不規則活用

놀다 /ノルダ/ 遊ぶ・休む

	辞書形	丁寧体	会話体	連体形
現在形	遊ぶ 놀다 ノルダ	遊びます 놉니다 ノムニダ	遊びます 놀아요 ノラヨ	遊ぶ〜 노는 ノヌン
過去形	遊んだ 놀았다 ノラッタ	遊びました 놀았습니다 ノラッスムニダ	遊びました 놀았어요 ノラッソヨ	遊んだ〜 놀았던/논 ノラットン/ノン
未来形	遊ぶ 놀겠다 ノルゲッタ	遊びます 놀겠습니다 ノルゲッスムニダ	遊びます 놀겠어요 ノルゲッソヨ	遊ぶ〜 놀 ノル

ㄹ（リウル）不規則活用

❏ 遊びます　놀아요　ノラヨ
友だちと遊びます.　친구와 놀아요. チングワ ノラヨ

❏ 遊びますか　놀아요?・노나요?　ノラヨ・ノナヨ

❏ 遊ぶつもりです　놀 거예요　ノル コイェヨ
楽しく遊ぶつもりです.　재미있게 놀 거예요. ジェミイッケ ノル コイェヨ

❏ 遊ぼうと思います　놀 생각이에요　ノル センガギエヨ

❏ 遊び[休み]ません　놀지 않아요・안 놀아요　ノルジ アナヨ・アン ノラヨ
あの店は日曜日も休みません.　저 가게는 일요일도 안 놀아요. ジョ ガゲヌン イリョイルド アン ノラヨ

❏ 遊びませんか　놀지 않을래요?・안 놀래요?　ノルジ アヌルレヨ・アン ノルレヨ
私たちと一緒に遊びませんか.　우리랑 같이 안 놀래요? ウリラン ガチ アン ノルレヨ

❏ 遊んでいます　놀고 있어요　ノルゴ イッソヨ
娘は居間で遊んでいます.　딸은 거실에서 놀고 있어요. ッタルン ゴシレソ ノルゴ イッソヨ

❏ 遊びました　놀았어요　ノラッソヨ
昨日友人と遊びました.　어제 친구와 놀았어요. オジェ チングワ ノラッソヨ

❏ 遊んでいません　놀고 있지 않아요・안 놀고 있어요　ノルゴ イッチ アナヨ・アン ノルゴ イッソヨ

❏ 遊びませんでした　놀지 않았어요・안 놀았어요　ノルジ アナッソヨ・アン ノラッソヨ
先週は遊びませんでした.　지난주는 안 놀았어요. ジナンジュヌン アン ノラッソヨ

❏ 遊べば　놀면 ノルミョン
　友だちと遊べばいいのに.　친구들하고 놀면 좋을 텐데. チングドゥルハゴ ノルミョン ジョウル テンデ

❏ 遊ばなければ　놀지 않으면・안 놀면 ノルジ アヌミョン・アン ノルミョン
❏ 遊ばなくても　놀지 않아도・안 놀아도 ノルジ アナド・アン ノラド
❏ 遊ぶこと / 遊んだこと　노는 것・놀 것[困] / 놀았던 적・논 적 ノヌン ゴッ・ノルコッ / ノラットン ジョク・ノン ジョク
　子どもは遊ぶことが学ぶことです.　아이들은 노는 것이 배우는 것이에요. アイドゥルン ノヌン ゴシ ベウヌン ゴシエヨ

❏ 遊びながら　놀면서 ノルミョンソ
　遊びながら学ぶこともたくさんあります.　놀면서 배우는 것도 많이 있어요. ノルミョンソ ベウヌン ゴット マニ イッソヨ

❏ 遊びましょうか　놀까요?・놀래요? ノルッカヨ・ノルレヨ
　何をして遊びましょうか.　무엇을 하고 놀까요? ムオスル ハゴ ノルッカヨ

❏ 遊びたいです / 遊びたくないです　놀고 싶어요 / 놀고 싶지 않아요 ノルゴ シポヨ / ノルゴ シッチ アナヨ
　友だちと遊びたいです.　친구들과 놀고 싶어요. チングドゥルグヮ ノルゴ シポヨ

❏ 遊んでみます　놀아 볼래요 ノラ ボルレヨ
　私もあの子と遊んでみます.　나도 저 애랑 놀아 볼래요. ナド ジョ エラン ノラ ボルレヨ

❏ 遊ぶそうです　논대요 ノンデヨ
　公園で遊ぶそうです.　공원에서 논대요. ゴンウォネソ ノンデヨ

❏ 遊ぶ〜　노는・놀[困] ノヌン・ノル
　(学校の)休み時間　노는 시간 ノヌン シガン

❏ 遊ばない〜　놀지 않는・안 노는 ノルジ アンヌン・アン ノヌン
　友だちと遊ばない子ども　친구들과 놀지 않는 아이 チングドゥルグヮ ノルジ アンヌン アイ

❏ 遊んだ〜　논・놀았던 ノン・ノラットン
　子どもの頃遊んだ公園です.　어린 시절 놀았던 공원이에요. オリン シジョル ノラットン ゴンウォニエヨ

❏ 遊ばなかった〜　놀지 않았던・안 놀았던・안 논 ノルジ アナットン・アン ノラットン・アン ノン

❏ 遊んではいけません　놀면 안 돼요 ノルミョン アン ドェヨ
　駐車場で遊んではいけません.　주차장에서 놀면 안 돼요. ジュチャジャンエソ ノルミョン アン ドェヨ

ㄹ(リウル) 不規則活用

- 遊ばないでください　**놀지 마세요**　ノルジ マセヨ

  ここで遊ばないでください．
  여기서 놀지 마세요．
  ヨギソ ノルジ マセヨ

- 遊んでも　**놀아도**　ノラド

  部屋で遊んでもいいですか．
  방에서 놀아도 돼요？
  バンエソ ノラド ドェヨ

- 遊ぶけれども／遊んだけれど　**놀지만 / 놀았지만**　ノルジマン／ノラッチマン

  遊ぶけれども勉強もちゃんとします．
  놀지만 공부도 제대로 해요．
  ノルジマン ゴンブド ジェデロ ヘヨ

- 遊ばせます　**놀게 해요**　ノルゲ ヘヨ

  公園で子どもを遊ばせました．
  공원에서 아이를 놀게 했어요．
  ゴンウォネソ アイルル ノルゲ ヘッソヨ

- 遊んで　**놀고**　ノルゴ

  1時間公園で遊んで帰りました．
  한 시간 공원에서 놀고 왔어요．
  ハン シガン ゴンウォネソ ノルゴ ガッソヨ

- 遊びやすい／遊びにくい　**놀기 좋아요 / 놀기 불편해요**　ノルギ ジョアヨ／ノルギ プルピョンヘヨ

  子どもが遊びやすい公園があります．
  아이들이 놀기 좋은 공원이 있어요．
  アイドゥリ ノルギ ジョウン ゴンウォニ イッソヨ

- 遊ぶから　**노니까・놀 테니까**　ノニッカ・ノル テニッカ

  1人で遊ぶから楽しくないです．
  혼자서 노니까 재미 없어요．
  ホンジャソ ノニッカ ジェミ オプソヨ

- 遊ぶので，遊んだので　**놀아서**　ノラソ

- 遊べます　**놀 수 있어요**　ノル ス イッソヨ

  明日は遊べます．
  내일은 놀 수 있어요．
  ネイルン ノル ス イッソヨ

- 遊べません　**놀 수 없어요**　ノル ス オプソヨ

  忙しくて遊べません．
  바빠서 놀 수 없어요．
  バッパソ ノル ス オプソヨ

- 遊びに行きます［来ます］　**놀러 가요 [와요]**　ノル ロ ガヨ［ワヨ］

  韓国に遊びに行きます．
  한국에 놀러 가요．
  ハングゲ ノルロ ガヨ

들다 /ドゥルダ/ 持つ

①持つ・手に取る・持ち上げる・もたげる．②挙げる．③食べる；いただく．

	辞書形	丁寧体	会話体	連体形
現在形	持つ 들다 ドゥルダ	持ちます 듭니다 ドゥムニダ	持ちます 들어요 ドゥロヨ	持つ〜 드는 ドゥヌン
過去形	持った 들었다 ドゥロッタ	持ちました 들었습니다 ドゥロッスムニダ	持ちました 들었어요 ドゥロッソヨ	持った〜 들었던/든 ドゥロットン/ドゥン
未来形	持つ 들겠다 ドゥルゲッタ	持ちます 들겠습니다 ドゥルゲッスムニタ	持ちます 들겠어요 ドゥルゲッソヨ	持つ〜 들 ドゥル

❏ 持ちます　들어요　ドゥロヨ
❏ 持ちますか　들어요？・드나요？　ドゥロヨ・ドゥナヨ
❏ 持ちます　들겠어요 困　ドゥルゲッソヨ
❏ 持つつもりです　들 거예요　ドゥル コイエヨ
❏ 持とうと思います　들 생각이에요　ドゥル センガギエヨ

あの荷物は私が持とうと思います．　　저 짐은 제가 들 생각이에요．
　　　　　　　　　　　　　　　　　　ジョ ジムン ジェガ ドゥル センガギエヨ

❏ 持ちません　들지 않아요・안 들어요　ドゥルジ アナヨ・アン ドゥロヨ

母は荷物を持ちません．　　엄마는 짐을 안 들어요．
　　　　　　　　　　　　　オムマヌン ジムル アン ドゥロヨ

❏ 持ちませんか　들지 않을래요？・안 들래요？　ドゥルジ アヌルレヨ・アン ドゥルレヨ
❏ 持っています　들고 있어요　ドゥルゴ イッソヨ

黒いカバンを持っています．　　검은색 가방을 들고 있어요．
　　　　　　　　　　　　　　　ゴムンセク ガバヌル ドゥルゴ イッソヨ

❏ 持ちました　들었어요　ドゥロッソヨ

重い荷物は僕が持ちました．　　무거운 짐은 내가 들었어요．
　　　　　　　　　　　　　　　ムゴウン ジムン ネガ ドゥロッソヨ

❏ 持っていません　들지 않았어요・안 들었어요　ドゥルジ アナッソヨ・アン ドゥロッソヨ
❏ 持てば，〜持つ[挙げる]と　들면　ドゥルミョン

例を挙げると　　　　예를 들면
　　　　　　　　　　イェルルドゥルミョン

❏ 持たなければ　들지 않으면・안 들면　ドゥルジ アヌミョン・アン ドゥルミョン

- 持たなくても　들지 않아도・안 들어도　ドゥルジ アナド・アン ドゥロド
  - 手は挙げなくてもいいです。
  - 손은 안 들어도 돼요.
  - ソヌン アン ドゥロド デェヨ

- 持つこと／持ったこと　드는 것・들 것困／들었던 적・든 적　ドゥヌン ゴッ・ドゥルコッ／ドゥロットン ジョク・ドゥン ジョク

- 持ちながら　들면서　ドゥルミョンソ

- 持ちましょうか　들까요　ドゥルッカヨ
  - そのカバンは私が持ちましょうか。
  - 그 가방은 제가 들까요？
  - グ ガバヌン ジェガ ドゥルッカヨ

- 持ちたいです／持ちくないです　들고 싶어요／들고 싶지 않아요　ドゥルゴ シポヨ／ドゥルゴ シッチ アナヨ

- 持ってみます　들어 볼래요　ドゥロ ボルレヨ
  - どれだけ重いのか一回持ってみます。
  - 얼마나 무거운지 한 번 들어 볼래요.
  - オルマナ ムゴウンジ ハン ボン ドゥロ ボルレヨ

- 持つそうです　든대요　ドゥンデヨ
  - カメラは彼が持つそうです。
  - 카메라는 그가 든대요.
  - カメラヌン グガ ドゥンデヨ

- 持つ〜　드는・들困　ドゥヌン・ドゥル

- 持たない〜　들지 않는・안 드는　ドゥルジ アンヌン・アン ドゥヌン

- 持った［挙げた］〜　들었던・든　ドゥロットン・ドゥン
  - 質問に手を挙げた学生
  - 질문에 손을 들었던 학생
  - ジルムネ ソヌル ドゥロットン ハクセン

- 持たなかった〜　들지 않았던・안 들었던・안 든　ドゥルジ アナットン・アン ドゥロットン・アン ドゥン

- 持ってください　들어 주세요・드세요　ドゥロ ジュセヨ・ドゥセヨ
  - この荷物を持ってください。
  - 이 짐을 들어 주세요.
  - イ ジムル ドゥロ ジュセヨ

- 持ってはいけません　들면 안 돼요　ドゥルミョン アン デェヨ
  - 重いものを持ってはいけません。
  - 무거운걸 들면 안 돼요.
  - ムゴウンゴル ドゥルミョン アン デェヨ

- 持たないでください　들지 마세요　ドゥルジ マセヨ
  - 荷物を逆さに持たないでください。
  - 짐을 거꾸로 들지 마세요.
  - ジムル ゴックロ ドゥルジ マセヨ

- 持っても　들어도　ドゥロド

- 持つけれど／持ったけれど　들지만・들었지만　ドゥルジマン・ドゥロッチマン

ㄹ（リウル）不規則活用

❏ 持たせます　들게 해요　ドゥルゲヘヨ

彼に荷物を持たせます。
그에게 짐을 들게 해요.
グエゲ ジムルドゥルゲヘヨ

❏ 持って　들고　ドゥルゴ

カメラを持っています。
카메라를 들고 있어요.
カメラルル ドゥルゴ イッソヨ

❏ 持ちそうです　들 것 같아요　ドゥル コッ ガタヨ

❏ 持ちやすい / 持ちにくい　들기 편해요 / 들기 불편해요　ドゥルギ ピョンヘヨ / ドゥルギ プルピョンヘヨ

取っ手があって持ちやすいです。
손잡이가 있어서 들기 편해요.
ソンジャビガ イッソソ ドゥルギ ピョンヘヨ

❏ 持つから　드니까・들 테니까　困　ドゥニッカ・ドゥル テニッカ

❏ 持つので　들어서　ドゥロソ

❏ 持てます　들 수 있어요　ドゥル ス イッソヨ

これくらいは持てます。
이 정도는 들 수 있어요.
イ ジョンドヌン ドゥル ス イッソヨ

❏ 持てません　들 수 없어요　ドゥル ス オプソヨ

あまりにも重くて持てません。
너무 무거워서 들 수 없어요.
ノム ムゴウォソ ドゥル ス オプソヨ

❏ 持ったり　들었다가　ドゥロッタガ

持ったり放したり
들었다가 놓았다가
ドゥロッタガ ノアッタガ

ㄹ（リウル）不規則活用

들다 /ドゥルダ/ 入る・加わる

自 ①入る・加わる．②日が差す・日が当たる．③染まる．④病気になる・かかる・(ある症状や状態が)出る・できる ⑤(癖などが)つく．⑥[마음에 들다の形で]気に入る．⑦[풍면(흉년)이 들다の形で]作柄を表す．⑧要る・(費用などが)かかる・必要だ．⑨(意識などが)戻る．⑩(味が)つく・(味が)出る．⑪(気持ち・感情が)する．
他 ①道に入る．②(男性が)結婚する．

ㄹ(リウル)不規則活用

❏ **入ります** 들어요 ドゥロヨ
気に入ります． | 마음에 들어요． マウメ ドゥロヨ

❏ **入りますか** 들어요? · 드나요? ドゥロヨ・ドゥナヨ

❏ **入るつもりです** 들 거예요 ドゥル コイェヨ
野球部に入るつもりです． | 야구부에 들 거예요． ヤグブエ ドゥル コイェヨ

❏ **入ろうと思います** 들 생각이에요 ドゥル センガギエヨ
生命保険に入ろうと思います． | 생명보험에 들 생각이에요． センミョンボホメ ドゥル センガギエヨ

❏ **入りません** 들지 않아요 · 안 들어요 ドゥルジ アナヨ・アン ドゥロヨ

❏ **入りませんか** 들지 않을래요? · 안 들래요? ドゥルジ アヌルレヨ・アン ドゥルレヨ
保険に入りませんか． | 보험에 들지 않을래요? ボホメ ドゥルジ アヌルレヨ

❏ **入っています** 들어 있어요 ドゥロ イッソヨ
封筒にお札が入っています． | 봉투에 지폐가 들어 있어요． ボントゥエ ジペガ ドゥロ イッソヨ

❏ **入りました** 들었어요 ドゥロッソヨ
家に泥棒が入りました． | 집에 도둑이 들었어요． ジベ ドドゥギ ドゥロッソヨ

❏ **入っていません** 들어있지 않아요 / 안 들어 있어요 ドゥロイッチ アナヨ/アン ドゥロ イッソヨ
この車は保険に入っていません． | 이 차는 보험에 들어있지 않아요． イ チャヌン ボホメ ドゥロイッチ アナヨ

❏ **入りませんでした** 들지 않았어요 / 안 들었어요 ドゥルジ アナッソヨ/アン ドゥロッソヨ

❏ **入れば** 들면 ドゥルミョン
あなたもこの会に入ればいいのに． | 당신도 이 모임에 들면 좋을텐데． ダンシンド イ モイメ ドゥルミョン ジョウルテンデ

❏ **入らなければ** 들지 않으면 · 안 들면 ドゥルジ アヌミョン・アン ドゥルミョン
保険に入らなければなりません． | 보험에 들지 않으면 안 돼요． ボホメ ドゥルジ アヌミョン アン ドェヨ

- ❏ 入らなくても　들지 않아도・안 들어도　ドゥルジ アナド・アン ドゥロド
- ❏ 入ること　드는 것・들 것困/ 들었던 적 / 든 것　ドゥヌン ゴッ・ドゥル コッ / ドゥロットン ジョク/ ドゥン ジョク
- ❏ 入りながら　들면서　ドゥルミョンソ
- ❏ 入りましょうか　들까요？/ 들래요？　ドゥルッカヨ・ドゥルレヨ
- ❏ 入りたいです / 入りたくないです　들고 싶어요 / 들고 싶지 않아요　ドゥルゴ シポヨ / ドゥルゴ シプチ アナヨ

ファンクラブに入りたいです。	팬클럽에 들고 싶어요. ペンクルロベ ドゥルゴ シポヨ

- ❏ 入ってみます　들어 볼래요　ドゥロ ボルレヨ
- ❏ 入るそうです　든대요　ドゥンデヨ

彼も野球部に入るそうです。	그도 야구부에 든대요. グド ヤグブエ ドゥンデヨ

- ❏ 入る～　드는・들困　ドゥヌン・ドゥル
- ❏ 入らない～　들지 않는 / 안 드는　ドゥルジ アンヌン / アン ドゥヌン
- ❏ 入った～　들었던・든　ドゥロットン・ドゥン
- ❏ 入らなかった～　들지 않았던・안 들었던・안 든　ドゥルジ アナットン・アン ドゥロットン・アン ドゥン
- ❏ 入ってください　드세요　ドゥセヨ
- ❏ 入ってはいけません　들면 안 돼요　ドゥルミョン アン ドェヨ
- ❏ 入らないでください　들지 마세요　ドゥルジ マセヨ
- ❏ 入っても　들어도　ドゥロド
- ❏ 入るけれど　들지만　ドゥルジ マン
- ❏ 入らせます　들게 해요　ドゥルゲ ヘヨ

彼を保険に入らせます。	그를 보험에 들게 해요. グルル ボホメ ドゥルゲ ヘヨ

- ❏ 入って　들고　ドゥルゴ
- ❏ 入りそうです　들 것 같아요　ドゥル コッ ガタヨ

風邪を引きそうです。	감기가 들 것 같아요. ガムギガ ドゥル コッ ガタヨ

- ❏ 入りやすい　들기 쉬워요　ドゥルギ シュィウォヨ
- ❏ 入れます　들 수 있어요　ドゥル ス イッソヨ
- ❏ 入れません　들 수 없어요　ドゥル ス オプソヨ

불다 /ブルダ/ 吹く

自 ① (風が) 吹く.
他 ① (口から強く) 息を出す. ② (吹奏楽器を) 鳴らす. ③白状する・吐く・ばらす.

	辞書形	丁寧体	会話体	連体形
現在形	吹く 불다 ブルダ	吹きます 붑니다 ブムニダ	吹きます 불어요 ブロヨ	吹く〜 부는 ブヌン
過去形	吹いた 불었다 ブロッタ	吹きました 불었습니다 ブロッスムニダ	吹きました 불었어요 ブロッソヨ	吹いた〜 불었던/ㄴ ブロットン/ブン
未来形	吹く 불겠다 ブルゲッタ	吹きます 불겠습니다 ブルゲッスムニダ	吹きます 불겠어요 ブルゲッソヨ	吹く〜 불 ブル

❏ **吹きます 불어요** ブロヨ
冷たい風が吹きます.   찬바람이 불어요.
　　　　　　　　　　　　チャン パラミ ブロヨ

❏ **吹きますか 불어요?/ 부나요?** ブロヨ/ブナヨ

❏ **吹きます 불겠어요** 困 ブルゲッソヨ

❏ **吹くつもりです 불 거예요** ブル コイエヨ

❏ **吹こうと思います 불 생각이에요** ブル センガギエヨ

❏ **吹きません 불지 않아요・안 불어요** ブルジ アナヨ・アン ブロヨ

❏ **吹きませんか 불지 않을래요?・안 불래요?** ブルジ アヌルレヨ・アン ブルレヨ
一緒にフルートを吹きませんか.   함께 플루트를 불지 않을래요?
　　　　　　　　　　　　　　　　ハムッケ プルルトゥルル ブルジ アヌルレヨ

❏ **吹いてます 불고 있어요** ブルゴ イッソヨ
そよ風が吹いています.   산들바람이 불고 있어요.
　　　　　　　　　　　　サンドゥルバラミ ブルゴ イッソヨ

❏ **吹きました 불었어요** ブロッソヨ
昨日は強い風が吹きました.   어제는 강한 바람이 불었어요.
　　　　　　　　　　　　　　オジェヌン ガンハン バラミ ブロッソヨ

❏ **吹いていません 불고 있지 않아요・안 불고 있어요** ブルゴ イッチ アナヨ・アン ブルゴ イッソヨ
風は吹いていません.   바람은 안 불고 있어요
　　　　　　　　　　　パラムン アン ブルゴ イッソヨ

❏ **吹きませんでした 불지 않았어요・안 불었어요** ブルジ アナッソヨ・アン ブロッソヨ

❑ 吹けば　불면　ブルミョン

涼しい風が吹けばいいのに.　　시원한 바람이 불면 좋을 텐데.
　　　　　　　　　　　　　　シウォンハン バラミ ブルミョン ジョウル テンデ

❑ 吹かなければ　불지 않으면・안 불면　ブルジ アヌミョン・アン ブルミョン

風が吹かなければヨットは動きません.　바람이 안 불면 요트는 안 움직여요.
　　　　　　　　　　　　　　　　　バラミ アン ブルミョン ヨトゥヌン アン ウムジギョヨ

❑ 吹かなくても　불지 않아도・안 불어도　ブルジ アナド・アン ブロド

❑ 吹くこと / 吹いたこと　부는 것・불 것困・불었던 적・분 적　ブヌン ゴッ・ブル コッ/
　　ブロットン ジョク・ブン ジョク

ホルンを吹いたことはありません.　호른을 분 적은 없어요.
　　　　　　　　　　　　　　　ホルヌル ブン ジョグン オプソヨ

❑ 吹きながら　불면서　ブルミョンソ

口笛を吹きながら帰りました.　휘파람을 불면서 돌아갔어요.
　　　　　　　　　　　　　フィパラムル ブルミョンソ ドラガッソヨ

❑ 吹きましょうか　불까요 ?　ブルッカヨ

❑ 吹きたいです / 吹きたくないです　불고 싶어요 / 불고 싶지 않아요　ブルゴ シポヨ
　　/ ブルゴ シッチ アナヨ

ハーモニカを吹きたいです.　하모니카를 불고 싶어요.
　　　　　　　　　　　　ハモニカルル ブルゴ シポヨ

❑ 吹いてみます　불어 볼래요　ブロ ボルレヨ

トランペットを吹いてみます.　트럼펫을 불어 볼래요.
　　　　　　　　　　　　　トゥロムペスル ブロ ボルレヨ

❑ 吹くそうです　분대요　ブンデヨ

明日は強い風が吹くそうです.　내일은 강한 바람이 분대요.
　　　　　　　　　　　　　ネイルン ガンハン バラミ ブンデヨ

❑ 吹く〜　부는・불困　ブヌン・ブル

強い風の吹く日は家にいます.　강한 바람이 부는 날은 집에 있어요.
　　　　　　　　　　　　　ガンハン バラミ ブヌン ナルン ジペ イッソヨ

❑ 吹かない〜　불지 않는・안 부는　ブルジ アンヌン・アン ブヌン

ここは風の吹かない日はありません.　여기는 바람이 안 부는 날이 없어요.
　　　　　　　　　　　　　　　　ヨギヌン バラミ アン ブヌン ナリ オプソヨ

❑ 吹いた〜　불었던・분　ブロットン・ブン

サクソフォンを吹いた人が好きです.　색소폰을 불었던 사람이 좋아요.
　　　　　　　　　　　　　　　　セクソポヌル ブロットン サラミ ジョアヨ

❑ 吹かなかった〜　불지 않았던・안 불었던・안 분　ブルジ アナットン・アン ブロットン・アン ブン

❑ 吹いてください　불어 주세요・부세요　ブロ ジュセヨ・ブセヨ

❑ 吹いてはいけません　불면 안 돼요　ブルミョン アン ドェヨ

2 (リウル) 不規則活用

- 吹かないでください　**불지 마세요**　ブルジ マセヨ
- 吹いても　**불어도**　ブロド
- 吹くけれど / 吹いたけれど　**불지만・불었지만**　ブルジマヌ・ブロッチマヌ

風は吹くけれど天気はいいです.	바람은 불지만 날씨는 좋아요. バラムン ブルジマヌ ナルッシヌン ジョアヨ

- 吹かせます　**불게 해요**　ブルゲ ヘヨ
- 吹いて　**불고**　ブルゴ

風も吹いて雨も降っています.	바람도 불고 비도 와요. バラムド ブルゴ ビド ワヨ

- 吹きそうです　**불 것 같아요**　ブル コッ ガタヨ
- 吹きやすい / 吹きにくい　**불기 쉬워요 / 불기 어려워요**　ブルギ シュィウォヨ / ブルギ オリョウォヨ
- 吹くから　**부니까・불 테니까** 困　ブニッカ・ブル テニッカ

風が吹くから釣りはやめましょう.	바람이 부니까 낚시는 하지말죠. バラミ ブニッカ ナクシヌン ハジマル ジョ

- 吹くので, 吹いたので　**불어서**　ブロソ
- 吹けます　**불 수 있어요**　ブル ス イッソヨ

ハーモニカが吹けます.	하모니카를 불 수 있어요. ハモニカルル ブル ス イッソヨ

- 吹けません　**불 수 없어요**　ブル ス オプソヨ

サクソフォンは吹けません.	색소폰은 불 수 없어요. セクソポヌン ブル ス オプソヨ

- 吹いたり　**불었다**　ブロッタ

吹いたりやんだり	불었다가 멈췄다가 ブロッタガ モムチュオッタガ

ㄹ(リウル)不規則活用

살다 /サルダ/ 暮らす・生活する・住む

①暮らす・生活する・住む。②生きる・生存する。
＊居住地を述べるニュアンスがあります。

	辞書形	丁寧体	会話体	連体形
現在形	暮らす 살다 サルダ	暮らします 삽니다 サムニダ	暮らします 살아요 サラヨ	暮らす〜 사는 サヌン
過去形	暮らした 살았다 サラッタ	暮らしました 살았습니다 サラッスムニダ	暮らしました 살았어요 サラッソヨ	暮らした〜 살았던/산 サラットン/サン
未来形	暮らす 살겠다 サルゲッタ	暮らします 살겠습니다 サルゲッスムニダ	暮らします 살겠어요 サルゲッソヨ	暮らす〜 살 サル

❏ 暮らします，暮らしています　살아요　サラヨ
　ソウルで暮らしています。　　서울에 살아요．
　　　　　　　　　　　　　　　ソウレ サラヨ

❏ 暮らしますか　살아요？・사나요？　サラヨ・サナヨ

❏ 暮らすつもりです　살 거예요　サル コイェヨ

❏ 暮らそうと思います　살 생각이에요　サル センガギエヨ
　1人で暮らそうと思います。　혼자 살 생각이에요．
　　　　　　　　　　　　　　ホンジャ サル センガギエヨ

❏ 暮らしません，住んでいません　살지 않아요・안 살아요　サルジ アナヨ・アン サラヨ
　この家にはだれも住んでいません。　이 집에는 아무도 안 살아요．
　　　　　　　　　　　　　　　　　　イ ジベヌン アムド アン サラヨ

❏ 暮らしませんか　살지 않을래요？・안 살래요？　サルジ アヌルレヨ・アン サルレヨ
　一緒に暮らしませんか。　함께 살지 않을래요？
　　　　　　　　　　　　　ハムッケ サルジ アヌルレヨ

❏ 暮らしています　살고 있어요　サルゴ イッソヨ
　田舎で暮らしています。　시골에서 살고 있어요．
　　　　　　　　　　　　　シゴレソ サルゴ イッソヨ

＊継続性のニュアンスを持ちます。

❏ 暮らしました　살았어요　サラッソヨ

❏ 暮らしていません　살고 있지 않아요・안 살아요　サルゴ イッチ アナヨ・アン サラヨ
　妹はここで暮らしていません。　여동생은 여기서 안 살아요．
　　　　　　　　　　　　　　　　ヨドンセンウン ヨギソ アン サラヨ

2 (リウル) 不規則活用

- ❏ 暮らしませんでした　살지 않았어요・안 살았어요　サルジ アナッソヨ・アン サラッソヨ
- ❏ 暮らせば，住めば　살면　サルミョン

一緒に住めばいいのに．	같이 살면 좋을 텐데．
	ガチ サルミョン ジョウル テンデ

- ❏ 暮らさなければ　살지 않으면・안 살면　サルジ アヌミョン・アン サルミョン
- ❏ 暮らさなくても　살지 않아도・안 살아도　サルジ アナド・アン サラド
- ❏ 暮らすこと／暮らしたこと　사는 것・살 것困／살았던 적・산 적　サヌン ゴッ・サルコッ／サラットン ジョク・サン ジョク

韓国で暮らしたことがあります．	한국에서 산 적이 있어요．
	ハングゲソ サン ジョギ イッソヨ

- ❏ 暮らしながら　살면서　サルミョンソ

日々暮らしながら感じること	매일 살면서 느끼는 것
	メイル サルミョンソ ヌッキヌン ゴッ

- ❏ 暮らしましょうか　살까요？　サルッカヨ
- ❏ 暮らしたいです／暮したくないです　살고 싶어요／살고 싶지 않아요　サルゴ シポヨ／サルゴ シプチ アナヨ

アメリカで暮らしたいです．	미국에서 살고 싶어요．
	ミグゲソ サルゴ シポヨ

- ❏ 暮らしてみます　살아 볼래요　サラ ボルレヨ
- ❏ 暮らす[暮らしている]そうです　산대요　サンデヨ

あの家で7人も暮らしているそうです．	저 집에서 일곱명이나 산대요．
	ジョ ジベソ イルゴプミョンイナ サンデヨ

- ❏ 暮らす〜　사는・살困　サヌン・サル

ここで暮らす人々	여기서 사는 사람들
	ヨギソ サヌン サラムドゥル

- ❏ 暮らさない[住まない]〜　살지 않는・안 사는　サルジ アンヌン・アン サヌン

人が住まない家	사람이 안 사는 집
	サラミ アン サヌン ジァ

- ❏ 暮らした〜　살았던・산　サラットン・サン

韓国で暮らした日々を思い出します．	한국에서 살았던 날들을 떠올려요．
	ハングゲソ サラットン ナルドゥルル ットオルリョヨ

- ❏ 暮らさなかった〜　살지 않았던・안 살았던・안 산　サルジ アナットン・アン サラットン・アン サン
- ❏ 暮らしてください　살아 주세요・사세요　サラ ジュセヨ・サセヨ

幸せに暮らしてください．	행복하게 사세요．
	ヘンボカゲ サセヨ

- ❏ 暮らしてはいけません　살면 안 돼요　サルミョン アン ドェヨ

ㄹ（リウル）不規則活用

怠惰に暮らしてはいけません. 　게으르게 살면 안 돼요 ゲウルゲ サルミョン アン ドェヨ

❏ 暮らさないでください　　살지 마세요　サルジ マセヨ

❏ 暮らしても　　살아도　サラド
2人で暮らしても楽しくありません. 　둘이 살아도 즐겁지 않아요. ドゥリ サラド ジュルゴプチ アナヨ

❏ 暮らす[住んでいる]けれど / 暮したけれど　　살지만 / 살았지만　サルジマン / サラッチマン
アメリカに住んでいるけれど英語はできません. 　미국에 살지만 영어는 못해요. ミグゲ サルジマン ヨンオヌン モッテヨ

❏ 暮らさせ[住ませ]ます　　살게 해요　サルゲ ヘヨ
私たちと一緒に住ませます. 　우리랑 같이 살게 해요. ウリラン ガチ サルゲ ヘヨ

❏ 暮らして　　살고　サルゴ
5人が暮らしています. 　다섯 명이 살고 있어요. ダソッ ミョンイ サルゴ イッソヨ

❏ 暮らしそうです　　살 것 같아요　サル コッ ガタヨ

❏ 暮らしやすい / 暮らしにくい　　살기 편해요 / 살기 불편해요　サルギ ピョンヘヨ / サルギ プルピョンヘヨ
物価が低くて暮らしやすい所です. 　물가가 싸서 살기 편한 곳이에요. ムルカガ ッサソ サルギ ピョンハン ゴシエヨ

❏ 暮らすから, 住む[住んでいる]ので　　사니까・살 테니까　困　サニッカ・サル テニッカ
近くに住んでいるからしょっちゅう会います. 　가까이 사니까 자주 만나요. ガッカイ サニッカ ジャジュ マンナヨ

❏ 暮らすので, 暮したので　　살아서　サラソ

❏ 暮らせます　　살 수 있어요　サル ス イッソヨ
1人で暮らせます. 　혼자 살 수 있어요. ホンジャ サル ス イッソヨ

❏ 暮らせません　　살 수 없어요　サル ス オプソヨ
1人では暮らせません. 　혼자서는 살 수 없어요. ホンジャソヌン サル ス オプソヨ

ㄹ(リウル)不規則活用

145

알다 /アルダ/ わかる・知る・知っている

①わかる・知る・知っている・理解する．②解釈する．③顔見知りである．
＊「調べる」のニュアンスで使うこともあります．

	辞書形	丁寧体	会話体	連体形
現在形	わかる 알다 アルダ	わかります 압니다 アムニダ	わかります 알아요 アラヨ	わかる～ 아는 アヌン
過去形	わかった 알았다 アラッタ	わかりました 알았습니다 アラッスムニダ	わかりました 알았어요 アラッソヨ	わかった～ 알았던 /안 アラットン/アン
未来形	わかる 알겠다 アルゲッタ	わかります 알겠습니다 アルゲッスムニダ	わかります 알겠어요 アルゲッソヨ	わかる～ 알 アル

ㄹ〈リウル〉不規則活用

❏ **わかります，わかって[知って]います　알아요** アラヨ
　秘密を知っています．　　비밀을 알아요．
　　　　　　　　　　　　　ビミルル アラヨ

❏ **わかりますか，わかって[知って]いますか　알아요？・아나요？** アラヨ・アナヨ

❏ **わかります　알겠어요** アルゲッソヨ
　＊「はい，わかりました」と言うときに使う表現です．

❏ **調べるつもりです　알아볼 거예요** アラボル コイェヨ
　それを調べるつもりです．　　그것을 알아볼 거예요．
　　　　　　　　　　　　　　　グゴスル アラブル コイェヨ

❏ **調べようと思います　알아볼 생각이에요** アラボル センガギエヨ
　明日調べようと思います．　　내일은 알아볼 생각이에요．
　　　　　　　　　　　　　　　ネイルン アラボル センガギエヨ

❏ **わかりません　알지 못해요・몰라요** アルジ モッテヨ・モルラヨ
　その事はわかりません．　　그 일은 몰라요．
　　　　　　　　　　　　　　グ イルン モルラヨ

　＊活用形は알지 못해요ですが，日常的には몰라요がよく使われます．

❏ **わかりました　알았어요** アラッソヨ
　おっしゃることはわかりました．　　말씀하시는 것은 알았어요．
　　　　　　　　　　　　　　　　　　マルスムハシヌン ゴスン アラッソヨ

❏ **わかり[知り]ませんでした　알고 있지 않았어요・몰랐어요** アルゴ イッチ アナッソヨ・ムルラッソヨ
　そんなに難しいとは知りませんでした．　　그렇게 어려운지 몰랐어요．
　　　　　　　　　　　　　　　　　　　　　グロケ オリョウンジ モルラッソヨ

＊活用形は알고 있지 않았어요ですが，日常的には몰랐어요がよく使われます．

□ わかれば　알면　アルミョン

言わなくてもわかればいいのに．

말하지 않아도 알면 좋을 텐데．
マルハジ アナド アルミョン ジョウル テンデ

□ わからなければ　알지 못하면・모르면　アルジ モッタミョン・モルミョン

よくわからなければ電話してください．

잘 모르면 전화 하세요．
ジャル モルミョン ジョンファハセヨ

＊活用形は알지 못하면ですが，日常的には모르면がよく使われます．

□ わからなくても　알지 못해도・몰라도　アルジ モッテド・モルラド

意味は分からなくても歌はいいです．

뜻은 몰라도 노래는 좋아요．
ットゥスン モルラド ノレヌン ジョアヨ

＊活用形は알지 못해도ですが，日常的には몰라도がよく使われます．

□ わかる[知っている]こと　아는 것・알 것困/ 알았던 적・안 적　アヌン ゴッ・アル コッ / アラットン ジョッ・アン ジョッ

試験のときは知っていることも間違ったりします．

시험때는 아는 것도 틀리기도 해요．
シホムッテヌン アヌン ゴット トゥルリギド ヘヨ

□ わかって[知って]いながら　알면서　アルミョンソ

知っていながら言いませんでした．

알면서 말하지 않았어요．
アルミョンソ マルハジ アナッソヨ

□ 調べましょうか　알아 볼까요？　アラ ボルッカヨ

座席があるか調べましょうか．

좌석이 있는지 알아 볼까요？
ジゥソギ インヌンジ アラ ボルッカヨ

□ 知りたいです/知りたくないです　알고 싶어요・알고 싶지 않아요　アルゴ シポヨ・アルゴ シッチ アナヨ

あなたのことをもっと知りたいです．

당신에 대해서 더 알고 싶어요．
ダンシネ デヘソ ド アルゴ シポヨ

□ 調べてみます　알아 볼래요　アラ ボルレヨ

座席があるか調べてみます．

좌석이 있는지 알아 볼래요．
ジゥソギ インヌンジ アラ ボルレヨ

□ わかる[知っている]そうです　안대요　アンデヨ

その人を知っているそうです．

그 사람을 안대요．
グ サラムル アンデヨ

□ わかる[知っている]〜　알・아는　アル・アヌン

わかる[知っている]人

아는 사람
アヌン サラム

□ わからない[知らない]〜　알지 못하는・모르는　アルジ モッタヌン・モルヌン

知らない人

모르는 사람
モルヌン サラム

２ (リウル) 不規則活用

*変化形は알지 못하는ですが，日常的には모르는をよく使います．

- **わかった [知っていた]～　알던・알았던** アルドン・アラットン

知っていた人	알던 사람 アルドン サラム

- **わからなかった～　알지 못했던・몰랐던・모른** アルジ モッテットン・モルラットン・モルン

わからなかったこと	몰랐던 일 モルラットン イル

*変化形は알지 못했던ですが，日常的には몰랐던・모른をよく使います．

- **わかってください　알아 주세요** アラ ジュセヨ

私の気持ちをわかってください．	제 마음을 알아 주세요． ジェ マウムル アラ ジュセヨ

- **わかっても　알아도** アラド

わかっても無駄です．	알아도 소용없어요． アラド ソヨンオプソヨ

- **わかる [知っている] けれど　알지만** アルジマン

知っているけれども言えません．	알지만 말할 수 없어요． アルジマン マルハルス オプソヨ

- **わかって　알고** アルゴ

どういう意味かわかって話していますか．	무슨 뜻인지 알고 말하는 건가요？ ムスン ットゥシンジ アルゴ マルハヌン ゴンガヨ

- **わかりそうです　알 것 같아요** アルコッ ガタヨ

違いがわかりそうです．	차이를 알 것 같아요． チャイルル アル コッ ガタヨ

- **わかりやすい / わかりにくい　알기 쉬워요 / 알기 어려워요** アルギ シュィウォヨ / アルギ オリョウォヨ

わかりやすい説明です．	알기 쉬운 설명이에요． アルギ シュィウン ソルミョンイエヨ

- **わかるから　아니까・알 테니까** 困 アニッカ・アル テニッカ

わかるから話さなくてもいいです．	아니까 말하지 않아도 돼요． アニッカ マルハジ アナド ドェヨ

- **わかるので，わかったので　알아서** アラソ
- **理解できます　알 수 있어요** アル ス イッソヨ

十分に理解できます．	충분히 알 수 있어요． チュンブニ アル ス イッソヨ

- **理解できません　알 수 없어요** アル ス オプソヨ

その行動をとる理由を理解できません．	그런 행동을 하는 이유를 알 수 없어요． グロン ヘットンウル ハヌン イユルル アル ス オプソヨ

ㄹ〈リウル〉不規則活用

열다 /ヨルダ/ 開ける・開く

① (ドアや窓などを) 開ける，開く．② (店などを) 開く・開業する．
＊本・傘を「開く」は 펴다 を，目を「開く」は 뜨다 を使います．

	辞書形	丁寧体	会話体	連体形
現在形	開ける 열다 ヨルダ	開けます 엽니다 ヨムニダ	開けます 열어요 ヨロヨ	開ける〜 여는 ヨヌン
過去形	開けた 열었다 ヨロッタ	開けました 열었습니다 ヨロッスムニダ	開けました 열었어요 ヨロッソヨ	開けた〜 열었던/연 ヨロットン/ヨン
未来形	開ける 열겠다 ヨルゲッタ	開けます 열겠습니다 ヨルゲッスムニダ	開けます 열겠어요 ヨルゲッソヨ	開ける〜 열 ヨル

❏ **開けます 열어요** ヨロヨ
毎日10時に店を開けます．
매일 열 시에 가게를 열어요．
メイル ヨル シエ ガゲルル ヨロヨ

❏ **開けますか 열어요? ・ 여나요?** ヨロヨ・ヨナヨ

❏ **開けるつもりです 열 거예요** ヨル コイェヨ

❏ **開こうと思います 열 생각이에요** ヨル センガギエヨ
バザーを開こうと思います．
바자회를 열 생각이에요．
パジャフェルル ヨル センガギエヨ

❏ **開きません 열지 않아요・안 열어요** ヨルジ アナヨ・アン ヨロヨ
日曜日は図書館が開きません．
일요일은 도서관을 안 열어요．
イリョイルン ドソグヮヌル アン ヨロヨ

❏ **開けませんか 열지 않을래요?・안 열래요?** ヨルジ アヌルレヨ・アン ヨルレヨ
窓を開けませんか．
창문을 열지 않을래요?
チャンムヌル ヨルジ アヌルレヨ

❏ **開けて [開いて] います 열고 있어요** ヨルゴ イッソヨ
毎週土曜日にイベントを開いています．
매주 토요일에 이벤트를 열고 있어요．
メジュ トヨイレ イベントゥルル ヨルゴ イッソヨ

❏ **開きました 열었어요** ヨロッソヨ
彼はパン屋を開きました．
그는 빵집을 열었어요．
グヌン ッパンチブル ヨロッソヨ

❏ **開けていません 열고 있지 않아요・안 열고 있어요** ヨルゴ イッチ アナヨ・アン ヨルゴ イッソヨ

まだ店を開けていません。 　　　　　　　아직 가게를 안 열고 있어요.
　　　　　　　　　　　　　　　　　　　　アジゥ ガゲルル アン ヨルゴ イッソヨ

❏ 開けませんでした　　열지 않았어요・안 열었어요　ヨルジ アナッソヨ
昨日は店を開けませんでした。 　　　　　어제는 가게를 안 열었어요.
　　　　　　　　　　　　　　　　　　　　オジェヌン ガゲルル アン ヨロッソヨ

❏ 開ければ，開けると　　열면　ヨルミョン
窓を開けると蚊が入ってきます。 　　　　창문을 열면 모기가 들어와요.
　　　　　　　　　　　　　　　　　　　　チャンムヌル ヨルミョン モギガ ドゥロワヨ

❏ 開かなければ　　열지 않으면・안 열면　ヨルジ アヌミョン・アン ヨルミョン
先に心を開かなければなりません。 　　　먼저 마음을 열지 않으면 안 돼요.
　　　　　　　　　　　　　　　　　　　　モンジョ マウムル ヨルジ アヌミョン アン ドェヨ

❏ 開けなくても　　열지 않아도・안 열어도　ヨルジ アナド・アン ヨロド
そのドアは開けなくてもいいです。 　　　그 문은 안 열어도 돼요.
　　　　　　　　　　　　　　　　　　　　グ ムヌン アン ヨロド ドェヨ

❏ 開ける[開く]こと/開けたこと　　여는 것・열 것囲/ 열었던 적・연 적　ヨヌン
ゴッ・ヨル コッ・ヨロットン ジョゥ・ヨン ジョゥ
展示会を開くことを検討しています。 　　전시회를 여는 것을 검토하고 있어요.
　　　　　　　　　　　　　　　　　　　　ジョンシフェルル ヨヌン ゴスル ゴムトハゴ イッソヨ

❏ 開けましょうか　　열까요？・열래요？　ヨルッカヨ・ヨルレヨ
裏口を開けましょうか。 　　　　　　　　뒷문을 열까요？
　　　　　　　　　　　　　　　　　　　　ディッムヌル ヨルッカヨ

❏ 開けたいです/開けたくないです　　열고 싶어요 / 열고 싶지 않아요　ヨルゴ シポ
ヨ/ヨルゴ シプチ アナヨ
この箱は開けたくないです。 　　　　　　이 상자는 열고 싶지 않아요.
　　　　　　　　　　　　　　　　　　　　イ サンジャヌン ヨルゴ シプチ アナヨ

❏ 開けてみます　　열어 볼래요　ヨロ ボルレヨ
プレゼントを開けてみます。 　　　　　　선물을 열어 볼래요.
　　　　　　　　　　　　　　　　　　　　ソンムルル ヨロ ボルレヨ

❏ 開けるそうです　　연대요　ヨンデヨ
あの図書館は日曜日も開けるそうです。 　저 도서관은 일요일도 연대요.
　　　　　　　　　　　　　　　　　　　　ジョ ドソグヮヌン イリョイルド ヨンデヨ

❏ 開ける〜　　여는・열囲　ヨヌン・ヨル
❏ 開けない〜　　열지 않는・안 여는　ヨルジ アンヌン・アン ヨヌン
❏ 開けた〜　　열었던・연　ヨロットン・ヨン
開けたドアは閉めてください。 　　　　　열었던 문은 닫아 주세요.
　　　　　　　　　　　　　　　　　　　　ヨロットン ムヌン ダダ ジュセヨ

❏ 開けなかった〜　　열지 않았던・안 열었던・안 연　ヨルジ アナットン・アン ヨロットン・アン ヨン

ㄹ（リウル）不規則活用

- ❏ 開けてください　열어 주세요・여세요　ヨロ ジュセヨ・ヨセヨ

早く開けてください.	빨리 열어 주세요. ッパルリ ヨロ ジュセヨ

- ❏ 開けてはいけません　열면 안 돼요　ヨルミョン アン ドェヨ

ふたを開けてはいけません.	뚜껑을 열면 안 돼요. ットゥコンウル ヨルミョン アン ドェヨ

- ❏ 開けないでください　열지 마세요　ヨルジ マセヨ

この箱は開けないでください.	이 상자는 열지 마세요. イ サンジャヌン ヨルジ マセヨ

- ❏ 開けても　열어도　ヨロド

窓を開けても風が入ってきません.	창문을 열어도 바람이 안 들어와요. チャンムヌル ヨロド パラミ アン ドゥロワヨ

- ❏ 開けるけれど/開けたけれど　열지만/열었지만　ヨルジマン/ヨロッチマン

説明会を開くけれど参加者が少なさそうです.	설명회를 열지만 참가자가 적은 것 같아요. ソルミョンフェルル ヨルジマン チャムガジャガ ジョグン ゴッ ガタヨ

- ❏ 開けさせます　열게 해요　ヨルゲ ヘヨ

- ❏ 開けて　열고　ヨルゴ

窓を開けて換気します.	창문을 열고 환기를 시켜요. チャンムヌル ヨルゴ ファンギルル シキョヨ

- ❏ 開けそうです　열 것 같아요　ヨル コッ ガタヨ

- ❏ 開けやすい/開けにくい　열기 쉬워요/열기 어려워요　ヨルギ シュィウォヨ/ヨルギ オリョウォヨ

この瓶は開けやすいです.	이 병은 열기 쉬워요. イ ビョンウン ヨルギ シュィウォヨ

- ❏ 開けるから　여니까・열 테니까　ヨニッカ・ヨル テニッカ

窓を開けるから虫が入ってきます.	창문을 여니까 벌레가 들어와요. チャンムヌル ヨニッカ ポルレガ ドゥロワヨ

- ❏ 開けるので, 開けたので　열어서　ヨロソ

- ❏ 開けられます　열 수 있어요　ヨル ス イッソヨ

- ❏ 開けられません　열 수 없어요　ヨル ス オプソヨ

- ❏ 開けたり　열었다가　ヨロッタガ

開けたり閉めたり	열었다가 닫았다가 ヨロッタガ ダダッタガ

- ❏ 開けに行きます [来ます]　열러 가요 [와요]　ヨルロ ガヨ [ワヨ]

息子がドアを開けに行きます.	아들이 문을 열러 가요. アドゥリ ムヌル ヨルロ ガヨ

울다 /ウルダ/ 泣く・鳴く

	辞書形	丁寧体	会話体	連体形
現在形	泣く 울다 ウルダ	泣きます 웁니다 ウムニダ	泣きます 울어요 ウロヨ	泣く〜 우는 ウヌン
過去形	泣いた 울었다 ウロッタ	泣きました 울었습니다 ウロッスムニダ	泣きました 울었어요 ウロッソヨ	泣いた〜 울었던/운 ウロットン/ウン
未来形	泣く 울겠다 ウルゲッタ	泣きます 울겠습니다 ウルゲッスムニダ	泣きます 울겠어요 ウルゲッソヨ	泣く〜 울 ウル

❏ 泣きます　울어요　ウロヨ
大声で泣きます. 　　　큰 소리로 울어요.
　　　　　　　　　　　クン ソリロ ウロヨ

❏ 泣きますか　울어요？・우나요？　ウロヨ・ウナヨ

❏ 泣きません　울지 않아요・안 울어요　ウルジ アナヨ・アン ウロヨ
もう泣きません.　　　이제 안 울어요.
　　　　　　　　　　　イジェ アン ウロヨ

❏ 泣いています　울고 있어요　ウルゴ イッソヨ
毎日のように泣いています.　매일같이 울고 있어요.
　　　　　　　　　　　　　　メイルガチ ウルゴ イッソヨ

❏ 泣きました　울었어요　ウロッソヨ
感動して泣きました.　감동해서 울었어요.
　　　　　　　　　　　ガムドンヘソ ウロッソヨ

❏ 泣いていません　울고 있지 않아요・안 울고 있어요　ウルゴ イッチ アナヨ・アン ウルゴ イッソヨ

❏ 泣きませんでした　울지 않았어요・안 울었어요　ウルジ アナッソヨ・アン ウロッソヨ
卒業式で泣きませんでした.　졸업식에서 안 울었어요.
　　　　　　　　　　　　　　ジョロプシゲソ アン ウロッソヨ

❏ 泣けば　울면　ヨルミョン
泣きたいときは泣けばいいです.　울고 싶을 때는 울면 돼요.
　　　　　　　　　　　　　　　　ウルゴ シプルッテヌン ウルミョン デェヨ

❏ 泣かなければ　울지 않으면・안 울면　ウルジ アヌミョン・アン ウルミョン

❏ 泣かなくても　울지 않아도・안 울어도　ウルジ アナド・アン ウロド
こんなことで泣かなくてもいいでしょう.　이런 일로 안 울어도 되잖아요.
　　　　　　　　　　　　　　　　　　　　イロン イルロ アン ウロド デジャナヨ

ㄹ（リウル）不規則活用

❏ 泣くこと / 泣いたこと　우는 것・울 것困/ 울었던 적・운 적　ウヌン ゴッ・ウル コッ/
　　　　　　　　　　　　ウロットン ジョк・ウン ジョк

| 映画を見て泣いたことがありますか. | 영화를 보고 운 적이 있나요？
ヨンファルル ボゴ ウン ジョギ イッナヨ |

❏ 泣きながら　울면서　ウルミョンソ

| 妹は泣きながら家に帰ってきました. | 여동생은 울면서 집에 돌아왔어요．
ヨドンセンウン ウルミョンソ ジベ ドラワッソヨ |

❏ 泣きたいです / 泣きたくないです　울고 싶어요・울고 싶지 않아요　ウルゴ シポヨ・
　　　　　　　　　　　　　　　　ウルゴ シッチ アナヨ

❏ 泣くそうです　운대요　ウンデヨ

| 彼女はすぐ泣くそうです. | 그녀는 금방 운대요．
グニョヌン グムパン ウンデヨ |

❏ 泣く〜　우는・울困　ウヌン・ウル

| 彼女が泣く理由がわかりません. | 그녀가 우는 이유를 모르겠어요．
グニョガ ウヌン イユルル モルゲッソヨ |

❏ 泣かない〜　울지 않는・안 우는　ウルジ アンヌン・アン ウヌン

| 泣かない子ども | 울지 않는 아이
ウルジ アンヌン アイ |

❏ 泣いた〜　울었던・운　ウロットン・ウン

| ビデオを見ながら泣いた映画 | 비디오를 보면서 울었던 영화
ビディオルル ボミョンソ ウロットン ヨンファ |

❏ 泣かなかった〜　울지 않았던・안 울었던・안 운　ウルジ アナットン・アン ウロットン・アン ウン

| その話を聞いて泣かなかった人はいません. | 그 이야기를 듣고 안 운 사람이 없어요．
グ イヤギルル ドゥッコ アン ウン サラミ オプソヨ |

❏ 泣いてはいけません　울면 안 돼요　ウルミョン アン ドェヨ

| 絶対泣いてはいけません. | 절대 울면 안 돼요．
ジョルテ ウルミョン アン ドェヨ |

❏ 泣かないでください　울지 마세요　ウルジ マセヨ

| お願いだから泣かないでください. | 부탁이니까 울지 마세요．
ブタギニッカ ウルジ マセヨ |

❏ 泣いても　울어도　ウロド

| 泣いても無駄です. | 울어도 소용없어요．
ウロド ソヨンオプソヨ |

❏ 泣くけれど / 泣いたけれど　울지만 / 울었지만　ウルジマン / ウロッチマン

❏ 泣いて　울고　ウルゴ

❏ 泣きそうです　울 것 같아요　ウル コッ ガタヨ

| 赤ちゃんが泣きそうです. | 아기가 울 것 같아요．
アイガ ウル コッ ガタヨ |

154

- 泣くから　우니까・울 테니까 困　ウニッカ・ウル テニッカ

| そんなに泣くから目が腫れてしまうんですよ. | 그렇게 우니까 눈이 붓는 거예요.
グロケ ウニッカ ヌニ ブッヌン ゴイェヨ |

- 泣くので, 泣いたので　울어서　ウロソ

| 赤ちゃんが泣いたので目が覚めました. | 아기가 울어서 깼어요.
アイガ ウロソ ッケッソヨ |

- 泣けます　울 수 있어요　ウル ス イッソヨ
- 泣けません　울 수 없어요　ウル ス オプソヨ

| こんなことで泣けません. | 이런 일로 울 수 없어요.
イロン イルロ ウル ス オプソヨ |

- 泣いたり　울다가　ウルダガ

| 泣いたり笑ったり | 울다가 웃다가
ウルダガ ウッタガ |

ㄹ（リウル）不規則活用

팔다 /パルダ/ 売る・販売する

①売る・販売する・売却する. ②（体・労働力・名前・良心などを）売る. ③目をそらす.

	辞書形	丁寧体	会話体	連体形
現在形	売る 팔다 パルダ	売ります 팝니다 パムニダ	売ります 팔아요 パラヨ	売る〜 파는 パヌン
過去形	売った 팔았다 パラッタ	売りました 팔았습니다 パラッスムニダ	売りました 팔았어요 パラッソヨ	売った〜 팔았던 / 판 パラットン / パン
未来形	売る 팔겠다 パルゲッタ	売ります 팔겠습니다 パルゲッスムニダ	売ります 팔겠어요 パルゲッソヨ	売る〜 팔 パル

☐ 売ります　팔아요　パラヨ

| 安く売ります. | 싸게 팔아요.
ッサゲ パラヨ |

☐ 売りますか　팔아요 ?・파나요 ?　パラヨ・パナヨ

☐ 売ります　팔겠어요 圉　パルゲッソヨ

| あなたになら安く売ります. | 당신이라면 싸게 팔겠어요.
ダンシニラミョン ッサゲ パルゲッソヨ |

☐ 売るつもりです　팔 거예요　パル コイェヨ

☐ 売ろうと思います　팔 생각이에요　パル センガギエヨ

| できるだけ高く売ろうと思います. | 가능한 비싸게 팔 생각이에요.
ガヌンハン ピッサゲ パル センガギエヨ |

☐ 売りません　팔지 않아요・안 팔아요　パルジ アナヨ・アン パラヨ

| この家は売りません. | 이 집은 안 팔아요.
イ ジブン アン パラヨ |

☐ 売りませんか　팔지 않을래요 ?・안 팔래요 ?　パルジ アヌルレヨ・アン パルレヨ

| この土地を売りませんか. | 이 땅을 팔지 않을래요 ?
イ ッタンウル パルジ アヌルレヨ |

☐ 売っています　팔고 있어요　パルゴ イッソヨ

| あのコンビニで酒を売っています. | 저 편의점에서 술을 팔고 있어요.
ジョ ピョヌィジョメソ スルル パルゴ イッソヨ |

☐ 売りました　팔았어요　パラッソヨ

| あの土地はすでに売りました. | 저 토지는 [땅은] 벌써 팔았어요.
ジョ トジヌン [ッタンウン] ボルッソ パラッソヨ |

❑ 売っていません　팔고 있지 않아요・안 팔고 있어요　パルゴ イッチ アナヨ・アン パルゴ イッソヨ

❑ 売りませんでした　팔지 않았어요・안 팔았어요　パルジ アナッソヨ・アン パラッソヨ

❑ 売れば　팔면　パルミョン
| この絵を売れば新車が買えます。 | 이 그림을 팔면 새 차를 살 수 있어요. イ グリムル パルミョン セ チャルル サル ス イッソヨ |

❑ 売らなければ　팔지 않으면・안 팔면　パルジ アヌミョン・アン パルミョン
| 1日に100個は売らなければなりません。 | 하루에 백 개는 팔지 않으면 안 돼요. ハルエ ペッ ケヌン パルジ アヌミョン アン ドェヨ |

❑ 売らなくても　팔지 않아도・안 팔아도　パルジ アナド・アン パラド
| 今売らなくてもいいです。 | 지금 안 팔아도 돼요. ジグム アン パラド ドェヨ |

❑ 売ること／売ったこと　파는 것・팔 것囲／팔았던 적・판 적　パヌン ゴッ・パル コッ／パラットン ジョゥ・パン ジョゥ
| 未成年者に酒を売ることは違法です。 | 미성년자에게 술을 파는 것은 위법이에요. ミソンニョンジャエゲ スルル パヌン ゴスン ウィボビエヨ |

❑ 売りましょうか　팔까요？　パルッカヨ
| この絵を売りましょうか。 | 이 그림을 팔까요？ イ グリムル パルッカヨ |

❑ 売りたいです／売りたくないです　팔고 싶어요／팔고 싶지 않아요　パルゴ シポヨ／パルゴ シプチ アナヨ
| このネックレスを売りたいです。 | 이 목걸이를 팔고 싶어요. イ モッコリルル パルゴ シポヨ |

❑ 売ってみます　팔아 볼래요　パラ ボルレヨ
| 安く売ってみます。 | 싸게 팔아볼래요. ッサゲ パラボルレヨ |

❑ 売るそうです　판대요　パンデヨ
| この本を5万円で売るそうです。 | 이 책을 오 만엔에 판대요. イ チェグル オマネネ パンデヨ |

❑ 売る〜　파는・팔囲　パヌン・パル
| 何も売るものがありません。 | 아무것도 팔 것이 없어요. アムゴット パル ッコシ オプソヨ |

❑ 売らない〜　팔지 않는・안 파는　パルジ アンヌン・アン パヌン
| これは売らないものです。 | 이건 안 파는 물건이에요. イゴン アン パヌン ムルゴニエヨ |

❑ 売った〜　팔았던・판　パラットン・パン
| 売った株を買い戻しました。 | 팔았던 주식을 다시 샀어요. パラットン ジュシグル ダシ サッソヨ |

2 (リウル) 不規則活用

❏ 売らなかった〜　팔지 않았던・안 팔았던・안 판　パルジアナットン・アン パラットン・アン パン

そのとき売らなかったことを後悔しています。　그때 안 판 것을 후회하고 있어요．
グッテ アン パン ゴスル フフェハゴ イッソヨ

❏ 売ってください　팔아 주세요・파세요　パラ ジュセヨ・パセヨ

バラで売ってください。　낱개로 파세요．
ナッケロ パセヨ

❏ 売ってはいけません　팔면 안 돼요　パルミョン アン ドェヨ

不良品を売ってはいけません。　불량품을 팔면 안 돼요．
プルリャンプムル パルミョン アン ドェヨ

❏ 売らないでください　팔지 마세요　パルジ マセヨ

この絵は売らないでください。　이 그림은 팔지 마세요．
イ グリムン パルジ マセヨ

❏ 売っても　팔아도　パラド

その価格なら売ってもいいです。　그 가격이라면 팔아도 좋아요．
グ ガギョギラミョン パラド ジョアヨ

❏ 売るけれど／売ったけれど　팔지만／팔았지만　パルジマン／パラッチマン

安く売るけれど物はいいです。　싸게 팔지만 물건은 좋아요．
ッサゲ パルジマン ムルゴヌン ジョアヨ

❏ 売って　팔고　パルゴ

土地も売って家も売りました。　땅도 팔고 집도 팔았어요．
ッタンド パルゴ ジプト パラッソヨ

❏ 売りそうです　팔 것 같아요　パルコッ ガタヨ

彼は自宅を高く売りそうです。　그는 집을 비싸게 팔 것 같아요．
グヌン ジブル ピッサゲ パルコッ ガタヨ

❏ 売りやすい／売りにくい　팔기 쉬워요／팔기 어려워요　パルギ シュィウォヨ／パルギ オリョウォヨ

駅から遠いマンションは売りにくいです。　역에서 먼 맨션은 팔기 어려워요．
ヨゲソ モン メンショヌン パルギ オリョウォヨ

❏ 売るから　파니까・팔 테니까 困　パニッカ・パル テニッカ
❏ 売るので，売ったので　팔아서　パラソ
❏ 売れます　팔 수 있어요　パル ス イッソヨ

高値で売れます。　높은 가격에 팔 수 있어요．
ノップン ガギョゲ パル ス イッソヨ

❏ 売れません　팔 수 없어요　パル ス オプソヨ

こんなに高くては売れませんよ。　이렇게 비싸면 팔 수 없어요．
イロケ ピッサミョン パル ス オプソヨ

ㄹ（リウル）不規則活用

걸어가다 /ゴロガダ/ 歩いて行く・歩む

	辞書形	丁寧体	会話体	連体形
現在形	歩いて行く 걸어가다 ゴロガダ	歩いて行きます 걸어갑니다 ゴロガムニダ	歩いて行きます 걸어가요 ゴロガヨ	歩いて行く〜 걸어가는 ゴロガヌン
過去形	歩いて行った 걸어갔다 ゴロガッタ	歩いて行きました 걸어갔습니다 ゴロガッスムニダ	歩いて行きました 걸어갔어요 ゴロガッソヨ	歩いて行った〜 걸어갔던 / 걸어간 ゴロガットン / ゴロガン
未来形	歩いて行く 걸어가겠다 ゴロガゲッタ	歩いて行きます 걸어가겠습니다 ゴロガゲッスムニダ	歩いて行きます 걸어가겠어요 ゴロガゲッソヨ	歩いて行く〜 걸어갈 ゴロガル

規則活用（가다で終わる動詞）

❏ 歩いて行きます 걸어가요 ゴロガヨ
学校まで歩いて行きます.　　　학교까지 걸어가요.
　　　　　　　　　　　　　　ハッキョッカジ ゴロガヨ

❏ 歩いて行きますか 걸어가요？・걸어가나요？ ゴロガヨ・ゴロガナヨ
❏ 歩いて行きます 걸어가겠어요 困 ゴロガゲッソヨ
❏ 歩いて行こうと思います 걸어갈 생각이에요 ゴロガル センガギエヨ
健康のため歩いて行こうと思います.　건강을 위해 걸어갈 생각이에요.
　　　　　　　　　　　　　　　　　ゴンガヌル ウィヘ ゴロガル センガギエヨ

❏ 歩いて行きません 걸어가지 않아요・안 걸어가요 ゴロガジ アナヨ・アン ゴロガヨ
❏ 歩いて行きませんか 걸어가지 않을래요？・안 걸어갈래요？ ゴロガジ アヌルレヨ・アン ゴロガルレヨ
手をつないで歩いて行きませんか.　손을 잡고 걸어가지 않을래요？
　　　　　　　　　　　　　　　　ソヌル ジャプコ ゴロガジ アヌルレヨ

❏ 歩いて行っています 걸어가고 있어요 ゴロガゴ イッソヨ
とぼとぼ歩いて行っています.　　터벅터벅 걸어가고 있어요.
　　　　　　　　　　　　　　　トボクトボク ゴロガゴ イッソヨ

❏ 歩いて行きました 걸어갔어요 ゴロガッソヨ
バスを逃したので歩いて行きました.　버스를 놓쳐서 걸어갔어요.
　　　　　　　　　　　　　　　　　ボスルル ノチョソ ゴロガッソヨ

❏ 歩いて行きません 걸어가지 않아요・안 걸어가요 ゴロガジ アナヨ・アン ゴロガヨ
❏ 歩いて行きませんでした 걸어가지 않았어요・안 걸어갔어요 ゴロガジ アナッソヨ・アン ゴロガッソヨ
雨が降ったので歩いて行きませんでした.　비가와서 안 걸어갔어요.
　　　　　　　　　　　　　　　　　　　ピガワソ アン ゴロガッソヨ

❏ 歩いて行けば　걸어가면 ゴロガミョン

歩いていけば5分くらいかかります。　걸어가면 오 분정도 걸려요.
ゴロガミョン オ プンジョンド ゴルリョヨ

❏ 歩いて行かなければ　걸어가지 않으면・안 걸어가면 ゴロガジ アヌミョン・アン ゴロガミョン

車がないので歩いて行かなければなりません。　차가 없어서 걸어가지 않으면 안 돼요.
チャガ オプソソ ゴロガジ アヌミョン アン ドェヨ

❏ 歩いて行かなくても　걸어가지 않아도・안 걸어가도 ゴロガジ アナド・アン ゴロガド

❏ 歩いて行くこと／歩いて行ったこと　걸어가는 것・걸어갈 것囷／걸어갔던 적・걸어간 적 ゴロガヌン ゴッ・ゴロガル コッ／ゴロガットン ジョㇰ・ゴロガン ジョㇰ

一度だけ歩いて行ったことがあります。　딱 한 번 걸어간 적이 있어요.
ッタㇰ ハン ボン ゴロガン ジョギ イッソヨ

❏ 歩いて行きながら　걸어가면서 ゴロガミョンソ

歩いて行きながら話をしました。　걸어가면서 이야기를 했어요.
ゴロガミョンソ イヤギルル ヘッソヨ

❏ 歩いて行きましょうか　걸어갈까요？ ゴロガルッカヨ

一緒に歩いて行きましょうか。　같이 걸어갈까요？
ガチ ゴロガルッカヨ

❏ 歩いて行きたいです／歩いて行きたくないです　걸어가고 싶어요／걸어가고 싶지 않아요 ゴロガゴ シポヨ／ゴロガゴ シッチ アナヨ

1人で歩いて行きたいです。　혼자서 걸어가고 싶어요.
ホンジャソ ゴロガゴ シポヨ

❏ 歩いて行ってみます　걸어가 볼래요 ゴロガ ボルレヨ

どれくらいかかるのか歩いて行ってみます。　얼마나 걸리는지 걸어가 볼래요.
オルマナ ゴルリヌンジ ゴロガ ボルレヨ

❏ 歩いて行くそうです　걸어간대요 ゴロガンデヨ

こんなに寒いのに歩いて行くそうです。　이렇게 추운데 걸어간대요.
イロケ チュウンデ ゴロガンデヨ

❏ 歩いて行く〜　걸어가는・걸어갈囷 ゴロガヌン・ゴロガル

私が歩む道　내가 걸어가는 길
ネガ ゴロガヌン ギル

❏ 歩いて行かない〜　걸어가지 않는・안 걸어가는 ゴロガジ アンヌン・アン ゴロガヌン

❏ 歩いて行った〜　걸어갔던・걸어간 ゴロガットン・ゴロガン

だれかが歩いて行った足跡　누군가 걸어간 발자국
ヌグンガ ゴロガン パルチャグㇰ

❏ 歩いて行かなかった〜　걸어가지 않았던・안 걸어갔던・안 걸어간 ゴロガジ アナットン・アン ゴロガットン・アン ゴロガン

だれも歩まなかった道　아무도 걸어가지 않았던 길
アムド ゴロガジ アナットン ギル

規則活用（가다で終わる動詞）

❑ 歩いて行ってください　걸어가 주세요・걸어가세요　ゴロガ ジュセヨ・ゴロガセヨ

気をつけて歩いて行ってください.　조심해서 걸어 가세요.
ジョシメソ ゴロ ガセヨ

❑ 歩いて行ってはいけません　걸어가면 안 돼요　ゴロガミョン アン ドェヨ

そちらに歩いて行ってはいけません.　그 쪽으로 걸어가면 안 돼요.
グッチョグロ ゴロガミョン アン ドェヨ

❑ 歩いて行かないでください　걸어가지 마세요　ゴロガジ マセヨ

❑ 歩いて行っても　걸어가도　ゴロガド

歩いて行っても遅れません.　걸어가도 안 늦어요.
ゴロガド アン ヌジョヨ

❑ 歩いて行くけれど／歩いて行ったけれど　걸어가지만／걸어갔지만　ゴロガジマン／
ゴロガッチマン

❑ 歩いて行かせます　걸어가게 해요　ゴロガゲ ヘヨ

近いところは歩いて行かせます.　가까운 곳은 걸어가게 해요.
ガッカウン ゴスン ゴロガゲ ヘヨ

❑ 歩いて行って　걸어가고　ゴロガゴ

僕は歩いて行って彼はバスで行きました.　나는 걸어가고 그는 버스로 갔어요.
ナヌン ゴロガゴ グヌン ボスロ ガッソヨ

❑ 歩いて行きそうです　걸어갈 것 같아요　ゴロガル コッ ガタヨ

今日は1人で歩いて行きそうです.　오늘은 혼자 걸어갈 것 같아요.
オヌルン ホンジャ ゴロガル コッ ガタヨ

❑ 歩いて行きやすい／歩いて行きにくい　걸어가기 쉬워요／걸어가기 어려워요　ゴロガギ シュィウォヨ／ゴロガギ オリョウォヨ

❑ 歩いて行くから　걸어가니까・걸어갈 테니까 [末]　ゴロガニッカ・ゴロガル テニッカ

歩いて行くから時間がかかります.　걸어가니까 시간이 걸려요.
ゴロガニッカ シガニ ゴルリョヨ

❑ 歩いて行くので，歩いていったので　걸어가서　ゴロガソ

❑ 歩いて行けます　걸어갈 수 있어요　ゴロガルス イッソヨ　걸어갈 수 없어요　ゴロガルス オプソヨ

❑ 歩いて行けません

遠すぎて歩いて行けません.　너무 멀어서 걸어갈 수 없어요.
ノム モロソ ゴロガルス オプソヨ

❑ 歩いて行ったり　걸어가거나・걸어갔다가　ゴロガゴナ・ゴロガッタガ

規則活用（가다で終わる動詞）

나가다 /ナガダ/ 出る・出て行く

自他 ①出る・出て行く．②出かける．③売れる．④(進度などが)進む．⑤(体重・数値などが)ある程度に達する．⑥(気が)抜ける．⑦(電気などの供給が)止まる．⑧辞める．⑨すり切れる；だめになる．⑩〔…태도로 나가다の形で〕…態度に出る．
― 補 …続ける；…ていく．

	辞書形	丁寧体	会話体	連体形
現在形	出る 나가다 ナガダ	出ます 나갑니다 ナガムニダ	出ます 나가요 ナガヨ	出る～ 나가는 ナガヌン
過去形	出た 나갔다 ナガッタ	出ました 나갔습니다 ナガッスムニダ	出ました 나갔어요 ナガッソヨ	出た～ 나갔던 / 나간 ナガットン / ナガン
未来形	出る 나가겠다 ナガゲッタ	出ます 나가겠습니다 ナガゲッスムニダ	出ます 나가겠어요 ナガゲッソヨ	出る～ 나갈 ナガル

規則活用（가다で終わる動詞）

❑ 出ます　나가요　ナガヨ
　毎朝7時に家を出ます．　매일 아침 일곱 시에 집을 나가요．
　　メイル アチム イルゴブ シエ ジブル ナガヨ

❑ 出ますか　나가요？・나가나요？　ナガヨ・ナガナヨ

❑ 出ます　나가겠어요 困　ナガゲッソヨ

❑ 出るつもりです　나갈 거예요　ナガル コイェヨ

❑ 出ようと思います　나갈 생각이에요　ナガル センガギエヨ
　試合に出ようと思います．　시합에 나갈 생각이에요．
　　シハベ ナガル センガギエヨ
　続けていこうと思います．　계속해 나갈 생각이에요．補
　　ゲソケ ナガル センガギエヨ

❑ 出ません　나가지 않아요・안 나가요　ナガジ アナヨ・アン ナガヨ
　ハチが部屋から出ません．　벌이 방에서 안 나가요．
　　ボリ バンエソ アン ナガヨ

❑ 出ませんか　나가지 않을래요？・안 나갈래요？　ナガジ アヌルレヨ・アン ナガルレヨ
　外へ出ませんか．　밖에 나가지 않을래요？
　　パケ ナガジ アヌルレヨ

❑ 出ています　나가고 있어요　ナガゴ イッソヨ

❑ 出ました　나갔어요　ナガッソヨ
　会議に出ました．　회의에 나갔어요．
　　フェウィエ ナガッソヨ

規則活用（가다で終わる動詞）

- **出ていません** 나가고 있지 않아요・안 나가고 있어요 ナガゴ イッチ アナヨ・アン ナガゴ イッソヨ

- **出ませんでした** 나가지 않았어요・안 나갔어요 ナガジ アナッソヨ・アン ナガッソヨ
  - 私は試合に出ませんでした。／ 저는 시합에 안 나갔어요. ジョヌン シハベ アン ナガッソヨ

- **出れば** 나가면 ナガミョン
  - 彼女が出れば家にはだれもいません。／ 그녀가 나가면 집에는 아무도 없어요. グニョガ ナガミョン ジベヌン アムド オプソヨ

- **出なければ** 나가지 않으면・안 나가면 ナガジ アヌミョン・アン ナガミョン
  - アパートを出なければなりません。／ 아파트를 나가지 않으면 안 돼요. アパトゥルル ナガジ アヌミョン アン ドェヨ

- **出なくても** 나가지 않아도・안 나가도 ナガジ アナド・アン ナガド
  - 今出なくても間に合います。／ 지금 안 나가도 안 늦어요. ジグム アン ナガド アン ヌジョヨ

- **出ること / 出たこと** 나가는 것・나갈 것 過／ 나갔던 적・나간 적 ナガヌン ゴッ・ナガル コッ／ナガットン ジョㇰ・ナガン ジョㇰ
  - 外に出ることが面倒です。／ 밖에 나가는 것이 귀찮아요. バケ ナガヌン ゴシ グィチャナヨ

- **出ましょうか** 나갈까요? ナガルッカヨ
  - そろそろ出ましょうか。／ 슬슬 나갈까요? スルスル ナガルッカヨ

- **出たいです / 出たくないです** 나가고 싶어요 / 나가고 싶지 않아요 ナガゴ シポヨ / ナガゴ シッチ アナヨ
  - 家を出たいです。／ 집을 나가고 싶어요. ジブル ナガゴ シポヨ

- **出てみます** 나가 볼래요 ナガ ボルレヨ
  - 外に出てみます。／ 밖에 나가볼래요. バケ ナガボルレヨ

- **出るそうです** 나간대요 ナガンデヨ
  - 5時に出るそうです。／ 다섯 시에 나간대요. ダソッ シエ ナガンデヨ

- **出る～** 나가는・나갈 過 ナガヌン・ナガル
  - 会議に出る人は10時に集まってください。／ 회의에 나가는 사람은 열 시에 모여 주세요. フェウィエ ナガヌン サラムン ヨル ッシエ モヨ ジュセヨ

- **出ない～** 나가지 않는・안 나가는 ナガジ アンヌン・アン ナガヌン
  - 試合に出ない選手。／ 시합에 안 나가는 선수 シハベ アン ナガヌン ソンス

- ❏ 出た〜　**나갔던・나간**　ナガットン・ナガン
- ❏ 出なかった〜　**나가지 않았던・안 나갔던・안 나간**　ナガジ アナットン・アン ナガットン・アン ナガン
- ❏ 出てください　**나가 주세요・나가세요**　ナガ ジュセヨ・ナガセヨ

| この部屋から出てください。 | 이 방에서 나가 주세요.
イ バンエソ ナガ ジュセヨ |

- ❏ 出てはいけません　**나가면 안 돼요**　ナガミョン アン ドェヨ

| 何があっても外に出てはいけません。 | 무슨 일이 있어도 밖에 나가면 안 돼요.
ムスン イリ イッソド バケ ナガミョン アン ドェヨ |

- ❏ 出ないでください　**나가지 마세요**　ナガジ マセヨ

| 裸足で出ないでください。 | 맨발로 나가지 마세요.
メンバルロ ナガジ マセヨ |

- ❏ 出ても　**나가도**　ナガド

| 今出ても間に合います。 | 지금 나가도 안 늦어요.
ジグム ナガド アン ヌジョヨ |

- ❏ 出るけれど/出て行ったけれど　**나가지만・나갔지만**　ナガジマン/ナガッチマン

| 試合に出たけれど成績はよくなかったです。 | 시합에 나갔지만 성적은 안 좋았어요.
シハベ ナガッチマン ソンジョグン アン ジョアッソヨ |

- ❏ 出させます　**나가게 해요**　ナガゲ ヘヨ
- ❏ 出て　**나가고**　ナガゴ
- ❏ 出やすい/出にくい　**나가기 쉬워요/나가기 어려워요**　ナガギ シュィウォヨ/ナガギ オリョウォヨ
- ❏ 出るから　**나가니까・나갈 테니까**　困　ナガニッカ・ナガル テニッカ

| 今出るから待ってください。 | 지금 나가니까 기다리세요.
ジグム ナガニッカ ギダリセヨ |

- ❏ 出るので, 出たので　**나가서**　ナガソ
- ❏ 出られます　**나갈 수 있어요**　ナガル ス イッソヨ

| 今出られます。 | 지금 나갈 수 있어요.
ジグム ナガル ス イッソヨ |

- ❏ 出られません　**나갈 수 없어요**　ナガル ス オプソヨ

| 会議に出られません。 | 회의에 나갈 수 없어요.
フェウィエ ナガル ス オプソヨ |

- ❏ 出たり　**나가거나・나갔다가**　ナガゴナ・ナガッタガ

| 出たり入ったり | 나갔다가 들어왔다가
ナガッタガ ドゥロワッタガ |

規則活用（가다で終わる動詞）

내려가다 /ネリョガダ/ 下りる・下りていく

自 ①下りる・降りる・下りていく．②(地方へ)下る；行く．③(成績・値段・数値などが)下がる．
一他 降ろす・下の方に下げる．
＊「下に行く」というニュアンス．

	辞書形	丁寧体	会話体	連体形
現在形	下りる 내려가다 ネリョガダ	下ります 내려갑니다 ネリョガムニダ	下ります 내려가요 ネリョガヨ	下りる～ 내려가는 ネリョガヌン
過去形	下りた 내려갔다 ネリョガッタ	下りました 내려갔습니다 ネリョガッスムニダ	下りました 내려갔어요 ネリョガッソヨ	下りた～ 내려갔던 /내려간 ネリョガットン/ネリョガン
未来形	下りる 내려가겠다 ネリョガゲッタ	下ります 내려가겠습니다 ネリョガゲッスムニダ	下ります 내려가겠어요 ネリョガゲッソヨ	下りる～ 내려갈 ネリョガル

規則活用（가다で終わる動詞）

❏ 下ります 　내려가요　 ネリョガヨ
階段で下ります． 　　　　계단으로 내려가요．
　　　　　　　　　　　　ゲダヌロ ネリョガヨ

❏ 下りますか　 내려가요? ・내려가나요?　 ネリョガヨ/ネリョガナヨ

❏ 下ります　 내려가겠어요　困 ネリョガゲッソヨ

❏ 下りるつもりです　 내려갈 거예요　 ネリョガル コイェヨ
日が沈む前に下りるつもりです． 　해가 지기전에 내려갈 거예요．
　　　　　　　　　　　　　　　ヘガ ジギジョネ ネリョガル コイェヨ

❏ 下りようと思います　 내려갈 생각이에요 　ネリョガル センガギエヨ

❏ 下りません　 내려가지 않아요・안 내려가요　 ネリョガジ アナヨ・アン ネリョガヨ
血圧が下がりません． 　　혈압이 안 내려가요．
　　　　　　　　　　　ヒョラビ アン ネリョガヨ

❏ 下りませんか　 내려가지 않나요? ・안 내려가나요?　 ネリョガジ アナヨ・アン ネリョガナヨ

❏ 下りています　 내려가고 있어요　 ネリョガゴ イッソヨ
どんどん成績が下がっています． 　자꾸 성적이 내려가고 있어요．
　　　　　　　　　　　　　　　ジャック ソンジョギ ネリョガゴ イッソヨ

❏ 下りました　 내려갔어요　 ネリョガッソヨ
熱が下がりました． 　　　열이 내려갔어요．
　　　　　　　　　　　ヨリ ネリョガッソヨ

❏ 下りていません　 내려가고있지 않아요・안 내려가고 있어요　 ネリョガゴイッチ アナヨ・アン ネリョガゴ イッソヨ

気温は下がっていません。　　　　기온이 안 내려가고 있어요.
　　　　　　　　　　　　　　　　ギオニ アン ネリョガゴ イッソヨ

❏ 下りませんでした　내려가지 않았어요・안 내려갔어요　ネリョガジ アナッソヨ・アン ネリョガッソヨ
価格が下がりませんでした。　　　가격이 안 내려갔어요.
　　　　　　　　　　　　　　　　ガギョギ アン ネリョガッソヨ

❏ 下りれば　내려가면　ネリョガミョン
値段が下がれば液晶テレビを買います。　가격이 내려가면 액정텔레비전을 사겠어요.
　　　　　　　　　　　　　　　　ガギョギ ネリョガミョン エクチョンテルレビジョヌル サゲッソヨ

❏ 下りなければ　내려가지 않으면・안 내려가면　ネリョガジ アヌミョン・アン ネリョガミョン
地位が下がらなければいいのですが。　지위가 안 내려가면 좋겠습니다만.
　　　　　　　　　　　　　　　　ジウィガ アン ネリョガミョン ジョケッスムニダマン

❏ 下りなくても　내려가지 않아도・안 내려가도　ネリョガジ アナド・アン ネリョガド
1階まで下りなくてもいいです。　　일 층까지 안 내려가도 돼요.
　　　　　　　　　　　　　　　　イル チュンッカジ アン ネリョガド ドェヨ

❏ 下りること / 下りたこと　내려가는 것・내려갈 것困/ 내려갔던 적・내려간 적　ネリョガヌン ゴッ・ネリョガル コッ / ネリョガットン ジョㇰ・ネリョガン ジョㇰ
90点以下に下がったことがありません。　구십 점 밑으로 내려간 적이 없어요.
　　　　　　　　　　　　　　　　グシプ チョム ミトゥロ ネリョガン ジョギ オプソヨ

❏ 下りましょうか　내려갈까요？　ネリョガルッカヨ
そろそろ下りましょうか。　　　　슬슬 내려갈까요？
　　　　　　　　　　　　　　　　スルスル ネリョガルッカヨ

❏ 下りたいです / 下りたくないです　내려가고 싶어요 / 내려가고 싶지 않아요　ネリョガゴ シポヨ / ネリョガゴ シッチ アナヨ
田舎に行きたいです。　　　　　　시골에 내려가고 싶어요.
　　　　　　　　　　　　　　　　シゴレ ネリョガゴ シポヨ

❏ 下りてみます　내려가 볼래요　ネリョガ ボルレヨ

❏ 下りるそうです　내려간대요　ネリョガンデヨ
明日は零下に下がるそうです。　　내일은 영하로 내려간대요.
　　　　　　　　　　　　　　　　ネイルン ヨンハロ ネリョガンデヨ

❏ 下りる〜　내려가는・내려갈困　ネリョガヌン・ネリョガル
価格が下がる株もあります。　　　가격이 내려가는 주식도 있어요.
　　　　　　　　　　　　　　　　ガギョギ ネリョガヌン ジュシクト イッソヨ

❏ 下りない〜　내려가지 않는・안 내려가는　ネリョガジ アンヌン・アン ネリョガヌン
冬でも零度以下に下がらない地方　겨울에도 영도 이하로 안 내려가는 지방
　　　　　　　　　　　　　　　　ギョウレド ヨンド イハロ アン ネリョガヌン ジバン

規則活用（가다で終わる動詞）

下りた [落ちた] ～　내려갔던・내려간　ネリョガットン・ネリョガン

二軍に落ちた選手	이 군으로 내려간 선수
	イグヌロ ネリョガン ソンス

下りなかった～　내려가지 않았던・안 내려갔던・안 내려간　ネリョガジ アナットン・アン ネリョガットン・アン ネリョガン

成績が下がらなかった学生	성적이 안 내려간 학생
	ソンジョギ アン ネリョガン ハクセン

下りてください　내려가 주세요・내려가세요　ネリョガ ジュセヨ・ネリョガセヨ

1人下りてください.	한 사람은 내려가 주세요.
	ハン サラムン ネリョガ ジュセヨ

下りてはいけません　내려가면 안 돼요　ネリョガミョン アン ドェヨ

これ以上成績が下がってはいけません.	이 이상 성적이 내려가면 안 돼요.
	イ イサン ソンジョギ ネリョガミョン アン ドェヨ

下りないでください　내려가지 마세요　ネリョガジ マセヨ

右側には下りないでください.	오른쪽으로는 내려가지 마세요.
	オルンチョグロヌン ネリョガジ マセヨ

下りても　내려가도　ネリョガド

株価が下がっても売りません.	주가가 내려가도 안 팔아요.
	ジュッカガ ネリョガド アン パラヨ

下りるけれど / 下りたけれど　내려가지만 / 내려갔지만　ネリョガジマン / ネリョガッチマン

下りて　내려가고　ネリョガゴ

下がりそうです　내려갈 것 같아요　ネリョガルコッ ガタヨ

明日は零下に下がりそうです.	내일은 영하로 내려갈 것 같아요.
	ネイルン ヨンハロ ネリョガル コッ ガタヨ

下りるから　내려가니까・내려갈 테니까 困　ネリョガニッカ・ネリョガル テニッカ

今下りていくから待ってください.	지금 내려가니까 기다리세요.
	ジグム ネリョガニッカ ギダリセヨ

下りるので・下りたので　내려가서　ネリョガソ

下りられます　내려갈 수 있어요　ネリョガル ス イッソヨ

歩いて下りられます.	걸어서 내려 갈 수 있어요.
	ゴロソ ネリョガル ス イッソヨ

下りられません　내려갈 수 없어요　ネリョガル ス オプソヨ

階段では下りられません.	계단으로는 내려갈 수 없어요.
	ゲダヌロヌン ネリョガル ス オプソヨ

下りたり　내려갔다가　ネリョガッタガ

気温が上がったり下がったりします.	기온이 올라갔다가 내려갔다가 해요.
	ギオニ オルガッタガ ネリョガッタガ ヘヨ

規則活用（가다で終わる動詞）

돌아가다 /ドラガダ/ 帰る・帰っていく・戻る

①帰る・帰っていく・戻る．②回る・回転する．③帰する．④遠回りする・回り道をする．⑤曲がる・ゆがむ．⑥配分される・配られる・(全員に) 渡る．⑦動く・稼動する．⑧(物事が) 進む・変わっていく；推移する．⑨〔돌아가시다の形で〕亡くなる．

	辞書形	丁寧体	会話体	連体形
現在形	帰る 돌아가다 ドラガダ	帰ります 돌아갑니다 ドラガムニダ	帰ります 돌아가요 ドラガヨ	帰る〜 돌아가는 ドラガヌン
過去形	帰った 돌아갔다 ドラガッタ	帰りました 돌아갔습니다 ドラガッスムニダ	帰りました 돌아갔어요 ドラガッソヨ	帰った〜 돌아갔던/돌아간 ドラガットン/ドラガン
未来形	帰る 돌아가겠다 ドラガゲッタ	帰ります 돌아가겠습니다 ドラガゲッスムニダ	帰ります 돌아가겠어요 ドラガゲッソヨ	帰る〜 돌아갈 ドラガル

規則活用（가다で終わる動詞）

❏ 帰ります　돌아가요　ドラガヨ
来週東京に帰ります．　　다음주 동경에 돌아가요．
　　　　　　　　　　　ダウムッチュ ドンギョンエ ドゥラガヨ

❏ 帰りますか　돌아가요? ・ 돌아 가나요?　ドラガヨ・ドラ ガナヨ

❏ 帰ります　돌아가겠어요　困　ドラガゲッソヨ

❏ 帰るつもりです　돌아갈 거예요　ドラガル コイェヨ
終電で帰るつもりです．　　마지막 전철로 돌아갈 거예요．
　　　　　　　　　　　　マジマク ジョンチョルロ ドラガル コイェヨ

❏ 帰ろうと思います　돌아갈 생각이에요　ドラガル センガギエヨ
暗くなる前に帰ろうと思います．　어두워지기 전에 돌아갈 생각이에요．
　　　　　　　　　　　　　　　オドゥウォジギ ジョネ ドラガル センガギエヨ

❏ 帰りません　돌아가지 않아요 ・ 안 돌아가요　ドラガジ アナヨ・アン ドラガヨ
まだ家には帰りません．　　아직 집에 안 돌아가요．
　　　　　　　　　　　　アジク ジベ アン ドラガヨ

❏ 帰りませんか　돌아가지 않을래요? ・ 안 돌아갈래요?　ドラガジ アヌルレヨ・アン ドラガルレヨ
そろそろ帰りませんか．　　슬슬 돌아가지 않을래요?
　　　　　　　　　　　　スルスル ドラガジ アヌルレヨ

❏ 帰っています / 戻っています　돌아가고 있어요　ドラガゴ イッソヨ
以前の姿に戻っています．　　예전의 모습으로 돌아가고 있어요．
　　　　　　　　　　　　　イェジョネ モスプロ ドラガゴ イッソヨ

❏ 帰りました　돌아갔어요　ドラガッソヨ

キム チョルスさんはもう帰りました.	김 철수 씨는 벌써 돌아갔어요. ギム チョルス ッシヌン ポルッソ ドラガッソヨ

❏ 帰っていません　안 돌아가고 있어요　アン ドラガゴ イッソヨ

あの人はまだ帰っていません.	저 사람은 아직도 안 돌아가고 있어요. ジョ サラムン アジクト アン ドラガゴ イッソヨ

❏ 帰りませんでした　돌아가지 않았어요・안 돌아갔어요　ドラガジ アナッソヨ・アン ドラガッソヨ

昨日は家に帰りませんでした.	어제는 집에 돌아가지 않았어요. オジェヌン ジベ ドラガジ アナッソヨ

❏ 帰れば　돌아가면　ドラガミョン

家に帰れば着替えられます.	집에 돌아가면 옷을 갈아입을 수 있어요. ジベ ドラガミョン オスル ガライブル ス イッソヨ

❏ 帰らなければ　돌아가지 않으면・안 돌아가면　ドラガジ アヌミョン・アン ドラガミョン

夕方には帰らなければなりません.	저녁때는 돌아가지 않으면 안 돼요. ジョニョクッテヌン ドラガジ アヌミョン アン ドェヨ

❏ 帰らなくても　돌아가지 않아도・안 돌아가도　ドラガジ アナド・アン ドラガド

そんなに急いで帰らなくてもいいでしょう.	그렇게 급하게 안 돌아가도 되잖아요? グロケ グパゲ アン ドラガド ドェジャナヨ

❏ 帰ること / 帰ったこと　돌아가는 것・돌아갈 것困/ 돌아갔던 적・돌아간 적　ドラガヌン ゴッ・ドラガル コッ / ドラガットン ジョク・ドラガン ジョク

彼と一緒に帰ったことがあります.	그와 함께 돌아간 적이 있어요. グワ ハムッケ ドラガン ジョギ イッソヨ

❏ 帰りながら　돌아가면서　ドラガミョンソ

家に帰りながら考えました.	집으로 돌아가면서 생각했어요. ジブロ ドラガミョンソ センガケッソヨ

❏ 帰りましょうか　돌아갈까요?・돌아갈래요?　ドラガルッカヨ・ドラガルレヨ

もうそろそろ帰りましょうか.	이제 슬슬 돌아갈까요? イジェ スルスル ドラガルッカヨ

❏ 帰りたいです / 帰りたくないです　돌아가고 싶어요 / 돌아가고 싶지 않아요　ドラガゴ シポヨ / ドラガゴ シプチ アナヨ

今日は帰りたくないです.	오늘은 돌아가고 싶지 않아요. オヌルン ドラガゴ シプチ アナヨ

❏ 帰ってみます　돌아가 볼래요　ドラガ ボルレヨ
❏ 帰るそうです　돌아간대요　ドラガンデヨ

彼女はもう帰るそうです.	그녀는 벌써 돌아간대요. グニョヌン ポルッソ ドラガンデヨ

❏ 帰る～　돌아가는・돌아갈困　ドラガヌン・ドラガル

帰る時間が迫っています.	돌아갈 시간이 가까워지고 있어요. ドラガル シガニ ガッカウォジゴ イッソヨ

規則活用（가다で終わる動詞）

❏ 帰らない〜　돌아가지 않는・안 돌아가는　ドラガジ アンヌン・アン ドラガヌン

| まだ帰らない人はだれですか. | 아직 안 돌아가는 사람은 누구죠?
アジク アン ドラガヌン サラムン ヌグジョ |

❏ 帰った〜　돌아갔던・돌아간　ドラガットン・ドラガン

| 自然に帰った熊 | 자연으로 돌아간 곰
ジャヨヌロ ドラガン コム |

❏ 帰らなかった〜　돌아가지 않았던・안 돌아갔던・안 돌아간　ドラガジ アナットン・アン ドラガットン ・アン ドラガン

❏ 帰ってください　돌아가 주세요・돌아가세요　ドラガ ジュセヨ・ドラガセヨ

| もう帰ってください. | 이제 돌아가 주세요.
イジェ ドラガ ジュセヨ |

❏ 帰ってはいけません　돌아가면 안 돼요　ドラガミョン アン ドェヨ

❏ 帰らないでください　돌아가지 마세요　ドラガジ マセヨ

| まだ帰らないでください. | 아직 돌아가지 마세요.
アジク ドラガジ マセヨ |

❏ 帰っても　돌아가도　ドラガド

| もう帰ってもいいですか. | 이제 돌아가도 돼요?
イジェ ドラガド ドェヨ |

❏ 帰るけれど/帰ったけれど　돌아가지만・돌아갔지만　ドラガジマン/ドラガッチマン

| 家に帰ったけれどだれもいませんでした. | 집에 돌아갔지만 아무도 없었어요.
ジベ ドラガッチマン アムド オプソッソヨ |

❏ 帰らせます/戻らせます　돌아가게 해요　ドラガゲ ヘヨ

| 元の席に戻らせます. | 원래 자리로 돌아가게 해요.
ウォルレ ジャリロ ドラガゲ ヘヨ |

❏ 帰って　돌아가고　ドラガゴ

❏ 帰りそうです　돌아갈 것 같아요　ドラガル コッ ガタヨ

| チョルスさんがそろそろ帰りそうです. | 철수 씨가 이제 돌아갈 것 같아요.
チョルス ッシガ イジェ ドラガル コッ ガタヨ |

❏ 帰りやすい/帰りにくい　돌아가기 쉬워요/돌아가기 어려워요　ドラガギ シュィウォヨ/ドラガギ オリョウォヨ

❏ 帰るから　돌아가니까・돌아갈 테니까　因　ドラガニッカ・ドラガル テニッカ

❏ 帰るので, 帰ったので　돌아가서　ドラガソ

❏ 帰れます　돌아갈 수 있어요　ドラガル ス イッソヨ

| 歩いて帰れます. | 걸어서 돌아갈 수 있어요.
ゴロソ ドラガル ス イッソヨ |

❏ 帰れません　돌아갈 수 없어요　ドラガル ス オプソヨ

| 大雨で帰れません. | 폭우로 돌아갈 수 없어요.
ポグロ ドラガル ス オプソヨ |

規則活用（가다で終わる動詞）

들어가다 /ドゥロガダ/ 入る・入って行く

①(外から中に)入る・入って行く．②(出先から家に)帰る．③(費用・労力などが)かかる．④落ち込む・くぼむ．

	辞書形	丁寧体	会話体	連体形
現在形	入る 들어가다 ドゥロガダ	入ります 들어갑니다 ドゥロガムニダ	入ります 들어가요 ドゥロガヨ	入る〜 들어가는 ドゥロガヌン
過去形	入った 들어갔다 ドゥロガッタ	入りました 들어갔습니다 ドゥロガッスムニダ	入りました 들어갔어요 ドゥロガッソヨ	入った〜 들어갔던/들어간 ドゥロガットン/ドゥロガン
未来形	入る 들어가겠다 ドゥロガゲッタ	入ります 들어가겠습니다 ドゥロガゲッスムニダ	入ります 들어가겠어요 ドゥロガゲッソヨ	入る〜 들어갈 ドゥロガル

規則活用(가다で終わる動詞)

❏ 入ります　들어가요　ドゥロガヨ
来年小学校に入ります．　　　내년에 초등학교에 들어가요．
ネニョネ チョドゥンハクキョエ ドゥロガヨ

❏ 入りますか　들어가요？・들어가나요？　ドゥロガヨ・ドゥロガナヨ

❏ 入ります　들어가겠어요 困　ドゥロガゲッソヨ

❏ 入るつもりです　들어갈 거예요　ドゥロガル コイェヨ

❏ 入ろうと思います　들어갈 생각이에요　ドゥロガル センガギエヨ
専門学校に入ろうと思います．　　　전문대학에 들어갈 생각이에요．
ジョンムンデハゲ ドゥロガル センガギエヨ

❏ 入りません　들어가지 않아요・안 들어가요　ドゥロガジ アナヨ・アン ドゥロガヨ
鍵が入りません．　　　열쇠가 안 들어가요．
ヨルセガ アン ドゥロガヨ

❏ 入りませんか　들어가지 않을래요？・안 들어갈래요？　ドゥロガジ アヌルレヨ・アン ドゥロガルレヨ
教室に入りませんか．　　　교실에 들어가지 않을래요？
ギョシレ ドゥロガジ アヌルレヨ

❏ 入っています　들어가고 있어요　ドゥロガゴ イッソヨ

❏ 入りました　들어갔어요　ドゥロガッソヨ
先週から梅雨に入りました．　　　지난주 부터 장마에 들어갔어요．
ジナンジュ プト ジャンマエ ドゥロガッソヨ

❏ 入って[帰って]いません　들어가고 있지 않아요・안 들어가고 있어요　ドゥロガゴ イッチ アナヨ・アン ドゥロガゴ イッソヨ

171

❏ 1週間も家に帰っていません。　　　　　일주일이나 집에 안 들어가고 있어요. イルッチュイリナ ジベ アン ドゥロガゴ イッソヨ

❏ 入りませんでした　들어가지 않았어요・안 들어 갔어요　ドゥロガジ アナッソヨ・アン ドゥロ ガッソヨ

❏ 入れば, 入ると　들어가면　ドゥロガミョン
部屋に入るとまずテレビをつけます。　　　방에 들어가면 먼저 텔레비전을 켜요. パンエ ドゥロガミョン モンジョ テルレビジョヌル キョヨ

❏ 入らなければ　들어가지 않으면・안 들어가면　ドゥロガジ アヌミョン・アン ドゥロガミョン
塩が入らなければおいしくありません。　　소금이 안 들어가면 맛이 없어요. ソグミ アン ドゥロガミョン マシ オプソヨ

❏ 入らなくても　들어가지 않아도・안 들어가도　ドゥロガジ アナド・アン ドゥロガド
化学調味料が入らなくてもおいしいです。　화학조미료가 안 들어가도 맛있어요. ファハクジョミリョガ アン ドゥロガド マシッソヨ

❏ 入ること / 入ったこと　들어가는 것・들어갈 것 困 / 들어갔던 적・들어간 적　ドゥロガヌン ゴッ・ドゥロガル コッ / ドゥロガットン ジョク・ドゥロガン ジョル
社長室に入ったことはありません。　　　　사장실에 들어간 적은 없어요. サジャンシレ ドゥロガン ジョグン オプソヨ

❏ 入りながら・入るとき に　들어가면서　ドゥロガミョンソ
映画館に入るときに携帯の電源を切りました。영화관에 들어가면서 핸드폰의 전원을 껐어요. ヨンファグァネ ドゥロガミョンソ ヘンドゥポヌィ ジョヌォヌル ッコッソヨ

❏ 入りましょうか　들어갈까요?　ドゥロガルッカヨ
私が先に入りましょうか。　　　　　　　　제가 먼저 들어갈까요? ジェガ モンジョ ドゥロガルッカヨ

❏ 入りたいです / 入りたくないです　들어가고 싶어요 / 들어가고 싶지 않아요　ドゥロガゴ シポヨ / ドゥロガゴ シプチ アナヨ
狭いところには入りたくないです。　　　　좁은 곳에는 들어가고 싶지 않아요. ジョブン ゴセヌン ドゥロガゴ シプチ アナヨ

❏ 入ってみます　들어가 볼래요　ドゥロガ ボルレヨ
この店に入ってみます。　　　　　　　　　이 가게에 들어가 볼래요. イ ガゲエ ドゥロガ ボルレヨ

❏ 入るそうです　들어간대요　ドゥロガンデヨ
彼は大学院に入るそうです。　　　　　　　그는 대학원에 들어간대요. グヌン デハクウォネ ドゥロガンデヨ

❏ 入る〜　들어가는・들어갈 困　ドゥロガヌン・ドゥロガル
入る大学を決めなければなりません。　　　들어갈 대학을 정하지 않으면 안 돼요. ドゥロガル デハグル ジョンハジ アヌミョン アン ドェヨ

❏ 入らない〜　들어가지 않는・안 들어가는　ドゥロガジ アヌヌン・アン ドゥロガヌン

規則活用（가다で終わる動詞）

規則活用（가다で終わる動詞）

❏ 入った〜　들어갔던・들어간　ドゥロガットン・ドゥロガン

入った会社がつぶれました.	들어간 회사가 망했어요. ドゥロガン フェサガ マンヘッソヨ

❏ 入らなかった　들어가지 않은・안 들어갔던・안 들어간　ドゥロガジ アヌン・アン ドゥロガットン・アン ドゥロガン

❏ 入ってください　들어가 주세요・들어가세요　ドゥロガ ジュセヨ・ドゥロガセヨ

その部屋に入ってください.	그 방에 들어가세요. グ バンエ ドゥロガセヨ

❏ 入ってはいけません　들어가면 안 돼요　ドゥロガミョン アン ドェヨ

花壇に入ってはいけません.	화단에 들어가면 안 돼요. ファダネ ドゥロガミョン アン ドェヨ

❏ 入らないでください　들어가지 마세요　ドゥロガジ マセヨ

芝生に入らないでください.	잔디밭에 들어가지 마세요. ジャンディバテ ドゥロガジ マセヨ

❏ 入っても　들어가도　ドゥロガド

彼の病室に入ってもいいですか.	그의 병실에 들어가도 되나요? グウィ ビョンシレ ドゥロガド ドェナヨ

❏ 入るけれど／入ったけれど　들어가지만／들어갔지만　ドゥロガジマン・ドゥロガッチマン

❏ 入らせます　들어가게 해요　ドゥロガゲヘヨ

❏ 入って　들어가고　ドゥロガゴ

❏ 入りそうです　들어갈 것 같아요　ドゥロガル コッ ガタヨ

❏ 入りやすい／入りにくい　들어가기 쉬워요／들어가기 어려워요　ドゥロガギ シュィウォヨ／ドゥロガギ オリョウォヨ

大学院は入りにくいです.	대학원은 들어가기 어려워요. デハクウォヌン ドゥロガギ オリョウォヨ

❏ 入るから　들어가니까・들어갈 테니까　ドゥロガニッカ・ドゥロガル テニッカ

大きい本も入るから便利です.	큰 책도 들어가니까 편해요. クン チェクト ドゥロガニッカ ピョンヘヨ

❏ 入るので，入ったので　들어가서　ドゥロガソ

❏ 入れます　들어갈 수 있어요　ドゥロガル ス イッソヨ

だれでも自由に入れます.	누구나 자유롭게 들어갈 수 있어요. ヌグナ ジャユロプケ ドゥロガル ス イッソヨ

❏ 入れません　들어갈 수 없어요　ドゥロガル ス オプソヨ

子どもは入れません.	아이는 들어갈 수 없어요. アイヌン ドゥロガル ス オプソヨ

❏ 入ったり　들어갔다가　ドゥロガッタガ

出たり入ったり	나갔다가 들어갔다가 ナガッタガ ドゥロガッタガ

올라가다 /オルラガダ/ 上がる

①上がる．②上がっていく・登る・上る．③(地位などに)昇る．④上京する．

	辞書形	丁寧体	会話体	連体形
現在形	上がる 올라가다 オルラガダ	上がります 올라갑니다 オルラガムニダ	上がります 올라가요 オルラガヨ	上がる～ 올라가는 オルラガヌン
過去形	上がった 올라갔다 オルラガッタ	上がりました 올라갔습니다 オルラガッスムニダ	上がりました 올라갔어요 オルラガッソヨ	上がった～ 올라갔던 / 올라간 オルラガットン / オルラガン
未来形	上がる 올라가겠다 オルラガゲッタ	上がります 올라가겠습니다 オルラガゲッスムニダ	上がります 올라가겠어요 オルラガゲッソヨ	上がる～ 올라갈 オルラガル

❏ 上がります　올라가요　オルラガヨ

気温が上がります．

기온이 올라가요．
ギオニ オルラガヨ

❏ 上がりますか　올라가요? ・ 올라가나요?　オルラガヨ・オルラガナヨ

❏ 上がります　올라가겠어요 困　オルラガゲッソヨ

二階に上がります．

이 층에 올라가겠어요．
イ チュンエ オルラガゲッソヨ

❏ 上がるつもりです　올라갈 거예요　オルラガル コイェヨ

❏ 上がろう[行こう]と思います　올라갈 생각이에요　オルラガル センガギエヨ

ソウルに行こうと思います．

서울에 올라갈 생각이에요．
ソウレ オルラガル センガギエヨ

❏ 上がりません　올라가지 않아요・안 올라가요　オルラガジ アナヨ・アン オルラガヨ

点数が上がりません．

점수가 안 올라가요．
ジョムスガ アン オルラガヨ

❏ 上がりませんか　올라가지 않을래요? ・ 안 올라갈래요?　オルラガジ アヌルレヨ・アン オルラガルレヨ

屋上に上がりませんか．

옥상에 올라가지 않을래요?
オクサンエ オルラガジ アヌルレヨ

❏ 上がっています　올라가고 있어요　オルラガゴ イッソヨ

株価が上がっています．

주가가 올라가고 있어요．
ジュッカガ オルラガゴ イッソヨ

❏ 上がりました　올라갔어요　オルラガッソヨ

40度まで上がりました．

사십 도까지 올라갔어요．
サシプ トッカジ オルラガッソヨ

規則活用(가다で終わる動詞)

規則活用（가다で終わる動詞）

❏ **上がっていません** 올라가고 있지 않아요・안 올라가고 있어요 オルラガゴ イッチ アナヨ・アン オルラガゴ イッソヨ

| ランキングが上がっていません. | 랭킹이 안 올라가고 있어요 .
レンキンイ アン オルラガゴ イッソヨ |

❏ **上がりませんでした** 올라가지 않았어요・안 올라갔어요 オルラガジ アナッソヨ・アン オルラガッソヨ

❏ **上がれば** 올라가면 オルラガミョン

| 温度が上がれば乾燥します. | 온도가 올라가면 건조해져요 .
オンドガ オルラガミョン ゴンジョヘジョヨ |

❏ **上がらなければ** 올라가지 않으면・안 올라가면 オルラガジ アヌミョン・アン オルラガミョン

| 支持率が上がらなければ当選は難しいです. | 지지율이 안 올라가면 당선은 힘들어요 .
ジジユリ アン オルラガミョン ダンソヌン ヒムドゥロヨ |

❏ **上がらなくても** 올라가지 않아도・안 올라가도 オルラガジ アナド・アン オルラガド

| 成績が上がらなくても失望しないでください. | 성적이 안 올라가도 실망하지 마세요 .
ソンジョギ アン オルラガド シルマンハジ マセヨ |

❏ **上がること / 上がったこと** 올라가는 것・올라갈 것困・올라갔던 적・올라간 적 オルラガヌン ゴッ・オルラガル コッ・オルラガットン ジョク・オルラガン ジョク

❏ **上がりながら** 올라가면서 オルラガミョンソ

| 山に登りながら撮った写真 | 산에 올라가면서 찍은 사진
サネ オルラガミョンソ ッチグン サジン |

❏ **上がりましょうか** 올라갈까요？ オルラガルッカヨ

❏ **上がりたいです / 上がりたくないです** 올라가고 싶어요 / 올라가고 싶지 않아요 オルラガゴ シポヨ / オルラガゴ シッチ アナヨ

| 舞台に上がりたいです. | 무대에 올라가고 싶어요 .
ムデエ オルラガゴ シポヨ |

❏ **上がってみます** 올라가 볼래요 オルラガ ボルレヨ

❏ **上がるそうです** 올라간대요 オルラガンデヨ

| 来月からタクシー料金が上がるそうです. | 다음달부터 택시요금이 올라간대요 .
ダウムッタルブト テクシヨグミ オルラガンデヨ |

❏ **上がる〜** 올라가는・올라갈 困 オルラガヌン・オルラガル

❏ **上がらない〜** 올라가지 않는・안 올라가는 オルラガジ アンヌン・アン オルラガヌン

❏ **上がった〜** 올라갔던・올라간 オルラガットン・オルラガン

| 目じりが上がったお面 | 눈꼬리가 올라간 얼굴
ヌンッコリガ オルラガン オルグル |

❏ **上がらなかった〜** 올라가지 않았던・안 올라갔던・안 올라간 オルラガジ アナットン・アン オルラガットン・アン オルラガン

174

❏ 上がってください　올라가 주세요・올라가세요　オルラガ ジュセヨ・オルラガセヨ

| 階段で上がってください. | 계단으로 올라가세요.
ゲダヌロ オルラガセヨ |

❏ 上がってはいけません　올라가면 안 돼요　オルラガミョン アン ドェヨ

| 靴を履いて上がってはいけません. | 신을 신고 올라가면 안 돼요.
シヌル シンッコ オルラガミョン アン ドェヨ |

❏ 上がら [登ら] ないでください　올라가지 마세요　オルラガジ マセヨ

| あまり高く登らないでください. | 너무 높이 올라가지 마세요.
ノム ノピ オルラガジ マセヨ |

❏ 上がっても　올라가도　オルラガド

| 階段を上がっても息が切れます. | 계단을 올라가도 숨이차요.
ゲダヌル オルラガド スミチャヨ |

❏ 上がるけれど / 上がったけれど　올라가지만 / 올라갔지만　オルラガジマン / オルラガッチマン

❏ 上がらせます　올라가게 해요　オルラガゲ ヘヨ

❏ 上がって　올라가고　オルラガゴ

❏ 上がりそうです　올라갈 것 같아요　オルラガル コッ ガタヨ

| 株価が上がりそうです. | 주가가 올라갈 것 같아요.
ジュッカガ オルラガル コッ ガタヨ |

❏ 上がりやすい / 上がりにくい　올라가기 쉬워요 / 올라가기 어려워요　オルラガギ シュィウォヨ / オルラガギ オリョウォヨ

❏ 上がるから　올라가니까・올라갈 테니까 囲　オルラガニッカ・オルラガル テニッカ

❏ 上がるので, 上がったので　올라가서　オルラガソ

❏ 上がれます　올라갈 수 있어요　オルラガル ス イッソヨ

| エレベーターで上がれます. | 엘리베이터로 올라갈 수 있어요.
エルリベイトロ オルラガル ス イッソヨ |

❏ 上がれません　올라갈 수 없어요　オルラガル ス オプソヨ

❏ 上がったり　올라갔다가　オルラガッタガ

| 上がったり下がったり | 올라갔다가 내려갔다가
オルラガッタガ ネリョガッタガ |

規則活用（가 다で終わる動詞）

가져오다 / ガジョオダ / 持ってくる

①持ってくる。②もたらす。

	辞書形	丁寧体	会話体	連体形
現在形	持ってくる 가져오다 ガジョオダ	持ってきます 가져옵니다 ガジョオムニダ	持ってきます 가져와요 ガジョワヨ	持ってくる〜 가져오는 ガジョオヌン
過去形	持ってきた 가져왔다 ガジョワッタ	持ってきました 가져왔습니다 ガジョワッスムニダ	持ってきました 가져왔어요 ガジョワッソヨ	持ってきた〜 가져왔던 / 가져온 ガジョワットン / ガジョオン
未来形	持ってくる 가져오겠다 ガジョオゲッタ	持ってきます 가져오겠습니다 ガジョオゲッスムニダ	持ってきます 가져오겠어요 ガジョオゲッソヨ	持ってくる〜 가져올 ガジョオル

規則活用（오다で終わる動詞）

❏ 持ってきます　가져와요　ガジョワヨ
彼はいつも食べ物を持ってきます。
그는 항상 먹을 것을 가져와요.
グヌン ハンサン モグル ッコスル ガジョワヨ

❏ 持ってきますか　가져와요？・가져오나요？　ガジョワヨ・ガジョオナヨ
飲料水はだれが持ってきますか。
음료수는 누가 가져오나요？
ウムニョスヌン ヌガ ガジョオナヨ

❏ 持ってきます　가져오겠어요　困　ガジョオゲッソヨ
私が持ってきます。
제가 가져오겠어요.
ジェガ ガジョオゲッソヨ

❏ 持ってくるつもりです　가져올 거예요　ガジョオル コイェヨ

❏ 持ってこようと思います　가져올 생각이에요　ガジョオル センガギエヨ
机をこの部屋に持ってこようと思います。
책상을 이 방으로 가져올 생각이에요.
チェクサンウル イ パンウロ ガジョオル センガギエヨ

❏ 持ってきません　가져오지 않아요・안 가져와요　ガジョオジ アナヨ・アン ガジョワヨ

❏ 持ってきませんか　가져오지 않을래요？・안 가져올래요？　ガジョオジ アヌルレヨ・アン ガジョオルレヨ

❏ 持ってきています　가져오고 있어요　ガジョオゴ イッソヨ
今椅子を持ってきています。
지금 의자를 가져오고 있어요.
ジグム ウィジャルル ガジョオゴ イッソヨ

❏ 持ってきました　가져왔어요　ガジョワッソヨ
お菓子を持ってきました。
과자를 가져왔어요.
グヮジャルル ガジョワッソヨ

❏ 持ってきていません　가져오고 있지 않아요・안 가져오고 있어요　ガジョオゴ イッチ アナヨ・アン ガジョオゴ イッソヨ

❏ 持ってきませんでした　가져오지 않았어요・안 가져왔어요　ガジョオジ アナッソヨ・アン ガジョワッソヨ

印鑑を持ってきませんでした。	인감을 안 가져왔어요. インガムル アン ガジョワッソヨ

❏ 持ってくれば　가져오면　ガジョオミョン

壊れた機械を持ってくれば修理します。	고장난 기계를 가져오면 수리하겠어요. ゴジャンナン ギゲルル ガジョオミョン スリハゲッソヨ

❏ 持ってこなければ　가져오지 않으면・안 가져오면　ガジョオジ アヌミョン・アン ガジョオミョン

通帳を持ってこなければなりません。	통장을 안 가져오면 안 돼요. トンジャンウル アン ガジョオミョン アン ドェヨ

❏ 持ってこなくても　가져오지 않아도・안 가져와도　ガジョオジ アナド・アン ガジョワド

何も持ってこなくてもいいですよ。	아무것도 안 가져와도 돼요. アムゴット アン ガジョワド ドェヨ

❏ 持ってくること／持ってきたこと　가져오는 것・가져올 것 困／가져왔던 적・가져온 적　ガジョオヌン ゴッ・ガジョオル コッ／ガジョワットン ジョク・ガジョオン ジョク

飲食物を持ってくることは禁じられています。	음식물을 가져오는 것은 금지되어 있어요. ウムシンムルル ガジョオヌン ゴスン グムジドェオ イッソヨ

❏ 持ってきながら　가져오면서　ガジョオミョンソ

❏ 持ってきましょうか　가져올까요？　ガジョオルッカヨ

ナイフを持ってきましょうか。	칼을 가져올까요？ カルル ガジョオルッカヨ

❏ 持ってきてみます　가져와 볼래요　ガジョワ ボルレヨ

辞書を持ってきてみます。	사전을 가져와 볼래요. サジョヌル ガジョワ ボルレヨ

❏ 持ってくるそうです　가져온대요　ガジョオンデヨ

テントはあの人が持ってくるそうです。	텐트는 저 사람이 가져 온대요. テントゥヌン ジョ サラミ ガジョオンデヨ

❏ 持ってくる～　가져오는・가져올 困　ガジョオヌン・ガジョオル

お酒を持ってくる人	술을 가져올 사람 スルル ガジョオル サラム

❏ 持ってこない～　가져오지 않는・안 가져오는　ガジョオジ アンヌン・アン ガジョオヌン

着替えを持ってこない人もいます。	갈아입을 옷을 안 가져오는 사람도 있어요. ガライブル オスル アン ガジョオヌン サラムド イッソヨ

❏ 持ってきた～　가져왔던・가져온　ガジョワットン・ガジョオン

持ってきたものは忘れずに持ち帰ってください。	가져온 물건은 잊지말고 가지고 돌아가세요. ガジョオン ムルゴヌン イッチマルゴ ガジゴ ドラガセヨ

規則活用（오다で終わる動詞）

❏ 持ってこなかった～　가져오지 않았던・안 가져왔던・안 가져온　ガジョオジ アナッ
トン・アン ガジョワットン・アン ガジョオン

ペンを持ってこなかった人には貸します．
펜을 안 가져온 사람에게는 빌려드려요．
ペヌル アン ガジョオン サラメゲヌン ピルリョドゥリョヨ

❏ 持ってきてください　가져오세요　ガジョオセヨ

新聞を持ってきてください．
신문을 가져오세요．
シンムヌル ガジョオセヨ

❏ 持ってきてはいけません　가져오면 안 돼요　ガジョオミョン アン ドェヨ

危険物を持ってきてはいけません．
위험물을 가져오면 안 돼요．
ウィホムムルル ガジョオミョン アン ドェヨ

❏ 持ってこないでください　가져오지 마세요　ガジョオジ マセヨ
❏ 持ってきても　가져와도　ガジョワド

持ってきても使用できません．
가져와도 사용할 수 없어요．
ガジョワド サヨンハル ス オプソヨ

❏ 持ってくるけれど / 持ってきたけれど　가져오지만 / 가져왔지만　ガジョオジマン / ガ
ジョワッチマン

❏ 持ってこさせます　가져오게 해요　ガジョオゲ ヘヨ

水を持ってこさせます．
물을 가져오게 해요．
ムルル ガジョオゲ ヘヨ

❏ 持ってきて　가져오고　ガジョオゴ
❏ 持ってき [もたらし] そうです　가져올 것 같아요　ガジョオル コッ ガタヨ

思わぬ結果をもたらしそうです．
뜻하지 않은 결과를 가져올 것 같아요．
ットゥタジ アヌン ギョルグヮル ガジョオル コッ ガタヨ

❏ 持ってくるから　가져오니까・가져올 테니까　ガジョオニッカ・ガジョオル テニッカ

タオルを持ってくるから待ってください．
수건을 가져올 테니까 기다리세요．
スゴヌル ガジョオル テニッカ ギダリセヨ

❏ 持ってくるので / 持ってきたので　가져와서　ガジョワソ
❏ 持ってこられます　가져올 수 있어요　ガジョオル ス イッソヨ

写真は持ってこられます．
사진은 가져올 수 있어요．
サジヌン ガジョオル ス イッソヨ

❏ 持ってこられません　가져올 수 없어요　ガジョオル ス オプソヨ

重すぎて持ってこられません．
무거워서 가져올 수 없어요．
ムゴウォソ ガジョオル ス オプソヨ

걸어오다 /ゴロオダ/ 歩いて来る・歩んで来る

①歩いて来る・歩んで来る．②話しかけてくる．

	辞書形	丁寧体	会話体	連体形
現在形	歩いてくる 걸어오다 ゴロオダ	歩いてきます 걸어옵니다 ゴロオムニダ	歩いてきます 걸어와요 ゴロワヨ	歩いてくる〜 걸어오는 ゴロオヌン
過去形	歩いてきた 걸어왔다 ゴロワッタ	歩いてきました 걸어왔습니다 ゴロワッスムニダ	歩いてきました 걸어왔어요 ゴロワッソヨ	歩いてきた〜 걸어왔던 / 걸어온 ゴロワットン / ゴロオン
未来形	歩いてくる 걸어오겠다 ゴロオゲッタ	歩いてきます 걸어오겠습니다 ゴロオゲッスムニダ	歩いてきます 걸어오겠어요 ゴロオゲッソヨ	歩いてくる〜 걸어올 ゴロオル

❏ 歩いて来ます　걸어와요　ゴロワヨ
ポケットに手を入れて歩いて来ます． 주머니에 손을 넣고 걸어와요．
ジュモニエ ソヌル ノコ ゴロワヨ

❏ 歩いて来ますか　걸어와요？・걸어오나요？　ゴロワヨ・ゴロオナヨ

❏ 歩いて来ます　걸어오겠어요 困　ゴロオゲッソヨ

❏ 歩いて来るつもりです　걸어올 거예요　ゴロオル コイェヨ

❏ 歩いて来ようと思います　걸어올 생각이에요　ゴロオル センガギエヨ
友だちと歩いて来ようと思います． 친구랑 걸어올 생각이에요．
チングラン ゴロオル センガギエヨ

❏ 歩いて来ません　걸어오지 않아요・안 걸어와요　ゴロオジ アナヨ・アン ゴロワヨ

❏ 歩いて来ませんか　걸어오지 않을래요？・안 걸어올래요？　ゴロオジ アヌルレヨ・アン ゴロオルレヨ
ゆっくり歩いて来ませんか． 천천히 걸어오지 않을래요？
チョンチョニ ゴロオジ アヌルレヨ

❏ 歩いて来ています　걸어오고 있어요　ゴロオゴ イッソヨ
笑いながら歩いて来ています． 웃으면서 걸어오고 있어요．
ウスミョンソ ゴロオゴ イッソヨ

❏ 歩いて来ました　걸어왔어요　ゴロワッソヨ
駅から歩いて来ました． 역에서부터 걸어왔어요．
ヨゲソブト ゴロワッソヨ

❏ 歩いて来ていません　걸어오고 있지 않아요・안 걸어오고 있어요　ゴロオゴ イッチ アナヨ・アン ゴロオゴ イッソヨ

規則活用（오다で終わる動詞）

❑ 歩いて来ませんでした　걸어오지 않았어요・안 걸어왔어요　ゴロオジ アナッソヨ ・アン ゴロワッソヨ

今日は歩いて来ませんでした.	오늘은 안 걸어왔어요. オヌルン アン ゴロワッソヨ

❑ 歩いて来れば　걸어오면　ゴロオミョン

歩いてくれば5分ほどかかります.	걸어오면 오 분정도 걸려요. ゴロオミョン オ ブンジョンド ゴルリョヨ

❑ 歩いて [話しかけて] こなければ　걸어오지 않으면・안 걸어오면　ゴロオジ アヌミョン・アン ゴロオミョン

相手が先に声をかけてこなければ話しません.	상대가 먼저 말을 걸어오지 않으면 말 안 해요. サンデガ モンジョ マルル ゴロオジ アヌミョン マル アン ヘヨ

❑ 歩いて来なくても　걸어오지 않아도・안 걸어와도　ゴロオジ アナド・アン ゴロワド

歩いてなくてもいいのに.	안 걸어와도 되는데. アン ゴロワド デェヌンデ

❑ 歩いて来ること / 歩いて来たこと　걸어오는 것・걸어올 것 困 / 걸어왔던 적・걸어온 적　ゴロオヌン ゴッ・ゴロオル コッ・ゴロワットン ジョク・ゴロオン ジョク

家まで歩いて来たことがあります.	집까지 걸어온 적이 있어요. ジプカジ ゴロオン ジョギ イッソヨ

❑ 歩いて来ながら　걸어오면서　ゴロオミョンソ

歩いて来ながら空を見ました.	걸어오면서 하늘을 봤어요. ゴロオミョンソ ハヌルル ブワッソヨ

❑ 歩いて来たいです / 歩いてきたくないです　걸어오고 싶어요 / 걸어오고 싶지 않아요　ゴロオゴ シポヨ / ゴロオゴ シッチ アナヨ

❑ 歩いて来てみます　걸어와 볼래요　ゴロワ ボルレヨ

ここまで歩いて来てみますか.	여기까지 걸어와 볼래요? ヨギッカジ ゴロワ ボルレヨ

❑ 歩いて来るそうです　걸어온대요　ゴロオンデヨ

駅まで歩いて来るそうです.	역까지 걸어온대요. ヨクッカジ ゴロオンデヨ

❑ 歩いて来る〜, けんかを売ってくる　걸어오는・걸어올 困　ゴロオヌン・ゴロオル

けんかを売ってくる人がいました.	싸움을 걸어오는 사람이 있었어요. ッサウムル ゴロオヌン サラミ イッソッソヨ

❑ 歩いて来ない〜　걸어오지 않는・안 걸어오는　ゴロオジ アンヌン・アン ゴロオヌン

夜は歩いて来ない方がいいです.	밤에는 안 걸어오는게 좋아요. パメヌン アン ゴロオヌンゲ ジョアヨ

❑ 歩いて来た〜　걸어왔던・걸어온　ゴロワットン・ゴロオン

歩いて来た道を振り返ってみます.	걸어온 길을 되돌아봐요. ゴロオン ギルル デェドラバヨ

規則活用（오 다で終わる動詞）

❏ 歩いて来なかった〜　걸어오지 않았던・안 걸어왔던・안 걸어온　ゴロオジ アナッ
　　トン・アン ゴロワットン・アン ゴロオン
❏ 歩いて来てください　걸어와 주세요・걸어오세요　ゴロワ ジュセヨ・ゴロオセヨ

バス停から家まで歩いて来てください．	버스 정류장에서 집까지 걸어오세요．
	ボス ジョンニュジャンエソ ジナッカジ ゴロオセヨ

❏ 歩いて来てはいけません　걸어오면 안 돼요　ゴロオミョン アン ドェヨ

その道を歩いて来てはいけません．	그 길로 걸어오면 안 돼요．
	グ ギルロ ゴロオミョン アン ドェヨ

❏ 歩いて来ないでください　걸어오지 마세요　ゴロオジ マセヨ
❏ 歩いて来ても　걸어와도　ゴロワド

歩いて来てもそんなに遠くありません．	걸어와도 그렇게 안 멀어요．
	ゴロワド グロケ アン モロヨ

❏ 歩いて来るけれど / 歩いて来たけれど　걸어오지만 / 걸어왔지만　ゴロオジマン / ゴロワッチマン

毎回歩いて来るけれど道がよくわかりません．	매 번 걸어오지만 길을 잘 모르겠어요．
	メ ボン ゴロオジマン ギルル ジャル モルゲッソヨ

❏ 歩いて来させます　걸어오게해요　ゴロオゲヘヨ

家まで歩いて来させます．	집까지 걸어오게해요．
	ジナッカジ ゴロオゲヘヨ

❏ 歩いてきそうです　걸어올 것 같아요　ゴロオル コッ ガタヨ
❏ 歩いて来やすい / 歩いて来にくい　걸어오기 쉬워요 / 걸어오기 힘들어요　ゴロオギ シュィウォヨ / ゴロオギ ヒムドゥロヨ

どこからでも歩いて来やすいところです．	어디서든지 걸어오기 쉬운 곳이에요．
	オディソドゥンジ ゴロオギ シュィウン ゴシエヨ

❏ 歩いて来るから　걸어오니까・걸어올 테니까 困　ゴロオニッカ・ゴロオル テニッカ
❏ 歩いて来るので，歩いて来たので　걸어와서　ゴロワソ

歩いて来たので疲れました．	걸어와서 지쳤어요．
	ゴロワソ ジチョッソヨ

❏ 歩いて来られます　걸어올 수 있어요　ゴロオル ス イッソヨ

1人で歩いて来られます．	혼자 걸어올 수 있어요．
	ホンジャ ゴロオル ス イッソヨ

❏ 歩いて来られません　걸어올 수 없어요　ゴロオル ス オプソヨ

規則活用（오다で終わる動詞）

나오다 /ナオダ/ 出る，出てくる（中から外へ）

① (中から外へ) 出る・出てくる. ② [‥태도로 나오다の形で] ‥態度に出る. ③出席する.

	辞書形	丁寧体	会話体	連体形
現在形	出る 나오다 ナオダ	出ます 나옵니다 ナオムニダ	出ます 나와요 ナワヨ	出る～ 나오는 ナオヌン
過去形	出た 나왔다 ナワッタ	出ました 나왔습니다 ナワッスムニダ	出ました 나왔어요 ナワッソヨ	出た～ 나왔던 /나온 ナワットン/ナオン
未来形	出る 나오겠다 ナオゲッタ	出ます 나오겠습니다 ナオゲッスムニダ	出ます 나오겠어요 ナオゲッソヨ	出る～ 나올 ナオル

規則活用（오다で終わる動詞）

❑ 出ます　나와요　ナワヨ
　今日成績が出ます.　　　　오늘 성적이 나와요 .
　　　　　　　　　　　　　オヌル ソンジョギ ナワヨ

❑ 出ますか　나와요 ?・나오나요 ?　ナワヨ・ナオナヨ

❑ 出ます　나오겠어요　困　ナオゲッソヨ

❑ 出るつもりです　나올 거예요　ナオル コイェヨ

❑ 出よう [辞めよう] と思います　나올 생각이에요　ナオル センガギエヨ
　会社を辞めようと思います.　회사를 나올 생각이에요 .
　　　　　　　　　　　　　　フェサルル ナオル センガギエヨ

❑ 出ません　나오지 않아요・안 나와요　ナオジ アナヨ・アン ナワヨ
　動画が出ません.　　　　　동영상이 안 나와요 .
　　　　　　　　　　　　　ドンヨンサンイ アン ナワヨ

❑ 出ませんか　나오지 않을래요 ?・안 나올래요 ?　ナオジ アヌルレヨ・アン ナオルレヨ

❑ 出ています　나오고 있어요　ナオゴ イッソヨ
　好きな俳優が出ています.　좋아하는 배우가 나오고 있어요 .
　　　　　　　　　　　　　ジョアハヌン ペウガ ナオゴ イッソヨ

❑ 出ました　나왔어요　ナワッソヨ
　ボーナスが出ました.　　　보너스가 나왔어요 .
　　　　　　　　　　　　　ボノスガ ナワッソヨ

❑ 出ていません　나오고 있지 않아요・안 나오고 있어요　ナオゴ イッチ アナヨ・アン ナオゴ イッソヨ

❑ 出ませんでした　나오지 않았어요・안 나왔어요　ナオジ アナッソヨ・アン ナワッソヨ

| 日本語版は出ませんでした. | 일본어판은 안 나왔어요.
イルボノパヌン アン ナワッソヨ |

❏ 出れば　　나오면　ナオミョン

| 検査結果が出ればわかるでしょう. | 검사결과가 나오면 알겠죠.
ゴムサギョルグヮガ ナオミョン アルゲッチョ |

❏ 出なければ　　나오지 않으면・안 나오면　ナオジ アヌミョン・アン ナオミョン

| その選手が出なければ負けるでしょう. | 그 선수가 안 나오면 지겠죠?
グ ソンスガ アン ナオミョン ジゲッチョ |

❏ 出なくても　　나오지 않아도・안 나와도　ナオジ アナド・アン ナワド

| 大学を出なくても成功できます. | 대학을 안 나와도 성공 할 수 있어요.
デハグル アン ナワド ソンゴン ハル ス イッソヨ |

❏ 出ること / 出たこと　나오는 것・나올 것困・나왔던 적・나온 적　ナオヌン ゴッ・ナオル コッ / ナワットン ジョヶ・ナオン ジョヶ

❏ 出ながら　　나오면서　ナオミョンソ

| 家を出ながら電話をしました. | 집을 나오면서 전화를 했어요.
ジブル ナオミョンソ ジョンファルル ヘッソヨ |

❏ 出るでしょうか　　나올까요？　ナオルッカヨ

| いい成績が出るでしょうか. | 좋은 성적이 나올까요？
ジョウン ソンジョギ ナオルッカヨ |

❏ 出たいです / 出たくないです　나오고 싶어요 / 나오고 싶지 않아요　ナオゴ シポヨ / ナオゴ シッチ アナヨ

| テレビに出たいです. | 텔레비전에 나오고 싶어요.
テルレビジョネ ナオゴ シポヨ |

❏ 出てみます　　나와 볼래요　ナワ ボルレヨ
❏ 出るそうです　　나온대요　ナオンデヨ

| 奨学金が出るそうです. | 장학금이 나온대요.
ジャンハクミ ナオンデヨ |

❏ 出る～　　나오는・나올困　ナオヌン・ナオル

| 今度出る雑誌 | 이번에 나올 잡지
イボネ ナオル ジャプチ |

❏ 出ない～　　나오지 않는・안 나오는　ナオジ アンヌン・アン ナオヌン

| 出ないボールペンは捨てます. | 안 나오는 볼펜은 버려요.
アン ナオヌン ボルペヌン ボリョヨ |

❏ 出た～　　나왔던・나온　ナワットン・ナオン

| 映画に出た店 | 영화에 나온 가게
ヨンファエ ナオン ガゲ |

❏ 出なかった～　　나오지 않았던・안 나왔던・안 나온　ナオジ アナットン・アン ナワットン・アン ナオン

規則活用（오다で終わる動詞）

❏ 出てください　나와 주세요・나오세요　ナワ ジュセヨ・ナオセヨ
外に出てください．
밖으로 나와 주세요．
パクロ ナワ ジュセヨ

❏ 出てはいけません　나오면 안 돼요　ナオミョン アン ドェヨ
家の外に出てはいけません．
집 밖으로 나오면 안 돼요．
ジプ パクロ ナオミョン アン ドェヨ

❏ 出ないでください　나오지 마세요　ナオジ マセヨ
車外に出ないでください．
차 밖으로 나오지 마세요．
チャ パクロ ナオジ マセヨ

❏ 出ても　나와도　ナワド
大学を出ても就職は難しいです．
대학을 나와도 취직이 어려워요．
デハグル ナワド チュイジギ オリョウォヨ

❏ 出るけれど／出たけれど　나오지만／나왔지만　ナオジマン／ナワッチマン
映像は出るけれど音が出ません．
영상은 나오지만 소리가 안 나와요．
ヨンサンウン ナオジマン ソリガ アン ナワヨ

❏ 出させます　나오게 해요　ナオゲ ヘヨ
猫を外に出させます．
고양이를 밖으로 나오게 해요．
ゴヤンイルル パクロ ナオゲ ヘヨ

❏ 出て　나오고　ナオゴ
お腹も出て体重も増えました．
배도 나오고 체중도 늘었어요．
ベド ナオゴ チェジュンド ヌロッソヨ

❏ 出そうです　나올 것 같아요　ナオル コッ ガタヨ
涙が出そうです．
눈물이 나올 것 같아요．
ヌンムリ ナオル コッ ガタヨ

❏ 出るから　나오니까・나올 테니까　ナオニッカ・ナオル テニッカ
テストに出るから覚えてください．
시험에 나오니까 외우세요．
シホメ ナオニッカ ウェウセヨ

❏ 出るので，出たので　나와서　ナワソ

❏ 出られます　나올 수 있어요　ナオル ス イッソヨ
日曜日も出られます．
일요일도 나올 수 있어요．
イリョイルド ナオル ス イッソヨ

❏ 出られません　나올 수 없어요　ナオル ス オプソヨ
許可なしでは出られません．
허가 없이는 나올 수 없어요．
ホガ オプシヌン ナオル ス オプソヨ

❏ 出たり　나왔다가　ナワッタガ
出たり入ったり
나왔다가 들어갔다가
ナワッタガ ドゥロガッタガ

내려오다 /ネリョオダ/ 下りる・降りる・下りてくる

[自] ①下りる・下りてくる. ②(地方へ)下る；来る. ③(命令・示達などが)下りる.
— [他] 降ろす；下の方に下げる.

	辞書形	丁寧体	会話体	連体形
現在形	下りる 내려오다 ネリョオダ	下ります 내려옵니다 ネリョオムニダ	下ります 내려와요 ネリョワヨ	下りる〜 내려오는 ネリョオヌン
過去形	下りた 내려왔다 ネリョワッタ	下りました 내려왔습니다 ネリョワッスムニダ	下りました 내려왔어요 ネリョワッソヨ	下りた〜 내려왔던 / 내려온 ネリョワットン / ネリョオン
未来形	下りる 내려오겠다 ネリョオゲッタ	下ります 내려오겠습니다 ネリョオゲッスムニダ	下ります 내려오겠어요 ネリョオゲッソヨ	下りる〜 내려올 ネリョオル

規則活用（오다で終わる動詞）

❏ 下ります　내려와요　ネリョワヨ
　下に下りてきます.　　　　　아래로 내려와요.
　　　　　　　　　　　　　　アレロ ネリョワヨ

❏ 下りますか　내려와요？・내려오나요？　ネリョワヨ・ネリョオナヨ

❏ 下りるつもりです　내려올 거예요　ネリョオル コイェヨ

❏ 下りるつもりです　내려올 생각이에요　ネリョオル センガギエヨ

❏ 下りません　내려오지 않아요・안 내려와요　ネリョオジ アナヨ・アン ネリョワヨ
　彼は2階から下りてきません.　　그는 이 층에서 내려오지 않아요.
　　　　　　　　　　　　　　　　グヌン イ チュンエソ ネリョオジ アナヨ

❏ 下りませんか　내려오지 않나요？・안 내려오나요？　ネリョオジ アンナヨ・アン ネリョオナヨ

❏ 下りました　내려왔어요　ネリョワッソヨ
　エスカレーターで下りてきました.　　에스컬레이터로 내려왔어요.
　　　　　　　　　　　　　　　　　　エスコルレイトロ ネリョワッソヨ

❏ 下りてきませんでした　내려오지 않았어요・안 내려왔어요　ネリョオジ アナッソヨ・アン ネリョワッソヨ
　姉は下りてきませんでした.　　누나[언니]는 안 내려왔어요.
　　　　　　　　　　　　　　　ヌナ[オンニ] ヌン アン ネリョワッソヨ

❏ 下りてくれば　내려오면　ネリョオミョン
　道に沿って下りてくれば病院が見えます.　　도로를 따라 내려오면 병원이 보여요.
　　　　　　　　　　　　　　　　　　　　　ドロルル ッタラ ネリョオミョン ビョンウォニ ボヨヨ

❏ 下りてこなければ　내려오지 않으면・안 내려오면　ネリョオジ アヌミョン・アン ネリョオミョン
　1階に下りてこなければ電話はありません.　　일 층에 내려오지 않으면 전화가 없어요.
　　　　　　　　　　　　　　　　　　　　　　イル チュンエ ネリョオジ アヌミョン ジョンファガ オプソヨ

規則活用（오다で終わる動詞）

❏ 下りなくても　내려오지 않아도・안 내려와도　ネリョオジ アナド・アン ネリョワド
　ここまで下りてこなくてもいいです。　여기까지 안 내려와도 돼요.
　ヨギッカチ アン ネリョワド ドェヨ

❏ 下りること / 下りたこと　내려오는 것・내려올 것圂/ 내려왔던 적・내려온 적
　ネリョオヌン ゴッ・ネリョオル コッ / ネリョワットン ジョク・ネリョオン ジョク
　下りてくることは楽ではありません。　내려오는 것은 쉽지 않아요.
　ネリョオヌン ゴスン シュィプチ アナヨ

❏ 下りてきながら，下りてくるにつれて　내려오면서　ネリョオミョンソ
　下りてくるにつれて道が狭くなります。　내려오면서 좁아져요.
　ネリョオミョンソ ジョバジョヨ

❏ 下りましょうか　내려올까요?　ネリョオルッカヨ

❏ 下りたいです / 下りたくないです　내려오고 싶어요 / 내려오고 싶지 않아요
　ネリョオゴ シポヨ / ネリョオゴ シプチ アナヨ
　ケーブルカーで下りたいです。　케이블카로 내려오고 싶어요.
　ケイブルカロ ネリョオゴ シポヨ

❏ 下りるそうです　내려온대요　ネリョオンデヨ

❏ 下りる〜　내려오는・내려올圂　ネリョオヌン・ネリョオル
　階段を下るときは気をつけてください。　계단을 내려올 때는 조심 하세요.
　ゲダヌル ネリョオル ッテヌン ジョシム ハセヨ

❏ 下りてください　내려 오세요　ネリョ オセヨ
　ゆっくり下りてきてください。　천천히 내려 오세요.
　チョンチョニ ネリョ オセヨ

❏ 下りてはいけません　내려오면 안 돼요　ネリョオミョン アン ドェヨ
　2階から下りてきてはいけません。　이 층에서 내려오면 안 돼요.
　イ チュンエソ ネリョオミョン アン ドェヨ

❏ 下りないでください　내려오지 마세요　ネリョオジ マセヨ

❏ 下りても　내려와도　ネリョワド

❏ 下りるけれど / 下りたけれど　내려오지만 / 내려왔지만　ネリョオジマン / ネリョワッチマン

❏ 下りて　내려오고　ネリョオゴ

❏ 下りそうです　내려올 것 같아요　ネリョオル コッ ガタヨ

❏ 下りるから　내려오니까・내려올 테니까圂　ネリョオニッカ・ネリョオル テニッカ

❏ 下りるので，下りたので　내려와서　ネリョワソ

❏ 下りられます　내려올 수 있어요　ネリョオル ス イッソヨ

❏ 下りられません　내려올 수 없어요　ネリョオル ス オプソヨ
　子犬は階段を下りられません。　강아지는 계단을 내려올 수 없어요.
　ガンアジヌン ゲダヌル ネリョオル ス オプソヨ

다녀오다 /ダニョオダ/ 行ってくる

	辞書形	丁寧体	会話体	連体形
現在形	行ってくる 다녀오다 ダニョオダ	行ってきます 다녀옵니다 ダニョオムニダ	行ってきます 다녀와요 ダニョワヨ	行ってくる〜 다녀오는 ダニョオヌン
過去形	行ってきた 다녀왔다 ダニョワッタ	行ってきました 다녀왔습니다 ダニョワッスムニダ	行ってきました 다녀왔어요 ダニョワッソヨ	行ってきた〜 다녀왔던 /다녀온 ダニョワットン/ダニョオン
未来形	行ってくる 다녀오겠다 ダニョオゲッタ	行ってきます 다녀오겠습니다 ダニョオゲッスムニダ	行ってきます 다녀오겠어요 ダニョオゲッソヨ	行ってくる〜 다녀올 ダニョオル

❑ 行ってきます　다녀와요　ダニョワヨ
　病院に行ってきます.　　　병원에 다녀와요.
　　　　　　　　　　　　　ビョンウォネ ダニョワヨ

❑ 行ってきますか　다녀와요? · 다녀오나요?　ダニョワヨ・ダニョオナヨ

❑ 行ってきます　다녀오겠어요　ダニョオゲッソヨ
　学校に行ってきます.　　　학교 다녀오겠어요.
　　　　　　　　　　　　　ハクキョ ダニョオゲッソヨ

＊出かける挨拶の「行ってまいります！」も 다녀오겠어요 です.

❑ 行ってくるつもりです　다녀올 거예요　ダニョオル コイェヨ

❑ 行ってきました　다녀왔어요　ダニョワッソヨ
　郵便局まで行ってきました.　우체국까지 다녀왔어요.
　　　　　　　　　　　　　　ウチェグッカジ ダニョワッソヨ

＊帰って来たときの挨拶「ただいま」も 다녀왔어요 です.

❑ 行ってきませんでした　다녀오지 않았어요 · 안 다녀왔어요　ダニョオジ アナッソヨ・アン ダニョワッソヨ

❑ 行ってくれば　다녀오면　ダニョオミョン

❑ 行ってこなければ　다녀오지 않으면 · 안 다녀오면　ダニョオジ アヌミョン・アン ダニョオミョン
　市役所に行ってこなければなりません.　시청에 다녀오지 않으면 안 돼요.
　　　　　　　　　　　　　　　　　　　シチョンエ ダニョオジ アヌミョン アン ドェヨ

❑ 行ってこなくても　다녀오지 않아도 · 안 다녀와도　ダニョオジ アナド・アン ダニョワド

❑ 行ってくること/行ってきたこと　다녀오는 것 · 다녀올 것困/ 다녀왔던 적 · 다녀온 적　ダニョオヌン ゴッ・ダニョオル コッ/ダニョワットン ジョッ・ダニョオン ジョッ
　旅行に行ってくるのもいいでしょう.　여행을 다녀오는 것도 좋겠죠?
　　　　　　　　　　　　　　　　　　ヨヘンウル ダニョオヌン ゴット ジョケッチョ

規則活用（오다 で終わる動詞）

- 行ってきましょうか　다녀올까요?　ダニョオルッカヨ

　買い物に行ってきましょうか.　쇼핑하러 다녀올까요?
　ショッピンハロ ダニョオルッカヨ

- 行ってきたいです / 行ってきたくないです　다녀오고 싶어요 / 다녀오고 싶지 않아요　ダニョオゴ シポヨ / ダニョオゴ シッチ アナヨ

　ちょっとスーパーに行ってきたいんです.　잠시 슈퍼에 다녀오고 싶어요.
　ジャムシ シュポエ ダニョオゴ シポヨ

- 行ってきてみます　다녀와 볼래요　ダニョワ ボルレヨ

- 行ってくるそうです　다녀온대요　ダニョオンデヨ

　明日東京に行ってくるそうです.　내일 동경에 다녀온대요.
　ネイル ドンギョンエ ダニョオンデヨ

- 行ってきた〜　다녀왔던・다녀온・다닌　ダニョワットン・ダニョオン・ダニン

　香港に行ってきた人　홍콩에 다녀온 사람
　ホンコンエ ダニョオン サラム

- 行ってこなかった〜　다녀오지 않았던・안 다녀왔던・안 다녀온　ダニョオジ アナットン・アン ダニョワットン・アン ダニョオン

- 行ってきてください　다녀오세요　ダニョオセヨ

　＊送り出す挨拶の「行ってらっしゃい!」も同じです.

- 行ってきても　다녀와도　ダニョワド

　トイレに行ってきてもいいですか.　화장실에 다녀와도 돼요?
　ファジャンシレ ダニョワド ドェヨ

- 行ってくるけれど / 行ってきたけれど　다녀오지만 / 다녀왔지만　ダニョオジマン / ダニョワッチマン

　今回は1人で行ってくるけれど次は一緒に行きましょう.　이 번엔 혼자 다녀오지만 다음엔 같이 가죠.
　イ ボネン ホンジャ ダニョオジマン ダウメン カチ ガジョ

- 行ってこさせます　다녀오게 해요　ダニョオゲ ヘヨ

- 行ってきて　다녀오고　ダニョオゴ

- 行ってくるから　다녀오니까・다녀올 테니까 困　ダニョオニッカ・ダニョオル テニッカ

　ちょっと行ってくるから待っていてね.　잠깐 다녀올 테니까 기다려요.
　ジャムッカン ダニョオルテニッカ ギダリョヨ

- 行ってこられます　다녀올 수 있어요　ダニョオルス イッソヨ

　私1人で行ってこられます.　저 혼자서 다녀올 수 있어요.
　ジョ ホンジャソ ダニョオル ス イッソヨ

規則活用（오다で終わる動詞）

돌아오다 /ドラオダ/ 帰ってくる・戻る・戻ってくる

①帰ってくる・戻る・戻ってくる. ②(順番などが)回ってくる. ③〔돌아오는…の形で〕来る….

	辞書形	丁寧体	会話体	連体形
現在形	帰ってくる **돌아오다** ドラオダ	帰ってきます **돌아옵니다** ドラオムニダ	帰ってきます **돌아와요** ドラワヨ	帰ってくる〜 **돌아오는** ドラオヌン
過去形	帰ってきた **돌아왔다** ドラワッタ	返ってきました **돌아왔습니다** ドラワッスムニダ	帰ってきました **돌아왔어요** ドラワッソヨ	帰ってきた〜 **돌아왔던 / 돌아온** ドラワットン / ドラオン
未来形	帰ってくる **돌아오겠다** ドラオゲッタ	帰ってきます **돌아오겠습니다** ドラオゲッスムニダ	帰ってきます **돌아오겠어요** ドラオゲッソヨ	帰ってくる〜 **돌아올** ドラオル

❑ 帰ってきます　**돌아와요** ドラワヨ
　もうすぐ妹が帰ってきます．　　곧 여동생이 돌아와요．
　　　　　　　　　　　　　　　　ゴッ ヨドンセンイ ドラワヨ

❑ 帰ってきますか　**돌아와요？・돌아오나요？** ドラワヨ・ドラオナヨ

❑ 帰ってきます　**돌아오겠어요** 困 ドラオゲッソヨ
　4時までには帰ってきます．　　네 시까지는 돌아오겠어요．
　　　　　　　　　　　　　　　　ネ シッカジヌン ドラオゲッソヨ

❑ 帰ってくるつもりです　**돌아올 거예요** ドラオル コイエヨ

❑ 帰ってこようと思います　**돌아올 생각이에요** ドラオル センガギエヨ
　来年の春に帰ってこようと思います．　　내년 봄에 돌아올 생각이에요．
　　　　　　　　　　　　　　　　　　　ネニョン ボメ ドラオル センガギエヨ

❑ 帰ってきません　**돌아오지 않아요・안 돌아와요** ドラオジ アナヨ・アン ドラワヨ
　妹はまだ帰ってきません．　　여동생은 아직 돌아오지 않아요．
　　　　　　　　　　　　　　　ヨドンセンウン アジク ドラオジ アナヨ

❑ 帰って［戻って］きています　**돌아오고 있어요** ドラオゴ イッソヨ
　意識が戻ってきています．　　의식이 돌아오고 있어요．
　　　　　　　　　　　　　　　ウィシギ ドラオゴ イッソヨ

❑ 帰ってきました　**돌아왔어요** ドラワッソヨ
　昨日は早く帰ってきました．　　어제는 일찍 돌아왔어요．
　　　　　　　　　　　　　　　　オジェヌン イルチク ドラワッソヨ

❑ 帰ってきていません　**돌아오고 있지 않아요・안 돌아오고 있어요** ドラオゴ イッ
チ アナヨ・アン ドラオゴ イッソヨ

❑ 帰ってきませんでした　**돌아오지 않았어요・안 돌아왔어요** ドラオジ アナッソヨ・アン
ドラワッソヨ

規則活用（오다で終わる動詞）

| 昨夜弟は帰ってきませんでした. | 어젯밤 남동생은 돌아오지 않았어요.
オジェッパム ナムドンセンウン ドラオジ アナッソヨ |

❏ 帰ってくれば [くると]　돌아오면　ドラオミョン

| 息子が帰ってくると犬が大喜びです. | 아들이 돌아오면 개가 매우 좋아해요.
アドゥリ ドラオミョン ゲガ メウ ジョアヘヨ |

❏ 帰ってこなければ　돌아오지 않으면・안 돌아오면　ドラオジ アヌミョン・アン ドラオミョン

| 早く帰ってこなければいけませんよ. | 일찍 돌아오지 않으면 안 돼요.
イルッチク ドラオジ アヌミョン アン デェヨ |

❏ 帰ってこなくても　돌아오지 않아도・안 돌아와도　ドラオジ アナド・アン ドラワド

| 早く帰ってこなくてもいいです. | 빨리 안 돌아와도 돼요.
ッパルリ アン ドラワド デェヨ |

❏ 帰ってくること / 帰ってきたこと　돌아오는 것・돌아올 것[困] / 돌아왔던 적・돌아온 적　ドラオヌン ゴッ・ドラオル コッ / ドラワットン ジョク・ドラオン ジョク

| 夜中の3時に帰ってきたことがあります. | 새벽 세 시에 돌아온 적이 있어요.
セビョク セ シエ ドラオン ジョギ イッソヨ |

❏ 帰ってきながら　돌아오면서　ドラオミョンソ

❏ 帰ってきましょうか　돌아올까요?　ドラオルッカヨ

| 今日は早く帰ってきましょうか. | 오늘은 일찍 돌아올까요?
オヌルン イルッチク ドラオルッカヨ |

❏ 帰ってきたいです / 帰ってきたくないです　돌아오고 싶어요 / 돌아오고 싶지 않아요　ドラオゴ シポヨ / ドラオゴ シッチ アナヨ

| 優勝して帰ってきたいです. | 우승해서 돌아오고 싶어요.
ウスンヘソ ドラオゴ シポヨ |

❏ 帰ってくるそうです　돌아온대요　ドラオンデヨ

| 来週帰ってくるそうです. | 다음주에 돌아온대요.
ダウムッチュエ ドラオンデヨ |

❏ 帰ってくる〜　돌아오는・돌아올[困]　ドラオヌン・ドラオル

| 帰ってくる日を知らせてください. | 돌아오는 날을 알려 주세요.
ドラオヌン ナルル アルリョ ジュセヨ |

❏ 帰ってこない〜　돌아오지 않는・안 돌아오는　ドラオジ アンヌン・アン ドラオヌン

| 帰ってこない人を待っても仕方がないでしょう. | 돌아오지 않는 사람을 기다려도 소용없어요.
ドラオジ アンヌン サラムル ギダリョド ソヨンオプソヨ |

❏ 帰ってきた〜　돌아왔던・돌아온　ドラワットン・ドラオン

❏ 帰ってこなかった〜　돌아오지 않았던・안 돌아왔던・안 돌아온　ドラオジ アナットン・アン ドラワットン・アン ドラオン

| 昨夜帰ってこなかった理由 | 어젯밤 안 돌아온 이유
オジェッパム アン ドラオン イユ |

- 帰ってきてください　돌아와 주세요・돌아오세요　ドラワ ジュセヨ・ドラオセヨ

早く帰ってきてください．	빨리 돌아와 주세요．
	ッパルリ ドラワ ジュセヨ

- 帰ってこないでください　돌아오지 마세요　ドラオジ マセヨ

7時までは帰ってこないでください．	일곱 시까지는 돌아오지 마세요．
	イルゴプ シッカジヌン ドラオジ マセヨ

- 帰ってきても　돌아와도　ドラワド

つらいなら帰ってきてもいいですよ．	힘들면 돌아와도 돼요．
	ヒムドゥルミョン ドラワド デェヨ

- 帰ってくるけれど / 帰ってきたけれど　돌아오지만 / 돌아왔지만　ドラオジマン / ドラワッチマン

- 帰ってこさせます　돌아오게 해요　ドラオゲ ヘヨ

子どもは早く帰ってこさせます．	아이는 일찍 돌아오게 해요．
	アイヌン イルッチク ドラオゲ ヘヨ

- 帰ってきて　돌아오고　ドラオゴ
- 帰ってきそうです　돌아올 것 같아요　ドラオル コッ ガタヨ

彼は疲れて帰ってきそうです．	그는 지쳐서 돌아올 것 같아요．
	グヌン ジチョソ ドラオル コッ ガタヨ

- 帰ってきやすい / 帰ってきにくい　돌아오기 쉬워요 / 돌아오기 어려워요　ドラオギ シュィウォヨ / ドラオギ オリョウォヨ

帰ってきにくいわけでもあるのですか．	돌아오기 어려운 이유라도 있나요?
	ドラオギ オリョウン イユラド インナヨ

- 帰ってくるから　돌아오니까・돌아올 테니까　ドラオニッカ・ドラオル テニッカ

兄が帰ってくるから玄関は開けておいてください．	형이 [오빠가] 돌아오니까 현관은 열어놓으세요．
	ヒョンイ [オッパガ] ドラオニッカ ヒョングヮヌン ヨロノウセヨ

- 帰ってくるので / 帰ってきたので　돌아와서　ドラワソ
- 帰ってこられます　돌아올 수 있어요　ドラオル ス イッソヨ

7時までには帰ってこられます．	일곱 시까지는 돌아올 수 있어요．
	イルゴプ シッカッジヌン ドラオル ス イッソヨ

- 帰ってこられません　돌아올 수 없어요　ドラオル ス オプソヨ

1人では帰ってこられません．	혼자서는 돌아올 수 없어요．
	ホンジャソヌン ドラオル ス オプソヨ

規則活用（오다で終わる動詞）

들어오다 /ドゥロオダ/ 入る・入ってくる

①入る・入ってくる．②帰る・帰ってくる．

	辞書形	丁寧体	会話体	連体形
現在形	入る 들어오다 ドゥロオダ	入ります 들어옵니다 ドゥロオムニダ	入ります 들어와요 ドゥロワヨ	入る～ 들어오는 ドゥロオヌン
過去形	入った 들어왔다 ドゥロワッタ	入りました 들어왔습니다 ドゥロワッスムニダ	入りました 들어왔어요 ドゥロワッソヨ	入った～ 들어왔던 / 들어온 ドゥロワットン / ドゥロオン
未来形	入る 들어오겠다 ドゥロオゲッタ	入ります 들어오겠습니다 ドゥロオゲッスムニダ	入ります 들어오겠어요 ドゥロオゲッソヨ	入る～ 들어올 ドゥロオル

規則活用（오다で終わる動詞）

❏ 入ります　　들어와요　ドゥロワヨ
毎年4月には新入生が入ってきます．
매년 사 월에는 신입생이 들어와요．
メニョン サ ウォレヌン シニプッセンイ ドゥロワヨ

❏ 入りますか　들어와요？・들어오나요？　ドゥロワヨ・ドゥロオナヨ

❏ 入ります　들어오겠어요 困　ドゥロオゲッソヨ

❏ 入るつもりです　들어올 거예요　ドゥロオル コイェヨ

❏ 入ろう［帰ってこよう］と思います　들어올 생각이에요　ドゥロオル センガギエヨ
7時に帰ってこようと思います．
일곱 시에 들어올 생각이에요．
イルゴプ シエ ドゥロオル センガギエヨ

❏ 入りません　들어오지 않아요・안 들어와요　ドゥロオジ アナヨ・アン ドゥロワヨ
単語が頭に入りません．
단어가 머리에 안 들어와요．
ダノガ モリエ アン ドゥロワヨ

❏ 入りませんか　들어오지 않을래요？・안 들어올래요？　ドゥロオッジ アヌルレヨ・アン ドゥロウルレヨ
私たちのチームに入りませんか．
우리 팀에 안 들어올래요？
ウリ ティメ アン ドゥロオルレヨ

❏ 入りました　들어왔어요　ドゥロワッソヨ
部屋に虫が入りました．
방에 벌레가 들어왔어요．
パンエ ボルレガ ドゥロワッソヨ

❏ 入っていません　들어오고 있지 않아요・안 들어오고 있어요　ドゥロオゴ イッチ アナヨ・アン ドゥロオゴ イッソヨ
船はまだ港に入っていません．
배는 아직 항구에 안 들어오고 있어요．
ペヌン アジク ハングエ アン ドゥロオゴ イッソヨ

❏ 入りませんでした　들어오지 않았어요・안 들어왔어요　ドゥロオジ アナッソヨ・アン ドゥロワッソヨ

| 彼が目に入りませんでした． | 그가 눈에 들어오지 않았어요．
グガ ヌネ ドゥロオジ アナッソヨ |

❏ 入れば　들어오면　ドゥロオミョン

| 部屋に入ればいいのに． | 방에 들어오면 좋을 텐데．
パンエ ドゥロオミョン ジョウル テンデ |

❏ 入らなければ　들어오지 않으면・안 들어오면　ドゥロオジ アヌミョン・アン ドゥロオミョン

| 家に入らなければ雨にぬれます． | 집에 안 들어오면 비에 젖어요．
ジベ アン ドゥロオミョン ピエ ジョジョヨ |

❏ 入らなくても　들어오지 않아도・안 들어와도　ドゥロオジ アナド・アン ドゥロワド

❏ 入ること／入ったこと　들어오는 것・들어올 것囲／들어왔던 적・들어온 적　ドゥロオヌン ゴッ・ドゥロオル コッ／ドゥロワットン ジョク・ドゥロオン ジョク

❏ 入り[帰り]ましょうか　들어올까요？　ドゥロオルッカヨ

| 何時に帰って来るでしょうか． | 몇　시에 들어 올까요？
ミョッ シエ ドゥロ オルッカヨ |

❏ 入りたいです／入りたくないです　들어오고 싶어요／들어오고 싶지 않아요　ドゥロオゴ シポヨ／ドゥロオゴ シプチ アナヨ

| 今日は早く帰ってきたいです． | 오늘은 일찍 들어오고 싶어요．
オヌルン イルッチク ドゥロオゴ シポヨ |

❏ 入る[帰ってくる]そうです　들어온대요　ドゥロオンデヨ

| 今日から早く帰ってくるそうです． | 오늘부터 일찍 들어온대요．
オヌルプト イルッチク ドゥロオンデヨ |

❏ 入る〜　들어오는・들어올囲　ドゥロオヌン・ドゥロオル

| 新しく入ってくる社員 | 새로 들어올 사원
セロ ドゥロオル サウォン |

❏ 入らない〜　들어오지 않는・안 들어오는　ドゥロオジ アンヌン・アン ドゥロオヌン

❏ 入った〜　들어왔던・들어온　ドゥロワットン・ドゥロオン

| 新しく入った機械 | 새로 들어온 기계
セロ ドゥロオン ギゲ |

❏ 入らなかった〜　들어오지 않았던・안 들어왔던・안 들어온　ドゥロオジ アナットン・アン ドゥロワットン・アン ドゥロオン

| 先月入らなかったお金が今月入りました． | 지난 달에 안 들어왔던 돈이 이번 달에 들어왔어요．
ジナン ダレ アン ドゥロワットン ドニ イボン ッタレ ドゥロワッソヨ |

❏ 入ってください　들어와 주세요・들어오세요　ドゥロワ ジュセヨ・ドゥロオセヨ

| 準備運動をして入ってください． | 준비운동을 하고 들어오세요．
ジュンビウンドンウル ハゴ ドゥロオセヨ |

規則活用（오다で終わる動詞）

❑ 入ってはいけません　들어오면 안 돼요　ドゥロオミョン アン ドェヨ

男性は入ってはいけません。　남자는 들어오면 안 돼요.
ナムジャヌン ドゥロオミョン アン ドェヨ

❑ 入らないでください　들어오지 마세요　ドゥロオジ マセヨ

無断で入らないでください。　함부로 들어오지 마세요.
ハムブロ ドゥロオジ マセヨ

❑ 入っても　들어와도　ドゥロワド

裏口から入ってもかまいません。　뒷문으로 들어와도 돼요.
ディンムヌロ ドゥロワド ドェヨ

❑ 入るけれど／入ったけれど　들어오지만／들어왔지만　ドゥロオジマン／ドゥロワッチマン

電源は入るけれどモニターが付きません。　전원은 들어오지만 모니터가 안 켜져요.
ジョヌォヌン ドゥロオジマン モニトガ アン キョジョヨ

❑ 入らせます　들어오게 해요　ドゥロオゲ ヘヨ

子どもを家に入らせます。　아이를 집에 들어오게 해요.
アイルル ジベ ドゥロオゲ ヘヨ

❑ 入って　들어오고　ドゥロオゴ

❑ 入りそうです　들어올 것 같아요　ドゥロオル コッ ガタヨ

網戸がないと虫が入ってきそうです。　방충망이 없으면 벌레가 들어올 것 같아요.
パンチュンマンイ オプスミョン ボルレガ ドゥロオル コッ ガタヨ

❑ 入りやすい／入りにくい　들어오기 쉬워요／들어오기 어려워요　ドゥロオギ シュィウォヨ／ドゥロオギ オリョウォヨ

❑ 入るから　들어오니까・들어올 테니까 困　ドゥロオニッカ・ドゥロオル テニッカ

蚊が入るから窓を閉めてください。　모기가 들어오니까 창문을 닫아 주세요.
モギガ ドゥロオニッカ チャンムヌルダダ ジュセヨ

❑ 入るので，入ったので　들어와서　ドゥロワソ

蚊が入るので窓を閉めました。　모기가 들어와서 창문을 닫았어요.
モギガ ドゥロワソ チャンムヌル ダダッソヨ

❑ 入れます　들어올 수 있어요　ドゥロオル ス イッソヨ

1人だけ入れます。　한 사람만 들어올 수 있어요.
ハン サラムマン ドゥロオル ス イッソヨ

❑ 入れません　들어올 수 없어요　ドゥロオル ス オプソヨ

規則活用（오다で終わる動詞）

가르치다 / ガルチダ / 教える

	辞書形	丁寧体	会話体	連体形
現在形	教える 가르치다 ガルチダ	教えます 가르칩니다 ガルチムニダ	教えます 가르쳐요 ガルチョヨ	教える〜 가르치는 ガルチヌン
過去形	教えた 가르쳤다 ガルチョッタ	教えました 가르쳤습니다 ガルチョッスムニダ	教えました 가르쳤어요 ガルチョッソヨ	教えた〜 가르쳤던 / 가르친 ガルチョットン / ガルチン
未来形	教える 가르치겠다 ガルチゲッタ	教えます 가르치겠습니다 ガルチゲッスムニダ	教えます 가르치겠어요 ガルチゲッソヨ	教える〜 가르칠 ガルチル

❑ **教えます　가르쳐요** ガルチョヨ

数学を教えます.　　수학을 가르쳐요.
スハグル ガルチョヨ

❑ **教えますか　가르쳐요?・가르치나요?** ガルチョヨ・ガルチナヨ

フランス語も教えますか.　　프랑스어도 가르치나요?
プランスオド ガルチナヨ

❑ **教えます　가르치겠어요** 困 ガルチゲッソヨ

私が教えます.　　제가 가르치겠어요.
ジェガ ガルチゲッソヨ

❑ **教えるつもりです　가르칠 거예요** ガルチル コイェヨ

❑ **教えようと思います　가르칠 생각이에요** ガルチル センガギエヨ

歌を教えようと思います.　　노래를 가르칠 생각이에요.
ノレルル ガルチル センガギエヨ

❑ **教えません　가르치지 않아요・안 가르쳐요** ガルチジ アナヨ・アン ガルチョヨ

英語は教えません.　　영어는 가르치지 않아요.
ヨンオヌン ガルチジ アナヨ

❑ **教えています　가르치고 있어요** ガルチゴ イッソヨ

ヨガを教えています.　　요가를 가르치고 있어요.
ヨガルル ガルチゴ イッソヨ

❑ **教えました　가르쳤어요** ガルチョッソヨ

彼に英語を教えました.　　그에게 영어를 가르쳤어요.
グエゲ ヨンオルル ガルチョッソヨ

❑ **教えていません　가르치고 있지 않아요・안 가르치고 있어요** ガルチゴ イッチ アナヨ・アン ガルチゴ イッソヨ

規則活用

	今は何も教えていません.	지금은 아무것도 안 가르치고 있어요. ジグムン アムゴット アン ガルチゴ イッソヨ

❏ **教えれば**　가르치면　ガルチミョン

	教えればすぐに覚えるでしょう.	가르치면 금방 익히겠지요. ガルチミョン グムバン イキゲッチョ

❏ **教えなければ**　가르치지 않으면・안 가르치면　ガルチジ アヌミョン・アン ガルチミョン

❏ **教えなくても**　가르치지 않아도・안 가르쳐도　ガルチジ アナド・アン ガルチョド

❏ **教えること / 教えたこと**　가르치는 것・가르칠 것[未] / 가르쳤던 적・가르친 적　ガルチヌン ゴッ・ガルチル コッ / ガルチョットン ジョㇰ・ガルチン ジョㇰ

	教える事は難しいです.	가르치는 것은 어려워요. ガルチヌン ゴスン オリョウォヨ

❏ **教えながら**　가르치면서　ガルチミョンソ

❏ **教えましょうか**　가르칠까요　ガルチルッカヨ

	数学は私が教えましょうか.	수학은 제가 가르칠까요? スハグン ジェガ ガルチルッカヨ

❏ **教えたいです / 教えたくないです**　가르치고 싶어요 / 가르치고 싶지 않아요　ガルチゴ シポヨ / ガルチゴ シㇷ゚チ アナヨ

	彼女は教えたくないです.	그녀는 가르치고 싶지 않아요. グニョヌン ガルチゴ シㇷ゚チ アナヨ

❏ **教えてみます**　가르쳐 볼래요　ガルチョ ボルレヨ

	一度教えてみます.	한 번 가르쳐 볼래요. ハン ボン ガルチョ ボルレヨ

❏ **教えるそうです**　가르친대요　ガルチンデヨ

	日本語を教えるそうです.	일본어를 가르친대요. イルボノルル ガルチンデヨ

❏ **教える〜**　가르치는・가르칠[未]　ガルチヌン・ガルチル

	一流シェフの教える料理教室	일류 요리사가 가르치는 요리교실 イルリュ ヨリサガ ガルチヌン ヨリギョシル

❏ **教えない**　가르치지 않는・안 가르치는　ガルチジ アンヌン・アン ガルチヌン

❏ **教えた〜**　가르쳤던・가르친　ガルチョットン・ガルチン

	キム チョルス先生が教えた科目は美術史です.	김 철수 선생님이 가르쳤던 과목은 미술사예요. ギム チョルス ソンセンニミ ガルチョットン グゥモグン ミスルサイェヨ

❏ **教えなかった**　가르치지 않았던・안 가르친　ガルチジ アナットン・アン ガルチン

❏ **教えてください**　가르쳐 주세요・가르치세요　ガルチョ ジュセヨ・ガルチセヨ

	簿記の基礎を教えてください.	부기의 기초를 가르쳐 주세요. ブギウィ ギチョルル ガルチョ ジュセヨ

❏ **教えてはいけません**　가르치면 안 돼요　ガルチアミョン アン ドェヨ

- ❏ 教えないでください　가르치지 마세요　ガルチジ マセヨ
- ❏ 教えても　가르쳐도　ガルチョド

教えても無駄です.	가르쳐도 소용 없어요. ガルチョド ソヨン オプソヨ

- ❏ 教えるけれど / 教えたけれど　가르치지만 / 가르쳤지만　ガルチジマン / ガルチョッチマン
- ❏ 教えさせます　가르치게 해요　ガルチゲ ヘヨ
- ❏ 教えて　가르치고　ガルチゴ

英語も教えて日本語も教えます.	영어도 가르치고 일본어도 가르쳐요. ヨンオド ガルチゴ イルボノド ガルチョヨ

- ❏ 教えそうです　가르칠 것 같아요　ガルチル コッ ガタヨ
- ❏ 教えやすい / 教えにくい　가르치기 쉬워요 / 가르치기 어려워요　ガルチギ シュィウォヨ / ガルチギ オリョウォヨ
- ❏ 教えるから　가르치니까・가르칠 테니까　困　ガルチニッカ・ガルチル テニッカ
- ❏ 教えるので, 教えたので　가르쳐서　ガルチョソ
- ❏ 教えられます　가르칠 수 있어요　ガルチル ス イッソヨ

キムチの作り方なら教えられます.	김치 만드는 법이라면 가르칠 수 있어요. ギムチ マンドゥヌン ポビラミョン ガルチル ス イッソヨ

- ❏ 教えられません　가르칠 수 없어요・못 가르쳐요　ガルチル ス オプソヨ・モッ ガルチョヨ

あまり難しくて教えられません.	너무 어려워서 가르칠 수 없어요. ノム オリョウォソ ガルチル ス オプソヨ

*活用形は가르칠 수 없어요ですが, 日常的には못 가르쳐요がよく使われます.

- ❏ 教えに行きます [来ます]　가르치러 가요 [와요]　ガルチロ ガヨ [ワヨ]

水泳を教えに行きます.	수영을 가르치러 가요. スヨンウル ガルチロ ガヨ

規則活用

가지다 / ガジダ / 持つ

他 ①持つ・所持する・所有する・有する・抱(いだ)く ③(関係などを)持つ・保つ．④身ごもる．⑤行なう．
― 補 動作・状態が続いていることを表す：…して・…で．
＊縮約形の갖다がよく使われます．

	辞書形	丁寧体	会話体	連体形
現在形	持つ 가지다 ガジダ	持ちます 가집니다 ガジムニダ	持ちます 가져요 ガジョヨ	持つ～ 가지는 ガジヌン
過去形	持った 가졌다 ガジョッタ	持ちました 가졌습니다 ガジョッスムニダ	持ちました 가졌어요 ガジョッソヨ	持った～ 가졌던 / 가진 ガジョットン / ガジン
未来形	持つ 갖겠다 ガッケッタ	持ちます 갖겠습니다 ガッケッスムニダ	持ちます 갖겠어요 ガッケッソヨ	持つ～ 가질 ガジル

規則活用

❑ 持ちます　가져요　ガジョヨ

責任感を持ちます． | 책임감을 가져요 .
チェギムガムル ガジョヨ

❑ 持ちますか　가져요？・가지나요？　ガジョヨ・ガジナヨ

❑ 持つつもりです　가질 거예요　ガジル コイェヨ

❑ 持ちません　가지지 [갖지] 않아요・안 가져요　ガジジ [ガッチ] アナヨ・アン ガジョヨ

だれも興味を持ちません． | 아무도 관심을 안 가져요 .
アムド グヮンシムル アン ガジョヨ

❑ 持っています　가지고 [갖고] 있어요　ガジゴ [ガッコ] イッソヨ

車を持っています． | 차를 가지고 있어요 .
チャルル ガジゴ イッソヨ

❑ 持ちました　가졌어요　ガジョッソヨ

❑ 持ちませんでした　가지지 [갖지] 않았어요・안 가졌어요　ガジジ [ガッチ] アナッソヨ・アン ガジョッソヨ

勉強には興味を持ちませんでした． | 공부에는 흥미를 안 가졌어요 .
ゴンブエヌン フンミルル アン ガジョッソヨ

❑ 持っていません　가지고 [갖고] 있지 않아요・안 가지고 [갖고] 있어요
ガジゴ [ガッコ] イッチ アナヨ・アン ガジゴ [ガッコ] イッソヨ

お金を持っていません． | 돈을 안 가지고 있어요 .
ドヌル アン ガジゴ イッソヨ

❏ 持てば　가지면　ガジミョン

希望を持てば夢が実現できます.　희망을 가지면 꿈을 실현할 수 있어요.
ヒマンウル ガジミョン ックムル シルヒョンハル ス イッソヨ

❏ 持たなければ　가지지 [갖지] 않으면・안 가지면　ガジジ [ガッチ] アヌミョン・アン ガジミョン

自信を持たなければいけません.　자신을 가지지 않으면 안 돼요.
ジャシヌル ガジジ アヌミョン アン ドェヨ

❏ 持たなくても　가지지 [갖지] 않아도・안 가져도　ガジジ [ガッチ] アナド・アン ガジョド

罪悪感を持たなくてもいいです.　죄책감을 갖지 않아도 돼요.
ジュェチェクカムル ガッチ アナド ドェヨ

❏ 持つこと / 持ったこと　가지는 것・가질 것囲 / 가졌던 적・가진 적　ガジヌン ゴッ・ガジル コッ / ガジョットン ジョク・ガジン ジョク

疑問を持ったこともあります.　의문을 가진 적도 있어요.
ウィムヌル ガジン ジョクト イッソヨ

❏ 持ちましょうか　가질까요?　ガジルッカヨ

一度会合を持ちましょうか.　모임을 한 번 가질까요?
モイムル ハン ボン ガジルッカヨ

❏ 持ちたいです / 持ちたくないです　가지고 [갖고] 싶어요 / 가지고 [갖고] 싶지 않아요　ガジゴ [ガッコ] シポヨ / ガジゴ [ガッコ] シッチ アナヨ

私も趣味を持ちたいです.　나도 취미를 갖고 싶어요.
ナド チュィミルル ガッコ シポヨ

❏ 持ってみます　가져 볼래요　ガジョ ボルレヨ

希望を持ってみます.　희망을 가져 볼래요.
ヒマンウル ガジョ ボルレヨ

❏ 持った~　가졌던・가진　ガジョットン・ガジン

純粋な心を持った人　순수한 마음을 가진 사람
スンスハン マウムル ガジン サラム

❏ 持たなかった~　가지지 [갖지] 않았던・안 가졌던・안 가진　ガジジ [ガッチ] アナットン・アン ガジョットン・アン ガジン

だれも興味を持たなかった俳優　아무도 관심을 갖지 않았던 배우
アムド グヮンシムル ガッチ アナットン ペウ

❏ 持ってはいけません　가지면 안 돼요　ガジミョン アン ドェヨ

優越感を持ってはいけません.　우월감을 가지면 안 돼요.
ウウォルガムル ガジミョン アン ドェヨ

❏ 持たないでください　가지지 [갖지] 마세요　ガジジ [ガッチ] マセヨ

これ以上未練を持たないでください.　이 이상 미련을 갖지 마세요.
イ イサン ミリョヌル ガッチ マセヨ

規則活用

❏ 持っても　가져도　ガジョド
自負心を持ってもいいほどの実力です。　　자부심을 가져도 좋을 만한 실력이에요.
ジャブシムル ガジョド ジョウル マンハン シルリョギエヨ

❏ 持たせます　가지게 [갖게] 해요　ガジゲ [ガッケ] ヘヨ
社員に目的意識を持たせます。　　사원에게 목적의식을 갖게 해요.
サウォネゲ モクチョクウィシグル ガッケ ヘヨ

❏ 持つけれど / 持ったけれど　가지지 [갖지]만 / 가졌지만　ガジジ [ガッチ] マン / ガジョッチマン
好感を持ったけれど話しかけませんでした。　　호감을 가졌지만 말을 걸지는 않았어요.
ホガムル ガジョッチマン マルル ゴルジヌン アナッソヨ

❏ 持って　가지고 [갖고]　ガジゴ [ガッコ]
自信を持って行動しなさい。　　자신을 가지고 행동하세요
ジャシヌル ガジゴ ヘンドンハセヨ

❏ 持ちそうです　가질 것 같아요　ガジル コッ ガタヨ
この映画には多くの人が関心を持ちそうです。　　이 영화는 많은 사람이 관심을 가질 것 같아요.
イ ヨンファヌン マヌン サラミ グヮンシムル ガジル コッ ガタヨ

❏ 持ちやすい / 持ちにくい　가지기 [갖기] 쉬워요 / 가지기 [갖기] 어려워요
ガジギ [ガッキ] シュィウォヨ / ガジギ [ガッキ] オリョウォヨ
偏見を持ちやすいです。　　편견을 갖기 쉬워요.
ピョンギョヌル ガッキ シュィウォヨ

❏ 持ったから　가지니까・가질 테니까　困　ガジニッカ・ガジル テニッカ
❏ 持った [妊娠した] ので　가져서　ガジョソ
妊娠したので太りました。　　아이를 가져서 살이 쪘어요.
アイルル ガジョソ サリ ッチョッソヨ

❏ 持てます　가질 수 있어요　ガジル ス イッソヨ
来月にはマイホームが持てます。　　다음 달에는 내 집을 가질 수 있어요.
ダウム ッタレヌン ネ ジブル ガジル ス イッソヨ

❏ 持てません　가질 수 없어요　ガジル ス オプソヨ
一度失敗したから自信が持てません。　　한 번 실패해서 자신을 가질 수 없어요.
ハン ボン シルピヘソ ジャシヌル ガジル ス オプソヨ

❏ 持ったり　가지거나 [갖거나]　ガジゴナ [ガッコナ]
❏ 持って行きます [来ます]　가지고 가요 [와요]　ガジゴ ガヨ [ワヨ]
筆記用具を持って行きます。　　필기도구를 가지고 가요.
ピルギドグルル ガジゴ ガヨ

規則活用

그리다 /グリダ/ 描く

①描く. ②思い描く・描写する

	辞書形	丁寧体	会話体	連体形
現在形	描く 그리다 グリダ	描きます 그립니다 グリムニダ	描きます 그려요 グリョヨ	描く〜 그리는 グリヌン
過去形	描いた 그렸다 グリョッタ	描きました 그렸습니다 グリョッスムニダ	描きました 그렸어요 グリョッソヨ	描いた〜 그렸던 / 그린 グリョットン / グリン
未来形	描く 그리겠다 グリゲッタ	描きます 그리겠습니다 グリゲッスムニダ	描きます 그리겠어요 グリゲッソヨ	描く〜 그릴 グリル

☐ 描きます 　그려요 　グリョヨ

猫を描きます. 　고양이를 그려요.
　　　　　　　　ゴヤンイルル グリョヨ

☐ 描きますか 　그려요? ・ 그리나요? 　グリョヨ・グリナヨ

☐ 描きます 　그리겠어요 困 　グリゲッソヨ

☐ 描くつもりです 　그릴 거예요 　グリル コイェヨ

☐ 描きません 　그리지 않아요 ・ 안 그려요 　グリジ アナヨ・アン グリョヨ

今日は花を描きません 　오늘은 꽃을 안 그려요.
　　　　　　　　　　　オヌルン ッコチュル アン グリョヨ

☐ 描きませんか 　그리지 않을래요? ・ 안 그릴래요? 　グリジ アヌルレヨ・アン グリルレヨ

先生のように描きませんか. 　선생님처럼 그리지 않을래요?
　　　　　　　　　　　　　ソンセンニムチョロム グリジ アヌルレヨ

☐ 描いています 　그리고 있어요 　グリゴ イッソヨ

彼は授業中に漫画を描いています. 　그는 수업중에 만화를 그리고 있어요.
　　　　　　　　　　　　　　　　グヌン スオプチュンエ マンファルル グリゴ イッソヨ

☐ 描きました 　그렸어요 　グリョッソヨ

花の絵を描きました. 　꽃 그림을 그렸어요.
　　　　　　　　　　ッコッ グリムル グリョッソヨ

☐ 描いていません 　그리고 있지 않아요 ・ 안 그리고 있어요 　グリゴ イッチ アナヨ・アン グリゴ イッソヨ

最近は絵を描いていません. 　요즘은 그림을 안 그리고 있어요.
　　　　　　　　　　　　　ヨジュムン グリムル アン グリゴ イッソヨ

☐ 描きませんでした 　그리지 않았어요 ・ 안 그렸어요 　グリジ アナッソヨ・アン グリョッソヨ

規則活用

描けば　그리면　グリミョン

絵を描けば心が落ち着きます．　그림을 그리면 마음이 편해져요．
グリムル グリミョン マウミ ピョンヘジョヨ

描かなければ　그리지 않으면・안 그리면　グリジ アヌミョン・アン グリミョン

一度に描かなければなりません．　한 번에 그리지 않으면 안 돼요．
ハン ボネ グリジ アヌミョン アン ドェヨ

描かなくても　그리지 않아도・안 그려도　グリジ アナド・アン グリョド

直接描かなくてもいいです．　직접 그리지 않아도 돼요．
ジクチョプ グリジ アナド ドェヨ

描くこと／描いたこと　그리는 것・그릴 것困／그렸던 적・그린 적　グリヌン ゴッ・グリル コッ／グリョットン ジョク・グリン ジョク

自画像を描いたことがあります．　자화상을 그린 적이 있어요．
ジャファサンウル グリン ジョギ イッソヨ

描きながら　그리면서　グリミョンソ

グラフを描きながら説明します．　그래프를 그리면서 설명해요．
グレプルル グリミョンソ ソルミョンヘヨ

描きましょうか　그릴까요？　グリルッカヨ

どこから描きましょうか．　어디서부터 그릴까요？
オディソブト グリルッカヨ

描きたいです／描きたくないです　그리고 싶어요／그리고 싶지 않아요　グリゴ シポヨ／グリゴ シッチ アナヨ

おもしろい漫画を描きたいです．　재미있는 만화를 그리고 싶어요．
ジェミインヌン マンファルル グリゴ シポヨ

描いてみます　그려 볼래요　グリョ ボルレヨ

ウサギを描いてみます．　토끼를 그려 볼래요．
トッキルル グリョ ボルレヨ

描くそうです　그린대요　グリンデヨ

地図を描くそうです．　지도를 그린대요．
ジドルル グリンデヨ

描く〜　그리는・그릴困　グリヌン・グリル

描かない〜　그리지 않는・안 그리는　グリジ アンヌン・アン グリヌン

描いた〜　그렸던・그린　グリョットン・グリン

チョルスが描いた絵　철수가 그린 그림
チョルスガ グリン グリム

描かなかった〜　그리지 않았던・안 그렸던・안 그린　グリジ アナットン・アン グリョットン・アン グリン

描いてください　그려 주세요・그리세요　グリョ ジュセヨ・グリセヨ

	実物よりきれいに描いてください。	실물보다 예쁘게 그려 주세요. シルムルボダ イェップゲ グリョ ジュセヨ

❏ 描いてはいけません　그리면 안 돼요　グリミョン アン ドェヨ

鉛筆で描いてはいけません。	연필로 그리면 안 돼요. ヨンピルロ グリミョン アン ドェヨ

❏ 描かないでください　그리지 마세요　グリジ マセヨ

裏には何も描かないでください。	뒷면에는 아무것도 그리지 마세요. ドゥィンミョネヌン アムゴット グリジ マセヨ

❏ 描いても　그려도　グリョド

真剣に描いても落書きみたいです。	진지하게 그려도 낙서 같아요. ジンジハゲ グリョド ナクソ ガタヨ

❏ 描くけれど / 描いたけれど　그리지만 / 그렸지만　グリジマン / グリョッチマン

同じものを描くけれど雰囲気は違います。	같은 것을 그리지만 분위기는 달라요. ガトゥン ゴスル グリジマン プヌィギヌン ダルラヨ

❏ 描かせます　그리게 해요　グリゲ ヘヨ

三角形を描かせます。	삼각형을 그리게해요. サムガキョンウル グリゲ ヘヨ

❏ 描いて　그리고　グリゴ

娘が描いて息子が色を塗りました。	딸이 그리고 아들이 색칠을 했어요. ッタリ グリゴ アドゥリ セクチルル ヘッソヨ

❏ 描きそうです　그릴 것 같아요　グリル コッ ガタヨ

上昇曲線を描きそうです。	상승곡선을 그릴 것 같아요. サンスンゴクッソヌル グリル コッ ガタヨ

❏ 描きやすい / 描きにくい　그리기 쉬워요 / 그리기 어려워요　グリギ シュィウォヨ / グリギ オリョウォヨ

描きやすい顔	그리기 쉬운 얼굴 グリギ シュィウン オルグル

❏ 描くから　그리니까・그릴 테니까 困　グリニッカ・グリル テニッカ

❏ 描くので，描いたので　그려서　グリョソ

❏ 描けます　그릴 수 있어요　グリル ス イッソヨ

何でも上手に描けます。	무엇이든 잘 그릴 수 있어요. ムオシドゥン ジャル グリル ス イッソヨ

❏ 描けません　그릴 수 없어요　グリル ス オプソヨ

❏ 描きに行きます [来ます]　그리러 가요 [와요]　グリロ ガヨ [ワヨ]

海に絵を描きに行きます。	바다에 그림을 그리러 가요. バダエ グリムル グリロ ガヨ

規則活用

기다리다 /ギダリダ/ 待つ

	辞書形	丁寧体	会話体	連体形
現在形	待つ 기다리다 ギダリダ	待ちます 기다립니다 ギダリムニダ	待ちます 기다려요 ギダリョヨ	待つ〜 기다리는 ギダリヌン
過去形	待った 기다렸다 ギダリョッタ	待ちました 기다렸습니다 ギダリョッスムニダ	待ちました 기다렸어요 ギダリョッソヨ	待った〜 기다렸던 / 기다린 ギダリョットン / ギダリン
未来形	待つ 기다리겠다 ギダリゲッタ	待ちます 기다리겠습니다 ギダリゲッスムニダ	待ちます 기다리겠어요 ギダリゲッソヨ	待つ〜 기다릴 ギダリル

規則活用

❏ 待ちます　기다려요　ギダリョヨ

バスを待ちます.　　　　　　　버스를 기다려요.
　　　　　　　　　　　　　　　ボスルル ギダリョヨ

❏ 待ちますか　기다려요? • 기다리나요?　ギダリョヨ・ギダリナヨ

❏ 待ちます　기다리겠어요　困　ギダリゲッソヨ

明日まで返事を待ちます.　　　내일까지 대답을 기다리겠어요.
　　　　　　　　　　　　　　　ネイルッカジ デダブル ギダリゲッソヨ

❏ 待つつもりです　기다릴 거예요　ギダリル コイェヨ
❏ 待とうと思います　기다릴 생각이에요　ギダリル センガギエヨ

もう少し待とうと思います.　　조금 더 기다릴 생각이에요.
　　　　　　　　　　　　　　　ジョグム ド ギダリル センガギエヨ

❏ 待ちません　기다리지 않아요 • 안 기다려요　ギダリジ アナヨ・アン ギダリョヨ

もう待ちません.　　　　　　　더 이상 기다리지 않아요.
　　　　　　　　　　　　　　　ド イサン ギダリジ アナヨ

❏ 待ちませんか　기다리지 않을래요? • 안 기다릴래요?　ギダリジ アヌルレヨ・アン ギダリルレヨ

一緒に待ちませんか.　　　　　같이 기다리지 않을래요?
　　　　　　　　　　　　　　　ガチ ギダリジ アヌルレヨ

❏ 待っています　기다리고 있어요　ギダリゴ イッソヨ

彼を待っています.　　　　　　그를 기다리고 있어요.
　　　　　　　　　　　　　　　グルル ギダリゴ イッソヨ

❏ 待ちました　기다렸어요　ギダリョッソヨ

2時間も待ちました.　　　　　두 시간이나 기다렸어요.
　　　　　　　　　　　　　　　ドゥ シガニナ ギダリョッソヨ

❏ 待っていません　기다리고 있지 않아요 • 안 기다리고 있어요　ギダリゴ イッチ アナヨ・アン ギダリゴ イッソヨ

	もう連絡を待っていません.	더 이상 연락을 안 기다리고 있어요. ド イサン ヨンラグル アン ギダリゴ イッソヨ

❏ **待ちませんでした**　기다리지 않았어요・안 기다렸어요　ギダリジ アナッソヨ・アン ギダリョッソヨ

	連絡を待ちませんでした.	연락을 안 기다렸어요. ヨンラグル アン ギダリョッソヨ

❏ **待てば**　기다리면　ギダリミョン

	もう少し待てばいいのに.	조금 더 기다리면 좋을 텐데. ジョグム ド ギダリミョン ジョウル テンデ

❏ **待たなければ**　기다리지 않으면・안 기다리면　ギダリジ アヌミョン・アン ギダリミョン

	5時まで待たなければなりません.	다섯 시까지 기다리지 않으면 안 돼요. ダソッ シッカジ ギダリジ アヌミョン アン ドェヨ

❏ **待たなくても**　기다리지 않아도・안 기다려도　ギダリジ アナド・アン ギダリョド

	もう待たなくてもいいです.	더 기다리지 않아도 돼요. ド ギダリジ アナド ドェヨ

❏ **待つこと / 待ったこと**　기다리는 것・기다릴 것困/ 기다렸던 적・기다린 적　ギダリヌン ゴッ・ギダリル コッ・ギダリョットン ジョク・ギダリン ジョク

	30分以上待ったことがあります.	삼십 분이상 기다린 적이 있어요. サムシプ ブン イサン ギダリン ジョギ イッソヨ

❏ **待ちながら**　기다리면서　ギダリミョンソ

	バスを待ちながら音楽を聴きました.	버스를 기다리면서 음악을 들었어요. ボスルル ギダリミョンソ ウマグル ドゥロッソヨ

❏ **待ちましょうか**　기다릴까요?　ギダリルッカヨ

	終わるまで待ちましょうか.	끝날 때까지 기다릴까요? ックンナル ッテッカジ ギダリルッカヨ

❏ **待ちたいです / 待ちたくないです**　기다리고 싶어요 / 기다리고 싶지 않아요　ギダリゴ シポヨ / ギダリゴ シプチ アナヨ

	終わるまで待ちたいです.	끝날 때까지 기다리고 싶어요. ックンナル ッテッカジ ギダリゴ シポヨ

❏ **待ってみます**　기다려 볼래요　ギダリョ ボルレヨ

	もう少し待ってみます.	조금 더 기다려 볼래요. ジョグム ド ギダリョ ボルレヨ

❏ **待つそうです**　기다린대요　ギダリンデヨ

	バスを待つそうです.	버스를 기다린대요. ボスルル ギダリンデヨ

❏ **待つ〜**　기다리는・기다릴困　ギダリヌン・ギダリル

	あなたを待つ人がいます.	당신을 기다리는 사람이 있어요. ダンシヌル ギダリヌン サラミ イッソヨ

規則活用

❏ 待たない〜　기다리지 않는・안 기다리는　ギダリジ アンヌン・アン ギダリヌン

決して待たない人です。　결코 기다리지 않는 사람이에요.
ギョルコ ギダリジ アンヌン サラミエヨ

❏ 待った〜　기다렸던・기다린　ギダリョットン・ギダリン

あなたが来るのを待ったことがあります。　당신이 오는 것을 기다린 적이 있어요.
ダンシニ オヌン ゴスル ギダリン ジョギ イッソヨ

❏ 待たなかった〜　기다리지 않았던・안 기다린・안 기다렸던　ギダリジ アナットン・アン ギダリン・アン ギダリョットン

あなたを待たなかったとき（こと）はありません。　당신을 기다리지 않은 적이 없어요.
ダンシヌル ギダリジ アヌン ジョギ オプソヨ

❏ 待ってはいけません　기다리면 안 돼요　ギダリミョン アン ドェヨ

ここで待ってはいけません　여기서 기다리면 안 돼요.
ヨギソ ギダリミョン アン ドェヨ

❏ 待たないでください　기다리지 마세요　ギダリジ マセヨ

私を待たないでください。　나를 기다리지 마세요.
ナルル ギダリジ マセヨ

❏ 待っても　기다려도　ギダリョド

待っても無駄です。　기다려도 소용없어요.
ギダリョド ソヨンオプソヨ

❏ 待たせます　기다리게 해요　ギダリゲ ヘヨ

❏ 待って　기다리고　ギダリゴ

5分だけ待って来なければ帰ります。　오 분만 기다리고 안 오면 갈 거예요.
オ ブンマン ギダリゴ アン オミョン ガル コイェヨ

❏ 待つから／待っているから　기다리니까・기다릴 테니까 困　ギダリニッカ・ギダリル テニッカ

友人が待っているから先に帰ります。　친구가 기다리니까 먼저 가겠어요.
チングガ ギダリニッカ モンジョ ガゲッソヨ

❏ 待つので，待ったので　기다려서　ギダリョソ

❏ 待てます　기다릴 수 있어요　ギダリル ス イッソヨ

まだ待てます。　아직 기다릴 수 있어요.
アジゥ ギダリル ス イッソヨ

❏ 待てません　기다릴 수 없어요　ギダリル ス オプソヨ

もう待てません。　더 기다릴 수 없어요.
ド ギダリル ス オプソヨ

끝나다 / ックンナダ / 終わる

①終わる．②夜が明ける．③（電池などが）切れる．④途切れる．⑤済む．

	辞書形	丁寧体	会話体	連体形
現在形	終わる 끝나다 ックンナダ	終わります 끝납니다 ックンナムニダ	終わります 끝나요 ックンナヨ	終わる〜 끝나는 ックンナヌン
過去形	終わった 끝났다 ックンナッタ	終わりました 끝났습니다 ックンナッスムニダ	終わりました 끝났어요 ックンナッソヨ	終わった〜 끝났던 / 끝난 ックンナットン / ックンナン
未来形	終わる 끝나겠다 ックンナゲッタ	終わります 끝나겠습니다 ックンナゲッスムニダ	終わります 끝나겠어요 ックンナゲッソヨ	終わる〜 끝날 ックンナル

❏ 終わります　끝나요　ックンナヨ

明日で終わります．
내일로 끝나요．
ネイルロ ックンナヨ

❏ 終わりますか　끝나요 ?／ 끝나나요 ?　ックンナヨ / ックンナナヨ

❏ 終わりません　끝나지 않아요・안 끝나요　ックンナジ アナヨ・アン ックンナヨ

仕事はまだ終わりません．
일은 아직 안 끝나요．
イルン アジク アン ックンナヨ

❏ 終わりました　끝났어요　ックンナッソヨ

授業は終わりました．
수업은 끝났어요．
スオブン ックンナッソヨ

❏ 終わっていません　끝나고 있지 않아요・안 끝나고 있어요　ックンナゴ イッチ アナヨ・アン ックンナゴ イッソヨ

けんかはまだ終わっていません．
싸움은 아직 안 끝나고 있어요．
ッサウムン アジク アン ックンナゴ イッソヨ

❏ 終わりませんでした　끝나지 않았어요・안 끝났어요　ックンナジ アナッソヨ・アン ックンナッソヨ

時間内には終わりませんでした．
시간내에는 끝나지 않았어요．
シガンネエヌン ックンナジ アナッソヨ

❏ 終われば　끝나면　ックンナミョン

早く終われば連絡します．
빨리 끝나면 연락하겠어요．
ッパリ ックンナミョン ヨルラカゲッソヨ

❏ 終わらなければ　끝나지 않으면・안 끝나면　ックンナジ アヌミョン・アン ックンナミョン

今日中に終わらなければなりません．
오늘 중으로 끝나지 않으면 안 돼요．
オヌル ジュンウロ ックンナジ アヌミョン アン ドェヨ

❏ 終わらなくても　끝나지 않아도・안 끝나도　ッ<i>クンナジ アナド・アン ックンナド</i>

仕事が終わらなくても先に帰ります。　일이 안 끝나도 먼저 가겠어요.
イリ アン ックンナド モンジョ ガゲッソヨ

❏ 終わること / 終わったこと　끝나는 것・끝날 것困/ 끝났던 적・끝난 적
ックンナヌン ゴッ・ックンナル コッ/ ックンナットン ジョク・ックンナン ジョク

早く終わったことがありません。　일찍 끝난 적이 없어요.
イルッチク ックンナン ジョギ オプソヨ

❏ 終わるそうです　끝난대요　ックンナンデヨ

もうすぐ終わるそうです。　곧 끝난대요.
ゴッ ックンナンデヨ

❏ 終わる〜　끝나는・끝날 困　ックンナヌン・ックンナル

終わる時間を知らせてください。　끝나는 시간을 알려 주세요.
ックンナヌン シガヌル アルリョ ジュセヨ

❏ 終わらない〜　끝나지 않는・안 끝나는　ックンナジ アンヌン・アン ックンナヌン

終わらないけんかです。　끝나지 않는 싸움이에요.
ックンナジ アンヌン ッサウミエヨ

❏ 終わった〜　끝났던・끝난　ックンナットン・ックンナン

終わったことは忘れましょう。　끝난 일은 잊어버리죠.
ックンナン イルン イジョボリジョ

❏ 終わらなかった〜　끝나지 않았던・안 끝났던・안 끝난　ックンナジ アナットン・アン ックンナットン・アン ックンナン

終わらなかった仕事は明日やります。　안 끝난 일은 내일 하죠.
アン ックンナン イルン ネイル ハジョ

❏ 終わっても　끝나도　ックンナド

終わっても帰らないでください。　끝나도 돌아가지 마세요.
ックンナド ドラガジ マセヨ

❏ 終わらせます　끝나게 해요・끝내요　ックンナゲ ヘヨ・ックンネヨ

仕事を終わらせます。　식사를 끝내요.
シクサルル ックンネヨ

❏ 終わって　끝나고　ックンナゴ

映画が終わって観客は帰り始めました。　영화가 끝나고 관객은 돌아가기 시작했어요.
ヨンファガ ックンナゴ グヮンゲグン ドラガギ シジャケッソヨ

❏ 終わりそうです　끝날 것 같아요　ックンナル コッ ガタヨ

梅雨が終わりそうです。　장마가 끝날 것 같아요.
ジャンマガ ックンナル コッ ガタヨ

❏ 終わるから　끝나니까・끝날 테니까困　ックンナニッカ・ックンナル テニッカ

❏ 終わるので, 終わったので　끝나서　ックンナソ

規則活用

끝내다 / ックンネダ / 終わらせる

	辞書形	丁寧体	会話体	連体形
現在形	終わらせる 끝내다 ックンネダ	終わらせます 끝냅니다 ックンネムニダ	終わらせます 끝내요 ックンネヨ	終わらせる〜 끝내는 ックンネヌン
過去形	終わらせた 끝냈다 ックンネッタ	終わらせました 끝냈습니다 ックンネッスムニダ	終わらせました 끝냈어요 ックンネッソヨ	終わらせた〜 끝냈던 / 끝낸 ックンネットン / ックンネン
未来形	終わらせる 끝내겠다 ックンネゲッタ	終わらせます 끝내겠습니다 ックンネゲッスムニダ	終わらせます 끝내겠어요 ックンネゲッソヨ	終わらせる〜 끝낼 ックンネル

❏ 終わらせます　끝내요　ックンネヨ

今終わらせます.　　지금 끝내요.
　　　　　　　　　　ジグム ックンネヨ

❏ 終わらせますか　끝내요 ?・끝내나요 ?　ックンネヨ・ックンネナヨ

❏ 終わらせます　끝내겠어요 困　ックンネゲッソヨ

明日まで終らせます.　내일까지 끝내겠어요.
　　　　　　　　　　ネイルッカジ ックンネゲッソヨ

❏ 終わらせるつもりです　끝낼 거예요　ックンネル コイェヨ
❏ 終わらせようと思います　끝낼 생각이에요　ックンネル センガギエヨ

すぐ終わらせようと思います.　곧 끝낼 생각이에요.
　　　　　　　　　　　　　　ゴッ ックンネル センガギエヨ

❏ 終わらせません　끝내지 않아요・안 끝내요　ックンネジ アナヨ・アン ックンネヨ
❏ 終わらせませんか　끝내지 않을래요 ?・안 끝낼래요 ?　ックンネジ アヌルレヨ・アン ックンネルレヨ

もう終わらせませんか.　이제 끝내지 않을래요 ?
　　　　　　　　　　　イジェ ックンネジ アヌルレヨ

❏ 終わらせました　끝냈어요　ックンネッソヨ

宿題は終わらせました.　숙제는 끝냈어요.
　　　　　　　　　　　スクチェヌン ックンネッソヨ

❏ 終わらせていません　끝내고 있지 않아요・안 끝내고 있어요　ックンネゴ イッチ アナヨ・アン ックンネゴ イッソヨ

まだ授業を終わらせていません.　아직 수업을 안 끝내고 있어요.
　　　　　　　　　　　　　　　アジク スオブル アン ックンネゴ イッソヨ

規則活用

- ❏ 終わらせれば　끝내면　ックンネミョン

  早く終わらせればいいのに．　　빨리 끝내면 좋을 텐데．
  ッパルリ ックンネミョン ジョウル テンデ

- ❏ 終わらせなければ　끝내지 않으면・안 끝내면　ックンネジ アヌミョン・アン ックンネミョン

  すぐに終わらせなければなりません．　　금방 끝내지 않으면 안 돼요．
  グムバン ックンネジ アヌミョン アン ドェヨ

- ❏ 終わらせなくても　끝내지 않아도・안 끝내도　ックンネジ アナド・アン ックンネド

  そう早く終わらせなくてもいいですよ．　　그렇게 빨리 끝내지 않아도 돼요．
  グロケ ッパルリ ックンネジ アナド ドェヨ

- ❏ 終わらせましょうか　끝낼까요?　ックンネルッカヨ

  いつ終わらせましょうか．　　언제 끝낼까요?
  オンジェ ックンネルッカヨ

- ❏ 終わらせたいです/終わらせたくないです　끝내고 싶어요/끝내고 싶지 않아요　ックンネゴ シポヨ/ックンネゴ シッチ アナヨ

  早く終わらせたいです．　　빨리 끝내고 싶어요．
  ッパルリ ックンネゴ シポヨ

- ❏ 終わらせるそうです　끝낸대요　ックンネンデヨ

  1時間以内に終わらせるそうです．　　한 시간내에 끝낸대요．
  ハン シガンネエ ックンネンデヨ

- ❏ 終わらせる〜　끝내는・끝낼 [未]　ックンネヌン・ックンネル

  すぐに終わらせる必要はありません．　　금방 끝낼 필요는 없어요．
  グムバン ックンネル ピリョヌン オプソヨ

- ❏ 終わらせた〜　끝냈던　ックンネットン

  早く終わらせた理由　　빨리 끝냈던 이유
  ッパルリ ックンネットン イユ

- ❏ 終わらせないでください　끝내지 마세요　ックンネジ マセヨ

  途中で終わらせないでください．　　도중에 끝내지 마세요．
  ドジュンエ ックンネジ マセヨ

- ❏ 終わらせて　끝내고　ックンネゴ

  仕事を終わらせて1杯飲みに行きましょう．　　일을 끝내고 한잔 하러 가죠．
  イルル ックンネゴ ハンジャン ハロ ガジョ

- ❏ 終わらせるから　끝내니까・끝낼 테니까 [未]　ックンネニッカ・ックンネル テニッカ

  5分以内に終わらせるから待ってください．　　오 분안에 끝낼 테니까 기다리세요．
  オ ブンアネ ックンネル テニッカ ギダリセヨ

規則活用

나다 /ナダ/ 出る

自 ①出る．②生まれる．③生える．④できる・⑤起きる・起こる・生じる．⑥産地である・産出される．⑦〔年齢を表す語を伴って〕…歳の・…歳になる．⑧(時間・空間などが) 空く・ある．⑨〔名詞＋이/가 나다の形で〕…がする．⑩〔名詞＋이/가 나다の形で〕…が立つ．

他 越す・過ごす．

補 ①〔一部の動詞に아/어を伴って〕その動詞が表す動きが続いていることを表す．②〔一部の動詞の後に고を伴って〕その動きが終わったことを表す．…고 나서; …고 나니などの形で用いられることが多い．

	辞書形	丁寧体	会話体	連体形
現在形	出る 나다 ナダ	出ます 납니다 ナムニダ	出ます 나요 ナヨ	出る〜 나는 ナヌン
過去形	出た 났다 ナッタ	出ました 났습니다 ナッスムニダ	出ました 났어요 ナッソヨ	出た〜 났던/난 ナットン/ナン
未来形	出る 나겠다 ナゲッタ	出ます 나겠습니다 ナゲッスムニダ	出ます 나겠어요 ナゲッソヨ	出る〜 날 ナル

規則活用

❏ 出ます　나요　ナヨ

❏ 出ますか　나요？・나나요？　ナヨ・ナナヨ

❏ 出ます　나겠어요 **困**　ナゲッソヨ

❏ 出ません　나지 않아요・안 나요　ナジアナヨ・アン ナヨ
　咳は出ますが鼻水は出ません．
　기침은 나지만 콧물은 안 나요．
　ギチムン ナジマン コッムルン アン ナヨ

❏ 出ています　나고 있어요　ナゴ イッソヨ
　傷口から血が出ています．
　상처에서 피가 나고 있어요．
　サンチョエソ ピガ ナゴイッソヨ

❏ 出ま[起き]した　났어요　ナッソヨ
　2階から火が出ました．
　이 층에서부터 불이 났어요．
　イ チュンエソブト ブリ ナッソヨ

❏ 出ていません　나고 있지 않아요・안 나고 있어요　ナゴイッチ アナヨ・アン ナゴ イッソヨ

❏ 出ませんでした　나지 않았어요・안 났어요　ナジアナッソヨ・アン ナッソヨ
　何の音も出ませんでした．
　아무 소리도 안 났어요．
　アム ソリド アン ナッソヨ

❏ 出れば　나면　ナミョン
　その記事が出れば驚くでしょう．
　그 기사가 나면 놀라겠죠．
　グ ギサガ ナミョン ノルラゲッチョ

❏ 出なければ　나지 않으면・안 나면　ナジ アヌミョン・アン ナミョン
利益が出なければ運営できません。　이익이 나지 않으면 운영이 안 돼요.
イイギ ナジ アヌミョン ウニョンイ アン ドェヨ

❏ 出なくても　나지 않아도・안 나도　ナジ アナド・アン ナド
熱が出なくても薬を飲んだ方がいいです。　열이 안 나도 약을 먹는게 좋아요.
ヨリ アン ナド ヤグル モクヌンゲ ジョアヨ

❏ 出ること / 出たこと　나는 것・날 것囲 / 났던 적・난 적　ナヌン ゴッ・ナル コッ/ ナットン ジョク・ナン ジョク

❏ 出ながら　나면서　ナミョンソ
エラーが発生しながら画面が止まります。　에러가 나면서 화면이 멈춰요.
エロガ ナミョンソ ファミョニ モムチュォヨ

❏ 出るそうです　날 것 같아요　ナル コッ ガタヨ

❏ 出る〜　나는・날囲　ナヌン・ナル
温泉が出る地域　온천이 나는 지역
オンチョニ ナヌン ジヨク

❏ 出ない〜　나지 않는・안 나는　ナジ アンヌン・アン ナヌン
匂いがしないペイント　냄새가 안 나는 페인트
ネムセガ アン ナヌン ペイントゥ

❏ 出た [起きた] 〜　난・났던　ナン・ナットン
❏ 出なかった〜　나지 않았던・안 났던・안 난　ナジ アナットン・アン ナットン・アン ナン
❏ 出ても　나도　ナド
熱は出てもかまいません。　열은 나도 괜찮아요.
ヨルン ナド グェンチャナヨ

❏ 出るけれど / 出たけれど　나지만 / 났지만　ナジマン / ナッチマン
涙が出たけれどこらえました。　눈물이 났지만 참았어요.
ヌンムリ ナッチマン チャマッソヨ

❏ 出させます　나게해요　ナゲヘヨ
❏ 出て　나고　ナゴ
❏ 出そうです　날 것 같아요・나는 것 같아요　ナル コッ ガタヨ・ナヌン ゴッ ガタヨ
くしゃみが出そうです。　재채기가 날 것 같아요.
ジェチェギガ ナル コッ ガタヨ

❏ 出やすい / 出にくい　나기 쉬워요 / 나기 어려워요　ナギ シュィウォヨ / ナギ オリョウォヨ
❏ 出るから　나니까・날 테니까囲　ナニッカ・ナル テニッカ
咳が出るからたばこを吸わないでください。　기침이 나니까 담배를 피지 마세요.
ギチミ ナニッカ ダムベルル ピジ マセヨ

내다 /ネダ/ 出す

他 ①出す．②提出する．③提供する．④出発させる．⑤起こす・生じさせる．⑤(金などを)払う・収納する・収める．⑥〔한턱을 내다の形で〕おごる．⑦〔빛을 내다の形で〕お金を借りる・借金する．⑧〔모를 내다の形で〕田植えをする．⑨〔…티가 나다の形で〕…らしく見える・…っぽく見える．⑩〔…티를 내다の形で〕…ぶる．

補 その動作をやり遂げるということを表す：…し抜く・し切る．

	辞書形	丁寧体	会話体	連体形
現在形	出す 내다 ネダ	出します 냅니다 ネムニダ	出します 내요 ネヨ	出す〜 내는 ネヌン
過去形	出した 냈다 ネッタ	出しました 냈습니다 ネッスムニダ	出しました 냈어요 ネッソヨ	出した〜 냈던 /낸 ネットン/ネン
未来形	出す 내겠다 ネゲッタ	出します 내겠습니다 ネゲッスムニダ	出します 내겠어요 ネゲッソヨ	出す〜 낼 ネル

❑ 出します　**내요** ネヨ
先生が問題を出します。　선생님이 문제를 내요．
　　　　　　　　　　　ソンセンニミ ムンジェルル ネヨ

❑ 出しますか　**내요？・내나요？** ネヨ・ネナヨ

❑ 出すつもりです　**낼 거예요** ネル コイェヨ

❑ 出しません　**내지 않아요・안 내요** ネジ アナヨ・アン ネヨ
計画には賛成ですがお金は出しません。　계획에는 찬성합니다만 돈은 안 내요．
　　　　　　　　　　　　　　　　　　ゲフェゲヌン チャンソンハムニダマン ドヌン アン ネヨ

❑ 出しませんか　**내지 않을래요？・안 낼래요？** ネジ アヌルレヨ・アン ネルレヨ
みんなでお金を出しませんか。　모두가 돈을 내지 않을래요？
　　　　　　　　　　　　　　モドゥガ ドヌル ネジ アヌルレヨ

❑ 出しています　**내고 있어요** ネゴ イッソヨ
この出版社は雑誌を出しています。　이 출판사는 잡지를 내고 있어요．
　　　　　　　　　　　　　　　　イ チュルパンサヌン ジャプチルル ネゴ イッソヨ

❑ 出しました　**냈어요** ネッソヨ
駅前に支店を出しました。　역 앞에 지점을 냈어요．
　　　　　　　　　　　　ヨゥ アペ ジジョムル ネッソヨ

❑ 出して[払って]いません　**내고 있지 않아요・안 내고 있어요** ネゴ イッチ アナヨ・アン ネゴ イッソヨ
まだ授業料を払っていません。　아직도 수업료를 안 내고 있어요．
　　　　　　　　　　　　　　アジゥト スオムニョルル アン ネゴ イッソヨ

規則活用

- ❏ 出しませんでした　**내지 않았어요・안 냈어요**　ネジ アナッソヨ・アン ネッソヨ

| レポートを出しませんでした。 | 리포트를 안 냈어요.
リポトゥルル アン ネッソヨ |

- ❏ 出せば　**내면**　ネミョン

| CDを出せば売れるでしょう。 | 시디를 내면 팔리겠지요.
ッシディルル ネミョン パルリゲッチョ |

- ❏ 出さなければ　**내지 않으면・안 내면**　ネジ アヌミョン・アン ネミョン

| 利益を出さなければなりません。 | 이익을 내지 않으면 안 돼요.
イイグル ネジ アヌミョン アン ドェヨ |

- ❏ 出さなくても　**내지 않아도・안 내도**　ネジ アナド・アン ネド

| 大声を出さなくてもいいでしょう。 | 큰 소리 안 내도 되잖아요.
クン ソリ アン ネド ドェジャナヨ |

- ❏ 出すこと / 出したこと　**내는 것・낼 것**因/ **냈던 적・낸 적**　ネヌン ゴッ・ネル コッ / ネットン ジョク・ネン ジョク

| 結果を出すことが重要です。 | 결과를 내는 것이 중요해요.
ギョルグヮルル ネヌン ゴシ ジュンヨヘヨ |

- ❏ 出しましょうか　**낼까요?**　ネルッカヨ

| 易しい問題を出しましょうか。 | 쉬운 문제를 낼까요?
シュィウン ムンジェルル ネルッカヨ |

- ❏ 出したいです / 出したくないです　**내고 싶어요 / 내고 싶지 않아요**　ネゴ シポヨ / ネゴ シプチ アナヨ

| 私もアイデアを出したいです。 | 저도 아이디어를 내고 싶어요.
ジョド アイディオルル ネゴ シポヨ |

- ❏ 出してみます　**내 볼래요**　ネ ボルレヨ

| 勇気を出してみます。 | 용기를 내 볼래요.
ヨンギルル ネ ボルレヨ |

- ❏ 出すそうです　**낸대요**　ネンデヨ

| 写真集を出すそうです。 | 사진집을 낸대요.
サジンジブル ネンデヨ |

- ❏ 出す [払う] 〜　**내는・낼**因　ネヌン・ネル

| 払うお金がありません。 | 낼 돈이 없어요.
ネル ドニ オプソヨ |

- ❏ 出さない〜　**내지 않는・안 내는**　ネジ アンヌン・アン ネヌン

| 排ガスを出さない自動車 | 배기가스를 안 내는 자동차
ベギガスルル アン ネヌン ジャドンチャ |

- ❏ 出した [起こした] 〜　**낸・냈던**　ネン・ネットン

| 事故を起こした運転士 | 사고를 낸 운전사
サゴルル ネン ウンジョンサ |

❏ 出さなかった〜　내지 않았던・안 냈던・안 낸　ネジ アナットン・アン ネットン・アン ネン

寄付金を出さなかった企業　　　　　기부금을 안 낸 기업
　　　　　　　　　　　　　　　　　ギブグムル アン ネン ギオプ

❏ 出してください　내 주세요・내세요　ネ ジュセヨ・ネセヨ

あなたもいくらか出してください.　당신도 좀 내세요.
　　　　　　　　　　　　　　　　　ダンシンド ジョム ネセヨ

❏ 出してはいけません　내면 안 돼요　ネミョン アン ドェヨ

大声を出してはいけません.　　　　큰 소리를 내면 안 돼요.
　　　　　　　　　　　　　　　　　クン ソリルル ネミョン アン ドェヨ

❏ 出さないでください　내지 마세요　ネジ マセヨ

あまり速度を出さないでください.　너무 속도를 내지 마세요.
　　　　　　　　　　　　　　　　　ノム ソクトルル ネジ マセヨ

❏ 出しても　내도　ネド

宿題を出してもやらない学生がいます.　숙제를 내도 안 하는 학생이 있어요.
　　　　　　　　　　　　　　　　　　スクチェルル ネド アン ハヌン ハクセンイ イッソヨ

❏ 出す [払う] けれども / 出したけれど　내지만 / 냈지만　ネジマン / ネッチマン

税金を払うけれどもどう使われるのでしょう.　세금을 내지만 어떻게 사용되죠?
　　　　　　　　　　　　　　　　　　　　　セグムル ネジマン オットケ サヨンドェジョ

❏ 出させます　내게 해요　ネゲ ヘヨ

彼にも少しお金を出させます.　　　그에게도 조금 돈을 내게 해요.
　　　　　　　　　　　　　　　　　グエゲド ジョグム ドヌル ネゲ ヘヨ

❏ 出して　내고　ネゴ

レポートを出して単位をもらいました.　리포트를 내고 학점을 받았어요.
　　　　　　　　　　　　　　　　　　リポトゥルル ネゴ ハクチョムル パダッソヨ

❏ 出すから　내니까・낼 테니까 困　ネニッカ・ネル テニッカ

私がお金を出すからタクシーで行きましょう.　내가 돈을 낼테니까 택시로 가죠.
　　　　　　　　　　　　　　　　　　　　　ネガ ドヌル ネルテニッカ テクシロ ガジョ

❏ 出すので, 出したので　내서　ネソ

❏ 出せます　낼 수 있어요　ネル ス イッソヨ

少しはお金を出せます.　　　　　　조금은 돈을 낼 수 있어요.
　　　　　　　　　　　　　　　　　ジョグムン ドヌル ネル ス イッソヨ

❏ 出せません　낼 수 없어요　ネル ス オプソヨ

これ以上の額は出せません.　　　　이 이상의 금액은 낼 수 없어요.
　　　　　　　　　　　　　　　　　イ イサンウィ グメグン ネル ス オプソヨ

❏ 出し [払い] に行きます [来ます]　내러 가요 [와요]　ネロ ガヨ [ワヨ]

税金を払いに行きます.　　　　　　세금을 내러가요.
　　　　　　　　　　　　　　　　　セグムル ネロガヨ

내리다 /ネリダ/ 降りる・下りる

①降りる・下りる. ②(雨・雪が)降る. ③幕が下りる. ④値段が下がる. ⑤腫れが引く. ⑥許可が下りる.

	辞書形	丁寧体	会話体	連体形
現在形	降りる 내리다 ネリダ	降ります 내립니다 ネリムニダ	降ります 내려요 ネリョヨ	降りる〜 내리는 ネリヌン
過去形	降りた 내렸다 ネリョッタ	降りました 내렸습니다 ネリョッスムニダ	降りました 내렸어요 ネリョッソヨ	降りた〜 내렸던/내린 ネリョットン/ネリン
未来形	降りる 내리겠다 ネリゲッタ	降ります 내리겠습니다 ネリゲッスムニダ	降ります 내리겠어요 ネリゲッソヨ	降りる〜 내릴 ネリル

規則活用

❑ 降ります　내려요　ネリョヨ
　ここで降ります. / 次で降ります.
　여기서 내려요. / 다음에 내려요.
　ヨギソ ネリョヨ / ダウメ ネリョヨ

❑ 降りますか　내려요? ・ 내리나요?　ネリョヨ・ネリナヨ

❑ 降ります　내리겠어요 困　ネリゲッソヨ

❑ 降り[下がり]ません　내리지 않아요・안 내려요　ネリジ アナヨ・アン ネリョヨ
　物価が下がりません.
　물가가 안 내려요.
　ムルカガ アン ネリョヨ

❑ 降りるつもりです　내릴 거예요　ネリル コイェヨ

❑ 降りようと思います　내릴 생각이에요　ネリル センガギエヨ
　学校の前で降りようと思います.
　학교 앞에서 내릴 생각이에요.
　ハクキョ アペソ ネリル センガギエヨ

❑ 降りませんか　내리지 않을래요? ・ 안 내릴래요?　ネリジ アヌルレヨ・アン ネリルレヨ
　ここで降りませんか.
　여기서 내리지 않을래요?
　ヨギソ ネリジ アヌルレヨ

❑ 降りています / 降っています　내리고 있어요　ネリゴ イッソヨ
　雨が降っています.
　비가 내리고 있어요.
　ビガ ネリゴ イッソヨ

❑ 降りました　내렸어요　ネリョッソヨ
　みんな降りました.
　모두 내렸어요.
　モドゥ ネリョッソヨ

❑ 降りませんでした　내리지 않았어요・안 내렸어요　ネリジ アナッソヨ・アン ネリョッソヨ
　だれも降りませんでした.
　아무도 안 내렸어요.
　アムド アン ネリョッソヨ

❑ 降りて［下がって］いません　내리고 있지 않아요・안 내리고 있어요　ネリゴ イッチ アナヨ・アン ネリゴ イッソヨ

熱が下がっていません. 　　　　　　　열이 안 내리고 있어요.
　　　　　　　　　　　　　　　　　　ヨリ アン ネリゴ イッソヨ

❑ 降りれば, 降ったら　내리면　ネリミョン

初雪が降ったら会うことにしました. 　첫눈이 내리면 만나기로 했어요.
　　　　　　　　　　　　　　　　　　チョンヌニ ネリミョン マンナギロ ヘッソヨ

❑ 降りなければ　내리지 않으면・안 내리면　ネリジ アヌミョン・アン ネリミョン

次で降りなければなりません. 　　　　다음에 내리지 않으면 안 돼요.
　　　　　　　　　　　　　　　　　　ダウメ ネリジ アヌミョン アン ドェヨ

❑ 降りなくても　내리지 않아도・안 내려도　ネリジ アナド・アン ネリョド

まだ降りなくてもいいですか. 　　　　아직 안 내려도 돼요?
　　　　　　　　　　　　　　　　　　アジッ アン ネリョド ドェヨ

❑ 降りること／降りたこと　내리는 것・내릴 것囲／내렸던 적・내린 적　ネリヌン ゴッ・ネリル コッ／ネリョットン ジョッ・ネリン ジョッ

その駅で降りたことはありません. 　　그 역에서 내린 적은 없어요.
　　　　　　　　　　　　　　　　　　グ ヨゲソ ネリン ジョグン オプソヨ

❑ 降り［下げ］ながら　내리면서　ネリミョンソ

価格を下げながら量も減らしました. 　가격을 내리면서 양도 줄였어요.
　　　　　　　　　　　　　　　　　　ガギョグル ネリミョンソ ヤンド ジュリョッソヨ

❑ 降りましょうか　내릴까요?　ネリルッカヨ

次の駅で降りましょうか. 　　　　　　다음 역에서 내릴까요?
　　　　　　　　　　　　　　　　　　ダウム ヨゲソ ネリルッカヨ

❑ 降りたいです／降りたくないです　내리고 싶어요／내리고 싶지 않아요　ネリゴ シポヨ／ネリゴ シッチ アナヨ

もう降りたいです. 　　　　　　　　　이제 내리고 싶어요.
　　　　　　　　　　　　　　　　　　イジェ ネリゴ シポヨ

❑ 降りてみます　내려 볼래요　ネリョ ボルレヨ

ここで降りてみます. 　　　　　　　　여기서 내려 볼래요.
　　　　　　　　　　　　　　　　　　ヨギソ ネリョ ボルレヨ

❑ 降りるそうです　내린대요　ネリンデヨ

今降りるそうです. 　　　　　　　　　지금 내린대요.
　　　　　　　　　　　　　　　　　　ジグム ネリンデヨ

❑ 降りる～　내리는・내릴囲　ネリヌン・ネリル

降りる人がたくさんいました. 　　　　내리는 사람이 많이 있었어요.
　　　　　　　　　　　　　　　　　　ネリヌン サラミ マニ イッソッソヨ

❑ 降りない～　내리지 않는・안 내리는　ネリジ アンヌン・アン ネリヌン

降りない人 　　　　　　　　　　　　안 내리는 사람
　　　　　　　　　　　　　　　　　　アン ネリヌン サラム

規則活用

❏ 降りた〜　내렸던・내린　ネリョットン・ネリン

| さっき降りた電車に忘れ物をしました. | 방금 내린 전철에 물건을 놓고 왔어요.
パングム ネリン ジョンチョレ ムルゴヌル ノコ ワッソヨ |

❏ 降りなかった〜　내리지 않았던・안 내렸던・안 내린　ネリジ アナットン・アン ネリョットン・アン ネリン

❏ 降りてはいけません　내리면 안 돼요　ネリミョン アン ドェヨ

| まだ降りてはいけません | 아직 내리면 안 돼요.
アジク ネリミョン アン ドェヨ |

❏ 降り[下げ]ないでください　내리지 마세요　ネリジ マセヨ

| まだ手を下げないでください. | 아직 손 내리지 마세요.
アジク ソン ネリジ マセヨ |

❏ 降りても　내려도　ネリョド

| ここで降りてもいいです. | 여기서 내려도 돼요.
ヨギソ ネリョド ドェヨ |

❏ 降りるけれど／下げたけれど　내리지만／내렸지만　ネリジマン／ネリョッチマン

| 価格を下げたけれど売れません. | 가격을 내렸지만 안 팔려요.
ガギョグル ネリョッチマン アン パルリョヨ |

❏ 降りさせます　내리게 해요　ネリゲ ヘヨ

❏ 降りて　내리고　ネリゴ

❏ 降りそうです　내릴 것 같아요　ネリル コッ ガタヨ

| 雨が降りそうです. | 비가 내릴 것 같아요.
ピガ ネリル コッ ガタヨ |

❏ 降りやすい／降りにくい　내리기 쉬워요／내리기 어려워요　ネリギ シュィウォヨ／ネリギ オリョウォヨ

❏ 降りるから　내리니까・내릴 테니까　ネリニッカ／ネリル テニッカ

| ここで降りるからドアのそばに行きましょう. | 여기서 내리니까 문 옆으로 가죠.
ヨギソ ネリニッカ ムン ヨプロ ガジョ |

❏ 降りるので・降りたので　내려서　ネリョソ

❏ 降りられます　내릴 수 있어요　ネリル ス イッソヨ

| 1人で降りられます. | 혼자서 내릴 수 있어요.
ホンジャソ ネリル ス イッソヨ |

❏ 降り[下げ]られません　내릴 수 없어요　ネリル ス オプソヨ

| これ以上価格を下げられません. | 이 이상 가격을 내릴 수 없어요.
イ イサン ガギョグル ネリル ス オプソヨ |

❏ 降り[下げ]たり　내렸다가　ネリョッタガ

| 上げたり下げたり | 올렸다가 내렸다가
オルリョッタガ ネリョッタガ |

規則活用

넣다 /ノタ/ 入れる

①入れる. ②注ぎ入れる；差す. ③(圧力などを)加える. ④〔…아/어 넣다の形で〕…入れる・…込む.

	辞書形	丁寧体	会話体	連体形
現在形	入れる 넣다 ノタ	入れます 넣습니다 ノッスムニダ	入れます 넣어요 ノオヨ	入れる～ 넣는 ノンヌン
過去形	入れた 넣었다 ノオッタ	入れました 넣었습니다 ノオッスムニダ	入れました 넣었어요 ノオッソヨ	入れた～ 넣었던/넣은 ノオットン/ノウン
未来形	入れる 넣겠다 ノッケッタ	入れます 넣겠습니다 ノッケッスムニダ	入れます 넣겠어요 ノッケッソヨ	入れる～ 넣을 ノウル

❏ 入れます　넣어요　ノオヨ

牛乳を冷蔵庫に入れます.　　우유를 냉장고에 넣어요.
　　　　　　　　　　　　　　ウユルル ネンジャンゴエ ノオヨ

❏ 入れますか　넣어요?・넣나요?　ノオヨ・ノンナヨ

❏ 入れます　넣겠어요 困　ノッケッソヨ

❏ 入れるつもりです　넣을 거예요　ノウル コイェヨ

❏ 入れようと思います　넣을 생각이에요　ノウル センガギエヨ

この家具はあの部屋に入れようと思います.　이 가구는 저 방에 넣을 생각이에요.
　　　　　　　　　　　　　　　　　　　　イ ガグヌン ジョ バンエ ノウル センガギエヨ

❏ 入れません　넣지 않아요・안 넣어요　ノチ アナヨ・アン ノオヨ

砂糖は入れません.　　설탕은 안 넣어요.
　　　　　　　　　　ソルタンウン アン ノオヨ

❏ 入れませんか　넣지 않을래요?・안 넣을래요?　ノチ アヌルレヨ・アン ノウルレヨ

車を車庫に入れませんか.　차를 차고에 넣지 않을래요?
　　　　　　　　　　　　チャルル チャゴエ ノチ アヌルレヨ

❏ 入れて[差して]います　넣고 있어요　ノコ イッソヨ

目薬を差しています.　　안약을 넣고 있어요.
　　　　　　　　　　　アニャグル ノコ イッソヨ

❏ 入れました　넣었어요　ノオッソヨ

ポケットに財布を入れました.　주머니에 지갑을 넣었어요.
　　　　　　　　　　　　　　ジュモニエ ジガブル ノオッソヨ

❏ 入れませんでした　넣지 않았어요・안 넣었어요　ノチ アナッソヨ・アン ノオッソヨ

規則活用

	塩は入れませんでした。	소금은 안 넣었어요. ソグムン アン ノオッソヨ

❏ 入れれば　넣으면　ノウミョン

砂糖をもっと入れればいいのに | 설탕을 더 넣으면 좋을 텐데.
ソルタンウル ド ノウミョン ジョウル テンデ

❏ 入れなければ　넣지 않으면・안 넣으면　ノチ アヌミョン・アン ノウミョン

犬を小屋に入れなければなりません。 | 개를 개집에 넣지 않으면 안 돼요.
ゲルル ゲジベ ノチ アヌミョン アン ドェヨ

❏ 入れなくても　넣지 않아도・안 넣어도　ノチ アナド・アン ノオド

袋に入れなくてもかまいません。 | 봉지에 넣지 않아도 괜찮아요.
ボンジエ ノチ アナド グェンチャナヨ

❏ 入れること / 入れたこと　넣는 것・넣을 것困 / 넣었던 적・넣은 적　ノッヌン ゴッ・ノウル コッ / ノオットン ジョク・ノウン ジョク

❏ 入れながら　넣으면서　ノウミョンソ

少しずつ入れながら混ぜてください。 | 조금씩 넣으면서 저어주세요.
ジョグムッシク ノウミョンソ ジョオジュセヨ

❏ 入れましょうか　넣을까요？　ノウルッカヨ

ミルクを入れましょうか。 | 우유를 넣을까요？
ウユルル ノウルッカヨ

❏ 入れたいです / 入れたくないです　넣고 싶어요 / 넣고 싶지 않아요　ノコ シポヨ / ノコ シプチ アナヨ

ここに文字を入れたいです。 | 여기에 글씨를 넣고 싶어요.
ヨギエ グルッシルル ノコ シポヨ

❏ 入れてみます　넣어 볼래요　ノオ ボルレヨ

砂糖を少し入れてみます。 | 설탕을 조금 넣어 볼래요.
ソルタンウル ジョグム ノオ ボルレヨ

❏ 入れるそうです　넣는대요　ノンヌンデヨ

この部分にロゴを入れるそうです。 | 이 부분에 로고를 넣는대요.
イ ブブネ ロゴルル ノッヌンデヨ

❏ 入れる〜　넣는・넣을困　ノッヌン・ノウル

あまりにも多くて入れるところがありません。 | 너무 많아서 넣을 곳이 없어요.
ノム マナソ ノウル コシ オプソヨ

❏ 入れない〜　넣지 않는・안 넣는　ノチアンヌン・アン ノッヌン

バナナは冷蔵庫に入れないほうがいいです。 | 바나나는 냉장고에 안 넣는 것이 좋아요.
バナナヌン ネンジャンゴエ アン ノンヌン ゴシ ジョアヨ

❏ 入れた〜　넣었던・넣은　ノオットン・ノウン

ウィスキーを入れたコーヒー | 위스키를 넣은 커피
ウィスキルル ノウン コピ

規則活用

- ❏ 入れなかった〜　넣지 않았던・안 넣었던・안 넣은　ノチ アナットン・アン ノオットン・アン ノウン

- ❏ 入れてはいけません　넣으면 안 돼요　ノウミョン アン ドェヨ
  - 化学調味料を入れてはいけません。
  - 화학조미료를 넣으면 안 돼요. ファファクジョミリョルル ノウミョン アン ドェヨ

- ❏ 入れないでください　넣지 마세요　ノチ マセヨ
  - 何も入れないでください。
  - 아무것도 넣지 마세요. アムゴット ノチ マセヨ

- ❏ 入れても　넣어도　ノオド
  - 目に入れても痛くないです。
  - 눈에 넣어도 안 아파요. ヌネ ノオド アン アパヨ

- ❏ 入れるけれど / 入れたけれど　넣지만 / 넣었지만　ノチマン・ノオッチマン
  - 塩を入れたけれどまだ足りません。
  - 소금을 넣었지만 아직 모자라요. ソグムル ノオッチマン アジク モジャラヨ

- ❏ 入れさせる　넣게 해요　ノケ ヘヨ

- ❏ 入れて　넣고　ノコ
  - にんにくを入れて炒めました。
  - 마늘을 넣고 볶았어요. マヌルル ノコ ボッカッソヨ

- ❏ 入れそう [決めそう] です　넣을 것 같아요　ノウル コッ ガタヨ
  - あの選手がゴールを入れそうです。
  - 저 선수가 골을 넣을 것 같아요. ジョ ソンスガ ゴルル ノウル コッ ガタヨ

- ❏ 入れやすい / 入れにくい　넣기 쉬워요 / 넣기 어려워요　ノキ シュィウォヨ / ノキ オリョウォヨ

- ❏ 入れるから　넣으니까・넣을 테니까 困　ノウニッカ・ノウル テニッカ

- ❏ 入れる [入れた] ので　넣어서　ノオソ

- ❏ 入れられます　넣을 수 있어요　ノウル ス イッソヨ
  - いつでも手に入れられます。
  - 언제든지 손에 넣을 수 있어요. オンジェドゥンジ ソネ ノウル ス イッソヨ

規則活用

놀라다 /ノルラダ/ 驚く・びっくりする

①驚く・びっくりする. ②感心する.

	辞書形	丁寧体	会話体	連体形
現在形	驚く 놀라다 ノルラダ	驚きます 놀랍니다 ノルラムニダ	驚きます 놀라요 ノルラヨ	驚く〜 놀라는 ノルラヌン
過去形	驚いた 놀랐다 ノルラッタ	驚きました 놀랐습니다 ノルラッスムニダ	驚きました 놀랐어요 ノルラッソヨ	驚いた〜 놀랐던 / 놀란 ノルラットン / ノルラン
未来形	驚く 놀라겠다 ノルラゲッタ	驚きます 놀라겠습니다 ノルラゲッスムニダ	驚きます 놀라겠어요 ノルラゲッソヨ	驚く〜 놀랄 ノルラル

規則活用

☐ 驚きます　놀라요　ノルラヨ

☐ 驚きません　놀라지 않아요・안 놀라요　ノルラジ アナヨ・アン ノルラヨ
- ちょっとのことでは驚きません.
- 조그만 일에는 놀라지 않아요.
  ジョグマン イレヌン ノルラジ アナヨ

☐ 驚いています　놀라고 있어요　ノルラゴ イッソヨ
- とても驚いています.
- 매우 놀라고 있어요.
  メウ ノルラゴ イッソヨ

☐ 驚きました　놀랐어요　ノルラッソヨ
- あまりにも高くて驚きました.
- 너무 비싸서 놀랐어요.
  ノム ピッサソ ノルラッソヨ

☐ 驚いていません　놀라고 있지 않아요・안 놀라고 있어요　ヌルラゴ イッチ アナヨ・アン ノルラゴ イッソヨ

☐ 驚きませんでした　놀라지 않았어요・안 놀랐어요　ノルラジ アナッソヨ・アン ノルラッソヨ
- 彼の話を聞いても驚きませんでした.
- 그의 이야기를 듣고도 놀라지 않았어요.
  グウィ イヤギルル ドゥッコド ノルラジ アナッソヨ

☐ 驚けば　놀라면　ノルラミョン

☐ 驚かなくても　놀라지 않아도・안 놀라도　ノルラジ アナド・アン ノルラド
- そんなに驚かなくてもいいでしょう.
- 그렇게 놀라지 않아도 되잖아요.
  グロッケ ノルラジ アナド デジャナヨ

☐ 驚くこと / 驚いたこと　놀라는 것・놀랄 것 困 / 놀랐던 적・놀란 적　ノルラヌン ゴッ・ノルラル コッ / ノルラットン ジョク・ノルラン ジョク
- こんなに驚いたことはありません.
- 이렇게 놀란 적은 없어요.
  イロケ ノルラン ジョグン オプソヨ

❏ 驚く〜　놀라는・놀랄 困　ノルラヌン・ノルラル

| あなたが驚くことはありません。 | 당신이 놀랄 일은 없어요.
ダンシニ ノルラル イルン オプソヨ |

❏ 驚かない〜　놀라지 않는・안 놀라는　ノルラジ アンヌン・アン ノルラヌン

| 驚かない理由 | 놀라지 않는 이유
ノルラジ アンヌン イユ |

❏ 驚いた〜　놀랐던・놀란　ノルラットン・ノルラン
❏ 驚かなかった〜　놀라지 않았던・안 놀랐던・안 놀란　ノルラジ アナットン・アン ノルラットン・アン ノルラン

| それを聞いて驚かなかった人はいません。 | 그것을 듣고 안 놀랐던 사람은 없어요.
クゴスル ドゥッコ アン ノルラットン サラムン オプソヨ |

❏ 驚いてはいけません　놀라면 안 돼요　ノルラミョン アン ドェヨ

| この程度で驚いてはいけません。 | 이 정도로 놀라면 안 돼요.
イ ジョンドロ ノルラミョン アン ドェヨ |

❏ 驚かないでください　놀라지 마세요　ノルラジ マセヨ

| そんなに驚かないでください。 | 그렇게 놀라지 마세요.
グロケ ノルラジ マセヨ |

❏ 驚いても　놀라도　ノルラド

| 驚いても仕方がありません。 | 놀라도 할 수 없어요.
ノルラド ハル ス オプソヨ |

❏ 驚くけれど / 驚いたけれど　놀라지만 / 놀랐지만　ノルラジマン / ノルラッチマン

| 量にも驚くけれど味にも驚きます。 | 양에도 놀라지만 맛에도 놀라요.
ヤンエド ノルラジマン マセド ノルラヨ |

❏ 驚かせます　놀라게 해요　ノルラゲ ヘヨ

| 突然訪ねて彼を驚かせます。 | 갑자기 찾아가서 그를 놀라게 해요.
ガプチャギ チャジャガソ グルル ノルラゲ ヘヨ |

❏ 驚いて　놀라고・놀라서　ノルラゴ・ノルラソ

| 驚いて振り向きました。 | 놀라서 돌아봤어요.
ノルラソ ドラバッソヨ |

❏ 驚きそうです　놀랄 것 같아요　ノルラルコッ ガタヨ

| 両親が知ったら驚きそうです。 | 부모님이 알면 놀랄 것 같아요.
プモニミ アルミョン ノルラル コッ ガタヨ |

❏ 驚くから　놀라니까・놀랄 테니까 困　ノルラニッカ・ノルラル テニッカ

| 赤ちゃんが驚くから静かにしてください。 | 아기가 놀라니까 조용히 해 주세요.
アギガ ノルラニッカ ジョヨンヒ ヘ ジュセヨ |

規則活用

놓다 /ノタ/ 置く

他 ①置く。②離す・放す。③(火などを)放つ。④(注射などを)打つ。⑤架ける。⑥設置する。⑦断わったり邪魔したりする言い方をする。⑧〔수를 놓다の形で〕刺繍を施す。⑨〔마음을 놓다の形で〕安心する。⑩〔말을 놓다の形で〕敬語を使わないで話す。⑪〔…을/를 놓고の形で〕…について；…をめぐって。

― 補 物事の状態がそのまま続いていることを表す：…(て)おく。

	辞書形	丁寧体	会話体	連体形
現在形	置く 놓다 ノタ	置きます 놓습니다 ノッスムニダ	置きます 놓아요 ノアヨ	置く〜 놓는 ノンヌン
過去形	置いた 놓았다 ノアッタ	置きました 놓았습니다 ノアッスムニダ	置きました 놓았어요 ノアッソヨ	置いた〜 놓았던/놓은 ノアットン/ノウン
未来形	置く 놓겠다 ノッケッタ	置きます 놓겠습니다 ノッケッスムニダ	置きます 놓겠어요 ノッケッソヨ	置く〜 놓을 ノウル

規則活用

☐ 置きます　놓아요　ノアヨ

| ここに置きます. | 여기에 놓아요.
ヨギエ ノアヨ |

☐ 置きますか　놓아요 ?・놓나요 ?　ノアヨ・ノンナヨ

☐ 置くつもりです　놓을 거예요　ノウル コイェヨ

☐ 置こうと思います　놓을 생각이에요　ノウル センガギエヨ

| ベランダに置こうと思います. | 베란다에 놓을 생각이에요.
ベランダエ ノウル センガギエヨ |

☐ 置きません　놓지 않아요・안 놓아요　ノチ アナヨ・アン ノアヨ

☐ 置きませんか　놓지 않을래요 ?・안 놓을래요 ?　ノチ アヌルレヨ・アン ノウルレヨ

☐ 置いています　놓고 있어요　ノコ イッソヨ

| いつもここに置いています. | 항상 여기에 놓고 있어요. 補
ハンサン ヨギエ ノコ イッソヨ |

☐ 置きました　놓았어요　ノアッソヨ

| 机の上にパソコンを置きました. | 책상 위에 컴퓨터를 놓았어요.
チェクサン ウィエ コムピュトルル ノアッソヨ |

☐ 置いていません　놓고 있지 않아요・안 놓고 있어요　ノコ イッチ アナヨ・アン ノコ イッソヨ

☐ 置きませんでした　놓지 않았어요/안 놓았어요　ノチ アナッソヨ/アン ノアッソヨ

| 順番通りに置きませんでした. | 순서대로 놓지 않았어요.
スンソデロ ノチ アナッソヨ |

❏ 置けば　놓으면　ノウミョン
ここに置けばいいのに.　여기에 놓으면 좋을 텐데.
　　　　　　　　　　　ヨギエ ノウミョン ジョウル テンデ

❏ 置かなければ　놓지 않으면・안 놓으면　ノチ アヌミョン・アン ノウミョン

❏ 置かなくても　놓지 않아도・안 놓아도　ノチ アナド・アン ノアド

❏ 置くこと／置いたこと　놓는 것・놓을 것囲／놓았던 적・놓은 적　ノッヌン ゴッ・
　ノウル コッ／ノアットン ジョク・ノウン ジョク

❏ 置きながら　놓으면서　ノウミョンソ
受話器を置きながらため息をつきました.　수화기를 놓으면서 한숨을 쉬었어요.
　　　　　　　　　　　　　　　　　　　スファギルル ノウミョンソ ハンスムル シュィオッソヨ

❏ 置きましょうか　놓을까요？　ノウルッカヨ
椅子はどこに置きましょうか.　의자는 어디에 놓을까요？
　　　　　　　　　　　　　　ウィジャヌン オディエ ノウルッカヨ

❏ 置きたいです／置きたくないです　놓고 싶어요／놓고 싶지 않아요　ノコ シポヨ／
　ノコ シッチ アナヨ
ここに花瓶を置きたいです.　여기에 꽃병을 놓고 싶어요.
　　　　　　　　　　　　　ヨギエ ッコッピョンウル ノコ シポヨ

❏ 置いてみます　놓아 볼래요　ノア ボルレヨ
順番通りに置いてみます.　순서대로 놓아 볼래요.
　　　　　　　　　　　　スンソデロ ノア ボルレヨ

❏ 置く[設置する] そうです　놓는대요　ノンヌンデヨ
ここに橋を架けるそうです.　여기에 다리를 놓는대요.
　　　　　　　　　　　　　ヨギエ ダリルル ノンヌンデヨ

❏ 置く〜　놓는・놓을囲　ノンヌン・ノウル
割れ物を置くときには気をつけてください.　깨지는 물건을 놓을 때에는 조심하세요.
　　　　　　　　　　　　　　　　　　　　ッケジヌン ムルゴヌル ノウル ッテエヌン ジョシムハセヨ

❏ 置かない〜　놓지 않는・안 놓는　ノチアンヌン・アン ノッヌン

❏ 置いた〜　놓았던・놓은　ノアットン・ノウン
ここに置いた財布を見ませんでしたか.　여기에 놓았던 지갑 못 봤어요？
　　　　　　　　　　　　　　　　　　ヨギエ ノアットン ジガプ モッ ブヮッソヨ

❏ 置かなかった〜　놓지 않았던・안 놓았던・안 놓은　ノチ アナットン・アン ノアットン・アン
　ノウン

❏ 置いてはいけません　놓으면 안 돼요　ノウミョン アン ドェヨ
通路に物を置いてはいけません.　통로에 물건을 놓으면 안 돼요.
　　　　　　　　　　　　　　　トンロエ ムルゴヌル ノウミョン アン ドェヨ

❏ 置かないでください　놓지 마세요　ノチ マセヨ
ここに重いものを置かないでください.　여기에 무거운 물건을 놓지 마세요.
　　　　　　　　　　　　　　　　　　ヨギエ ムゴウン ムルゴヌル ノチ マセヨ

規則活用

❏ 置いても　놓아도　ノアド
ここに荷物を置いてもいいですか。　여기에 짐을 놓아도 돼요?
ヨギエ ジムル ノアド ドェヨ

❏ 置くけれど / 置いたけれど　놓지만 / 놓았지만　ノチマン / ノアッチマン
窓を開けておくけれど風が入ってきません。　창문을 열어 놓지만 바람이 안 들어와요. 補
チャンムヌル ヨロ ノチマン パラミ アン ドゥロワヨ

❏ 置かせる　놓게 해요　ノケ ヘヨ
❏ 置いて　놓고　ノコ
荷物を置いてきます。　짐을 놓고 오겠어요.
ジムル ノコ オゲッソヨ

❏ 置きそうです　놓을 것 같아요　ノウル コッ ガタヨ
❏ 置きやすい / 置きにくい, 手放し難い　놓기 쉬워요 / 놓기 어려워요　ノキ シュィウォヨ / ノキ オリョウォヨ

❏ 置くから / 置いたから　놓으니까・놓을 테니까 困　ノウニッカ・ノウル テニッカ
花瓶を置いたから部屋が明るくみえます。　꽃병을 놓으니까 방이 밝아 보여요.
ッコッピョンウル ノウニッカ パンイ パルガ ボヨヨ

❏ 置くから / 置いたので　놓아서　ノアソ
❏ 置けます　놓을 수 있어요　ノウル ス イッソヨ
棚にまだ物を置けます。　선반에 아직 물건을 놓을 수 있어요.
ソンバネ アジク ムルゴヌル ノウル ス イッソヨ

❏ 置けません　놓을 수 없어요　ノウル ス オプソヨ

規則活用

늦다 /ヌッタ/ 遅れる

	辞書形	丁寧体	会話体	連体形
現在形	遅れる 늦다 ヌッタ	遅れます 늦습니다 ヌッスムニダ	遅れます 늦어요 ヌジョヨ	遅れる〜 늦는 ヌンヌン
過去形	遅れた 늦었다 ヌジョッタ	遅れました 늦었습니다 ヌジョッスムニダ	遅れました 늦었어요 ヌジョッソヨ	遅れた〜 늦었던 / 늦은 ヌジョットン / ヌジュン
未来形	遅れる 늦겠다 ヌッケッタ	遅れます 늦겠습니다 ヌッケッスムニダ	遅れます 늦겠어요 ヌッケッソヨ	遅れる〜 늦을 ヌジュル

☐ 遅れます　늦어요　ヌジョヨ

彼はいつも約束時間に遅れます.　　그는 항상 약속시간에 늦어요.
　　　　　　　　　　　　　　　　　グヌン ハンサン ヤクソクシガネ ヌジョヨ

☐ 遅れますか　늦어요?・늦나요?　ヌジョヨ・ヌッナヨ

☐ 遅れます　늦겠어요 困　ヌッケッソヨ

☐ 遅れません　늦지 않아요・안 늦어요　ヌッチ アナヨ・アン ヌジョヨ

タクシーで行けば遅れません.　　택시로 가면 안 늦어요.
　　　　　　　　　　　　　　　テクシロ ガミョン アン ヌジョヨ

☐ 遅れています　늦고 있어요　ヌッコ イッソヨ

配達が遅れています.　　배달이 늦고 있어요.
　　　　　　　　　　　ベダリ ヌッコ イッソヨ

☐ 遅れました　늦었어요　ヌジョッソヨ

☐ 遅れていません　늦고있지 않아요・안 늦고 있어요　ヌッコイッチ アナヨ・アン ヌッコ イッソヨ

まだ授業に遅れていません.　　아직 수업에 안 늦었어요. 過
　　　　　　　　　　　　　　アジク スオベ アン ヌジョッソヨ

☐ 遅れませんでした　늦지 않았어요・안 늦었어요　ヌッチ アナッソヨ・アン ヌジョッソヨ

一度も会社に遅れませんでした.　　한 번도 회사에 안 늦었어요.
　　　　　　　　　　　　　　　　ハン ボンド フェサエ アン ヌジョッソヨ

☐ 遅れなければ　늦지 않으면・안 늦으면　ヌッチ アヌミョン・アン ヌジュミョン

約束時間に遅れなければいいのですが.　　약속시간에 안 늦으면 좋을텐데.
　　　　　　　　　　　　　　　　　　　ヤクソクシガネ アン ヌジュミョン ジョウルテンデ

☐ 遅れること / 遅れたこと　늦는 것・늦을 것 困 / 늦었던 적・늦은 적　ヌッヌン ゴ
　　ッ・ヌジュル コッ・ヌジョットン ジョク・ヌジュン ジョク

約束時間に遅れたことはありません.　　약속시간에 늦었던 적은 없어요.
　　　　　　　　　　　　　　　　　　ヤクソクシガネ ヌジョットン ジョグン オプソヨ

規則活用

❏ 遅れるそうです　늦는대요　ヌッヌンデヨ

彼は遅れるそうです。　그는 늦는대요．
グヌン ヌッヌンデヨ

❏ 遅れない〜　늦지 않는・안 늦는　ヌッチ アンヌン・アン ヌッヌン

❏ 遅れた〜　늦었던・늦은　ヌジョットン・ヌジュン

会議に遅れたことはありません。　회의에 늦은 적은 없어요．
フェウィエ ヌジュン ジョグン オプソヨ

❏ 遅れなかった〜　늦지 않았던・안 늦었던・안 늦은　ヌッチ アナットン・アン ヌジョットン・アン ヌジュン

❏ 遅れてはいけません　늦으면 안 돼요　ヌジュミョン アン ドェヨ

約束時間に遅れてはいけません。　약속시간에 늦으면 안 돼요．
ヤクソクシガネ ヌジュミョン アン ドェヨ

❏ 遅れないでください　늦지 마세요　ヌッチ マセヨ

試験時間に遅れないでください。　시험시간에 늦지 마세요．
シホムシガネ ヌッチ マセヨ

❏ 遅れても　늦어도　ヌジョド

遅れてもいいから必ず来てください。　늦어도 괜찮으니까 꼭 와 주세요．
ヌジョド グェンチャヌニッカ ッコク ワ ジュセヨ

❏ 遅れるけれど / 遅れたけれど　늦지만 / 늦었지만　ヌッチマン / ヌジョッチマン

少し遅れるけれど待っていてください。　조금 늦지만 기다려 주세요．
ジョグム ヌッチマン ギダリョ ジュセヨ

❏ 遅れて　늦고　ヌッコ

❏ 遅れそうです　늦을 것 같아요　ヌジュル コッ ガタヨ

学校に遅れそうです。　학교에 늦을 것 같아요．
ハクキョエ ヌジュル コッ ガタヨ

❏ 遅れるから　늦으니까・늦을 테니까　困　ヌジュニッカ・ヌジュル テニッカ

遅れるから待たないでください。　늦을 테니까 기다리지 마세요．
ヌジュル テニッカ ギダリジ マセヨ

規則活用

다니다 /ダニダ/ 通う

自 ①(学校・会社などに)通う・通勤する・通学する・勤める. ②行き来する・往来する・通る. ③行ってくる・立ち寄る・里帰りする.
— **他** …回る・…して回る.

	辞書形	丁寧体	会話体	連体形
現在形	通う 다니다 ダニダ	通います 다닙니다 ダニムニダ	通います 다녀요 ダニョヨ	通う〜 다니는 ダニヌン
過去形	通った 다녔다 ダニョッタ	通いました 다녔습니다 ダニョッスムニダ	通いました 다녔어요 ダニョッソヨ	通った〜 다녔던 /다닌 ダニョットン/ダニン
未来形	通う 다니겠다 ダニゲッタ	通います 다니겠습니다 ダニゲッスムニダ	通います 다니겠어요 ダニゲッソヨ	通う〜 다닐 ダニル

❑ 通います　**다녀요**　ダニョヨ

英語の塾に通います.　　영어학원에 다녀요.
　　　　　　　　　　　　ヨンオハグォネ ダニョヨ

❑ 通いますか　**다녀요？・다니나요？**　ダニョヨ・ダニナヨ

❑ 通います　**다니겠어요** 困　ダニゲッソヨ

地下鉄で学校に通います.　지하철로 학교에 다니겠어요.
　　　　　　　　　　　　ジハチョルロ ハクキョエ ダニゲッソヨ

❑ 通うつもりです　**다닐 거예요**　ダニル コイェヨ

❑ 通おうと思います　**다닐 생각이에요**　ダニル センガギエヨ

会社に歩いて通おうと思います.　회사에 걸어서 다닐 생각이에요.
　　　　　　　　　　　　　　　フェサエ ゴロソ ダニル センガギエヨ

❑ 通いません　**다니지 않아요・안 다녀요**　ダニジ アナヨ・アン ダニョヨ

塾には通いません.　학원에는 안 다녀요.
　　　　　　　　　ハグォネヌン アン ダニョヨ

❑ 通いませんか　**다니지 않을래요？・안 다닐래요？**　ダニジ アヌルレヨ・アン ダニルレヨ

一緒に通いませんか.　같이 다니지 않을래요？
　　　　　　　　　　ガチ ダニジ アヌルレヨ

❑ 通っています　**다니고 있어요**　ダニゴ イッソヨ

弟は高校に通っています.　남동생은 고등학교에 다니고 있어요.
　　　　　　　　　　　　ナムドンセンウン ゴドゥンハクキョエ ダニゴ イッソヨ

❑ 通いました　**다녔어요**　ダニョッソヨ

毎日図書館に通いました.　매일 도서관에 다녔어요.
　　　　　　　　　　　　メイル ドソグヮネ ダニョッソヨ

規則活用

❏ 通っていません　다니고 있지 않아요・안 다니고 있어요　ダニゴ イッチ アナヨ・アン ダニゴ イッソヨ

| 車が通っていません. | 차가 안 다니고 있어요.
チャガ アン ダニゴ イッソヨ |

❏ 通いませんでした　다니지 않았어요・안 다녔어요　ダニジ アナッソヨ・アン ダニョッソヨ

| 病院には通いませんでした. | 병원에는 안 다녔어요.
ビョンウォネヌン アン ダニョッソヨ |

❏ 通えば　다니면　ダニミョン

| ちゃんと病院に通えば治ります. | 제대로 병원에 다니면 나아요.
ジェデロ ビョンウォネ ダニミョン ナアヨ |

❏ 通わなければ　다니지 않으면・안 다니면　ダニジ アヌミョン・アン ダニミョン

| 歯医者に通わなければなりません. | 치과에 다니지 않으면 안 돼요.
チックヮエ ダニジ アヌミョン アン ドェヨ |

❏ 通わなくても　다니지 않아도・안 다녀도　ダニジ アナド・アン ダニョド

| 毎日通わなくてもいいでしょう. | 매일 안 다녀도 되겠지요.
メイル アン ダニョド ドェゲッチヨ |

❏ 通うこと　다니는 것・다닐 것 困/ 다녔던 적・다닌 적　ダニヌン ゴッ・ダニル コッ／ダニョットン ジョク・ダニン ジョク

❏ 通いながら　다니면서　ダニミョンソ

| 大学に通いながらアルバイトをしました. | 대학에 다니면서 아르바이트를 했어요.
デハゲ ダニミョンソ アルバイトゥルル ヘッソヨ |

❏ 通いましょうか　다닐까요?　ダニルッカヨ

| 一緒にジムに通いましょうか. | 같이 헬스클럽에 다닐까요?
ガチ ヘルスクルロベ ダニルッカヨ |

❏ 通いたいです / 通いたくないです　다니고 싶어요 / 다니고 싶지 않아요　ダニゴ シポヨ／ダニゴ シッチ アナヨ

| 塾に通いたいです. | 학원에 다니고 싶어요.
ハグォネ ダニゴ シポヨ |

❏ 通ってみます　다녀 볼래요　ダニョ ボルレヨ

| テニス教室に通ってみます. | 테니스교실에 다녀 볼래요.
テニスギョシレ ダニョ ボルレヨ |

❏ 通うそうです　다닌대요　ダニンデヨ

| バイクで通うそうです. | 오토바이를 타고 다닌대요.
オトバイルル タゴ ダニンデヨ |

❏ 通う〜　다니는・다닐 困　ダニヌン・ダニル

| 妹が通う高校は家の近くです. | 여동생이 다니는 고등학교는 집 근처예요.
ヨドンセンイ ダニヌン ゴドゥンハッキョヌン ジブ グンチョイェヨ |

❏ 通わない〜　다니지 않는・안 다니는　ダニジ アンヌン・アン ダニヌン

| 塾に通わない子も大勢います. | 학원에 안 다니는 아이도 많이 있어요.
ハグォネ アン ダニヌン アイド マニ イッソヨ |

規則活用

❏ 通った〜　다녔던・다닌　ダニョットン・ダニン

私の通った学校は東京にあります。
내가 다닌 학교는 동경에 있어요.
ネガ ダニン ハッキョヌン ドンギョンエ イッソヨ

❏ 通わなかった〜　다니지 않았던・안 다녔던・안 다닌　ダニジ アナットン・アン ダニョットン・アン ダニン

❏ 通ってください　다녀 주세요・다니세요　ダニョ ジュセヨ・ダニセヨ

歩道を通ってください。
보도로 다니세요.
ボドロ ダニセヨ

❏ 通ってはいけません　다니면 안 돼요　ダニミョン アン ドェヨ

❏ 通わ［通ら］ないでください　다니지 마세요　ダニジ マセヨ

夜遅く1人で通らないでください。
밤 늦게 혼자 다니지 마세요.
バム ヌッケ ホンジャ ダニジ マセヨ

❏ 通っても　다녀도　ダニョド

毎日図書館に通ってもいいですか。
매일 도서관에 다녀도 되나요?
メイル ドソグヮネ ダニョド ドェナヨ

❏ 通うけれども／通ったけれど　다니지만／다녔지만　ダニジマン／ダニョッチマン

大学に通う［通っている］けれど成績はよくないです。
대학에 다니지만 성적은 안 좋아요.
デハゲ ダニジマン ソンジョグン アン ジョアヨ

❏ 通わせます　다니게 해요　ダニゲ ヘヨ

❏ 通って　다니고　ダニゴ

❏ 通いそうです　다닐 것 같아요　ダニル コッ ガタヨ

❏ 通いやすい／通いにくい　다니기 쉬워요／다니기 어려워요　ダニギ シュィウォヨ／ダニギ オリョウォヨ

電車では通いにくいです。
전철로는 다니기 어려워요.
ジョンチョルロヌン ダニギ オリョウォヨ

❏ 通うから　다니니까・다닐 테니까　ダニニッカ・ダニル テニッカ

歩いて通うから運動にもなっていいです。
걸어서 다니니까 운동도 되고 좋아요.
ゴロソ ダニニッカ ウンドンド ドェゴ ジョアヨ

❏ 通うので，通ったので　다녀서　ダニョソ

❏ 通えます　다닐 수 있어요　ダニル ス イッソヨ

歩いて通えます。
걸어서 다닐 수 있어요.
ゴロソ ダニル ス イッソヨ

❏ 通えません　다닐 수 없어요　ダニル ス オプソヨ

遠くて毎日は通えません。
멀어서 매일은 다닐 수 없어요.
モロソ メイルン ダニル ス オプソヨ

❏ 通ったり　다니거나・다녔다가　ダニゴナ・ダニョッタガ

規則活用

닦다 /ダクタ/ 拭く・ぬぐう

①拭く・ぬぐう．②磨く．③(道などを)平らにする；均す；整備する．④(基礎などを)固める．

	辞書形	丁寧体	会話体	連体形
現在形	拭く 닦다 ダクタ	拭きます 닦습니다 ダクスムニダ	拭きます 닦아요 ダクカヨ	拭く〜 닦는 ダンヌン
過去形	拭いた 닦았다 ダクカッタ	拭きました 닦았습니다 ダクカッスムニダ	拭きました 닦았어요 ダクカッソヨ	拭いた〜 닦았던 / 닦은 ダクカットン / ダックン
未来形	拭く 닦겠다 ダクケッタ	拭きます 닦겠습니다 ダクケッスムニダ	吹きます 닦겠어요 ダクケッソヨ	拭く〜 닦을 ダククル

規則活用

❏ 拭きます　닦아요　ダクカヨ

窓を拭きます．　　　　　　　　창문을 닦아요．
　　　　　　　　　　　　　　　チャンムヌル ダクカヨ

❏ 拭きますか　닦아요？・닦나요？　ダクカヨ・ダクナヨ

❏ 拭きます　닦겠어요 困 ダクケッソヨ

❏ 拭くつもりです　닦을 거예요　ダククル コイェヨ

❏ 拭こうと思います　닦을 생각이에요　ダククル センガギエヨ

きれいに拭こうと思います．　　깨끗하게 닦을 생각이에요．
　　　　　　　　　　　　　　　ッケックッタゲ ダククル センガギエヨ

❏ 拭きません　닦지 않아요・안 닦아요　ダクチアナヨ・アン ダクカヨ

今日は床を拭きません．　　　　오늘은 마루를 안 닦아요．
　　　　　　　　　　　　　　　オヌルン マルルル アン ダクカヨ

❏ 拭きませんか　닦지 않을래요？・안 닦을래요？　ダクチ アヌルレヨ・アン ダククルレヨ

靴を磨きませんか．　　　　　　구두 안 닦을래요？
　　　　　　　　　　　　　　　グドゥ アン ダククルレヨ

❏ 拭いています　닦고 있어요　ダクコ イッソヨ

靴を磨いています．　　　　　　구두를 닦고 있어요．
　　　　　　　　　　　　　　　グドゥルル ダクコ イッソヨ

❏ 拭きました　닦았어요　ダクカッソヨ

歯を磨きました．　　　　　　　이를 닦았어요．
　　　　　　　　　　　　　　　イルル ダクカッソヨ

❏ 拭いていません　닦고 있지 않아요・안 닦고 있어요　ダクコイッチ アナヨ・アン ダクコ イッソヨ

❏ 拭きませんでした　닦지 않았어요・안 닦았어요　ダクチ アナッソヨ・アン ダクカッソヨ

長い間ほこりを拭きませんでした. 　　오래동안 먼지를 안 닦았어요.
　　　　　　　　　　　　　　　　　オレットンアン モンジルル アン ダッカッソヨ

❏ 拭けば　　닦으면　ダックミョン
拭けばきれいになります.　　　닦으면 깨끗해져요.
　　　　　　　　　　　　　　ダックミョン ッケクテジョヨ

❏ 拭か［磨か］なければ　　닦지 않으면・안 닦으면　ダッチ アヌミョン・アン ダックミョン
磨かなければ光りません.　　닦지 않으면 빛이 안 나요.
　　　　　　　　　　　　　ダッチ アヌミョン ピチ アン ナヨ

❏ 拭かなくても　　닦지 않아도・안 닦아도　ダッチ アナド・アン ダッカド
そこは拭かなくてもいいです.　　거기는 안 닦아도 돼요.
　　　　　　　　　　　　　　　ゴギヌン アン ダッカド ドェヨ

❏ 拭くこと／拭いたこと　　닦는 것・닦을 것困・닦았던 적・닦은 적　ダンヌン ゴッ・
　　ダックル コッ・ダッカットン ジョク・ダックン ジョク
天窓のガラスを拭いたことがあります.　　천장의 유리를 닦은 적이 있어요.
　　　　　　　　　　　　　　　　　　　チョンジャンウィ ユリルル ダックン ジョギ イッソヨ

❏ 拭きながら　　닦으면서　ダックミョンソ
窓を拭きながら音楽を聴きます.　　창문을 닦으면서 노래를 들어요.
　　　　　　　　　　　　　　　　チャンムヌル ダックミョンソ ノレルル ドゥロヨ

❏ 拭きましょうか　　닦을까요？・닦을래요？　ダックルッカヨ・ダックルレヨ
乾いた布で拭きましょうか.　　마른 천으로 닦을까요？
　　　　　　　　　　　　　　マルン チョヌロ ダックルッカヨ

❏ 拭き［磨き］たいです／拭きたくないです　　닦고 싶어요／닦고 싶지 않아요
　　ダッコ シポヨ／ダッコ シッチ アナヨ
歯を磨きたいです.　　이를 닦고 싶어요.
　　　　　　　　　　イルル ダッコ シポヨ

❏ 拭いてみます　　닦아 볼래요　ダッカ ボルレヨ
濡れた布で拭いてみます.　　젖은 헝겊으로 닦아 볼래요.
　　　　　　　　　　　　　ジョジュン ホンゴプロ ダッカ ボルレヨ

❏ 拭くそうです　　닦는대요　ダンヌンデヨ
新聞紙で窓ガラスを拭くそうです.　　신문지로 창문을 닦는대요.
　　　　　　　　　　　　　　　　　シンムンジロ チャンムヌル ダンヌンデヨ

❏ 拭く〜　　닦는・닦을困　ダンヌン・ダックル
窓を拭く布をください.　　창문을 닦을 천을 주세요.
　　　　　　　　　　　　チャンムヌル ダックル チョヌル ジュセヨ

❏ 拭か［磨か］ない〜　　닦지 않는・안 닦는　ダッチ アンヌン・アン ダンヌン
歯を磨かない子ども.　　이를 안 닦는 아이
　　　　　　　　　　　イルル アン ダンヌン アイ

❏ 拭いた〜　　닦았던・닦은　ダッカットン・ダックン

❏ 拭かなかった〜　　닦지 않았던・안 닦었던・안 닦은　ダッチ アナットン・アン ダッカットン・アン ダックン

規則活用

233

❏ 拭いてはいけません　닦으면 안 돼요　ダクミョン アン ドェヨ

洗剤で拭いてはいけません. | 세제로 닦으면 안 돼요．
セジェロ ダクミョン アン ドェヨ

❏ 拭かないでください　닦지 마세요　ダチ マセヨ

ぬれた雑巾で拭かないでください. | 젖은 걸레로 닦지 마세요．
ジョジュン ゴルレロ ダチ マセヨ

❏ 拭いても　닦아도　ダカド

モップで拭いてもいいですか. | 자루걸레로 닦아도 괜찮아요？
ジャルゴルレロ ダカド グェンチャナヨ

❏ 拭くけれど / 拭いたけれど　닦지만 / 닦았지만　ダチマン・ダカッチマン

拭いたけれどきれいになりません. | 닦았지만 안 깨끗해져요．
ダカッチマン アン ッケクテジョヨ

❏ 拭かせる　닦게 해요　ダケヘヨ

❏ 拭いて　닦고　ダコ

お皿を拭いて片付けます. | 접시를 닦고 정리해요．
ジョプシルル ダコ ジョンリヘヨ

❏ 拭きやすい / 拭きにくい　닦기 쉬워요 / 닦기 어려워요　ダキ シュィウォヨ / ダキ オリョウォヨ

あまり小さくて拭きにくいです. | 너무 작아서 닦기 어려워요．
ノム ジャガソ ダキ オリョウォヨ

❏ 拭くから / 拭いたから　닦으니까・닦을 테니까　困　ダクニッカ・ダクル テニッカ

拭いたら新品のようです. | 닦으니까 새 것 같아요．
ダクニッカ セ ゴッ ガタヨ

❏ 拭くので, 拭いたので　닦아서　ダカソ

❏ 拭けます　닦을 수 있어요　ダクル ス イッソヨ

❏ 拭けません　닦을 수 없어요　ダクル ス オプソヨ

規則活用

닫다 /ダッタ/ 閉める・閉じる

	辞書形	丁寧体	会話体	連体形
現在形	閉める 닫다 ダッタ	閉めます 닫습니다 ダッスムニダ	閉めます 닫아요 ダダヨ	閉める〜 닫는 ダンヌン
過去形	閉めた 닫았다 ダダッタ	閉めました 닫았습니다 ダダッスムニダ	閉めました 닫았어요 ダダッソヨ	閉めた〜 닫았던 / 닫은 ダダットン / ダドゥン
未来形	閉める 닫겠다 ダッケッタ	閉めます 닫겠습니다 ダッケッスムニダ	閉めます 닫겠어요 ダッケッソヨ	閉める〜 닫을 ダドゥル

❑ 閉めます　닫아요　ダダヨ

窓を閉めます. / 来月店を閉めます.　　창문을 닫아요 ./ 다음달에 가게를 닫아요 .
　　　　　　　　　　　　　　　　　チャンムヌル ダダヨ / ダウムッタレ ガゲルル ダダヨ

❑ 閉めますか　닫아요 ?・닫나요 ?　ダダヨ・ダンナヨ

❑ 閉めるつもりです　닫을 거예요　ダドゥル コイェヨ

暗くなったら窓を閉めるつもりです.　어두워지면 창문을 닫을 거예요 .
　　　　　　　　　　　　　　　　オドゥウォジミョン チャンムヌル ダドゥル コイェヨ

❑ 閉めようと思います　닫을 생각이에요　ダドゥル センガギエヨ

❑ 閉めません　닫지 않아요・안 닫아요　ダッチ アナヨ・アン ダダヨ

❑ 閉めませんか　닫지 않을래요 ?・안 닫을래요 ?　ダッチ アヌルレヨ・アン ダドゥルレヨ

窓を閉めませんか.　창문을 닫지 않을래요 ?
　　　　　　　　　チャンムヌル ダッチ アヌルレヨ

❑ 閉めています　닫고 있어요　ダッコ イッソヨ

夏でもドアを閉めています.　여름에도 문을 닫고 있어요 .
　　　　　　　　　　　　　ヨルメド ムヌル ダッコ イッソヨ

❑ 閉めました　닫았어요　ダダッソヨ

門を閉めました.　문을 닫았어요 .
　　　　　　　　ムヌル ダダッソヨ

❑ 閉めていません　닫고 있지 않아요・안 닫고 있어요　ダッコ イッチ アナヨ・アン ダッコ イッソヨ

まだ門を閉めていません.　아직 문을 안 닫고 있어요 .
　　　　　　　　　　　　アジク ムヌル アン ダッコ イッソヨ

❑ 閉めませんでした　닫지 않았어요・안 닫았어요　ダッチ アナッソヨ・アン ダダッソヨ

彼はドアを閉めませんでした.　그는 문을 안 닫았어요 .
　　　　　　　　　　　　　　グヌン ムヌル アン ダダッソヨ

規則活用

- ❏ 閉めれば　　닫으면　ダドゥミョン
  - 窓を閉めれば静かです。
  - 창문을 닫으면 조용해요.
    チャンムヌル ダドゥミョン ジョヨンヘヨ

- ❏ 閉めなければ　　닫지 않으면・안 닫으면　ダッチ アヌミョン・アン ダドゥミョン
  - 夜には窓を閉めなければなりません。
  - 밤에는 창문을 닫지 않으면 안 돼요.
    パメヌン チャンムヌル ダッチ アヌミョン アン ドェヨ

- ❏ 閉めなくても　　닫지 않아도・안 닫아도　ダッチ アナド・アン ダダド
  - 暑いから窓は閉めなくてもいいです。
  - 더우니까 창문은 안 닫아도 돼요.
    ドウニッカ チャンムヌン アン ダダド ドェヨ

- ❏ 閉めること / 閉めたこと　　닫는 것・닫을 것[困]/ 닫았던 적・닫은 적　ダンヌン コッ・ダドゥル コッ / ダダットン ジョク・ダドゥン ジョク
  - 昼間に店を閉めたことはありません。
  - 낮에 가게를 닫은 적은 없어요.
    ナジェ ガゲルル ダドゥン ジョグン オプソヨ

- ❏ 閉めながら　　닫으면서　ダドゥミョンソ

- ❏ 閉めましょうか　　닫을까요?　ダドゥルッカヨ
  - 窓を閉めましょうか。
  - 창문을 닫을까요?
    チャンムヌル ダドゥルッカヨ

- ❏ 閉めたいです / 閉めたくないです　　닫고 싶어요 / 닫고 싶지 않아요　ダッコ シポヨ / ダッコ シプチ アナヨ
  - うるさいので窓を閉めたいです。
  - 시끄러워서 창문을 닫고 싶어요.
    シックロウォソ チャンムヌル ダッコ シポヨ

- ❏ 閉めてみます　　닫아 볼래요　ダダ ボルレヨ

- ❏ 閉めるそうです　　닫는대요　ダンヌンデヨ
  - 彼は店を閉めるそうです。
  - 그는 가게를 닫는대요.
    グヌン ガゲルル ダンヌンデヨ

- ❏ 閉める〜　　닫는・닫을[困]　ダンヌン・ダドゥル
  - そのドアを閉めるときにはコツがいります。
  - 그 문을 닫을 때는 요령이 필요해요.
    グ ムヌル ダドゥル ッテヌン ヨリョンイ ピリョヘヨ

- ❏ 閉めない〜　　닫지 않는・안 닫는　ダッチ アンヌン・アン ダンヌン

- ❏ 閉めた〜　　닫았던・닫은　ダダットン・ダドゥン
  - 窓を閉めた人はだれですか。
  - 창문을 닫은 사람은 누구죠?
    チャンムヌル ダドゥン サラムン ヌグジョ

- ❏ 閉めなかった〜　　닫지 않았던・안 닫았던・안 닫은　ダッチ アナットン・アン ダダットン・アン ダドゥン

- ❏ 閉めてはいけません　　닫으면 안 돼요　ダドゥミョン アン ドェヨ

- ❏ 閉めないでください　　닫지 마세요　ダッチ マセヨ
  - ふたを閉めないでください。
  - 뚜껑을 닫지 마세요.
    ットゥッコンウル ダッチ マセヨ

規則活用

- ❏ 閉めても　닫아도　ダダド

窓を閉めても外の音が聞こえます。	창문을 닫아도 밖의 소리가 들려요.
	チャンムヌル ダダド パックィ ソリガ ドゥルリョヨ

- ❏ 閉めるけれど / 閉めたけれど　닫지만 / 닫았지만　ダッチマン / ダダッチマン
- ❏ 閉めさせます　닫게 해요　ダッケ ヘヨ
- ❏ 閉めて　닫고　ダッコ

窓を閉めて出かけます。	창문을 닫고 외출해요
	チャンムヌル ダッコ ウェチュルヘヨ

- ❏ 閉めそうです　닫을 것 같아요　ダドゥル コッ ガタヨ

客が少なくて店を閉めそうです。	손님이 없어서 가게를 닫을 것 같아요.
	ソンニミ オプソソ ガゲルル ダドゥル コッ ガタヨ

- ❏ 閉めやすい / 閉めにくい　닫기 쉬워요 / 닫기 어려워요　ダッキ シュィウォヨ / ダッキ オリョウォヨ

このドアは古くて閉めにくいです。	이 문은 오래되서 닫기 어려워요.
	イ ムヌン オレドェソ ダッキ オリョウォヨ

- ❏ 閉めたから　닫으니까・닫을 테니까 困　ダドゥニッカ・ダドゥル テニッカ

窓を閉めたから暗いです。	창문을 닫으니까 어두워요.
	チャンムヌル ダドゥニッカ オドゥウォヨ

- ❏ 閉めるので, 閉めたので　닫아서　ダダソ
- ❏ 閉められます　닫을 수 있어요　ダドゥル ス イッソヨ
- ❏ 閉められません　닫을 수 없어요　ダドゥル ス オプソヨ

規則活用

되다 /ドェダ/ なる

①なる．②変わる・変化する．③達する・(ある状態に)置かれる．④役立つ・働く．⑤構成される・…でなる．⑥できる．⑦仕上がる．⑧整っている・具えている．⑨…してもいい・かまわない．⑩(事が)運ぶ．⑪…に当たる・ある仲である．⑫(穀物などが)育つ．

	辞書形	丁寧体	会話体	連体形
現在形	なる 되다 ドェダ	なります 됩니다 ドェムニダ	なります 돼요 ドェヨ	なる～ 되는 ドェヌン
過去形	なった 됐다 ドェッタ	なりました 됐습니다 ドェッスムニダ	なりました 됐어요 ドェッソヨ	なった～ 됐던 /된 ドェットン/ドェン
未来形	なる 되겠다 ドェゲッタ	なります 되겠습니다 ドェゲッスムニダ	なります 되겠어요 ドェゲッソヨ	なる～ 될 ドェル

規則活用

❑ なり[でき]ます / なりますか　돼요　ドェヨ
私にもできます．　저라도 돼요．ジョラド ドェヨ

❑ なりますか　돼요？・되나요？　ドェヨ・ドェナヨ

❑ なり[でき]ます　되겠어요 困　ドェゲッソヨ
明日できます．　내일 되겠어요．ネイル ドェゲッソヨ

❑ なるつもりです　될 거예요　ドェル コイェヨ

❑ なろうと思います　될 생각이에요　ドェル センガギエヨ
タレントになろうと思います．　연예인이 될 생각이에요．ヨンイェイニ ドェル センガギエヨ

❑ なり[でき]ません　될 수 없어요 / 안 돼요　ドェル ス オプソヨ/ アン ドェヨ
そうはできません．　그렇게는 안 돼요．グロケヌン アン ドェヨ

❑ なって[できて]います　되어 있어요・돼 있어요　ドェオ イッソヨ・ドェ イッソヨ
もうできています．　벌써 되어 있어요．ボルッソ ドェオ イッソヨ

❑ なりました　되었어요・됐어요　ドェオッソヨ・ドェッソヨ
そうなりました．　그렇게 됐어요．グロケ ドェッソヨ

❑ なって[できて]いません　되어 있지 않아요・안 돼 있어요　ドェオ イッチ アナヨ・アン ドェ イッソヨ

	まだ準備ができていません.	아직 준비가 안 돼 있어요. アジㇰ ジュンビガ アン ドェ イッソヨ
☐ なり[でき]ませんでした	되지 않았어요・안 됐어요	ドェジ アナッソヨ・アン ドェッソヨ
	まだ充電ができていませんでした.	아직 충전이 안 됐어요. アジㇰ チュンジョニ アン ドェッソヨ
☐ なれば, なると	되면	ドェミョン
	夜になると寒いです.	밤이 되면 추워요. パミ ドェミョン チュウォヨ
☐ なら[でき]なければ	되지 않으면・안 되면	ドェジ アヌミョン・アン ドェミョン
	できなければしなくてもかまいません.	안 되면 안 해도 괜찮아요. アン ドェミョン アン ヘド グェンチャナヨ
☐ なら[でき]なくても	되지 않아도・안 돼도	ドェジ アナド・アン ドェド
	できなくても気にしないでください.	안 돼도 신경 쓰지 마세요. アン ドェド シンギョン ッスジ マセヨ
☐ なること/なったこと	되는 것・될 것困/ 되었던 적・된 적	ドェヌン ゴッ・ドェル コッ/ドェオットン ジョㇰ・ドェン ジョㇰ
	何かの専門家になることは難しいことです.	무언가의 전문가가 되는 것은 어려운 일이예요. ムオンガウィ ジョンムンガガ ドェヌン ゴジュン オリョウン イリイェヨ
☐ なりながら, なるにつれて	되면서	ドェミョンソ
	社会人になるにつれて変わったこと	사회인이 되면서 달라진 것 サフェイニ ドェミョンソ ダルラジン ゴッ
☐ なりましょうか	될까요?	ドェルッカヨ
	私が保証人になりましょうか.	제가 보증인이 될까요? ジェガ ボジュンイニ ドェルッカヨ
☐ なりたいです	되고 싶어요	ドェゴ シポヨ
	宇宙飛行士になりたいです.	우주비행사가 되고 싶어요. ウジュビヘンサガ ドェゴ シポヨ
☐ なりたくないです	되고 싶지 않아요	ドェゴ シㇷ゚チ アナヨ
☐ なってみます	돼 볼래요	ドェ ボルレヨ
	童話作家になってみます.	동화작가가 돼 볼래요. ドンファジャㇰカガ ドェ ボルレヨ
☐ なるそうです	된대요	ドェンデヨ
	もうすぐパパになるそうです.	곧 아빠가 된대요. ゴッ アッパガ ドェンデヨ
☐ なる〜	되는・될困	ドェヌン・ドェル
	鳥になる夢	새가 되는 꿈 セガ ドェヌン ックム
☐ なら[でき]ない〜	되지 않는・안 되는	ドェジ アンヌン・アン ドェヌン
	努力すればできないことはないです.	노력하면 안 되는 일은 없어요. ノリョカミョン アン ドェヌン イルン オㇷ゚ソヨ

規則活用

- ❏ なった〜　되었던・된　ドェオットン・ドェン
  - お金持ちになった人たちの共通点. | 부자가 된 사람들의 공통점. ブジャガ ドェン サラムドゥルィ ゴントンッチョム
- ❏ ならなかった〜　되지 않았던・안 됐던・안 된　ドェジ アナットン・アン ドェットン・アン ドェン
- ❏ なってください　돼주세요・되세요　ドェ ジュセヨ・ドェセヨ
  - 私の力になってください. | 저한테 힘이 돼주세요. ジョハンテ ヒミ ドェ ジュセヨ
- ❏ なってはいけません　되면 안 돼요　ドェミョン アン ドェヨ
- ❏ ならないでください　되지 마세요　ドェジ マセヨ
- ❏ なっても　되어도　ドェオド
- ❏ なるけれど／なったけれど　되지만／되었지만　ドェジマン・ドェオッチマン
  - 二十歳になりますがまだ子どもです. | 스무 살이 되지만 아직 아이예요. スム サリ ドェジマン アジゥ アイイェヨ
- ❏ ならせます　되게 해요　ドェゲ ヘヨ
  - 左右を対称にさせます. | 좌우 대칭이 되게 해요. ジュアウ デチンイ ドェゲ ヘヨ
- ❏ なって　되고　ドェゴ
  - 社長になって態度が変わりました. | 사장이 되고 태도가 달라졌어요. サジャンイ ドェゴ テドガ ダルラジョッソヨ
- ❏ なりそうです　될 것 같아요　ドェル コッ ガタヨ
  - いい思い出になりそうです. | 좋은 추억이 될 것 같아요. ジョウン チュオギ ドェル コッ ガタヨ
- ❏ なりやすい／なりにくい　되기 쉬워요／되기 어려워요　ドェギ シュィウォヨ／ドェギ オリョウォヨ
- ❏ なるから　되니까・될 테니까 困　ドェニッカ・ドェル テニッカ
  - 秋になるから何となく寂しいです. | 가을이 되니까 왠지 허전해요. ガウリ ドェニッカ ウェンジ ホジョンヘヨ
- ❏ なるので，なったので　되어서　ドェオソ
- ❏ なれ［役に立て］ません　되지 못해요　ドェジ モッテヨ
  - 私はお役に立てません. | 저는 도움이 되지 못해요. ジョヌン ドウミ ドェジ モッテヨ

드리다 /ドゥリダ/ 差し上げる

他 ①〔주다의 謙譲語〕差し上げる・お渡しする。②〔말씀드리다「言う＋差し上げる」の形で〕申し上げる。③(祈り・お供え物などを) 捧げる。
補 〔動詞の連用形について〕…て差し上げる。
＊恩に着せるようなニュアンスはなく「目上の人に対して何かをしてあげる」ということをへりくだって言う場合に用います。

	辞書形	丁寧体	会話体	連体形
現在形	差し上げる 드리다 ドゥリダ	差し上げます 드립니다 ドゥリムニダ	差し上げます 드려요 ドゥリョヨ	差し上げる〜 드리는 ドゥリヌン
過去形	差し上げた 드렸다 ドゥリョッタ	差し上げました 드렸습니다 ドゥリョッスムニダ	差し上げました 드렸어요 ドゥリョッソヨ	差し上げた〜 드렸던 /드린 ドゥリョットン/ドゥリン
未来形	差し上げる 드리겠다 ドゥリゲッタ	差し上げます 드리겠습니다 ドゥリゲッスムニダ	差し上げます 드리겠어요 ドゥリゲッソヨ	差し上げる〜 드릴 ドゥリル

❏ **差し上げます** 드려요 ドゥリョヨ
最初のお客様にはプレゼントを差し上げます。
첫 손님에게는 선물을 드려요.
チョッ ソンニメゲヌン ソンムルル ドゥリョヨ

❏ **差し上げますか** 드려요？・드리나요？ ドゥリョヨ・ドゥリナヨ

❏ **差し上げます** 드리겠어요 **補** ドゥリゲッソヨ

❏ **差し上げません** 드리지 않아요・안 드려요 ドゥリジ アナヨ・アン ドゥリョヨ

❏ **差し上げるつもりです** 드릴 거예요 ドゥリル コイエヨ

❏ **差し上げようと思います** 드릴 생각이에요 ドゥリル センガギエヨ
社長にお祝いを差し上げようと思います。
사장님에게 축하선물을 드릴 생각이에요.
サジャンニメゲ チュカソンムルル ドゥリル センガギエヨ

❏ **差し上げませんか** 드리지 않을래요？・안 드릴래요？ ドゥリジ アヌルレヨ・アン ドゥリルレヨ
この本を先生に差し上げませんか。
이 책을 선생님께 드리지 않을래요？
イ チェグル ソンセンニムッケ ドゥリジ アヌルレヨ

❏ **差し上げています** 드리고 있어요 ドゥリゴ イッソヨ
いま申し上げております。
지금 말씀드리고 있어요. **補**
ジグム マルッスムドゥリゴ イッソヨ

❏ **差し上げました** 드렸어요 ドゥリョッソヨ
先生にプレゼントを差し上げました。
선생님에게 선물을 드렸어요.
ソンセンニメゲ ソンムルル ドゥリョッソヨ

差し上げていません　드리고 있지 않아요・안 드리고 있어요　ドゥリゴ イッチ アナヨ・アン ドゥリゴ イッソヨ

まだお電話を差し上げていません。	아직 전화를 안 드리고 있어요. アジク ジョンファルル アン ドゥリゴ イッソヨ

差し上げませんでした　드리지 않았어요・안 드렸어요　ドゥリジ アナッソヨ・アン ドゥリョッソヨ

ご連絡差し上げませんでした。	연락 안 드렸어요. ヨンラク アン ドゥリョッソヨ

差し上げれば　드리면　ドゥリミョン

果物を差し上げれば喜ばれるでしょう。	과일을 드리면 좋아하시겠지요. グワイルル ドゥリミョン ジョアハシゲッチヨ

差し上げなければ　드리지 않으면・안 드리면　ドゥリジ アヌミョン・アン ドゥリミョン

先生にご連絡を差し上げなければいけません。	선생님께 연락을 드리지 않으면 안 돼요. ソンセンニムッケ ヨルラグル ドゥリジ アヌミョン アン デェヨ

差し上げなくても　드리지 않아도・안 드려도　ドゥリジ アナド・アン ドゥリョド

ご説明差し上げなくてもよろしいでしょうか。	설명 안 드려도 괜찮을까요? ソルミョン アン ドゥリョド グェンチャヌルッカヨ

差し上げること / 差し上げたこと　드리는 것・드릴 것 困 / 드렸던 적・드린 적　ドゥリヌン ゴッ・ドゥリル コッ / ドゥリョットン ジョク・ドゥリン ジョク

後でお電話を差し上げることはございません。	나중에 전화를 드리는 일은 없어요. ナジュンエ ジョンファルル ドゥリヌン イルン オプソヨ

差し上げながら　드리면서　ドゥリミョンソ

父の事業を手伝いながら勉強しています。	아버지 사업을 도와 드리면서 공부하고 있어요. 補 アボジ サオブル ドワ ドゥリミョンソ ゴンブハゴ イッソヨ

差し上げましょうか　드릴까요?　ドゥリルッカヨ

私からお電話を差し上げましょうか。	제가 전화를 드릴까요? ジェガ ジョンファルル ドゥリルッカヨ

差し上げたいです / 差し上げたくないです　드리고 싶어요 / 드리고 싶지 않아요　ドゥリゴ シポヨ / ドゥリゴ シッチ アナヨ

この本を先生に差し上げたいです。	이 책을 선생님께 드리고 싶어요. イ チェグル ソンセンニムッケ ドゥリゴ シポヨ

差し上げてみます　드려 볼래요　ドゥリョ ボルレヨ

差し上げるそうです　드린대요　ドゥリンデヨ

応募者にはプレゼントを差し上げるそうです。	응모자에게는 선물을 드린대요. ウンモジャエゲヌン ソンムルル ドゥリンデヨ

差し上げる〜　드리는・드릴 困　ドゥリヌン・ドゥリル

して差し上げることは何もありません。	해드릴 일이 아무것도 없어요. ヘドゥリル イリ アムゴット オプソヨ

差し上げない〜　드리지 않는・안 드리는　ドゥリジ アンヌン・アン ドゥリヌン

❏ 差し上げた〜　드렸던・드린　ドゥリョットン・ドゥリン

差し上げた本は気に入っていただけましたか.　드린 책은 마음에 드셨나요？
ドゥリン チェグン マウメ ドゥショッナヨ

❏ 差し上げなかった〜　드리지 않았던・안 드렸던・안 드린　ドゥリジ アナットン・アン ドゥリョットン・アン ドゥリン

❏ 差し上げてください　드리세요　ドゥリセヨ

これを奥様に差し上げてください.　이것을 부인께 드리세요．
イゴスル プインッケ ドゥリセヨ

❏ 差し上げてはいけません　드리면 안 돼요　ドゥリミョン アン デェヨ

甘いものを差し上げてはいけません.　단 것을 드리면 안 돼요．
ダン ゴスル ドゥリミョン アン デェヨ

❏ 差し上げないでください　드리지 마세요　ドゥリジ マセヨ

❏ 差し上げても　드려도　ドゥリョド

またご連絡を差し上げてもよろしいですか.　또 연락 드려도 괜찮을까요？
ット ヨンラク ドゥリョド グェンチャヌルッカヨ

❏ 差し上げるけれど / 差し上げたけれど　드리지만 / 드렸지만　ドゥリジマン / ドゥリョッチマン

❏ 差し上げて　드리고　ドゥリゴ

❏ 差し上げそうです　드릴 것 같아요　ドゥリル コッ ガタヨ

❏ 差し上げやすい / 差し上げにくい　드리기 쉬워요 / 드리기 어려워요　ドゥリギ シュィウォヨ / ドゥリギ オリョウォヨ

❏ 差し上げるから　드리니까・드릴테니까　ドゥリニッカ・ドゥリルテニッカ

資料をお見せしますので参考にしてください.　자료를 보여 드릴테니까 참고 하세요．
ジャリョルル ボヨ ドゥリルテニッカ チャムゴ ハセヨ

❏ 差し上げるので，差し上げたので　드려서　ドゥリョソ

❏ 差し上げられます　드릴 수 있어요　ドゥリル ス イッソヨ

今は申し上げられます.　지금은 말씀 드릴 수 있어요．
ジグムン マルッスム ドゥリル ス イッソヨ

❏ 差し上げられません　드릴 수 없어요　ドゥリル ス オプソヨ

これ以上は申し上げられません.　이 이상은 말씀 드릴 수 없어요．
イ イサンウン マルッスム ドゥリル ス オプソヨ

❏ 差し上げたり　드리거나・드렸다가　ドゥリゴナ・ドゥリョッタガ

❏ 差し上げに行きます　드리러 가요　ドゥリロ ガヨ

떠나다 /ットナダ/ 発つ

①発つ・出発する・離れる．②向かう・行く．③去る・(世を)去る・死ぬ．

	辞書形	丁寧体	会話体	連体形
現在形	発つ 떠나다 ットナダ	発ちます 떠납니다 ットナムニダ	発ちます 떠나요 ットナヨ	発つ〜 떠나는 ットナヌン
過去形	発った 떠났다 ットナッタ	発ちました 떠났습니다 ットナッスムニダ	発ちました 떠났어요 ットナッソヨ	発った〜 떠났던/떠난 ットナットン/ットナン
未来形	発つ 떠나겠다 ットナゲッタ	発ちます 떠나겠습니다 ットナゲッスムニダ	発ちます 떠나겠어요 ットナゲッソヨ	発つ〜 떠날 ットナル

規則活用

❏ 発ちます　떠나요　ットナヨ
今日発ちます．　　　오늘 떠나요．
　　　　　　　　　　オヌル ットナヨ

❏ 発ちますか　떠나요？・떠나나요？　ットナヨ・ットナナヨ

❏ 発ちます　떠나겠어요　困　ットナゲッソヨ

❏ 発つつもりです　떠날 거예요　ットナル コイエヨ

❏ 発とうと思います　떠날 생각이에요　ットナル センガギエヨ

❏ 発ちません　떠나지 않아요・안 떠나요　ットナジ アナヨ・アン ットナヨ
今日は発ちません．　　오늘은 안 떠나요．
　　　　　　　　　　　オヌルン アン ットナヨ

❏ 発ちませんか　떠나지 않을래요？・안 떠날래요？　ットナジ アヌルレヨ・アン ットナルレヨ
明日発ちませんか．　　내일 떠나지 않을래요？
　　　　　　　　　　　ネイル ットナジ アヌルレヨ

❏ 発っています　떠나고 있어요　ットナゴ イッソヨ

❏ 発ちました　떠났어요　ットナッソヨ
昨日発ちました．　　　어제 떠났어요．
　　　　　　　　　　　オジェ ットナッソヨ

❏ 発っていません　떠나고 있지 않아요・안 떠나고 있어요　ットナゴ イッチ アナヨ・アン ットナゴ イッソヨ
彼はまだ発っていません．　그는 아직 안 떠나고 있어요．
　　　　　　　　　　　　　グヌン アジク アン ットナゴ イッソヨ

❏ 発ちませんでした　떠나지 않았어요・안 떠났어요　ットナジ アナッソヨ・アン ットナッソヨ
チョルスさんは発ちませんでした．　철수 씨는 떠나지 않았어요．
　　　　　　　　　　　　　　　　　チョルス ッシヌン ットナジ アナッソヨ

❏ 発てば　떠나면　ットナミョン

| 朝発てば間に合うでしょう。 | 아침에 떠나면 늦지 않겠지요.
アチメ ットナミョン ヌッチ アンケッチヨ |

❏ 発たなければ　떠나지 않으면・안 떠나면　ットナジ アヌミョン・アン ットナミョン

| すぐに発たなければなりません。 | 곧 떠나지 않으면 안 돼요.
ゴッ ットナジ アヌミョン アン ドェヨ |

❏ 発たなくても　떠나지 않아도・안 떠나도　ットナジ アナド・アン ットナド

| 急いで発たなくても大丈夫です。 | 서둘러 떠나지 않아도 괜찮아요.
ソドゥルロ ットナジ アナド グェンチャナヨ |

❏ 発つこと／発ったこと　떠나는 것・떠날 것 困／떠났던 적・떠난 적　ットナヌン
ゴッ・ットナル コッ／ットナットン ジョク・ットナン ジョク

❏ 発ちながら，発つ折に　떠나면서　ットナミョンソ

| 発つ折に手紙を残しました。 | 떠나면서 편지를 남겼어요.
ットナミョンソ ピョンジルル ナムギョッソヨ |

❏ 発ちましょうか　떠날까요?　ットナルッカヨ

| 私が先に発ちましょうか。 | 내가 먼저 떠날까요?
ネガ モンジョ ットナルッカヨ |

❏ 発ちたいです／発ちたくないです　떠나고 싶어요／떠나고 싶지 않아요　ット
ナゴ シポヨ／ットナゴ シッチ アナヨ

| すぐに発ちたいです。 | 바로 떠나고 싶어요.
パロ ットナゴ シポヨ |

❏ 発ってみます　떠나 볼래요　ットナ ボルレヨ

❏ 発つそうです　떠난대요　ットナンデヨ

| バスが今発つそうです。 | 버스가 지금 떠난대요.
ボスガ ジグム ットナンデヨ |

❏ 発つ〜　떠나는・떠날 困　ットナヌン・ットナル

| 発つ時間を知らせてください。 | 떠나는 시간을 알려 주세요.
ットナヌン シガヌル アルリョ ジュセヨ |

❏ 発たない〜　떠나지 않는・안 떠나는　ットナジ アンヌン・アン ットナヌン

| 発たないときは連絡してください。 | 안 떠날 때는 연락해주세요.
アン ットナル ッテヌン ヨンラケジュセヨ |

❏ 発った［離れた］〜　떠난・떠났던　ットナン・ットナットン

| 一度離れた心を取り戻すのは難しいです。 | 한 번 떠난 마음을 돌리는건 어려워요.
ハン ボン ットナン マウムル ドルリヌンゴン オリョウォヨ |

❏ 発たなかった〜　떠나지 않았던・안 떠났던・안 떠난　ットナジ アナットン・アン ットナットン・
アン ットナン

❏ 発ってください　떠나 주세요・떠나세요　ットナ ジュセヨ・ットナセヨ

| 今発ってください。 | 지금 떠나세요.
ジグム ットナセヨ |

規則活用

- ❏ 発って [離れて] はいけません　**떠나면 안 돼요**　ットナミョン アン ドェヨ

  私のそばを離れてはいけません．　제 곁을 떠나면 안 돼요．
  ジェ ギョトゥル ットナミョン アン ドェヨ

- ❏ 発たないで [行かないで] ください　**떠나지 마세요**　ットナジ マセヨ

  どうか行かないでください．　제발 떠나지 마세요．
  ジェバル ットナジ マセヨ

- ❏ 発っても　**떠나도**　ットナド

  今発っても電車はありません．　지금 떠나도 전철은 없어요．
  ジグム ットナド ジョンチョルン オプソヨ

- ❏ 発つけれど / 発ったけれど　**떠나지만 / 떠났지만**　ットナジマン / ットナッチマン

  今日発つけれど明日までには戻ってきます．　오늘 떠나지만 내일까지는 돌아와요．
  オヌル ットナジマン ネイルッカジヌン ドラワヨ

- ❏ 発たせます　**떠나게 해요**　ットナゲ ヘヨ
- ❏ 発って　**떠나고**　ットナゴ
- ❏ 発ちそうです　**떠날 것 같아요**　ットナル コッ ガタヨ

  彼らはすぐに発ちそうです．　그들은 금방 떠날 것 같아요．
  グドゥルン グムバン ットナル コッ ガタヨ

- ❏ 発つから　**떠나니까・떠날 테니까**　ットナニッカ・ットナル テニッカ

  今発つから 30 分後には着きます．　지금 떠나니까 삼십 분 후에는 도착해요．
  ジグム ットナニッカ サムシプブン フエヌン ドチャケヨ

- ❏ 発つので / 発ったので　**떠나서**　ットナソ

  彼が発ったので寂しいです．　그가 떠나서 쓸쓸해요．
  グガ ットナソ ッスルッスルヘヨ

- ❏ 発てます　**떠날 수 있어요**　ットナル ス イッソヨ

  いつでも発てます．　언제든지 떠날 수 있어요．
  オンジェドゥンジ ットナル ス イッソヨ

- ❏ 発て [行け] ません　**떠날 수 없어요**　ットナル ス オプソヨ

  彼をおいて行けません．　그를 두고 떠날 수 없어요．
  グルル ドゥゴ ットナル ス オプソヨ

規則活用

뛰다 /ッティダ/ 走る・駆ける

①走る・駆ける．②跳ぶ．③どきどきする・(心が) 躍る．④(価格などが) 跳ね上がる．⑤飛び散る．
⑥ (順番などを) 飛び越す・飛ばす．

	辞書形	丁寧体	会話体	連体形
現在形	走る 뛰다 ッティダ	走ります 뜁니다 ッテムニダ	走ります 뛰어요 ッティオヨ	走る～ 뛰는 ッティヌン
過去形	走った 뛰었다 ッティオッタ	走りました 뛰었습니다 ッティオッスムニダ	走りました 뛰었어요 ッティオッソヨ	走った～ 뛰었던 / 뛴 ッティオットン / ッティン
未来形	走る 뛰겠다 ッティゲッタ	走ります 뛰겠습니다 ッティゲッスムニダ	走ります 뛰겠어요 ッティゲッソヨ	走る～ 뛸 ッティル

❑ **走ります　뛰어요** ッティオヨ
　ゆっくり走ります．　　　천천히 뛰어요．
　　　　　　　　　　　　チョンチョンヒ ッティオヨ

❑ **走りますか　뛰어요？・뛰나요？** ッティオヨ・ッティナヨ

❑ **走ります　뛰겠어요**囲 ッティゲッソヨ

❑ **走るつもりです　뛸 거예요** ッティル コイェヨ

❑ **走ろうと思います．　뛸 생각이에요** ッティル センガギエヨ
　健康のために走ろうと思います．　건강을 위해서 뛸 생각이에요．
　　　　　　　　　　　　　　　　ゴンガヌル ウィヘソ ッティル センガギエヨ

❑ **走りません　뛰지 않아요・안 뛰어요** ッティジ アナヨ・アン ッティオヨ

❑ **走りませんか　뛰지 않을래요？・안 뛸래요？** ッティジ アヌルレヨ・アン ッティルレヨ
　ゆっくり走りませんか．　천천히 뛰지 않을래요？
　　　　　　　　　　　　チョンチョンヒ ッティジ アヌルレヨ

❑ **走っています　뛰고 있어요** ッティゴ イッソヨ
　毎朝公園を走っています．　매일 아침 공원을 뛰고 있어요．
　　　　　　　　　　　　　メイル アチム ゴンウォヌル ッティゴ イッソヨ

❑ **走りました　뛰었어요** ッティオッソヨ
　5キロ走りました．　오 킬로를 뛰었어요．
　　　　　　　　　　オ キルロル ッティオッソヨ

❑ **走りませんでした　뛰지 않았어요・안 뛰었어요** ッティジ アナッソヨ・アン ッティオッソヨ
　雨が降る日は走りませんでした．　비 오는 날은 안 뛰었어요．
　　　　　　　　　　　　　　　　ビオヌン ナルン アン ッティオッソヨ

❑ **走っていません　뛰고 있지 않아요・안 뛰고 있어요** ッティゴ イッチ アナヨ・アン ッティゴ イッソヨ

規則活用

- ❏ 走れば　뛰면　ッティミョン

走れば間に合うでしょう．	뛰면 안 늦겠죠？ ッティミョン アン ヌケッチョ

- ❏ 走らなければ　뛰지 않으면・안 뛰면　ッティジ アヌミョン・アン ッティミョン

決められたコースを走らなければ失格です．	정해진 코스를 안 뛰면 실격이에요． ジョンヘジン コスルル アン ッティミョン シルキョギエヨ

- ❏ 走らなくても　뛰지 않아도・안 뛰어도　ッティジ アナド・アン ッティオド

速く走らなくてもいいです．	빨리 안 뛰어도 돼요． ッパルリ アン ッティオド ドェヨ

- ❏ 走ること／走ったこと　뛰는 것・뛸 것[困]／뛰었던 적・뛴 적　ッテヌン ゴッ・ッティル コッ／ッティオットン ジョク・ッティン ジョク

走ることは健康にいいです．	뛰는 것은 건강에 좋아요． ッティヌン ゴスン ゴンガンエ ジョアヨ

- ❏ 走りながら　뛰면서　ッティミョンソ
- ❏ 走りましょうか　뛸까요？　ッティルッカヨ

ゆっくり走りましょうか．	천천히 뛸까요？ チョンチョンヒ ッティルッカヨ

- ❏ 走りたいです／走りたくないです　뛰고 싶어요／뛰고 싶지 않아요　ッティゴ シポヨ／ッティゴ シッチ アナヨ

速く走りたいです．	빨리 뛰고 싶어요． ッパルリ ッティゴ シポヨ

- ❏ 走ってみます　뛰어 볼래요　ッティオ ボルレヨ

最後まで走ってみます．	끝까지 뛰어 볼래요． ックカジ ッティオ ボルレヨ

- ❏ 走るそうです　뛴대요　ッティンデヨ

毎日5キロ走るそうです．	매일 오 킬로를 뛴대요． メイル オ キルロル ッティンデヨ

- ❏ 走る〜　뛰는・뛸　ッティヌン・ッテイル

先頭で走る選手が彼氏です．	선두에서 뛰는 선수가 애인이에요． ソンドゥエソ ッティヌン ソンスガ エイニエヨ

- ❏ 走らない〜　뛰지 않는・안 뛰는　ッティジ アンヌン・アン ッティヌン

走らない日はありません．	안 뛰는 날은 없어요． アン ッティヌン ナルン オプソヨ

- ❏ 走った〜　뛰었던・뛴　ッティオットン・ッティン

今まで走った選手の中で一番早いです．	지금까지 뛴 선수 중에 제일 빨라요． ジグムッカジ ッティン ソンス ジュンエ ジェイル ッパルラヨ

- ❏ 走らなかった〜　뛰지 않았던・안 뛴　ッティジ アナットン・アン ッティン
- ❏ 走ってはいけません　뛰면 안 돼요　ッティミョン アン ドェヨ

廊下を走ってはいけません．	복도에서 뛰면 안 돼요． ボクトエソ ッティミョン アン ドェヨ

規則活用

- ❑ 走らないでください　뛰지마세요　ッティジマセヨ

  廊下を走らないでください．　　복도에서 뛰지 마세요．
  　　　　　　　　　　　　　　　ポクトエソ ッティジ マセヨ

- ❑ 走っても　뛰어도　ッティオド

  少し走っても疲れます．　　　　조금만 뛰어도 지쳐요．
  　　　　　　　　　　　　　　　ジョグムマン ッティオド ジチョヨ

- ❑ 走らせます　뛰게 해요　ッティゲ ヘヨ

  速く走らせます．　　　　　　　빨리 뛰게 해요．
  　　　　　　　　　　　　　　　ッパルリ ッティゲ ヘヨ

- ❑ 走って　뛰고　ッティゴ
- ❑ 走りやすい / 走りにくい　뛰기 쉬워요 / 뛰기 어려워요　ッティギ シュィウォヨ/ ッティギ オリョウォヨ

  このコースは走りやすいです．　이 코스는 뛰기 쉬워요．
  　　　　　　　　　　　　　　　イ コスヌン ッティギ シュィウォヨ

- ❑ 走るから　뛰니까・뛸 테니까 困　ッティニッカ・ッティル テニッカ
- ❑ 走るので，走ったので　뛰어서　ッティオソ

  走ったので息が切れます．　　　뛰어서 숨이 차요．
  　　　　　　　　　　　　　　　ッティオソ スミ チャヨ

- ❑ 走れます　뛸 수 있어요　ッティル ス イッソヨ
- ❑ 走れません　뛸 수 없어요　ッティル ス オプソヨ

  そんなに速くは走れません．　　그렇게 빨리는 뛸 수 없어요．
  　　　　　　　　　　　　　　　グロケ パルリヌン ッティル ス オプソヨ

- ❑ 走ったり　뛰다가　ッティダガ

  走ったり歩いたり　　　　　　　뛰다가 걷다가
  　　　　　　　　　　　　　　　ッティダガ ゴッタガ

- ❑ 走りに行きます [来ます]　뛰러 가요 [와요]　ッティロ ガヨ [ワヨ]

마시다 /マシダ/ 飲む

①飲む・酒を飲む．②吸う．
＊「薬を飲む」の場合は 약을 먹다 になります．

	辞書形	丁寧体	会話体	連体形
現在形	飲む 마시다 マシダ	飲みます 마십니다 マシムニダ	飲みます 마셔요 マショヨ	飲む〜 마시는 マシヌン
過去形	飲んだ 마셨다 マショッタ	飲みました 마셨습니다 マショッスムニダ	飲みました 마셨어요 マショッソヨ	飲んだ〜 마셨던 /마신 マショットン/マシン
未来形	飲む 마시겠다 マシゲッタ	飲みます 마시겠습니다 マシゲッスムニダ	飲みます 마시겠어요 マシゲッソヨ	飲む〜 마실 マシル

❏ 飲みます　마셔요　マショヨ

起きたらすぐ水を飲みます． / 일어나자마자 물을 마셔요．
イロナジャマジャ ムルル マショヨ

❏ 飲みますか　마셔요? ・마시나요?　マショヨ・マシナヨ

❏ 飲みます　마시겠어요 困　マシゲッソヨ

❏ 飲むつもりです　마실 거예요　マシル コイェヨ

水を多く飲むつもりです． / 물을 많이 마실 거예요．
ムルル マニ マシル コイェヨ

❏ 飲みません　마시지 않아요・안 마셔요　マシジ アナヨ・アン マショヨ

私はお酒は飲みません． / 저는 술은 안 마셔요．
ジョヌン スルン アン マショヨ

❏ 飲みませんか　마시지 않을래요?・안 마실래요?　マシジ アヌルレヨ・アン マシルレヨ

何か飲みませんか． / 뭔가 마시지 않을래요?
ムォンガ マシジ アヌルレヨ

❏ 飲んでいます　마시고 있어요　マシゴ イッソヨ

ワインを飲んでいます． / 와인을 마시고 있어요．
ワイヌル マシゴ イッソヨ

❏ 飲みました　마셨어요　マショッソヨ

オレンジジュースを飲みました． / 오렌지쥬스를 마셨어요．
オレンジジュスルル マショッソヨ

❏ 飲んでいません　마시고 있지 않아요・안 마시고 있어요　マシゴ イッチ アナヨ・アン マシゴ イッソヨ

最近は飲んでいません． / 요즘은 안 마시고 있어요．
ヨジュムン アン マシゴ イッソヨ

規則活用

＊日本語では飲酒運転ではないかなどと問われたときに「飲んでいません」と言いますが，韓国語では안 마셨어요「飲みませんでした」と過去形で言います。

❏ **飲みませんでした**　마시지 않았어요・안 마셨어요　マシジ アナッソヨ・アン マショッソヨ

何も飲みませんでした．　아무것도 안 마셨어요．
アムゴット アン マショッソヨ

❏ **飲めば**　마시면　マシミョン

好きなものを飲めばいいのに．　좋아하는 것을 마시면 좋을 텐데．
ジョアハヌン ゴスル マシミョン ジョウル テンデ

❏ **飲まなければ**　마시지 않으면・안 마시면　マシジ アヌミョン・アン マシミョン

お酒を飲まなければ眠れません．　술을 안 마시면 잠을 못 자요．
スルル アン マシミョン ジャムル モッ ッチャヨ

❏ **飲まなくても**　마시지 않아도・안 마셔도　マシジ アナド・アン マショド

飲みたくなければ飲まなくてもいいです．　마시기 싫으면 안 마셔도 돼요．
マシギ シルミョン アン マショド ドェヨ

❏ **飲むこと / 飲んだこと**　마시는 것・마실 것困 / 마셨던 적・마신 적　マシヌン ゴッ・マシル コッ / マショットン ジョク・マシン ジョク

マッコリは飲んだことがありません．　막걸리는 마신 적이 없어요．
マッコルリヌン マシン ジョギ オプソヨ

❏ **飲みながら**　마시면서　マシミョンソ

友人とお茶を飲みながら話をしました．　친구와 차를 마시면서 이야기를 했어요．
チングワ チャルル マシミョンソ イヤギルル ヘッソヨ

❏ **飲みたいです / 飲みたくないです**　마시고 싶어요 / 마시고 싶지 않아요　マシゴ シポヨ / マシゴ シッチ アナヨ

濃いコーヒーが飲みたいです．　진한 커피를 마시고 싶어요．
ジンハン コピルル マシゴ シポヨ

❏ **飲んでみます**　마셔 볼래요　マショ ボルレヨ

❏ **飲むそうです**　마신대요　マシンデヨ

毎日お酒を飲むそうです．　매일 술을 마신대요．
メイル スルル マシンデヨ

❏ **飲む〜**　마시는・마실困　マシヌン・マシル

❏ **飲まない〜**　마시지 않는・안 마시는　マシジ アンヌン・アン マシヌン

お酒を飲まない人がいいです．　술 안 마시는 사람이 좋아요．
スル アン マシヌン サラミ ジョアヨ

❏ **飲んだ〜**　마셨던・마신　マシン・マショットン

飲んだあとはグラスを洗ってください．　마신 뒤에는 컵을 씻어 주세요．
マシン ドゥイエヌン コブル ッシソ ジュセヨ

❏ **飲まなかった〜**　마시지 않았던・안 마셨던・안 마신　マシジ アナットン・アン マショットン・アン マシン

飲まなかったジュースは冷蔵庫に入れてください．　안 마신 주스는 냉장고에 넣어 주세요．
アン マシン ジュスヌン ネンジャンゴエ ノオ ジュセヨ

規則活用

- ❏ 飲んでください　마셔 주세요・마시세요　マショ ジュセヨ・マシセヨ
- ❏ 飲んではいけません　마시면 안 돼요　マシミョン アン ドェヨ

  生水を飲んではいけません。　끓이지 않은 물을 마시면 안 돼요. ックリジ アヌン ムルル マシミョン アン ドェヨ

- ❏ 飲んでも　마셔도　マショド

  ビールは飲んでも酔いません。　맥주는 마셔도 안 취해요. メクチュヌン マショド アン チュィヘヨ

- ❏ 飲むけれど／飲んだけれど　마시지만／마셨지만　マシジマン／マショッチマン

  シャンパンは飲むけれどワインは飲みません。　샴페인은 마시지만 와인은 안 마셔요. シャムペイヌン マシジマン ワイヌン アン マショヨ

- ❏ 飲ませます　마시게 해요　マシゲ ヘヨ

  赤ちゃんにミルクを飲ませます。　아기에게 우유를 마시게 해요. アギエゲ ウユルル マシゲ ヘヨ

- ❏ 飲んで　마시고　マシゴ

  紅茶を飲んでクッキーを食べました。　홍차를 마시고 쿠키를 먹었어요. ホンチャルル マシゴ クキルル モゴッソヨ

- ❏ 飲みやすい／飲みにくい　마시기 편해요／마시기 불편해요　マシギ ピョンヘヨ／マシギ プルピョンヘヨ

  飲みやすいカップです。　마시기 편한 컵이에요. マシギ ピョンハン コビエヨ

- ❏ 飲むので，飲んだので　마셔서　マショソ

  たくさん飲んだので頭が痛いです。　많이 마셔서 머리가 아파요. マニ マショソ モリガ アパヨ

- ❏ 飲めます　마실 수 있어요　マシル ス イッソヨ
- ❏ 飲めません　마실 수 없어요　マシル ス オプソヨ

  苦くて飲めません。　써서 마실 수 없어요. ッソソ マシル ス オプソヨ

- ❏ 飲みに行きます［来ます］　마시러 가요［와요］　マシロ ガヨ［ワヨ］

  友だちとお酒を飲みに行きます。　친구와 술을 마시러 가요. チングハ スルル マシロ ガヨ

規則活用

만나다 /マンナダ/ 会う

①会う. ②出会う・巡り合う. ③出くわす・行き合う・遭う・遭遇する.

	辞書形	丁寧体	会話体	連体形
現在形	会う 만나다 マンナダ	会います 만납니다 マンナムニダ	会います 만나요 マンナヨ	会う〜 만나는 マンナヌン
過去形	会った 만났다 マンナッタ	会いました 만났습니다 マンナッスムニダ	会いました 만났어요 マンナッソヨ	会った〜 만났던 /만난 マンナットン/マンナン
未来形	会う 만나겠다 マンナゲッタ	会います 만나겠습니다 マンナゲッスムニダ	会います 만나겠어요 マンナゲッソヨ	会う〜 만날 マンナル

❏ 会います 만나요 マンナヨ
毎日会います. / 明日チョルスさんと会います.
매일 만나요 . / 내일 철수 씨와 만나요 .
メイル マンナヨ / ネイル チョルス ッシワ マンナヨ

❏ 会いますか 만나요? ・ 만나나요? マンナヨ・マンナナヨ
明日先生と会いますか.
내일 선생님과 만나나요?
ネイル ソンセンニムグヮ マンナナヨ

❏ 会います 만나겠어요 困 マンナゲッソヨ

❏ 会うつもりです 만날 거예요 マンナル コイェヨ

❏ 会おうと思います 만날 생각이에요 マンナル センガギエヨ
いつか会おうと思います.
언젠가 만날 생각이에요 .
オンジェンガ マンナル センガギエヨ

❏ 会いません 만나지 않아요・안 만나요 マンナジ アナヨ・アン マンナヨ
もうその人とは会いません.
이제 그 사람과는 안 만나요 .
イジェ グ サラムグヮヌン アン マンナヨ

❏ 会っています 만나고 있어요 マンナゴ イッソヨ
今彼は顧客と会っています.
지금 그는 고객과 만나고 있어요 .
ジグム グヌン ゴゲックヮ マンナゴ イッソヨ

❏ 会いました 만났어요 マンナッソヨ
今日会いました.
오늘 만났어요 .
オヌル マンナッソヨ

❏ 会っていません 만나고 있지 않아요・안 만나고 있어요 マンナゴ イッチ アナヨ・アン マンナゴ イッソヨ
彼とは長い間会っていません.
그와는 오랫동안 안 만나고 있어요 .
グワヌン オレットンアン アン マンナゴ イッソヨ

規則活用

- ❏ 会いませんでした　만나지 않았어요・안 만났어요　マンナジ アナッソヨ・アン マンナッソヨ
- ❏ 会えば　만나면　マンナミョン

  あなたも彼に会えばいいのに。
  너도 그와 만나면 좋을 텐데.
  ノド グワ マンナミョン ジョウル テンデ

- ❏ 会わなければ　만나지 않으면・안 만나면　マンナジ アヌミョン・アン マンナミョン

  今日彼に会わなければなりません。
  오늘 그와 만나지 않으면 안 돼요.
  オヌル グワ マンナジ アヌミョン アン ドェヨ

- ❏ 会わなくても　만나지 않아도・안 만나도　マンナジ アナド・アン マンナド

  嫌なら会わなくてもいいです。
  싫으면 안 만나도 돼요.
  シルミョン アン マンナド ドェヨ

- ❏ 会うこと / 会ったこと　만나는 것・만날 것[困]／만났던 적・만난 적　マンナヌン
  ゴッ・マンナル コッ／マンナットン ジョッ・マンナン ジョッ

  彼と会うことを思うとうれしいです。
  그와 만날 것을 생각하면 기뻐요.
  グワ マンナル コスル センガカミョン ギポヨ

- ❏ 会いながら・会っているうちに　만나면서　マンナミョンソ

  彼と会っているうちに少しずつ考え方が変わりました。
  그와 만나면서 조금씩 생각이 바뀌었어요.
  グワ マンナミョンソ ジョグムッシク センガギ パックィオッソヨ

- ❏ 会いましょうか　만날까요？・만날래요？　マンナルッカヨ・マンナルレヨ

  週末に会いましょうか。
  주말에 만날까요？
  ジュマレ マンナルッカヨ

- ❏ 会いたいです / 会いたくないです　만나고 싶어요／만나고 싶지 않아요　マン
  ナゴ シポヨ／マンナゴ シッチ アナヨ

  今会いたいです。
  지금 만나고 싶어요.
  ジグム マンナゴ シポヨ

- ❏ 会ってみます　만나 볼래요　マンナ ボルレヨ

  思い切って先生に会ってみます。
  과감히 선생님과 만나 볼래요.
  グヮガムヒ ソンセンニムグヮ マンナ ボルレヨ

- ❏ 会うそうです　만난대요　マンナンデヨ

  今日は友だちと会うそうです。
  오늘은 친구를 만난대요.
  オヌルン チングルル マンナンデヨ

- ❏ 会う～　만난・만날[困]　マンナン・マンナル

  今日会う人は父の友人です。
  오늘 만날 사람은 아버지의 친구 분이에요.
  オヌル マンナル サラムン アボジウィ チング ブニエヨ

- ❏ 会わない～　만나지 않는・안 만나는　マンナジ アンヌン・アン マンナヌン

  もう彼女と会わないほうがいいでしょう。
  더 이상 그녀와 안 만나는 것이 좋겠지요.
  ドイサン グニョワ アン マンナヌン ゴシ ジョケッチヨ

- ❏ 会った～　만났던・만난　マンナットン・マンナン

  初めて会った日
  처음 만난 날
  チョウム マンナン ナル

❏ **会わなかった〜** 만나지 않았던・안 만났던・안 만난 マンナジ アナットン・アン マンナットン・アン マンナン

先週は恋人と会わなかった日はありません. 지난 주는 애인과 안 만난 날이 없어요.
ジナン ジュヌン エイングヮ アン マンナン ナリ オプソヨ

❏ **会ってください** 만나 주세요・만나세요 マンナ ジュセヨ・マンナセヨ

一度だけでもいいから会ってください. 한 번만이라도 좋으니까 만나 주세요.
ハン ボンマニラド ジョウニッカ マンナ ジュセヨ

❏ **会わないでください** 만나지 마세요 マンナジ マセヨ

これ以上会わないでください. 더 이상 만나지 마세요.
ド イサン マンナジ マセヨ

❏ **会っても** 만나도 マンナド

彼と会っても何も話すことはありません. 그와 만나도 아무것도 할 말이 없어요.
グワ マンナド アムゴット ハル マリ オプソヨ

❏ **会うけれど / 会ったけれど** 만나지만 / 만났지만 マンナジマン / マンナッチマン

よく会うけれど話した事はありません. 자주 만나지만 이야기를 한 적은 없어요.
ジャジュ マンナジマン イヤギルル ハン ジョグン オプソヨ

❏ **会わせます** 만나게 해요 マンナゲ ヘヨ

彼を先生に会わせます. 그를 선생님과 만나게해요.
グルル ソンセンニムグヮ マンナゲ ヘヨ

❏ **会って** 만나고 マンナゴ

❏ **会うから** 만나니까・만날 테니까 困 マンナニッカ・マンナル テニッカ

多くの人と会うから勉強になります. 많은 사람과 만나니까 도움이 돼요.
マヌン サラムグヮ マンナニッカ ドウミ ドェヨ

❏ **会うので, 会ったので** 만나서 マンナソ

❏ **会えます** 만날 수 있어요 マンナル ス イッソヨ

今日会えます. 오늘 만날 수 있어요.
オヌル マンナル ス イッソヨ

❏ **会えません** 만날 수 없어요・못 만나요 マンナル ス オプソヨ

今日は忙しくて会えません. 오늘은 바빠서 못 만나요.
オヌルン パッパソ モッ マンナヨ

❏ **会いに行きます [来ます]** 만나러 가요 [와요] マンナロ ガヨ [ワヨ]

恋人に会いに行きます. 애인을 만나러 가요.
エイヌル マンナロ ガヨ

規則活用

먹다 /モッタ/ 食べる

①食べる. ②（飲み物・薬を）飲む. ③（空気などを）吸う

	辞書形	丁寧体	会話体	連体形
現在形	食べる 먹다 モッタ	食べます 먹습니다 モクスムニダ	食べます 먹어요 モゴヨ	食べる〜 먹는 モンヌン
過去形	食べた 먹었다 モゴッタ	食べました 먹었습니다 モゴッスムニダ	食べました 먹었어요 モゴッソヨ	食べた〜 먹었던 / 먹은 モゴットン / モグン
未来形	食べる 먹겠다 モケッタ	食べます 먹겠습니다 モケッスムニダ	食べます 먹겠어요 モケッソヨ	食べる〜 먹을 モグル

規則活用

❑ 食べます　먹어요　モゴヨ
毎朝パンを食べます.　　매일 아침 빵을 먹어요.
メイル アチム ッパヌル モゴヨ

❑ 食べますか　먹어요？・먹나요？　モゴヨ・モクナヨ

❑ 食べるつもりです　먹을 거예요　モグル コイェヨ

❑ 食べようと思います　먹을 생각이에요　モグル センガギエヨ
あとで食べようと思います.　　나중에 먹을 생각이에요.
ナジュンエ モグル センガギエヨ

❑ 食べません　먹지 않아요・안 먹어요　モッチ アナヨ・アン モゴヨ
豚肉は食べません.　　돼지 고기는 안 먹어요.
ドェジ ゴギヌン アン モゴヨ

❑ 食べませんか　먹지 않을래요？・안 먹을래요？　モッチ アヌルレヨ・アン モグルレヨ
これ食べませんか.　　이거 먹지 않을래요？
イゴ モッチ アヌルレヨ

❑ 食べています　먹고 있어요　モッコ イッソヨ
妹はうどんを食べています.　　여동생은 우동을 먹고 있어요.
ヨドンセンウン ウドンウル モッコ イッソヨ

❑ 食べました　먹었어요　モゴッソヨ
カレーを食べました.　　카레를 먹었어요.
カレルル モゴッソヨ

❑ 食べませんでした　먹지 않았어요・안 먹었어요　モッチ アナッソヨ・アン モゴッソヨ
朝は何も食べませんでした.　　아침은 아무것도 안 먹었어요.
アチムン アムゴット アン モゴッソヨ

❑ 食べていません　먹고 있지 않아요・안 먹고 있어요　モッコイッチ アナヨ・アン モッコ イッソヨ

	まだ何も食べていません。	아직 아무것도 안 먹고 있어요. アジク アムゴット アン モッコ イッソヨ
❏ 食べれば　먹으면　モグミョン		
	あのケーキを食べればいいのに。	저 케이크를 먹으면 좋을 텐데. ジョ ケイクルㇽ モグミョン ジョウㇽ テンデ
❏ 食べなければ　먹지 않으면・안 먹으면　モッチ アヌミョン・アン モグミョン		
	野菜も食べなければいけません。	야채도 먹지 않으면 안 돼요. ヤチェド モッチ アヌミョン アン ドェヨ
❏ 食べなくても　먹지 않아도・안 먹어도　モッチ アナド・アン モゴド		
	嫌いな物は食べなくてもいいですよ。	싫어하는 것은 안 먹어도 돼요. シロハヌン ゴスン アン モゴド ドェヨ
❏ 食べること/食べたこと　먹는 것・먹을 것[困]/ 먹었던 적・먹은 적　モンヌン ゴッ・モグㇽ コッ/ モゴットン ジョク・モグン ジョク		
	生の肉は食べたことがありません。	생고기는 먹은 적이 없어요. センゴギヌン モグン ジョギ オプソヨ
❏ 食べながら　먹으면서　モグミョンソ		
	食べながら話すのは行儀が悪いですよ。	먹으면서 말하는 것은 예의에 어긋나요. モグミョンソ マㇽハヌン ゴスン イェウィエ オグンナヨ
❏ 食べましょうか　먹을까요?　モグㇽッカヨ		
	嫌いなら私が食べましょうか。	싫으면 제가 먹을까요? シルミョン ジェガ モグㇽッカヨ
❏ 食べてみます　먹어볼래요　モゴボㇽレヨ		
	思い切って食べてみます。	큰맘 먹고 먹어볼래요. クンマム モッコ モゴボㇽレヨ
❏ 食べたいです/食べたくないです　먹고 싶어요 / 먹고 싶지 않아요　モッコ シポヨ/ モッコ シッチ アナヨ		
	桃が食べたいです。	복숭아가 먹고 싶어요. ポクスンアガ モッコ シポヨ
❏ 食べるそうです　먹는대요　モンヌンデヨ		
	弟は豚カツを食べるそうです。	남동생은 돈가스를 먹는대요. ナムドンセンウン ドンガスルㇽ モンヌンデヨ
❏ 食べる〜　먹는・먹을[困]　モンヌン・モグㇽ		
	食べる時間がありませんでした。	먹을 시간이 없었어요. モグㇽ シガニ オプソッソヨ
❏ 食べない〜　먹지 않는・안 먹는　モッチ アンヌン・アン モンヌン		
	昼を食べない日もあります。	점심을 안 먹는 날도 있어요. ジョムシムㇽ アン モンヌン ナㇽド イッソヨ
❏ 食べた〜　먹었던・먹은　モゴットン・モグン		
	昨日食べたおすしはおいしかったです。	어제 먹은 초밥은 맛있었어요. オジェ モグン チョバブン マシッソッソヨ

規則活用

❏ 食べてはいけません　먹으면 안 돼요　モグミョン アン ドェヨ

そのきのこは食べてはいけません．
그 버섯은 먹으면 안 돼요．
グ ボソスン モグミョン アン ドェヨ

❏ 食べないでください　먹지 마세요　モヶチ マセヨ

お腹がいっぱいなら食べないでください．
배가 부르면 먹지 마세요．
ベガ プルミョン モヶチ マセヨ

❏ 食べても　먹어도　モゴド

このぶどうを食べてもいいですか．
이 포도를 먹어도 돼요？
イ ポドルル モゴド ドェヨ

❏ 食べさせます　먹게 해요・먹여요　モヶケヘヨ・モギョヨ

赤ちゃんにおかゆを食べさせます．
아기에게 죽을 먹여요．
アギエゲ ジュグル モギョヨ

❏ 食べて　먹고　モヶコ

そばを食べてでかけました．
（메밀）국수를 먹고 외출했어요．
（メミル）グクスルル モヶコ ウェチュルヘッソヨ

❏ 食べやすい / 食べにくい　먹기 쉬워요 / 먹기 어려워요　モヶキ シュィウォヨ / モヶキ オリョウォヨ

食べやすい大きさに切りました．
먹기 쉬운 크기로 잘랐어요．
モヶキ シュィウン クギロ ジャルラッソヨ

❏ 食べるから　먹으니까・먹을 테니까 困　モグニッカ・モグル テニッカ

たくさん食べるから太ります．
많이 먹으니까 살이쪄요．
マニ モグニッカ サリッチョヨ

❏ 食べるので，食べたので　먹어서　モゴソ

❏ 食べられます　먹을 수 있어요　モグル ス イッソヨ

何でも食べられます．
뭐든지 먹을 수 있어요．
ムォドゥンジ モグル ス イッソヨ

❏ 食べられません　먹을 수 없어요　モグル ス オプソヨ

辛くて食べられません．
매워서 먹을 수 없어요．
メウォソ モグル ス オプソヨ

❏ 食べたり　먹거나・먹고　モヶコナ・モヶコ

食べたり飲んだり
먹고 마시고
モヶコ マシゴ

❏ 食べに行きます [来ます]　먹으러 가요 [와요]　モグロ ガヨ [ワヨ]

おすしを食べに行きます．
초밥을 먹으러 가요．
チョバブル モグロ ガヨ

묻다 /ムッタ/ つく・付着する

- ☐ つきます　**묻어요**　ムドヨ

| さわると手につきます。 | 만지면 손에 묻어요.
マンジミョン ソネ ムドヨ |

- ☐ つきますか　**묻어요・?묻나요?**　ムドヨ・ムンナヨ
- ☐ つきません　**묻지 않아요・안 묻어요**　ムッチ アナヨ・アン ムドヨ

| この素材はほこりがつきません。 | 이 소재는 먼지가 안 묻어요.
イ ソジェヌン モンジガ アン ムドヨ |

- ☐ ついています　**묻어 있어요・묻었어요** 過　ムド イッソヨ・ムドッソヨ

| 背中にほこりがついています。 | 등에 먼지가 묻었어요.
ドゥンエ モンジガ ムドッソヨ |

- ☐ つきました　**묻었어요**　ムドッソヨ

| 服にケチャップがつきました。 | 옷에 케첩이 묻었어요.
オセ ケチョビ ムドッソヨ |

- ☐ ついていません　**묻어 있지 않아요・안 묻어있어요**　ムド イッチ アナヨ・アン ムドイッソヨ

| 何もついていません。 | 아무것도 안 묻었어요.
アムゴット アン ムドッソヨ |

＊このような場合は「つきませんでした」という意味で，過去形の**안 묻었어요**. を使います。

- ☐ つきませんでした　**묻지 않았어요・안 묻었어요**　ムッチ アナッソヨ・アン ムドッソヨ
- ☐ つけば，つくと　**묻으면**　ムドゥミョン

| インクがつくときれいに落ちません。 | 잉크가 묻으면 잘 안 지워져요.
インクガ ムドゥミョン ジャル アン ジウォジョヨ |

- ☐ つくこと／ついたこと　**묻은 것・묻을 것** 困 **／ 묻었던 적・묻은 적**　ムドゥン ゴッ・ムドゥル コッ／ムドットン ジョク・ムドゥン ジョク
- ☐ つく〜　**묻은・묻을** 困　ムドゥン・ムドゥル
- ☐ つかない〜　**묻지 않는・안 묻는**　ムッチ アンヌン・アン ムンヌン

| ほこりがつかない服 | 먼지가 안 묻는 옷
モンジガ アン ムンヌン オッ |

- ☐ ついた〜　**묻었던・묻은**　ムドットン・ムドゥン

| 服についたアイスクリーム | 옷에 묻은 아이스크림
オセ ムドゥン アイスクリム |

- ☐ ついても　**묻어도**　ムドド

| 手についてもすぐ落ちます。 | 손에 묻어도 금방 지워져요.
ソネ ムドド グムバン ジウォジョヨ |

- ☐ ついて　**묻고**　ムッコ

| ペンキがついて服が汚れました。 | 페인트가 묻어서 옷이 더러워졌어요.
ペイントゥガ ムドソ オシ ドロウォジョッソヨ |

規則活用

바꾸다 /バックダ/ 変える・交換する・取り替える

①変える・交換する・取り替える。②両替する・言い換える。
＊漢字は「変・替・代・換」も。

	辞書形	丁寧体	会話体	連体形
現在形	変える 바꾸다 バックダ	変えます 바꿉니다 バックムニダ	変えます 바꿔요 バックォヨ	変える〜 바꾸는 バックヌン
過去形	変えた 바꿨다 バックォッタ	変えました 바꿨습니다 バックォッスムニダ	変えました 바꿨어요 バックォッソヨ	変えた〜 바꿨던/바꾼 バックォットン/バックン
未来形	変える 바꾸겠다 バックゲッタ	変えます 바꾸겠습니다 バックゲッスムニダ	変えます 바꾸겠어요 バックゲッソヨ	変える〜 바꿀 バックル

❑ **変えます 바꾸어요・바꿔요** バックォヨ・バッコヨ

毎日シーツを替えます。　　매일 시트를 바꾸어요.
　　　　　　　　　　　　メイル シトゥルル バックォヨ

❑ **変えますか 바꾸어요？・바꿔요？・바꾸나요？** バックォヨ・バックォヨ・バックナヨ

❑ **変えます 바꾸겠어요** 困 バックゲッソヨ

私が世の中を変えます。　　제가 세상을 바꾸겠어요.
　　　　　　　　　　　　ジェガ セサンウル バックゲッソヨ

❑ **変えるつもりです 바꿀 거예요** バックル コイェヨ

❑ **変えようと思います 바꿀 생각이에요** バックル センガギエヨ

車を替えようと思います。　차를 바꿀 생각이에요.
　　　　　　　　　　　　チャルル バックル センガギエヨ

❑ **変えません 바꾸지 않아요・안 바꿔요** バックジ アナヨ・アン バッコヨ

計画は変えません。　　　　계획은 바꾸지 않아요.
　　　　　　　　　　　　ゲフェグン バックジ アナヨ

❑ **変えませんか 바꾸지 않을래요？・안 바꿀래요？** バックジ アヌルレヨ・アン バックルレヨ

話題を変えませんか。　　　화제를 바꾸지 않을래요？
　　　　　　　　　　　　ファジェルル バックジ アヌルレヨ

❑ **変えています 바꾸고 있어요** バックゴ イッソヨ

少しずつ変えています。　　조금씩 바꾸고 있어요.
　　　　　　　　　　　　ジョクムッシク バックゴ イッソヨ

❑ **変えました 바꿨어요・바꾸었어요** バックォッソヨ・バックォッソヨ

円をウォンに替えました。　엔을 원으로 바꿨어요.
　　　　　　　　　　　　エヌル ウォヌロ バックォッソヨ

❑ 変えていません　바꾸고있지 않아요・안 바꾸고 있어요　バックゴイッチ アナヨ・アン バックゴ イッソヨ

携帯の番号は変えていません。　휴대전화의 번호는 바꾸지 않았어요. 週
ヒュデジョンファウィ ボンホヌン バックジ アナッソヨ

❑ 変えませんでした　바꾸지 않았어요・안 바꿨어요　バックジ アナッソヨ・アン バックォッソヨ

❑ 変えれば　바꾸면　バックミョン

考え方を変えれば世の中が変わります。　생각을 바꾸면 세상이 달라져요.
センガグル バックミョン セサンイ ダルラジョヨ

❑ 変えなければ　바꾸지 않으면・안 바꾸면　バックジ アヌミョン・アン バックミョン

電池を替えなければなりません。　전지를 바꾸지 않으면 안 돼요.
ジョンジルル バックジ アヌミョン アン ドェヨ

❑ 変えなくても　바꾸지 않아도・안 바꿔도　バックジ アナド・アン バックォド

暗証番号を変えなくてもいいですか。　비밀번호를 안 바꿔도 괜찮아요?
ビミルボンホルル アン バックォド グェンチャナヨ

❑ 変えること / 変えたこと　바꾸는 것・바꿀 것 困 / 바꿨던 적・바꾼 적　バックヌン ゴッ・バックル コッ / バックォットン ジョㇰ・バックン ジョㇰ

生活習慣を変えることは難しいです。　생활습관을 바꾸는 것은 어려워요.
センファルスㇷ゚クヮヌル バックヌン ゴスン オリョウォヨ

❑ 変えながら　바꾸면서　バックミョンソ

製品包装を変えながら価格も上げました。　제품포장을 바꾸면서 가격도 올렸어요.
ジェプㇺポジャンウル バックミョンソ ガギョㇰト オルリョッソヨ

❑ 変えましょうか　바꿀까요?　バックルッカヨ

1000ウォン紙幣に替えましょうか。　천 원 지폐로 바꿀까요?
チョン ウォン ジペロ バックルッカヨ

❑ 変えたいです / 変えたくないです　바꾸고 싶어요 / 바꾸고 싶지 않아요　バックゴ シポヨ / バックゴ シㇷ゚チ アナヨ

席を替えたいです。　자리를 바꾸고 싶어요.
ジャリルル バックゴ シポヨ

❑ 変えてみます　바꿔 볼래요　バックォ ボルレヨ

薬を替えてみます。　약을 바꿔 볼래요.
ヤグル バックォ ボルレヨ

❑ 変えるそうです　바꾼대요　バックンデヨ

会社名を変えるそうです。　회사이름을 바꾼대요.
フェサイルムル バックンデヨ

❑ 変える〜　바꾸는・바꿀 困　バックヌン・バックル

❑ 変えない〜　바꾸지 않는・안 바꾼　バックジ アンヌン・アン バックン

❑ 変えた〜　바꿨던・바꾼　バグォットン・バックン

歴史を変えた事件　역사를 바꾼 사건
ヨㇰサルル バックン サッコン

規則活用

- ❏ 変えなかった〜　바꾸지 않았던・안 바꿨던・안 바꾼　バックジ アナットン・アン バグォットン・アン バックン

- ❏ 変えてください　바꿔 주세요・바꾸세요　バックォ ジュセヨ・バックセヨ
  - 違う物に換えてください。
  - 다른걸로 바꿔 주세요. ダルンゴルロ バックォ ジュセヨ

- ❏ 変えてはいけません　바꾸면 안 돼요　バックミョン アン ドェヨ
  - むやみに順番を変えてはいけません。
  - 함부로 순서를 바꾸면 안 돼요. ハムブロ スンソルル バックミョン アン ドェヨ

- ❏ 変えないでください　바꾸지 마세요　バックジ マセヨ
  - 席を替えないでください。
  - 자리를 바꾸지 마세요. ジャリルル バックジ マセヨ

- ❏ 変えても　바꿔도　バックォド
  - 部屋を変えてもいいですか。
  - 방을 바꿔도 되나요? バンウル バックォド ドェナヨ

- ❏ 変えるけれど/変えたけれど　바꾸지만/바꿨지만　バックジマン/バックォッチマン
  - 監督を変えたけれど成績は上がりません。
  - 감독을 바꿨지만 성적이 안 올라요. ガムドグル バックォッチマン ソンジョギ アン オルラヨ

- ❏ 変えさせます　바꾸게 해요　バックゲ ヘヨ

- ❏ 変えて　바꾸고　バックゴ
  - 計画も変えて人員も増やしました。
  - 계획도 바꾸고 인원도 늘렸어요. ゲフェクド バックゴ イヌォンド ヌルリョッソヨ

- ❏ 変えやすい/変えにくい　바꾸기 쉬워요/바꾸기 어려워요　バックギ シュィウォヨ/バックギ オリョウォヨ
  - 体質は変えにくいです。
  - 체질은 바꾸기 어려워요. チェジルン バックギ オリョウォヨ

- ❏ 変えるから　바꾸니까・바꿀 테니까 困　バックニッカ・バックル テニッカ

- ❏ 変えるので，変えたので　바꿔서　バックォソ

- ❏ 変えられます　바꿀 수 있어요　バックル ス イッソヨ
  - 未来は変えられます。
  - 미래는 바꿀 수 있어요. ミレヌン バックル ス イッソヨ

- ❏ 変えられません　바꿀 수 없어요　バックル ス オプソヨ
  - 過去は変えられません。
  - 과거는 바꿀 수 없어요. グヮゴヌン バックル ス オプソヨ

規則活用

받다 /バッタ/ 受ける・もらう

①受ける・もらう・受け取る．②受け入れる．③受け付ける．⑤(傘を・日差しが)さす．⑥(電話に)出る・受け答えする．

	辞書形	丁寧体	会話体	連体形
現在形	受ける 받다 パッタ	受けます 받습니다 パッスムニダ	受けます 받아요 パダヨ	受ける〜 받는 パンヌン
過去形	受けた 받았다 パダッタ	受けました 받았습니다 パダッスムニダ	受けました 받았어요 パダッソヨ	受けた〜 받았던 /받은 パダットン/パドゥン
未来形	受ける 받겠다 パッケッタ	受けます 받겠습니다 パッケッスムニダ	受けます 받겠어요 パッケッソヨ	受ける〜 받을 パドゥル

❏ 受け(取り)ます　받아요　パダヨ
利子を受け取ります．
이자를 받아요．
イジャルル パダヨ

❏ 受け(取り)ますか　받아요？・받나요？　パダヨ・パンナヨ

❏ 受け(取り)るつもりです　받을 거예요　パドゥル コイェヨ
彼からお金を受け取るつもりです．
그에게 돈을 받을 거예요．
グエゲ ドヌル パドゥル コイェヨ

❏ 受けようと思います　받을 생각이에요　パドゥル センガギエヨ

❏ 受けません　받지 않아요・안 받아요　パッチ アナヨ・アン パダヨ

❏ 受けませんか　받지 않을래요？・안 받을래요？　パッチ アヌルレヨ・アン パドゥルレヨ
ピアノ講習を受けませんか．
피아노 강습을 받지 않을래요？
ピアノ ガンスブル パッチ アヌルレヨ

❏ 受け[もらい]ました　받았어요　パダッソヨ
指輪をもらいました．
반지를 받았어요．
パンジルル パダッソヨ

❏ 受けていません　받고 있지 않아요・안 받고 있어요　パッコ イッチ アナヨ・アン パッコ イッソヨ
英語の授業は受けていません．
영어수업은 안 받고 있어요
ヨンオスオブン アン パッコ イッソヨ

❏ 受けませんでした　받지 않았어요・안 받았어요　パッチ アナッソヨ・アン パダッソヨ
そのような連絡は受けませんでした．
그런 연락은 안 받았어요．
グロン ヨンラグン アン パダッソヨ

規則活用

❏ 受ければ　받으면　バドゥミョン

衝撃を受ければすぐ壊れます．　　충격을 받으면 금방 깨져요．
　　　　　　　　　　　　　　　　チュンギョグル バドゥミョン グムバン ッケジョヨ

❏ 受けなければ　받지 않으면・안 받으면　バッチ アヌミョン・アン バドゥミョン

健康診断を受けなければなりません．　건강진단을 안 받으면 안 돼요．
　　　　　　　　　　　　　　　　　　ゴンガンジンダヌル アン バドゥミョン アン ドェヨ

❏ 受けなくても　받지 않아도・안 받아도　バッチ アナド・アン バダド

治療を受けなくても大丈夫です．　치료를 안 받아도 괜찮아요．
　　　　　　　　　　　　　　　　チリョルル アン バダド グェンチャナヨ

❏ 受けること / もらったこと　받는 것・받을 것囲／ 받았던 적・받은 것　バンヌン ゴッ・バドゥル コッ／ バダットン ジョク・バドゥン ジョク

彼からメールをもらったことがあります．　그에게 메일을 받은 적이 있어요．
　　　　　　　　　　　　　　　　　　　　グエゲ メイルル バドゥン ジョギ イッソヨ

❏ 受けながら　받으면서　バドゥミョンソ

治療を受けながら仕事をしています．　치료를 받으면서 일하고 있어요．
　　　　　　　　　　　　　　　　　　チリョルル バドゥミョンソ イルハゴ イッソヨ

❏ 受けましょうか　받을까요？　バドゥルッカヨ

❏ 受けたいです / 受けたくないです　받고 싶어요 / 받고 싶지 않아요　バッコ シポヨ / バッコ シッチ アナヨ

サンプルをもらいたいです．　샘플을 받고 싶어요．
　　　　　　　　　　　　　セムプルル バッコ シポヨ

❏ 受けてみます　받아 볼래요　バダ ボルレヨ

サンプルをもらってみます．　샘플을 받아 볼래요．
　　　　　　　　　　　　　セムプルル バダ ボルレヨ

❏ 受けるそうです　받는대요　バンヌンデヨ

今日手術を受けるそうです．　오늘 수술을 받는대요．
　　　　　　　　　　　　　オヌル ススルル バンヌンデヨ

❏ 受ける〜　받는・받을囲　バンヌン・バドゥル

周囲から尊敬を受ける人　주위로부터 존경을 받는 사람
　　　　　　　　　　　　ジュウィロブト ジョンギョンウル バンヌン サラム

❏ 受けない〜　받지 않는　バッチ アンヌン

❏ 受けた〜　받았던・받은　バダットン・バドゥン

もらったお金を貯金しました．　받았던 돈을 저금했어요．
　　　　　　　　　　　　　　バダットン ドヌル ジョグムヘッソヨ

❏ 受けなかった〜　받지 않았던・안 받았던・안 받은　バッチ アナットン・アン バダットン・アン バドゥン

❏ 受けてください　받아 주세요・받으세요　バダ ジュセヨ・バドゥセヨ

規則活用

これをどうか受け取ってください. 이것을 부디 받아 주세요. イゴスル プディ パダ ジュセヨ

❏ 受けてはいけません 받으면 안 돼요 パドゥミョン アン ドェヨ
手数料をもらってはいけません. 수수료를 받으면 안 돼요. ススリョルル パドゥミョン アン ドェヨ

❏ 受けないでください 받지 마세요 パッチ マセヨ
彼からは何も受け取らないでください. 그 사람한테서는 아무것도 받지 마세요. グ サラムハンテソヌン アムゴット パッチ マセヨ

❏ 受けても 받아도 パダド
これをもらってもいいですか. 이것을 받아도 돼요? イゴスル パダド ドェヨ

❏ 受けるけれど / 受けたけれど 받지만 / 받았지만 パッチマン / パダッチマン
❏ 受けさせます 받게 해요 パッケ ヘヨ
❏ 受けて 받고 パッコ
連絡を受けて急いで出かけました. 연락을 받고 급하게 나갔어요. ヨンラグル パッコ グパゲ ナガッソヨ

❏ 受けやすい / 受けにくい 받기 쉬워요 / 받기 어려워요 パッキ シュィウォヨ / パッキ オリョウォヨ
誤解を受けやすいです. 오해 받기 쉬워요. オヘ パッキ シュィウォヨ

❏ 受けるから 받으니까・받을 테니까 困 パドゥニッカ・パドゥル テニッカ
❏ 受けるので, 受けたので 받아서 パダソ
彼は賄賂を受け取ったので逮捕されました. 그는 뇌물을 받아서 체포되었어요. グヌン ヌェムルル パダソ チェポドェオッソヨ

❏ 受けられます 받을 수 있어요 パドゥル ス イッソヨ
それはだれでももらえます. 그것은 누구라도 받을 수 있어요. グゴスン ヌグラド パドゥル ス イッソヨ

❏ 受けられません 받을 수 없어요 パドゥル ス オプソヨ
これは受け取れません. 이것은 받을 수 없어요. イゴスン パドゥル ス オプソヨ

❏ 受け取りに行きます [来ます] 받으러 가요 [와요] パドゥロ ガヨ [ワヨ]
還付金を受け取りに行きます. 환부금을 받으러 가요. フヮンブグムル パドゥロ ガヨ

規則活用

배우다 /ベウダ/ 習う・学ぶ

①習う・学ぶ. ②教わる.

	辞書形	丁寧体	会話体	連体形
現在形	習う 배우다 ベウダ	習います 배웁니다 ベウムニダ	習います 배워요 ベウォヨ	習う〜 배우는 ベウヌン
過去形	習った 배웠다 ベウォッタ	習いました 배웠습니다 ベウォッスムニダ	習いました 배웠어요 ベウォッソヨ	習った〜 배웠던/배운 ベウォットン/ベウン
未来形	習う 배우겠다 ベウゲッタ	習います 배우겠습니다 ベウゲッスムニダ	習います 배우겠어요 ベウゲッソヨ	習う〜 배울 ベウル

規則活用

❏ 習います　배워요　ベウォヨ

韓国語を習います．　　　　　　　한국어를 배워요．
　　　　　　　　　　　　　　　　ハングゴルル ベウォヨ

❏ 習いますか　배워요?・배우나요?　ベウォヨ・ベウナヨ

❏ 習います　배우겠어요 [困]　ベウゲッソヨ

❏ 習うつもりです　배울 거예요　ベウル コイェヨ

❏ 習おうと思います　배울 생각이에요　ベウル センガギエヨ

彼にテニスを習おうと思います．　그에게 테니스를 배울 생각이에요．
　　　　　　　　　　　　　　　　グエゲ テニスルル ベウル センガギエヨ

❏ 習いません　배우지 않아요・안 배워요　ベウジ アナヨ・アン ベウォヨ

❏ 習いませんか　배우지 않을래요?・안 배울래요?　ベウジ アヌルレヨ・アン ベウルレヨ

あなたも料理を習いませんか．　　당신도 요리를 배우지 않을래요?
　　　　　　　　　　　　　　　　ダンシンド ヨリルル ベウジ アヌルレヨ

❏ 習っています　배우고 있어요　ベウゴ イッソヨ

書道を習っています．　　　　　　서예를 배우고 있어요．
　　　　　　　　　　　　　　　　ソイェルル ベウゴ イッソヨ

❏ 習いました　배웠어요　ベウォッソヨ

韓国で日本語を習いました．　　　한국에서 일본어를 배웠어요．
　　　　　　　　　　　　　　　　ハングゲソ イルボノルル ベウォッソヨ

❏ 習っていません　배우고 있지 않아요・안 배우고 있어요　ベウゴ イッチ アナヨ・アン ベウゴ イッソヨ

❏ 習いませんでした　배우지 않았어요・안 배웠어요　ベウジ アナッソヨ・アン ベウォッソヨ

ドイツ語は習いませんでした．　　독일어는 안 배웠어요．
　　　　　　　　　　　　　　　　ドギロヌン アン ベウォッソヨ

❏ 習えば　배우면　ペウミョン

　一緒に習えばいいのに。　　　　　　　같이 배우면 좋을 텐데．
　　　　　　　　　　　　　　　　　　　カチ　ペウミョン　ジョウル　テンデ

❏ 習わ[学ば]なければ　배우지 않으면・안 배우면　ペウジ アヌミョン・アン ペウミョン

　まじめに学ばなければなりません。　　성실히 배우지 않으면 안 돼요．
　　　　　　　　　　　　　　　　　　　ソンシルヒ　ペウジ　アヌミョン　アン　ドェヨ

❏ 習わなくても　배우지 않아도・안 배워도　ペウジ アナド・アン ペウォド

❏ 習うこと / 習ったこと　배우는 것・배울 것困／ 배웠던 적・배운 적　ペウヌン ゴッ・
　ペウル コッ・ペウォットン ジョク・ペウン ジョク

　外国語を習うことは楽しいです。　　　외국어를 배우는 것은 재미있어요．
　　　　　　　　　　　　　　　　　　　ウェグゴルル　ペウヌン　ゴスン　ジェミイッソヨ

❏ 習い[学び]ながら　배우면서　ペウミョンソ

　学びながら働きます。　　　　　　　　배우면서 일해요．
　　　　　　　　　　　　　　　　　　　ペウミョンソ　イルヘヨ

❏ 習いたいです / 習いたくないです　배우고 싶어요 / 배우고 싶지 않아요　ペウ
　ゴ シポヨ / ペウゴ シッチ アナヨ

　ゴルフを習いたいです。　　　　　　　골프를 배우고 싶어요．
　　　　　　　　　　　　　　　　　　　ゴルプルル　ペウゴ　シポヨ

❏ 習ってみます　배워 볼래요　ペウォ ボルレヨ

❏ 習うそうです　배운대요　ペウンデヨ

　妹は韓国料理を習うそうです。　　　　여동생은 한국 요리를 배운대요．
　　　　　　　　　　　　　　　　　　　ヨドンセンウン　ハングク　ヨリルル　ペウンデヨ

❏ 習う〜　배우는・배울困　ペウヌン・ペウル

　韓国語を習う人が多いです。　　　　　한국어를 배우는 사람이 많아요．
　　　　　　　　　　　　　　　　　　　ハングゴルル　ペウヌン　サラミ　マナヨ

❏ 習わない〜　배우지 않는・안 배우는　ペウジ アンヌン・アン ペウヌン

❏ 習った〜　배웠던・배운　ペウォットン・ペウン

　習ったことを忘れました。　　　　　　배웠던 것을 잊었어요．
　　　　　　　　　　　　　　　　　　　ペウォットン　ゴスル　イジョッソヨ

❏ 習わなかった〜　배우지 않았던・안 배웠던・안 배운　ペウジ アナットン・アン ペウォットン・
　アン ペウン

❏ 習ってください　배우세요　ペウセヨ

　ヨガを習ってください。　　　　　　　요가를 배우세요．
　　　　　　　　　　　　　　　　　　　ヨガルル　ペウセヨ

❏ 習ってはいけません　배우면 안 돼요　ペウミョン アン ドェヨ

　悪い言葉を習ってはいけません。　　　나쁜 말을 배우면 안 돼요．
　　　　　　　　　　　　　　　　　　　ナップン　マルル　ペウミョン　アン　ドェヨ

❏ 習わないでください　배우지 마세요　ペウジ マセヨ

❏ 習っても　배워도　ペウォド
習ってもすぐ忘れます。　　　　　　　　배워도 금방 잊어요.
　　　　　　　　　　　　　　　　　　　ペウォド グムバン イジョヨ

❏ 習うけれど / 習ったけれど　배우지만 / 배웠지만　ペウジマン / ペウォッチマン
韓国語を習うけれど話す機会がありません。　한국어를 배우지만 말 할 기회가 없어요.
　　　　　　　　　　　　　　　　　　　　　ハングゴルル ペウジマン マル ハル ギフェガ オプソヨ

❏ 習わせます　배우게 해요　ペウゲ ヘヨ
子どもにバレエを習わせます。　　　　　　　아이에게 발레를 배우게 해요.
　　　　　　　　　　　　　　　　　　　　　アイエゲ パルレルル ペウゲ ヘヨ

❏ 習って　배우고　ペウゴ

❏ 習いそうです　배울 것 같아요　ペウル コッ ガタヨ
弟はゴルフを習いそうです。　　　　　　　　남동생은 골프를 배울 것 같아요.
　　　　　　　　　　　　　　　　　　　　　ナムドンセンウン ゴルプルル ペウル コッ ガタヨ

❏ 習いやすい / 習いにくい　배우기 쉬워요 / 배우기 어려워요　ペウギ シュィウォヨ / ペウギ オリョウォヨ
韓国語は学びやすいです。　　　　　　　　　한국어는 배우기 쉬워요.
　　　　　　　　　　　　　　　　　　　　　ハングゴヌン ペウギ シュィウォヨ

❏ 習うから　배우니까・배울 테니까　困　ペウニッカ・ペウル テニッカ
習うから少しずつ上達します。　　　　　　　배우니까 조금씩 좋아져요.
　　　　　　　　　　　　　　　　　　　　　ペウニッカ ジョグムッシク ジョアジョヨ

❏ 習うので，習ったので　배워서　ペウォソ

❏ 習え [学べ] ます　배울 수 있어요　ペウル ス イッソヨ
ネットでも韓国語を学べます。　　　　　　　인터넷으로도 한국어를 배울 수 있어요.
　　　　　　　　　　　　　　　　　　　　　イントネスロド ハングゴルル ペウル ス イッソヨ

❏ 習えません　배울 수 없어요　ペウル ス オプソヨ

❏ 習ったり　배우거나　ペウゴナ

❏ 習いに行きます [来ます]　배우러 가요 [와요]　ペウロ ガヨ [ワヨ]
スキーを習いに行きます。　　　　　　　　　스키를 배우러 가요.
　　　　　　　　　　　　　　　　　　　　　スキルル ペウロ ガヨ

規則活用

버리다 /ボリダ/ 捨てる

他 ①捨てる．②見捨てる・あきらめる．③なくす．④だめになる．⑤体を壊す．
補〔動詞の連用形に付いて〕…てしまう（強調を表すのによく使われる）．

	辞書形	丁寧体	会話体	連体形
現在形	捨てる 버리다 ボリダ	捨てます 버립니다 ボリムニダ	捨てます 버려요 ボリョヨ	捨てる〜 버리는 ボリヌン
過去形	捨てた 버렸다 ボリョッタ	捨てました 버렸습니다 ボリョッスムニダ	捨てました 버렸어요 ボリョッソヨ	捨てた〜 버렸던 / 버린 ボリョットン / ボリン
未来形	捨てる 버리겠다 ボリゲッタ	捨てます 버리겠습니다 ボリゲッスムニダ	捨てます 버리겠어요 ボリゲッソヨ	捨てる〜 버릴 ボリル

❏ 捨てます　버려요　ボリョヨ
❏ 捨てますか　버려요 ? • 버리나요 ?　ボリョヨ・ボリナヨ
　これも捨てますか．　　　　이것도 버리나요 ?
　　　　　　　　　　　　　　イゴット ボリナヨ
❏ 捨てます　버리겠어요 困　ボリゲッソヨ
❏ 捨てるつもりです　버릴 거예요　ボリル コイェヨ
❏ 捨てようと思います　버릴 생각이에요　ボリル センガギエヨ
　いやな思い出は捨てようと思います．　좋지 않은 기억은 버릴 생각이에요．
　　　　　　　　　　　　　　　　　　　ジョチ アヌン ギオグン ボリル センガギエヨ
❏ 捨てません　버리지 않아요 • 안 버려요　ボリジ アナヨ・アン ボリョヨ
　レシートは捨てません．　　　영수증은 버리지 않아요．
　　　　　　　　　　　　　　ヨンスジュンウン ボリジ アナヨ
❏ 捨てませんか　버리지 않을래요 ? • 안 버릴래요 ?　ボリジ アヌルレヨ・アン ボリルレヨ
　古い自転車を捨てませんか．　낡은 자전거를 버리지 않을래요 ?
　　　　　　　　　　　　　　ナルグン ジャジョンゴルル ボリジ アヌルレヨ
❏ 捨てています　버리고 있어요　ボリゴ イッソヨ
　ごみ箱にごみを捨てています．　쓰레기통에 쓰레기를 버리고 있어요．
　　　　　　　　　　　　　　　ッスレギトンエ ッスレギルル ボリゴ イッソヨ
❏ 捨てました　버렸어요　ボリョッソヨ
　ごみ箱に捨てました．　쓰레기통에 버렸어요．
　　　　　　　　　　　ッスレギットンエ ボリョッソヨ
❏ 捨てていません　버리고 있지 않아요 • 안 버리고 있어요　ボリゴ イッチ アナヨ・アン ボリゴ イッソヨ

自転車はまだ捨てていません。　자전거는 아직 안 버리고 있어요
ジャジョンゴヌン アジク アン ボリゴ イッソヨ

❏ **捨てませんでした**　버리지 않았어요・안 버렸어요　ボリジ アナッソヨ・アン ボリョッソヨ

何も捨てませんでした。　아무것도 안 버렸어요.
アムゴット アン ボリョッソヨ

❏ **捨てれば**　버리면　ボリミョン

欲を捨てれば幸せになります。　욕심을 버리면 행복해져요.
ヨクシムル ボリミョン ヘンボケジョヨ

❏ **捨てなければ**　버리지 않으면・안 버리면　ボリジ アヌミョン・アン ボリミョン

腐った物は捨てなければなりません。　상한 것은 버리지 않으면 안 돼요.
サンハン ゴスン ボリジ アヌミョン アン ドェヨ

❏ **捨てなくても**　버리지 않아도・안 버려도　ボリジ アナド・アン ボリョド

ごみはまだ捨てなくても大丈夫です。　쓰레기는 아직 안 버려도 돼요.
ッスレギヌン アジク アン ボリョド ドェヨ

❏ **捨てること / 捨てたこと**　버리는 것・버릴 것[困]/ 버렸던 적・버린 적　ボリヌン ゴッ・ボリル コッ / ボリョットン ジョク・ボリン ジョク

なかなか物を捨てることができません。　좀처럼 물건을 버릴 수 없어요.
ジョムチョロム ムルゴヌル ボリル ス オプソヨ

❏ **捨てながら**　버리면서　ボリミョンソ

❏ **捨てましょうか**　버릴까요?　ボリルッカヨ

私が捨てましょうか。　내가 버릴까요?
ネガ ボリルッカヨ

❏ **捨てたいです / 捨てたくないです**　버리고 싶어요 / 버리고 싶지 않아요　ボリゴ シポヨ / ボリゴ シプチ アナヨ

このごみを捨てたいです。　이 쓰레기를 버리고 싶어요.
イ ッスレギルル ボリゴ シポヨ

❏ **捨ててみます**　버려 볼래요　ボリョ ボルレヨ

❏ **捨てるそうです**　버린대요　ボリンデヨ

あの新しい服を捨てるそうです。　저 새 옷을 버린대요.
ジョ セ オスル ボリンデヨ

❏ **捨てる～**　버리는・버릴[困]　ボリヌン・ボリル

捨てる雑誌はここに置いてください。　버릴 잡지는 여기다 놓으세요.
ボリル ジャプチヌン ヨギダ ノウセヨ

❏ **捨てない～**　버리지 않는・안 버리는　ボリジ アンヌン・アン ボリヌン

捨てない雑誌は片付けてください。　안 버리는 잡지는 치워 주세요.
アン ボリヌン ジャプチヌン チウォ ジュセヨ

❏ **捨てた～**　버렸던・버린　ボリョットン・ボリン

だれかが捨てたものを拾ってきました。　누가 버린 걸 주어왔어요.
ヌガ ボリン ゴル ジュオワッソヨ

規則活用

271

- ❏ 捨てなかった〜　버리지 않았던・안 버렸던・안 버린　ポリジ アナットン・アン ポリョットン・アン ポリン

- ❏ 捨ててください　버려 주세요・버리세요　ポリョ ジュセヨ・ポリセヨ
  - いらなかったら捨ててください．
  - 필요없으면 버리세요．
    ピリョオプスミョン ポリセヨ

- ❏ 捨ててはいけません　버리면 안 돼요　ポリミョン アン ドェヨ
  - ここに空き瓶を捨ててはいけません．
  - 여기에 빈 병을 버리면 안 돼요．
    ヨギエ ピン ビョヌル ポリミョン アン ドェヨ

- ❏ 捨てないでください　버리지 마세요　ポリジ マセヨ
  - たばこの吸殻を捨てないでください．
  - 담배꽁초를 버리지 마세요．
    ダムベッコンチョルル ポリジ マセヨ

- ❏ 捨てても　버려도　ポリョド
  - この箱は捨ててもいいです．
  - 이 상자는 버려도 돼요．
    イ サンジャヌン ポリョド ドェヨ

- ❏ 捨てるけれども / 捨てたけれど　버리지만 / 버렸지만　ポリジマン / ポリョッチマン
  - 使わないから捨てるけれどももったいないです．
  - 안 쓰니까 버리지만 아까워요．
    アン ッスニッカ ポリジマン アッカウォヨ

- ❏ 捨てさせます　버리게 해요　ポリゲ ヘヨ
  - いらないおもちゃは捨てさせます．
  - 필요없는 장난감은 버리게 해요．
    ピリョオムヌン ジャンナンッカムン ポリゲ ヘヨ

- ❏ 捨てて　버리고　ポリゴ
  - 不用品を捨てて部屋を片付けました．
  - 안 쓰는 물건을 버리고 방을 치웠어요．
    アン ッスヌン ムルゴヌル ポリゴ パンウル チウォッソヨ

- ❏ 捨てるから　버리니까・버릴 테니까 困　ポリニッカ・ポリル テニッカ

- ❏ 捨てるので，捨てたので　버려서　ポリョソ

- ❏ 捨てられます　버릴 수 있어요　ポリル ス イッソヨ
  - 捨てたいときにいつでも捨てられます．
  - 버리고 싶을 때 언제라도 버릴 수 있어요．
    ポリゴ シプル ッテ オンジェラド ポリル ス イッソヨ

- ❏ 捨てられません　버릴 수 없어요　ポリル ス オプソヨ
  - ケチだから何も捨てられません．
  - 구두쇠라서 아무것도 버릴 수 없어요．
    グドゥスェラソ アムゴット ポリル ス オプソヨ

- ❏ 捨てたり　버리거나・버렸다가　ポリゴナ・ポリョッタガ

- ❏ 捨てに行きます[来ます]　버리러 가요[와요]　ポリゴ ガヨ[ワヨ]
  - ごみを捨てに行きます．
  - 쓰레기를 버리러 가요．
    ッスレギルル ポリゴ ガヨ

規則活用

벗다 /ボッタ/ 脱ぐ・外す・取る

① (服・めがねなど身につけたものを) 脱ぐ・外す・取る. ② (背負ったものを) 下ろす. ③脱皮する.
④ (汚名などを) すすぐ・(疑いなどが) 晴れる.

	辞書形	丁寧体	会話体	連体形
現在形	脱ぐ 벗다 ボッタ	脱ぎます 벗습니다 ボッスムニダ	脱ぎます 벗어요 ボソヨ	脱ぐ～ 벗는 ボンヌン
過去形	脱いだ 벗었다 ボソッタ	脱ぎました 벗었습니다 ボソッスムニダ	脱ぎました 벗었어요 ボソッソヨ	脱いだ～ 벗었던 / 벗은 ボソットン / ボスン
未来形	脱ぐ 벗겠다 ボッケッタ	脱ぎます 벗겠습니다 ボッケッスムニダ	脱ぎます 벗겠어요 ボッケッソヨ	脱ぐ～ 벗을 ボスル

規則活用

❏ 脱ぎます　벗어요　ボソヨ
服はここで脱ぎます．
옷은 여기서 벗어요．
オスン ヨギソ ボソヨ

❏ 脱ぎますか　벗어요 ?・벗나요 ?　ボソヨ・ボンナヨ

❏ 脱ぎます　벗겠어요 困　ボッケッソヨ
暑いのでセーターを脱ぎます．
더우니까 스웨터를 벗겠어요．
ドウニッカ スウェトルル ボッケッソヨ

❏ 脱ぐつもりです　벗을 거예요　ボスル コイェヨ

❏ 脱ごうと思います　벗을 생각이에요　ボスル センガギエヨ

❏ 脱ぎません　벗지 않아요・안 벗어요　ボッチ アナヨ・アン ボソヨ
室内でも靴を脱ぎません．
실내에서도 구두를 안 벗어요．
シルネエソド グドゥルル アン ボソヨ

❏ 脱ぎませんか　벗지 않을래요 ?・안 벗을래요 ?　ボッチ アヌルレヨ・アン ボスルレヨ
コートを脱ぎませんか．
코트를 안 벗을래요 ?
コトゥルル アン ボスルレヨ

❏ 脱いでいます　벗고 있어요　ボッコ イッソヨ
帽子を脱いでいます．
모자를 벗고 있어요．
モジャルル ボッコ イッソヨ

❏ 脱ぎました　벗었어요　ボソッソヨ
めがねを外しました．
안경을 벗었어요．
アンギョヌル ボソッソヨ

❏ 脱いでいません　벗고 있지 않아요・안 벗고 있어요　ボッコ イッチ アナヨ・アン ボッコ イッソヨ

273

❑ 暑いのにコートを脱いでいません．　더운데도 코트를 안 벗고 있어요． ドウンデド コトゥルル アン ボッコ イッソヨ

❑ 脱ぎませんでした　벗지 않았어요・안 벗었어요　ボッチ アナッソヨ・アン ボソッソヨ
　暑くてもコートを脱ぎませんでした．　더워도 코트를 안 벗었어요． ドウォド コトゥルル アン ボソッソヨ

❑ 脱げば，外すと　벗으면　ボスミョン
　めがねを外すと見えません．　안경을 벗으면 안 보여요． アンギョンウル ボスミョン アン ボヨヨ

❑ 脱がなければ　벗지 않으면・안 벗으면　ボッチ アヌミョン・アン ボスミョン
　教会では帽子を脱がなければなりません．　교회에서는 모자를 벗지 않으면 안 돼요． ギョヘエソヌン モジャルル ボッチ アヌミョン アン ドェヨ

❑ 脱がなくても　벗지 않아도・안 벗어도　ボッチ アナド・アン ボソド
　ここでは靴を脱がなくてもかまいません．　여기서는 신을 안 벗어도 괜찮아요． ヨギソヌン シヌル アン ボソド グェンチャナヨ

❑ 脱ぐこと/脱いだこと　벗는 것・벗을 것囷 / 벗었던 적・벗은 적　ボンヌン ゴッ・
　ボッスル コッ / ボソットン ジョク・ボスン ジョク
　いちいちブーツを脱ぐことは面倒です．　일일이 부츠를 벗는 것은 귀찮아요． イルリリ ブチュルル ボンヌン ゴスン グィチャナヨ

❑ 脱ぎながら　벗으면서　ボスミョンソ

❑ 脱ぎましょうか　벗을까요？　ボスルッカヨ
　コートを脱ぎましょうか．　코트를 벗을까요． コトゥルル ボスルッカヨ

❑ 脱ぎたいです/脱ぎたくないです　벗고 싶어요 / 벗고 싶지 않아요　ボッゴ シポ
　ヨ・ボッゴ シプチ アナヨ
　暑いのでコートを脱ぎたいです．　더워서 코트를 벗고 싶어요． ドウォソ コトゥルル ボッコ シポヨ

❑ 脱いでみます　벗어 볼래요　ボソ ボルレヨ

❑ 脱ぐそうです　벗는대요　ボンヌンデヨ

❑ 脱ぐ～　벗는・벗을囷　ボンヌン・ボスル
　ベールを脱ぐ新製品　베일을 벗는 신제품 ベイルル ボンヌン シンジェプム

❑ 脱がない～　벗지 않는・안 벗는　ボッチ アンヌン・アン ボンヌン

❑ 脱いだ～　벗은・벗었던　ボスン・ボソットン
　脱いだ服は洗濯機に入れてください．　벗은 옷은 세탁기에 넣어 주세요． ボスン オスン セタクキエ ノオ ジュセヨ

❑ 脱がなかった～　벗지 않았던・안 벗었던・안 벗은　ボッチ アナットン・アン ボソットン・アン ボスン

❑ 脱いでください　벗어 주세요・벗으세요　ボソ ジュセヨ・ボスセヨ

規則活用

靴はここで脱いでください. 　　구두는 여기서 벗으세요.
　　　　　　　　　　　　　　　グドゥヌン ヨギソ ボスセヨ

❏ **脱いではいけません**　벗으면 안 돼요　ボスミョン アン ドェヨ
人前で服を脱いではいけません. 　사람들 앞에서 옷을 벗으면 안 돼요.
　　　　　　　　　　　　　　　サラムドゥル アペソ オスル ボスミョン アン ドェヨ

❏ **脱がないでください**　벗지 마세요　ボッチ マセヨ

❏ **脱いでも**　벗어도　ボソド
ヘルメットを脱いでもいいですか. 　헬멧을 벗어도 되나요？
　　　　　　　　　　　　　　　ヘルメスル ボソド ドェナヨ

❏ **脱ぐけれど / 脱いだけれど**　벗지만 / 벗었지만　ボッチマン / ボソッチマン

❏ **脱がせます**　벗게 해요・벗겨요　ボッケ ヘヨ・ボッキョヨ
子どもの靴を脱がせます. 　　　아이의 구두를 벗겨요.
　　　　　　　　　　　　　　　アイウィ グドゥルル ボッキョヨ

❏ **脱いで**　벗고　ボッコ
靴を脱いで上がってください. 　　구두를 벗고 올라오세요.
　　　　　　　　　　　　　　　グドゥルル ボッコ オルラオセヨ

❏ **脱ぎ[晴れ]そうです**　벗을 것 같아요　ボスル コッ ガタヨ
疑いが晴れそうです. 　　　　　누명을 벗을 것 같아요.
　　　　　　　　　　　　　　　ヌミョンウル ボスル コッ ガタヨ

❏ **脱ぎやすい / 脱ぎにくい**　벗기 쉬워요 / 벗기 어려워요　ボッキ シュィウォヨ / ボッキ オリョウォヨ
このドレスはとても脱ぎにくいです. 　이 드레스는 매우 벗기 어려워요.
　　　　　　　　　　　　　　　イ ドゥレスヌン メウ ボッキ オリョウォヨ

❏ **脱ぐから**　벗으니까・벗을 테니까　困　ボスニッカ・ボスル テニッカ
セーターを脱ぐから寒いです. 　　스웨터를 벗으니까 추워요.
　　　　　　　　　　　　　　　スウェトルル ボスニッカ チュウォヨ

❏ **脱ぐので, 脱いだので**　벗어서　ボソソ

❏ **脱げます**　벗을 수 있어요　ボスル ス イッソヨ

❏ **脱げません**　벗을 수 없어요　ボスル ス オプソヨ
ジッパーが引っかかって脱げません. 　지퍼가 걸려서 벗을 수 없어요.
　　　　　　　　　　　　　　　ジポガ ゴルリョソ ボスル ス オプソヨ

❏ **脱いだり**　벗거나・벗었다가　ボッコナ・ボソッタガ
着たり脱いだり　　　　　　　　입었다가 벗었다가
　　　　　　　　　　　　　　　イボッタガ ボソッタガ

規則活用

보내다 /ボネダ/ 送る

①(人やもの・歳月・信号・視線・手紙などを)送る・出す. ②見送る. ③(時を)過ごす. ④(人を)行かせる・(人をどこかに)出す・結婚させる.

	辞書形	丁寧体	会話体	連体形
現在形	送る 보내다 ボネダ	送ります 보냅니다 ボネムニダ	送ります 보내요 ボネヨ	送る〜 보내는 ボネヌン
過去形	送った 보냈다 ボネッタ	送りました 보냈습니다 ボネッスムニダ	送りました 보냈어요 ボネッソヨ	送った〜 보냈던 /보낸 ボネットン/ボネン
未来形	送る 보내겠다 ボネゲッタ	送ります 보내겠습니다 ボネゲッスムニダ	送ります 보내겠어요 ボネゲッソヨ	送る〜 보낼 ボネル

❏ 送ります　보내요　ボネヨ

母に果物を送ります.　　어머니에게 과일을 보내요.
　　　　　　　　　　　オモニエゲ グワイルル ボネヨ

❏ 送りますか　보내요?・보내나요?　ボネヨ・ボネナヨ

❏ 送ります　보내겠어요 困　ボネゲッソヨ

明日送ります.　　내일 보내겠어요.
　　　　　　　　ネイル ボネゲッソヨ

❏ 送るつもりです　보낼 거예요　ボネル コイェヨ

楽な人生を送るつもりです.　편한 인생을 보낼 거예요.
　　　　　　　　　　　　　ピョンハン インセンウル ボネル コイェヨ

❏ 送ろうと思います　보낼 생각이에요　ボネル センガギエヨ

明日送ろうと思います.　　내일 보낼 생각이에요.
　　　　　　　　　　　　ネイル ボネル センガギエヨ

❏ 送りません　보내지 않아요・안 보내요　ボネジ アナヨ・アン ボネヨ

❏ 送り[過ごし]ませんか　보내지 않을래요?・안 보낼래요?　ボネジ アヌルレヨ・アン ボネルレヨ

一緒に楽しい時間を過ごしませんか.　함께 즐거운 시간을 보내지 않을래요?
　　　　　　　　　　　　　　　　　ハムッケ ジュルゴウン シガヌル ボネジ アヌルレヨ

❏ 送って[過ごして]います　보내고 있어요　ボネゴ イッソヨ

毎日忙しく過ごしています.　매일 바쁘게 보내고 있어요.
　　　　　　　　　　　　　メイル パップゲ ボネゴ イッソヨ

❏ 送りました　보냈어요　ボネッソヨ

荷物を送りました.　　짐을 보냈어요.
　　　　　　　　　　ジムル ボネッソヨ

規則活用

❏ 送っていません　보내고 있지 않아요・안 보내고 있어요　ボネゴ イッチ アナヨ・アン ボネゴ イッソヨ

| まだ送っていません。 | 아직 안 보내고 있어요.
アジク アン ボネゴ イッソヨ |

❏ 送りませんでした　보내지 않았어요・안 보냈어요　ボネジ アナッソヨ・アン ボネッソヨ

❏ 送れば　보내면　ボネミョン

| 宅配便で送れば早く着きます。 | 택배로 보내면 빨리 도착해요.
テクペロ ボネミョン ッパルリ ドチャケヨ |

❏ 送らなければ　보내지 않으면・안 보내면　ボネジ アヌミョン・アン ボネミョン

| 今日送らなければ間に合いません。 | 오늘 보내지 않으면 늦어요.
オヌル ボネジ アヌミョン ヌジョヨ |

❏ 送らなくても　보내지 않아도・안 보내도　ボネジ アナド・アン ボネド

| 送らなくてもいいです。 | 보내지 않아도 돼요.
ボネジ アナド ドェヨ |

❏ 送ること / 送ったこと　보내는 것・보낼 것 困 / 보냈던 적・보낸 적　ボネヌン ゴッ・ボネル コッ / ボネットン ジョク・ボネン ジョク

| 荷物を送ることを忘れてはいけません。 | 짐 보내는 것을 잊으면 안 돼요.
ジム ボネヌン ゴスル イジュミョン アン ドェヨ |

❏ 送りながら　보내면서　ボネミョンソ

❏ 送りましょうか　보낼까요？　ボネルッカヨ

| 桃を送りましょうか。 | 복숭아를 보낼까요？
ボクスンアルル ボネルッカヨ |

❏ 送りたいです / 送りたくないです　보내고 싶어요 / 보내고 싶지 않아요　ボネゴ シポヨ / ボネゴ シッチ アナヨ

| 重い荷物は宅配便で送りたいです。 | 무거운 짐은 택배로 보내고 싶어요.
ムゴウン ジムン テクペロ ボネゴ シポヨ |

❏ 送ってみます　보내 볼래요　ボネ ボルレヨ

| メールで送ってみます。 | 메일로 보내 볼래요.
メイルロ ボネ ボルレヨ |

❏ 送る [過ごす] そうです　보낸대요　ボネンデヨ

| 年末は海外で過ごすそうです。 | 연말은 해외에서 보낸대요.
ヨンマルン ヘウェソ ボネンデヨ |

❏ 送る〜　보내는・보낼 困　ボネヌン・ボネル

| 先生に贈るプレゼントです。 | 선생님께 보낼 선물이에요.
ソンセンニムッケ ボネル ソンムリエヨ |

❏ 送らない〜　보내지 않는・안 보내는　ボネジ アンヌン・アン ボネヌン

❏ 送った〜　보냈던・보낸　ボネットン・ボネン

| 送った荷物が着いたそうです。 | 보낸 짐이 도착했대요.
ボネン ジミ ドチャケッテヨ |

規則活用

❏ 送らなかった〜　보내지 않았던・안 보냈던・안 보낸　ポネジ アナットン・アン ボネットン・アン ボネン

❏ 送ってください　보내 주세요・보내세요　ポネ ジュセヨ・ポネセヨ

書留で送ってください.	등기로 보내 주세요. ドゥンギロ ポネ ジュセヨ

❏ 送ってはいけません　보내면 안 돼요　ポネミョン アン ドェヨ

危険物を送ってはいけません.	위험물을 보내면 안 돼요. ウィホムムルル ポネミョン アン ドェヨ

❏ 送らないで [過ごさないで] ください　보내지 마세요　ポネジ マセヨ

無駄に時を過ごさないでください.	쓸데없이 시간을 보내지 마세요. ッスルテオプッシ シガヌル ポネジ マセヨ

❏ 送っても　보내도　ポネド

今送っても遅くないです.	지금 보내도 안 늦어요. ジグム ポネド アン ヌジョヨ

❏ 送るけれど / 送ったけれど　보내지만 / 보냈지만　ポネジマン / ポネッチマン

送ることは送るけどいつ到着するかわかりません.	보내기는 보내지만 언제 도착할지 몰라요. ポネギヌン ポネジマン オンジェ ドチャカルチ モルラヨ

❏ 送らせます　보내게 해요　ポネゲ ヘヨ

❏ 送って　보내고　ポネゴ

メールを送って返事を待っています.	메일을 보내고 답장을 기다리고 있어요. メイルル ポネゴ ダプチャンウル ギダリゴ イッソヨ

❏ 送りそうです　보낼 것 같아요　ポネル コッ ガタヨ

❏ 送りやすい / 送りにくい　보내기 쉬워요 / 보내기 어려워요　ポネギ シュィウォヨ / ポネギ オリョウォヨ

❏ 送るから　보내니까・보낼 테니까　囲　ポネニッカ・ポネル テニッカ

りんごを送るから住所を教えてください.	사과를 보낼 테니까 주소를 가르쳐 주세요. サグワルル ポネル テニッカ ジュソルル ガルチョ ジュセヨ

❏ 送るので, 送ったので　보내서　ポネソ

❏ 送れます　보낼 수 있어요　ポネル ス イッソヨ

冷凍食品も送れます.	냉동식품도 보낼 수 있어요. ネンドンシクプムド ポネル ス イッソヨ

❏ 送れません　보낼 수 없어요　ポネル ス オプソヨ

보다 /ボダ/ 見る

他 ①見る・眺める．②調べる・診察する・ようすを見る．③会う．④(試験などを)受ける．⑤(結果を)得る・迎える．⑥買い物をする．⑦お見合いをする．⑧みなす．
―補 試しにやるという意味を表す：…てみる．

	辞書形	丁寧体	会話体	連体形
現在形	見る 보다 ボダ	見ます 봅니다 ボムニダ	見ます 봐요 ボワヨ	見る～ 보는 ボヌン
過去形	見た 봤다 ボワッタ	見ました 봤습니다 ボワッスムニダ	見ました 봤어요 ボワッソヨ	見た～ 봤던/본 ボワットン/ボン
未来形	見る 보겠다 ボゲッタ	見ます 보겠습니다 ボゲッスムニダ	見ます 보겠어요 ボゲッソヨ	見る～ 볼 ボル

規則活用

❏ 見ます　봐요　ブワヨ
テレビは寝室で見ます．
　　　　　　　　　　　　　　　　텔레비전은 침실에서 봐요．
　　　　　　　　　　　　　　　　テルレビジョヌン チムシレソ ブワヨ

❏ 見ますか　봐요？・보나요？　ブワヨ・ボナヨ

❏ 見ます　보겠어요　**困**　ボゲッソヨ
その放送は必ず見ます．
　　　　　　　　　　　　　　　　그 방송은 꼭 보겠어요．
　　　　　　　　　　　　　　　　グ バンソンウン ッコク ボゲッソヨ

❏ 見るつもりです　볼 거예요　ボル コイェヨ

❏ 見ようと思います　볼 생각이에요　ボル センガギエヨ
その映画は必ず見ようと思います．
　　　　　　　　　　　　　　　　그 영화는 꼭 볼 생각이에요．
　　　　　　　　　　　　　　　　グ ヨンファヌン ッコク ボル センガギエヨ

❏ 見ません　보지 않아요・안 봐요　ボジ アナヨ・アン ブワヨ
私はテレビは見ません．
　　　　　　　　　　　　　　　　저는 텔레비전은 안 봐요．
　　　　　　　　　　　　　　　　ジョヌン テルレビジョヌン アン ブワヨ

❏ 見ませんか　보지 않을래요？・안 볼래요？　ボジ アヌルレヨ・アン ボルレヨ
一緒に映画を見ませんか．
　　　　　　　　　　　　　　　　같이 영화 안 볼래요？
　　　　　　　　　　　　　　　　ガチ ヨンファ アン ボルレヨ

❏ 見ています　보고 있어요　ボゴ イッソヨ
彼は空を見ています．
　　　　　　　　　　　　　　　　그는 하늘을 보고 있어요．
　　　　　　　　　　　　　　　　グヌン ハヌルル ボゴ イッソヨ

❏ 見ました　보았어요・봤어요　ボアッソヨ・ボワッソヨ
この映画はDVDで見ました．
　　　　　　　　　　　　　　　　이 영화는 디브이디로 봤어요．
　　　　　　　　　　　　　　　　イ ヨンファヌン ディブイディロ ボワッソヨ

❏ 見ていません　보고 있지 않아요・안 보고 있어요　ボゴ イッチ アナヨ・アン ボゴ イッソヨ

❏ 見ませんでした　보지 않았어요・안 봤어요　ボジ アナッソヨ・アン ブヮッソヨ

| その映画は見ませんでした。 | 그 영화는 안 봤어요.
グ ヨンファヌン アン ブヮッソヨ |

❏ 見れば　보면　ボミョン

| 一緒に見ればいいのに。 | 같이 보면 좋을 텐데.
ガチ ボミョン ジョウル テンデ |

❏ 見なければ　보지 않으면・안 보면　ボジ アヌミョン・アン ボミョン

| この映画は見なければ後悔します。 | 이 영화는 안 보면 후회해요.
イ ヨンファヌン アン ボミョン フフェヘヨ |

❏ 見[受け]なくても　보지 않아도・안 봐도　ボジ アナド・アン ブヮド

| 今回の試験は受けなくてもいいです。 | 이번 시험은 안 봐도 돼요.
イボン シホムン アン ブヮド ドェヨ |

❏ 見ること / 見たこと　보는 것・볼 것囲・봤던 적・본 적　ボヌン ゴッ・ボル コッ/ ブヮットン ジョク・ボン ジョク

| 映画を見ることは楽しいです。 | 영화를 보는 것은 즐거워요.
ヨンファルル ボヌン ゴスン ジュルゴウォヨ |

❏ 見ながら　보면서　ボミョンソ

| 紅葉を見ながらドライブをしました。 | 단풍을 보면서 드라이브를 했어요.
ダンプンウル ボミョンソ ドゥライブルル ヘッソヨ |

❏ 見ましょうか　볼까요　ボルッカヨ

| 私が一度見ましょうか。 | 제가 한 번 볼까요?
ジェガ ハン ボン ボルッカヨ |

❏ 見たいです / 見たくないです　보고 싶어요 / 보고 싶지 않아요　ボゴ シポヨ / ボゴ シッチ アナヨ

| 早く見たいです。 | 빨리 보고 싶어요.
ッパルリ ボゴ シポヨ |

❏ 見てみます　봐 볼래요　ブヮ ボルレヨ

❏ 見るそうです　본대요　ボンデヨ

❏ 見る〜　보는・볼囲　ボヌン・ボル

| 画面で見るのと実際に見るのは違います。 | 화면으로 보는 것과 실제로 보는 것은 달라요.
ファミョヌロ ボヌン ゴックヮ シルチェロ ボヌン ゴスン ダルラヨ |

❏ 見ない〜　보지 않는・안 보는　ボジ アンヌン・アン ボヌン

| 見ないテレビは消してください。 | 안 보는 텔레비전은 꺼 주세요.
アン ボヌン テルレビジョヌン ッコ ジュセヨ |

❏ 見た〜　보았던・봤던・본　ボアットン・ブヮットン・ボン

| 事故を見た人はいますか。 | 사고를 봤던 사람은 있나요?
サゴルル ブヮットン サラムン インナヨ |

❏ 見なかった〜　보지 않았던・안 봤던・안 본　ボジ アナットン・アン ブヮットン・アン ボン

規則活用

❏ 見てください　봐 주세요・보세요　ブヮ ジュセヨ・ボセヨ

これちょっと見てください．　　　이것 좀 봐 주세요．
　　　　　　　　　　　　　　　　イゴッ ジョム ブヮ ジュセヨ

❏ 見てはいけません　보면 안 돼요　ボミョン アン ドェヨ

開けて見てはいけません．　　　열어 보면 안 돼요．補
　　　　　　　　　　　　　　　ヨロ ボミョン アン ドェヨ

❏ 見ないでください　보지 마세요　ボジ マセヨ

❏ 見ても　봐도　ブヮド

私は見てもわかりません．　　　나는 봐도 몰라요．
　　　　　　　　　　　　　　　ナヌン ブヮド モルラヨ

❏ 見るけれど / 見たけれど　보지만 / 봤지만　ボジマン / ブヮッチマン

❏ 見させます　보게 해요　ボゲ ヘヨ

❏ 見て　보고　ボゴ

地図を見て場所を確認しました．　지도를 보고 장소를 확인했어요．
　　　　　　　　　　　　　　　　ジドルル ボゴ ジャンソルル ファギンヘッソヨ

❏ 見そうです　볼 것 같아요　ボル コッ ガタヨ

❏ 見やすい / 見にくい　보기 쉬워요 / 보기 어려워요　ボギ シュィウォヨ / ボギ オリョウォヨ

❏ 見るから　보니까・볼 테니까　ボニッカ・ボル テニッカ

みんなが見るから恥ずかしいです．　모두가 보니까 부끄러워요．
　　　　　　　　　　　　　　　　　モドゥガ ボニッカ ブックロウォヨ

❏ 見るので，見たので　봐서　ブヮソ

❏ 見られます　볼 수 있어요　ボル ス イッソヨ

国内でも見られます．　　　　　　국내에서도 볼 수 있어요．
　　　　　　　　　　　　　　　　グンネエソド ボル ス イッソヨ

❏ 見られません　볼 수 없어요　ボル ス オプソヨ

❏ 見たり　보거나　ボゴナ

テレビを見たり音楽を聴いたりします．　텔레비전을 보거나 음악을 듣거나 해요．
　　　　　　　　　　　　　　　　　　　テルレビジョヌル ボゴナ ウマグル ドゥッコナ ヘヨ

❏ 見に行きます [来ます]　보러 가요 [와요]　ボロ ガヨ [ワヨ]

桜を見に行きます　　　　　　　　　벚꽃을 보러 가요．
　　　　　　　　　　　　　　　　　ボッコチュル ボロ ガヨ

사다 /サダ/ 買う

①買う・購入する．②(人を)雇う．④進んで引き受ける・買って出る．⑤他人に悪感情をもたれる・(うらみなどを)買う．

	辞書形	丁寧体	会話体	連体形
現在形	買う 사다 サダ	買います 삽니다 サムニダ	買います 사요 サヨ	買う〜 사는 サヌン
過去形	買った 샀다 サッタ	買いました 샀습니다 サッスムニダ	買いました 샀어요 サッソヨ	買った〜 샀던 /산 サットン/サン
未来形	買う 사겠다 サゲッタ	買います 사겠습니다 サゲッスムニダ	買います 사겠어요 サゲッソヨ	買う〜 살 サル

❏ 買います　사요　サヨ
いつもこの店で買います．
항상 이 가게에서 사요．
ハンサン イ ガゲエソ サヨ

❏ 買いますか　사요？・사나요？　サヨ・サナヨ

❏ 買います　사겠어요 困　サゲッソヨ

❏ 買うつもりです　살 거예요　サル コイェヨ

❏ 買おうと思います　살 생각이에요　サル センガギエヨ
外車を買おうと思います．
외제차를 살 생각이에요．
ウェジェチャルル サル センガギエヨ

❏ 買いません　사지 않아요・안 사요　サジ アナヨ・アン サヨ

❏ 買いませんか　사지 않을래요？・안 살래요？　サジ アヌルレヨ・アン サルレヨ

❏ 買っています　사고 있어요　サゴ イッソヨ
彼女は今パンを買っています．
그녀는 지금 빵을 사고 있어요．
グニョヌン ジグム ッパンウル サゴ イッソヨ

❏ 買いました　샀어요　サッソヨ
カバンを買いました．
가방을 샀어요．
ガバンウル サッソヨ

❏ 買っていません　사고 있지 않아요・안 사고 있어요　サゴ イッチ アナヨ・アン サゴ イッソヨ

❏ 買いませんでした　사지 않았어요・안 샀어요　サジ アナッソヨ・アン サッソヨ
何も買いませんでした．
아무것도 안 샀어요．
アムゴット アン サッソヨ

❏ 買えば，買うと　사면　サミョン

規則活用

| 安物を買うと後悔しますよ. | 싼 물건을 사면 후회해요.
ッサン ムルゴヌル サミョン フフェヘヨ |

❏ 買わなければ　사지 않으면・안 사면　サジ アヌミョン・アン サミョン

| 今買わなければ後で後悔します. | 지금 안 사면 나중에 후회해요.
ジグム アン サミョン ナジュンエ フフェヘヨ |

❏ 買わなくても　사지 않아도・안 사도　サジ アナド・アン サド

| まだ買わなくてもいいです. | 아직 안 사도 돼요.
アジク アン サド ドェヨ |

❏ 買うこと / 買ったこと　사는 것・살 것囷・샀던 적・산 적　サヌン ゴッ・サル コッ・サットン ジョク・サン ジョク

❏ 買いながら　사면서　サミョンソ

❏ 買いましょうか　살까요？　サルッカヨ

| ワインを買いましょうか. | 와인을 살까요？
ワイヌル サルッカヨ |

❏ 買いたいです / 買いたくないです　사고 싶어요 / 사고 싶지 않아요　サゴ シポヨ / サゴ シプチ アナヨ

| 新しいノートパソコンを買いたいです. | 새 노트북을 사고 싶어요.
セ ノトゥブグル サゴ シポヨ |

❏ 買うそうです　산대요　サンデヨ

| 課長が昼ごはんをおごるそうです. | 과장님이 점심을 산대요.
グヮジャンニミ ジョムシムル サンデヨ |

❏ 買う～　사는・살囷　サヌン・サル

| 最近は新車を買う人が少ないです. | 요즘엔 새 차를 사는 사람이 적어요.
ヨジュメン セ チャルル サヌン サラミ ジョゴヨ |

❏ 買わない～　사지 않는・안 사는　サジ アンヌン・アン サヌン

| だれも買わない物 | 아무도 안 사는 물건
アムド アン サヌン ムルゴン |

❏ 買った～　샀던・산　サットン・サン

| 昨日買ったジャケットを着ました. | 어제 산 재킷을 입었어요.
オジェ サン ジェキスル イボッソヨ |

❏ 買わなかった～　사지 않았던・안 샀던・안 산　サジ アナットン・アン サットン・アン サン

❏ 買ってください　사 주세요・사세요　サ ジュセヨ・サセヨ

| 切符を2枚買ってください. | 표를 두 장 사 주세요.
ピョルル ドゥ ジャン サ ジュセヨ |

❏ 買ってはいけません　사면 안 돼요　サミョン アン ドェヨ

| にせものを買ってはいけません. | 가짜 상품을 사면 안 돼요.
ガッチャ サンプムル サミョン アン ドェヨ |

❏ 買わないでください　사지 마세요　サジ マセヨ

| そんなものは買わないでください. | 그런건 사지 마세요.
グロンゴン サジ マセヨ |

❏ 買っても　사도 サド
これは買ってもあまり使わないでしょう。
이건 사도 별로 안 쓰겠죠.
イゴン サド ピョルロ アン ッスゲッチョ

❏ 買うけれど / 買ったけれど　사지만 / 샀지만 サジマン / サッチマン
宝くじを買うけれど当たりません。
복권을 사지만 안 맞아요.
ボックォヌル サジマン アン マジャヨ

❏ 買わせます　사게 해요 サゲ ヘヨ

❏ 買って　사고 サゴ
バラも買ってワインも買いました。
장미도 사고 와인도 샀어요.
ジャンミド サゴ ワインド サッソヨ

❏ 買いそうです　살 것 같아요 サル コッ ガタヨ
彼が見たら買いそうです。
그가 보면 살 것 같아요.
グガ ポミョン サル コッ ガタヨ

❏ 買いやすい / 買いにくい　사기 쉬워요 / 사기 어려워요 サギ シュィウォヨ / サギ オリョウォヨ
だまされて買いやすいです。
속아서 사기 쉬워요.
ソガソ サギ シュィウォヨ

❏ 買うから　사니까・살 테니까 困 サニッカ・サル テニッカ
そんなに買うからお金がなくなるんですよ。
그렇게 사니까 돈이 없어지는 거예요.
グロケ サニッカ ドニ オプソジヌン ゴイェヨ

❏ 買うので，買ったので　사서 サソ

❏ 買えます　살 수 있어요 サル ス イッソヨ
自販機で買えますよ。
자판기에서 살 수 있어요.
ジャパンギエソ サル ス イッソヨ

❏ 買えません　살 수 없어요 サル ス オプソヨ
今月はお金がないので買えません。
이달은 돈이 없어서 살 수 없어요.
イダルン ドニ オプソソ サル ス オプソヨ

❏ 買いに行きます [来ます]　사러 가요 [와요] サロ ガヨ [ワヨ]
服を買いに行きます。
옷을 사러 가요.
オスル サロ ガヨ

規則活用

생기다 /センギダ/ 起こる・起きる

①起こる・起きる．②できる；生じる；発生する；出現する．③(お金・時間などが)確保できる．④(癖などが)つく．⑤(顔つき・容貌・形などを表す副詞(形)の後について)…のように見える．⑥〔…게 생겼다の形で〕…するはめになる．

	辞書形	丁寧体	会話体	連体形
現在形	起こる 생기다 センギダ	起こります 생깁니다 センギムニダ	起こります 생겨요 センギョヨ	起こる〜 생기는 センギヌン
過去形	起こった 생겼다 センギョッタ	起こりました 생겼습니다 センギョッスムニダ	起こりました 생겼어요 センギョッソヨ	起こった〜 생겼던 /생긴 センギョットン/センギン
未来形	起こる 생기겠다 センギゲッタ	起こります 생기겠습니다 センギゲッスムニダ	起こります 생기겠어요 センギゲッソヨ	起こる〜 생길 センギル

規則活用

❏ 起こります　생겨요　センギョヨ
しょっちゅうエラーが起こります．　　자주 에러가 생겨요．
ジャジュ エロガ センギョヨ

❏ 起こりますか　생겨요?・생기나요?　センギョヨ・センギナヨ

❏ 起こります　생기겠어요 困　センギゲッソヨ

❏ 起こりません　생기지 않아요・안 생겨요　センギジ アナヨ・アン センギョヨ
何も起こりません．　　아무일도 안 생겨요．
アムイルド アン センギョヨ

❏ 起こっています　생기고 있어요　センギゴ イッソヨ
計画に問題が生じています．　　계획에 문제가 생기고 있어요．
ゲフェゲ ムンジェガ センギゴ イッソヨ

❏ 起こりました　생겼어요　センギョッソヨ
大事件が起こりました．　　큰 사건이 생겼어요．
クン サッコニ センギョッソヨ

❏ 起こっていません　생기고 있지 않아요・안 생기고 있어요　センギゴ イッチ アナヨ・アン センギゴ イッソヨ
何の問題も起こっていません．　　아무 문제도 안 생겼어요．過
アム ムンジェド アン センギョッソヨ

❏ 起こりませんでした　생기지 않았어요・안 생겼어요　センギジ アナッソヨ・アン センギョッソヨ
何も起こりませんでした．　　아무일도 안 생겼어요．
アムイルド アン センギョッソヨ

❏ 起これば　생기면　センギミョン

| 問題が起こればすぐに対処します. | 문제가 생기면 바로 대처하겠어요
ムンジェガ センギミョン パロ デチョハゲッソヨ |

❏ **起こらなければ** 생기지 않으면・안 생기면 センギジ アヌミョン・アン センギミョン

| 事故が起こらなければいいのに. | 사고가 안 생기면 좋을 텐데
サゴガ アン センギミョン ジョウル テンデ |

❏ **起こらなくても** 생기지 않아도・안 생겨도 センギジ アナド・アン センギョド

| 何も起こらなくても用心してください. | 아무일도 안 생겨도 주의하세요
アムイルド アン センギョド ジュウィハセヨ |

❏ **起こること / 起こったこと** 생기는 것・생길 것[困] / 생겼던 적・생긴적 センギヌン ゴッ・センギル コッ / センギョットン ジョク・センギン ジョク

❏ **起こったので, できて** 생기면서 センギミョンソ

| 生活に余裕ができて健康に気をつかう人が増えました. | 생활에 여유가 생기면서 건강에 신경을 쓰는 사람이 늘었어요
センファレ ヨユガ センギミョンソ ゴンガンエ シンギョンウル ッスヌン サラミ ヌロッソヨ |

❏ **起こるそうです** 생긴대요 センギンデヨ

| ときどき問題が起こるそうです. | 가끔 문제가 생긴대요
ガックム ムンジェガ センギンデヨ |

＊「もうすぐ弟ができるそうです」 곧 남동생이 생긴대요. という使い方もします.

❏ **起こる〜** 생기는・생길[困] センギヌン・センギル

| 事故が起こる可能性もあります. | 사고가 생길 수도 있어요
サゴガ センギル スド イッソヨ |

❏ **起こら [生じ] ない〜** 생기지 않는・안 생기는 センギジ アンヌン・アン センギヌン

| トラブルが生じない化粧品 | 트러블이 안 생기는 화장품
トゥロブリ アン センギヌン ファジャンプム |

❏ **起こった [できた] 〜** 생긴・생겼던 センギン・センギョットン

| 新しくできた彼女 | 새로 생긴 애인
セロ センギン エイン |

❏ **起こら [生じ] なかった〜** 생기지 않았던・안 생겼던・안 생긴 センギジ アナットン・アン センギョットン・アン センギン

| できなかったしわができ始めました. | 안 생겼던 주름이 생기기 시작했어요
アン センギョットン ジュルミ センギギ シジャケッソヨ |

❏ **起こってはいけません** 생기면 안 돼요 センギミョン アン ドェヨ

| トラブルが起こってはいけません. | 트러블(말썽)이 생기면 안 돼요
トゥロブリ(マルッソンイ) センギミョン アン ドェヨ |

❏ **起こっても** 생겨도 センギョド

| 何が起こってもあわててはいけません. | 무슨 일이 생겨도 당황하면 안 돼요
ムスン イリ センギョド ダンファンハミョン アン ドェヨ |

❏ **起こるけれど / 起こったけれど** 생기지만 / 생겼지만 センギジマン / センギョッチマン

| 彼は顔立ちはいいけれど性格が悪いです. | 그는 잘 생겼지만 성격이 나빠요.
グヌン ジャル センギョッチマン ソンキョギ ナッパヨ |

*잘 생겼지만「顔立ち（容貌）はいいけれど」の使い方です.

❏ **起こって，起こったので，生じたので** 생기고 センギゴ

| 容貌もよくて性格もいい人 | 잘 생기고 성격도 좋은 사람
ジャル センギゴ ソンキョクト ジョウン サラム |

❏ **起こりそうです** 생길 것 같아요 センギル コッ ガタヨ

| いいことが起こりそうです. | 좋은 일이 생길 것 같아요.
ジョウン イリ センギル コッ ガタヨ |

❏ **起こり [生じ] やすい / 起こりにくい** 생기기 쉬워요 / 생기기 어려워요 センギギ シュィウォヨ / センギギ オリョウォヨ

| 年をとるとしわができやすいです. | 나이가 들면 주름이 생기기 쉬워요.
ナイガ ドゥルミョン ジュルミ センギギ シュィウォヨ |

❏ **起こるから** 생기니까・생길 테니까 困 センギニッカ・センギル テニッカ

❏ **起こるので / 起きたので** 생겨서 センギョソ

| 炎症が起きたので痛いです. | 염증이 생겨서 아파요.
ヨムッチュンイ センギョソ アパヨ |

❏ **起こるかもしれません** 생길 수 있어요 センギル ス イッソヨ

| 傷跡ができるかもしれません. | 상처가 생길 수 있어요.
サンチョガ センギル ス イッソヨ |

❏ **起こることはありません** 생길 수 없어요 センギル ス オプソヨ

❏ **起こったり** 생기거나 センギゴナ

規則活用

서다 /ソダ/ 立つ・建つ

自 ①立つ・直立する・立ち上がる・建つ．②聳える・聳え立つ．③(決心・体面・計画・威厳など)つく・保たれる・守られる．④(動いていたものが)止まる．⑤(刃物の刃などが)尖っている．⑥妊娠する；身ごもる．

— 他 ①ある役割を果たしたり責任を取る．②列をつくる．

	辞書形	丁寧体	会話体	連体形
現在形	立つ 서다 ソダ	立ちます 섭니다 ソムニダ	立ちます 서요 ソヨ	立つ〜 서는 ソヌン
過去形	立った 섰다 ソッタ	立ちました 섰습니다 ソッスムニダ	立ちました 섰어요 ソッソヨ	立った〜 섰던 /선 ソットン/ソン
未来形	立つ 서겠다 ソゲッタ	立ちます 서겠습니다 ソゲッスムニダ	立ちます 서겠어요 ソゲッソヨ	立つ〜 설 ソル

規則活用

❏ 立ちます 서요 ソヨ
家の前に高層ビルが建ちます．
집 앞에 고층건물이 서요．
ジプ アペ ゴチュンゴンムリ ソヨ

❏ 立ちますか 서요?・서나요? ソヨ・ソナヨ

❏ 立ちます 서겠어요 囲 ソゲッソヨ

❏ 立つつもりです 설 거예요 ソル コイェヨ

❏ 立とうと思います 설 생각이에요 ソル センガギエヨ
明日から舞台に立とうと思います．
내일부터 무대에 설 생각이에요．
ネイルブト ムデエ ソル センガギエヨ

❏ 立ち[止まり]ません 서지 않아요・안 서요 ソジ アナヨ・アン ソヨ
赤なのに車が止まりません．
빨간불인데도 차가 안 서요．
ッパルガンブリンデド チャガ アン ソヨ

❏ 立ち[並び]ませんか 서지 않을래요?・안 설래요? ソジ アヌルレヨ・アン ソルレヨ
一番前の列に並びませんか．
맨 앞에 서지 않을래요?
メン アプチェ ソジ アヌルレヨ

❏ 立って[並んで]います 서 있어요 ソ イッソヨ
3列に並んでいます．
세 줄로 서 있어요．
セ ジュルロ ソ イッソヨ

❏ 立ち[なり]ました 섰어요 ソッソヨ
私が保証人になりました．
제가 보증을 섰어요．
ジェガ ボジュンウル ソッソヨ

❏ 立っていません　서 있지 않아요・안 서 있어요　ソ イッチ アナヨ・アン ソ イッソヨ

❏ 立ちませんでした　서지 않았어요・안 섰어요　ソジ アナッソヨ・アン ソッソヨ

彼は立ちませんでした。	그는 서지 않았어요. グヌン ソジ アナッソヨ

❏ 立てば　서면　ソミョン

立てば届くでしょう。	서면 닿겠지요. ソミョン ダケッチヨ

❏ 立たなければ　서지 않으면・안 서면　ソジ アヌミョン・アン ソミョン

立たなければなりません。	서지 않으면 안 돼요. ソジ アヌミョン アン ドェヨ

❏ 立た [並ば] なくても　서지 않아도・안 서도　ソジ アナド・アン ソド

列に並ばなくてもいいです。	줄을 안 서도 돼요. ジュルル アン ソド ドェヨ

❏ 立つこと / 立ったこと　서는 것・설 것困／섰던 적・선 적　ソヌン ゴッ・ソル コッ／ソットン ジョク・ソン ジョク

❏ 立ちましょうか　설까요?　ソルッカヨ

私が後ろに立ちましょうか。	제가 뒤에 설까요? ジェガ ドゥィエ ソルッカヨ

❏ 立ちたいです / 立ちたくないです　서고 싶어요 / 서고 싶지 않아요　ソゴ シポヨ／ソゴ シッチ アナヨ

頂上に立ちたいです。	정상에 서고 싶어요. ジョンサンエ ソゴ シポヨ

❏ 立ってみます　서 볼래요　ソ ボルレヨ

真っ直ぐに立ってみます。	똑바로 서 볼래요. ットクパロ ソ ボルレヨ

❏ 立つ [建つ] そうです　선대요　ソンデヨ

隣にマンションが建つそうです。	옆에 맨션이 선대요. ヨペ メンショニ ソンデヨ

❏ 立つ～　서는・설困　ソヌン・ソル

❏ 立た [持て] ない～　서지 않는・안 서는　ソジ アンヌン・アン ソヌン

確信が持てない状態	확신이 안 서는 상태 ファクシニ アン ソヌン サンテ

❏ 立 [止ま] った～　섰던・선　ソットン・ソン

止まった時計が再び動いています。	섰던 시계가 다시 움직이고 있어요. ソットン シゲガ ダシ ウムジギゴ イッソヨ

❏ 立た [つか] なかった～　서지 않았던・안 섰던・안 선　ソジ アナットン・アン ソットン・アン ソン

判断がつかなかった部分	판단이 서지 않았던 부분 パンダニ ソジ アナットン ブブン

規則活用

❏ 立ってください　서 주세요・서세요　ソ ジュセヨ・ソセヨ

ちょっと立ってください.	잠깐 서 주세요.
	ジャムッカン ソ ジュセヨ

❏ 立って [並んで] はいけません　서면 안 돼요　ソミョン アン ドェヨ

他人の前に並んではいけません.	다른 사람 앞에 서면 안 돼요.
	ダルン サラム アペ ソミョン アン ドェヨ

❏ 立たないでください　서지 마세요　ソジ マセヨ

ボートの上では立たないでください.	보트 위에서는 서지 마세요.
	ボトゥ ウィエソヌン ソジ マセヨ

❏ 立っても　서도　ソド

もう立ってもいいですよ.	이제 서도 돼요.
	イジェ ソド ドェヨ

❏ 立つ [並ぶ] けれど / 立った [並んだ] けれど　서지만 / 섰지만　ソジマン / ソッチマン

並んだけれど買えませんでした.	줄을 섰지만 못 샀어요.
	ジュルル ソッチマン モッ サッソヨ

❏ 立たせ [止め] ます　서게 해요・세워요　ソゲ ヘヨ・セウォヨ

車を止めます.	차를 세워요.
	チャルル セウォヨ

❏ 立って　서고　ソゴ

❏ 立ちそうです　설 것 같아요　ソル コッ ガタヨ

赤ちゃんがそろそろ立ちそうです.	아기가 이제 슬슬 설 것 같아요.
	アギガ イジェ スルスル ソル コッ ガタヨ

❏ 立ちやすい　서기 쉬워요　ソギ シュイウォヨ

❏ 立つ [停まる] から　서니까・설 테니까 困　ソニッカ・ソル テニッカ

駅ごとに停まるから遅いです.	역마다 서니까 느려요.
	ヨクマダ ソニッカ ヌリョヨ

❏ 立つので, 立ったので　서서　ソソ

❏ 立てます　설 수 있어요　ソル ス イッソヨ

1人で立てます.	혼자 설 수 있어요.
	ホンジャ ソル ス イッソヨ

❏ 立てません　설 수 없어요　ソル ス オプソヨ

疲れて立てません.	지쳐서 설 수 없어요.
	ジチョソ ソル ス オプソヨ

❏ 立ったり　서거나・섰다가　ソゴナ・ソッタガ

立ったり座ったり	섰다가 앉았다가
	ソッタガ アンジャッタガ

規則活用

쉬다 /シュィダ/ 休む

①休む・休憩する・休息する・欠席する．②中断する．③眠る・床につく．

	辞書形	丁寧体	会話体	連体形
現在形	休む 쉬다 シュィダ	休みます 쉽니다 シュィムニダ	休みます 쉬어요 シュィオヨ	休む〜 쉬는 シュィヌン
過去形	休んだ 쉬었다 シュィウォッタ	休みました 쉬었습니다 シュィウォッスムニダ	休みました 쉬었어요 シュィウォッソヨ	休んだ〜 쉬었던/쉰 シュィウォットン/シュィン
未来形	休む 쉬겠다 シュィゲッタ	休みます 쉬겠습니다 シュィゲッスムニダ	休みます 쉬겠어요 シュィゲッソヨ	休む〜 쉴 シュィル

規則活用

❏ **休みます 쉬어요** シュィオヨ

たまに会社を休みます． 　　가끔 회사를 쉬어요．
　　　　　　　　　　　　　ガックム フェサルル シュィオヨ

来週1週間休みます． 　　다음주 1주일간 쉬어요．
　　　　　　　　　　　　ダウムッチュ イルッチュイルガン シュィオヨ

❏ **休みますか 쉬어요？・쉬나요？** シュィオヨ・シュィナヨ

❏ **休みます 쉬겠어요** 困 シュィゲッソヨ

❏ **休むつもりです 쉴 거예요** シュィル コイェヨ

❏ **休もうと思います 쉴 생각이에요** シュィル センガギエヨ

家で休もうと思います． 　　집에서 쉴 생각이에요．
　　　　　　　　　　　　　　ジベソ シュィル センガギエヨ

❏ **休みません 쉬지 않아요・안 쉬워요** シュィジ アナヨ・アン シュィウォヨ/

❏ **休みませんか 쉬지 않을래요？・안 쉴래요？** シュィジ アヌルレヨ・アン シュィルレヨ

ちょっとカフェで休みませんか． 　　잠시 카페에서 쉬지 않을래요？
　　　　　　　　　　　　　　　　　ジャムシ カペエソ シュィジ アヌルレヨ

❏ **休んでいます 쉬고 있어요** シュィゴ イッソヨ

彼はずっと学校を休んでいます． 　　그는 계속 학교를 쉬고 있어요．
　　　　　　　　　　　　　　　　　グヌン ゲソク ハクキョルル シュィゴ イッソヨ

❏ **休みました 쉬었어요** シュィオッソヨ

ゆっくり休みました． 　　푹 쉬었어요．
　　　　　　　　　　　　プク シュィオッソヨ

❏ **休んでいません 쉬고 있지 않아요・안 쉬고 있어요** シュィゴ イッチ アナヨ・アン シュィゴ イッソヨ

一度も休んでいません． 　　한 번도 안 쉬고 있어요．
　　　　　　　　　　　　　　ハン ボンド アン シュィゴ イッソヨ

❏ **休みませんでした　쉬지 않았어요・안 쉬었어요**　シュイジ アナッソヨ・アン シュイオッソヨ

先月は1日も休みませんでした．

지난달은 하루도 안 쉬었어요．
ジナンダルン ハルド アン シュイオッソヨ

❏ **休めば　쉬면**　シュイミョン

少し休めばいいのに

조금 쉬면 좋을 텐데
ジョグム シュイミョン ジョウル テンデ

❏ **休まなければ　쉬지 않으면 / 안 쉬면**　シュイジ アヌミョン・アン シュイミョン

休まなければいけません．

쉬지 않으면 안 돼요．
シュイジ アヌミョン アン ドェヨ

❏ **休まなくても　쉬지 않아도・안 쉬어도**　シュイジ アナド・アン シュイオド

まだ休まなくても大丈夫です．

아직 안 쉬어도 괜찮아요．
アジク アン シュイオド グェンチャナヨ

❏ **休むこと / 休んだこと　쉬는 것・쉴 것[困] / 쉬었던 적・쉰 적**　シュイヌン ゴッ・シュイル コッ / シュイオットン ジョク・シュイン ジョク

病気で会社を休んだことはありません．

아파서 회사를 쉰 적은 없어요．
アパソ フェサルル シュイン ジョグン オプソヨ

❏ **休みながら　쉬면서**　シュイミョンソ

休みながら行きましょう．

쉬면서 가죠．
シュイミョンソ ガジョ

❏ **休みましょうか　쉴까요?**　シュイルッカヨ

ここで少し休みましょうか．

여기서 좀 쉴까요?
ヨギソ ジョム シュイルッカヨ

❏ **休みたいです / 休みたくないです　쉬고 싶어요 / 쉬고 싶지 않아요**　シュイゴ シポヨ / シュイゴ シプチ アナヨ

今日は休みたいです．

오늘은 쉬고 싶어요．
オヌルン シュイゴ シポヨ

❏ **休んでみます　쉬어 볼래요**　シュイオ ボルレヨ

❏ **休むそうです　쉰대요**　シュインデヨ

彼は明日休むそうです．

그는 내일 쉰대요．
グヌン ネイル シュインデヨ

❏ **休む～　쉬는・쉴[困]**　シュイヌン・シュイル

休む場所を探してみましょう．

쉴 장소를 찾아보죠．
シュイル ジャンソルル チャジャボジョ

❏ **休まない～　쉬지 않는・안 쉬는**　シュイジ アンヌン・アン シュイヌン

1年中休まない店

일년내내 안 쉬는 가게
イルニョンネネ アン シュイヌン ガゲ

❏ **休んだ～　쉰・쉬었던**　シュイン・シュイオットン

昨日会社を休んだ理由は何ですか．

어제 회사를 쉰 이유가 뭐죠?
オジェ フェサルル シュイン イユガ ムォジョ

規則活用

- ❏ 休まなかった〜　쉬지 않았던・안 쉬었던・안 쉰　シュィジ アナットン・アン シュィオットン・アン シュィン

- ❏ 休んでください　쉬세요　シュィセヨ
  - 少し休んでください.
  - 좀 쉬세요.
  - ジョム シュィセヨ

- ❏ 休んではいけません　쉬면 안 돼요　シュィミョン アン ドェヨ
  - 私たちのチームは遅れているので休んではいけません.
  - 우리 팀은 늦어서 쉬면 안 돼요.
  - ウリ ティムン ヌジョソ シュィミョン アン ドェヨ

- ❏ 休まないでください　쉬지 마세요　シュィジ マセヨ
  - 今月は休まないでください.
  - 이번 달은 쉬지 마세요.
  - イボン ッタルン シュィジ マセヨ

- ❏ 休んでも　쉬어도　シュィオド
  - 明日休んでもいいですか.
  - 내일 쉬어도 돼요?
  - ネイル シュィオド ドェヨ

- ❏ 休むけれど / 休んだけれど　쉬지만 / 쉬었지만　シュィジマン / シュィオッチマン
  - 明日は休むけれどあさっては営業します.
  - 내일은 쉬지만 모레는 영업해요.
  - ネイルン シュィジマン モレヌン ヨンオペヨ

- ❏ 休ませます　쉬게 해요　シュィゲ ヘヨ
  - 風邪をひいたので学校を休ませます.
  - 감기에 걸려서 학교를 쉬게해요.
  - ガムギエ ゴルリョソ ハクキョルル シュィゲヘヨ

- ❏ 休んで　쉬고・쉬어서　シュィゴ・シュィオソ
  - 会社を休んで旅行しました.
  - 회사를 쉬고 여행을 했어요.
  - フェサルル シュィゴ ヨヘンウル ヘッソヨ

- ❏ 休みやすい / 休みにくい　쉬기 쉬워요 / 쉬기 어려워요　シュィギ シュィウォヨ / シュィギ オリョウォヨ
  - 月末には休みにくいです.
  - 월말에는 쉬기 어려워요
  - ウォルマレヌン シュィギ オリョウォヨ

- ❏ 休むから　쉬니까・쉴 테니까 困　シュィニッカ・シュィル テニッカ
  - 明日は休むから今日来てください.
  - 내일은 쉬니까 오늘 와 주세요.
  - ネイルン シュィニッカ オヌル ワ ジュセヨ

- ❏ 休むので, 休んだので　쉬어서　シュィオソ

- ❏ 休めます　쉴 수 있어요　シュィル ス イッソヨ
  - 明日は休めます.
  - 내일은 쉴 수 있어요.
  - ネイルン シュィル ス イッソヨ

- ❏ 休めません　쉴 수 없어요　シュィル ス オプソヨ

- ❏ 休みに行きます [来ます]　쉬러 가요 [와요]　シュィロ ガヨ [ワヨ]

시작되다 /シジャクトェダ/ 始まる・始める

	辞書形	丁寧体	会話体	連体形
現在形	始まる 시작되다 シジャクトェダ	始まります 시작됩니다 シジャクトェムニダ	始まります 시작돼요 シジャクトェヨ	始まる〜 시작되는 シジャクトェヌン
過去形	始まった 시작됐다 シジャクトェッタ	始まりました 시작됐습니다 シジャクトェッスムニダ	始まりました 시작됐어요 シジャクトェッソヨ	始まった〜 시작됐던 /시작된 シジャクトェットン・シジャクトェン
未来形	始まる 시작되겠다 シジャクトェゲッタ	始まります 시작되겠습니다 シジャクトェゲッスムニダ	始まります 시작되겠어요 シジャクトェゲッソヨ	始まる〜 시작될 シジャクトェル

☐ 始まります　시작돼요　シジャクトェヨ

新しい年が始まります.　　새해가 시작돼요.
　　　　　　　　　　　セヘガ シジャクトェヨ

☐ 始まりますか　시작돼요?・시작되나요?　シジャクトェヨ・シジャクトェナヨ

いつ始まりますか.　　언제 시작되나요?
　　　　　　　　　オンジェ シジャクトェナヨ

☐ 始まりません　시작되지 않아요・시작 안 돼요　シジャクトェジ アナヨ・シジャク アン ドェヨ

☐ 始まっています　시작되고 있어요　シジャクトェゴ イッソヨ

相手の攻撃が始まっています.　　상대의 공격이 시작되고 있어요.
　　　　　　　　　　　　　　サンデウィ ゴンギョギ シジャクトェゴ イッソヨ

☐ 始まりました　시작되었어요　シジャクトェオッソヨ

映画が始まりました.　　영화가 시작되었어요.
　　　　　　　　　　ヨンファガ シジャクトェオッソヨ

☐ 始まっていません　시작되고 있지 않아요　シジャクトェゴ イッチ アナヨ

☐ 始まりませんでした　시작되지 않았어요　シジャクトェジ アナッソヨ

☐ 始まれば　시작되면　シジャクトェミョン

学校が始まれば遊んでばかりいられません.　　학교가 시작되면 놀고만 있을 수 없어요.
　　　　　　　　　　　　　　　　　　　　ハクキョガ シジャクトェミョン ノルゴマン イッスル ス オプソヨ

☐ 始まらなければ　시작되지 않으면　シジャクトェジ アヌミョン

今月中に工事が始まらなければなりません.　　이 달 중으로 공사가 시작되지 않으면 안 돼요.
　　　　　　　　　　　　　　　　　　　　　イ ダル ジュンウロ ゴンサガ シジャクトェジ アヌミョン アン ドェヨ

☐ 始まらなくても　시작되지 않아도　シジャクトェジ アナド

☐ 始まること / 始まったこと　시작되는 것・시작될 것困/ 시작됐던 적・시작된 적　シジャクトェヌン ゴッ・シジャクトェル コッ・シジャクトェットン ジョッ・シジャクトェン ジョッ

5時から始まることもあります.　　다섯 시부터 시작되는 일도 있어요.
　　　　　　　　　　　　　　　ダソッ シプト シジャクトェヌン イルド イッソヨ

規則活用

❏ 始まりながら，始まるにつれて　시작되면서　シジャクトェミョンソ

つわりが始まるにつれて食欲が落ちました.　입덧이 시작되면서 식욕이 떨어졌어요.
　イプットシ　シジャクトェミョンソ　シギョギ　ットロジョッソヨ

❏ 始まるそうです　시작된대요　シジャクトェンデヨ

そろそろ始まるそうです.　슬슬 시작된대요.
　スルスル　シジャクトェンデヨ

❏ 始まる〜　시작되는・시작될　[困]　シジャクトェヌン・シジャクトェル

番組が始まる時間を教えてください.　프로그램이 시작되는 시간을 가르쳐 주세요.
　プログレミ　シジャクトェヌン　シガヌル　ガルチョ　ジュセヨ

❏ 始まった〜　시작된・시작되었던　シジャクトェン・シジャクトェオットン

コンサートが始まったようです.　콘서트가 시작된 것 같아요.
　コンソトゥガ　シジャクトェン　ゴッ　ガタヨ

❏ 始まっても　시작되어도・시작돼도　シジャクトェオド・シジャクトェド

授業が始まっても子どもたちはうるさいです.　수업이 시작되어도 아이들은 시끄러워요.
　スオビ　シジャクトェオド　アイドゥルン　シックロウォヨ

❏ 始まるけれど / 始まったけれど　시작되지만 / 시작됐지만　シジャクトェジマン・シジャクトェッチマン

映画は1時に始まるけれど早めに行きましょう.　영화는 한 시에 시작되지만 일찍 가죠.
　ヨンファヌン　ハン　シエ　シジャクトェジマン　イルッチゥ　ガジョ

❏ 始まって　시작되고　シジャクトェゴ

バーゲンが始まって客が押し寄せました.　바겐세일이 시작되고 손님이 밀려들었어요.
　バゲンセイリ　シジャクトェゴ　ソンニミ　ミルリョドゥロッソヨ

❏ 始まりそうです　시작될 것 같아요　シジャクトェル　コッ　ガタヨ

けんかが始まりそうです.　싸움이 시작될 것 같아요.
　ッサウミ　シジャクトェル　コッ　ガタヨ

❏ 始まるから　시작되니까・시작될 테니까　[困]　シジャクトェニッカ・シジャクトェル テニッカ

渋滞が始まるからその前に出かけましょう.　정체가 시작되니까 그 전에 나가죠.
　ジョンチェガ　シジャクトェニッカ　グ　ジョネ　ナガジョ

❏ 始まるので / 始まったので　시작되서　シジャクトェソ

規則活用

안되다 /アンドェダ/ だめだ

①だめだ・いけない. ②うまくいかない.
＊되다「できる」の否定語.

	辞書形	丁寧体	会話体	連体形
現在形	だめだ 안되다 アンドェダ	だめです 안됩니다 アンドェムニダ	だめです 안돼요 アンドェヨ	だめな〜 안되는 アンドェヌン
過去形	だめだった 안됐다 アンドェッタ	だめでした 안됐습니다 アンドェッスムニダ	だめでした 안됐어요 アンドェッソヨ	だめだった〜 안됐던/안된 アンドェットン/アンドェン
未来形	だめだ 안되겠다 アンドェゲッタ	だめでしょう 안되겠습니다 アンドェゲッスムニダ	だめでしょう 안되겠어요 アンドェゲッソヨ	だめな〜 안될 アンドェル

❏ **だめです 안 돼요** アンドェヨ
　お酒を飲みすぎてはだめです.
　술을 너무 많이 마시면 안 돼요 / 과음하면 안 돼요.
　スルル ノム マニ マシミョン アン ドェヨ / グヮウムハミョン アン ドェヨ

❏ **だめですか 안 돼요?・안 되나요?** アンドェヨ・アンドェナヨ

❏ **だめで(い)ます 안 되고 있어요** アンドェゴ イッソヨ
　電話がつながりません.
　전화가 연결이 안 되고 있어요.
　ジョンファガ ヨンギョリ アン ドェゴ イッソヨ

　＊うまくいかない状態であることを言うときに안 되고 있어요を使います.

❏ **だめでした 안 되었어요・안됐어요** アンドェオッソヨ・アンドェッソヨ
　やはりだめでした.
　역시 안됐어요.
　ヨクシ アンドェッソヨ

❏ **だめならば 안 되면** アンドェミョン
　だめならば仕方ありません.
　안 되면 어쩔 수 없어요.
　アンドェミョン オッチョル ス オプソヨ

❏ **だめでも 안 되어도・안 돼도** アンドェオド・アンドェド
　だめでもやってみたほうがいいです.
　안 돼도 해보는 게 좋아요.
　アンドェド ヘボヌン ゲ ジョアヨ

❏ **だめなこと 안 되는 것・안 될 것📖/ 안 됐던 적・안 된 적** アンドェヌン ゴッ・アンドェル コッ/ アンドェットン ジョク・アンドェン ジョク
　やってもだめなこともあります.
　해도 안 되는 것도 있어요.
　ヘド アンドェヌン ゴット イッソヨ

❏ **だめなのに 안 되면서** アンドェミョンソ

規則活用

❏ だめだ［できない］そうです　안 된대요　アン ドェンデヨ
　この商品は交換ができないそうです．　이 상품은 교환이 안 된대요．
　　　　　　　　　　　　　　　　　　イ サンプムン ギョファニ アン ドェンデヨ

❏ だめな［できない］〜　안 되는　アン ドェヌン
　理解できない部分があります．　이해가 안 되는 부분이 있어요．
　　　　　　　　　　　　　　　イヘガ アン ドェヌン ブブニ イッソヨ

❏ だめでも　안 돼도　アン ドェド
　だめでも仕方がありません．　안 돼도 할 수 없어요．
　　　　　　　　　　　　　　アン ドェド ハル ス オプソヨ

❏ だめだけれど / だめだったけれど　안 되지만 / 안 되었지만　アン ドェジマン / アン ドェオッチマン
　笑ってはいけないのですが笑いが止まりません．　웃으면 안 되지만 웃음이 멈추질 않아요．
　　　　　　　　　　　　　　　　　　　　　　　ウスミョン アン ドェジマン ウスミ モムチュジル アナヨ

❏ だめ［うまくいかない］で　안 돼서　アン ドェソ
　インターネットがだめで不便です．　인터넷이 안 돼서 불편해요．
　　　　　　　　　　　　　　　　　イントネシ アン ドェソ プルピョンヘヨ

❏ だめ［うまくいかなさ］そうです　안 될 것 같아요　アン ドェル コッ ガタヨ
　今度の仕事はうまくいかなさそうです．　이번 일은 잘 안 될 것 같아요．
　　　　　　　　　　　　　　　　　　　イボン イルン ジャル アン ドェル コッ ガタヨ

❏ だめになりやすい　안 되기 쉬워요　アン ドェギ シュィウォヨ

❏ だめだ［できない］から　안 되니까・안 될 테니까　困　アン ドェニッカ・アン ドェル テニッカ
　1人ではできないから一緒にやりましょう．　혼자서는 안 되니까 같이 해요．
　　　　　　　　　　　　　　　　　　　　　ホンジャソヌン アン ドェニッカ ガチ ヘヨ

❏ だめなので，だめだったので　안 돼서　アン ドェソ

신다 /シンッタ/ (靴・靴下を) 履く

	辞書形	丁寧体	会話体	連体形
現在形	履く 신다 シンッタ	履きます 신습니다 シンスムニダ	履きます 신어요 シノヨ	履く〜 신는 シンヌン
過去形	履いた 신었다 シノッタ	履きました 신었습니다 シノッスムニダ	履きました 신었어요 シノッソヨ	履いた〜 신었던 / 신은 シノットン / シヌン
未来形	履く 신겠다 シンケッタ	履きます 신겠습니다 シンケッスムニダ	履きます 신겠어요 シンケッソヨ	履く〜 신을 シヌル

❑ 履きます　신어요　シノヨ
会社に行くときはこの革靴を履きます. 　회사에 갈 때는 이 구두를 신어요.
　　　　　　　　　　　　　　　　　　フェサエ ガル ッテヌン イ グドゥルル シノヨ

❑ 履きますか　신어요? · 신나요?　シノヨ · シンナヨ

❑ 履きます　신겠어요 [関]　シンケッソヨ

❑ 履くつもりです　신을 거예요　シヌル コイェヨ
この靴は大事に履くつもりです. 　이 구두는 소중하게 신을 거예요.
　　　　　　　　　　　　　　イ グドゥヌン ソジュンハゲ シヌル コイェヨ

❑ 履こうと思います　신을 생각이에요　シヌル センガギエヨ

❑ 履きません　신지 않아요 · 안 신어요　シンチ アナヨ · アン シノヨ
夏は靴下を履きません. 　여름에는 양말을 안 신어요.
　　　　　　　　　　ヨルメヌン ヤンマルル アン シノヨ

❑ 履きませんか　신지 않을래요? · 안 신을래요?　シンチ アヌルレヨ · アン シヌルレヨ
かかとのない靴を履きませんか. 　굽이 없는 신을 신지 않을래요?
　　　　　　　　　　　　　　　グビ オムヌン シヌル シンチ アヌルレヨ

❑ 履いています　신고 있어요　シンッコ イッソヨ
彼は青いスニーカーを履いていました. 　그는 파란 스니커즈를 신고 있어요.
　　　　　　　　　　　　　　　　　グヌン パラン スニコジュルル シンッコ イッソヨ

❑ 履きました　신었어요　シノッソヨ
新しい靴を履きました. 　새 구두를 신었어요.
　　　　　　　　　　セ グドゥルル シノッソヨ

❑ 履いていません　신고 있지 않아요 · 안 신고 있어요　シンッコ イッチ アナヨ · アン シンッコ イッソヨ

❑ 履きませんでした　신지 않았어요 · 안 신었어요　シンチ アナッソヨ · アン シノッソヨ
靴下を履きませんでした. 　양말을 안 신었어요.
　　　　　　　　　　ヤンマルル アン シノッソヨ

規則活用

❏ 履けば　신으면　シヌミョン

歩きやすい靴を履けばいいのに. 　걷기 편한 구두를 신으면 좋을 텐데.
ゴッキ ピョンハン グドゥルル シヌミョン ジョウル テンデ

❏ 履かなかれば　신지 않으면・안 신으면　シンッチ アヌミョン・アン シヌミョン

屋内ではスリッパを履かなければなりません. 　실내에서는 슬리퍼를 신지 않으면 안 돼요.
シルネエソヌン スルリポルル シンッチ アヌミョン アン ドェヨ

❏ 履かなくても　신지 않아도・안 신어도　シンッチ アナド・アン シノド

長靴は履かなくてもいいです. 　장화는 신지 않아도 돼요.
ジャンファヌン シンッチ アナド ドェヨ

❏ 履くこと/履いたこと　신는 것・신을 것困/ 신었던 적・신은 적　シヌン ゴッ・
シヌル コッ・シノットン ジョク・シヌン ジョク

彼女はハイヒールを履いたことがありません. 　그녀는 하이힐을 신은 적이 없어요.
グニョヌン ハイヒルル シヌン ジョギ オプソヨ

❏ 履きながら　신으면서　シヌミョンソ

❏ 履きたいです/履きたくないです　신고 싶어요/신고 싶지 않아요　シンッコ シ
ポヨ/シンッコ シッチ アナヨ

寒くなってきたのでブーツを履きたいです. 　추워져서 부츠를 신고 싶어요.
チュウォジョソ プチュルル シンッコ シポヨ

❏ 履いてみます　신어 볼래요　シノ ボルレヨ

パンプスを履いてみます. 　펌프스를 신어 볼래요.
ポムプスルル シノ ボルレヨ

❏ 履く～　신는・신을困　シンヌン・シヌル

履く靴がありません. 　신을 신발이 없어요.
シヌル シンバリ オプソヨ

❏ 履かない～　신지 않는・안 신는　シンッチ アンヌン・アン シンヌン

履かない靴がたくさんあります. 　안 신는 신이 많아요.
アン シンヌン シニ マナヨ

❏ 履いた～　신었던・신은　シノットン・シヌン

ブーツを履いた少女 　부츠를 신은 소녀
プチュルル シヌン ソニョ

❏ 履かなかった～　신지 않았던・안 신었던・안 신은　シンッチ アナットン・アン シノットン・ア
ン シヌン

一度も履かなかった靴です. 　한 번도 안 신은 구두예요.
ハン ボンド アン シヌン グドゥイェヨ

❏ 履いてください　신어 주세요・신으세요　シノ ジュセヨ・シヌセヨ

庭に出るときは靴を履いてください. 　마당에 나갈 때는 구두를 신으세요.
マダンエ ナガル ッテヌン グドゥルル シヌセヨ

❏ 履いてはいけません　신으면 안 돼요　シヌミョン アン ドェヨ

運動靴を履いてはいけません. 　운동화를 신으면 안 돼요.
ウンドンファルル シヌミョン アン ドェヨ

❏ **履かないでください　신지 마세요** シンッチ マセヨ

サイズの合わない靴は履かないでください． | 사이즈가 안 맞는 구두는 신지 마세요．
サイジュガ アン マンヌン グドゥヌン シンッチ マセヨ

❏ **履いても　신어도** シノド

この赤い靴を履いてもいいですか． | 이 빨간 구두를 신어도 되나요？
イ ッパルガン グドゥルル シノド デナヨ

❏ **履くけれど / 履いたけれど　신지만 / 신었지만** シンッチマン・シノッチマン

長靴を履いたけれどびしょ濡れになりました． | 장화를 신었지만 흠뻑 젖었어요．
ジャンファルル シノッチマン フムッポク ジョジョッソヨ

❏ **履かせます　신게 해요・신켜요** シンケ ヘヨ・シンキョヨ

赤ちゃんに靴を履かせます． | 아기에게 구두를 신켜요．
アギエゲ グドゥルル シンキョヨ

❏ **履いて　신고** シンッコ

サンダルを履いて浜辺を歩きました． | 샌들을 신고 바닷가를 걸었어요．
センドゥルル シンッコ パダッカルル ゴロッソヨ

❏ **履きそうです　신을 것 같아요** シヌル コッ ガタヨ

楽なのでよく履きそうです． | 편해서 자주 신을 것 같아요．
ピョンヘソ ジャジュ シヌル コッ ガタヨ

❏ **履きやすい / 履きにくい　신기 편해요 / 신기 불편해요** シンッキ ピョンヘヨ / シンッキ プルピョンヘヨ

このブーツは履きにくいです． | 이 부츠는 신기 불편해요．
イ プチュヌン シンッキ プルピョンヘヨ

❏ **履けます　신을 수 있어요** シヌル ス イッソヨ

このサイズなら履けます． | 이 사이즈라면 신을 수 있어요．
イ サイジュラミョン シヌル ス イッソヨ

❏ **履けません　신을 수 없어요** シヌル ス オプソヨ

小さすぎて履けません． | 너무 작아서 신을 수 없어요．
ノム ジャガソ シヌル ス オプソヨ

規則活用

싸우다 /ッサウダ/ けんかする

①けんかする．②戦[闘]う・戦争する．③競う（優勝を）．

	辞書形	丁寧体	会話体	連体形
現在形	けんかする 싸우다 ッサウダ	けんかします 싸웁니다 ッサウムニダ	けんかします 싸워요 ッサウォヨ	けんかする〜 싸우는 ッサウヌン
過去形	けんかした 싸웠다 ッサウォッタ	けんかしました 싸웠습니다 ッサウォッスムニダ	けんかしました 싸웠어요 ッサウォッソヨ	けんかした〜 싸웠던/싸운 ッサウォットン/ッサウン
未来形	けんかする 싸우겠다 ッサウゲッタ	けんかします 싸우겠습니다 ッサウゲッスムニダ	けんかします 싸우겠어요 ッサウゲッソヨ	けんかする〜 싸울 ッサウル

規則活用

❏ けんかします　싸워요　ッサウォヨ
子どもたちはすぐにけんかをします．
아이들은 금방 싸워요．
アイドゥルン グムバン ッサウォヨ

❏ けんかしますか　싸워요？・싸우나요？　ッサウォヨ・ッサウナヨ

❏ けんかします　싸우겠어요 [困]　ッサウゲッソヨ
最後まで戦います．
끝까지 싸우겠어요．
ックッカジ ッサウゲッソヨ

❏ 競うつもりです　싸울 거예요　ッサウル コイェヨ

❏ 競おうと思います　싸울 생각이에요　ッサウル センガギエヨ
彼らと戦おうと思います．
그들과 싸울 생각이에요．
グドゥルグヮ ッサウル センガギエヨ

❏ けんかしません　싸우지 않아요・안 싸워요　ッサウジ アナヨ・アン ッサウォヨ
夫とはけんかしません．
남편과는 안 싸워요．
ナムピョングヮヌン アン ッサウォヨ

❏ けんかしています　싸우고 있어요　ッサウゴ イッソヨ
学生たちがけんかしています．
학생들이 싸우고 있어요．
ハクセンドゥリ ッサウゴ イッソヨ

❏ けんかしました　싸웠어요　ッサウォッソヨ
妹とけんかしました．
여동생과 싸웠어요．
ヨドンセングヮ ッサウォッソヨ

❏ けんかしていません　싸우고 있지 않아요・안 싸우고 있어요　ッサウゴ イッチ アナヨ・アン ッサウゴ イッソヨ
彼らはけんかしていません．
그들은 안 싸우고 있어요．
グドゥルン アン ッサウゴ イッソヨ

- ❏ けんかしませんでした　싸우지 않았어요・안 싸웠어요　ッサウジ アナッソヨ / アン ッサウォッソヨ

| だれともけんかしませんでした. | 아무와도 안 싸웠어요.
アムワド アン ッサウォッソヨ |

- ❏ 競えば，戦えば　싸우면　ッサウミョン

| 戦えば勝てます. | 싸우면 이길 수 있어요.
ッサウミョン イギル ス イッソヨ |

- ❏ 戦わなければ　싸우지 않으면・안 싸우면　ッサウジ アヌミョン・アン ッサウミョン

| 弱い自分と戦わなければなりません. | 약한 자신과 싸우지 않으면 안 돼요.
ヤカン ジャシングヮ ッサウジ アヌミョン アン ドェヨ |

- ❏ けんかしなくても　싸우지 않아도・안 싸워도　ッサウジ アナド・アン ッサウォド

| けんかしなくてもいいじゃないですか. | 안 싸워도 되잖아요.
アン ッサウォド ドェジャナヨ |

- ❏ けんかすること / けんかしたこと　싸우는 것・싸울 것困/ 싸웠던 적・싸운 적　ッサウヌン ゴッ・ッサウル コッ / ッサウォッ トン ジョク・ッサウン ジョク

| 彼とけんかしたことがあります. | 그와 싸운 적이 있어요.
グワ ッサウン ジョギ イッソヨ |

- ❏ けんかしながら　싸우면서　ッサウミョンソ

| けんかしながら親しくなります. | 싸우면서 친해져요.
ッサウミョンソ チンヘジョヨ |

- ❏ 戦いたいです / けんかしたくないです　싸우고 싶어요 / 싸우고 싶지 않아요　ッサウゴ シポヨ / ッサウゴ シッチ アナヨ

| 最後まで戦いたいです. | 끝까지 싸우고 싶어요.
ックッカジ ッサウゴ シポヨ |

- ❏ 戦ってみます　싸워 볼래요　ッサウォ ボルレヨ
- ❏ けんかするそうです　싸운대요　ッサウンデヨ

| 弟とけんかするそうです. | 남동생과 싸운대요.
ナムドンセングヮ ッサウンデヨ |

- ❏ けんかする [闘う] 〜　싸우는・싸울困　ッサウヌン・ッサウル

| 病と闘う人たち | 병과 싸우는 사람들
ビョングヮ ッサウヌン サラムドゥル |

- ❏ けんかしない〜　싸우지 않는・안 싸우는　ッサウジ アンヌン・アン ッサウヌン
- ❏ けんかした [戦った] 〜　싸운・싸웠던　ッサウン・ッサウォットン

| 国のために戦った兵士 | 나라를 위해 싸웠던 병사
ナラルル ウィヘ ッサウォットン ビョンサ |

- ❏ けんかしなかった〜　싸우지 않았던・안 싸웠던・안 싸운　ッサウジ アナットン・アン ッサウォットン・アン ッサウン
- ❏ 戦ってください　싸워 주세요・싸우세요　ッサウォ ジュセヨ・ッサウセヨ

私と一緒に戦ってください. 저와 함께 싸워 주세요.
ジョワ ハムッケ ッサウォ ジュセヨ

❏ けんかしてはいけません　싸우면 안 돼요　ッサウミョン アン ドェヨ
競技中にけんかしてはいけません. 경기중에 싸우면 안 돼요.
ギョンギジュンエ ッサウミョン アン ドェヨ

❏ けんかしないでください　싸우지 마세요　ッサウジ マセヨ
些細なことでけんかしないでください. 사소한 일로 싸우지 마세요.
サソハン イルロ ッサウジ マセヨ

❏ けんかしても　싸워도　ッサウォド
けんかしても無駄です. 싸워도 소용없어요.
ッサウォド ソヨンオプソヨ

❏ けんかるすけれど / けんかしたけれど　싸우지만 / 싸웠지만　ッサウジマン / ッサウォッチマン
彼らはたまにけんかするけれど仲はいいです. 그들은 가끔 싸우지만 사이는 좋아요.
グドゥルン ガックム ッサウジマン サイヌン ジョアヨ

❏ 戦わせる　싸우게 해요　ッサウゲ ヘヨ
❏ けんかして　싸우고　ッサウゴ
彼とはけんかして別れました. 그와는 싸우고 헤어졌어요.
グワヌン ッサウゴ ヘオジョッソヨ

❏ けんかしそうです　싸울 것 같아요　ッサウル コッ ガタヨ
子どもたちがけんかしそうです. 아이들이 싸울 것 같아요.
アイドゥリ ッサウル コッ ガタヨ

❏ けんかするから　싸우니까・싸울 테니까　ッサウニッカ・ッサウル テニッカ
けんかするから気まずくなるんですよ. 싸우니까 서먹서먹해지는 거에요.
ッサウニッカ ソモクソモクケジヌン ゴエヨ

❏ けんかするので, けんかしたので　싸워서　ッサウォソ
❏ 戦えます　싸울 수 있어요　ッサウル ス イッソヨ
いつでも戦えます. 언제든지 싸울 수 있어요.
オンジェドゥンジ ッサウル ス イッソヨ

❏ 戦えません　싸울 수 없어요　ッサウル ス オプソヨ

規則活用

씻다 /ッシッタ/ 洗う・流す

①洗う・流す. ②汗をぬぐう.

	辞書形	丁寧体	会話体	連体形
現在形	洗う 씻다 ッシッタ	洗います 씻습니다 ッシッスムニダ	洗います 씻어요 ッシソヨ	洗う〜 씻는 ッシヌン
過去形	洗った 씻었다 ッシソッタ	洗いました 씻었습니다 ッシソッスムニダ	洗いました 씻었어요 ッシソッソヨ	洗った〜 씻었던/씻은 ッシソットン/ッシスン
未来形	洗う 씻겠다 ッシッケッタ	洗います 씻겠습니다 ッシッケッスムニダ	洗います 씻겠어요 ッシッケッソヨ	洗う〜 씻을 ッシスル

＊「洗濯をする」は 빨다 をよく使います．また，「車を洗う」には 닦다 を使います．【例】車を洗いましょうか. 차를 닦을까요?

☐ 洗います 씻어요 ッシソヨ
　きれいに洗います．　　　　　　　깨끗이 씻어요．
　　　　　　　　　　　　　　　　　ッケックシ ッシソヨ

☐ 洗いますか 씻어요? ・ 씻나요? ッシソヨ・ッシナヨ

☐ 洗います 씻겠어요 <u>困</u> ッシッケッソヨ

☐ 洗うつもりです 씻을 거예요 ッシスル コイェヨ

☐ 洗おうと思います 씻을 생각이에요 ッシスル センガギエヨ

☐ 洗いません 씻지 않아요 ・ 안 씻어요 ッシッチ アナヨ・アン ッシソヨ
　弟はきれいに洗いません．　　　　남동생은 깨끗이 안 씻어요．
　　　　　　　　　　　　　　　　　ナムドンセンウン ッケックシ アン ッシソヨ

☐ 洗いませんか 씻지 않을래요? ・ 안 씻을래요? ッシッチ アヌルレヨ・アン ッシスルレヨ
　カーテンを洗いませんか．　　　　커튼을 빨지 않을래요?
　　　　　　　　　　　　　　　　　コトゥヌル ッパルジ アヌルレヨ

☐ 洗っています 씻고 있어요 ッシッコ イッソヨ
　果物を洗っています．　　　　　　과일을 씻고 있어요．
　　　　　　　　　　　　　　　　　グヮイルル ッシッコ イッソヨ

☐ 洗いました 씻었어요 ッシソッソヨ
　手を洗いました．　　　　　　　　손을 씻었어요．
　　　　　　　　　　　　　　　　　ソヌル ッシソッソヨ

☐ 洗っていません 씻고 있지 않아요 ・ 안 씻고 있어요 ッシッコ イッチ アナヨ・アン ッシッコ イッソヨ

☐ 洗いませんでした 씻지 않았어요 ・ 안 씻었어요 ッシッチ アナッソヨ・アン ッシソッソヨ

規則活用

	手を洗いませんでした。	손을 안 씻었어요. ソヌル アン ッシソッオヨ

❏ 洗えば　씻으면 ッシスミョン

	汚れたら洗えばいいです。	더러워지면 씻으면 돼요. ドロウォジミョン ッシスミョン デェヨ

❏ 洗わなければ　씻지 않으면・안 씻으면　ッシッチ アヌミョン・アン ッシスミョン

❏ 洗わなくても　씻지 않아도・안 씻어도　ッシッチ アナド・アン ッシソド

	まだ洗わなくてもいいでしょう。	아직 안 씻어도 되겠지요. アジク アン ッシソド デェゲッチヨ

❏ 洗うこと / 洗ったこと　씻는 것・씻을 것 困/ 씻었던 적・씻은 적　ッシッヌン ゴッ・ッシスル コッ/ ッシソットン ジョク・ッシスン ジョク

	風邪の予防には手を洗うことが重要です。	감기예방은 손을 씻는 것이 중요해요. ガムギエバンウン ソヌル ッシッヌン ゴシ ジュンヨヘヨ

❏ 洗いながら　씻으면서　ッシスミョンソ

❏ 洗いましょうか　씻을까요?・씻을래요?　ッシスルッカヨ・ッシスルレヨ

❏ 洗いたいです / 洗いたくないです　씻고 싶어요 / 씻고 싶지 않아요　ッシッコ シポヨ / ッシッコ シプチ アナヨ

	手を洗いたいです。	손을 씻고 싶어요. ソヌル ッシッコ シポヨ

❏ 洗ってみます　씻어 볼래요　ッシソ ボルレヨ

	水で洗ってみます。	물로 씻어 볼래요. ムルロ ッシソ ボルレヨ

❏ 洗うそうです　씻는대요　ッシッヌンデヨ

	果物は塩水で洗うそうです。	과일은 소금물로 씻는대요. グヮイルン ソグムムルロ ッシッヌンデヨ

❏ 洗う〜　씻는・씻을 困　ッシッヌン・ッシスル

	洗うものはこっちに渡してください。	씻을 것은 이쪽으로 주세요 ッシスル ッコスン イッチヨグロ ジュセヨ

❏ 洗わない〜　씻지 않는・안 씻는　ッシッチ アンヌン・アン シッヌン

❏ 洗った〜　씻었던・씻은　ッシソットン・ッシスン

❏ 洗わなかった〜　씻지 않았던・안 씻었던・안 씻은　ッシッチ アナットン・アン ッシソットン・アン ッシスン

❏ 洗ってください　씻어 주세요・씻으세요　ッシソ ジュセヨ・ッシスセヨ

	塩水で洗ってください。	소금물로 씻어 주세요. ソグムムルロ ッシソ ジュセヨ

❏ 洗ってはいけません　씻으면 안 돼요　ッシスミョン アン ドェヨ

	水で洗ってはいけません。	물로 씻으면 안 돼요. ムルロ ッシスミョン アン ドェヨ

規則活用

❏ 洗わないでください　씻지 마세요　ッシッチ マセヨ
❏ 洗っても　씻어도　ッシソド

| 洗っても汚れが取れません. | 씻어도 때가 안 지워져요.
ッシソド ッテガ アン ジウォショヨ |

❏ 洗うけれども / 洗ったけれど　씻지만 / 씻었지만　ッシッチマン / ッシソッチマン

| 洗ったけれどもきれいになりません. | 씻었지만 깨끗해지지 않아요.
ッシソッチマン ッケックテジジ アナヨ |

❏ 洗わせます　씻게 해요　ッシッケ ヘヨ

| 家に帰ったら必ず手を洗わせます. | 집에 돌아오면 꼭 손을 씻게 해요.
ジベ ドラオミョン ッコク ソヌル ッシッケ ヘヨ |

❏ 洗って　씻고　ッシッコ

| 顔を洗って出かける準備をします. | 얼굴을 씻고 나갈 준비를 해요.
オルグルル シッコ ナガル ジュンビルル ヘヨ |

❏ 洗いやすい / 洗いにくい　씻기 쉬워요 / 씻기 어려워요　ッシッキ シュィウォヨ / ッシッキ オリョウォヨ

❏ 洗うから　씻으니까・씻을 테니까 困　ッシスニッカ・ッシスル テニッカ
❏ 洗うので, 洗ったので　씻어서　ッシソソ
❏ 洗えます　씻을 수 있어요　ッシスル ス イッソヨ

| 家で洗えます. | 집에서 씻을 수 있어요.
ジベソ ッシスル ス イッソヨ |

❏ 洗えません　씻을 수 없어요　ッシスル ス オプソヨ

| これは水で洗えません. | 이것은 물로 씻을 수 없어요
イゴスン ムルロ ッシスル ス オプソヨ |

規則活用

안다 /アンッタ/ 抱く・抱える

①抱きしめる・いだく. ②（雨・風を）まともに受ける. ③引き受ける. ④（責任を）負う.

	辞書形	丁寧体	会話体	連体形
現在形	抱く 안다 アンッタ	抱きます 안습니다 アンスムニダ	抱きます 안아요 アナヨ	抱く〜 안는 アンヌン
過去形	抱いた 안았다 アナッタ	抱きました 안았습니다 アナッスムニダ	抱きました 안았어요 アナッソヨ	抱いた〜 안은 アヌン
未来形	抱く 안겠다 アンケッタ	抱きます 안겠습니다 アンケッスムニダ	抱きます 안겠어요 アンケッソヨ	抱く〜 안을 アヌル

規則活用

❏ 抱きます 　안아요 アナヨ
　赤ん坊を抱きます. 　　　　　　　아기를 안아요.
　　　　　　　　　　　　　　　　　アギルル アナヨ

❏ 抱きますか 　안아요？・안나요？ アナヨ・アンナヨ

❏ 抱きます 　안겠어요 困 アンケッソヨ

❏ 抱くつもりです 　안을 거예요 アヌル コイェヨ

❏ 抱こうと思います 　안을 생각이에요 アヌル センガギエヨ

❏ 抱きません 　안지 않아요・안 안아요 アンチ アナヨ・アン アナヨ

❏ 抱いています 　안고 있어요 アンコ イッソヨ
　赤ちゃんを抱いています. 　　　　아기를 안고 있어요.
　　　　　　　　　　　　　　　　　アギルル アンコ イッソヨ

❏ 抱きました 　안았어요 アナッソヨ
　赤ちゃんを抱きました. 　　　　　아기를 안았어요.
　　　　　　　　　　　　　　　　　アギルル アナッソヨ

❏ 抱いていません 　안고 있지 않아요・안 안고 있어요 アンコ イッチ アナヨ・アン アンッコ イッソヨ

❏ 抱きませんでした 　안지 않았어요・안 안았어요 アンチ アナッソヨ・アン アナッソヨ

❏ 抱けば 　안으면 アヌミョン

❏ 抱かなければ 　안지 않으면・안 안으면 アンチ アヌミョン・アン アヌミョン

❏ 抱くこと／抱いたこと 　안는 것・안을 것 困／안았던 적・안은 적 アンヌン ゴッ・アヌル コッ／アナットン ジョク・アヌン ジョク

❏ 抱きながら 　안으면서 アヌミョンソ

赤ちゃんを抱きながら電話に出ました．	아기를 안으면서 전화를 받았어요． アギルル アヌミョンソ ジョンファルル パダッソヨ

❏ 抱きましょうか　안을까요？ アヌルッカヨ

私が赤ちゃんを抱きましょうか．	내가 아기를 안을까요？ ネガ アギルル アヌルッカヨ

❏ 抱きたいです／抱きたくないです　안고 싶어요／안고 싶지 않아요 アンコ シポヨ／アンコ シプチ アナヨ

子犬を抱きたいです．	강아지를 안고 싶어요． ガンアジルル アンコ シポヨ

❏ 抱いてみます　안아 볼래요 アナ ボルレヨ

❏ 抱く〜　안는・안을 [困] アンヌン・アヌル

赤ちゃんを抱くときはそっと抱いてください．	아기를 안을 때는 살짝 안으세요． アギルル アヌル ッテヌン サルッチャク アヌセヨ

❏ 抱かない〜　안지 않는・안 안는 アンチ アンヌン・アン アンヌン

❏ 抱いた〜　안았던・안은 アナットン・アヌン

❏ 抱かなかった〜　안지 않았던・안 안았던・안 안은 アンチ アナットン・アン アナットン・アン アヌン

❏ 抱いてください　안아 주세요・안으세요 アナ ジュセヨ・アヌセヨ

❏ 抱いてはいけません　안으면 안 돼요 アヌミョン アン ドェヨ

❏ 抱かないでください　안지 마세요 アンチ マセヨ

❏ 抱いても　안아도 アナド

子猫を抱いてもいいですか	새끼 고양이를 안아도 돼요？ セッキ ゴヤンイルル アナド ドェヨ

❏ 抱くけれども／抱い［かかえ］たけれど　안지만／안았지만 アンチマン・アナッチマン

❏ 抱かせます　안게 해요 アンッケヘヨ

❏ 抱いて　안고 アンッコ

人形を抱いて写真を撮りました．	인형을 안고 사진을 찍었어요． インヒョンウル アンッコ サジヌル ッチゴッソヨ

❏ 抱きやすい／抱きにくい　안기 편해요／안기 불편해요 アンッキ ピョンヘヨ／アンッキ プルピョンヘヨ

抱きやすいぬいぐるみです．	안기 편한 인형이에요． アンッキ ピョンハン インヒョンイエヨ

❏ 抱くから　안으니까・안을 테니까 [困] アヌニッカ・アヌル テニッカ

❏ 抱くので，抱いたので　안아서 アナソ

❏ 抱けます　안을 수 있어요 アヌル ス イッソヨ

❏ 抱けません　안을 수 없어요 アヌル ス オプソヨ

この子は重くて長く抱けません．	이 아이는 무거워서 오래 안을 수 없어요． イ アイヌン ムゴウォソ オレ アヌル ス オプソヨ

앉다 /アンッタ/ 座る・(席に)着く

①座る・(席に)着く．②就く．

	辞書形	丁寧体	会話体	連体形
現在形	座る 앉다 アンッタ	座ります 앉습니다 アンスムニダ	座ります 앉아요 アンジャヨ	座る〜 앉는 アンヌン
過去形	座った 앉았다 アンジャッタ	座りました 앉았습니다 アンジャッスムニダ	座りました 앉았어요 アンジャッソヨ	座った〜 앉았던/앉은 アンジャットン/アンジュン
未来形	座る 앉겠다 アンケッタ	座ります 앉겠습니다 アンケッスムニダ	座ります 앉겠어요 アンケッソヨ	座る〜 앉을 アンジュル

規則活用

❏ 座ります　앉아요　アンジャヨ
いつもこの席に座ります． ／ 항상 이 자리에 앉아요．ハンサン イ ジャリエ アンジャヨ

❏ 座りますか　앉아요？・앉나요？　アンジャヨ・アンナヨ

❏ 座ります　앉겠어요 困　アンケッソヨ

❏ 座るつもりです　앉을 거예요　アンジュル コイェヨ
一番前の席に座るつもりです． ／ 맨 앞자리에 앉을 거예요．メン アプチャリエ アンジュル コイェヨ

❏ 座ろうと思います　앉을 생각이에요　アンジュル センガギエヨ
彼の隣に座ろうと思います． ／ 그의 옆에 앉을 생각이에요．グウィ ヨペ アンジュル センガギエヨ

❏ 座りません　앉지 않아요・안 앉아요　アンチ アナヨ・アン アンジャヨ

❏ 座りませんか　앉지 않을래요？・안 앉을래요？　アンチ アヌルレヨ・アン アンジュルレヨ
ベンチに座りませんか． ／ 벤치에 앉지 않을래요？ベンチエ アンチ アヌルレヨ

❏ 座っています　앉고 있어요・앉아 있어요　アンッコ イッソヨ・アンジャ イッソヨ
1人で座っています． ／ 혼자 앉아 있어요．ホンジャ アンジャ イッソヨ

❏ 座りました　앉았어요　アンジャッソヨ
空いている席に座りました． ／ 비어있는 자리에 앉았어요．ピオインヌン ジャリエ アンジャッソヨ

❏ 座っていません　앉아 있지 않아요・안 앉아 있어요　アンジャ イッチ アナヨ・アン アンジャ イッソヨ

❏ 座りませんでした　앉지 않았어요・안 앉았어요　アンチ アナッソヨ・アン アンジャッソヨ

	電車の中では座りませんでした.	전철 안에서는 앉지 않았어요. ジョンチョル アネソヌン アンッチ アナッソヨ

❑ 座れば　앉으면　アンジュミョン

	机の前に座ると眠くなります.	책상 앞에 앉으면 졸려요. チェクサン アペ アンジュミョン ジョルリョヨ

❑ 座らなければ　앉지 않으면・안 앉으면　アンッチ アヌミョン・アン アンジュミョン

	補助席に座らなければなりません.	보조석에 앉지 않으면 안 돼요. ボジョソゲ アンッチ アヌミョン アン ドェヨ

❑ 座らなくても　앉지 않아도・안 앉아도　アンッチ アナド・アン アンジャド

	座らなくてもいいです.	안 앉아도 괜찮아요. アン アンジャド グェンチャナヨ

❑ 座ること / 座ったこと　앉는 것・앉을 것困/ 앉았던 적・앉은 적　アンヌン ゴッ・アンジュル コッ / アンジャットン ジョク・アンジュン ジョク

	正しく座ることは難しいです.	똑바로 앉는 것은 힘들어요. ットゥクパロ アンヌン ゴスン ヒムドゥロヨ

❑ 座りながら　앉으면서　アンジュミョンソ

❑ 座りましょうか　앉을까요？・앉을래요？　アンジュルッカヨ・アンジュルレヨ

	私がそこに座りましょうか.	내가 거기에 앉을까요？ ネガ ゴギエ アンジュルッカヨ

❑ 座りたいです / 座りたくないです　앉고 싶어요 / 앉고 싶지 않아요　アンッコ シポヨ / アンコ シッチ アナヨ

	疲れたので座りたいです.	피곤해서 앉고 싶어요. ピゴンヘソ アンコ シポヨ

❑ 座ってみます　앉아 볼래요　アンジャ ボルレヨ

	今日は隣の席に座ってみます.	오늘은 옆자리에 앉아 볼래요. オヌルン ヨプチャリエ アンジャ ボルレヨ

❑ 座るそうです　앉는대요　アンヌンデヨ

	座布団に座るそうです.	방석에 앉는대요. バンソゲ アンヌンデヨ

❑ 座る〜　앉는・앉을 困　アンヌン・アンジュル

	座るところがありません.	앉을 곳이 없어요. アンジュル ッコシ オプソヨ

❑ 座らない〜　앉지 않는・안 앉는　アンッチ アンヌン・アン アンヌン

❑ 座った〜　앉았던・앉은　アンジャットン・アンジュン

	いつもその人が座った席です.	항상 그 사람이 앉았던 자리예요. ハンサン グ サラミ アンジャットン ジャリイェヨ

❑ 座らなかった　앉지 않았던・안 앉았던・안 앉은　アンッチ アナットン・アン アンジャットン・アン アンジュン

❑ 座って[席に着いて]ください　앉아 주세요・앉으세요　アンジャ ジュセヨ・アンジュセヨ

規則活用

みなさん席に着いてください。	여러분 자리에 앉아 주세요. ヨロブン ジャリエ アンジャ ジュセヨ

❏ 座ってはいけません　앉으면 안 돼요　アンジュミョン アン ドェヨ

その席に座ってはいけません。	그 자리에 앉으면 안 돼요. グ ジャリエ アンジュミョン アン ドェヨ

❏ 座らないでください　앉지 마세요　アンッチ マセヨ

机の上に座らないでください。	책상 위에 앉지 마세요. チェクサン ウィエ アンッチ マセヨ

❏ 座っても　앉아도　アンジャド

ここに座ってもいいですか。	여기에 앉아도 돼요? ヨギエ アンジャド ドェヨ

❏ 座るけれど / 座ったけれど　앉지만 / 앉았지만　アンッチマン / アンジャッチマン

❏ 座らせる　앉게 해요・앉혀요　アンッケ ヘヨ・アンチョヨ

子どもをいすに座らせます。	아이를 의자에 앉혀요 アイルル ウィジャエ アンチョヨ

❏ 座って　앉고　アンッコ

❏ 座りそうです　앉을 것 같아요　アンジュル コッ ガタヨ

❏ 座りやすい / 座りにくい　앉기 편해요 / 앉기 불편해요　アンッキ ピョンヘヨ / アンッキ ブルピョンヘヨ

このいすは座りやすいです。	이 의자는 앉기 편해요. イ ウィジャヌン アンッキ ピョンヘヨ

❏ 座るから　앉으니까・앉을 테니까 困　アンジュニッカ・アンジュル テニッカ

❏ 座るので，座ったので　앉아서　アンジャソ

後ろに座ったので見えませんでした。	뒤에 앉아서 안 보였어요. ドゥィエ アンジャソ アン ボヨッソヨ

❏ 座れます　앉을 수 있어요　アンジュル ス イッソヨ

あともう1人座れます。	한 명 더 앉을 수 있어요. ハン ミョン ド アンジュル ス イッソヨ

❏ 座れません　앉을 수 없어요　アンジュル ス オプソヨ

もう座れません。	더 이상 앉을 수 없어요. ド イサン アンジュル ス オプソヨ

웃다 /ウッタ/ 笑う

	辞書形	丁寧体	会話体	連体形
現在形	笑う 웃다 ウッタ	笑います 웃습니다 ウッスムニダ	笑います 웃어요 ウソヨ	笑う〜 웃는 ウンヌン
過去形	笑った 웃었다 ウソッタ	笑いました 웃었습니다 ウソッスムニダ	笑いました 웃었어요 ウソッソヨ	笑った〜 웃었던/웃은 ウソットン/ウスン
未来形	笑う 웃겠다 ウッケッタ	笑います 웃겠습니다 ウッケッスムニダ	笑います 웃겠어요 ウッケッソヨ	笑う〜 웃을 ウスル

❏ 笑います　웃어요　ウソヨ

彼はよく笑います. | 그는 잘 웃어요.
グヌン ジャル ウソヨ

❏ 笑いますか　웃어요?・웃나요?　ウソヨ・ウンナヨ

❏ 笑います　웃겠어요 困　ウッケッソヨ

そんな服を着たら人が笑うでしょう. | 그런 옷을 입으면 사람들이 웃겠어요.
グロン オスル イブミョン サラムドゥリ ウッケッソヨ

❏ 笑いません　웃지 않아요・안 웃어요　ウッチ アナヨ・アン ウソヨ

あまり笑いません. | 잘 안 웃어요.
ジャル アン ウソヨ

❏ 笑っています　웃고 있어요　ウッコ イッソヨ

彼はいつも笑っています. | 그는 언제나 웃고 있어요.
グヌン オンジェナ ウッコ イッソヨ

❏ 笑いました　웃었어요　ウソッソヨ

漫画を読んで笑いました. | 만화를 보고 웃었어요.
マンファルル ボゴ ウソッソヨ

❏ 笑っていません　웃고 있지 않아요・안 웃고 있어요　ウッコ イッチ アナヨ・アン ウッコ イッソヨ

彼は笑っていません. | 그는 안 웃고 있어요.
グヌン アン ウッコ イッソヨ

❏ 笑いませんでした　웃지 않았어요・안 웃었어요　ウッチ アナッソヨ・アン ウソッソヨ

だれも笑いませんでした. | 아무도 안 웃었어요.
アムド アン ウソッソヨ

❏ 笑えば　웃으면　ウスミョン

笑えば気分がよくなります. | 웃으면 기분이 좋아져요.
ウスミョン ギブニ ジョアジョヨ

規則活用

- ❏ 笑わなければ　웃지 않으면・안 웃으면　ウッチ アヌミョン・アン ウスミョン
- ❏ 笑わなくても　웃지 않아도・안 웃어도　ウッチ アナド・アン ウソド

無理に笑わなくてもいいです。	일부러 안 웃어도 돼요. イルブロ アン ウソド ドェヨ

- ❏ 笑うこと / 笑ったこと　웃는 것・웃을 것[困] / 웃었던 적・웃은 적　ウッヌン ゴッ・ウスル コッ / ウソットン ジョク・ウッスン ジョク

笑うことは健康にもいいです。	웃는 것은 건강에도 좋아요. ウッヌン ゴスン ゴンガンエド ジョアヨ

- ❏ 笑いながら　웃으면서　ウスミョンソ

彼は笑いながら「うそ！」と言いました。	그는 웃으면서 "거짓말"이라고 말했어요. グヌン ウスミョンソ「ゴジンマル」イラゴ マレッソヨ

- ❏ 笑うそうです　웃는대요　ウッヌンデヨ

赤ちゃんはもう笑うそうです。	아기가 벌써 웃는대요. アイガ ボルッソ ウッヌンデヨ

- ❏ 笑う〜　웃는・웃을[困]　ウッヌン・ウスル

笑う顔が好きです。	웃는 얼굴이 좋아요. ウッヌン オルグリ ジョアヨ

- ❏ 笑わない〜　웃지 않는・안 웃는　ウッチ アンヌン・アン ウッヌン

笑わない人はいないでしょう。	안 웃는 사람은 없겠죠？ アン ウッヌン サラムン オプケッチョ

- ❏ 笑った〜　웃었던・웃은　ウソットン・ウッスン

彼の笑った顔を見たことがありません。	그의 웃는 얼굴을 본 적이 없어요. グウィ ウッヌン オルグルル ボン ジョギ オプソヨ

- ❏ 笑わなかった〜　웃지 않았던・안 웃었던・안 웃은　ウッチ アナットン・アン ウソットン・アン ウッスン

- ❏ 笑ってください　웃어 주세요・웃으세요　ウソ ジュセヨ・ウセセヨ

写真を撮るときは笑ってください。	사진을 찍을 때는 웃으세요. サジヌル ッチグル ッテヌン ウセセヨ

- ❏ 笑ってはいけません　웃으면 안 돼요　ウスミョン アン ドェヨ

授業中に笑ってはいけません。	수업중에 웃으면 안 돼요. スオプチュンエ ウスミョン アン ドェヨ

- ❏ 笑わないでください　웃지 마세요　ウッチ マセヨ

口を開けて洗わないでください。	입을 벌리고 웃지 마세요. イブル ボルリゴ ウッチ マセヨ

- ❏ 笑っても　웃어도　ウソド
- ❏ 笑うけれど / 笑ったけれど　웃지만 / 웃었지만　ウッチマン / ウソッチマン

笑ったけれど心は悲しかったのです。	웃었지만 마음은 슬펐어요. ウソッチマン マウムン スルポッソヨ

- ❏ 笑わせます　웃게 해요・웃겨요　ウッケ ヘヨ・ウッキョヨ

規則活用

彼はいつも友だちを笑わせます.	그는 항상 친구들을 웃겨요 . グヌン ハンサン チングドゥルル ウッキョヨ

❏ **笑って** 웃고 ウッコ

❏ **笑いそうです** 웃을 것 같아요 ウスル コッ ガタヨ

今にも笑いそうでした.	금방이라도 웃을 것 같았어요 . グムバンイラド ウスルコッ ガタッソヨ

❏ **笑うから** 웃으니까・웃을 테니까 未 ウスニッカ・ウスル テニッカ

あなたが笑うから彼女が怒るんですよ.	당신이 웃으니까 그녀가 화내는 거에요 . ダンシニ ウスニッカ グニョガ ファネヌン ゴイェヨ

❏ **笑うので，笑ったので** 웃어서 ウソソ

❏ **笑えます** 웃을 수 있어요 ウスルス イッソヨ

気持ちよく笑えます.	기분좋게 웃을 수 있어요 . ギブンジョケ ウスルス イッソヨ

❏ **笑えません** 웃을 수 없어요 ウスルス オプソヨ

そんな冗談には笑えません.	그런 농담에는 웃을 수 없어요 . グロン ノンダメヌン ウスル ス オプソヨ

❏ **笑ったり** 웃다가 ウッタガ

笑ったり泣いたり	웃다가 울다가 ウッタガ ウルダガ

일어나다 /イロナダ/ 起きる・起こる

①起きる・起こる. ②発生する. ③起き上がる・立つ.

	辞書形	丁寧体	会話体	連体形
現在形	起きる 일어나다 イロナダ	起きます 일어납니다 イロナムニダ	起きます 일어나요 イロナヨ	起きる〜 일어나는 イロナヌン
過去形	起きた 일어났다 イロナッタ	起きました 일어났습니다 イロナッスムニダ	起きました 일어났어요 イロナッソヨ	起きた〜 일어났던/일어난 イロナットン/イロナン
未来形	起きる 일어나겠다 イロナゲッタ	起きます 일어나겠습니다 イロナゲッスムニダ	起きます 일어나겠어요 イロナゲッソヨ	起きる〜 일어날 イロナル

規則活用

❏ 起きます　일어나요　イロナヨ

毎日7時に起きます. ／ 매일 일곱 시에 일어나요.　メイル イルゴプ シエ イロナヨ

❏ 起きますか　일어나요? ・ 일어나나요?　イロナヨ・イロナナヨ

❏ 起きます　일어나겠어요　[困]　イロナゲッソヨ

❏ 起きるつもりです　일어날 거예요　イロナル コイェヨ

❏ 起きようと思います　일어날 생각이에요　イロナル センガギエヨ

5時には起きようと思います. ／ 다섯 시에는 일어날 생각이에요.　ダソッ シエヌン イロナル センガギエヨ

❏ 起きません　일어나지 않아요 ・ 안 일어나요　イロナジ アナヨ・アン イロナヨ

弟は起こしても起きません. ／ 남동생은 깨워도 안 일어나요.　ナムドンセウン ッケウォド アン イロナヨ

❏ 起きませんか　일어나지 않을래요?/ 안 일어날래요?　イロナジ アヌルレヨ/ アン イロナルレヨ

❏ 起きています　일어나고 있어요　イロナゴ イッソヨ

似たようなことが起きています. ／ 비슷한 일이 일어나고 있어요.　ビスタン イリ イロナゴ イッソヨ

❏ 起きました　일어났어요　イロナッソヨ

事故が起きました. ／ 사고가 일어났나요.　サゴガ イロナッナヨ

❏ 起きていません　일어나지 않고 있어요 ・ 안 일어나고 있어요　イロナジ アンコ イッソヨ・アン イロナゴ イッソヨ

娘はまだ起きていません. ／ 딸은 아직 안 일어나고 있어요.　ッタルン アジク アン イロナゴ イッソヨ

❏ 起きませんでした　일어나지 않았어요 ・ 안 일어났어요　イロナジ アナッソヨ・アン イロナッソヨ

	事件は起きませんでした.	사건은 일어나지 않았어요. サッコヌン イロナジ アナッソヨ

❏ **起きれば　일어나면** イロナミョン

	もっと早く起きればいいのに.	더 일찍 일어나면 좋을 텐데. ド イルッチク イロナミョン ジョウル テンデ

❏ **起きなければ　일어나지 않으면・안 일어나면** イロナジ アヌミョン・アン イロナミョン

	6時に起きなければ遅刻します.	여섯시에 안 일어나면 지각해요. ヨソッシエ アン イロナミョン ジガケヨ

❏ **起きなくても　일어나지 않아도・안 일어나도** イロナジ アナド・アン イロナド

	日曜日は早く起きなくてもいいです.	일요일은 일찍 안 일어나도 돼요. イリョイルン イルッチク アン イロナド ドェヨ

❏ **起きること / 起きたこと　일어나는 것・일어날 것﹇困﹈/ 일어났던 적・일어난 적** イロナヌン ゴッ・イロナル コッ / イロナットン ジョク イロナン ジョク

	こんなに早く起きたことはありません.	이렇게 빨리 일어난 적은 없어요. イロケ ッパルリ イロナン ジョグン オプソヨ

❏ **起きましょうか　일어날까요?** イロナルッカヨ

	何時に起きましょうか.	몇 시에 일어 날까요? ミョッ シエ イロ ナルッカヨ

❏ **起きたいです / 起きたくないです　일어나고 싶어요 / 일어나고 싶지 않아요** イロナゴ シポヨ / イロナゴ シッチ アナヨ

	私も朝早く起きたいです.	저도 아침 일찍 일어나고 싶어요. ジョド アチム イルッチク イロナゴ シポヨ

❏ **起きてみます　일어나 볼게요** イロナ ボルッケヨ

	早く起きてみます.	일찍 일어나 볼게요. イルッチク イロナ ボルッケヨ

❏ **起きるそうです　일어난대요** イロナンデヨ

	毎日8時に起きるそうです.	매일 여덟 시에 일어난대요. メイル ヨドルッ シエ イロナンデヨ

❏ **起きる〜　일어나는・일어날﹇困﹈** イロナヌン・イロナル

	起きる時間は決まっています.	일어나는 시간이 정해져 있어요. イロナヌン シガニ ジョンヘジョ イッソヨ

❏ **起きない〜　일어나지 않는・안 일어나는** イロナジ アンヌン・アン イロナヌン

	事故が起きないという保障はありません.	사고가 일어나지 않는다는 보장은 없어요. サゴガ イロナジ アンヌンダヌン ボジャヌン オプソヨ

❏ **起きた〜　일어났던・일어난** イロナットン・イロナン

	昨日起きた事件	어제 일어난 사건 オジェ イロナン サッコン

❏ **起きなかった〜　일어나지 않았던・안 일어났던・안 일어난** イロナジ アナットン・アン イロナットン・アン イロナン

規則活用

| | まるで何事も起きなかったように | 마치 아무일도 안 일어난 것처럼
マチ アムイルド アン イロナン ゴッチョロム |

- ❏ 起きてください　일어나 주세요・일어나세요　イロナ ジュセヨ・イロナセヨ

| | 早く起きてください． | 빨리 일어나세요．
ッパルリ イロナセヨ |

- ❏ 起きないでください　일어나지 마세요　イロナジ マセヨ

| | まだ起きないでください． | 아직 일어나지 마세요．
アジㇰ イロナジ マセヨ |

- ❏ 起きても　일어나도　イロナド

| | 何が起きても冷静な人です． | 무슨일이 일어나도 침착한 사람이에요．
ムスンイリ イロナド チムチャカン サラミエヨ |

- ❏ 起きるけれど / 起きたけれど　일어나지만 / 일어났지만　イロナジマン / イロナッチマン

| | いつも早く起きるけれど今日は遅く起きました． | 항상 일찍 일어나지만 오늘은 늦게 일어났어요．
ハンサン イルッチク イロナジマン オヌルン ヌッケ イロナッソヨ |

- ❏ 起こします　일어나게 해요・일으켜요　イロナゲ ヘヨ・イルキョヨ

| | ゴミが環境問題を起こします． | 쓰레기가 환경문제를 일으켜요．
ッスレギガ ファンギョンムンジェルル イルキョヨ |

- ❏ 起きそうです　일어날 것 같아요　イロナル コッ ガタヨ

| | 今年はいい事ばかり起きそうです． | 올해는 좋은 일만 일어날 것 같아요．
オルヘヌン ジョウン イルマン イロナル コッ ガタヨ |

- ❏ 起きやすい / 起きにくい　일어나기 쉬워요 / 일어나기 어려워요　イロナギ シュィウォヨ / イロナギ オリョウォヨ

| | ここは事故が起きやすいです． | 여기는 사고가 일어나기 쉬워요．
ヨギヌン サゴガ イロナギ シュィウォヨ |

- ❏ 起きるから　일어나니까・일어날 테니까　囲　イロナニッカ・イロナル テニッカ
- ❏ 起きるので，起きたので　일어나서　イロナソ
- ❏ 起きられます　일어날 수 있어요　イロナル ス イッソヨ

| | 約束があれば早く起きられます． | 약속이 있으면 일찍 일어날 수 있어요．
ヤクソギ イッスミョン イルッチク イロナル ス イッソヨ |

- ❏ 起きられません　일어날 수 없어요　イロナル ス オㇷ゚ソヨ

| | そんなに早くは起きられません． | 그렇게 일찍은 일어날 수 없어요．
グロケ イルッチグン イロナル ス オㇷ゚ソヨ |

- ❏ 起きたり　일어나거나　イロナゴナ

읽다 /イㇰタ/ **読む**

	辞書形	丁寧体	会話体	連体形
現在形	読む 읽다 イㇰタ	読みます 읽습니다 イㇰスムニダ	読みます 읽어요 イㇽゴヨ	読む〜 읽는 イㇰヌン
過去形	読んだ 읽었다 イㇽゴッタ	読みました 읽었습니다 イㇽゴッスムニダ	読みました 읽었어요 イㇽゴッソヨ	読んだ〜 읽었던 / 읽은 イㇽゴットン / イㇽグン
未来形	読む 읽겠다 イㇽケッタ	読みます 읽겠습니다 イㇽケッスムニダ	読みます 읽겠어요 イㇽケッソヨ	読む〜 읽을 イㇽグㇽ

❑ 読みます　읽어요　イㇽゴヨ
　推理小説を読みます。　　　추리소설을 읽어요.
　　　　　　　　　　　　　　チュリソソㇽ イㇽゴヨ

❑ 読みますか　읽어요? ・ 읽나요?　イㇽゴヨ・イㇰナヨ
❑ 読みます　읽겠어요 困　イㇽッケッソヨ
❑ 読むつもりです　읽을 거예요　イㇽグㇽ コイェヨ
❑ 読もうと思います　읽을 생각이에요　イㇽグㇽ センガギエヨ
　本を多く読もうと思います。　　책을 많이 읽을 생각이에요.
　　　　　　　　　　　　　　　　チョグㇽ マニ イㇽグㇽ センガギエヨ

❑ 読みません　읽지 않아요 ・ 안 읽어요　イㇰチ アナヨ・アン イㇽゴヨ
　恋愛小説は読みません。　　　연애소설은 안 읽어요.
　　　　　　　　　　　　　　　ヨネソソルン アン イㇽゴヨ

❑ 読みませんか　읽지 않을래요? ・ 안 읽을래요?　イㇰチ アヌㇽレヨ・アン イㇽグㇽレヨ
　この本を読みませんか。　　　이 책 안 읽을래요?
　　　　　　　　　　　　　　　イ チェㇰ アン イㇽグㇽレヨ

❑ 読んでいます　읽고 있어요　イㇽッコ イッソヨ
　今推理小説を読んでいます。　지금 추리 소설을 읽고 있어요.
　　　　　　　　　　　　　　　ジグム チュリ ソソㇽ イㇽッコ イッソヨ

❑ 読みました　읽었어요　イㇽゴッソヨ
　恋愛小説を読みました。　　　연애소설을 읽었어요.
　　　　　　　　　　　　　　　ヨネソソルㇽ イㇽゴッソヨ

❑ 読みませんでした　읽지 않았어요 ・ 안 읽었어요　イㇰチ アナッソヨ・アン イㇽゴッソヨ
❑ 読めば　읽으면　イㇽグミョン
　この本を読めばおもしろいのに。　이 책을 읽으면 재미있을 텐데.
　　　　　　　　　　　　　　　　　イ チェグㇽ イㇽグミョン ジェミイッスㇽ テンデ

規則活用

- 読まなければ　읽지 않으면・안 읽으면　イクチ アヌミョン・アン イルグミョン

  今日全部読まなければなりません。　오늘 전부 읽지 않으면 안 돼요.
  オヌル ジョンブ イクチ アヌミョン アン ドェヨ

- 読まなくても　읽지 않아도・안 읽어도　イクチ アナド・アン イルゴド

  この本は読まなくてもいいです。　이 책은 안 읽어도 돼요.
  イ チェグン アン イルゴド ドェヨ

- 読むこと／読んだこと　읽는 것・읽을 것困／읽었던 적・읽은 적　イクヌン ゴッ・
  イルグル コッ／イルゴットン ジョク・イルグン ジョク

  原書を読んだことはありません。　원서를 읽은 적은 없어요.
  ウォンソルル イルグン ジョグン オプソヨ

- 読みましょうか　읽을까요？　イルグルッカヨ

  私が読みましょうか。　내가 읽을까요？
  ネガ イルグルッカヨ

- 読みたいです／読みたくないです　읽고 싶어요／읽고 싶지 않아요　イルッコ シポヨ・
  イルッコ シッチ アナヨ

  韓国語で書かれた本を読みたいです。　한국어로 쓰여진 책을 읽고 싶어요.
  ハングゴロ ッスヨジン チェグル イルッコ シポヨ

- 読んでみます　읽어 볼래요　イルゴ ボルレヨ

  私も読んでみます。　저도 읽어 볼래요.
  ジョド イルゴ ボルレヨ

- 読むそうです　읽는대요　イクヌンデヨ

  彼は推理小説ばかり読むそうです。　그는 추리소설만 읽는대요.
  グヌン チュリソソルマン イクヌンデヨ

- 読む〜　읽는・읽을困　イクヌン・イルグル

  本を読むときは明かりをつけてください。　책을 읽을 때는 불을 켜세요.
  チェグル イルグル ッテヌン ブルル キョセヨ

- 読まない〜　읽지 않는・안 읽는　イクチ アンヌン・アン イクヌン

  読まない本は売ります。　안 읽는 책은 팔아요.
  アン イクヌン チェグン パラヨ

- 読んだ〜　읽은・읽었던　イルグン・イルゴットン

  昨日読んだ本は何ですか。　어제 읽은 책은 무엇인가요？
  オジェ イルグン チェグン ムオシンガヨ

- 読まなかった〜　읽지 않았던・안 읽었던・안 읽은　イクチ アナットン・アン イルゴットン・ア
  ン イルグン

  最後まで読まなかった本　끝까지 안 읽은 책.
  ックッカジ アン イルグン チェク

- 読んでください　읽어 주세요・읽으세요　イルゴ ジュセヨ・イルグセヨ

  大きい声で読んでください。　큰 소리로 읽어 주세요.
  クン ソリロ イルゴ ジュセヨ

規則活用

❏ 読んではいけません　읽으면 안 돼요　イルグミョン アン ドェヨ

こんな本を読んではいけません．
이런 책을 읽으면 안 돼요．
イロン チェグル イルグミョン アン ドェヨ

❏ 読まないでください　읽지 마세요　イクチ マセヨ

私の日記を読まないでください．
제 일기를 읽지 마세요．
ジェ イルギルル イクチ マセヨ

❏ 読んでも　읽어도　イルゴド

この本は難しくて読んでもわかりません．
이 책은 어려워서 읽어도 몰라요．
イ チェグン オリョウォソ イルゴド モルラヨ

❏ 読むけれど / 読んだけれど　읽지만 / 읽었지만　イクチマン / イルゴッチマン

読んだけれど理解できません．
읽었지만 이해할 수 없어요．
イルゴッチマン イヘハル ス オプソヨ

❏ 読ませます　읽게 해요・읽혀요　イルッケ ヘヨ・イルキョヨ

この本を子どもに読ませます．
이 책을 아이에게 읽게 해요．
イ チェグル アイエゲ イルッケ ヘヨ

❏ 読んで　읽고・읽어서　イルッコ・イルゴソ

本を読んで感想文を書きました．
책을 읽고 감상문을 썼어요．
チェグル イルッコ ガムサンムヌル ッソッソヨ

❏ 読みやすい / 読みにくい [づらい]　읽기 쉬워요 / 읽기 어려워요　イルッキ シュィウォヨ・イルッキ オリョウォヨ

文字が小さくて読みづらいです．
글자가 작아서 읽기 어려워요．
グルチャガ ジャガソ イルッキ オリョウォヨ

❏ 読むから　읽으니까・읽을 테니까　イルグニッカ・イルグル テニッカ

遅くまで本を読むから寝坊するんですよ．
늦게까지 책을 읽으니까 늦잠 자는거에요．
ヌッケッカジ チェグル イルグニッカ ヌッチャム ジャヌンゴエヨ

❏ 読むので，呼んだので　읽어서　イルゴソ

❏ 読めます　읽을 수 있어요　イルグル ス イッソヨ

韓国語が読めます．
한국어를 읽을 수 있어요．
ハングゴルル イルグル ス イッソヨ

❏ 読めません　읽을 수 없어요　イルグル ス オプソヨ

難しくて読めません．
어려워서 읽을 수 없어요．
オリョウォソ イルグル ス オプソヨ

規則活用

잃다 /イルタ/ なくす

①なくす・失う．②落とす・忘れる．③迷う．④逃す・取り逃がす．

	辞書形	丁寧体	会話体	連体形
現在形	なくす 잃다 イルタ	なくします 잃습니다 イルスムニダ	なくします 잃어요 イロヨ	なくす〜 잃는 イルヌン
過去形	なくした 잃었다 イロッタ	なくしました 잃었습니다 イロッスムニダ	なくしました 잃었어요 イロッソヨ	なくした〜 잃었던 / 잃은 イロットン / イルン
未来形	なくす 잃겠다 イルケッタ	なくします 잃겠습니다 イルケッスムニダ	なくします 잃겠어요 イルケッソヨ	なくす〜 잃을 イルル

規則活用

☐ なくします　잃어요　イロヨ

彼はお酒を飲むと正体を失います．
　　그는 술을 마시면 정신을 잃어요．
　　グヌン スルル マシミョン ジョンシヌル イロヨ

☐ なくしますか　잃어요? ・ 잃나요?　イロヨ・イルナヨ

☐ なくし [絶やし] ません　잃지 않아요 ・ 안 잃어요　イルチ アナヨ・アン イロヨ

彼はいつも笑みを絶やしません．
　　그는 항상 웃음을 잃지 않아요．
　　グヌン ハンサン ウスムル イルチ アナヨ

☐ なくしています　잃고 있어요　イルコ イッソヨ

彼は気を失っています．
　　그는 정신을 잃고 있어요．
　　グヌン ジョンシヌル イルコ イッソヨ

☐ なくしました　잃었어요　イロッソヨ

☐ なくしていません　잃고 있지 않아요 ・ 안 잃고 있어요　イルコ イッチ アナヨ・アン イルコ イッソヨ

希望をなくしていません．
　　희망을 안 잃고 있어요．
　　ヒマンウル アン イルコ イッソヨ

☐ なくしませんでした　잃지 않았어요 ・ 안 잃었어요　イルチ アナッソヨ・アン イロッソヨ

☐ なくせば，なくすと　잃으면　イルミョン

一度信頼をなくすと取り戻すのは難しいです
　　한 번 신뢰를 잃으면 되돌리기 어려워요．
　　ハン ボン シルルェルル イルミョン デェドルリギ オリョウォヨ

☐ なくさなくても　잃지 않아도 ・ 안 잃어도　イルチ アナド・アン イロド

希望をなくさなくてもよさそうです．
　　희망을 잃지 않아도 될 것 같아요．
　　ヒマンウル イルチ アナド デル コッ ガタヨ

☐ なくすこと / なくしたこと　잃는 것・잃을 것 困 / 잃었던 적・잃은 적　イルヌン ゴッ・イルル コッ / イロットン ジョク・イルン ジョク

なくすことがあれば得られることもあります.	잃는 것이 있으면 얻는 것도 있어요. イルヌン ゴシ イッスミョン オンヌン ゴット イッソヨ

❏ **なくしたいです / なくしたくないです**　　잃고 싶어요 / 잃고 싶지 않아요　イルコ シポヨ・イルコ シッチ アナヨ

何もなくしたくないです.	아무것도 잃고 싶지 않아요. アムゴット イルコ シッチ アナヨ

❏ **なくす [迷った] そうです**　　잃었대요　イロッテヨ

道に迷ったそうです.	길을 잃었대요. ギルル イロッテヨ

❏ **なくす [迷う] 〜**　　잃는・잃을 [困]　イルヌン・イルル

道に迷う夢を見ました.	길을 잃는 꿈을 꾸었어요. ギルル イルヌン ックムル ックオッソヨ

❏ **なくさ [忘れ] ない〜**　　잃지 않는・안 잃는　イルチ アンヌン・アン イルヌン

初心を忘れない態度	초심을 잃지 않는 태도 チョシムル イルチ アンヌン テド

❏ **なくした〜**　　잃었던・잃은　イロットン・イルン

なくしたものはみつけましたか.	잃은 물건은 찾았어요? イルン ムルゴヌン チャジャッソヨ

❏ **なくさないでください**　　잃지 마세요　イルチ マセヨ

理性をなくさないでください.	이성을 잃지 마세요. イソンウル イルチ マセヨ

❏ **なくすけれど / なくしたけれど**　　잃지만 / 잃었지만　イルチマン・イロッチマン

❏ **なくして, 迷って**　　잃고　イルコ

道に迷って泣いています.	길을 잃고 울고 있어요. ギルル イルコ ウルゴ イッソヨ

❏ **なくしそうです**　　잃을 것 같아요　イルル コッ ガタヨ

気を失いそうです.	정신을 잃을 것 같아요. ジョンシヌル イルル コッ ガタヨ

❏ **なくし [迷い] やすい / なくしにくい**　　잃기 쉬워요 / 잃기 어려워요　イルキ シュィウォヨ / イルキ オリョウォヨ

ここは複雑なので道に迷いやすいです.	여기는 복잡해서 길을 잃기 쉬워요. ヨギヌン ボクチャペソ ギルル イルキ シュィウォヨ

❏ **なくすから**　　잃으니까・잃을 테니까 [困]　イルニッカ・イルル テニッカ

規則活用

잃어버리다 /イロボリダ/ なくす・なくしてしまう

①なくす・失う・なくしてしまう. ②（道に）迷う.

	辞書形	丁寧体	会話体	連体形
現在形	なくす 잃어버리다 イロボリダ	なくします 잃어버립니다 イロボリムニダ	なくします 잃어버려요 イロボリョヨ	なくす〜 잃어버리는 イロボリヌン
過去形	なくした 잃어버렸다 イロボリョッタ	なくしました 잃어버렸습니다 イロボリョッスムニダ	なくしました 잃어버렸어요 イロボリョッソヨ	なくした〜 잃어버렸던 / 잃어버린 イロボリョットン/イロボリン
未来形	なくす 잃어버리겠다 イロボリゲッタ	なくします 잃어버리겠습니다 イロボリゲッスムニダ	なくします 잃어버리겠어요 イロボリゲッソヨ	なくす〜 잃어버릴 イロボリル

規則活用

❏ **なくします** 잃어버려요 イロボリョヨ
よくライターをなくします.／라이터를 잘 잃어버려요. ライトルル ジャル イロボリョヨ

❏ **なくしますか** 잃어버려요？・잃어버리나요？ イロボリョヨ・イロボリナヨ

❏ **なくしません** 잃어버리지 않아요・안 잃어버려요 イロボリジ アナヨ・アン イロボリョヨ
道には迷いません.／길은 안 잃어버려요. ギルン アン イロボリョヨ

❏ **なくしました** 잃어버렸어요 イロボリョッソヨ
契約書をなくしました.／계약서를 잃어버렸어요. ゲヤクソルル イロボリョッソヨ

❏ **なくしていません** 잃어버리고 있지 않아요・안 잃어버리고 있어요 イロボリゴ イッチ アナヨ・アン イロボリゴ イッソヨ

❏ **なくしませんでした** 잃어버리지 않았어요・안 잃어버렸어요 イロボリジ アナッソヨ・アン イロボリョッソヨ

❏ **なくさなければ** 잃어버리지 않으면・안 잃어버리면 イロボリジ アヌミョン・アン イロボリミョン

❏ **なくさなくても** 잃어버리지 않아도・안 잃어버려도 イロボリジ アナド・アン イロボリョド

❏ **なくすこと / なくしたこと** 잃어버리는 것・잃어버릴 것困/ 잃어버렸던 적・잃어버린 적 イロボリヌン ゴッ・イロボリル コッ / イロボリョットン ジョク・イロボリン ジョク
家の鍵をなくしたことがあります.／집 열쇠를 잃어버린 적이 있어요. ジプ ヨルッスェルル イロボリン ジョギ イッソヨ

❏ **なくしたとき** 잃어버리면서 イロボリミョンソ
財布をなくしたときカードもなくしました.／지갑을 잃어버리면서 카드도 잃어버렸어요. ジガブル イロボリミョンソ カドゥド イロボリョッソヨ

❏ なくしたいです / なくしたくないです　잃어버리고 싶어요 / 잃어버리고 싶지 않아요　イロボリゴ シポヨ / イロボリゴ シッチ アナヨ

❏ なくすそうです　잃어버린대요　イロボリンデヨ

| 彼は傘をよくなくすそうです. | 그는 우산을 자주 잃어버린대요.
 グヌン ウサヌル ジャジュ イロボリンデヨ |

❏ なくさない〜　잃어버리지 않는・안 잃어버리는　イロボリジ アンヌン・アン イロボリヌン

❏ なくした〜　잃어버렸던・잃어버린　イロボリョットン・イロボリン

❏ なくさないでください　잃어버리지 마세요　イロボリジ マセヨ

| 切符をなくさないでください. | 표를 잃어버리지 마세요.
 ピョルル イロボリジ マセヨ |

❏ なくしても　잃어버려도　イロボリョド

| なくしても予備があります. | 잃어버려도 예비가 있어요.
 イロボリョド イェビガ イッソヨ |

❏ なくすけれど / なくしたけれど　잃어버리지만 / 잃어버렸지만　イロボリジマン / イロボリョッチマン

| 物をよくなくすけれどそのこともすぐ忘れます. | 물건을 자주 잃어버리지만 그 일도 금방 잊어요.
 ムルゴヌル ジャジュ イロボリジマン グ イルド グムバン イジョヨ |

❏ なくして　잃어버리고　イロボリゴ

| 財布もなくしてカバンもなくしました. | 지갑도 잃어버리고 가방도 잃어버렸어요.
 ジガプト イロボリゴ ガバンド イロボリョッソヨ |

❏ なくしそうです　잃어버릴 것 같아요　イロボリル コッ ガタヨ

| この携帯電話はとても小さいのでなくしそうです. | 이 휴대 전화는 너무 작아서 잃어버릴 것 같아요.
 イ ヒュデ ジョンファヌン ノム ジャガソ イロボリル コッ ガタヨ |

❏ なくしやすい / なくしにくい　잃어버리기 쉬워요 / 잃어버리기 어려워요　イロボリギ シュィウォヨ / イロボリギ オリョウォヨ

| ピアスはなくしやすいです. | 귀걸이는 잃어버리기 쉬워요.
 グィゴリヌン イロボリギ シュィウォヨ |

❏ なくすから　잃어버리니까・잃어버릴 테니까　困　イロボリニッカ・イロボリル テニッカ

❏ なくすので / なくしたので　잃어버려서　イロボリョソ

| 財布をなくしたのでお金がありません. | 지갑을 잃어버려서 돈이 없어요.
 ジガブル イロボリョソ ドニ オプソヨ |

規則活用

입다 /イㇷ゚タ/ 着る・履く（ズボン・スカートなどを）

①着る・履く（ズボン・スカートなどを）．②(被害などを) 負う・受ける・被る．
＊靴や靴下を「履く」には신다を使います．

	辞書形	丁寧体	会話体	連体形
現在形	着る 입다 イㇷ゚タ	着ます 입습니다 イㇷ゚スムニダ	着ます 입어요 イボヨ	着る〜 입는 イㇷ゚ヌン
過去形	着た 입었다 イボッタ	着ました 입었습니다 イボッスムニダ	着ました 입었어요 イボッソヨ	着た〜 입었던 /입은 イボットン / イブン
未来形	着る 입겠다 イㇷ゚ケッタ	着ます 입겠습니다 イㇷ゚ケッスムニダ	着ます 입겠어요 イㇷ゚ケッソヨ	着る〜 입을 イブル

規則活用

❏ 着ます　입어요　イボヨ

服を着ます．
옷을 입어요．
オスル イボヨ

❏ 着ますか　입어요？・입나요？　イボヨ・イㇷ゚ナヨ

❏ 着ます　입겠어요　困　イㇷ゚ケッソヨ

❏ 着るつもりです　입을 거예요　イブル コイェヨ

❏ 着ようと思います　입을 생각이에요　イブル センガギエヨ

明日はこの服を着ようと思います．
내일은 이 옷을 입을 생각이에요．
ネイルン イ オスル イブル センガギエヨ

❏ 着［履き］ません　입지 않아요・안 입어요　イㇷ゚チ アナヨ・アン イボヨ

スカートは履きません．
치마는 안 입어요．
チマヌン アン イボヨ

❏ 着ませんか　입지 않을래요？・안 입을래요？　イㇷ゚チ アヌルレヨ・アン イブルレヨ

この服を着ませんか．
이 옷을 안 입을래요？
イ オスル アン イブルレヨ

❏ 着て［履いて］います　입고 있어요　イㇷ゚コ イッソヨ

ジーパンを履いています．
청바지를 입고 있어요．
チョンバジルル イㇷ゚コ イッソヨ

❏ 着ました　입었어요　イボッソヨ

新しい服を着ました．
새 옷을 입었어요．
セ オスル イボッソヨ

❏ 着ていません　입고 있지 않아요・안 입고 있어요　イㇷ゚コ イッチ アナヨ・アン イㇷ゚コ イッソヨ

❏ 着ませんでした　입지 않았어요・안 입었어요　イㇷ゚チ アナッソヨ・アン イボッソヨ

	買っておいて1回も着ませんでした.	사 놓고 한 번도 안 입었어요. サ ノコ ハン ボンド アン イボッソヨ

❏ 着れば　입으면　イブミョン

	新しい服を着ればいいのに.	새 옷을 입으면 좋을 텐데. セ オスル イブミョン ジョウル テンデ

❏ 着なければ　입지 않으면・안 입으면　イㇷ゚チ アヌミョン・アン イブミョン

	学校では制服を着なければなりません.	학교에서는 교복을 안 입으면 안 돼요. ハクキョエソヌン ギョボグル アン イブミョン アン ドェヨ

❏ 着なくても　입지 않아도・안 입어도　イㇷ゚チ アナド・アン イボド

	制服を着なくてもいいですか.	제복을 안 입어도 되나요? ジェボグル アン イボド ドェナヨ

❏ 着ること / 着たこと　입는 것・입을 것 困 / 입었던 적・입은 적　イㇷ゚ヌン ゴッ・イブル コッ / イボットン ジョㇰ・イブン ジョㇰ

	着物を着たことがあります.	기모노를 입은 적이 있어요. ギモノルル イブン ジョギ イッソヨ

❏ 着ながら, 着たのに　입으면서　イブミョンソ

❏ 着ましょうか　입을까?　イブㇽッカヨ

	その服は私が着ましょうか.	그 옷은 내가 입을까요? グ オスン ネガ イブㇽッカヨ

❏ 着[履き]たいです / 着たくないです　입고 싶어요 / 입고 싶지 않아요　イㇷ゚コ シポヨ / イㇷ゚コ シㇷ゚チ アナヨ

	スカートを履きたいです.	치마를 입고 싶어요. チマルル イㇷ゚コ シポヨ

❏ 着てみます　입어 볼래요　イボ ボルレヨ

	一度着て見ます.	한 번 입어 볼래요. ハン ボン イボ ボルレヨ

❏ 着るそうです　입는대요　イㇷ゚ヌンデヨ

	彼女は赤いドレスを着るそうです.	그녀는 빨간 드레스를 입는대요. グニョヌン ッパルガン ドゥレスルル イㇷ゚ヌンデヨ

❏ 着る～　입는・입을 困　イㇷ゚ヌン・イブㇽ

	着る服がありません.	입을 옷이 없어요. イブル オシ オㇷ゚ソヨ

❏ 着ない～　입지 않는・안 입는　イㇷ゚チ アンヌン・アン イㇷ゚ヌン

	着ない服は妹にあげます.	안 입는 옷은 여동생에게 줘요. アン イㇷ゚ヌン オスン ヨドンセンエゲ ジュォヨ

❏ 着た～　입었던・입은　イボットン・イブン

	これは昨日着た服です.	이것은 어제 입었던 옷이에요. イゴスン オジェ イボットン オシエヨ

❏ 着なかった～　입지 않았던・안 입었던・안 입은　イㇷ゚チ アナットン・アン イボットン・アン イブン

| 1度も着なかった服 | 한 번도 안 입은 옷
ハン ボンド アン イブン オッ |

❑ **着てください** 입어 주세요・입으세요 イボ ジュセヨ・イブセヨ

| 明るい色の服を着てください. | 밝은색 옷을 입으세요.
パルグンセク オスル イブセヨ |

❑ **着ないでください** 입지 마세요 イプチ マセヨ

❑ **着て[履いて]も** 입어도 イボド

| ジーンズを履いても大丈夫ですか. | 청바지를 입어도 괜찮나요?
チョンバジルル イボド グェンチャンナヨ |

❑ **着る[履く]けれども／着たけれど** 입지만／입었지만 イプチマン／イボッチマン

| ジーンズはたまに履くけれども好きではありません. | 청바지는 가끔 입지만 안 좋아해요.
チョンバジヌン ガックム イプチマン アン ジョアヘヨ |

❑ **着(さ)せます** 입게 해요・입혀요 イプケ ヘヨ・イピョヨ

| 最近は犬にも服を着せます. | 요즘은 강아지한테도 옷을 입혀요.
ヨジュムン ガンアジハンテド オスル イピョヨ |

❑ **着て・履いて** 입고 イプコ

| ジーンズを履いて出かけました. | 청바지를 입고 외출했어요.
チョンバジルル イプコ ウェチュルヘッソヨ |

❑ **着そうです** 입을 것 같아요 イブル コッ ガタヨ

| 楽なのでしょっちゅう着そうです. | 편해서 자주 입을 것 같아요.
ピョンヘソ ジャジュ イブル コッ ガタヨ |

❑ **着やすい／着にくい** 입기 쉬워요／입기 어려워요 イプキ シュイウォヨ／イプキ オリョウォヨ

| この服は着やすいです. | 이 옷은 입기 편해요.
イ オスン イプキ ピョンヘヨ |

❑ **着るから** 입으니까・입을 테니까 困 イブニッカ・イブル テニッカ

❑ **着るので，着たので** 입어서 イボソ

| 新しい服を着たので気分がいいです. | 새 옷을 입어서 기분이 좋아요.
セ オスル イボソ ギブニ ジョアヨ |

❑ **着られます** 입을 수 있어요 イブル ス イッソヨ

| この服は冬まで着られます. | 이 옷은 겨울까지 입을 수 있어요.
イ オスン ギョウルッカジ イブル ス イッソヨ |

❑ **着られません** 입을 수 없어요 イブル ス オプソヨ

| 小さくて着られません. | 작아서 입을 수 없어요.
ジャガソ イブル ス オプソヨ |

規則活用

있다 /イッタ/ ある・いる

自 ある・いる.
— 補 …てある・…ている.

　　＊韓国語の 있다 は，「ある・いる」という存在を表します．「物・ことがら・人・生き物」の区別なく使います．また，否定は 있다 の変化形ではなく「ない・いない・存在しない」という語の 없다 を使います．これも「物・ことがら・人・生き物」の区別なく使います．

	辞書形	丁寧体	会話体	連体形
現在形	ある 있다 イッタ	あります 있습니다 イッスムニダ	あります 있어요 イッソヨ	ある〜 있는 イッヌン
過去形	あった 있었다 イッソッタ	ありました 있었습니다 イッソッスムニダ	ありました 있었어요 イッソッソヨ	あった〜 있었던 /있던 イッソットン/イットン
未来形	ある 있겠다 イッケッタ	あります 있겠습니다 イッケッスムニダ	あります 있겠어요 イッケッソヨ	ある〜 있을 イッスル

❑ あります　있어요　イッソヨ

パソコンは机の上にあります．　　컴퓨터는 책상위에 있어요．
　　　　　　　　　　　　　　　　コムピュトヌン チェクサンウィエ イッソヨ

❑ ありますか　있어요？・있나요？　イッソヨ・インナヨ

❑ あります　있겠어요 困　イッケッソヨ

❑ いるつもりです　있을 거예요　イッスル コイェヨ

私は家にいるつもりです．　　저는 집에 있을 거예요．
　　　　　　　　　　　　　ジョヌン ジベ イッスル コイェヨ

❑ いようと思います　있을 생각이에요　イッスル センガギエヨ

❑ ありました　있었어요　イッソッソヨ

部屋にだれかいました．　　방에 누군가 있었어요．
　　　　　　　　　　　　バンエ ヌグンガ イッソッソヨ

❑ あれば　있으면　イッスミョン

彼もいればいいのに．　　그도 있으면 좋을 텐데．
　　　　　　　　　　　グド イッスミョン ジョウル テンデ

❑ あること／いること　있는 것・있을 것 困　インヌン ゴッ・イッスル コッ

知っていること　　알고 있는 것
　　　　　　　　アルゴ インヌン ゴッ

❑ ありながら・いるのに　있으면서　イッスミョンソ

家にいるのに電話に出ません．　　집에 있으면서 전화를 안 받아요．
　　　　　　　　　　　　　　　ジベ イッスミョンソ ジョンファルル アン パダヨ

規則活用

いましょうか　있을까요？ イッスルッカヨ
私がここにいましょうか。　제가 여기에 있을까요？
　ジェガ ヨギエ イッスルッカヨ

いたいです / いたくないです　있고 싶어요 / 있고 싶지 않아요　イッコ シポヨ / イッゴ シッチ アナヨ
私は家にいたいです。　저는 집에 있고 싶어요。
　ジョヌン ジベ イッコ シポヨ

いてみます　있어 볼래요　イッソ ボルレヨ
ここにいてみます。　여기에 있어 볼래요。
　ヨギエ イッソ ボルレヨ

ある［いる］そうです　있대요　イッテヨ
宿題をやっているそうです。　숙제를 하고 있대요。 [補]
　スクチェルル ハゴ イッテヨ

ある［いる］〜　있는　インヌン
彼を待っている人がいます。　그를 기다리는 사람이 있어요。
　グルル ギダリヌン サラミ イッソヨ

あった［いた］〜　있던・있었던　イットン・イッソットン
さっきいた人はだれですか。　조금 전에 있던 사람은 누구죠？
　ジョグムジョネ イットン サラムン ヌグジョ

いてください　있어 주세요・있으세요　イッソ ジュセヨ・イッスセヨ
一緒にいてください。　같이 있어 주세요。
　ガチ イッソ ジュセヨ

あって［いて］はいけません　있으면 안 돼요　イッスミョン アン ドェヨ
そんなことがあってはいけません。　그런 일이 있으면 안 돼요。
　グロン イリ イッスミョン アン ドェヨ

いないでください　있지 말아요　イッチ マラヨ
夜1人でいないでください。　밤에 혼자 있지 말아요。
　パメ ホンジャ イッチ マラヨ

あって［いて］も　있어도　イッソド
どんなことがあっても　무슨 일이 있어도
　ムッスン イリ イッソド

ある［いる］けれど　있지만・있었지만　イッチマン・イッソッチマン
知っているけれど話せません。　알고 있지만 말할 수 없어요。 [補]
　アルゴ イッチマン マルハル ス オプソヨ

いさせます　있게 해요　イッケヘヨ
私のそばにいさせます。　내 옆에 있게 해요。
　ネ ヨペ イッケヘヨ

あって［いて］　있고　イッコ
夢があって希望がある映画　꿈이 있고 희망이 있는 영화
　ックミ イッコ ヒマンイ インヌン ヨンファ

- **あり[い]そうです** 있을 것 같아요 *イッスル コッ ガタヨ*

  | 今日は家にいそうです. | 오늘은 집에 있을 것 같아요.
オヌルン ジベ イッスル コッ ガタヨ |

- **いやすいです / いにくいです** 있기 편해요 / 있기 불편해요 *イッキ ピョンヘヨ / イッキ ブルピョンヘヨ*

  | その人とは一緒にいにくいです. | 그 사람과는 같이 있기 불편해요.
グ サラムグヮヌン ガチ イッキ ブルピョンヘヨ |

- **ある[いる]から** 있으니까・있을 테니까 困 *イッスニッカ・イッスル テニッカ*

  | 一緒にいるから幸せです. | 같이 있으니까 행복해요.
ガチ イッスニッカ ヘンボケヨ |

- **ある[いる]ので, あった[いた]ので** 있어서 *イッソソ*

  | 一緒にいるので幸せです. | 같이 있어서 행복해요.
ガチ イッソソ ヘンボケヨ |

- **いられます** 있을 수 있어요 *イッスル ス イッソヨ*

  | 3時までここにいられます. | 세 시까지 이곳에 있을 수 있어요.
セ シッカジ イゴセ イッスル ス イッソヨ |

- **いられません** 있을 수 없어요 *イッスル ス オプソヨ*

  | もうここにはいられません. | 더이상 여기에 있을 수 없어요.
ドイサン ヨギエ イッスル ス オプソヨ |

- **あった[いた]り** 있다가 *イッタガ*

  | あったりなかったり | 있다가 없다가
イッタガ オプッタガ |

잊다 /イッタ/ 忘れる

＊잊어버리다 も「忘れる」の意味でよく使います.

	辞書形	丁寧体	会話体	連体形
現在形	忘れる 잊다 イッタ	忘れます 잊습니다 イッスムニダ	忘れます 잊어요 イジョヨ	忘れる〜 잊는 イッヌン
過去形	忘れた 잊었다 イジョッタ	忘れました 잊었습니다 イジョッスムニダ	忘れました 잊었어요 イジョッソヨ	忘れた〜 잊었던 / 잊은 イジョットン / イジュン
未来形	忘れる 잊겠다 イッケッタ	忘れます 잊겠습니다 イッケッスムニダ	忘れます 잊겠어요 イッケッソヨ	忘れる〜 잊을 イジュル

規則活用

❑ 忘れます　잊어요　イジョヨ
彼は自分の言ったことをすぐ忘れます.
그는 자기가 말했던 것을 금방 잊어요.
グヌン ジャギガ マルヘットン ゴスル グムバン イジョヨ

❑ 忘れますか　잊어요？・잊나요？　イジョヨ・イッナヨ

❑ 忘れます　잊겠어요 困　イッケッソヨ
いやなことはもう忘れます.
안 좋은 일은 이제 잊겠어요.
アン ジョウン イルン イジェ イッケッソヨ

❑ 忘れるつもりです　잊을 거예요　イジュル コイェヨ

❑ 忘れようと思います　잊을 생각이에요　イジュル センガギエヨ
その人は忘れようと思います.
그 사람은 잊을 생각이에요.
グ サラムン イジュル センガギエヨ

❑ 忘れません　잊지 않아요・안 잊어요　イッチ アナヨ・アン イジョヨ
ご恩は決して忘れません.
은혜는 절대로 잊지 않아요.
ウンヘヌン ジョルテロ イッチ アナヨ

❑ 忘れませんか　잊지 않을래요？・안 잊을래요？　イッチ アヌルレヨ・アン イジュルレヨ
いやなことは忘れませんか.
좋지 않은 일은 잊지 않을래요？
ジョチ アヌン イルン イッチ アヌルレヨ

❑ 忘れています　잊고 있어요　イッコ イッソヨ
何か大事なことを忘れています.
뭔가 중요한 것을 잊고 있어요.
ムォンガ ジュンヨハン ゴスル イッコ イッソヨ

❑ 忘れました　잊었어요　イジョッソヨ
すでに忘れました.
벌써 잊었어요.
ボルッソ イジョッソヨ

❑ 忘れていません　잊고 있지 않아요・안 잊고 있어요　イッコ イッチ アナヨ・アン イッコ イッソヨ

そのことは忘れていません．	그 일은 안 잊고 있어요． グ イルン アン イッコ イッソヨ	

☐ 忘れませんでした　잊지 않았어요・안 잊었어요　イッチ アナッソヨ・アン イジョッソヨ

感謝することも忘れませんでした．　감사하는 것도 잊지 않았어요．
ガムサハヌン ゴット イッチ アナッソヨ

☐ 忘れれば　잊으면　イジュミョン

忘れればいいのに．　잊으면 좋을 텐데．
イジュミョン ジョウル テンデ

☐ 忘れなければ　잊지 않으면・안 잊으면　イッチ アヌミョン・アン イジュミョン

忘れなければ持っていきます．　잊지 않으면 가져갈게요．
イッチ アヌミョン ガジョガルケヨ

☐ 忘れなくても　잊지 않아도・안 잊어도　イッチ アナド・アン イジョド

☐ 忘れること / 忘れたこと　잊는 것・잊을 것 困／ 잊었던 적・잊은 적　イッヌン ゴッ・イジュル コッ / イジョットン ジョク・イジュン ジョク

約束を忘れることはありません．　약속을 잊는 일은 없어요．
ヤクソグル インヌン イルン オプソヨ

☐ 忘れながら　잊으면서　イジュミョンソ

☐ 忘れましょうか　잊을까요？　イジュルッカヨ

☐ 忘れたいです / 忘れたくないです　잊고 싶어요 / 잊고 싶지 않아요　イッコ シポヨ / イッコ シプチ アナヨ

過ぎたことは忘れたいです．　지나간 일은 잊고 싶어요．
ジナガン イルン イッコ シポヨ

☐ 忘れるそうです　잊는대요　インヌンデヨ

☐ 忘れる〜　잊는・잊을 困　インヌン・イジュル

暑さを忘れる方法　더위를 잊는 방법
ドウィルル インヌン バンボブ

☐ 忘れない〜　잊지 않는・안 잊는　イッチ アンヌン・アン インヌン

忘れない秘訣はなんですか．　안 잊는 비결은 무엇인가요？
アン インヌン ピギョルン ムオシンガヨ

☐ 忘れた〜　잊었던・잊은　イジョットン・イジュン

忘れたことを思い出しました．　잊었던 일이 생각났어요．
イジョットン イリ センガクナッソヨ

☐ 忘れなかった〜　잊지 않았던・안 잊었던・안 잊은　イッチ アナットン・アン イジョットン・アン イジュン

☐ 忘れてください　잊어 주세요・잊으세요　イジョジュセヨ・イジュセヨ

もうすべて忘れてください．　이제 전부 잊어주세요．
イジェ ジョンブ イジョジュセヨ

☐ 忘れてはいけません　잊으면 안 돼요　イジュミョン アン ドェヨ

規則活用

331

約束を忘れてはいけません.	약속을 잊으면 안 돼요. ヤクソグル イジュミョン アン ドェヨ

❏ 忘れないでください　잊지 마세요　イッチ マセヨ

一緒に過ごした時間を忘れないでください.	함께 지낸 시간을 잊지 마세요. ハムッケ ジネン シガヌル イッチ マセヨ

❏ 忘れても　잊어도　イジョド

あなたは忘れても私は忘れません.	당신은 잊어도 나는 안 잊어요. ダンシヌン イジョド ナヌン アン イジョヨ

❏ 忘れるけれど / 忘れたけれど　잊지만 / 잊었지만　イッチマン / イジョッチマン

痛みは忘れたけれど傷は残りました.	아픔은 잊었지만 상처는 남았어요. アプムン イジョッチマン サンチョヌン ナマッソヨ

❏ 忘れさせます　잊게 해요　イッケヘヨ

❏ 忘れて　잊고　イッコ

彼との約束を忘れて家に帰りました.	그와의 약속을 잊고 집에 갔어요. グワウィ ヤクソグル イッコ ジベ ガッソヨ

❏ 忘れそうです　잊을 것 같아요　イジュル コッ ガタヨ

すぐ忘れそうです.	금방 잊을 것 같아요. グムバン イジュル コッ ガタヨ

❏ 忘れやすい / 忘れにくい　잊기 쉬워요 / 잊기 어려워요　イッキ シュィウォヨ / イッキ オリョウォヨ

❏ 忘れるから　잊으니까・잊을 테니까 困　イジュニッカ・イジュル テニッカ

よく忘れるから書いておきます.	잘 잊으니까 써놔요. ジャル イジュニッカ ッソヌァヨ

❏ 忘れるので, 忘れたので　잊어서　イジョソ

❏ 忘れられます　잊을 수 있어요　イジュル ス イッソヨ

彼のことはもう忘れられます	그의 일은 이제 잊을 수 있어요. グウィ イルン イジェ イジュル ス イッソヨ

❏ 忘れられません　잊을 수 없어요　イジュル ス オプソヨ

その人は忘れられません.	그 사람은 잊을 수 없어요. グ サラムン イジュル ス オプソヨ

❏ 忘れたり　잊거나　イッコナ

잊어버리다 /イジョボリダ/ 忘れる・なくす・忘れてしまう

	辞書形	丁寧体	会話体	連体形
現在形	忘れる 잊어버리다 イジョボリダ	忘れます 잊어버립니다 イジョボリムニダ	忘れます 잊어버려요 イジョボリョヨ	忘れる〜 잊어버리는 イジョボリヌン
過去形	忘れた 잊어버렸다 イジョボリョッタ	忘れました 잊어버렸습니다 イジョボリョッスムニダ	忘れました 잊어버렸어요 イジョボリョッソヨ	忘れた〜 잊어버렸던/잊어버린 イジョボリョットン/イジョボリン
未来形	忘れる 잊어버리겠다 イジョボリゲッタ	忘れます 잊어버리겠습니다 イジョボリゲッスムニダ	忘れます 잊어버리겠어요 イジョボリゲッソヨ	忘れる〜 잊어버릴 イジョボリル

❏ 忘れます　잊어버려요　イジョボリョヨ

彼はよく宿題を忘れます．　　　그는 자주 숙제를 잊어버려요．
　　　　　　　　　　　　　　　グヌン ジャジュ スクチェルル イジョボリョヨ

❏ 忘れますか　잊어버려요? · 잊어버리나요?　イジョボリョヨ・イジョボリナヨ

❏ 忘れます　잊어버리겠어요 🈺　イジョボリゲッソヨ

❏ 忘れるつもりです　잊어버릴 거예요　イジョボリル コイェヨ

❏ 忘れようと思います　잊어버릴 생각이에요　イジョボリル センガギエヨ

彼とのことは忘れようと思います．　그와의 일은 잊어버릴 생각이에요．
　　　　　　　　　　　　　　　　　グワウィ イルン イジョボリル センガギエヨ

❏ 忘れません　잊어버리지 않아요 · 안 잊어버려요　イジョボリジ アナヨ・アン イジョボリョヨ

子どもとの約束は忘れません．　　　아이와의 약속은 안 잊어버려요．
　　　　　　　　　　　　　　　　　アイワウィ ヤクソグン アン イジョボリョヨ

❏ 忘れませんか　잊어버리지 않을래요? · 안 잊어버릴래요?　イジョボリジ アヌルレヨ・アン イジョボリルレヨ

もうすんだことは忘れませんか．　　이미 끝난 일은 잊어버리지 않을래요?
　　　　　　　　　　　　　　　　　イミ ックンナン イルン イジョボリジ アヌルレヨ

❏ 忘れています　잊어버리고 있어요　イジョボリゴ イッソヨ

彼はすっかり約束を忘れています．　그는 약속을 까맣게 잊어버리고 있어요．
　　　　　　　　　　　　　　　　　グヌン ヤクソグル ッカマケ イジョボリゴ イッソヨ

❏ 忘れました　잊어버렸어요　イジョボリョッソヨ

暗証番号を忘れました．　　　　　　비밀번호를 잊어버렸어요．
　　　　　　　　　　　　　　　　　ビミルボノルル イジョボリョッソヨ

❏ 忘れていません　잊어버리고 있지 않아요 · 안 잊어버리고 있어요　イジョボリゴ イッチ アナヨ・アン イジョボリゴ イッソヨ

一度習ったことは忘れていません．　한 번 배운 것은 안 잊어버리고 있어요．
　　　　　　　　　　　　　　　　　ハン ボン ベウン ゴスン アン イジョボリゴ イッソヨ

規則活用

❏ 忘れませんでした　잊어버리지 않았어요・안 잊어버렸어요　イジョボリジ アナッソヨ・アン イジョボリョッソヨ

| 結婚記念日は忘れませんでした. | 결혼기념일은 안 잊어버렸어요. ギョロンギニョミルン アン イジョボリョッソヨ |

❏ 忘れれば　잊어버리면　イジョボリミョン

| 忘れれば楽になるかもしれません. | 잊어버리면 편해질지도 몰라요. イジョボリミョン ピョンヘジルチド モルラヨ |

❏ 忘れなければ　잊어버리지 않으면・안 잊어버리면　イジョボリジ アヌミョン・アン イジョボリミョン

| 忘れなければ約束は守ります. | 안 잊어버리면 약속은 지켜요. アン イジョボリミョン ヤクソグン ジキョヨ |

❏ 忘れなくても　잊어버리지 않아도・안 잊어버려도　イジョボリジ アナド・アン イジョボリョド

❏ 忘れること／忘れたこと　잊어버린 것・잊어버릴 것困／잊어버렸던 적・잊어버린 적　イジョボリン ゴッ・イジョボリル コッ／イジョボリョットン ジョㇰ・イジョボリン ジョㇰ

| 彼女の誕生日を忘れたことがあります. | 애인 생일을 잊어버린적이 있어요. エイン センイルル イジョボリンジョギ イッソヨ |

❏ 忘れたいです／忘れたくないです　잊어버리고 싶어요／잊어버리고 싶지 않아요　イジョボリゴ シポヨ／イジョボリゴ シㇷ゚チ アナヨ

| 嫌なことは忘れたいです. | 안 좋은 일은 잊어버리고 싶어요. アン ジョウン イルン イジョボリゴ シポヨ |

❏ 忘れるそうです　잊어버린대요　イジョボリンデヨ

| すぐ忘れるそうです. | 금방 잊어버린대요. グムパン イジョボリンデヨ |

❏ 忘れる〜　잊어버린・잊어버릴困　イジョボリン・イジョボリル

❏ 忘れない〜　잊어버리지 않는・안 잊어버리는　イジョボリジ アヌン・アン イジョボリヌン

| 単語を忘れない方法 | 단어를 안 잊어버리는 방법 タノルル アン イジョボリヌン バンボㇷ゚ |

❏ 忘れた〜　잊어버렸던・잊어버린　イジョボリョットン・イジョボリン

❏ 忘れなかった〜　잊어버리지 않았던・안 잊어버렸던・안 잊어버린　イジョボリジ アナットン・アン イジョボリョットン・アン イジョボリン

❏ 忘れてください　잊어버리세요　イジョボリセヨ

| 今私が言ったことは忘れてください. | 지금 내가 말한 것은 잊어버리세요. ジグム ネガ マルハン ゴスン イジョボリセヨ |

❏ 忘れてはいけません　잊어버리면 안 돼요　イジョボリミョン アン ドェヨ

| 財布を忘れてはいけません. | 지갑을 잊어버리면 안 돼요. ジガブル イジョボリミョン アン ドェヨ |

❏ 忘れないでください　잊어버리지 마세요　イジョボリジ マセヨ

| 習ったことを忘れないでください. | 배운 것을 잊어버리지 마세요. ペウン ゴスル イジョボリジ マセヨ |

❏ 忘れても　잊어버려도　イジョボリョド
　　忘れてもいいことほど忘れられません．　　잊어버려도 좋은 일일수록 안 잊혀져요．
　　　　　　　　　　　　　　　　　　　　　イジョボリョド ジョウン イリルスロゥ アン イチョジョヨ

❏ 忘れるけれど / 忘れたけれど　잊어버리지만 / 잊어버렸지만　イジョボリジマン / イジョ
　　ボリョッチマン

❏ 忘れさせます　잊어버리게 해요　イジョボリゲ ヘヨ

❏ 忘れて　잊어버리고　イジョボリゴ

❏ 忘れそうです　잊어버릴 것 같아요　イジョボリル コッ ガタヨ
　　買い物を頼まれても忘れそうです．　　물건을 사는 것을 부탁 받아도 잊어버릴
　　　　　　　　　　　　　　　　　　　　것 같아요．
　　　　　　　　　　　　　　　　　　　　ムルゴヌル サヌン ゴスル ブタゥ バダド イジョボリル コッ ガタヨ

❏ 忘れやすい / 忘れにくい　잊어버리기 쉬워요 / 잊어버리기 어려워요　イジョボ
　　リギ シュィウォヨ / イジョボリギ オリョウォヨ

❏ 忘れるから　잊어버리니까・잊어버릴 테니까 困　イジョボリニッカ / イジョボリル テニッカ

❏ 忘れるので，忘れたので　잊어버려서　イジョボリョソ

❏ 忘れられます　잊어버릴 수 있어요　イジョボリル ス イッソヨ

❏ 忘れられません　잊어버릴 수 없어요　イジョボリル ス オプソヨ

❏ 忘れたり　잊어버리거나・잊어버렸다가　イジョボリゴナ・イジョボリョッタガ

規則活用

335

자다 /ジャダ/ 寝る・眠る

①寝る・眠る．②(動いていたものが)止まる．③(風や波が)止む・なぐ．④(商品などが)眠っている．

	辞書形	丁寧体	会話体	連体形
現在形	寝る 자다 ジャダ	寝ます 잡니다 ジャムニダ	寝ます 자요 ジャヨ	寝る〜 자는 ジャヌン
過去形	寝た 잤다 ジャッタ	寝ました 잤습니다 ジャッスムニダ	寝ました 잤어요 ジャッソヨ	寝た〜 잤던/잔 ジャットン/ジャン
未来形	寝る 자겠다 ジャゲッタ	寝ます 자겠습니다 ジャゲッスムニダ	寝ます 자겠어요 ジャゲッソヨ	寝る〜 잘 ジャル

規則活用

❏ 寝ます　자요　ジャヨ

❏ 寝ますか　자요? ・자나요?　ジャヨ・ジャナヨ

何時に寝ますか．	몇 시에 자나요? ミョッ シエ ジャナヨ

❏ 寝るつもりです　잘 거예요　ジャル コイエヨ

❏ 寝ようと思います　잘 생각이에요　ジャル センガギエヨ

本を読んでから寝ようと思います．	책을 읽고 잘 생각이에요． チェグル イルッコ ジャル センガギエヨ

❏ 寝ません　자지 않아요・안 자요　ジャジ アナヨ・アン ジャヨ

いつも5時間しか寝ません．	항상 다섯 시간밖에 안 자요． ハンサン ダソッ シガンパッケ アン ジャヨ

❏ 寝ませんか　자지 않을래요?・안 잘래요?　ジャジ アヌルレヨ・アン ジャルレヨ

もう寝ませんか．	이제 안 잘래요? イジェ アン ジャルレヨ

❏ 寝ています　자고 있어요　ジャゴ イッソヨ

赤ちゃんは寝ています．	아기는 자고 있어요． アギヌン ジャゴ イッソヨ

❏ 寝ました　잤어요　ジャッソヨ

ぐっすり寝ました．	푹 잤어요． プク ジャッソヨ

❏ 寝ていません　자고 있지 않아요・안 자고 있어요　ジャゴ イッチ アナヨ・アン ジャゴ イッソヨ

子どもはまだ寝ていません．	아이는 아직 안 자고 있어요． アイヌン アジク アン ジャゴ イッソヨ

❏ 寝ませんでした　자지 않았어요・안 잤어요　ジャジ アナッソヨ・アン ジャッソヨ

❏ 寝れば, 寝ると　자면　ジャミョン

今寝ると夜眠れません. 　　지금 자면 밤에 못 자요.
　　　　　　　　　　　　　ジグム ジャミョン パメ モッ ッチャヨ

❏ 寝なければ　자지 않으면・안 자면　ジャジアヌミョン・アン ジャミョン

今寝なければ忙しくて寝られません. 　지금 안 자면 바빠서 잘 수 없어요.
　　　　　　　　　　　　　　　　　　ジグム アン ジャミョン パッパソ ジャル ス オプソヨ

❏ 寝なくても　자지 않아도・안 자도　ジャジ アナド・アン ジャド

まだ寝なくても大丈夫です. 　　아직 안 자도 괜찮아요.
　　　　　　　　　　　　　　　アジク アン ジャド グェンチャナヨ

❏ 寝ること/寝たこと　자는 것・잘 것圂/ 잤던 적・잔 적　ジャヌン ゴッ・ジャル コッ/ ジャットン ジョク・ジャン ジョク

❏ 寝ながら　자면서　ジャミョンソ

彼は寝ながらぶつぶつ言っていました. 　그는 자면서 중얼거리고 있었어요.
　　　　　　　　　　　　　　　　　　 グヌン ジャミョンソ ジュンオルゴリゴ イッソッソヨ

❏ 寝ましょうか　잘까요?・잘래요?　ジャルッカヨ・ジャルレヨ

私がソファで寝ましょうか. 　제가 소파에서 잘까요?
　　　　　　　　　　　　　　ジェガ ソパエソ ジャルッカヨ

❏ 寝たいです/寝たくないです　자고 싶어요/ 자고 싶지 않아요　ジャゴ シポヨ/ ジャゴ シッチ アナヨ

もう寝たいです. 　이제 자고 싶어요.
　　　　　　　　　イジェ ジャゴ シポヨ

❏ 寝てみます　자 볼래요　ジャ ボルレヨ

❏ 寝るそうです　잔대요　ジャンデヨ

馬は立って寝るそうです. 　말은 서서 잔대요.
　　　　　　　　　　　　　マルン ソソ ジャンデヨ

❏ 寝る〜　자는・잘圂　ジャヌン・ジャル

寝るときは電気を消します. 　잘 때는 불을 꺼요.
　　　　　　　　　　　　　　ジャル ッテヌン ブルル ッコヨ

❏ 寝ない〜　자지 않는・안 자는　ジャジ アンヌン・アン ジャヌン

寝ない動物　　잠을 안 자는 동물.
　　　　　　　ジャムル アン ジャヌン ドンムル

❏ 寝た〜　잤던・잔　ジャットン・ジャン

一緒に寝た人　같이 잤던 사람
　　　　　　　ガチ ジャットン サラム

❏ 寝なかった〜　자지 않았던・안 잤던・안 잔　ジャジ アナットン・アン ジャットン・アン ジャン

❏ 寝てください　자요・주무세요　ジャヨ・ジュムセヨ

早く寝てください. 　일찍 주무세요.
　　　　　　　　　　イルッチク ジュムセヨ

＊안녕히 주무세요.は「おやすみなさい」の挨拶です.

規則活用

337

❏ 寝てはいけません　자면 안 돼요　ジャミョン アン ドェヨ

| そこで寝てはいけません。 | 거기서 자면 안 돼요.
ゴギソ ジャミョン アン ドェヨ |

❏ 寝ないでください　자지 마세요　ジャジ マセヨ

❏ 寝ても　자도　ジャド

| いくら寝ても眠いです。 | 아무리 자도 졸려요.
アムリ ジャド ジョルリョヨ |

❏ 寝るけれど / 寝たけれど　자지만 / 잤지만　ジャジマン / ジャッチマン

| 遅く寝るけれど早く起きます。 | 늦게 자지만 일찍 일어나요.
ヌッケ ジャジマン イルッチク イロナヨ |

❏ 寝かせます　자게 해요・재워요　ジャゲ ヘヨ・ジェウォヨ

| 赤ん坊を寝かせます。 | 아이를 재워요.
アイルル ジェウォヨ |

❏ 寝て　자고　ジャゴ

| 早く寝て早く起きます。 | 일찍 자고 일찍 일어나요.
イルッチク ジャゴ イルッチク イロナヨ |

❏ 寝そうです　잘 것 같아요　ジャル コッ ガタヨ

| すぐ寝そうです。 | 금방 잘 것 같아요.
グムバン ジャル コッ ガタヨ |

❏ 寝やすい / 寝にくい　자기 편해요 / 자기 불편해요　ジャギ ピョンヘヨ / ジャギ プルピョンヘヨ

| このベッドは寝やすいですね。 | 이 침대는 자기 편하네요.
イ チムデヌン ジャギ ピョンハネヨ |

❏ 寝るから　자니까・잘 테니까　因　ジャニッカ・ジャル テニッカ

| 早く寝るから早く目が覚めます。 | 일찍 자니까 일찍 눈이 떠져요.
イルッチク ジャニッカ イルッチク ヌニ ットジョヨ |

❏ 寝るので，寝たので　자서　ジャソ

❏ 寝られます　잘 수 있어요　ジャル ス イッソヨ

| 今日はゆっくり寝られます。 | 오늘은 푹 잘 수 있어요.
オヌルン プク ジャル ス イッソヨ |

❏ 寝られません　잘 수 없어요　ジャル ス オプソヨ

| うるさくて寝られません。 | 시끄러워서 잘 수 없어요.
シックロウォソ ジャル ス オプソヨ |

❏ 寝たり　자다가　ジャダガ

| 寝たり起きたりしました。 | 자다가 깨다가 했어요.
ジャダガ ッケダガ ヘッソヨ |

❏ 寝に行きます[来ます]　자러 가요[와요]　ジャロ ガヨ[ワヨ]

| 部屋に寝に行きます。 | 방에 자러 가요.
バンエ ジャロ ガヨ |

規則活用

잠자다 /ジャムジャダ/ 眠る・寝る

①眠る・寝る．②眠る(能力・価値などが)活用されずにいる．

	辞書形	丁寧体	会話体	連体形
現在形	眠る 잠자다 ジャムジャダ	眠ります 잠잡니다 ジャムジャムニダ	眠ります 잠자요 ジャムジャヨ	眠る〜 잠자는 ジャムジャヌン
過去形	眠った 잠잤다 ジャムジャッタ	眠りました 잠잤습니다 ジャムジャッスムニダ	眠りました 잠잤어요 ジャムジャッソヨ	眠った〜 잠잤던 /잠잔 ジャムジャットン/ジャムジャン
未来形	眠る 잠자겠다 ジャムジャゲッタ	眠ります 잠자겠습니다 ジャムジャゲッスムニダ	眠ります 잠자겠어요 ジャムジャゲッソヨ	眠る〜 잠잘 ジャムジャル

- 眠ります　잠자요　ジャムジャヨ
- 眠りますか　잠자요?・잠 자나요?　ジャムジャヨ・ジャムジャナヨ
- 眠るつもりです　잠잘 거예요　ジャムジャル コイェヨ
- 眠ろうと思います　잠잘 생각이에요　ジャムジャル センガギエヨ
- 眠りません　잠자지 않아요　ジャムジャジ アナヨ
- 眠っています　잠자고 있어요　ジャムジャゴ イッソヨ

赤ちゃんはすやすや眠っています．　　아기는 새근새근 잠자고 있어요．
アギヌン セグンセグン ジャムジャゴ イッソヨ

- 眠りました　잠잤어요　ジャムジャッソヨ
- 眠っていません　잠자고 있지 않아요　ジャムジャゴ イッチ アナヨ
- 眠りませんでした　잠자지 않았어요　ジャムジャジ アナッソヨ
- 眠れば　잠자면　ジャムジャミョン
- 眠らなければ　잠자지 않으면　ジャムジャジ アヌミョン
- 眠らなくても　잠자지 않아도　ジャムジャジ アナド
- 眠ること　잠자는 것・잠잘 것困/ 잠잤던 적・잠잔 적　ジャムジャヌン ゴッ・ジャムジャル コッ/ ジャムジャットン ジョク・ジャムジャン ジョク
- 眠りながら　잠자면서　ジャムジャミョンソ
- 眠りたいです/眠りたくないです　잠자고 싶어요/ 잠자고 싶지 않아요　ジャムジャゴ シポヨ/ ジャムジャゴ シプチ アナヨ
- 眠ってみます　잠자 볼래요　ジャムジャ ボルレヨ
- 眠るそうです　잠잔대요　ジャムジャンデヨ

規則活用

- ❏ 眠る～　잠자는・잠잘　ジャムジャヌン・ジャムジャル

眠る時間が足りません.	잠잘 시간이 모자라요. ジャムジャル シガニ モジャラヨ

- ❏ 眠らない～　잠자지 않는・잠 안 자는　ジャムジャジ アンヌン・ジャム アン ジャヌン

眠らない人はいません.	잠 안 자는 사람은 없어요. ジャム アン ジャヌン サラムン オプソヨ

- ❏ 眠った～　잠잤던・잠잔　ジャムジャットン・ジャムジャン
- ❏ 眠らなかった～　잠자지 않았던　ジャムジャジ アナットン
- ❏ 眠ってください　잠자세요　ジャムジャセヨ

  *活用形は잠자세요ですが，日常的には주무세요を使います.

- ❏ 眠ってはいけません　잠자면 안 돼요　ジャムジャミョン アン ドェヨ
- ❏ 眠らないでください　잠자지 마세요　ジャムジャジ マセヨ

  *活用形は잠자지 마세요ですが，日常的には주무시지 마세요をよく使います.

- ❏ 眠っても　잠자도　ジャムジャド
- ❏ 眠るけれど／眠ったけれど　잠자지만／잠잤지만　ジャムジャジマン・ジャムジャッチマン
- ❏ 眠らせます　잠자게 해요　ジャムジャゲ ヘヨ
- ❏ 眠って　잠자고　ジャムジャゴ
- ❏ 眠りそうです　잠잘 것 같아요　ジャムジャル コッ ガタヨ
- ❏ 眠りやすい／眠りにくい　잠자기 쉬워요／잠자기 어려워요　ジャムジャギ シュィウォヨ／ジャムジャギ オリョウォヨ
- ❏ 眠るので，眠ったので　잠자서　ジャムジャソ
- ❏ 眠れます　잠잘 수 있어요　ジャムジャル ス イッソヨ
- ❏ 眠れません　잠잘 수 없어요　ジャムジャル ス オプソヨ

規則活用

잡다 /ジャㇷ゚タ/ つかむ・握る・取る

①つかむ・握る・取る．②捕らえる・捕まえる．③担保をとる．

	辞書形	丁寧体	会話体	連体形
現在形	つかむ 잡다 ジャㇷ゚タ	つかみます 잡습니다 ジャㇷ゚スㇺニダ	つかみます 잡아요 ジャバヨ	つかむ〜 잡는 ジャㇺヌン
過去形	つかんだ 잡았다 ジャバッタ	つかみました 잡았습니다 ジャバッスㇺニダ	つかみました 잡았어요 ジャバッソヨ	つかんだ〜 잡았던 / 잡은 ジャバットン / ジャブン
未来形	つかむ 잡겠다 ジャㇷ゚ケッタ	つかみます 잡겠습니다 ジャㇷ゚ケッスㇺニダ	つかみます 잡겠어요 ジャㇷ゚ケッソヨ	つかむ〜 잡을 ジャブル

❏ つかみます　잡아요　ジャバヨ

相手の腕をつかみます．／상대의 팔을 잡아요．サンデウィ パルル ジャバヨ

❏ つかみますか　잡아요？・잡나요？　ジャバヨ・ジャㇷ゚ナヨ

❏ つかみます　잡겠어요 困　ジャㇷ゚ケッソヨ

必ず証拠をつかみます．／꼭 증거를 잡겠어요．ッコㇰ ジュンゴルル ジャㇷ゚ケッソヨ

❏ つかむつもりです　잡을 거예요　ジャブル コイェヨ

❏ つかもうと思います　잡을 생각이에요　ジャブル センガギエヨ

必ず犯人を捕まえようと思います．／꼭 범인을 잡을 생각이에요．ッコㇰ ボミヌル ジャブル センガギエヨ

❏ つかみません　잡지 않아요・안 잡아요　ジャㇷ゚チ アナヨ・アン ジャバヨ

❏ つかみませんか　잡지 않을래요？・안 잡을래요？　ジャㇷ゚チ アヌㇽレヨ・アン ジャブㇽレヨ

❏ つかんでいます　잡고 있어요　ジャㇷ゚コ イッソヨ

子どもはお母さんの手をつかんでいます．／아이는 어머니의 손을 잡고 있어요．アイヌン オモニウィ ソヌル ジャㇷ゚コ イッソヨ

❏ つかみ[捕まえ]ました　잡았어요　ジャバッソヨ

犯人を捕まえました．／범인을 잡았어요．ボミヌル ジャバッソヨ

❏ つかんでいません　잡고 있지 않아요・안 잡고 있어요　ジャㇷ゚コ イッチ アナヨ・アン ジャㇷ゚コ イッソヨ

手すりをつかんでいません．／손잡이를 안 잡고 있어요．ソンジャビルル アン ジャㇷ゚コ イッソヨ

❏ つかみませんでした　잡지 않았어요・안 잡았어요　ジャㇷ゚チ アナッソヨ・アン ジャバッソヨ

❏ つかめば，握ったら　잡으면　ジャブミョン

　一度マイクを握ったら放しません.　한 번 마이크를 잡으면 안 놓아요.
　ハン ボン マイクルル ジャブミョン アン ノアヨ

❏ つかまなければ　잡지 않으면・안 잡으면　ジャッチ アヌミョン・アン ジャブミョン

　手すりをつかまなければ危険ですよ.　손잡이를 안 잡으면 위험해요.
　ソンジャビルル アン ジャブミョン ウィホメヨ

❏ つかまなくても　잡지 않아도・안 잡아도　ジャッチ アナド・アン ジャバド

　そんなに強くつかまなくてもいいです.　그렇게 세게 안 잡아도 괜찮아요.
　グロケ セゲ アン ジャバド グェンチャナヨ

❏ つかむ [捕まえる] こと / つかんだこと　잡는 것・잡을 것⌧/ 잡았던 적・잡은 적　ジャブヌン ゴッ・ジャブル コッ/ ジャバットン ジョク/ジャブン ジョク

　犯人を捕まえることが仕事です.　범인을 잡는 것이 일이에요.
　ボミヌル ジャブヌン ゴシ イリエヨ

❏ つかみ [握り] ながら　잡으면서　ジャブミョンソ

　私の手を握りながら話しました.　내 손을 잡으면서 말 했어요.
　ネ ソヌル ジャブミョンソ マル ヘッソヨ

❏ つかみましょうか　잡을까요?　ジャブルッカヨ

❏ つかみ [握り] たいです　잡고 싶어요　ジャプコ シポヨ

　彼女の手を握りたいです.　여자친구의 손을 잡고 싶어요.
　ヨジャチングウィ ソヌル ジャプコ シポヨ

❏ つかんでみます　잡아 볼래요　ジャバ ボルレヨ

❏ つかむそうです　잡는대요　ジャブヌンデヨ

❏ つかむ [捕まえる] 〜　잡는・잡을⌧　ジャブヌン・ジャブル

　犯人を捕まえる方法.　범인을 잡을 방법.
　ボミヌル ジャブル パンボブ

❏ つかまない〜　잡지 않는・안 잡는　ジャッチ アンヌン・アン ジャブヌン

　つかまないのではなくつかめないのです.　안 잡는게 아니라 못 잡는 거예요.
　アン ジャブヌンゲ アニラ モッ ジャブヌン ゴイェヨ

❏ つかんだ [捕まえた] 〜　잡았던・잡은　ジャバットン・ジャブン

　捕まえた犯人を逃がしました.　잡았던 범인을 놓쳤어요.
　ジャバットン ボミヌル ノチョッソヨ

❏ つかまなかった〜　잡지 않았던・안 잡았던・안 잡은　ジャッチ アナットン・アン ジャバットン・アン ジャブン

❏ つかんで [握って] ください　잡아 주세요・잡으세요　ジャバ ジュセヨ・ジャブセヨ

　手を握ってください.　손을 잡아 주세요.
　ソヌル ジャバ ジュセヨ

❏ つかんで [捕って] はいけません　잡으면 안 돼요　ジャブミョン アン ドェヨ

　クジラはむやみに捕ってはいけません.　고래는 함부로 잡으면 안 돼요.
　ゴレヌン ハムブロ ジャブミョン アン ドェヨ

規則活用

❏ つかまない [とらえない] でください　　잡지 마세요　ジャプチ マセヨ

言葉尻をとらえないでください.　　　말꼬리를 잡지 마세요.
　　　　　　　　　　　　　　　　　　マルッコリルル ジャプチ マセヨ

❏ つかんで [握って] も　잡아도　ジャパド

だれが政権を握っても変わりません.　누가 정권을 잡아도 안 달라져요.
　　　　　　　　　　　　　　　　　　ヌガ ジョンクォヌル ジャパド アン ダルラジョヨ

❏ つかむけれど / つかんだけれど　잡지만 / 잡았지만　ジャプチ マン / ジャパッチマン

チャンスをつかんだけれど生かせませんでした.　찬스를 잡았지만 살리지를 못했어요.
　　　　　　　　　　　　　　　　　　　　　　　チャンスルル ジャパッチマン サルリジルル モッテッソヨ

❏ つかませます　잡게 해요　ジャプケ ヘヨ

❏ つかんで, つないで　잡고　ジャプコ

彼はボールをつかんで投げました.　그는 공을 잡고 던졌어요.
　　　　　　　　　　　　　　　　グヌン ゴンウル ジャプコ ドンジョッソヨ

手をつないで歩きました.　　　　　손을 잡고 걸었어요.
　　　　　　　　　　　　　　　　ソヌル ジャプコ ゴロッソヨ

❏ つかみ [捕まえ] そうです　잡을 수 있을 것 같아요　ジャブル ス イッスル コッ ガタヨ

今回は犯人を捕まえそうです.　이번에는 범인을 잡을 수 있을 것 같아요.
　　　　　　　　　　　　　　　イボネヌン ボミヌル ジャブル ス イッスル コッ ガタヨ

❏ つかみやすい / つかみにくい　잡기 쉬워요 / 잡기 어려워요　ジャプキ シュィウォヨ / ジャプキ オリョウォヨ

つかみやすいグリップ　　　　　　잡기 쉬운 그립
　　　　　　　　　　　　　　　　ジャプキ シュィウン グリプ

❏ つかむから　잡으니까・잡을 테니까　困　ジャプニッカ・ジャブル テニッカ

強くつかむから痛いです.　　　　세게 잡으니까 아파요.
　　　　　　　　　　　　　　　セゲ ジャプニッカ アパヨ

❏ つかむので, つかんだので　잡아서　ジャパソ

❏ つかめます　잡을 수 있어요　ジャブル ス イッソヨ

❏ つかめません　잡을 수 없어요　ジャブル ス オプソヨ

背が低くて手すりがつかめません.　키가 작아서 손잡이를 잡을 수 없어요.
　　　　　　　　　　　　　　　　キガ ジャガソ ソンジャビルル ジャブル ス オプソヨ

❏ つかんだり　잡았다가　ジャパッタガ

つかんだり放したり　　　　　　　잡았다가 놓았다가
　　　　　　　　　　　　　　　　ジャパッタガ ノアッタガ

❏ つかみ [捕り] に行きます [来ます]　잡으러 가요 [와요]　ジャプロ ガヨ [ワヨ]

魚を捕りに行きます.　　　　　　고기를 잡으러 가요.
　　　　　　　　　　　　　　　ゴギルル ジャプロ ガヨ

規則活用

잡다 /ジャプタ/ 決める・立てる・定める

① (日程・場所・計画を) 決める・立てる・定める. ② (費用などを) 見積もる.

❏ 決めます　잡아요　ジャパヨ

| 日程を決めます. | 일정을 잡아요
イルッチョンウル ジャパヨ |

❏ 決めません　잡지 않아요・안 잡아요　ジャプチ アナヨ・アン ジャパヨ

❏ 決めました　잡았어요　ジャパッソヨ

| 出発の日を決めました. | 출발날짜를 잡았어요.
チュルパルナルッチャルル ジャパッソヨ |

❏ 決めれば　잡으면　ジャブミョン

| 早く手術日程を決めればいいのに. | 빨리 수술날짜를 잡으면 좋을 텐데.
ッパリ ススルナルッチャルル ジャブミョン ジョウル テンデ |

❏ 決めたいです／決めたくないです　잡고 싶어요／잡고 싶지 않아요　ジャプコ シポヨ／ジャプコ シッチ アナヨ

❏ 決める〜　잡는・잡을 困　ジャプヌン・ジャブル

❏ 決めた〜　잡았던・잡은　ジャパットン・ジャブン

❏ 決めてください　잡아 주세요・잡으세요　ジャパ ジュセヨ・ジャブセヨ

❏ 決めて　잡고　ジャプコ

| 日取りを決めて予約します. | 날짜를 잡고 예약을 해요.
ナルチャルル ジャプコ イェヤグル ヘヨ |

❏ 決められます　잡을 수 있어요　ジャブル ス イッソヨ

❏ 決められません　잡을 수 없어요　ジャブル ス オプソヨ

| 結婚式の日取りはまだ決められません. | 결혼식 날짜는 아직 잡을 수 없어요
ギョロンシク ナルチャヌン アジク ジャブル ス オプソヨ |

規則活用

잡수시다 / ジャプスシダ / 召し上がる

＊잡수다 も同じようによく使われます.

	辞書形	丁寧体	会話体	連体形
現在形	召し上がる 잡수시다 ジャプスシダ	召し上がります 잡수십니다 ジャプスシムニダ	召し上がります 잡수셔요 ジャプスショヨ	召し上がる〜 잡수시는 ジャプスシヌン
過去形	召し上がった 잡수셨다 ジャプスショッタ	召し上がりました 잡수셨습니다 ジャプスショッスムニダ	召し上がりました 잡수셨어요 ジャプスショッソヨ	召し上がった〜 잡수셨던 / 잡수신 ジャプスショットン / ジャプスシン
未来形	召し上がる 잡수시겠다 ジャプスシゲッタ	召し上がります 잡수시겠습니다 ジャプスシゲッスムニダ	召し上がります 잡수시겠어요 ジャプスシゲッソヨ	召し上がる〜 잡수실 ジャプスシル

❏ 召し上がります　　잡수세요　ジャプスセヨ

果物を召し上がります. ／ 과일을 잡수세요. グワイルル ジャプスセヨ

❏ 召し上がりますか　　잡수세요? ・ 잡수시나요?　ジャプスセヨ・ジャプスシナヨ

パンも召し上がりますか. ／ 빵도 잡수시나요?. ッパンド ジャプスシナヨ

❏ 召し上がります　　잡수시겠어요　困　ジャプスシゲッソヨ

今晩は何を召し上がりますか. ／ 오늘 저녁은 무엇을 잡수시겠어요? オヌル ジョニョグン ムオスル ジャプスシゲッソヨ

❏ 召し上がりません　　잡수시지 않아요 ・ 안 잡숴요　ジャプスシジ アナヨ・アン ジャプシュオヨ

少ししか召し上がりません. ／ 조금밖에 안 잡숴요. ジョグムパッケ アン ジャプシュオヨ

❏ 召し上がりませんか　　잡수시지 않을래요? ・ 안 잡수실래요?　ジャプスシジ アヌルレヨ・アン ジャプスシルレヨ

一緒に召し上がりませんか. ／ 같이 잡수시지 않을래요? ガチ ジャプスシジ アヌルレヨ

❏ 召し上がっています　　잡수시고 계세요　ジャプスシゴ ギェセヨ

社長は昼食を召し上がっています. ／ 사장님은 점심을 잡수시고 계세요. サジャンニムン ジョムシムル ジャプスシゴ ギェセヨ

❏ 召し上がりました　　잡수셨어요　ジャプスショッソヨ

母はスパゲッティを召し上がりました. ／ 어머니는 스파게티를 잡수셨어요. オモニヌン スパゲティルル ジャプスショッソヨ

❏ 召し上がっていません　　잡수시고 계시지 않아요 ・ 안 잡수고 계세요　ジャプスシゴ ギェシジ アナヨ・アン ジャプスゴ ゲセヨ

規則活用

❏ 召し上がりませんでした　잡수시지 않았어요・안 잡수셨어요　ジャㇷ゚スシジ アナッソヨ・アン ジャㇷ゚スショッソヨ

|祖父は洋食は召し上がりませんでした. | 할아버지는 양식은 안 잡수셨어요.
ハラボジヌン ヤンシグン アン ジャㇷ゚スショッソヨ |

❏ 召し上がれば　잡수시면　ジャㇷ゚スシミョン

|ゆっくり召し上がればいいのに. | 천천히 잡수시면 좋을 텐데.
チョンチョンヒ ジャㇷ゚スシミョン ジョウル テンデ |

❏ 召し上がらなければ　잡수시지 않으면・안 잡수시면　ジャㇷ゚スシジ アヌミョン・アン ジャㇷ゚スシミョン

|油っこいものさえ召し上がらなければいいです. | 기름기 있는 음식만 안 잡수시면 돼요.
ギルㇺキ インヌン ウㇺシㇰマン アン ジャㇷ゚スシミョン ドェヨ |

❏ 召し上がらなくても　잡수시지 않아도・안 잡수셔도　ジャㇷ゚スシジ アナド/アン ジャㇷ゚スショド

|全部召し上がらなくてもいいです. | 전부 안 잡수셔도 돼요.
ジョンブ アン ジャㇷ゚スショド ドェヨ |

❏ 召し上がること / 召し上がったこと　잡수시는 것・잡수실 것困/ 잡수셨던 적・잡수신 적　ジャㇷ゚スシヌン ゴッ・ジャㇷ゚スシル コッ/ジャㇷ゚スショットン ジョㇰ・ジャㇷ゚スシン ジョㇰ

❏ 召し上がりながら　잡수시면서　ジャㇷ゚スシミョンソ

|召し上がりながら聞いてください. | 잡수시면서 들으세요.
ジャㇷ゚スシミョンソ ドゥルセヨ |

❏ 召し上がるそうです　잡수신대요　ジャㇷ゚スシンデヨ

|少しずつ召し上がるそうです. | 조금씩 잡수신대요.
ジョグㇺッシㇰ ジャㇷ゚スシンデヨ |

❏ 召し上がる〜　잡수시는・잡수실困　ジャㇷ゚スシヌン・ジャㇷ゚スシル

|召し上がるときに温めます. | 잡수실 때 데우겠어요.
ジャㇷ゚スシル ッテ デウゲッソヨ |

❏ 召し上がらない〜　잡수시지 않는・안 잡수시는　ジャㇷ゚スシジ アンヌン・アン ジャㇷ゚スシヌン

|召し上がらないもの | 안 잡수시는 것
アン ジャㇷ゚スシヌン ゴッ |

❏ 召し上がった〜　잡수셨던・잡수신　ジャㇷ゚スショットン・ジャㇷ゚スシン

|日本で召し上がったのがおいしかったそうです. | 일본에서 잡수신 것이 맛있었대요.
イルボネソ ジャㇷ゚スシン ゴシ マシッソッテヨ |

❏ 召し上がらなかった〜　잡수시지 않았던・안 잡수셨던・안 잡수신　ジャㇷ゚スシジ アナットン・アン ジャㇷ゚スショットン・アン ジャㇷ゚スシン

|召し上がらなかったケーキは冷蔵庫に入れておきました. | 안 잡수신 케이크는 냉장고에 넣어 두었어요.
アン ジャㇷ゚スシン ケイクヌン ネンジャンゴエ ノオ ドゥオッソヨ |

❏ 召し上がってください　잡수세요　ジャㇷ゚スセヨ

❏ 召し上がってはいけません　잡수시면 안 돼요　ジャㇷ゚スシミョン アン ドェヨ

|まだ召し上がってはいけません. | 아직 잡수시면 안 돼요.
アジㇰ ジャㇷ゚スシミョン アン ドェヨ |

規則活用

❏ 召し上がらないでください　잡수시지 마세요　ジャプスシジ マセヨ

肉は召し上がらないでください.　고기는 잡수시지 마세요.
　　　　　　　　　　　　　　　ゴギヌン ジャプスシジ マセヨ

❏ 召し上がっても　잡수셔도　ジャプスショド

もう召し上がってもいい時間でしょう.　이제 잡수셔도 되는 시간이겠지요.
　　　　　　　　　　　　　　　　　　　イジェ ジャプスショド デェヌン シガニゲッチョ

❏ 召し上がるけれど / 召し上がったけれど　잡수시지만 / 잡수셨지만　ジャプスシジマン
　/ ジャプスショッチマン

イチゴは召し上がるけれどスイカは召し上がりません.　딸기는 잡수시지만 수박은 안 잡수세요.
　　　　　　　　　　　　　　　　　　　　　　　　　　ッタルギヌン ジャプスシジマン スバグン アン ジャプセヨ

❏ 召し上がっていただく　잡수시게 해요　ジャプスシゲ ヘヨ

❏ 召し上がって　잡수시고　ジャプスシゴ

❏ 召し上がりそうです　잡수실 것 같아요　ジャプスシル コッ ガタヨ

おいしく召し上がりそうです.　맛있게 잡수실 것 같아요.
　　　　　　　　　　　　　　　マシッケ ジャプスシル コッ ガタヨ

❏ 召し上がりやすい / 召し上がりにくい　잡수시기 쉬워요 / 잡수시기 어려워
　요　ジャプスシギ シュィウォヨ / ジャプスシギ オリョウォヨ

❏ 召し上がるから [と]　잡수시니까・잡수실 테니까 困　ジャプスシニッカ・ジャプスシル テニッカ

おいしく召し上がると私もうれしいです.　맛있게 잡수시니까 저도 좋아요.
　　　　　　　　　　　　　　　　　　　　マシッケ ジャプスシニッカ ジョド ジョアヨ

❏ 召し上がるので，召し上がったので　잡수셔서　ジャプスショソ

❏ 召し上がれます　잡수실 수 있어요　ジャプスシル ス イッソヨ

❏ 召し上がれません　잡수실 수 없어요・못 잡수세요　ジャプス シル ス オプソヨ・モッ チャプスセヨ

かたいものは召し上がれません.　딱딱한 것은 못 잡수세요.
　　　　　　　　　　　　　　　　ッタクタカン ゴスン モッ チャプスセヨ

❏ 召し上がったり　잡수시거나・잡수셨다가　ジャプスシゴナ・ジャプスショッタカ

주다 /ジュダ/ あげる・やる・与える

他 ①あげる・やる・与える・くれる. ②(お金を)出す・払う. ③(力を)入れる・込める. ④(心を)許す.
— 補 ①…てやる・…てあげる. ②…てくれる・…てもらう.

	辞書形	丁寧体	会話体	連体形
現在形	あげる 주다 ジュダ	あげます 줍니다 ジュムニダ	あげます 줘요 ジュォヨ	あげる〜 주는 ジュヌン
過去形	あげた 줬다 ジュォッタ	あげました 줬습니다 ジュォッスムニダ	あげました 줬어요 ジュォッソヨ	あげた〜 줬던/준 ジュォットン/ジュン
未来形	あげる 주겠다 ジュゲッタ	あげます 주겠습니다 ジュゲッスムニダ	あげます 주겠어요 ジュゲッソヨ	あげる〜 줄 ジュル

規則活用

❑ あげます　줘요　ジュォヨ
花に水をやります．　꽃에 물을 줘요．
　　　　　　　　　ッコチェ ムルル ジュォヨ

❑ あげますか　줘요？・주나요？　ジュォヨ・ジュナヨ
❑ あげます　주겠어요 困　ジュゲッソヨ
❑ あげるつもりです　줄 거예요　ジュル コイェヨ
❑ あげようと思います　줄 생각이에요　ジュル センガギエヨ
妹にもあげようと思います．　여동생에게도 줄 생각이에요．
　　　　　　　　　　　　　ヨドンセンエゲド ジュル センガギエヨ
ケーキを作ってあげようと思います．　케이크를 만들어 줄 생각이에요．補
　　　　　　　　　　　　　　　　　ケイクルル マンドゥロ ジュル センガギエヨ

❑ あげ[くれ]ません　주지 않아요・안 줘요　ジュジ アナヨ・アン ジュォヨ
お母さんが小遣いをくれません．　엄마가 용돈을 안 줘요．
　　　　　　　　　　　　　　　オムマガ ヨンットヌル アン ジュォヨ

❑ あげ[くれ]ませんか　주지 않을래요？・안 줄래요？　ジュジ アヌルレヨ・アン ジュルレヨ
飲み物をくれませんか．　마실 걸 주지 않을래요？
　　　　　　　　　　　マシル コル ジュジ アヌルレヨ

❑ あげて[与えて]います　주고 있어요　ジュゴ イッソヨ
テレビが子どもに悪影響を与えています．　텔레비전이 어린이에게 악영향을 주고 있어요．
　　　　　　　　　　　　　　　　　　　テルレビジョニ オリニエゲ アギョンヒャンウル ジュゴ イッソヨ

❑ あげました　주었어요・줬어요　ジュオッソヨ・ジュォッソヨ
その人に指輪をあげました．　그 사람에게 반지를 주었어요．
　　　　　　　　　　　　　グ サラメゲ パンジルル ジュオッソヨ

❏ あげて [払って] いません	주지 않고 있어요・안 주고 있어요	ジュジ アンコ イッソヨ・アン ジュゴ イッソヨ
まだ給料を払っていません.	아직 월급을 안 주고 있어요.	アジク ウォルグブル アン ジュゴ イッソヨ
❏ あげませんでした	주지 않았어요・안 주었어요	ジュジ アナッソヨ・アン ジュオッソヨ
何もあげませんでした.	아무것도 안 주었어요.	アムゴット アン ジュオッソヨ
❏ あげれば	주면	ジュミョン
餌を多くやれば太ります.	먹이를 많이 주면 살쪄요.	モギルル マニ ジュミョン サルッチョヨ
❏ あげなければ	주지 않으면・안 주면	ジュジ アヌミョン・アン ジュミョン
猫に餌をやらないといけません.	고양이에게 먹이를 주지 않으면 안 돼요.	ゴヤンイエゲ モギルル ジュジ アヌミョン アン ドェヨ
❏ あげなくても	주지 않아도・안 줘도	ジュジ アナド・アン ジュォド
犬に餌をやらなくてもいいのですか.	개에게 먹이를 안 줘도 되나요?	ゲエゲ モギルル アン ジュォド ドェナヨ
❏ あげること / あげたこと	주는 것・줄 것困 / 주었던 적・준 적	ジュヌン ゴッ・ジュル コッ / ジュオットン ジョク・ジュン ジョク
彼女に花をあげたことがあります.	그녀에게 꽃을 준 적이 있어요	グニョエゲ ッコチュル ジュン ジョギ イッソヨ
❏ あげましょうか	줄까요?	ジュルッカヨ
あなたにもあげましょうか.	당신에게도 줄까요?	ダンシネゲド ジュルッカヨ
❏ あげたいです / あげたくないです	주고 싶어요 / 주고 싶지 않아요	ジュゴ シポヨ / ジュゴ シッチ アナヨ
彼にチョコレートをあげたいです.	그에게 초콜릿을 주고 싶어요.	グエゲ チョコルリスル ジュゴ シポヨ
❏ あげてみます	줘 볼래요	ジュォ ボルレヨ
❏ あげる [くれる] そうです	준대요	ジュンデヨ
自転車をくれるそうです.	자전거를 준대요.	ジャジョンゴルル ジュンデヨ
許してくれるそうです.	용서해 준대요. 補	ヨンソヘ ジュンデヨ
❏ あげる [くれる] 〜	주는・줄 困	ジュヌン・ジュル
一緒に遊んでくれる友だち	같이 놀아주는 친구 補	ガチ ノラジュヌン チング
❏ あげ [くれ] ない〜	주지 않는・안 주는	ジュジ アンヌン・アン ジュヌン
だれも教えてくれないこと.	아무도 가르쳐 주지 않는 것 補	アムド ガルチョ ジュジ アンヌン ゴッ

規則活用

❑ あげた〜　주었던 [줬던] · 준　ジュオットン [ジュォットン] · ジュン

昨日あげたお菓子は食べましたか.	어제 준 과자는 먹었어요?
	オジェ ジュン グヮジャヌン モゴッソヨ

❑ あげなかった〜　주지 않았던 · 안 줬던 · 안 준　ジュジ アナットン · アン ジュォットン · アン ジュン

❑ あげてください　주세요　ジュセヨ

彼にもあげてください.	그에게도 주세요.
	グエゲド ジュセヨ

❑ あげてはいけません　주면 안 돼요　ジュミョン アン ドェヨ

この花にはあまり水を与えてはいけません.	이 꽃은 물을 많이 주면 안 돼요.
	イッコチュン ムルル マニ ジュミョン アン ドェヨ

❑ あげないでください　주지 마세요　ジュジ マセヨ

犬に鶏の骨をやらないでください.	개한테 닭뼈를 주지 마세요.
	ゲハンテ ダッкピョルル ジュジ マセヨ

❑ あげても　주어도 [줘도]　ジュォド [ジュォド]

餌をやっても食べません.	먹이를 줘도 안 먹어요.
	モギルル ジュォド アン モゴヨ

❑ あげるけれど / あげたけれど　주지만 / 주었지만 [줬지만]　ジュジマン / ジュォッチマン [ジュォッチマン]

ヒントをあげたけれど間違いました.	힌트를 줬지만 틀렸어요.
	ヒントゥルル ジュォッチマン トゥルリョッソヨ
説明してあげたけれど理解できないようです.	설명해 줬지만 이해 못 하는 것 같아요. 補
	ソルミョンヘ ジュォッチマン イヘ モッタヌン ゴッ ガタヨ

❑ あげ [返] させます　주게 해요　ジュゲ ヘヨ

本を図書館に返させます.	책을 도서관에 돌려주게 해요. 補
	チェグル ドソグヮネ ドルリョジュゲ ヘヨ

❑ あげ [くれ] そうです　줄 것 같아요　ジュル コッ ガタヨ

兄が韓国語を教えてくれそうです.	오빠가 한국어를 가르쳐 줄 것 같아요. 補
	オッパガ ハングゴルル ガルチョ ジュル コッ ガタヨ

❑ あげやすい / あげにくい　주기 쉬워요 / 주기 어려워요　ジュギ シュィウォヨ / ジュギ オリョウォヨ

❑ あげる [くれる] から　주니까 · 줄 테니까　困　ジュニッカ · ジュル テニッカ

ほめてくれるからうれしいです.	칭찬해 주니까 좋아요. 補
	チンチャンヘ ジュニッカ ジョアヨ

❑ あげる [くれる] ので / あげた [くれた] ので　주어서 [줘서]　ジュオソ [ジュォソ]

❑ あげられます　줄 수 있어요　ジュル ス イッソヨ

説明してあげられます.	설명해 줄 수 있어요. 補
	ソルミョンヘ ジュル ス イッソヨ

❑ あげられません　줄 수 없어요　ジュル ス オプソヨ

この本はあげられません.	이 책은 줄 수 없어요
	イ チェグン ジュル ス オプソヨ

規則活用

죽다 /ジュㇰタ/ 死ぬ

[自] ①死ぬ．②(草木などが)枯れる．③(動きが)止まる；やむ．④(勢い・気力・持ち味などが)衰える・なくなる・消える．⑤(色などが)さえない．

― [補] 〔一部の形容詞の…어・…아・…해の活用形の後ろについて〕その状態の程度がはなはだしいことを表す語：…たまらない・…死にそうだ・しょうがない．

	辞書形	丁寧体	会話体	連体形
現在形	死ぬ 죽다 ジュㇰタ	死にます 죽습니다 ジュㇰスㇺニダ	死にます 죽어요 ジュゴヨ	死ぬ〜 죽는 ジュㇰヌン
過去形	死んだ 죽었다 ジュゴッタ	死にました 죽었습니다 ジュゴッスㇺニダ	死にました 죽었어요 ジュゴッソヨ	死んだ〜 죽었던 / 죽은 ジュゴットン / ジュグン
未来形	死ぬ 죽겠다 ジュㇰケッタ	死にます 죽겠습니다 ジュㇰケッスㇺニダ	死にます 죽겠어요 ジュㇰケッソヨ	死ぬ〜 죽을 ジュグル

❏ 死に[枯れ]ます　죽어요　ジュゴヨ
花は水をやらないと枯れます．
꽃은 물을 안 주면 죽어요．
ッコチュン ムルル アン ジュミョン ジュゴヨ

❏ 死にますか　죽어요？・죽나요？　ジュゴヨ・ジュㇰナヨ

❏ 死にそうです　죽겠어요　ジュㇰケッソヨ
お腹がすいて死にそうです．
배가 고파서 죽겠어요． [補]
ベガ ゴパソ ジュㇰケッソヨ

❏ 死のうと思います　죽을 생각이에요　ジュグル センガギエヨ

❏ 死にません　죽지 않아요・안 죽어요　ジュㇰチ アナヨ・アン ジュゴヨ

❏ 死んでいます　죽어 있어요　ジュゴ イッソヨ
ゴキブリが死んでいます．
바퀴벌레가 죽어 있어요．
パクィボルレガ ジュゴ イッソヨ

❏ 死にました　죽었어요　ジュゴッソヨ
彼は事故で死にました．
그는 사고로 죽었어요．
グヌン サゴロ ジュゴッソヨ

❏ 死んで[枯れて]いません　죽고있지 않아요・안 죽고 있어요　ジュㇰコイッチ アナヨ・アン ジュㇰコ イッソヨ
花はまだ枯れていません．
꽃은 아직 안 죽었어요． [過]
ッコチュン アジㇰ アン ジュゴッソヨ

❏ 死にませんでした　죽지 않았어요・안 죽었어요　ジュㇰチ アナッソヨ・アン ジュゴッソヨ

❏ 死ねば　죽으면　ジュグミョン

- 死ねばすべて終わりです。　죽으면 모든 게 끝이에요. ジュグミョン モドゥン ゲ ックチエヨ
- ❏ 死ななくても　죽지 않아도・안 죽어도　ジュクチ アナド・アン ジュゴド
- ❏ 死にたいです / 死にたくないです　죽고 싶어요 / 죽고 싶지 않아요　ジュッコ シポヨ・ジュッコ シプチ アナヨ
- ❏ 死ぬそうです　죽는대요　ジュクヌンデヨ
- ❏ 死ぬ～　죽는・죽을 困 ジュクヌン・ジュグル
- ❏ 死なない～　죽지 않는・안 죽는　ジュクチ アンヌン・アン ジュクヌン
- ❏ 死んだ～　죽은・죽었던　ジュグン・ジュゴットン
  - 死んだ人は戻ってきません。　죽은 사람은 돌아오지 않아요. ジュグン サラムン ドラオジ アナヨ
- ❏ 死ななかった　죽지않았던・안 죽었던・안 죽은　ジュクチ アナットン・アン ジュゴットン・アン ジュグン
- ❏ 死んではいけません　죽으면 안 돼요　ジュグミョン アン ドェヨ
- ❏ 死なないでください　죽지 마세요　ジュクチ マセヨ
  - どうか死なないでください。　제발 죽지 마세요. ジェバル ジュクチ マセヨ
- ❏ 死んでも　죽어도　ジュゴド
  - 死んでも忘れられません。　죽어도 못 잊어요. ジュゴド モッ イジョヨ
- ❏ 死ぬけれど / 死んだけれど　죽지만 / 죽었지만　ジュクチマン・ジュゴッチマン
  - 彼は死んだけれどみんなの心の中に生きています。　그는 죽었지만 모두의 마음 속에 살아 있어요. グヌン ジュゴッチマン モドゥウィ マウム ソゲ サラ イッソヨ
- ❏ 死なせません　죽게 해요　ジュクケヘヨ
- ❏ 死んで　죽고　ジュッコ
- ❏ 死にそうです　죽을 것 같아요　ジュグル コッ ガタヨ
  - 花が枯れそうです。　꽃이 죽을 것 같아요. ッコチ ジュグル コッ ガタヨ
- ❏ 枯れやすい / 枯れにくい　죽기 쉬워요 / 죽기 어려워요　ジュクキ シュィウォヨ / ジュクキ オリョウォヨ
- ❏ 死ねません　죽을 수 없어요　ジュグル ス オプソヨ
  - 小さな子どもを遺して死ねません。　어린 아이를 두고 죽을 수 없어요. オリン アイルル ドゥゴ ジュグル ス オプソヨ

規則活用

지내다 /ジネダ/ 過ごす・暮らす

自 ①過ごす・暮らす. ②つき合う・交際する.
他 ①(儀式などを)執り行う. ②(ある職責を)勤める・経験する.

	辞書形	丁寧体	会話体	連体形
現在形	過ごす 지내다 ジネダ	過ごします 지냅니다 ジネムニダ	過ごします 지내요 ジネヨ	過ごす〜 지내는 ジネヌン
過去形	過ごした 지냈다 ジネッタ	過ごしました 지냈습니다 ジネッスムニダ	過ごしました 지냈어요 ジネッソヨ	過ごした〜 지냈던/지낸 ジネットン/ジネン
未来形	過ごす 지내겠다 ジネゲッタ	過ごします 지내겠습니다 ジネゲッスムニダ	過ごします 지내겠어요 ジネゲッソヨ	過ごす〜 지낼 ジネル

❏ 過ごします　지내요　ジネヨ

毎日楽しく過ごします.　　매일 즐겁게 지내요.
　　　　　　　　　　　　メイル ジュルゴッケ ジネヨ

❏ 過ごしますか　지내요? ・ 지내나요?　ジネヨ・ジネナヨ

❏ 過ごします　지내겠어요 困　ジネゲッソヨ

❏ 過ごすつもりです　지낼 거예요　ジネル コイェヨ

❏ 過ごそうと思います　지낼 생각이에요　ジネル センガギエヨ

夏休みはハワイで過ごそうと思います.　　여름 방학은 하와이에서 지낼 생각이에요.
　　　　　　　　　　　　　　　　　　　ヨルム パンハグン ハワイエソ ジネル センガギエヨ

❏ 過ごしません　지내지 않아요 ・ 안 지내요　ジネジ アナヨ・アン ジネヨ

❏ 過ごしませんか　지내지 않을래요? ・ 안 지낼래요?　ジネジ アヌルレヨ・アン ジネルレヨ

休日を一緒に過ごしませんか.　　휴일을 함께 지내지 않을래요?
　　　　　　　　　　　　　　　ヒュイルル ハムッケ ジネジ アヌルレヨ

❏ 過ごしています　지내고 있어요　ジネゴ イッソヨ

家族と穏やかな日々を過ごしています.　　가족과 평온한 하루하루를 지내고 있어요.
　　　　　　　　　　　　　　　　　　　ガジョックヮ ピョンオンハン ハルハルルル ジネゴ イッソヨ

❏ 過ごしました　지냈어요　ジネッソヨ

楽しく休日を過ごしました.　　즐겁게 휴일을 지냈어요.
　　　　　　　　　　　　　　ジュルゴッケ ヒュイルル ジネッソヨ

❏ 過ごしていません　지내고 있지 않아요 ・ 안 지내고 있어요　ジネゴ イッチ アナヨ・アン ジネゴ イッソヨ

楽に過ごして(は)いません.　　편하게 지내고 있지 않아요.
　　　　　　　　　　　　　　　ピョンハゲ ジネゴ イッチ アナヨ

❏ 過ごしませんでした　지내지 않았어요・안 지냈어요　ジネジ アナッソヨ・アン ジネッソヨ
❏ 過ごせば　지내면　ジネミョン
❏ 過ごさなければ　지내지 않으면・안 지내면　ジネジ アヌミョン・アン ジネミョン
❏ 過ごさなくても　지내지 않아도・안 지내도　ジネジ アナド・アン ジネド

| 一緒に過ごさなくてもいいです. | 같이 지내지 않아도 돼요.
ガチ ジネジ アナド ドェヨ |

❏ 過ごすこと / 過ごしたこと　지내는 것・지낼 것 困 / 지냈던 적・지낸 적　ジネヌン ゴッ・ジネル コッ / ジネットン ジョク・ジネン ジョク

| 楽しく過ごすことが重要です. | 즐겁게 지내는 것이 중요해요.
ジュルゴプケ ジネヌン ゴシ ジュンヨヘヨ |

❏ 過ごしながら　지내면서　ジネミョンソ

| 一緒に過ごしながら感じたこと | 함께 지내면서 느낀 것.
ハムッケ ジネミョンソ ヌッキン ゴッ |

❏ 過ごしましょうか　지낼까요 ?　ジネルッカヨ

| 夏休みをどのように過ごしましょうか. | 여름방학을 어떻게 지낼까요 ?
ヨルムバンハグル オットケ ジネルッカヨ |

❏ 過ごしたいです / 過ごしたくないです　지내고 싶어요 / 지내고 싶지 않아요
　ジネゴ シポヨ / ジネゴ シッチ アナヨ

| 週末を一緒に過ごしたいです. | 주말을 같이 지내고 싶어요.
ジュマルル ガチ ジネゴ シポヨ |

❏ 過ごしてみます　지내 볼래요　ジネ ボルレヨ

| 1人で過ごしてみます. | 혼자서 지내볼래요.
ホンジャソ ジネボルレヨ |

❏ 過ごすそうです　지낸대요　ジネンデヨ

| 忙しく過ごすそうです. | 바쁘게 지낸대요.
バップゲ ジネンデヨ |

❏ 過ごす [暮らす] ～　지내는・지낼 困　ジネヌン・ジネル

| 1人で暮らす老人がたくさんいます. | 혼자 지내는 노인이 많아요.
ホンジャ ジネヌン ノイニ マナヨ |

❏ 過ごさ [親しくなら] ない～　지내지 않는・안 지내는　ジネジ アンヌン・アン ジネヌン

| あの人とは親しくならない方がいいです. | 저 사람과는 친하게 지내지 않는게 좋아요.
ジョ サラムグヮヌン チンハゲ ジネジ アンヌンゲ ジョアヨ |

❏ 過ごした～　지냈던・지낸　ジネットン・ジネン

| 韓国で過ごした日々を忘れません. | 한국에서 지냈던 날들을 잊을 수 없어요.
ハングゲソ ジネットン ナルドゥルル イジュル ス オプソヨ |

❏ 過ごさなかった～　지내지 않았던・안 지냈던・안 지낸　ジネジ アナットン・アン ジネットン・アン ジネン

| 彼とは親しくなかったようです. | 그와는 친하게 지내지 않았던 것 같아요.
グヮヌン チンハゲ ジネジ アナットン ゴッ ガタヨ |

＊よく使う表現です.

規則活用

❏ 過ごしてください　지내세요　ジネセヨ

元気で過ごしてください.　　　　　　　건강하게 지내세요.
　　　　　　　　　　　　　　　　　　ゴンガンハゲ ジネセヨ

❏ 過ごしてはいけません　지내면 안 돼요　ジネミョン アン ドェヨ

❏ 過ごさないでください　지내지 마세요　ジネジ マセヨ

❏ 過ごしても　지내도　ジネド

一緒に暮しても寂しいです.　　　　　같이 지내도 외로워요.
　　　　　　　　　　　　　　　　　　ガチ ジネド ウェロウォヨ

❏ 過ごすけれど / 過ごしたけれど　지내지만 / 지냈지만　ジネジマン / ジネッチマン

❏ 過ごさせます　지내게 해요　ジネゲ ヘヨ

冬には子犬を室内で過ごさせます.　　겨울에는 강아지를 실내에서 지내게해요.
　　　　　　　　　　　　　　　　　　ギョウレヌン ガンアジルル シルレエソ ジネゲヘヨ

❏ 過ごして / 暮らして　지내고　ジネゴ

1人で暮らしています.　　　　　　　혼자 지내고 있어요.
　　　　　　　　　　　　　　　　　　ホンジャ ジネゴ イッソヨ

❏ 過ごしそうです　지낼 것 같아요　ジネル コッ ガタヨ

クリスマスは彼女と過ごしそうです.　크리스마스는 애인과 지낼 것 같아요.
　　　　　　　　　　　　　　　　　　クリスマスヌン エイングヮ ジネル コッ ガタヨ

❏ 過ごしやすい / 過ごしにくい　지내기 편해요 / 지내기 불편해요　ジネギ ピョンヘヨ
　　　／ ジネギ ブルピョンヘヨ

涼しくて過ごしやすいです.　　　　　시원해서 지내기 편해요.
　　　　　　　　　　　　　　　　　　シウォンヘソ ジネギ ピョンヘヨ

❏ 過ごすから　지내니까・지낼 테니까　困　ジネニッカ・ジネル テニッカ

好きなことをしながら過ごすから楽しいです.　좋아하는 일을 하면서 지내니까 좋아요.
　　　　　　　　　　　　　　　　　　　　　　ジョアハヌン イルル ハミョンソ ジネニッカ ジョアヨ

❏ 過ごすので, 過ごしたので　지내서　ジネソ

❏ 過ごせます　지낼 수 있어요　ジネル ス イッソヨ

ここなら快適に過ごせます.　　　　　여기라면 쾌적하게 지낼 수 있어요.
　　　　　　　　　　　　　　　　　　ヨギラミョン クェジョカゲ ジネル ス イッソヨ

❏ 過ごせません　지낼 수 없어요　ジネル ス オプソヨ

❏ 過ごしたり　지내거나　ジネゴナ

友だちと過ごしたり本を読んだりします.　친구와 지내거나 책을 읽거나 해요.
　　　　　　　　　　　　　　　　　　　　チングワ ジネゴナ チェグル イルコナ ヘヨ

規則活用

지우다 /ジウダ/ 消す

① (文字などを) 消す・なくす．② (化粧などを) 落とす．③ 中絶する．

	辞書形	丁寧体	会話体	連体形
現在形	消す 지우다 ジウダ	消します 지웁니다 ジウムニダ	消します 지워요 ジウォヨ	消す〜 지우는 ジウヌン
過去形	消した 지웠다 ジウォッタ	消しました 지웠습니다 ジウォッスムニダ	消しました 지웠어요 ジウォッソヨ	消した〜 지웠던 / 지운 ジウォットン / ジウン
未来形	消す 지우겠다 ジウゲッタ	消します 지우겠습니다 ジウゲッスムニダ	消します 지우겠어요 ジウゲッソヨ	消す〜 지울 ジウル

規則活用

❏ 消し [落とし] ます　지워요　ジウォヨ
　化粧を落とします．　　　화장을 지워요．
　　　　　　　　　　　　　ファジャンウル ジウォヨ

❏ 消しますか　지워요？・지우나요？　ジウォヨ・ジウナヨ

❏ 消します　지우겠어요 困　ジウゲッソヨ

❏ 消すつもりです　지울 거예요　ジウル コイェヨ

❏ 消そうと思います　지울 생각이에요　ジウル センガギエヨ
　ファイルを消そうと思います．　파일을 지울 생각이에요．
　　　　　　　　　　　　　　　　パイルル ジウル センガギエヨ

❏ 消しません　지우지 않아요・안 지워요　ジウジ アナヨ・アン ジウォヨ

❏ 消し [落し] ませんか　지우지 않을래요・안 지울래요？　ジウジ アヌルレヨ / アン ジウルレヨ
　化粧を落としませんか．　　화장 안 지울래요？
　　　　　　　　　　　　　　ファジャン アン ジウルレヨ

❏ 消しています　지우고 있어요　ジウゴ イッソヨ
　壁の落書きを消しています．　벽의 낙서를 지우고 있어요．
　　　　　　　　　　　　　　　ビョグィ ナクソルル ジウゴ イッソヨ

❏ 消しました　지웠어요　ジウォッソヨ
　消しゴムで消しました．　　지우개로 지웠어요．
　　　　　　　　　　　　　　ジウゲロ ジウォッソヨ

❏ 消していません　지우고 있지 않아요・안 지우고 있어요　ジウゴ イッチ アナヨ・アン ジウゴ イッソヨ

❏ 消しませんでした　지우지 않았어요・안 지웠어요　ジウジ アナッソヨ・アン ジウォッソヨ
　名前は消しませんでした．　이름은 안 지웠어요．
　　　　　　　　　　　　　　イルムン アン ジウォッソヨ

- ❏ 消せば　지우면　ジウミョン

消しゴムで消せば消せます。	지우개로 지우면 지워져요. ジウゲロ ジウミョン ジウォジョヨ

- ❏ 消さなければ　지우지 않으면・안 지우면　ジウジ アヌミョン・アン ジウミョン
- ❏ 消さなくても　지우지 않아도・안 지워도　ジウジ アナド・アン ジウォド

消さなくてもいいです。	지우지 않아도 돼요. ジウジ アナド デェヨ

- ❏ 消す［落とす］こと / 消したこと　지우는 것・지울 것🈳・지웠던 적・지운 적　ジウヌン ゴッ・ジウル コッ・ジウォットン ジョㇰ・ジウン ジョㇰ

化粧は落とすことが重要です。	화장은 지우는 것이 중요해요. ファジャンウン ジウヌン ゴシ ジュンヨヘヨ

- ❏ 消しながら　지우면서　ジウミョンソ
- ❏ 消しましょうか　지울까요 ?　ジウルッカヨ

ホワイトボードを消しましょうか。	화이트보드를 지울까요 ? ファイトゥボドゥルル ジウルッカヨ

- ❏ 消したいです / 消したくないです　지우고 싶어요 / 지우고 싶지 않아요　ジウゴ シポヨ / ジウゴ シㇴチ アナヨ

間違った箇所を消したいです。	잘못된 곳을 지우고 싶어요. ジャルモットェン ゴスル ジウゴ シポヨ

- ❏ 消してみます　지워 볼래요　ジウォ ボルレヨ

消しゴムで消してみます。	지우개로 지워 볼래요. ジウゲロ ジウォ ボルレヨ

- ❏ 消すそうです　지운대요　ジウンデヨ

メールは読んだら消すそうです。	메일은 읽으면 지운대요. メイルン イルグミョン ジウンデヨ

- ❏ 消す〜　지우는・지울 🈳　ジウヌン・ジウル

染みを消す方法	얼룩을 지우는 방법 オルルグル ジウヌン バンボァ

- ❏ 消さない〜　지우지 않는・안 지우는　ジウジ アンヌン・アン ジウヌン
- ❏ 消した〜　지웠던・지운　ジウォットン・ジウン

消したファイルを復元させます。	지웠던 파일을 복원시켜요. ジウォットン パイルル ボグォンシキョヨ

- ❏ 消さなかった〜　지우지 않았던・안 지웠던・안 지운　ジウジ アナットン・アン ジウォットン・アン ジウン

消さなかった電話番号	지우지 않았던 전화번호 ジウジ アナットン ジョンファボンホ

- ❏ 消してください　지워 주세요・지우세요　ジウォ ジュセヨ・ジウセヨ
- ❏ 消してはいけません　지우면 안 돼요　ジウミョン アン デェヨ

規則活用

357

データを消してはいけません。　데이터를 지우면 안 돼요. デイトルル ジウミョン アン ドェヨ

❏ 消さないでください　지우지 마세요　ジウジ マセヨ
数字は消さないでください。　숫자는 지우지 마세요. スッチャヌン ジウジ マセヨ

❏ 消しても　지워도　ジウォド
5行目は消してもかまいません。　다섯째 줄은 지워도 돼요. ダソッチェ ジュルン ジウォド ドェヨ

❏ 消すけれど / 消したけれど　지우지만 / 지웠지만　ジウジマン / ジウォッチマン
❏ 消させます　지우게 해요　ジウゲ ヘヨ
❏ 消して　지우고　ジウゴ
1字消して修正しました。　한 자 지우고 수정했어요. ハン ジャ ジウゴ スジョンヘッソヨ

❏ 消しやすい / 消しにくい　지우기 쉬워요 / 지우기 어려워요　ジウギ シュィウォヨ / ジウギ オリョウォヨ
乾くと消しやすいです。　마르면 지우기 쉬워요. マルミョン ジウギ シュィウォヨ

❏ 消す [落とす] から　지우니까・지울 테니까 困　ジウニッカ・ジウル テニッカ
❏ 消すので, 消したので　지워서　ジウォソ
❏ 消せます　지울 수 있어요　ジウル ス イッソヨ
❏ 消せません　지울 수 없어요　ジウル ス オプソヨ
このファイルは消せません。　이 파일은 지울 수 없어요. イ パイルン ジウル ス オプソヨ

❏ 消したり　지우거나・지웠다가　ジウゴナ・ジウォッタガ

規則活用

찍다 /ッチㇰタ/ 撮る

①撮る. ②(粉や液体などを)つける. ③(点などを)つける・打つ. ④(頬紅や口紅などを)つける・塗る. ⑤(印鑑などを)押す. ⑥(印刷物を)刷る. ⑦型に押す. ⑧めぼしいものに印をつける・目をつけておく. ⑨投票する.

	辞書形	丁寧体	会話体	連体形
現在形	撮る 찍다 ッチㇰタ	撮ります 찍습니다 ッチㇰスムニダ	撮ります 찍어요 ッチゴヨ	撮る〜 찍는 ッチㇰヌン
過去形	撮った 찍었다 ッチゴッタ	撮りました 찍었습니다 ッチゴッスムニダ	撮りました 찍었어요 ッチゴッソヨ	撮った〜 찍었던/찍은 ッチゴットン/ッチグン
未来形	撮る 찍겠다 ッチㇰケッタ	撮ります 찍겠습니다 ッチㇰケッスムニダ	撮ります 찍겠어요 ッチㇰケッソヨ	撮る〜 찍을 ッチグル

❏ 撮ります　찍어요　ッチゴヨ
旅行先では必ず写真を撮ります.　여행지에서는 반드시 사진을 찍어요. ヨヘンジエソヌン パンドゥシ サジヌル ッチゴヨ

❏ 撮りますか　찍어요?・찍나요?　ッチゴヨ・ッチㇰナヨ

❏ 撮りません　찍지 않아요・안 찍어요　ッチㇰチ アナヨ・アン ッチゴヨ
風景写真は撮りません.　풍경사진은 안 찍어요. プンギョンサジヌン アン ッチゴヨ

❏ 撮るつもりです　찍을 거예요　ッチグル コイェヨ

❏ 撮ろうと思います　찍을 생각이에요　ッチグル センガギエヨ
1番候補に票を入れようと思います.　일 번 후보를 찍을 생각이에요. イル ボン フボルル ッチグル センガギエヨ

❏ 撮りませんか　찍지 않을래요?・안 찍을래요?　ッチㇰチ アヌルレヨ・アン ッチグルレヨ
一緒に写真を撮りませんか.　같이 사진 안 찍을래요? ガチ サジン アン チグルレヨ

❏ 撮っています　찍고 있어요　ッチㇰコ イッソヨ
卒業写真を撮っています.　졸업사진을 찍고 있어요. ジョロプサジヌル ッチㇰコ イッソヨ

❏ 撮りました　찍었어요　ッチゴッソヨ
公園で写真を撮りました.　공원에서 사진을 찍었어요? ゴンウォネソ サジヌル ッチゴッソヨ

❏ 撮っていません　찍고 있지 않아요・안 찍고 있어요　ッチㇰコ イッチ アナヨ・アン ッチㇰコ イッソヨ

規則活用

- ❏ 撮りませんでした　찍지 않았어요・안 찍었어요　ッチヂ アナッソヨ・アン ッチゴッソヨ

団体写真は撮りませんでした.	단체사진은 안 찍었어요. ダンチェサジヌン アン ッチゴッソヨ

- ❏ 撮れば　찍으면　ッチグミョン

写真を撮ればいい思い出になるでしょう.	사진을 찍으면 좋은 추억이 되겠지요. サジヌル ッチグミョン ジョウン チュオギ ドェゲッチヨ

- ❏ 撮らな [押さな] ければ　찍지 않으면・안 찍으면　ッチヂ アヌミョン・アン ッチグミョン

契約書には印鑑を押さなければなりません.	계약서에는 도장을 안 찍으면 안 돼요. ゲヤクソエヌン ドジャンウル アン ッチグミョン アン ドェヨ

- ❏ 撮らなくても　찍지 않아도・안 찍어도　ッチヂ アナド・アン ッチゴド

- ❏ 撮ること / 撮ったこと　찍는 것・찍을 것[困] / 찍었던 적・찍은 적　ッチンヌン ゴッ・ッチグル コッ / ッチゴットン ジョク・ッチグン ジョク

写真を撮ることが趣味です.	사진을 찍는 것이 취미예요. サジヌル ッチンヌン ゴシ チュィミイェヨ

- ❏ 撮りながら　찍으면서　ッチグミョンソ

写真を撮りながら旅をしました.	사진을 찍으면서 여행을 했어요. サジヌル ッチグミョンソ ヨヘンウル ヘッソヨ

- ❏ 撮りましょうか　찍을까요?　ッチグルッカヨ

私が写真を撮りましょうか.	제가 사진을 찍을까요? ジェガ サジヌル ッチグルッカヨ

- ❏ 撮りたいです / 撮りたくないです　찍고 싶어요 / 찍고 싶지 않아요　ッチッコ シポヨ / ッチッコ シプチ アナヨ

証明写真を撮りたいです.	증명사진을 찍고 싶어요. ジュンミョンサジヌル ッチッコ シポヨ

- ❏ 撮ってみます　찍어 볼래요　ッチゴ ボルレヨ

もう一度撮ってみます.	다시 한 번 찍어 볼래요. ダシ ハン ボン ッチゴ ボルレヨ

- ❏ 撮るそうです　찍는대요　ッチンヌンデヨ

新しい映画を撮るそうです.	새 영화를 찍는대요. セ ヨンファルル ッチンヌンデヨ

- ❏ 撮る〜　찍은・찍을[困]　ッチグン・ッチグル

新郎新婦と写真を撮る人は前にどうぞ.	신랑신부와 사진을 찍을 사람은 앞으로 와 주세요. シンランシンブワ サジヌル ッチグル サラムン アプロ ワ ジュセヨ

- ❏ 撮らない〜　찍지 않는・안 찍는　ッチヂ アンヌン・アン ッチヌン

- ❏ 撮った〜　찍었던・찍은　ッチゴットン・ッチグン

撮った写真はパソコンで編集します.	찍은 사진은 컴퓨터로 편집해요. ッチグン サジヌン コムピュトロ ピョンジペヨ

- ❏ 撮ってください　찍어 주세요・찍으세요　ッチゴ ジュセヨ・ッチグセヨ

私の写真を撮ってください.	제 사진을 찍어 주세요. ジェ サジヌル ッチゴ ジュセヨ

- 撮ってはいけません　찍으면 안 돼요　ッチグミョン アン ドェヨ

  許可なく写真を撮ってはいけません．　허가없이 사진을 찍으면 안 돼요．
  ホガオプシ サジヌル ッチグミョン アン ドェヨ

- 撮らないでください　찍지 마세요　ッチッチ マセヨ

  ここでは写真を撮らないでください．　여기서는 사진을 찍지 마세요．
  ヨギソヌン サジヌル ッチッチ マセヨ

- 撮っても　찍어도　ッチゴド

  写真を撮ってもいいですか．　사진을 찍어도 되나요？
  サジヌル ッチゴド ドェナヨ

- 撮るけれど / 撮ったけれど　찍지만 / 찍었지만　ッチッチマン / ッチゴッチマン

- 撮らせます　찍게 해요　ッチッケ ヘヨ

  記念写真を撮らせます．　기념사진을 찍게해요．
  ギニョムサジヌル ッチッケ ヘヨ

- 撮って　찍고　ッチッコ

  写真も撮ってビデオも撮りました．　사진도 찍고 비디오도 찍었어요．
  サジンド ッチッコ ピディオド ッチゴッソヨ

- 撮りやすい / 撮りにくい　찍기 쉬워요 / 찍기 어려워요　ッチッキ シュイウォヨ・ッチッキ オリョウォヨ

  動く動物は撮りにくいです．　움직이는 동물은 찍기 어려워요．
  ウムジギヌン ドンムルン ッチッキ オリョウォヨ

- 撮るから　찍으니까・찍을 테니까　ッチグニッカ・ッチグル テニッカ

  写真を撮るから集まってください．　사진을 찍으니까 모여 주세요．
  サジヌル ッチグニッカ モヨ ジュセヨ

- 撮るので，撮ったので　찍어서　ッチゴソ

- 撮れます　찍을 수 있어요　ッチグル ス イッソヨ

  鮮明な写真が撮れます．　선명한 사진을 찍을 수 있어요．
  ソンミョンハン サジヌル ッチグル ス イッソヨ

- 撮れません　찍을 수 없어요　ッチグル ス オプソヨ

- 撮ったり　찍거나・찍었다가　ッチッコナ・ッチゴッタガ

- 撮りに行きます / 撮りに来ます　찍으러 가요 [와요]　ッチグロ ガヨ[ワヨ]

  鯨の写真を撮りに行きます．　고래 사진을 찍으러 가요．
  ゴレ サジヌル ッチグロ ガヨ

規則活用

찾다 /チャッタ/ 探す・捜す

①探す・捜す. ②見つける. ③求める. ④尋ねる. ⑤(銀行でお金を)下ろす. ⑥(辞書を)調べる[引く].

	辞書形	丁寧体	会話体	連体形
現在形	探す 찾다 チャッタ	探します 찾습니다 チャッスムニダ	探します 찾아요 チャジャヨ	探す〜 찾는 チャンヌン
過去形	探した 찾았다 チャジャッタ	探しました 찾았습니다 チャジャッスムニダ	探しました 찾았어요 チャジャッソヨ	探した〜 찾았던 / 찾은 チャジャットン / チャジュン
未来形	探す 찾겠다 チャッケッタ	探します 찾겠습니다 チャッケッスムニダ	探します 찾겠어요 チャッケッソヨ	探す〜 찾을 チャジュル

☐ 探します 찾아요 チャジャヨ

間違いを探します. 　틀린 곳을 찾아요.
　　　　　　　　　　トゥルリン ゴスル チャジャヨ

☐ 探しますか 찾아요?・찾나요? チャジャヨ・チャッナヨ
☐ 探します 찾겠어요 困 チャッケッソヨ
☐ 探すつもりです 찾을 거예요 チャジュル コイェヨ
☐ 探そう[見つけよう]と思います 찾을 생각이에요 チャジュル センガギエヨ

必ず見つけようと思います. 　꼭 찾을 생각이에요.
　　　　　　　　　　　　　　ッコク チャジュル センガギエヨ

☐ 探しません 찾지 않아요・안 찾아요 チャッチ アナヨ・アン チャジャヨ
☐ 探しませんか 찾지 않을래요?・안 찾을래요? チャッチ アヌルレヨ・アン チャジュルレヨ

他の人を探しませんか. 　다른 사람을 찾지 않을래요?
　　　　　　　　　　　　ダルン サラムル チャッチ アヌルレヨ

☐ 探しています 찾고 있어요 チャッコ イッソヨ

今探しています 　지금 찾고 있어요.
　　　　　　　　　ジグム チャッコ イッソヨ

☐ 探し[下ろし]ました 찾았어요 チャジャッソヨ

ATMでお金を下ろしました. 　현금인출기에서 돈을 찾았어요.
　　　　　　　　　　　　　　ヒョングムインチュルギエソ ドヌル チャジャッソヨ

☐ 探していません 찾고 있지 않아요・안 찾고 있어요 チャッコ イッチ アナヨ・アン チャッコ イッソヨ
☐ 探しませんでした 찾지 않았어요・안 찾았어요 チャッチ アナッソヨ・アン チャジャッソヨ
☐ 探せば, 見つけたら 찾으면 チャジュミョン

見つけたら連絡ください.	찾으면 연락 주세요. チャジュミョン ヨンラク ジュセヨ

- ❏ 探さなければ　찾지 않으면・안 찾으면　チャッチ アヌミョン・アン チャジュミョン

彼を探さなければなりません.	그를 찾지 않으면 안 돼요. グルル チャッチ アヌミョン アン ドェヨ

- ❏ 探さなくても　찾지 않아도・안 찾아도　チャッチ アナド・アン チャジャド

探さなくても出てきますよ.	안 찾아도 나와요. アン チャジャド ナワヨ

- ❏ 探すこと　찾는 것・찾을 것[困]/ 찾았던 적・찾은 적　チャンヌン ゴッ・チャジュル コッ/ チャジャットン ジョク・チャジュン ジョク

- ❏ 探しながら　찾으면서　チャジュミョンソ

- ❏ 探しましょうか　찾을까요？　チャジュルッカヨ

一緒に探しましょうか.	같이 찾을까요？ ガチ チャジュルッカヨ

- ❏ 探したいです / 探したくないです　찾고 싶어요 / 찾고 싶지 않아요　チャッコ シポヨ / チャッコ シッチ アナヨ

なくしたカバンを探したいです.	잃어버린 가방을 찾고 싶어요. イロボリン ガバヌル チャッコ シポヨ

- ❏ 探してみます　찾아 볼래요　チャジャ ボルレヨ

ベッドの下を探してみます.	침대 밑을 찾아 볼래요. チムデ ミトゥル チャジャ ボルレヨ

- ❏ 探す [捜す] そうです　찾는대요　チャンヌンデヨ

お母さんを探すそうです.	엄마를 찾는대요. オムマルル チャンヌンデヨ

- ❏ 探す〜　찾는・찾을[困]　チャンヌン・チャジュル

働き口を探す人	일자리를 찾는 사람 イルチャリルル チャンヌン サラム

- ❏ 探さない〜　찾지 않는・안 찾는　チャッチ アンヌン・アン チャンヌン

- ❏ 探し [調べ] た〜　찾았던・찾은　チャジャットン・チャジュン

一度調べた単語には下線を引きます.	한 번 찾았던 단어에는 밑줄을 쳐요. ハン ボン チャジャットン ダノエヌン ミッチュルル チョヨ

- ❏ 探さなかった〜　찾지 않았던・안 찾았던・안 찾은　チャッチ アナットン・アン チャジャットン・アン チャジュン

- ❏ 探してください　찾아 주세요・찾으세요　チャジャ ジュセヨ・チャジュセヨ

家の中をよく探してください.	집 안을 잘 찾으세요. ジブ アヌル ジャル チャジュセヨ

- ❏ 探してはいけません　찾으면 안 돼요　チャジュミョン アン ドェヨ

- ❏ 探さないでください　찾지 마세요　チャッチ マセヨ

規則活用

幸せを遠くで探さないでください。　　　행복을 멀리서 찾지 마세요．
　　　　　　　　　　　　　　　　　　　ヘンボグル モルリソ チャッチ マセヨ

❏ 探しても　찾아도　チャジャド
　いくら探してもありません。　　　　　아무리 찾아도 없어요．
　　　　　　　　　　　　　　　　　　　アムリ チャジャド オプソヨ

❏ 探すけれど / 探したけれど　찾지만 / 찾았지만　チャッチマン / チャジャッチマン
　探したけれども見つかりませんでした。　찾았지만 발견되지 않았어요．
　　　　　　　　　　　　　　　　　　　チャジャッチマン パルギョンドェジ アナッソヨ

❏ 探させます　찾게 해요　チャッケ ヘヨ
　弟にも探させます。　　　　　　　　　남동생에게도 찾게 해요．
　　　　　　　　　　　　　　　　　　　ナムドンセンエゲド チャッケ ヘヨ

❏ 探して　찾고　チャッコ
❏ 探しそうです　찾을 것 같아요　チャジュル コッ ガタヨ
❏ 探しやすい / 探しにくい　찾기 쉬워요 / 찾기 어려워요　チャッキ シュィウォヨ / チャッキ オリョウォヨ
　四葉のクローバは探しにくいです。　　네 잎 클로버는 찾기 어려워요．
　　　　　　　　　　　　　　　　　　　ネイプ クルロボヌン チャッキ オリョウォヨ

❏ 探すから, 探したら　찾으니까・찾을 테니까 困　チャジュニッカ・チャジュル テニッカ
　探したらありました。　　　　　　　　찾으니까 있었어요．
　　　　　　　　　　　　　　　　　　　チャジュニッカ イッソッソヨ

❏ 探すので, 探したので　찾아서　チャジャソ
❏ 探せます　찾을 수 있어요　チャジュル ス イッソヨ
　インターネットで探せます。　　　　　인터넷에서 찾을 수 있어요．
　　　　　　　　　　　　　　　　　　　イントネセソ チャジュル ス イッソヨ

❏ 探せません　찾을 수 없어요　チャジュル ス オプソヨ
❏ 探したり　찾거나・찾았다가　チャッコナ・チャジャッタガ
❏ 探しに行きます [来ます]　찾으러 가요 [와요]　チャジュロ ガヨ [ワヨ]
　落し物を探しに行きます。　　　　　　분실물을 찾으러 가요．
　　　　　　　　　　　　　　　　　　　プンシルムルル チャジュロ ガヨ

規則活用

추다 /チュダ/ 踊る

	辞書形	丁寧体	会話体	連体形
現在形	踊る 추다 チュダ	踊ります 춥니다 チュムニダ	踊ります 추어요 チュオヨ	踊る〜 추는 チュヌン
過去形	踊った 추었다 チュオッタ	踊りました 추었습니다 チュオッスムニダ	踊りました 추었어요 チュオッソヨ	踊った〜 추었던 / 춘 チュオットン / チュン
未来形	踊る 추겠다 チュゲッタ	踊ります 추겠습니다 チュゲッスムニダ	踊ります 추겠어요 チュゲッソヨ	踊る〜 출 チュル

❏ 踊ります　추어요　チュオヨ
　踊りを踊ります．　　　　　　　춤을 추어요．
　　　　　　　　　　　　　　　　チュムル チュオヨ

❏ 踊りますか　추어요? · 추나요?　チュオヨ・チュナヨ

❏ 踊ります　추겠어요[困]　チュゲッソヨ

❏ 踊るつもりです　출 거예요　チュル コイエヨ

❏ 踊ろうと思います　출 생각이에요　チュル センガギエヨ
　忘年会で踊ろうと思います．　　　망년회에서 출 생각이에요．
　　　　　　　　　　　　　　　　マンニョンフエソ チュル センガギエヨ

❏ 踊りません　추지 않아요 · 안 추어요　チュジ アナヨ・アン チュオヨ

❏ 踊りませんか　추지 않을래요? · 안 출래요?　チュジ アヌルレヨ・アン チュルレヨ
　一曲踊りませんか．　　　　　　한 곡 추지 않을래요?
　　　　　　　　　　　　　　　　ハン ゴク チュジ アヌルレヨ

❏ 踊っています　추고 있어요　チュゴ イッソヨ
　チョルスさんが踊っています．　철수 씨가 추고 있어요．
　　　　　　　　　　　　　　　　チョルス ッシガ チュゴ イッソヨ

❏ 踊りました　추었어요　チュオッソヨ
　フォークダンスを踊りました．　포크댄스를 추었어요．
　　　　　　　　　　　　　　　　ポクデンスルル チュオッソヨ

❏ 踊っていません　추고 있지 않아요 · 안 추고 있어요　チュゴ イッチ アナヨ / アン チュゴ イッソヨ
　見るだけで踊っていません．　　보기만하고 안 추고 있어요．
　　　　　　　　　　　　　　　　ボギマンハゴ アン チュゴ イッソヨ

❏ 踊りませんでした　추지 안았어요 · 안 추었어요　チュジ アナッソヨ / アン チュオッソヨ
　2時間くらいしか踊りませんでした．　두 시간 정도 밖에 안 추었어요．
　　　　　　　　　　　　　　　　ドゥ シガン ジョンド パッケ アン チュオッソヨ

規則活用

規則活用

- ❑ **踊れば**　추면　チュミョン
  - 一緒に踊りを踊ればすぐ親しくなります。
  - 같이 춤을 추면 금방 친해져요. ガチ チュムル チュミョン グムパン チンヘジョヨ

- ❑ **踊らなければ**　추지 않으면・안 추면　チュジ アヌミョン・アン チュミョン
  - 相手に合わせて踊らなければいけません。
  - 상대에게 맞춰서 추지 않으면 안 돼요. サンデエゲ マッチュオソ チュジ アヌミョン アン ドェヨ

- ❑ **踊らなくても**　추지 않아도・안 추어도　チュジ アナド・アン チュオド
  - 踊らなくても見るだけでも楽しいです。
  - 안 추어도 보는 것 만으로도 즐거워요. アン チュオド ボヌン ゴッ マヌロド ジュルゴウォヨ

- ❑ **踊ること/踊ったこと**　추는 것・출 것困/ 추었던 적・춘 적　チュヌン ゴッ・チュル コッ/ チュオットン ジョク・チュン ジョク
  - タンゴは踊ったことがありません。
  - 탱고는 춘 적이 없어요. テンゴヌン チュン ジョギ オプソヨ

- ❑ **踊りながら**　추면서　チュミョンソ
  - 踊りを踊りながら歌うのは大変です。
  - 춤 추면서 노래 부르는 것은 힘들어요. チュム チュミョンソ ノレ ブルヌン ゴスン ヒムドゥロヨ

- ❑ **踊りましょうか**　출래요?・출까요?　チュルレヨ・チュルッカヨ
  - タップダンスを踊りましょうか。
  - 탭댄스를 출래요? テプデンスルル チュルレヨ

- ❑ **踊りたいです/踊りたくないです**　추고 싶어요 / 추고 싶지 않아요　チュゴ シポヨ / チュゴ シッチ アナヨ
  - あまりうれしくて踊りでも踊りたいです。
  - 너무 기뻐서 춤이라도 추고 싶어요. ノム ギッポソ チュミラド チュゴ シポヨ

- ❑ **踊ってみます**　추어 볼래요　チュオ ボルレヨ
  - フラメンコを踊ってみます。
  - 플라멩코를 추어 볼래요. プルラメンコルル チュオ ボルレヨ

- ❑ **踊るそうです**　춘대요　チュンデヨ
  - 部長も踊るそうです。
  - 부장님도 춘대요. ブジャンニムド チュンデヨ

- ❑ **踊る〜**　추는・출困　チュヌン・チュル
  - フラダンスを踊る人
  - 훌라댄스를 추는 사람 フルラデンスルル チュヌン サラム

- ❑ **踊らない〜**　추지 않는・안 추는　チュジ アンヌン・アン チュヌン

- ❑ **踊った〜**　추었던・춘　チュオットン・チュン
  - 一緒に踊った人
  - 같이 춘 사람 ガチ チュン サラム

- ❑ **踊らなかった〜**　추지 않았던・안 추었던・안 춘　チュジ アナットン・アン チュオットン・アン チュン

- ❑ **踊ってください**　추어 주세요・추세요　チュオ ジュセヨ・チュセヨ

- ❑ **踊ってはいけません**　추면 안 돼요　チュミョン アン ドェヨ

| 酔っ払って踊ってはいけません. | 술에 취해서 추면 안 돼요.
スレ チュィヘソ チュミョン アン ドェヨ |

❏ 踊らないでください　추지 마세요 チュジ マセヨ

| 1人で踊らないでください. | 혼자서 추지 마세요.
ホンジャソ チュジ マセヨ |

❏ 踊っても　추어도 チュオド

| いくら踊ってもうまくできません. | 아무리 추어도 잘 안 돼요.
アムリ チュオド ジャル アン ドェヨ |

❏ 踊るけれど / 踊ったけれど　추지만 / 추었지만 チュジマン / チュオッチマン

❏ 踊らせます　추게 해요 チュゲ ヘヨ

❏ 踊って　추고 チュゴ

❏ 踊りそうです　출 것 같아요 チュル コッ ガタヨ

❏ 踊りやすい / 踊りにくい　추기 쉬워요 / 추기 어려워요 チュギ シュィウォヨ / チュギ オリョウォヨ

| ベリーダンスは踊りにくいです. | 벨리댄스는 추기 어려워요.
ベルリデンスヌン チュギ オリョウォヨ |

❏ 踊るから　추니까・출 테니까 困 チュニッカ / チュル テニッカ

| 踊るから見てください. | 출 테니까 보세요.
チュル テニッカ ボセヨ |

❏ 踊るので, 踊ったので　추어서 チュオソ

❏ 踊れます　출 수 있어요 チュル ス イッソヨ

| 練習すれば踊れます. | 연습하면 출 수 있어요.
ヨンスパミョン チュル ス イッソヨ |

❏ 踊れません　출 수 없어요 チュルス オプソヨ

❏ 踊ったり　추거나・추었다가 チュゴナ・チュオッタガ

❏ 踊りに行きます [来ます]　추러 가요 [와요] チュロ ガヨ [ワヨ]

| 踊りを踊りに行きます. | 춤을 추러 가요.
チュムル チュロ ガヨ |

춤추다 /チュムチュダ/ 踊る

①踊る．②躍り上がる．③操られる．

	辞書形	丁寧体	会話体	連体形
現在形	踊る 춤추다 チュムチュダ	踊ります 춤춥니다 チュムチュムニダ	踊ります 춤춰요 チュムチュォヨ	踊る〜 춤추는 チュムチュヌン
過去形	踊った 춤췄다 チュムチュォッタ	踊りました 춤췄습니다 チュムチュォッスムニダ	踊りました 춤췄어요 チュムチュォッソヨ	踊った〜 춤췄던/춤춘 チュムチュォットン/チュムチュン
未来形	踊る 춤추겠다 チュムチュゲッタ	踊ります 춤추겠습니다 チュムチュゲッスムニダ	踊ります 춤추겠어요 チュムチュゲッソヨ	踊る〜 춤출 チュムチュル

規則活用

❏ 踊ります　춤춰요　チュムチュォヨ

　サンバを踊ります．　　　　　삼바춤을 춰요．
　　　　　　　　　　　　　　　サムバチュムル チュォヨ

＊活用形は**춤춰요**ですが，日常的には**춰요**をよく使います．

❏ 踊りますか　춤춰요？・춤추나요？　チュムチュォヨ・チュムチュナヨ

❏ 踊ります　춤추겠어요 困 チュムチュゲッソヨ

❏ 踊るつもりです　춤출 거예요　チュムチュル コイエヨ

❏ 踊ろうと思います　춤출 생각이에요　チュムチュル センガギエヨ

❏ 踊りません　춤추지 않아요・춤 안 춰요　チュムチュジ アナヨ・チュム アン チュォヨ

❏ 踊りませんか　춤추지 않을래요？・춤 안출래요？　チュムチュジ アヌルレヨ・チュム アンチュルレヨ

　私と踊りませんか．　　　　　나랑 춤 안출래요？
　　　　　　　　　　　　　　　ナラン チュム アンチュルレヨ

❏ 踊っています　춤추고 있어요　チュムチュゴ イッソヨ

　若者たちが踊っています．　　젊은 사람들이 춤추고 있어요．
　　　　　　　　　　　　　　　ジョルムン サラムドゥリ チュムチュゴ イッソヨ

❏ 踊りました　춤췄어요　チュムチュォッソヨ

　みんなで踊りました．　　　　모두가 춤췄어요．
　　　　　　　　　　　　　　　モドゥガ チュムチュォッソヨ

❏ 踊っていません　춤추고 있지 않아요・춤 안 추고 있어요　チュムチュゴ イッチ アナヨ・チュム アン チュゴ イッソヨ

❏ 踊りませんでした　춤추지 않았어요・춤 안췄어요　チュムチュジ アナッソヨ・チュム アンチュォッソヨ

❏ 踊れば　춤추면　チュムチュミョン

踊ればやせますか.	춤추면 살이 빠지나요？ チュムチュミョン サリ ッパジナヨ	

- ❏ 踊らなければ　춤추지 않으면・춤 안추면　チュムチュジ アヌミョン・チュム アンチュミョン
- ❏ 踊らなくても　춤추지 않아도・춤 안춰도　チュムチュジ アナド・チュム アンチュォド

踊らなくても楽しいです.	춤 안춰도 즐거워요. チュム アンチュォド ジュルゴウォヨ

- ❏ 踊ること / 踊ったこと　춤추는 것・춤출 것囝/ 춤췄던 적・춤춘 적　チュムチュヌン ゴッ・チュムチュル コッ/ チュムチュオットン ジョク・チュムチュン ジョク

この曲で踊ったことがあります.	이 곡으로 춤춘 적이 있어요. イ ゴグロ チュムチュン ジョギ イッソヨ

- ❏ 踊りながら　춤추면서　チュムチュミョンソ

踊りながら歌いました.	춤추면서 노래했어요. チュムチュミョンソ ノレヘッソヨ

- ❏ 踊りましょうか　춤출까요？　チュムチュルッカヨ
- ❏ 踊りたいです / 踊りたくないです　춤추고 싶어요 / 춤추고 싶지 않아요　チュムチュゴ シポヨ / チュムチュゴ シッチ アナヨ

私も踊りたいです.	나도 춤추고 싶어요. ナド チュムチュゴ シポヨ

- ❏ 踊ってみます　춤춰 볼래요　チュムチュォ ボルレヨ

難しそうな曲だけど踊ってみます.	어려울 것 같은 곡이지만 춤춰 볼래요. オリョウル コッ ガトゥン ゴギジマン チュムチュォ ボルレヨ

- ❏ 踊るそうです　춤춘대요　チュムチュンデヨ
- ❏ 踊る〜　춤추는・춤출囝　チュムチュヌン・チュムチュル

踊る姿がきれいです.	춤추는 모습이 예뻐요. チュムチュヌン モスビ イェッポヨ

- ❏ 踊らない〜　춤추지 않는・춤 안 추는　チュムチュジ アンヌン・チュム アン チュヌン

踊らない人もいました.	춤 안 추는 사람도 있었어요. チュム アン チュヌン サラムド イッソッソヨ

- ❏ 踊った〜　춤췄던　チュムチュオットン
- ❏ 踊らなかった〜　춤추지 않았던　チュムチュジ アナットン
- ❏ 踊ってください　춤춰 주세요・춤추세요　チュムチュォ ジュセヨ・チュムチュセヨ

音楽に合わせて踊ってください.	음악에 맞춰서 춤추세요. ウマゲ マッチョソ チュムチュセヨ

- ❏ 踊ってはいけません　춤추면 안 돼요　チュムチュミョン アン ドェヨ
- ❏ 踊らないでください　춤추지 마세요　チュムチュジ マセヨ

夜中に踊らないでください.	밤중에 춤추지 마세요. バムチュンエ チュムチュジ マセヨ

- ❏ 踊っても　춤춰도　チュムチュォド

規則活用

- 踊るけれど / 踊ったけれど　춤추지만・춤췄지만　チュムチュジマン・チュムチュオッチマン
- 踊らせます　춤추게 해요　チュムチュゲ ヘヨ
- 踊って　춤추고　チュムチュゴ

踊って歌も歌いました．	춤추고 노래도 불렀어요． チュムチュゴ ノレド プルロッソヨ

- 踊りそうです　춤출 것 같아요　チュムチュル コッ ガタヨ
- 踊りやすい / 踊りにくい　춤추기 쉬워요・춤추기 어려워요　チュムチュギ シュィウォヨ / チュムチュギ オリョウォヨ

踊りやすいステップです．	춤추기 쉬운 스텝이에요． チュムチュギ シュィウン ステビエヨ

- 踊るから　춤추니까・춤출 테니까 困　チュムチュニッカ・チュムチュル テニッカ
- 踊るので，踊ったので　춤춰서　チュムチュオソ
- 踊れます　춤출 수 있어요　チュムチュル ス イッソヨ
- 踊れません　춤출 수 없어요　チュムチュル ス オプソヨ

舞台が狭くて踊れません．	무대가 좁아서 춤출 수 없어요． ムデガ ジョバソ チュムチュル ス オプソヨ

- 踊ったり　춤췄다가　チュムチュオッタガ
- 踊りに行きます [来ます]　춤추러 가요 [와요]　チュムチュロ ガヨ [ワヨ]

規則活用

치다 /チダ/ 打つ・叩く

① (手や物で)打つ・(太鼓やピアノなどを)叩く. ②弾く・鳴らす. ③千切りにする. ⑥ (様々な動作を)する.

	辞書形	丁寧体	会話体	連体形
現在形	打つ 치다 チダ	打ちます 칩니다 チムニダ	打ちます 쳐요 チョヨ	打つ〜 치는 チヌン
過去形	打った 쳤다 チョッタ	打ちました 쳤습니다 チョッスムニダ	打ちました 쳤어요 チョッソヨ	打った〜 쳤던 /친 チョットン/チン
未来形	打つ 치겠다 チゲッタ	打ちます 치겠습니다 チゲッスムニダ	打ちます 치겠어요 チゲッソヨ	打つ〜 칠 チル

❏ 打ち [叩き] ます　쳐요 チョヨ
　ドラムを叩きます.　　　드럼을 쳐요.
　　　　　　　　　　　　ドゥロムル チョヨ

❏ 打ちますか　쳐요?・치나요? チョヨ・チナヨ
❏ 打ちます　치겠어요 困 チゲッソヨ
❏ 打つつもりです　칠 거예요 チル コイェヨ
❏ 打とうと思います　칠 생각이에요 チル センガギエヨ
　ヒットを打とうと思います.　안타를 칠 생각이에요.
　　　　　　　　　　　　　　　アンタルル チル センガギエヨ

❏ 打ち [弾き] ません　치지 않아요・안 쳐요 チジ アナヨ・アン チョヨ
　私はピアノは弾きません.　나는 피아노는 안 쳐요.
　　　　　　　　　　　　　ナヌン ピアノヌン アン チョヨ

❏ 打ち [弾き] ませんか　치지 않을래요?・안 칠래요? チジ アヌルレヨ・アン チルレヨ
　ギターを弾きませんか.　기타를 안 칠래요?
　　　　　　　　　　　　ギタルル アン チルレヨ

❏ 打って [弾いて] います　치고 있어요 チゴ イッソヨ
　ピアノを弾いています.　피아노를 치고 있어요.
　　　　　　　　　　　　ピアノルル チゴ イッソヨ

❏ 打ちました　쳤어요 チョッソヨ
　ホームランを打ちました.　홈런을 쳤어요.
　　　　　　　　　　　　　ホムロヌル チョッソヨ

❏ 打っていません　치지 않고 있어요・안 치고 있어요 チジ アンコ イッソヨ・アン チゴ イッソヨ
❏ 打ちませんでした　치지 않았어요・안 쳤어요 チジ アナッソヨ・アン チョッソヨ

ドラムは叩きませんでした。　　　　드럼은 안 쳤어요.
　　　　　　　　　　　　　　　　　ドゥロムン アン チョッソヨ

❏ 打てば　치면　チミョン
いつ拍手をすればいいですか。　　　언제 박수를 치면 돼죠?
　　　　　　　　　　　　　　　　　オンジェ パクスルル チミョン ドェジョ

❏ 打たなければ　치지 않으면・안 치면　チジ アヌミョン・アン チミョン
電報を打たなければなりません。　　전보를 치지 않으면 안 돼요.
　　　　　　　　　　　　　　　　　ジョンボルル チジ アヌミョン アン ドェヨ

❏ 打たなくても　치지 않아도・안 쳐도　チジ アナド・アン チョド
❏ 打つこと　친 것・칠 것 困/ 쳤던 적・친 적　チン ゴッ・チル コッ/ チョットン ジョク・チン ジョク

❏ 打ちながら　치면서　チミョンソ
ギターを弾きながら歌います。　　　기타를 치면서 노래 불러요.
　　　　　　　　　　　　　　　　　ギタルル チミョンソ ノレ プルロヨ

❏ 打ちましょうか　칠까요?　チルッカヨ
❏ 打ちたいです / 打ちたくないです　치고 싶어요 / 치고 싶지 않아요　チゴ シポヨ
　　/ チゴ シッチ アナヨ
ピアノが弾きたいです。　　　　　　피아노를 치고 싶어요.
　　　　　　　　　　　　　　　　　ピアノルル チゴ シポヨ

❏ 打ってみます　쳐 볼래요　チョ ボルレヨ
太鼓を叩いてみます。　　　　　　　북을 쳐 볼래요.
　　　　　　　　　　　　　　　　　プグル チョ ボルレヨ

❏ 打つそうです　친대요　チンデヨ
明日ゴルフをするそうです。　　　　내일 골프를 친대요.
　　　　　　　　　　　　　　　　　ネイル ゴルプルル チンデヨ

❏ 打つ〜　치는・칠 困　チヌン・チル
❏ 打たない〜　치지 않는・안 치는　チジ アンヌン・アン チヌン
拍手をしない人がいませんでした。　박수를 안 치는 사람이 없었어요.
　　　　　　　　　　　　　　　　　パクスルル アン チヌン サラミ オプソッソヨ

❏ 打った〜　쳤던・친　チョットン・チン
打ったボールがすぐに捕られました。친 공이 금방 잡혔어요.
　　　　　　　　　　　　　　　　　チン ゴンイ グムバン ジャピョッソヨ

❏ 打たなかった〜　치지 않았던・안 쳤던・안 친　チジ アナットン・アン チョットン・アン チン
❏ 打ってください　쳐 주세요・치세요　チョ ジュセヨ・チセヨ
軽く叩いてください。　　　　　　　가볍게 쳐 주세요.
　　　　　　　　　　　　　　　　　ガビョプケ チョ ジュセヨ

❏ 打って [叩いて] はいけません　치면 안 돼요　チミョン アン ドェヨ
強く叩いてはいけません。　　　　　세게 치면 안 돼요.
　　　　　　　　　　　　　　　　　セゲ チミョン アン ドェヨ

❏ 打たないでください　치지 마세요　チジ マセヨ

規則活用

- 打っても　쳐도　チョド
- 打つけれど / 打ったけれど　치지만 / 쳤지만　チジマン / チョッチマン
- 打たせます　치게 해요　チゲ ヘヨ

| 娘にピアノを弾かせます。 | 딸에게 피아노를 치게 해요.
ッタレゲ ピアノルル チゲ ヘヨ |

- 打って [叩いて]　치고　チゴ

| 彼らは手を叩いて喜びました。 | 그들은 손뼉을 치고 좋아했어요.
グドゥルン ソンッピョグル チゴ ジョアヘッソヨ |

- 打ちそうです　칠 것 같아요　チル コッ ガタヨ

| 彼はホームランを打ちそうです。 | 그는 홈런을 칠 것 같아요.
グヌン ホムノヌル チル コッ ガタヨ |

- 打ちやすい / 打ちにくい　치기 쉬워요 / 치기 어려워요　チギ シュィウォヨ / チギ オリョウォヨ

| 弾きやすいギターです。 | 치기 쉬운 기타예요.
チギ シュィウン ギタイェヨ |

- 打つから　치니까・칠 테니까 困　チニッカ・チル テニッカ
- 打つので，打った [殴った] ので　쳐서　チョソ

| 彼が僕を殴ったので僕も殴ったんです。 | 그가 나를 쳐서 나도 쳤어요.
グガ ナルル チョソ ナド チョッソヨ |

- 打てます　칠 수 있어요　チル ス イッソヨ

| ピアノが弾けます。 | 피아노를 칠 수 있어요.
ピアノルル チル ス イッソヨ |

- 打てません　칠 수 없어요　チル ス オプソヨ
- 打ったり　치거나・쳤다가　チゴナ・チョッタガ
- 打ちに行きます [来ます]　치러 가요 [와요]　チロ ガヨ [ワヨ]

| 太鼓を叩きに行きます。 | 북을 치러 가요.
ブグル チロ ガヨ |

規則活用

켜다 /キョダ/ つける（テレビ，電灯，マッチなど）

	辞書形	丁寧体	会話体	連体形
現在形	つける 켜다 キョダ	つけます 켭니다 キョムニダ	つけます 켜요 キョヨ	つける〜 켜는 キョヌン
過去形	つけた 켰다 キョッタ	つけました 켰습니다 キョッスムニダ	つけました 켰어요 キョッソヨ	つけた〜 켰던/켠 キョットン/キョン
未来形	つける 켜겠다 キョゲッタ	つけます 켜겠습니다 キョゲッスムニダ	つけます 켜겠어요 キョゲッソヨ	つけます〜 켤 キョル

規則活用

❏ つけます　켜요　キョヨ
　ラジオをつけます．　　　라디오를 켜요．
　　　　　　　　　　　　　ラディオルル キョヨ

❏ つけますか　켜요？・켜나요？　キョヨ・キョナヨ

❏ つけます　켜겠어요　困　キョゲッソヨ

❏ つけるつもりです　켤 거예요　キョル コイエヨ

❏ つけようと思います　켤 생각이에요　キョル センガギエヨ
　ラジオをつけようと思います．　라디오를 켤 생각이에요．
　　　　　　　　　　　　　　　　ラディオルル キョル センガギエヨ

❏ つけません　켜지 않아요・안 켜요　キョジ アナヨ・アン キョヨ
　夜でも電気をつけません．　　　밤에도 전기를 안 켜요．
　　　　　　　　　　　　　　　　パメド ジョンギルル アン キョヨ

❏ つけませんか　켜지 않을래요？・안 켤래요？　キョジ アヌルレヨ・アン キョルレヨ
　明かりをつけませんか．　　　　불을 켜지 않을래요？
　　　　　　　　　　　　　　　　プルル キョジ アヌルレヨ

❏ つけています　켜고 있어요　キョゴ イッソヨ
　隣の家は一晩中電気をつけています．　옆집은 밤새도록 전기를 켜고 있어요．
　　　　　　　　　　　　　　　　　　　ヨプチブン パムセドロク ジョンギルル キョゴ イッソヨ

❏ つけました　켰어요　キョッソヨ
　暗くなったので明かりをつけました．　어두워져서 불을 켰어요．
　　　　　　　　　　　　　　　　　　　オドゥウォジョソ プルル キョッソヨ

❏ つけていません　켜고 있지 않아요・안 켜고 있어요　キョゴ イッチ アナヨ・アン キョゴ イッソヨ
　暑いのにエアコンをつけていません．　더운데도 에어콘을 안 켜고 있어요．
　　　　　　　　　　　　　　　　　　　ドウンデド エオコヌル アン キョゴ イッソヨ

❑ つけませんでした　켜지 않았어요・안 켰어요　キョジ アナッソヨ・アン キョッソヨ

エアコンはつけませんでした。
에어컨은 켜지 않았어요.
エオコヌン キョジ アナッソヨ

❑ つければ，つけると　켜면　キョミョン

電気をつけるとまぶしいです。
전기를 켜면 눈이 부셔요.
ジョンギルル キョミョン ヌニ ブショヨ

❑ つけなければ　켜지 않으면・안 켜면　キョジ アヌミョン・アン キョミョン

昼間も電気をつけなければ暗いです。
낮에도 전기를 안 켜면 어두워요.
ナジェド ジョンギルル アン キョミョン オドゥウォヨ

❑ つけなくても　켜지 않아도・안 켜도　キョジ アナド・アン キョド

月が明るくて明かりをつけなくてもよく見えます。
달이 밝아서 불을 안 켜도 잘 보여요.
ダリ バルガソ プルル アン キョド ジャル ボヨヨ

❑ つけること／つけたこと　켜는 것・켤 것 困／켰던 적・켠 적　キョヌン ゴッ・キョル コッ／キョットン ジョク・キョン ジョク

ライトをつけることを忘れました。
라이트를 켜는 것을 잊었어요.
ライトゥルル キョヌン ゴスル イジョッソヨ

❑ つけましょうか　켤까요？　キョルッカヨ

テレビをつけましょうか。
텔레비전을 켤까요？
テルレビジョヌル キョルッカヨ

❑ つけたいです／つけたくないです　켜고 싶어요／켜고 싶지 않아요　キョゴ シポヨ／キョゴ シッチ アナヨ

テレビをつけたいです。
텔레비전을 켜고 싶어요.
テルレビジョヌル キョゴ シポヨ

❑ つけてみます　켜 볼래요　キョ ボルレヨ

今日はろうそくをつけてみます。
오늘은 촛불을 켜 볼래요.
オヌルン チョップルル キョ ボルレヨ

❑ つけるそうです　켠대요　キョンデヨ

家に帰るとまずテレビをつけるそうです。
집에 돌아가면 먼저 텔레비전을 켠대요.
ジベ ドラガミョン モンジョ テルレビジョヌル キョンデヨ

❑ つける〜　켜는・켤 困　キョヌン・キョル

❑ つけない〜　켜지 않는・안 켜는　キョジ アンヌン・アン キョヌン

電気をつけない理由は何ですか。
불을 안 켜는 이유가 뭐죠？
プルル アン キョヌン イユガ ムォジョ

❑ つけた〜　켰던・켠　キョットン・キョン

ろうそくをつけた跡があります。
촛불을 켰던 흔적이 있어요.
チョップルル キョットン フンジョギ イッソヨ

❑ つけなかった〜　켜지 않았던・안 켰던・안 켠　キョジ アナットン・アン キョットン・アン キョン

エアコンをつけなかった日はありません。
에어컨을 안 켰던 날이 없어요.
エオコヌル アン キョットン ナリ オプソヨ

規則活用

❏ つけてください　**켜 주세요・켜세요**　キョ ジュセヨ・キョセヨ

キャンドルに火をつけてください.	양초에 불을 켜 주세요. ヤンチョエ プルル キョ ジュセヨ

❏ つけてはいけません　**켜면 안 돼요**　キョミョン アン ドェヨ

ろうそくをつけてはいけません.	촛불을 켜면 안 돼요. チョップルル キョミョン アン ドェヨ

❏ つけないでください　**켜지 마세요**　キョジ マセヨ

明かりをつけないでください.	불을 켜지 마세요. プルル キョジ マセヨ

❏ つけても　**켜도**　キョド

エアコンをつけても涼しくありません.	에어컨을 켜도 안 시원해요. エオコヌル キョド アン シウォンヘヨ

❏ つけるけれど / つけたけれど　**켜지만 / 켰지만**　キョジマン / キョッチマン

テレビをつけるけれど見ません.	텔레비전을 켜지만 안 봐요. テルレビジョヌル キョジマン アン ブヮヨ

❏ つけさせます　**켜게 해요**　キョゲ ヘヨ

❏ つけて　**켜고**　キョゴ

明かりをつけて本を読みました.	불을 켜고 책을 읽었어요. プルル キョゴ チェグル イルゴッソヨ

❏ つけやすい / つけにくい　**켜기 쉬워요 / 켜기 어려워요**　キョギ シュィウォヨ / キョギ オリョウォヨ

❏ つけるから　**켜니까・켤 테니까**　困　キョニッカ・キョル テニッカ

❏ つけるので, つけたので　**켜서**　キョソ

❏ つけられます　**켤 수 있어요**　キョル ス イッソヨ

❏ つけられません　**켤 수 없어요**　キョル ス オプソヨ

マッチで火がつけられません.	성냥으로 불을 켤 수 없어요. ソンニャンウロ プルル キョル ス オプソヨ

❏ つけたり　**켜거나・켰다가**　キョゴナ・キョッタガ

蛍光灯をつけたり消したりしました.	형광등을 켰다가 껐다가 했어요. ヒョングヮンドゥンウル キョッタガ ッコッタガ ヘッソヨ

타다 /タダ/ 乗る

①乗る. ②(スケートなどで)滑る. ③機会などを利用する・乗じる.

	辞書形	丁寧体	会話体	連体形
現在形	乗る 타다 タダ	乗ります 탑니다 タムニダ	乗ります 타요 タヨ	乗る～ 타는 タヌン
過去形	乗った 탔다 タッタ	乗りました 탔습니다 タッスムニダ	乗りました 탔어요 タッソヨ	乗った～ 탔던 / 탄 タットン / タン
未来形	乗る 타겠다 タゲッタ	乗ります 타겠습니다 タゲッスムニダ	乗ります 타겠어요 タゲッソヨ	乗る～ 탈 タル

❏ 乗ります　타요　タヨ

地下鉄に乗ります. ／ 지하철을 타요. ジハチョルル タヨ

❏ 乗りますか　타요? ・타나요?　タヨ・タナヨ

何時に乗りますか. ／ 몇 시에 타나요? ミョッ シエ タナヨ

❏ 乗ります　타겠어요 困　タゲッソヨ

❏ 乗るつもりです　탈 거예요　タル コイェヨ

❏ 乗ろうと思います　탈 생각이에요　タル センガギエヨ

特急に乗ろうと思います. ／ 특급을 탈 생각이에요. トゥックブル タル センガギエヨ

❏ 乗りません　타지 않아요・안 타요　タジ アナヨ・アン タヨ

タクシーには乗りません. ／ 택시는 안 타요. テクシヌン アン タヨ

❏ 乗り[滑り]ませんか　타지 않을래요?・안 탈래요?　タジ アヌルレヨ・アン タルレヨ

スキーをしませんか. ／ 스키를 안 탈래요? スキルル アン タルレヨ

❏ 乗っています　타고 있어요　タゴ イッソヨ

子どもが乗っています. ／ 아이가 타고 있어요. アイガ タゴ イッソヨ

❏ 乗りました　탔어요　タッソヨ

❏ 乗っていません　타고 있지 않아요・안 타고 있어요　タゴ イッチ アナヨ・アン タゴ イッソヨ

❏ 乗りませんでした　타지 않았어요・안 탔어요　タジ アナッソヨ・アン タッソヨ

1年しか乗りませんでした. ／ 일 년 밖에 안 탔어요. イルニョン パッケ アン タッソヨ

規則活用

- ❏ 乗れば　타면　タミョン

  バスに乗ればすぐですよ。　　버스를 타면 금방이에요.
  　　　　　　　　　　　　　　　ボスルル タミョン グムバンイエヨ

- ❏ 乗らなければ　타지 않으면・안 타면　タジ アヌミョン・アン タミョン

- ❏ 乗らなくても　타지 않아도・안 타도　タジ アナド・アン タド

  タクシーに乗らなくても遅れません。　택시를 안 타도 안 늦어요.
  　　　　　　　　　　　　　　　　　　　テクシルル アン タド アン ヌジョヨ

- ❏ 乗ること／乗ったこと　타는 것・탈 것囲／탔던 적・탄 적　タヌン ゴッ・タル コッ／タットン ジョク・タン ジョク

  子どもは自転車に乗ることが楽しいようです。　아이는 자전거 타는 것이 즐거운 것 같아요.
  　　　　　　　　　　　　　　　　　　　　　　アイヌン ジャジョンゴ タヌン ゴシ ジュルゴウン ゴッ ガタヨ

- ❏ 乗りながら　타면서　タミョンソ

- ❏ 乗りましょうか　탈까요？・탈래요？　タルッカヨ・タルレヨ

  ケーブルカーに乗りましょうか。　케이블카를 탈래요？
  　　　　　　　　　　　　　　　　ケイブルカルル タルレヨ

- ❏ 乗りたいです　타고 싶어요　タゴ シポヨ

  釜山行きのバスに乗りたいです。　부산가는 버스를 타고 싶어요.
  　　　　　　　　　　　　　　　　ブサン ガヌン ボスルル タゴ シポヨ

- ❏ 乗ってみます　타 볼래요　タ ボルレヨ

  地下鉄に乗ってみます。　지하철을 타 볼래요.
  　　　　　　　　　　　　ジハチョルル タ ボルレヨ

- ❏ 乗るそうです　탄대요　タンデヨ

- ❏ 乗る〜　타는・탈囲　タヌン・タル

  いつも乗る電車　　　　항상 타는 전철
  　　　　　　　　　　　ハンサン タヌン ジョンチョル

- ❏ 乗らない〜　타지 않는・안 타는　タジ アンヌン・アン タヌン

  滅多に乗らない路線　　잘 안 타는 노선
  　　　　　　　　　　　ジャル アン タヌン ノソン

- ❏ 乗った〜　탔던・탄　タットン・タン

  彼が乗った飛行機が延着しました。　그가 탄 비행기가 연착했어요.
  　　　　　　　　　　　　　　　　　グガ タン ピヘンギガ ヨンチャケッソヨ

- ❏ 乗らなかった〜　타지 않았던・안 탔던・안 탄　タジ アナットン・アン タットン・アン タン

- ❏ 乗ってください　타주세요・타세요　タジュセヨ・タセヨ

  地下鉄に乗ってください。　지하철을 타세요.
  　　　　　　　　　　　　　ジハチョルル タセヨ

- ❏ 乗ってはいけません　타면 안 돼요　タミョン アン ドェヨ

  急行に乗ってはいけません。　급행을 타면 안 돼요.
  　　　　　　　　　　　　　　グペンウル タミョン アン ドェヨ

- ❏ 乗らないでください　타지 마세요　タジ マセヨ

規則活用

- ❏ 乗っても　타도　タド

  タクシーに乗ってもいいです。　　택시를 타도 돼요.
  テクシルル タド ドェヨ

- ❏ 乗るけれど / 乗ったけれど　타지만 / 탔지만　タジマン / タッチマン

- ❏ 乗せます　타게해요　タゲ ヘヨ

  タクシーに乗せます。　　택시를 타게 해요.
  テクシルル タゲ ヘヨ

- ❏ 乗って　타고　タゴ

  バスに乗って行きました。　　버스를 타고 갔어요.
  ボスルル タゴ ガッソヨ

- ❏ 乗りそうです　탈 것 같아요　タル コッ ガタヨ

  彼は終電に乗りそうです。　　그는 막차를 탈 것 같아요.
  グヌン マクチャルル タル コッ ガタヨ

- ❏ 乗りやすい / 乗りにくい　타기 쉬워요 / 타기 어려워요　タギ シュィウォヨ / タギ オリョウォヨ

  この自転車は乗りやすい。　　이 자전거는 타기 쉬워요.
  イ ジャジョンゴヌン タギ シュィウォヨ

- ❏ 乗るから　타니까・탈 테니까　困　タニッカ・タルテニッカ

  タクシーに乗るから便利です。　　택시를 타니까 편해요.
  テクシルル タニッカ ピョンヘヨ

- ❏ 乗るので, 乗ったので　타서　タソ

- ❏ 乗れます　탈 수 있어요　タル ス イッソヨ

  1人でも乗れます。　　혼자서도 탈 수 있어요.
  ホンジャソド タル ス イッソヨ

- ❏ 乗れません　탈 수 없어요　タル ス オプソヨ

- ❏ 乗ったり　타거나・탔다가　タゴナ・タッタガ

  乗ったり降りたり　　탔다가 내렸다가
  タッタガ ネリョッタガ

타다 /タダ/ 燃える・焼ける・焦げる

①燃える・焼ける・焦げる．②焦がれる・焦る．③干上がる．④(からからにのどが)渇く．

❑ 燃えます　타요　タヨ

| 薪が乾燥しているのでよく燃えます． | 장작이 건조해서 잘 타요．
ジャンジャギ ゴンジョヘソ ジャル タヨ |

❑ 燃えますか　타요？・타나요？　タヨ・タナヨ

❑ 燃えません　타지 않아요・안 타요　タジ アナヨ・アン タヨ

| 炭が湿気ていてなかなか燃えません． | 숯이 눅눅해서 좀처럼 타지 않아요．
スチ ヌンヌケソ ジョムチョロム タジ アナヨ |

❑ 燃えました　탔어요　タッソヨ

| 肌が焼けました． | 살이 탔어요．
サリ タッソヨ |

❑ 燃えれば　타면　タミョン

| 木が燃えれば炭になります． | 나무가 타면 숯이 돼요．
ナムガ タミョン スチ ドェヨ |

❑ 燃える〜　타는・탈困　タヌン・タル

| よく燃える素材 | 잘 타는 소재
ジャル タヌン ソジェ |

❑ 燃えた〜　탔던・탄　タットン・タン

❑ 燃えて　타고　タゴ

❑ 燃えやすい / 燃えにくい　타기 쉬워요 / 타기 어려워요　タギ シュィウォヨ / タギ オリョウォヨ

| この素材は燃えやすい． | 이 소재는 타기 쉬워요．
イ ソジェヌン タギ シュィウォヨ |

規則活用

태어나다 /テオナダ/ 生［産］まれる

＊主に人や動物が「生まれる」という場合の語です。

	辞書形	丁寧体	会話体	連体形
現在形	生まれる 태어나다 テオナダ	生まれます 태어납니다 テオナムニダ	生まれます 태어나요 テオナヨ	生まれる〜 태어나는 テオナヌン
過去形	生まれた 태어났다 テオナッタ	生まれました 태어났습니다 テオナッスムニダ	生まれました 태어났어요 テオナッソヨ	生まれた〜 태어났던 / 태어난 テオナットン / テオナン
未来形	生まれる 태어나겠다 テオナゲッタ	生まれます 태어나겠습니다 テオナゲッスムニダ	生まれます 태어나겠어요 テオナゲッソヨ	生まれる〜 태어날 テオナル

☐ 生まれます　태어나요　テオナヨ

赤ちゃんが生まれます。　　　　아기가 태어나요．
　　　　　　　　　　　　　　　アギガ テオナヨ

☐ 生まれますか　태어나요？・태어나나요？　テオナヨ・テオナナヨ

☐ 生まれません　태어나지 않아요・안 태어나요　テオナジ アナヨ・アン テオナヨ

☐ 生まれました　태어났어요　テオナッソヨ

東京で生まれました。　　　　동경에서 태어났어요．
　　　　　　　　　　　　　　ドンギョンエソ テオナッソヨ

☐ 生まれませんでした　태어나지 않았어요・안 태어났어요　テオナジ アナッソヨ・アン テオナッソヨ

黒猫は1匹も生まれませんでした。　검은 고양이는 한 마리도 안 태어났어요．
　　　　　　　　　　　　　　　　　ゴムン ゴヤンイヌン ハン マリド アン テオナッソヨ

☐ 生まれれば，生まれると　태어나면　テオナミョン

子どもが生まれればかわいいでしょうね。　아이가 태어나면 예쁘겠지요．
　　　　　　　　　　　　　　　　　　　　アイガ テオナミョン イェップゲッチヨ

☐ 生まれなければ　태어나지 않으면・안 태어나면　テオナジ アヌミョン・アン テオナミョン

☐ 生まれなくても　태어나지 않아도・안 태어나도　テオナジ アナド・アン テオナド

☐ 生まれること / 生まれたこと　태어나는 것・태어날 것困 / 태어났던 적・태어난 적　テオナヌン ゴッ・テオナル コッ / テオナットン ジョッ・テオナン ジョッ

白いトラが生まれたことがあります。　흰 호랑이가 태어난 적이 있어요．
　　　　　　　　　　　　　　　　　　ヒン ホランイガ テオナン ジョギ イッソヨ

☐ 生まれながら　태어나면서　テオナミョンソ

☐ 生まれたいです / 生まれたくないです　태어나고 싶어요 / 태어나고 싶지 않아요　テオナゴ シポヨ / テオナゴ シッチ アナヨ

規則活用

今度はお金持ちに生まれたいです。　다음번은 부자로 태어나고 싶어요.
　　　　　　　　　　　　　　　　　　ダウムボヌン ブジャロ テオナゴ シポヨ

❏ 生まれるそうです　태어난대요　テオナンデヨ

4月に男の子が生まれるそうです。　사 월에 남자 아이가 태어난대요.
　　　　　　　　　　　　　　　　　サ ウォレ ナムジャ アイガ テオナンデヨ

❏ 生まれる〜　태어나는・태어날　困　テオナヌン・テオナル

生まれる子どもの服を買いました。　태어날 아이의 옷을 샀어요.
　　　　　　　　　　　　　　　　　テオナル アイウィ オスル サッソヨ

❏ 生まれない〜　태어나지 않는・안 태어나는　テオナジ アンヌン・アン テオナヌン

❏ 生まれた〜　태어났던・태어난　テオナットン・テオナン

彼が生まれた年に大地震がありました。　그가 태어난 해에 큰 지진이 있었어요.
　　　　　　　　　　　　　　　　　　　グガ テオナン ヘエ クン ジジニ イッソッソヨ

❏ 生まれなかった〜　태어나지 않았던・안 태어났던・안 태어난　テオナジ アナットン・
　　アン テオナットン・アン テオナン

❏ 生まれても　태어나도　テオナド

子どもが生まれても仕事は続けます。　아이가 태어나도 일은 계속할 거예요.
　　　　　　　　　　　　　　　　　　アイガ テオナド イルン ゲソカル コイェヨ

❏ 生まれるけれど / 生まれたけれど　태어나지만 / 태어났지만　テオナジマン / テオナッチマン

子猫が生まれたけれどもらい手がいません。　새끼 고양이가 태어났지만 맡아 줄 사람이 없어요.
　　　　　　　　　　　　　　　　　　　　　セッキ ゴヤンイガ テオナッチマン マタ ジュル サラミ オプソヨ

❏ 生まれて　태어나고　テオナゴ

子どもが生まれて忙しくなりました。　아이가 태어나고 바빠졌어요.
　　　　　　　　　　　　　　　　　　アイガ テオナゴ パッパジョッソヨ

❏ 生まれそうです　태어날 것 같아요　テオナル コッ ガタヨ

第二子が12月に生まれそうです。　둘째가 십이 월에 태어날 것 같아요.
　　　　　　　　　　　　　　　　ドゥルッチェガ シビウォレ テオナル コッ ガタヨ

❏ 生まれるから　태어나니까・태어날 테니까　困　テオナニッカ・テオナル テニッカ

❏ 生まれるので，生まれたので　태어나서　テオナソ

子どもが生まれたので引越しをしました。　아이가 태어나서 이사를 했어요.
　　　　　　　　　　　　　　　　　　　　アイガ テオナソ イサルル ヘッソヨ

規則活用

피우다 /ピウダ/ 吸う

①(たばこを)吸う．(花を)咲かせる．②(火を)おこす．③(ある行動を)起こす．④(煙などを)立てる．

	辞書形	丁寧体	会話体	連体形
現在形	吸う 피우다 ピウダ	吸います 피웁니다 ピウムニダ	吸います 피워요 ピウォヨ	吸う〜 피우는 ピウヌン
過去形	吸った 피웠다 ピウォッタ	吸いました 피웠습니다 ピウォッスムニダ	吸いました 피웠어요 ピウォッオヨ	吸った〜 피웠던/피운 ピウォットン/ピウン
未来形	吸う 피우겠다 ピウゲッタ	吸います 피우겠습니다 ピウゲッスムニダ	吸います 피우겠어요 ピウゲッソヨ	吸う〜 피울 ピウル

❏ 吸います　피워요　ピウォヨ

たばこを吸います．　　　　　　　　　담배를 피워요．
　　　　　　　　　　　　　　　　　　ダムベルル ピウォヨ

❏ 吸いますか　피워요?・피우나요?　ピウォヨ・ピウナヨ

❏ 吸うつもりです　피울[필] 거예요　ピウル[ピル] コイェヨ

❏ 吸おうと思います　피울[필] 생각이에요　ピウル[ピル] センガギエヨ

たばこを吸おうと思います．　　　　　담배를 필 생각이에요．
　　　　　　　　　　　　　　　　　　ダムベルル ピル センガギエヨ

❏ 吸いません　피우지 않아요・안 피워요　ピウジ アナヨ・アン ピウォヨ

私はたばこは吸いません．　　　　　　저는 담배는 안 피워요．
　　　　　　　　　　　　　　　　　　ジョヌン ダムベヌン アン ピウォヨ

❏ 吸いませんか　피우지 않을래요?・안 피울래요?　ピウジ アヌルレヨ・アン ピウルレヨ

たばこを吸いませんか．　　　　　　　담배 안 피울래요?
　　　　　　　　　　　　　　　　　　ダムベ アン ピウルレヨ

❏ 吸っています　피우고 있어요　ピウゴ イッソヨ

だれかトイレでたばこを吸っています．　누군가 화장실에서 담배를 피우고 있어요．
　　　　　　　　　　　　　　　　　　ヌグンガ ファジャンシレソ ダムベルル ピウゴ イッソヨ

❏ 吸いました　피웠어요　ピウォッソヨ

ベランダでたばこを吸いました．　　　베란다에서 담배를 피웠어요．
　　　　　　　　　　　　　　　　　　ペランダエソ ダムベルル ピウォッソヨ

❏ 吸っていません　피우고 있지 않아요・안 피우고 있어요　ピウゴ イッチ アナヨ・アン ピウゴ イッソヨ

最近はたばこを吸っていません．　　　요즘은 담배를 안 피우고 있어요．
　　　　　　　　　　　　　　　　　　ヨジュムン ダムベルル アン ピウゴ イッソヨ

規則活用

規則活用

❏ **吸いませんでした** 피우지 않았어요・안 피웠어요 ピウジ アナッソヨ・アン ピウォッソヨ

お酒は飲みましたがたばこは吸いませんでした. | 술은 마셨어도 담배는 안 피웠어요.
スルン マショッソド ダムベヌン アン ピウォッソヨ

❏ **吸わなければ** 피우지 않으면・안 피우면 ピウジ アヌミョン・アン ピウミョン

たばこを吸わなければいいのに. | 담배를 안 피우면 좋을 텐데.
ダムベルル アン ピウミョン ジョウル テンデ

❏ **吸わなくても** 피우지 않아도・안 피워도 ピウジ アナド・アン ピウォド

❏ **吸うこと / 吸ったこと** 피우는 것 困피울 것 / 피웠던 적・피운 적 ピウヌン ゴッ・ピウル コッ / ピウォッドン ジョク・ピウン ジョク

たばこを吸ったことはありません. | 담배를 피운 적은 없어요.
ダムベルル ピウン ジョグン オプソヨ

❏ **吸いながら** 피우면서 ピウミョンソ

たばこを吸いながらあれこれ考えました. | 담배를 피우면서 이런저런 생각을 했어요.
ダムベルル ピウミョンソ イロンジョロン セガグル ヘッソヨ

❏ **吸いましょうか** 피울 [필]까요 ?・피울 [필]래요 ? ピウル [ピル]ッカヨ・ピウル [ピル]レヨ

❏ **吸いたいです / 吸いたくないです** 피우고 싶어요 / 피우고 싶지 않아요 ピウゴ シポヨ / ピウゴ シッチ アナヨ

たばこを吸いたいです. | 담배를 피우고 싶어요.
ダムベルル ピウゴ シポヨ

❏ **吸ってみます** 피워 볼래요 ピウォ ボルレヨ

一度吸ってみます. | 한 번 피워 볼래요.
ハン ボン ピウォ ボルレヨ

❏ **吸うそうです** 핀대요・피운대요 ピンデヨ・ピウンデヨ

彼もたばこを吸うそうです. | 그도 담배를 피운대요.
グド ダムベルル ピウンデヨ

❏ **吸う〜** 피우 [피]는・필 困 ピウ[ピ]ヌン・ピル

たばこを吸う人 | 담배를 피는 사람
ダムベルル ピヌン サラム

❏ **吸わない〜** 피우 [피]지 않는・안 피는 ピウ[ピ]ジ アンヌン・アン ピヌン

たばこを吸わない人 | 담배를 안 피는 사람
ダムベルル アン ピヌン サラム

❏ **吸った〜** 피웠던・피운 ピウォットン・ピウン

たばこを吸ったことがあります. | 담배를 피운 적이 있어요.
ダムベルル ピウン ジョギ イッソヨ

❏ **吸わなかった〜** 피우지 않았던・안 피웠던・안 피운 ピウジ アナットン・アン ピウォットン・アン ピウン

十日ほどたばこを吸わなかったことがあります. | 열흘 정도 담배를 안 피운 적이 있어요.
ヨルフル ジョンド ダムベルル アン ピウン ジョギ イッソヨ

❏ **吸ってください** 피워 주세요・피우세요 ピウォ ジュセヨ・ピウセヨ

	たばこは喫煙室で吸ってください.	담배는 흡연실에서 피워 주세요. ダムベヌン フビョンシレソ ピウォ ジュセヨ

❏ **吸ってはいけません** 피우[피]면 안 돼요 ピウ[ピ]ミョン アン ドェヨ

室内でたばこを吸ってはいけません.	실내에서 담배를 피면 안 돼요. シルネエソ ダムベルル ピミョン アン ドェヨ

❏ **吸わないでください** 피우지 마세요 ピウジ マセヨ

❏ **吸っても** 피워도 ピウォド

ここではたばこを吸ってもいいです.	여기서는 담배를 피워도 돼요. ヨギソヌン ダムベルル ピウォド ドェヨ

❏ **吸うけれど / 吸ったけれど** 피우지만 / 피웠지만 ピウジマン / ピウォッチマン

たばこは吸うけれど味はわかりません.	담배는 피우지만 맛은 몰라요. ダムベヌン ピウジマン マスン モルラヨ

❏ **吸って** 피우고 ピウゴ

たばこを吸って一休みしました.	담배를 피우고 잠시 쉬었어요. ダムベルル ピウゴ ジャムシ シュィオッソヨ

❏ **吸いそうです** 피울 것 같아요 ピウル コッ ガタヨ

あの人もたばこを吸いそうです.	저 사람도 담배를 피울 것 같아요. ジョ サラムド ダムベルル ピウル コッ ガタヨ

❏ **吸いやすい / 吸いにくい** 피우기 쉬워요 / 피우기 어려워요 ピウギ シュィウォヨ / ピウギ オリョウォヨ

❏ **吸うから** 피우니까・피울 테니까 困 ピウニッカ・ピウル テニッカ

たばこを吸うからカーテンが汚れます.	담배를 피우니까 커튼이 더러워져요. ダムベルル ピウニッカ コトゥニ ドロウォジョヨ

❏ **吸えます** 피울 수 있어요 ピウル ス イッソヨ

❏ **吸えません** 피울 수 없어요 ピウル ス オプソヨ

風邪をひいてたばこが吸えません.	감기에 걸려서 담배를 피울 수 없어요. ガムギエ ゴルリョソ ダムベルル ピウル ス オプソヨ

❏ **吸いに行きます [来ます]** 피우러 가요 [와요] ピウロ ガヨ [ワヨ]

喫煙室にたばこを吸いに行きます.	흡연실에 담배를 피우러 가요. フビョンシレ ダムベルル ピウロ ガヨ

形容詞

건강하다 /ゴンガンハダ/ 健康だ・元気だ

	辞書形	丁寧体	会話体	連体形
現在形	健康だ 건강하다 ゴンガンハダ	健康です 건강합니다 ゴンガンハムニダ	健康です 건강해요 ゴンガンヘヨ	健康な～ 건강한 ゴンガンハン
過去形	健康だ 건강했다 ゴンガンヘッタ	健康でした 건강했습니다 ゴンガンヘッスムニダ	健康でした 건강했어요 ゴンガンヘッソヨ	健康だった～ 건강하던 / 건강했던 ゴンガンハドン / ゴンガンヘットン

여(ㅕ) 不規則活用

- 健康です　건강해요　ゴンガンヘヨ
  - 心も体も健康です．　몸도 마음도 건강해요．
モムド マウムド ゴンガンヘヨ
- 健康［お元気］ですか　건강해요？・건강하나요？・건강한가요？　ゴンガンヘヨ・ゴンガンハナヨ・ゴンガンハンガヨ
- 健康ではありません　건강하지 않아요・안 건강해요　ゴンガンハジ アナヨ・アン ゴンガンヘヨ
- 健康でしたか　건강했어요？・건강했나요？　ゴンガンヘッソヨ・ゴンガンヘンナヨ
  - 幼い頃は元気でしたか．　어렸을때는 건강했어요？
オリョッスルッテヌン ゴンガンヘッソヨ
- 元気ではなかったです　건강하지 않았어요・안 건강했어요　ゴンガンハジ アナッソヨ・アン ゴンガンヘッソヨ
- 元気な～　건강한・건강할 困　ゴンガンハン・ゴンガンハル
  - 元気な赤ちゃんですね．　건강한 아기네요．
ゴンガンハン アギネヨ
- 元気だった～　건강했던・건강한　ゴンガンヘットン・ゴンガンハン
- 健康かもしれません　건강할지도 몰라요　ゴンガンハルチド モルラヨ
  - 今は健康かもしれません．　지금은 건강할지도 몰라요．
ジグムン ゴンガンハルチド モルラヨ
- 元気だそうです　건강하대요　ゴンガンハデヨ
- 元気だったそうです　건강했대요　ゴンガンヘッテヨ
- 元気でしょう　건강하겠지요・건강하겠죠　ゴンガンハゲッチヨ・ゴンガンハゲッチョ
- 元気で　건강하고　ゴンガンハゴ
  - 元気で幸せな老後　건강하고 행복한 노후
ゴンガンハゴ ヘンボカン ノフ
- 健康だから　건강하니까・건강해서　ゴンガンハニッカ・ゴンガンヘソ
  - 健康だから何でもできます．　건강하니까 뭐든지 할 수 있어요．
ゴンガンハニッカ ムォドゥンジ ハル ス イッソヨ

- ❏ 元気だったので　건강했으니까・건강해서　ゴンガンヘッスニッカ・ゴンガンヘソ
- ❏ 元気に　건강하게・건강히　ゴンガンハゲ・ゴンガンヒ

元気になりました. / 元気に長生きする方法	건강해졌어요. / 건강하게 오래 사는 법 ゴンガンヘジョッソヨ / ゴンガンハゲ オレ サヌン ポプ

- ❏ 健康ですが　건강하지만・건강해도　ゴンガンハジマン・ゴンガンヘド
- ❏ 健康ならば　건강하면　ゴンガンハミョン

子どもが健康ならばいいのに.	아이가 건강하면 좋을 텐데. アイガ ゴンガンハミョン ジョウル テンデ

- ❏ 健康［お元気］でいらっしゃいます　건강하세요　ゴンガンハセヨ
- ❏ 健康［お元気］でいらっしゃいました　건강하셨어요　ゴンガンハショッソヨ
- ❏ 健康そうには　건강하게는・건강해　ゴンガンハゲヌン・ゴンガンヘ

健康そうには見えません.	건강해 보이지 않아요. ゴンガンヘ ボイジ アナヨ

- ❏ 健康だとは　건강하다고는　ゴンガンハダゴヌン

健康だとは思えません.	건강하다고는 생각되지 않아요. ゴンガンハダゴヌン センガクトェジ アナヨ

- ❏ 健康そうです　건강한 것 같아요・건강할 것 같아요　ゴンガンハン ゴッ ガタヨ・ゴンガンハル コッ ガタヨ

健康そうです.	건강한 것 같아요. ゴンガンハン ゴッ ガタヨ

여(ㅋ) 不規則活用

복잡하다 /ポッチャッパダ/ 複雑だ

①複雑だ．②混雑している・(心などが) 混乱している．

❑ 複雑です　　복잡해요　ボッチャペヨ

| このマニュアルは複雑です． | 이 설명서는 복잡해요．
イ ソルミョンソヌン ボッチャペヨ |

❑ 複雑ですか　　복잡해요?・복잡하나요?・복잡한가요?　ボッチャペヨ・ボッチャパナヨ・ボッチャパンガヨ

| 問題が複雑ですか． | 문제가 복잡해요?
ムンジェガ ボッチャペヨ |

❑ 複雑ではありません　　복잡하지 않아요・안 복잡해요　ボッチャパジ アナヨ・アン ボッチャペヨ

| 問題は複雑ではありません． | 문제는 안 복잡해요．
ムンジェヌン アン ボッチャペヨ |

❑ 複雑でした　　복잡했어요　ボッチャペッソヨ

| 心の中は複雑でした． | 마음속은 복잡했어요．
マウムソグン ボッチャペッソヨ |

❑ 複雑ではなかったです　　복잡하지 않았어요・안 복잡했어요　ボッチャパジ アナッソヨ・アン ボッチャペッソヨ

| それほど複雑ではなかったです． | 그렇게 복잡하지 않았어요．
グロケ ボッチャパジ アナッソヨ |

❑ 複雑な〜　　복잡한・복잡할 [未]　ボッチャパン・ボッチャパル

| 複雑な内容の本 | 복잡한 내용의 책
ボッチャパン ネヨンウィ チェク |
| 複雑な気持ちです． | 복잡한 심정이에요．
ボッチャパン シムジョンイエヨ |

❑ 複雑だった〜　　복잡했던・복잡한　ボッチャペットン・ボッチャパン

| 複雑だった問題が解決されました． | 복잡했던 문제가 해결됐어요．
ボッチャペットン ムンジェガ ヘギョルドェッソヨ |

❑ 複雑かもしれません　　복잡할지도 몰라요　ボッチャパルチド モルラヨ

| 意外に複雑かもしれません． | 의외로 복잡할지도 몰라요．
ウィウェロ ボッチャパルチド モルラヨ |

❑ 複雑だそうです　　복잡하대요　ボッチャパデヨ

| 問題が複雑だそうです． | 문제가 복잡하대요．
ムンジェガ ボッチャパデヨ |

❑ 複雑だったそうです　　복잡했대요　ボッチャペッテヨ

| 家庭が複雑だったそうです． | 집안이 복잡했대요．
ジバニ ボッチャペッテヨ |

여(ㄱ)不規則活用

- ❏ 複雑になるでしょう　복잡해지겠지요・복잡해지겠죠　ボクチャペジゲッチヨ・ボクチャペジゲッチョ

  彼がやめると問題がもっと複雑になるでしょう．　그가 그만두면 문제가 더 복잡해지겠죠．
  グガ グマンドゥミョン ムンジェガ ドォ ボクチャペジゲッチョ

- ❏ 複雑で　복잡하고　ボクチャパゴ
- ❏ 複雑だから　복잡하니까・복잡해서　ボクチャパニッカ・ボクチャペソ

  複雑だからわかりません．　복잡하니까 모르겠어요．
  ボクチャパニッカ モルゲッソヨ

- ❏ 複雑だったので　복잡했으니까・복잡해서　ボクチャペッスニッカ・ボクチャペソ

  複雑だったのでできませんでした．　복잡해서 할 수 없었어요．
  ボクチャペソ ハル ス オプッソッソヨ

- ❏ 複雑に　복잡하게　ボクチャパゲ

  複雑に考える必要はありません．　복잡하게 생각할 필요 없어요．
  ボクチャパゲ センガカル ピリョ オプソヨ

- ❏ 複雑ですが　복잡하지만・복잡해도　ボクチャパジマン・ボクチャペド

  複雑ですがよく読めばわかります．　복잡하지만 잘 읽으면 알 수 있어요．
  ボクチャパジマン ジャル イルグミョン アル ス イッソヨ

- ❏ 複雑ならば　복잡하면　ボクチャパミョン
- ❏ 複雑でいらっしゃいます　복잡하세요　ボクチャパセヨ
- ❏ 複雑でいらっしゃいました　복잡하셨어요　ボクチャパショッソヨ
- ❏ 複雑すぎて　너무 복잡해서　ノム ボクチャペソ

  複雑すぎて面倒です．　너무 복잡해서 귀찮아요．
  ノム ボクチャペソ グィチャナヨ

- ❏ 複雑そうです　복잡한 것 같아요・복잡할 것 같아요　ボクチャパン ゴッ ガタヨ・ボクチャパル コッ ガタヨ

  複雑そうな機械です．　복잡할 것 같은 기계예요．
  ボクチャパル コッ ガトゥン ギゲイェヨ

여(ㅋ) 不規則活用

시원하다 /シウォンハダ/ 涼しい・さわやかだ

①涼しい・さわやかだ．②すっきりする・快い・心地よい．③明瞭だ

❏ 涼しいです　**시원해요**　シウォンヘヨ

風が涼しいです．　　　　　　　　　바람이 시원해요．
　　　　　　　　　　　　　　　　　パラミ シウォンヘヨ

❏ 涼しいですか　**시원해요 ? ・ 시원하나요 ? ・ 시원한가요 ?**　シウォンヘヨ・シウォンハナヨ・シウォンハンガヨ

風が涼しいですか．　　　　　　　　바람이 시원해요 ?
　　　　　　　　　　　　　　　　　パラミ シウォンヘヨ

❏ 涼しくありません　**시원하지 않아요 ・ 안 시원해요**　シウォンハジ アナヨ・アン シウォンヘヨ

風が涼しくありません．　　　　　　바람이 시원하지 않아요．
　　　　　　　　　　　　　　　　　パラミ シウォンハジ アナヨ

❏ 涼しかったです　**시원했어요**　シウォンヘッソヨ

風が涼しかったです．　　　　　　　바람이 시원했어요．
　　　　　　　　　　　　　　　　　パラミ シウォンヘッソヨ

❏ 涼しくなかったです　**시원하지 않았어요 ・ 안 시원했어요**　シウォンハジ アナッソヨ・アン シウォンヘッソヨ

風が涼しくなかったです．　　　　　바람이 시원하지 않았어요．
　　　　　　　　　　　　　　　　　パラミ シウォンハジ アナッソヨ

❏ 涼しい～　**시원한 ・ 시원할** 困　シウォンハン・シウォンハル

涼しい日でした．　　　　　　　　　시원한 날이었어요．
　　　　　　　　　　　　　　　　　シウォンハン ナリオッソヨ

❏ 涼しかった～　**시원했던**　シウォンヘットン

❏ 涼しいかもしれません　**시원할지도 몰라요**　シウォンハルチド モルラヨ

今日は涼しいかもしれません．　　　오늘은 시원할지도 몰라요．
　　　　　　　　　　　　　　　　　オヌルン シウォンハルチド モルラヨ

❏ 涼しいそうです　**시원하대요**　シウォンハデヨ

今日は涼しいそうです．　　　　　　오늘은 시원하대요．
　　　　　　　　　　　　　　　　　オヌルン シウォンハデヨ

❏ 涼しかったそうです　**시원했대요**　シウォンヘッテヨ

ソウルは涼しかったそうです．　　　서울은 시원했대요．
　　　　　　　　　　　　　　　　　ソウルン シウォンヘッテヨ

❏ 涼しいでしょう　**시원하겠지요 ・ 시원하겠죠**　シウォンハゲッチヨ・シウォンハゲッチョ

この夏は涼しいでしょう．　　　　　이번 여름은 시원하겠지요．
　　　　　　　　　　　　　　　　　イボン ヨルムン シウォンハゲッチヨ

여 (ョ) 不規則活用

❏ 涼しくて　시원하고　シウォンハゴ
涼しくてさらっとしたシャツです．
시원하고 보송보송한 셔츠예요．
シウォンハゴ ポソンボソンハン ショチュイェヨ

❏ 涼しいから　시원하니까・시원해서　シウォンハニッカ・シウォンヘソ
涼しいから気持ちがいいです．
시원하니까 기분이 좋아요．
シウォンハニッカ ギブニ ジョアヨ

❏ 涼しかったので　시원했으니까・시원해서　シウォンヘッスニッカ・シウォンヘソ
涼しかったのでよく眠れました．
시원해서 잘 잤어요．
シウォンヘソ ジャル ジャッソヨ

❏ 涼しく／さわやかに　시원하게　シウォンハゲ
❏ 涼しいけれども　시원하지만・시원해도　シウォンハジマン・シウォンヘド
涼しいけれども冷たいものが飲みたいです．
시원하지만 찬 것이 마시고 싶어요．
シウォンハジマン チャン ゴシ マシゴ シポヨ

❏ 涼しければ　시원하면　シウォンハミョン
❏ さわやかでいらっしゃいます　시원하세요　シウォンハセヨ
性格がさわやかでいらっしゃいます．
성격이 시원하세요．
ソンキョギ シウォンハセヨ

❏ さわやかでいらっしゃいました　시원하셨어요　シウォンハショッソヨ
性格がさわやかでいらっしゃいました．
성격이 시원하셨어요．
ソンキョギ シウォンハショッソヨ

❏ 涼しそうな　시원한 것 같아요・시원할 것 같아요　シウォンハン ゴッ ガタヨ・シウォンハル コッ ガタヨ
涼しそうなシャツですね．
시원할 것 같은 셔츠네요．
シウォンハル コッ ガトゥン ショチュネヨ

여(ヨ)不規則活用

유명하다 /ユミョンハダ/ 有名だ

❏ **有名です** 유명해요 ユミョンヘヨ

このチョコレートは有名です． 이 초콜릿은 유명해요．
イ チョコルリスン ユミョンヘヨ

❏ **有名ですか** 유명해요？・유명하나요？・유명한가요？ ユミョンヘヨ・ユミョンハナヨ・ユミョンハンガヨ

この雑誌は有名ですか． 이 잡지는 유명한가요？
イ ジャプチヌン ユミョンハンガヨ

❏ **有名ではありません** 유명하지 않아요・안 유명해요 ユミョンハジ アナヨ・アン ユミョンヘヨ

この俳優は有名ではありません． 이 배우는 유명하지 않아요．
イ ペウヌン ユミョンハジ アナヨ

❏ **有名でした** 유명했어요 ユミョンヘッソヨ

この俳優は有名でした． 이 배우는 유명했어요．
イ ペウヌン ユミョンヘッソヨ

❏ **有名ではありませんでした** 유명하지 않았어요・안 유명했어요 ユミョンハジ アナッソヨ・アン ユミョンヘッソヨ

この俳優は有名ではありませんでした． 이 배우는 유명하지 않았어요．
イ ペウヌン ユミョンハジ アナッソヨ

❏ **有名な〜** 유명한・유명할 ユミョンハン・ユミョンハル

有名な作家 유명한 작가
ユミョンハン ジャクカ

❏ **有名だった〜** 유명했던・유명한 ユミョンヘットン・ユミョンハン

有名だった人 유명했던 사람
ユミョンヘットン サラム

❏ **有名かもしれません** 유명할지도 몰라요 ユミョンハルチド モルラヨ

彼は有名かもしれません． 그는 유명할지도 몰라요．
グヌン ユミョンハルチド モルラヨ

❏ **有名だそうです** 유명하대요 ユミョンハデヨ

韓国では有名だそうです． 한국에서는 유명하대요．
ハングゲソヌン ユミョンハデヨ

❏ **有名だったそうです** 유명했대요 ユミョンヘッテヨ

彼は有名だったそうです． 그는 유명했대요．
ヌグン ユミョンヘッテヨ

❏ **有名でしょう** 유명하겠지요・유명하겠죠 ユミョンハゲッチヨ・ユミョンハゲッチョ

彼は有名でしょう． 그는 유명하겠지요．
グヌン ユミョンハゲッチヨ

여(ヨ)不規則活用

- ❑ 有名で　유명하고　ユミョンハゴ

  有名で上手な歌手です．　　　　　유명하고 훌륭한 가수예요．
  　　　　　　　　　　　　　　　　ユミョンハゴ フルリュンハン ガスイェヨ

- ❑ 有名だから　유명하니까・유명해서　ユミョンハニッカ・ユミョンヘソ

  著者が有名だからよく売れます．　저자가 유명하니까 잘 팔려요．
  　　　　　　　　　　　　　　　　ジョジャガ ユミョンハニッカ ジャル パルリョヨ

- ❑ 有名だったので　유명했으니까・유명해서　ユミョンヘッスニッカ・ユミョンヘソ

- ❑ 有名に　유명하게　ユミョンハゲ

  有名になるでしょう．　　　　　　유명하게 되겠지요．
  　　　　　　　　　　　　　　　　ユミョンハゲ ドェゲッチヨ

- ❑ 有名だけれど　유명하지만・유명해도　ユミョンハジマン・ユミョンヘド

  有名だけれど腰の低い人です．　　유명하지만 겸손한 사람이에요．
  　　　　　　　　　　　　　　　　ユミョンハジマン ギョムソンハン サラミエヨ

- ❑ 有名ならば　유명하면　ユミョンハミョン

  有名ならば仕事も増えます．　　　유명하면 일도 늘어나요．
  　　　　　　　　　　　　　　　　ユミョンハミョン イルド ヌロナヨ

- ❑ 有名でいらっしゃいます　유명하세요　ユミョンハセヨ

  その方は有名でいらっしゃいます．　그 분은 유명하세요．
  　　　　　　　　　　　　　　　　グ ブヌン ユミョンハセヨ

- ❑ 有名でいらっしゃいました　유명하셨어요　ユミョンハショッソヨ

  その方は有名でいらっしゃいました．　그 분은 유명하셨어요．
  　　　　　　　　　　　　　　　　グ ブヌン ユミョンハショッソヨ

여(ヨ) 不規則活用

위험하다 /ウィホムハダ/ 危ない・危険だ

- ☐ 危ないです　위험해요　ウィホムヘヨ
- ☐ 危ないですか　위험해요 ?・위험하나요 ?・위험한가요 ?　ウィホムヘヨ・ウィホムハナヨ・ウィホムハンガヨ
- ☐ 危なくありません　위험하지 않아요・안 위험해요　ウィホムハジ アナヨ・アン ウィホムヘヨ
- ☐ 危なかったです　위험했어요　ウィホムヘッソヨ
- ☐ 危なくなかったです　위험하지 않았어요・안 위험했어요　ウィホムハジ アナッソヨ・アン ウィホムヘッソヨ
- ☐ 危ない〜　위험한・위험할 困　ウィホムハン・ウィホムハル

| 危ない所に行ってはいけません. | 위험한 곳에 가면 안 돼요.
ウィホムハン ゴセ ガミョン アン ドェヨ |

- ☐ 危なかった〜　위험했던・위험한　ウィホムヘットン・ウィホムハン
- ☐ 危ないかもしれません　위험할지도 몰라요　ウィホムハルチド モルラヨ
- ☐ 危ないそうです　위험하대요　ウィホムハデヨ
- ☐ 危なかったそうです　위험했대요　ウィホムヘッテヨ
- ☐ 危ないでしょう　위험하겠지요・위험하겠죠　ウィホムハゲッチヨ・ウィホムハゲッチョ
- ☐ 危なくて　위험하고　ウィホムハゴ
- ☐ 危ないから　위험하니까・위험해서　ウィホムハニッカ・ウィホムヘソ

| 危ないから近づいてはいけません. | 위험하니까 가까이 가면 안 돼요.
ウィホムハニッカ ガッカイ ガミョン アン ドェヨ |

- ☐ 危なかったので　위험했으니까・위험해서　ウィホムヘッスニッカ・ウィホムヘソ

| 危なかったので逃げました. | 위험해서 도망쳤어요.
ウィホムヘソ ドマンチョッソヨ |

- ☐ 危なく　위험하게　ウィホムハゲ
- ☐ 危ないけれども　위험하지만・위험해도　ウィホムハジマン・ウィホムヘド

| 危ないけれどもスリルがあります. | 위험하지만 스릴이 있어요.
ウィホムハジマン スリリ イッソヨ |

- ☐ 危なくても　위험해도　ウィホムヘド

| 危なくてもやってみたいです. | 위험해도 해보고 싶어요.
ウィホムヘド ヘボゴ シポヨ |

- ☐ 危ないとは　위험하다고는　ウィホムハダゴヌン

| 危ないとは考えませんでした. | 위험하다고는 생각하지 않았어요.
ウィホムハダゴヌン センガカジ アナッソヨ |

여(ヨ)不規則活用

조용하다 /ジョヨンハダ/ 静かだ

- 静かです　**조용해요**　ジョヨンヘヨ
  - ここは静かです。　여기는 조용해요. ヨギヌン ジョヨンヘヨ

- 静かですか　**조용해요? · 조용하나요? · 조용한가요?**　ジョヨンヘヨ・ジョヨンハナヨ・ジョヨンハンガヨ

- 静かではありません　**조용하지 않아요 · 안 조용해요**　ジョヨンハジ アナヨ・アン ジョヨンヘヨ

- 静かでした　**조용했어요**　ジョヨンヘッソヨ

- 静かではありませんでした　**조용하지 않았어요 · 안 조용했어요**　ジョヨンハジ アナッソヨ・アン ジョヨンヘッソヨ

- 静かな〜　**조용한 · 조용할**[困]　ジョヨンハン・ジョヨンハル
  - 静かな部屋をお願いします。　조용한 방을 부탁해요. ジョヨンハン パンウル プタケヨ

- 静かだった〜　**조용했던 · 조용한**　ジョヨンヘットン・ジョヨンハン
- 静かかもしれません　**조용할지도 몰라요**　ジョヨンハルチド モルラヨ
- 静かだそうです　**조용하대요**　ジョヨンハデヨ
- 静かだったそうです　**조용했대요**　ジョヨンヘッテヨ
- 静かで　**조용하고**　ジョヨンハゴ
  - 静かで治安のいい地域です。　조용하고 치안이 좋은 지역이에요. ジョヨンハゴ チアニ ジョウン ジョギエヨ

- 静かなので　**조용하니까 · 조용해서**　ジョヨンハニッカ・ジョヨンヘソ
  - 静かなのでよく眠れます。　조용하니까 잠이 잘 와요. ジョヨンハニッカ ジャミ ジャル ワヨ

- 静かだったので　**조용했으니까 · 조용해서**　ジョヨンヘッスニッカ・ジョヨンヘソ
  - 静かだったので勉強がはかどりました。　조용해서 공부가 잘됐어요. ジョヨンヘソ コンブガ ジャルドェッソヨ

- 静かに　**조용하게 · 조용히**　ジョヨンハゲ・ジョヨンヒ
  - 静かにしてください。　조용히 해주세요. ジョヨンヒ ヘジュセヨ

- 静かだけれども　**조용하지만 · 조용해도**　ジョヨンハジマン・ジョヨンヘド
- 静かすぎて　**너무 조용해서**　ノム ジョヨンヘソ
  - 静かすぎて何となく薄気味悪いです。　너무 조용해서 왠지 기분이 안 좋아요. ノム ジョヨンヘソ ウェンジ ギブニ アン ジョアヨ

여(ㅛ) 不規則活用

친절하다 /チンジョルハダ/ 親切だ

- ❏ 親切です　친절해요　チンジョルヘヨ

  あの店は店員が親切です．　　저 가게는 점원이 친절해요．
  ジョ ガゲヌン ジョムォニ チンジョルヘヨ

- ❏ 親切ですか　친절해요？・친절하나요？・친절한가요？　チンジョルヘヨ・チンジョルハナヨ・チンジョルハンガヨ

- ❏ 親切ではありません　친절하지 않아요・안 친절해요　チンジョルハジ アナヨ・アン チンジョルヘヨ

- ❏ 親切でした　친절했어요　チンジョルヘッソヨ

- ❏ 親切ではありませんでした　친절하지 않았어요・안 친절했어요　チンジョルハジ アナッソヨ・アン チンジョルヘッソヨ

- ❏ 親切な　친절한・친절할 匣　チンジョルハン・チンジョルハル

  親切な人です．　　친절한 사람이에요．
  チンジョルハン サラミエヨ

- ❏ 親切だった　친절했던・친절한　チンジョルヘットン・チンジョルハン

- ❏ 親切だそうです　친절하대요　チンジョルハデヨ

- ❏ 親切で　친절하고　チンジョルハゴ

  親切で楽しい人です．　　친절하고 재미있는 사람이에요．
  チンジョルハゴ ジェミインヌン サラミエヨ

- ❏ 親切なので　친절하니까・친절해서　チンジョルハニッカ・チンジョルヘソ

  親切なので心がひかれます．　　친절하니까 마음이 끌려요．
  チンジョルハニッカ マウミ ックルリョヨ

- ❏ 親切だったので　친절했으니까・친절해서　チンジョルヘッスニッカ・チンジョルヘソ

  店員が親切だったので気持ちがよかったです．　　점원이 친절해서 기분이 좋았어요．
  ジョムォニ チンジョルヘソ ギブニ ジョアッソヨ

- ❏ 親切に　친절하게・친절히　チンジョルハゲ・チンジョルヒ

  親切に教えてくれました．　　친절하게 가르쳐줬어요．
  チンジョルハゲ ガルチョジュオッソヨ

- ❏ 親切だけれども　친절하지만・친절해도　チンジョルハジマン・チンジョルヘド

  親切だけれども厳しい人です．　　친절하지만 엄한 사람이에요．
  チンジョルハジマン ウムハン サラミエヨ

- ❏ 親切ならば　친절하면　チンジョルハミョン

  もっと親切ならいいのに．　　더 친절하면 좋을 텐데．
  ド チンジョルハミョン ジョウル テンデ

- ❏ 親切そうです　친절한 것 같아요・친절할 것 같아요　チンジョルハン ゴッ ガタヨ・チンジョルハル コッ ガタヨ

여(ヨ)不規則活用

친하다 /チンハダ/ 親しい

- ❏ 親しいです　　**친해요**　チンヘヨ
  - その人とは親しいです．
  - 그 사람과는 친해요．
    グ サラムグヮヌン チンヘヨ

- ❏ 親しいですか　　**친해요?・친하나요?**　チンヘヨ・チンハナヨ
  - チョルスさんと親しいですか．
  - 철수 씨와 친해요?
    チョルス ッシワ チンヘヨ

- ❏ 親しくありません　　**친하지 않아요・안 친해요**　チンハジ アナヨ・アン チンヘヨ
  - 弟とは親しくありません．
  - 남동생과는 안 친해요．
    ナムドンセングヮヌン アン チンヘヨ

- ❏ 親しかったです　　**친했어요**　チンヘッソヨ
  - チョルスさんとは親しかったです．
  - 철수 씨와는 친했어요．
    チョルス ッシワヌン チンヘッソヨ

- ❏ 親しくありませんでした　　**친하지 않았어요・안 친했어요**　チンハジ アナッソヨ・アン チンヘッソヨ

- ❏ 親しい～　　**친한・친할**　チンハン・チンハル
  - 親しい友だち
  - 친한 친구
    チンハン チング

- ❏ 親しかった～　　**친했던・친한**　チンハドン・チンハン
- ❏ 親しそうです　　**친하대요**　チンハデヨ
- ❏ 親しくて　　**친하고**　チンハゴ
- ❏ 親しいから　　**친하니까・친해서**　チンハニッカ・チンヘソ
  - 親しいからしょっちゅう会います．
  - 친하니까 자주 만나요．
    チンハニッカ ジャジュ マンナヨ

- ❏ 親しかったので　　**친했으니까・친해서**　チンヘッスニッカ・チンヘソ
- ❏ 親しいけれども　　**친하지만・친해도**　チンハジマン・チンヘド

여(ヨ) 不規則活用

피곤하다 / ピゴンハダ / 疲れている

*腕や足など，からだの一部に対しては **노곤하다** を使うことが多いです．

- 疲れています　피곤해요　ピゴンヘヨ
- 疲れていますか　피곤해요 ? · 피곤하나요 ? · 피곤한가요 ?　ピゴンヘヨ・ピゴンハナヨ・ピゴンハンガヨ
- 疲れていません　피곤하지 않아요 · 안 피곤해요　ピゴンハジ アナヨ・アン ピゴンヘヨ

| 全然疲れていません． | 전혀 피곤하지 않아요．
 ジョンヒョ ピゴンハジ アナヨ |

- 疲れていました　피곤했어요　ピゴンヘッソヨ

| 少し疲れていました． | 조금 피곤했어요．
 ジョグム ピゴンヘッソヨ |

- 疲れていませんでした　피곤하지 않았어요 · 안 피곤했어요　ピゴンハジ アナッソヨ・アン ピゴンヘッソヨ
- 疲れている〜　피곤한 · 피곤할 [冠]　ピゴンハン・ピゴンハル

| 疲れているときはゆっくり休んでください． | 피곤한 [할] 때는 푹 쉬세요．
 ピゴンハン(ハル) ッテヌン プク シュィセヨ |

- 疲れていた〜　피곤했던 · 피곤한　ピゴンヘットン・ピゴンハン
- 疲れているかもしれません　피곤할지도 몰라요　ピゴンハルチド モルラヨ
- 疲れているそうです　피곤하대요　ピゴンハデヨ
- 疲れていたそうです　피곤했대요　ピゴンヘッテヨ
- 疲れるでしょう　피곤하겠지요 · 피곤하겠죠　ピゴンハゲッチヨ・ピゴンハゲッチョ

| 今度の仕事は疲れるでしょう． | 이번 일은 피곤하겠지요．
 イボン イルン ピゴンハゲッチヨ |

- 疲れていて　피곤하고　ピゴンハゴ
- 疲れているから　피곤하니까 · 피곤해서　ピゴンハニッカ・ピゴンヘソ

| 疲れているから早く寝ます． | 피곤하니까 일찍 자겠어요．
 ピゴンハニッカ イルチク ジャゲッソヨ |

- 疲れていたので　피곤했으니까 · 피곤해서　ピゴンヘッスニッカ・ピゴンヘソ
- 疲れていますが　피곤하지만 · 피곤해도　ピゴンハジマン・ピゴンヘド

| 疲れていますが大丈夫です． | 피곤하지만 괜찮아요．
 ピゴンハジマン グェンチャナヨ |

- 疲れていれば　피곤하면　ピゴンハミョン
- お疲れでいらっしゃいます　피곤하세요　ピゴンハセヨ
- お疲れでいらっしゃいました　피곤하셨어요　ピゴンハショッソヨ

여(ㅕ)不規則活用

필요하다 /ピリョハダ/ 必要だ

❏ 必要です　　**필요해요**　ピリョヘヨ

努力が必要です．
노력이 필요해요．
ノリョギ ピリョヘヨ

❏ 必要ですか　　**필요해요？・필요하나요？・필요한가요？**　ピリョヘヨ・ピリョハナヨ・ピリョハンガヨ

お金はいくらぐらい必要ですか．
돈이 얼마나 필요해요？
ドニ オルマナ ピリョヘヨ

❏ 必要ではありません　　**필요하지 않아요・안 필요해요・필요 없어요**　ピリョハジ アナヨ・アン ピリョヘヨ・ピリョ オプソヨ

助けは必要ではありません．
도움은 안 필요해요．
ドウムン アン ピリョヘヨ

＊필요 없어요는 필요하다의 활용형이 아니지만, 일상적으로 잘 쓰입니다

❏ 必要でした　　**필요했어요**　ピリョヘッソヨ

助けが必要でした．
도움이 필요했어요．
ドウミ ピリョヘッソヨ

❏ 必要ではありませんでした　　**필요하지 않았어요・필요 없었어요**　ピリョハジ アナッソヨ・ピリョ オプソッソヨ

助けは必要ではありませんでした．
도움은 필요하지 않았어요．
ドウムン ピリョハジ アナッソヨ

＊필요 없었어요는 필요의 활용형이 아니지만, 일상적으로 잘 쓰입니다．

❏ 必要な〜　　**필요한・필요할** 困　ピリョハン・ピリョハル

必要なものがあったら言ってください．
필요한 물건이 있으면 말씀 하세요．
ピリョハン ムルゴニ イッスミョン マルッスム ハセヨ

❏ 必要だった〜　　**필요했던・필요한**　ピリョヘットン・ピリョハン

本当に必要だったのは温かい心でした．
정말로 필요했던 것은 따뜻한 마음이었어요．
ジョンマルロ ピリョヘットン ゴスン ッタットゥッタン マウミオッソヨ

❏ 必要かもしれません　　**필요할지도 몰라요**　ピリョハルチド モルラヨ

食べ物が必要かもしれません．
먹을 것이 필요할지도 몰라요．
モグル コシ ピリョハルチド モルラヨ

❏ 必要だそうです　　**필요하대요**　ピリョハデヨ

助けが必要だそうです．
도움이 필요하대요．
ドウミ ピリョハデヨ

❏ 必要だったそうです　　**필요했대요**　ピリョヘッテヨ

飲み物が必要だったそうです．
마실 것이 필요했대요．
マシル コシ ピリョヘッテヨ

여(ヨ)不規則活用

❏ 必要でしょう　필요하겠지요・필요하겠죠　ピリョハゲッチヨ・ピリョハゲッチョ

将来必要でしょう．	장래에 필요하겠지요．
	ジャンレエ ピリョハゲッチヨ

❏ 必要で　필요하고　ピリョハゴ

食べ物も必要で着る物も必要です．	먹을 것도 필요하고 입을 것도 필요해요．
	モグル コット ピリョハゴ イブル コット ピリョヘヨ

❏ 必要だから　필요하니까・필요해서　ピリョハニッカ・ピリョヘソ

必要だから買います．	필요하니까 샀겠어요．
	ピリョハニッカ サゲッソヨ

❏ 必要だったので　필요했으니까・필요해서　ピリョヘッスニッカ・ピリョヘソ

必要だったので仕方なく買いました．	필요해서 어쩔수 없이 샀어요．
	ピリョヘソ オッチョルス オプシ サッソヨ

❏ 必要に　필요하게　ピリョハゲ

必要になるでしょう．	필요하게 되겠지요．
	ピリョハゲ ドェゲッチョ

❏ 必要だけれども　필요하지만・필요해도　ピリョハジマン・ピリョヘド

必要だけれども買えません．	필요하지만 살 수 없어요．
	ピリョハジマン サルス オプソヨ

❏ 必要ならば　필요하면　ピリョハミョン

必要ならばお貸しします．	필요하면 빌려드리겠어요．
	ピリョハミョン ビルリョドゥリゲッソヨ

❏ 必要でいらっしゃいます　필요하세요　ピリョハセヨ
❏ 必要でいらっしゃいました　필요하셨어요　ピリョハショッソヨ

가깝다 / ガッカㇷ゚タ / 近い

	辞書形	丁寧体	会話体	連体形
現在形	近い 가깝다 ガッカㇷ゚タ	近いです 가깝습니다 ガッカㇷ゚スムニダ	近いです 가까워요 ガッカウォヨ	近い〜 가까운 ガッカウン
過去形	近かった 가까웠다 ガッカウォッタ	近かったです 가까웠습니다 ガッカウォッスムニダ	近かったです 가까웠어요 ガッカウォッソヨ	近かった〜 가깝던 / 가까웠던 ガッカㇷ゚トン/ガッカウォットン

❑ 近いです　가까워요　ガッカウォヨ

駅は近いです.　　역은 가까워요.
　　　　　　　　　ヨグン ガッカウォヨ

❑ 近いですか　가까워요? · 가깝나요? · 가까운가요?　ガッカウォヨ・ガッカㇷ゚ナヨ・ガッカウンガヨ

バス停は近いですか.　　버스정류소는 가깝나요?
　　　　　　　　　　　　ボスジョンリュソヌン ガッカㇷ゚ナヨ

❑ 近くありません　가깝지 않아요 · 안 가까워요　ガッカㇷ゚チ アナヨ・アン ガッカウォヨ

駅から近くありません.　　역에서 가깝지 않아요.
　　　　　　　　　　　　　ヨゲソ ガッカㇷ゚チ アナヨ

❑ 近かったです　가까웠어요　ガッカウォッソヨ

彼の家は近かったです.　　그의 집은 가까웠어요.
　　　　　　　　　　　　　グウィ ジブン ガッカウォッソヨ

❑ 近くなかったです　가깝지 않았어요 · 안 가까웠어요　ガッカㇷ゚チ アナッソヨ・アン ガッカウォッソヨ

❑ 近い〜　가까운 · 가까울 [困]　ガッカウン・ガッカウル

近い病院を教えてください.　　가까운 병원을 가르쳐 주세요.
　　　　　　　　　　　　　　　ガッカウン ビョンウォヌル ガルチョ ジュセヨ

❑ 近かった　가깝던 · 가까웠던　ガッカㇷ゚トン・ガッカウォットン
❑ 近いかもしれません　가까울지도 몰라요　ガッカウルチド モルラヨ
❑ 近いそうです　가깝대요　ガッカㇷ゚テヨ

彼の家は近いそうです.　　그의 집은 가깝대요.
　　　　　　　　　　　　　グウィ ジブン ガッカㇷ゚テヨ

❑ 近かったそうです.　가까웠대요　ガッカウォッテヨ

病院は近かったそうです.　　병원은 가까웠대요.
　　　　　　　　　　　　　　ビョンウォヌン ガッカウォッテヨ

❑ 近いでしょう　가깝겠지요 · 가깝겠죠　ガッカㇷ゚ケッチヨ・ガッカㇷ゚ケッチョ

ㅂ(ビウㇷ゚)不規則活用

❏ 近くて　가깝고　ガッカㇷ゚コ

駅に近くて便利です．

역에 가깝고 편리해요．
ヨゲ ガッカㇷ゚コ ピョンリヘヨ

❏ 近いから　가까우니까・가까워서　ガッカウニッカ・ガッカウォソ

近いからこの店によく来ます．

가까우니까 이 가게에 자주 와요．
ガッカウニッカ イ ガゲエ ジャジュ ワヨ

❏ 近かったので　가까웠으니까・가까워서　ガッカウォッスニッカ・ガッカウォソ

近かったので行ってみただけです．

가까워서 가본 것 뿐이에요．
ガッカウォソ ガボン ゴッ ップニエヨ

❏ 近く，親しく　가깝게・가까이　ガッカㇷ゚ケ・ガッカイ

その人とは親しくしています．

그 사람과는 가깝게 지내고 있어요．
グ サラムグヮヌン ガッカㇷ゚ケ ジネゴ イッソヨ

こんなに近くで見たことはありません．

이렇게 가까이서 본 적은 없어요．
イロケ ガッカイソ ボン ジョグン オㇷ゚ソヨ

❏ 近いけれど　가깝지만・가까워도　ガッカㇷ゚チマン・ガッカウォド

あの店は近いけれど価格が高いです．

저 가게는 가깝지만 가격이 비싸요．
ジョ ガゲヌン ガッカㇷ゚チマン ガギョギ ピッサヨ

❏ 近ければ　가까우면　ガッカウミョン

近ければ行ってみてもいいけれど．

가까우면 가봐도 좋지만．
ガッカウミョン ガブㇻド ジョチマン

❏ 近くても　가까워도・가깝더라도　ガッカウォド・ガッカㇷ゚トラド

近くても行きません．

가까워도 안 가요．
ガッカウォド アン ガヨ

❏ 近いとは　가깝다고는　ガッカㇷ゚タゴヌン

近いとは言えません．

가깝다고는 말할 수 없어요．
ガッカㇷ゚タゴヌン マルハル ス オㇷ゚ソヨ

❏ 近そうです　가까울 것 같아요・가까운 것 같아요　ガッカウル コッ ガタヨ・ガッカウン コッ ガタヨ

地図で見ると近そうです．

지도를 보니 가까운 것 같아요．
ジドルル ボニ ガッカウン ゴッ ガタヨ

ㅂ（ピウㇷ゚）不規則活用

가볍다 / ガビョプタ / 軽い

① (重さ・責任などが) 軽い・軽薄だ・軽快だ. ② 簡単だ.

	辞書形	丁寧体	会話体	連体形
現在形	軽い 가볍다 ガビョプタ	軽いです 가볍습니다 ガビョプスムニダ	軽いです 가벼워요 ガビョウォヨ	軽い〜 가벼운 ガビョウン
過去形	軽かった 가벼웠다 ガビョウォッタ	軽かったです 가벼웠습니다 ガビョウォッスムニダ	軽かったです 가벼웠어요 ガビョウォッソヨ	軽かった〜 가볍던 / 가벼웠던 ガビョプトン / ガビョウォットン

❑ 軽いです　가벼워요　ガビョウォヨ

このバッグは軽いです.　　　　　　이 가방은 가벼워요.
　　　　　　　　　　　　　　　　イ ガバヌン ガビョウォヨ

❑ 軽いですか　가벼워요?・가볍나요?・가벼운가요?　ガビョウォヨ・ガビョプナヨ・ガビョウンガヨ

その箱は軽いですか.　　　　　　그 상자는 가볍나요?
　　　　　　　　　　　　　　　　グ サンジャヌン ガビョプナヨ

❑ 軽くありません　가볍지 않아요・안 가벼워요　ガビョプチ アナヨ・アン ガビョウォヨ

❑ 軽かったです　가벼웠어요　ガビョウォッソヨ

❑ 軽くなかったです　가볍지 않았어요・안 가벼웠어요　ガビョプチ アナッソヨ・アン ガビョウォッソヨ

❑ 軽い〜　가벼운・가벼울 困　ガビョウン・ガビョウル

軽いカメラがほしいのです.　　　　가벼운 카메라가 갖고 싶어요.
　　　　　　　　　　　　　　　　ガビョウン カメラガ ガッコ シポヨ

❑ 軽かった〜　가벼웠던・가벼운　ガビョウォットン・ガビョウン

❑ 軽いかもしれません　가벼울지도 몰라요　ガビョウルチド モルラヨ

私の携帯より軽いかもしれません.　내 핸드폰 보다 가벼울지도 몰라요.
　　　　　　　　　　　　　　　　ネ ヘンドゥポン ボダ ガビョウルチド モルラヨ

❑ 軽いそうです　가볍대요　ガビョプテヨ

❑ 軽かったそうです　가벼웠대요　ガビョウォッテヨ

❑ 軽いでしょう　가볍겠지요・가볍겠죠　ガビョプケッチヨ・ガビョプケッチョ

❑ 軽くて　가볍고　ガビョプコ

軽くてやわらかいです.　　　　　　가볍고 부드러워요.
　　　　　　　　　　　　　　　　ガビョプコ ブドゥロウォヨ

❑ 軽いから　가벼우니까・가벼워서　ガビョウニッカ・ガビョウォソ

軽いから持ち運びに便利です.　　　가벼우니까 들고 다니기에 편리해요.
　　　　　　　　　　　　　　　　ガビョウニッカ ドゥルゴ ダニギエ ピョンリヘヨ

ㅂ (ビウプ) 不規則活用

- ❏ 軽かったので　가벼웠으니까・가벼워서　ガビョウォッスニッカ・ガビョウォソ
- ❏ 軽く　가볍게　ガビョプケ

軽く食べたいです.	가볍게 먹고 싶어요. ガビョプケ モクコ シポヨ

- ❏ 軽いけれども　가볍지만・가벼워도　ガビョプチマン・ガビョウォド

この傘は軽いけれども大きいです.	이 우산은 가볍지만 커요. イ ウサヌン ガビョプチマン コヨ

- ❏ 軽ければ　가벼우면　ガビョウミョン

もっと軽ければありがたいのですが.	더 가벼우면 좋겠습니다만. ド ガビョウミョン ジョケッスムニダマン

- ❏ 軽くても　가벼워도　ガビョウォド

もっと軽くてもいいのに.	더 가벼워도 좋을 텐데. ド ガビョウォド ジョウル テンデ

- ❏ 軽すぎます　너무 가벼워요　ノム ガビョウォヨ

あの人は口が軽すぎます.	저 사람은 입이 너무 가벼워요. ジョ サラムン イビ ノム ガビョウォヨ

- ❏ 軽すぎて　너무 가벼워서　ノム ガビョウォソ

軽すぎて風に飛ばされそうです.	너무 가벼워서 바람에 날아갈 것 같아요. ノム ガビョウォソ パラメ ナラガル コッ ガタヨ

- ❏ 軽いとは　가볍다고는　ガビョプタゴヌン

軽いとは言えません.	가볍다고는 말할 수 없어요. ガビョプタゴヌン マルハル ス オプソヨ

- ❏ 軽そうです　가벼운 것 같아요・가벼울 것 같아요　ガビョウン ゴッ ガタヨ・ガビョウル コッ ガタヨ

덥다 /ドㇷ゚タ/ 暑い・暖かい

	辞書形	丁寧体	会話体	連体形
現在形	暑い 덥다 ドㇷ゚タ	暑いです 덥습니다 ドㇷ゚スムニダ	暑いです 더워요 ドウォヨ	暑い〜 더운 ドウン
過去形	暑かった 더웠다 ドウォッタ	暑かったです 더웠습니다 ドウォッスムニダ	暑かったです 더웠어요 ドウォッソヨ	暑かった〜 덥던 / 더웠던 ドㇷ゚トン / ドウォットン

ㅂ(ビウㇷ゚)不規則活用

☐ 暑いです　더워요　ドウォヨ
- 夜も暑いです.
- 밤에도 더워요.　パメド ドウォヨ

☐ 暑いですか　더워요? ・ 덥나요? ・ 더운가요?　ドウォヨ・ドㇷ゚ナヨ・ドウンガヨ
- 沖縄は暑いですか.
- 오키나와는 더워요?　オキナワヌン ドウォヨ

☐ 暑くありません　덥지 않아요 ・ 안 더워요　ドㇷ゚チ アナヨ・アン ドウォヨ
- 日本に比べると暑くありません.
- 일본에 비하면 안 더워요.　イルボネ ビハミョン アン ドウォヨ

☐ 暑かったです　더웠어요　ドウォッソヨ
- 部屋が暑かったです.
- 방이 더웠어요.　パンイ ドウォッソヨ

☐ 暑くなかったです　덥지 않았어요 ・ 안 더웠어요　ドㇷ゚チ アナッソヨ・アン ドウォッソヨ
- そんなに暑くなかったです.
- 그렇게 덥지 않았어요.　グロケ ドㇷ゚チ アナッソヨ

☐ 暑い〜　더운・더울 困　ドウン・ドウル
- 暑い国で育ちました.
- 더운 나라에서 자랐어요.　ドウン ナラエソ ジャラッソヨ

☐ 暑かった〜　더웠던・덥던　ドウォットン・ドㇷ゚トン
- 暑かった夏が終わりました.
- 더웠던 여름이 끝났어요.　ドウォットン ヨルミ ックンナッソヨ

☐ 暑いかもしれません　더울지도 몰라요　ドウルチド モルラヨ

☐ 暑いそうです　덥대요　ドㇷ゚テヨ
- 現地は暑いそうです.
- 현지는 덥대요.　ヒョンジヌン ドㇷ゚テヨ

☐ 暑かったそうです　더웠대요　ドウォッテヨ

❏ 暑いでしょう　덥겠지요・덥겠죠　ドゥケッチヨ・ドゥゲッチョ

| 来年の夏も暑いでしょう． | 내년 여름도 덥겠지요．
ネニョン ヨルムド ドゥケッチヨ |

❏ 暑くて　덥고　ドゥコ

| 暑くて湿度も高いです． | 덥고 습도도 높아요．
ドゥコ スプトド ノパヨ |

❏ 暑いから　더우니까・더워서　ドゥニッカ・ドゥオソ

| 暑いから家にいます． | 더우니까 집에 있어요．
ドゥニッカ ジベ イッソヨ |

❏ 暑かったので　더웠으니까・더워서　ドゥオッスニッカ・ドゥオソ

| 暑かったのでエアコンをつけました． | 더워서 에어컨을 틀었어요．
ドゥオソ エオコヌル トゥロッソヨ |

❏ 暑く　덥게　ドゥケ

❏ 暑いけれども　덥지만・더워도　ドゥチマン・ドゥオド

| 暑いけれどもさわやかです． | 덥지만 상쾌해요．
ドゥチマン サンクェヘヨ |

❏ 暑ければ　더우면　ドゥミョン

| 暑ければよく眠れません． | 더우면 잠을 잘 못자요．
ドゥミョン ジャムル ジャル モッチャヨ |

❏ 暑くても　더워도　ドゥオド

| 暑くても平気です． | 더워도 괜찮아요．
ドゥオド グェンチャナヨ |

❏ 暑すぎて　너무 더워서　ノム ドゥオソ

| 暑すぎて何もする気になれません． | 너무 더워서 아무 것도 할 기분이 아니에요．
ノム ドゥオソ アム ゴット ハル ギブニ アニエヨ |

❏ 暑いとは　덥다고는　ドゥタゴヌン

| 暑いとは思いません． | 덥다고는 생각하지 않아요．
ドゥタゴヌン センガカジ アナヨ |

❏ 暑そうです　더운 것 같아요・더울 것 같아요　ドウン ゴッ ガタヨ・トゥル コッ ガタヨ

| 暑そうですね． | 더운 것 같네요．
ドウン ゴッ ガンネヨ |

ㅂ（ピウプ）不規則活用

뜨겁다 / ットゥゴㇷ゚タ / 熱い

＊雰囲気などにも使います。

	辞書形	丁寧体	会話体	連体形
現在形	熱い 뜨겁다 ットゥゴㇷ゚タ	熱いです 뜨겁습니다 ットゥゴㇷ゚スムニダ	熱いです 뜨거워요 ットゥゴウォヨ	熱い〜 뜨거운 ットゥゴウン
過去形	熱かった 뜨거웠다 ットゥゴウォッタ	熱かったです 뜨거웠습니다 ットゥゴウォッスムニダ	熱かったです 뜨거웠어요 ットゥゴウォッソヨ	熱かった〜 뜨겁던 / 뜨거웠던 ットゥゴㇷ゚トン/ットゥゴウォットン

❏ **熱いです　뜨거워요** ットゥゴウォヨ

| お茶が熱いです。 | 차가 뜨거워요.
チャガ ットゥゴウォヨ |

❏ **熱いですか　뜨거워요？・뜨겁나요？・뜨거운가요？** ットゥゴウォヨ・ットゥゴㇷ゚ナヨ・ットゥゴウンガヨ

| コーヒーが熱いですか。 | 커피가 뜨거워요？
コピガ ットゥゴウォヨ |

❏ **熱くありません　뜨겁지 않아요・안 뜨거워요** ットゥゴㇷ゚チ アナヨ・アン ットゥゴウォヨ

| 牛乳が熱くありません。 | 우유가 안 뜨거워요.
ウユガ アン ットゥゴウォヨ |

❏ **熱かったです　뜨거웠어요** ットゥゴウォッソヨ

| 紅茶が熱かったです。 | 홍차가 뜨거웠어요.
ホンチャガ ットゥゴウォッソヨ |

❏ **熱くなかったです　뜨겁지 않았어요・안 뜨거웠어요** ットゥゴㇷ゚チ アナッソヨ・アン ットゥゴウォッソヨ

| 生姜茶が熱くなかったです。 | 생강차가 뜨겁지 않았어요.
センガンチャガ ットゥゴㇷ゚チ アナッソヨ |

❏ **熱い〜　뜨거운・뜨거울** 困 ットゥゴウン・ットゥゴウル

| 熱い声援をいただきました。 | 뜨거운 성원을 받았어요.
ットゥゴウン センウォヌル パダッソヨ |

❏ **熱かった　뜨거웠던・뜨겁던** ットゥゴウォットン・ットゥゴㇷ゚トン

| 熱かったスープが冷めてしまいました。 | 뜨겁던 수프가 [국이] 식어버렸어요.
ットゥゴㇷ゚トン スプガ[グギ] シゴボリョッソヨ |

❏ **熱いかもしれません　뜨거울지도 몰라요** ットゥゴウルチド モルラヨ

| このスープは熱いかもしれません。 | 이 수프는 [국은] 뜨거울지도 몰라요.
イ スプヌン[ググン] ットゥゴウルチド モルラヨ |

ㅂ(ピウプ)不規則活用

❏ 熱いそうです　뜨겁대요　ットゥゴプテヨ
スープが熱いそうです.　　　　　　　　　　수프가 뜨겁대요.
　　　　　　　　　　　　　　　　　　　　スプガ ットゥゴプテヨ

❏ 熱いでしょう　뜨겁겠지요・뜨겁겠죠　ットゥゴプケッチヨ・ットゥゴプケッチョ
チゲは熱いでしょう.　　　　　　　　　　찌게는 뜨겁겠지요.
　　　　　　　　　　　　　　　　　　　　ッチゲヌン ットゥゴプケッチヨ

❏ 熱くて　뜨겁고　ットゥゴプコ
熱くて辛いスープです.　　　　　　　　　　뜨겁고 매운 수프이에요.
　　　　　　　　　　　　　　　　　　　　ットゥゴプコ メウン スピエヨ

❏ 熱いから　뜨거우니까・뜨거워서　ットゥゴウニッカ・ットゥゴウォソ
熱いから飲めません.　　　　　　　　　　뜨거워서 마실 수 없어요.
　　　　　　　　　　　　　　　　　　　　ットゥゴウォソ マシル ス オプソヨ

❏ 熱かったので　뜨거웠으니까・뜨거워서　ットゥゴウオッスニッカ・ットゥゴウォソ

❏ 熱く　뜨겁게　ットゥゴプケ
もっと熱くしてください.　　　　　　　　　더 뜨겁게 해 주세요.
　　　　　　　　　　　　　　　　　　　　ド ットゥゴプケ ヘ ジュセヨ

❏ 熱いけれども　뜨겁지만・뜨거워도　ットゥゴプチマン・ットゥゴウォド
熱いけれどもおいしいです.　　　　　　　뜨겁지만 맛있어요.
　　　　　　　　　　　　　　　　　　　　ットゥゴプチマン マシッソヨ

❏ 熱ければ　뜨거우면　ットゥゴウミョン
熱ければ氷を入れましょうか.　　　　　　뜨거우면 얼음을 넣을까요?
　　　　　　　　　　　　　　　　　　　　ットゥゴウミョン オルムル ノウルッカヨ

❏ 熱くても　뜨거워도　ットゥゴウォド
熱くてもかまいません.　　　　　　　　　뜨거워도 상관없어요 [괜찮아요].
　　　　　　　　　　　　　　　　　　　　ットゥゴウォド サングヮノプソヨ[グェンチャナヨ]

❏ 熱すぎます　너무 뜨거워요　ノム ットゥゴウォヨ
❏ 熱すぎて　너무 뜨거워서　ノム ットゥゴウォソ
熱すぎて食べられません.　　　　　　　　너무 뜨거워서 먹을 수 없어요.
　　　　　　　　　　　　　　　　　　　　ノム ットゥゴウォソ モグル ス オプソヨ

❏ 熱そうです　뜨거운 것 같아요・뜨거울 것 같아요　ットゥゴウン ゴッ ガタヨ・ットゥゴウル
　　　　　　　コッ ガタヨ
鍋はまだ熱そうです.　　　　　　　　　　냄비는 아직 뜨거울 것 같아요.
　　　　　　　　　　　　　　　　　　　　ネムビヌン アジク ットゥゴウル コッ ガタヨ

ㅂ(ピウプ)不規則活用

무겁다 /ムゴㇷ゚タ/ 重い

	辞書形	丁寧体	会話体	連体形
現在形	重い 무겁다 ムゴㇷ゚タ	重いです 무겁습니다 ムゴㇷ゚スムニダ	重いです 무거워요 ムゴウォヨ	重い〜 무거운 ムゴウン
過去形	重かった 무거웠다 ムゴウォッタ	重かったです 무거웠습니다 ムゴウォッスムニダ	重かったです 무거웠어요 ムゴウォッソヨ	重かった〜 무거던 / 무거웠던 ムゴㇷ゚トン/ムゴウォットン

❏ 重いです　무거워요　ムゴウォヨ

荷物が重いです．　　　　　짐이 무거워요．
　　　　　　　　　　　　　ジミ ムゴウォヨ

❏ 重いですか　무거워요？・무겁나요？・무거운가요？　ムゴウォヨ・ムゴㇷ゚ナヨ・ムゴウンガヨ

❏ 重くありません　무겁지 않아요・안 무거워요　ムゴㇷ゚チ アナヨ・アン ムゴウォヨ

私のカバンは重くありません．　내 가방은 안 무거워요．
　　　　　　　　　　　　　　　ネ ガバヌン アン ムゴウォヨ

❏ 重かったですか　무거웠어요？・무거웠나요？　ムゴウォッソヨ・ムゴウォッナヨ

❏ 重くなかったです　무겁지 않았어요・안 무거웠어요　ムゴㇷ゚チ アナッソヨ・アン ムゴウォッソヨ

❏ 重い〜　무거운・무거울 困　ムゴウン・ムゴウル

重い荷物　　　　　　　　　무거운 짐
　　　　　　　　　　　　　ムゴウン ジム

❏ 重かった〜　무거웠던・무겁던　ムゴウォットン・ムゴㇷ゚トン

❏ 重いかもしれません　무거울지도 몰라요　ムゴウルチド モルラヨ

責任が重いかもしれません．　책임이 무거울지도 몰라요．
　　　　　　　　　　　　　　チェギミ ムゴウルチド モルラヨ

❏ 重いそうです　무겁대요　ムゴㇷ゚テヨ

❏ 重かったそうです　무거웠대요　ムゴウォッテヨ

❏ 重いでしょう　무겁겠지요・무겁겠죠　ムゴㇷ゚ケッチヨ・ムゴㇷ゚ケッチョ

多分重いでしょう．　　　　아마 무겁겠지요．
　　　　　　　　　　　　　アマ ムゴㇷ゚ケッチヨ

❏ 重くて　무겁고　ムゴㇷ゚コ

専門書は重くて厚いです．　전문서는 무겁고 두꺼워요．
　　　　　　　　　　　　　ジョンムンソヌン ムゴㇷ゚コ ドゥッコウォヨ

❏ 重いから　무거우니까・무거워서　ムゴウニッカ・ムゴウォソ

重いから持てません．　　　무거워서 들 수 없어요．
　　　　　　　　　　　　　ムゴウォソ ドゥル ス オㇷ゚ソヨ

ㅂ(ピウㇷ゚)不規則活用

❏ 重かったので　무거웠으니까・무거워서　ムゴウォッスニッカ・ムゴウォソ
❏ 重く　무겁게　ムゴプケ

体が重く感じられるときがあります.	몸이 무겁게 느껴지는 때가 있어요.
	モミ ムゴプケ ヌッキョジヌン ッテガ イッソヨ

❏ 重いけれど　무겁지만・무거워도　ムゴプチマン・ムゴウォド

体は重いけれど気分はいいです.	몸은 무겁지만 기분은 좋아요.
	モムン ムゴプチマン ギブヌン ジョアヨ

❏ 重ければ　무거우면　ムゴウミョン

重ければ私が持ちましょうか.	무거우면 제가 들까요?
	ムゴウミョン ジェガ ドゥルッカヨ

❏ 重くても　무거워도　ムゴウォド

重くても大丈夫です.	무거워도 괜찮아요.
	ムゴウォド グェンチャナヨ

❏ 重すぎて　너무 무거워서　ノム ムゴウォソ

重すぎて動かせません.	너무 무거워서 옮길 수 없어요.
	ノム ムゴウォソ オムギル ス オプソヨ

❏ 重そうです　무거운 것 같아요・무거울 것 같아요　ムゴウン ゴッ ガタヨ・ムゴウル コッ ガタヨ

重そうですね.	무거운 것 같네요.
	ムゴウン ゴッ ガンネヨ

ㅂ(ピウプ) 不規則活用

쉽다　易しい　/シュィプタ/

	辞書形	丁寧体	会話体	連体形
現在形	易しい 쉽다 シュィプタ	易しいです 쉽습니다 シュィプスムニダ	易しいです 쉬워요 シュィウォヨ	易しい〜 쉬운 シュィウン
過去形	易しかった 쉬웠다 シュィウォッタ	易しかったです 쉬웠습니다 シュィウォッスムニダ	易しかったです 쉬웠어요 シュィウォッソヨ	易しかった〜 쉽던 / 쉬운 シュィプトン/シュィウン

☐ 易しいです　쉬워요 シュィウォヨ

この問題は易しいです．

이 문제는 쉬워요．
イ ムンジェヌン シュィウォヨ

☐ 易しいですか　쉬워요?・쉽나요?・쉬운가요? シュィウォヨ・シュィプナヨ・シュィウンガヨ

韓国語は易しいですか．

한국어는 쉽나요?
ハングゴヌン シュィプナヨ

☐ 易しくありません　쉽지 않아요・안 쉬워요 シュィプチ アナヨ・アン シュィウォヨ

発音が易しくありません．

발음이 쉽지 않아요．
パルミ シュィプチ アナヨ

☐ 易しかったです　쉬웠어요 シュィウォッソヨ
☐ 易しくなかったです　쉽지 않았어요・안 쉬웠어요 シュィプチ アナッソヨ・アン シュィウォッソヨ

私には易しくありませんでした．

저 한테는 쉽지 않았어요．
ジョ ハンテヌン シュィプチ アナッソヨ

☐ 易しい〜　쉬운・쉬울 困 シュィウン・シュィウル

易しい問題でした．

쉬운 문제였어요．
シュィウン ムンジェヨッソヨ

☐ 易しかった〜　쉽던・쉬웠던 シュィプトン・シュィウォットン
☐ 易しいかもしれません　쉬울지도 몰라요 シュィウルチド モルラヨ
☐ 易しいそうです　쉽대요 シュィプテヨ

思ったより易しいそうです．

생각보다 쉽대요．
センガクポダ シュィプテヨ

☐ 易しかったそうです　쉬웠대요 シュィウォッテヨ
☐ 易しいでしょう　쉽겠지요・쉽겠죠 シュィプケッチヨ・シュィプケッチョ

筆記試験は易しいでしょう．

필기시험은 쉽겠지요．
ピルギシホムン シュィプケッチヨ

☐ 易しくて　쉽고 シュィプコ

ㅂ(ピウプ)不規則活用

易しくておもしろい授業でした．	쉽고 재미있는 수업이었어요． シュィプコ ジェミインヌン スオビオッソヨ

❏ 易しいから　**쉬우니까・쉬워서**　シュィウニッカ・シュィウォソ

易しいから子どもでもできます．	쉬우니까 어린애라도 할 수 있어요． シュィウニッカ オリンエラド ハル ス イッソヨ

❏ 易しかったので　**쉬웠으니까・쉬워서**　シュィウォッスニッカ・シュィウォソ

ゲームは易しかったのですぐにできました．	게임은 쉬워서 금방 할 수 있었어요． ゲイムン シュィウォソ グムバン ハル ス イッソッソヨ

❏ 易しく　**쉽게**　シュィプケ

易しく説明してください．	쉽게 설명해 주세요． シュィプケ ソルミョンヘ ジュセヨ

❏ 易しいけれども　**쉽지만・쉬워도**　シュィプチマン・シュィウォド

言うのは易しいけれど実行するのは大変です．	말하는 것은 쉽지만 실행하는 것은 힘들어요． マルハヌン ゴスン シュィプチマン シルヘンハヌン ゴスン ヒムドゥロヨ

❏ 易しければ　**쉬우면**　シュィウミョン

問題が易しければ合格するでしょう．	문제가 쉬우면 합격하겠지요． ムンジェガ シュィウミョン ハプキョカゲッチヨ

❏ 易しすぎます　**너무 쉬워요**　ノム シュィウォヨ

この問題は易しすぎます．	이 문제는 너무 쉬워요． イ ムンジェヌン ノム シュィウォヨ

❏ 易しそうです　**쉬운 것 같아요・쉬울 것 같아요**　シュィウン ゴッ ガタヨ・シュィ ウル コッ ガタヨ

易しそうに見えるでしょう．	쉬울 것처럼 보이죠？ シュィウル コッチョロム ボイジョ

ㅂ(ピウプ) **不規則活用**

어둡다 / オドゥプタ / 暗い

	辞書形	丁寧体	会話体	連体形
現在形	暗い 어둡다 オドゥプタ	暗いです 어둡습니다 オドゥプスムニダ	暗いです 어두워요 オドゥウォヨ	暗い〜 어두운 オドゥウン
過去形	暗かった 어두웠다 オドゥウォッタ	暗かったです 어두웠습니다 オドゥウォッスムニダ	暗かったです 어두웠어요 オドゥウォッソヨ	暗かった〜 어두웠던 / 어둡던 オドゥウォットン／オドゥプトン

❏ 暗いです　어두워요　オドゥウォヨ

部屋が暗いです．　　　　방이 어두워요．
　　　　　　　　　　　　パンイ オドゥウォヨ

❏ 暗いですか　어두워요？・어둡나요？　オドゥウォヨ・オドゥプナヨ

その部屋も暗いですか．　그 방도 어두워요？
　　　　　　　　　　　　グ パンド オドゥウォヨ

❏ 暗くありません　어둡지 않아요・안 어두워요　オドゥプチ アナヨ・アン オドゥウォヨ

この部屋は暗くありません．　이 방은 안 어두워요．
　　　　　　　　　　　　　　イ パンウル アン オドゥウォヨ

❏ 暗かったです　어두웠어요　オドゥウォッソヨ

道が暗かったです．　　　길이 어두웠어요．
　　　　　　　　　　　　ギリ オドゥウォッソヨ

❏ 暗くありませんでした　어둡지 않았어요・안 어두웠어요　オドゥプチ アナッソヨ・アン オドゥウォッソヨ

❏ 暗い〜　어두운・어두울　オドゥウン・オドゥウル
❏ 暗かった〜　어둡던・어두운　オドゥプトン・オドゥウン
❏ 暗いそうです　어둡대요　オドゥプテヨ

部屋が暗いそうです．　　방이 어둡대요．
　　　　　　　　　　　　パンイ オドゥプテヨ

❏ 暗くて　어둡고　オドゥプコ

暗くて寒い部屋です．　　어둡고 추운 방이에요．
　　　　　　　　　　　　オドゥプコ チュウン パンイエヨ

❏ 暗ければ　어두우면　オドゥウミョン

暗ければ電気をつけてください．　어두우면 불을 켜세요．
　　　　　　　　　　　　　　　　オドゥウミョン プルル キョセヨ

❏ 暗すぎます　너무 어두워요　ノム オドゥウォヨ

ㅂ（ピウプ）不規則活用

어렵다 /オリョッタ/ 難しい・困難だ・気難しい

	辞書形	丁寧体	会話体	連体形
現在形	難しい 어렵다 オリョプタ	難しいです 어렵습니다 オリョプスムニダ	難しいです 어려워요 オリョウォヨ	難しい〜 어려운 オリョウン
過去形	難しかった 어려웠다 オリョウォッタ	難しかったです 어려웠습니다 オリョウォッスムニダ	難しかったです 어려웠어요 オリョウォッソヨ	難しかった〜 어렵던 / 어려웠던 オリョプトン/オリョウォットン

ㅂ(ピウプ) 不規則活用

❏ **難しいです** 어려워요 オリョウォヨ
- 就職が難しいです。
- 취직이 어려워요. チュイジギ オリョウォヨ

❏ **難しいですか** 어려워요?・어렵나요?・어려운가요? オリョウォヨ・オリョプナヨ・オリョウンガヨ

❏ **難しくありません** 어렵지 않아요・안 어려워요 オリョプチ アナヨ・アン オリョウォヨ
- 仕事は難しくありません。
- 일은 어렵지 않아요. イルン オリョプチ アナヨ

❏ **難しかったです** 어려웠어요 オリョウォッソヨ
- 発音が難しかったです。
- 발음이 어려웠어요. パルミ オリョウォッソヨ

❏ **難しくなかったです** 어렵지 않았어요・안 어려웠어요 オリョプチ アナッソヨ・アン オリョウォッソヨ
- 面接は難しくなかったです。
- 면접은 어렵지 않았어요. ミョンジョブン オリョプチ アナッソヨ

❏ **難しい〜** 어려운・어려울 困 オリョウン・オリョウル
- 難しい問題です。/ 彼は難しい人です。
- 어려운 문제예요. / 그는 까다로운 사람이에요. オリョウン ムンジェイェヨ / グヌン ッカダロウン サラミエヨ

❏ **難しかった〜** 어려웠던・어렵던 オリョウォットン・オリョプトン
- 難しかった問題が解決されました。
- 어려웠던 문제가 해결되었어요. オリョウォットン ムンジェガ ヘギョルドェオッソヨ

❏ **難しいかもしれません** 어려울지도 몰라요 オリョウルチド モルラヨ
- 就職が難しいかもしれません。
- 취직이 어려울지도 몰라요. チュイジギ オリョウルチド モルラヨ

❏ **難しいそうです** 어렵대요 オリョプテヨ
- 就職が難しいそうです。
- 취직이 어렵대요. チュイジギ オリョプテヨ

- ❏ 難しかったそうです　어려웠대요　オリョウォッテヨ

  試験問題が難しかったそうです．　　시험문제가 어려웠대요．
  　　　　　　　　　　　　　　　　　シホムムンジェガ オリョウォッテヨ

- ❏ 難しいでしょう　어렵겠지요・어렵겠죠　オリョプケッチヨ・オリョプケッチョ

  明日釣りに行くのは難しいでしょう．　내일 낚시를 가는 것은 어렵겠지요．
  　　　　　　　　　　　　　　　　　ネイル ナクッシルル ガヌン ゴスン オリョプケッチヨ

- ❏ 難しくて　어렵고　オリョプコ

  難しくて複雑な問題です．　　어렵고 복잡한 문제예요．
  　　　　　　　　　　　　　オリョプコ ボクチャパン ムンジェイェヨ

- ❏ 難しいから　어려우니까・어려워서　オリョウニッカ・オリョウォソ

- ❏ 難しかったので　어려웠으니까・어려워서　オリョウォッスニッカ・オリョウォソ

  1人では難しかったので教わりました．　혼자서는 어려워서 배웠어요．
  　　　　　　　　　　　　　　　　　　ホンジャソヌン オリョウォソ ペウォッソヨ

- ❏ 難しく　어렵게　オリョプケ

  難しく考えないでくださいね．　어렵게 생각하지 마세요．
  　　　　　　　　　　　　　　オリョプケ センガカジ マセヨ

- ❏ 難しいけれども　어렵지만・어려워도　オリョプチマン・オリョウォド

  難しいけれどもやりがいがあります．　어렵지만 보람이 있어요．
  　　　　　　　　　　　　　　　　　オリョプチマン ボラミ イッソヨ

- ❏ 難しければ　어려우면　オリョウミョン

  難しければ教えてあげます．　어려우면 가르쳐 주겠어요．
  　　　　　　　　　　　　　オリョウミョン ガルチョ ジュゲッソヨ

- ❏ 難しくても　어려워도　オリョウォド

  難しくてもだいじょうぶです．　어려워도 괜찮아요．
  　　　　　　　　　　　　　　オリョウォド グェンチャナヨ

- ❏ 難しすぎます　너무 어려워요　ノム オリョウォヨ

  小学生には難しすぎます．　초등학생에게는 너무 어려워요．
  　　　　　　　　　　　　チョドゥンハクセンエゲヌン ノム オリョウォヨ

- ❏ 難しすぎて　너무 어려워서　ノム オリョウォソ

  難しすぎてお手上げでした．　너무 어려워서 손들었어요．
  　　　　　　　　　　　　　ノム オリョウォソ ソンドゥロッソヨ

- ❏ 難しそうです　어려운 것 같아요・어려울 것 같아요　オリョウン ゴッ ガタヨ・オリョウル コッ ガタヨ

  完治は難しそうです．　완치는 어려울 것 같아요．
  　　　　　　　　　　ワンチヌン オリョウル コッ ガタヨ

ㅂ(ビウプ)不規則活用

즐겁다 /ジュルゴㇷ゚タ/ 楽しい・うれしい・愉快だ

	辞書形	丁寧体	会話体	連体形
現在形	楽しい 즐겁다 ジュルゴㇷ゚タ	楽しいです 즐겁습니다 ジュルゴㇷ゚スㇺニダ	楽しいです 즐거워요 ジュルゴウォヨ	楽しい〜 즐거운 ジュルゴウン
過去形	楽しかった 즐거웠다 ジュルゴウォッタ	楽しかったです 즐거웠습니다 ジュルゴウォッスㇺニダ	楽しかったです 즐거웠어요 ジュルゴウォッソヨ	楽しかった〜 즐겁던 / 즐거웠던 ジュルゴㇷ゚トン/ジュルゴウォットン

ㅂ(ビウㇷ゚) 不規則活用

❏ 楽しいです　　즐거워요　ジュルゴウォヨ

旅行はいつも楽しいです． 　여행은 언제나 즐거워요．
　　　　　　　　　　　　　ヨヘンウン オンジェナ ジュルゴウォヨ

❏ 楽しいですか　　즐거워요？・즐겁나요？・즐거운가요？　ジュルゴウォヨ・ジュルゴㇷ゚ナヨ・ジュルゴウンガヨ
　　즐거워요？・즐거운가요？・즐겁나요？　ジュルゴウォヨ・ジュルゴウンガヨ・ジュルゴㇷ゚ナヨ

そんなに楽しいですか．　　그렇게 즐거워요？
　　　　　　　　　　　　　グロケ ジュルゴウォヨ

❏ 楽しくありません　　즐겁지 않아요・안 즐거워요　ジュルゴㇷ゚チ アナヨ・アン ジュルゴウォヨ

仕事が楽しくありません．　　일이 즐겁지 않아요．
　　　　　　　　　　　　　　イリ ジュルゴㇷ゚チ アナヨ

❏ 楽しかったです　　즐거웠어요　ジュルゴウォッソヨ

韓国旅行は楽しかったです．　　한국여행은 즐거웠어요．
　　　　　　　　　　　　　　　ハングㇰヨヘンウン ジュルゴウォッソヨ

❏ 楽しくなかったです　　즐겁지 않았어요・안 즐거웠어요　ジュルゴㇷ゚チ アナッソヨ・アン ジュルゴウォッソヨ

学校生活は楽しくなかったです．　　학교생활은 즐겁지 않았어요．
　　　　　　　　　　　　　　　　　ハㇰキョセンファルン ジュルゴㇷ゚チ アナッソヨ

❏ 楽しい〜　　즐거운・즐거울 困　ジュルゴウン・ジュルゴウル

楽しいクリスマスです．　　즐거운 크리스마스예요．
　　　　　　　　　　　　　ジュルゴウン クリスマスイェヨ

❏ 楽しかった〜　　즐겁던・즐거웠던・즐거운　ジュルゴㇷ゚トン・ジュルゴウォットン・ジュルゴウン

楽しかった頃を思い出します．　　즐거웠던 때를 생각해요．
　　　　　　　　　　　　　　　　ジュルゴウォットン ッテルル センガケヨ

❏ 楽しいかもしれません　　즐거울지도 몰라요　ジュルゴウルチド モルラヨ

❏ 楽しそうです　　즐겁대요　ジュルゴㇷ゚テヨ

❏ 楽しかったそうです　즐거웠대요　ジュルゴウォッテヨ
❏ 楽しいでしょうね　즐겁겠지요・즐겁겠죠　ジュルゴプケッチヨ・ジュルゴプゲッチョ

韓国旅行は楽しいでしょうね.	한국 여행은 즐겁겠지요. ハングゥ ヨヘンウン ジュルゴプケッチヨ

❏ 楽しくて　즐겁고　ジュルゴプコ

楽しくて有意義な本でした.	즐겁고 유익한 책이었어요. ジュルゴプコ ユイカン チェギオッソヨ

❏ 楽しいから　즐거우니까・즐거워서　ジュルゴウニッカ・ジュルゴウォソ

楽しいから帰りたくありません.	즐거우니까 돌아가고 싶지 않아요. ジュルゴウニッカ ドラガゴ シプチ アナヨ

❏ 楽しかったので　즐거웠으니까・즐거워서　ジュルゴウォッスニッカ・ジュルゴウォソ

楽しかったので時間が経つのを忘れました.	즐거워서 시간가는줄 몰랐어요. ジュルゴウォソ シガンガヌンジュル モルラッソヨ

❏ 楽しく　즐겁게　ジュルゴプケ

楽しく	즐겁게 지내세요. ジュルゴプケ ジネセヨ

❏ 楽しいけれども　즐겁지만・즐거워도　ジュルゴプチマン・ジュルゴウォド

旅行は楽しいけれども疲れます.	여행은 즐겁지만 피곤해요. ヨヘンウン ジュルゴプチマン ピゴンヘヨ

❏ 楽しければ　즐거우면　ジュルゴウミョン
❏ 楽しそうに　즐겁게　ジュルゴプケ
❏ 楽しそうです　즐거운 것 같아요・즐거울 것 같아요　ジュルゴウン コッ ガタヨ・ジュルゴウル コッ ガタヨ

楽しそうですね.	즐거운 것 같네요. ジュルゴウン コッ ガンネヨ

ㅂ(ピウプ)不規則活用

寒い /チュプタ/ 寒い

	辞書形	丁寧体	会話体	連体形
現在形	寒い 춥다 チュプタ	寒いです 춥습니다 チュプスムニダ	寒いです 추워요 チュウォヨ	寒い〜 추운 チュウン
過去形	寒かった 추웠다 チュウォッタ	寒かったです 추웠습니다 チュウォッスムニダ	寒かったです 추웠어요 チュウォッソヨ	寒かった〜 춥던 / 추웠던 チュプトン/チュウォットン

❏ 寒いです　추워요　チュウォヨ

1月は寒いです．　　　　　　　　　　　　　일월달은 추워요．
　　　　　　　　　　　　　　　　　　　　　イルォルッタルン チュウォヨ

❏ 寒いですか　추워요？・춥나요？・추운가요？　チュウォヨ・チュプナヨ・チュウンガヨ

部屋が寒いですか．　　　　　　　　　　　방이 추워요？
　　　　　　　　　　　　　　　　　　　　パンイ チュウォヨ

❏ 寒くありません　춥지 않아요・안 추워요　チュプチ アナヨ・アン チュウォヨ

今は寒くありません．　　　　　　　　　　지금은 안 추워요．
　　　　　　　　　　　　　　　　　　　　ジグムン アン チュウォヨ

❏ 寒かったです　추웠어요　チュウォッソヨ

❏ 寒くなかったです　춥지 않았어요・안 추웠어요　チュプチ アナッソヨ・アン チュウォッソヨ

❏ 寒い〜　추운・추울 囷　チュウン・チュウル

北海道は寒い地方です．　　　　　　　　　북해도는 추운 지방이에요．
　　　　　　　　　　　　　　　　　　　　プケドヌン チュウン ジバンイエヨ

❏ 寒かった〜　추웠던・춥던・추운　チュウォットン・チュプトン・チュウン

寒かった冬が終わりました．　　　　　　　추웠던 겨울이 끝났어요．
　　　　　　　　　　　　　　　　　　　　チュウォットン ギョウリ ックナッソヨ

❏ 寒いかもしれません　추울지도 몰라요　チュウルチド モルラヨ

明日は寒いかもしれません．　　　　　　　내일은 추울지도 몰라요．
　　　　　　　　　　　　　　　　　　　　ネイルン チュウルチド モルラヨ

❏ 寒いそうです　춥대요　チュプテヨ

コートが薄くて寒いそうです．　　　　　　코트가 얇아서 춥대요．
　　　　　　　　　　　　　　　　　　　　コトゥガ ヤルパソ チュプテヨ

❏ 寒かったそうです　추웠대요　チュウォッテヨ

ソウルは寒かったそうです．　　　　　　　서울은 추웠대요．
　　　　　　　　　　　　　　　　　　　　ソウルン チュウォッテヨ

ㅂ（ピウプ）不規則活用

❏ 寒いでしょう　춥겠지요・춥겠죠　チュプケッチヨ・チュプケッチョ

今年の冬は寒いでしょう． ／ 올해 겨울은 춥겠지요．
オルヘ ギョウルン チュプケッチヨ

❏ 寒くて　춥고　チュプコ

寒くて長い冬です． ／ 춥고 긴 겨울이에요．
チュプコ ギン ギョウリエヨ

❏ 寒いから　추우니까・추워서　チュウニッカ・チュウォソ

寒いから外に出ません． ／ 추우니까 밖에 안 나가요．
チュウニッカ パッケ アン ナガヨ

❏ 寒かったので　추웠으니까・추워서　チュウォッスニッカ・チュウォソ

寒かったのでたくさん着て行きました． ／ 추워서 많이 껴입고 갔어요．
チュウォソ マニ ッキョイプコ ガッソヨ

❏ 寒く　춥게　チュプケ

体感温度はもっと寒く感じます． ／ 체감 온도는 더 춥게 느껴져요．
チェガム オンドヌン ド チュプケ ヌッキョジョヨ

❏ 寒いけれども　춥지만・추워도　チュプチマン・チュウォド

寒いけれども冬が好きです． ／ 춥지만 겨울이 좋아요．
チュプチマン ギョウリ ジョアヨ

❏ 寒ければ　추우면　チュウミョン

寒ければ暖房を入れましょう． ／ 추우면 난방을 넣죠．
チュウミョン ナンバンウル ノチョ

❏ 寒くても　추워도　チュウォド

寒くても平気です． ／ 추워도 끄떡없어요．
チュウォド ックットクオプソヨ

❏ 寒すぎます　너무 추워요　ノム チュウォヨ

この部屋は寒すぎます． ／ 이 방은 너무 추워요．
イ バンウン ノム チュウォヨ

❏ 寒すぎて　너무 추워서　ノム チュウォソ

寒すぎて外に出たくないです． ／ 너무 추워서 밖에 나가기 싫어요．
ノム チュウォソ パッケ ナガギ シロヨ

❏ 寒そうです　추운 것 같아요・추울 것 같아요　チュウン ゴッ ガタヨ・チュウル コッ ガタヨ

寒そうですね． ／ 추울 것 같아요．
チュウル コッ ガタヨ

ㅂ(ピウプ) 不規則活用

빠르다 /ッパルダ/ 早い・速い

	辞書形	丁寧体	会話体	連体形
現在形	早い 빠르다 ッパルダ	早いです 빠릅니다 ッパルムニダ	早いです 빨라요 ッパルラヨ	早い〜 빠른 ッパルン
過去形	早かった 빨랐다 ッパルラッタ	早かったです 빨랐습니다 ッパルラッスムニダ	早かったです 빨랐어요 ッパルラッソヨ	早かった〜 빠르던 / 빨랐던 ッパルドン/ッパルラットン

르〈ル〉不規則活用

❏ はやいです　빨라요　ッパルラヨ
この時計は1分早いです.　이 시계는 일분 빨라요.
　　　　　　　　　　　イ シゲヌン イルプン ッパルラヨ

❏ はやいですか　빨라요? ・ 빠르나요? ・ 빠른가요?　ッパルラヨ・ッパルナヨ・ッパルンガヨ
どの駅で降りるのが早いですか.　어느 역에서 내리는게 빨라요?
　　　　　　　　　　　　　　　オヌ ヨゲソ ネリヌンゲ ッパルラヨ

❏ はやくありません　빠르지 않아요 ・ 안 빨라요　ッパルジ アナヨ・アン ッパルラヨ

❏ はやかったです　빨랐어요　ッパルラッソヨ

❏ はやくなかったです　빠르지 않았어요 ・ 안 빨랐어요　ッパルジ アナッソヨ・アン ッパルラッソヨ

❏ はやい〜　빠른 ・ 빠를 困　ッパルン・ッパルル
早い回復を祈ります.　빠른 회복을 빌어요.
　　　　　　　　　　ッパルン フェボグル ピロヨ

❏ はやかった〜　빨랐던 ・ 빠르던 ・ 빠른　ッパルラットン・ッパルドン・ッパルン
速度が速かったのが事故原因です.　속도가 빨랐던게 사고 원인이에요.
　　　　　　　　　　　　　　　　ソクトガ ッパルラットンゲ サゴ ウォニニエヨ

❏ はやいかもしれません　빠를지도 몰라요　ッパルルチド モルラヨ

❏ はやいそうです　빠르대요　ッパルデヨ

❏ はやかったそうです　빨랐대요　ッパルラッテヨ
彼がちょっと速かったそうです.　그가 조금 빨랐대요.
　　　　　　　　　　　　　　グガ ジョグム ッパルラッテヨ

❏ はやいでしょう　빠르겠지요 ・ 빠르겠죠　ッパルゲッチヨ・ッパルゲッチョ
船より飛行機で行ったほうが早いでしょう.　배 보다 비행기로 가는게 빠르겠죠.
　　　　　　　　　　　　　　　　　　　　バ ボダ ピヘンギロ ガヌンゲ ッパルゲッチョ

❏ はやくて　빠르고　ッパルゴ
彼は仕事が速くて正確です.　그는 일이 빠르고 정확해요.
　　　　　　　　　　　　グヌン イリ ッパルゴ ジョンファケヨ

❏ はやいので　빠르니까・빨라서　ッパルニッカ・ッパルラソ

話があまりにも速いので聞き取れません．
말이 너무 빠르니까 못 알아듣겠어요．
マリ ノム ッパルニッカ モッ アラドゥッケッソヨ

❏ はやかったので　빨랐으니까・빨라서　ッパルラッスニッカ・ッパルラソ

❏ はやく　빠르게・빨리　ッパルゲ・ッパルリ

速く歩いてください．
빨리 걸어 주세요．
ッパルリ ゴロ ジュセヨ

❏ はやいけれども　빠르지만・빨라도　ッパルジマン・ッパルラド

水の流れは速いけれども深くはないです．
물의 흐름은 빠르지만 깊지는 않아요．
ムルィ フルムン ッパルジマン ギプチヌン アナヨ

❏ はやければ　빠르면　ッパルミョン

早ければ早いほどいいです．
빠르면 빠를수록 좋아요．
ッパルミョン ッパルルスロク ジョアヨ

❏ はやくても　빠르더라도・빨라도　ッパルドラド・ッパルラド

早くても今日一日はかかります．
빨라도 오늘 하루는 걸려요．
ッパルラド オヌル ハルヌン ゴルリョヨ

❏ はやすぎます　너무 빨라요　ノム ッパルラヨ

時間が経つのが早すぎます．
시간 가는게 너무 빨라요．
シガン ガヌンゲ ノム ッパルラヨ

❏ はやすぎて　너무 빨라서　ノム ッパルラソ

速すぎて追いつけません．
너무 빨라서 따라갈 수 없어요．
ノム ッパルラソ ッタラガル ス オプソヨ

르〈ル〉不規則活用

길다 /ギルダ/ 長い

	辞書形	丁寧体	会話体	連体形
現在形	長い 길다 ギルダ	長いです 깁니다 ギムニダ	長いです 길어요 ギロヨ	長い〜 긴 ギン
過去形	長かった 길었다 ギロッタ	長かったです 길었습니다 ギロッスムニダ	長かったです 길었어요 ギロッソヨ	長かった〜 길던 / 길었던 ギルドン/ギロットン

ㄹ(リウル)不規則活用

❑ 長いです　길어요　ギロヨ

髪が長いです．
머리가 길어요．
モリガ ギロヨ

❑ 長いですか　길어요？・기나요？・긴가요？　ギロヨ・ギナヨ・ギンガヨ

袖が長いですか．
소매가 길어요？
ソメガ ギロヨ

❑ 長くありません　길지 않아요・안 길어요　ギルジ アナヨ・アン ギロヨ

そんなに長くありません．
그렇게 길지 않아요．
ゴロケ ギルジ アナヨ

❑ 長かったです　길었어요　ギロッソヨ

彼の話は長かったです．
그의 이야기는 길었어요．
グウィ イヤギヌン ギロッソヨ

❑ 長くなかったです　길지 않았어요・안 길었어요　ギルジ アナッソヨ・アン ギロッソヨ

❑ 長い〜　긴・길 困　ギン・ギル

長い文章
긴 문장
ギン ムンジャン

❑ 長かった〜　길었던・길던　ギロットン・ギルドン

長かった髪の毛を切りました．
길었던 머리(카락)를 잘랐어요．
ギロットン モリルル ジャルラッソヨ

❑ 長いかもしれません　길지도 몰라요　ギルチド モルラヨ

丈が長いかもしれません．
길이가 길지도 몰라요．
ギリガ ギルチド モルラヨ

❑ 長いそうです　길대요　ギルデヨ

丈が長いそうです．
길이가 길대요．
ギリガ ギルデヨ

❑ 長かったそうです　길었대요　ギロッテヨ

丈が長かったそうです．
길이가 길었대요．
ギリガ ギロッテヨ

❏ 長いでしょう　길겠지요・길겠죠　ギルゲッチヨ・ギルゲッチョ

今年の梅雨は長いでしょう．

올해 장마는 길겠지요．
オレ ジャンマヌン ギルゲッチヨ

❏ 長くて　길고　ギルゴ

髪の毛が長くて黒いです．

머리카락이 길고 까매요．
マリカラギ ギルゴ ッカメヨ

❏ 長いから　기니까・길어서　ギニッカ・ギロソ

長いから切ります．

기니까 자르겠어요．
ギニッカ ジャルゲッソヨ

❏ 長かったので　길었으니까・길어서　ギロッスニッカ・ギロソ

映画が長かったので眠くなりました．

영화가 길어서 잠이 왔어요．
ヨンファガ ギロソ ジャミ ワッソヨ

❏ 長く　길게　ギルゲ

長く伸ばしてください．

길게 늘여 주세요．
ギルゲ ヌリョ ジュセヨ

❏ 長いけれども　길지만・길어도　ギルジマン・ギロド

彼の話は長いけれどもおもしろいです．

그의 이야기는 길지만 재미있어요．
グウィ イヤギヌン ギルジマン ジェミイッソヨ

❏ 長ければ　길면　ギルミョン

長ければ切りましょうか．

길면 자를까요？
ギルミョン ジャルルッカヨ

❏ 長くても　길어도　ギロド

長くてもかまいません．

길어도 괜찮아요．
ギロド グェンチャナヨ

❏ 長すぎます　너무 길어요　ノム ギロヨ

袖が長すぎます．

소매가 너무 길어요．
ソメガ ノム ギロヨ

❏ 長いとは　길다고는　ギルダゴヌン

それほど長いとは思いません．

그렇게 길다고는 생각하지 않아요．
グロケ ギルダゴヌン センガカジ アナヨ

ㄹ(リウル)不規則活用

달다 /ダルダ/ 甘い

＊「点数などが甘い」のような使い方はありません.

	辞書形	丁寧体	会話体	連体形
現在形	甘い 달다 ダルダ	甘いです 답니다 ダムニダ	甘いです 달아요 ダラヨ	甘い〜 단 ダン
過去形	甘かった 달았다 ダラッタ	甘かったです 달았습니다 ダラッスムニダ	甘かったです 달았어요 ダラッソヨ	甘かった〜 달던 / 달았던 ダルドン／ダラットン

❏ 甘いです　달아요　ダラヨ

コーヒーが甘いです．

커피가 달아요．
コピガ ダラヨ

❏ 甘いですか　달아요？・다나요？・단가요？　ダラヨ・ダナヨ・ダンガヨ

このリンゴは甘いですか．

이 사과는 단가요？
イ サグヮヌン ダンガヨ

❏ 甘くありません　달지 않아요・안 달아요　ダルジ アナヨ・アン ダラヨ

❏ 甘かったです　달았어요　ダラッソヨ

❏ 甘くなかったです　달지 않았어요・안 달았어요　ダルジ アナッソヨ・アン ダラッソヨ

❏ 甘い〜　단・달困　ダン・ダル

甘いものが好きです．

단 것을 좋아해요．
ダン ゴスル ジョアヘヨ

❏ 甘かった〜　달았던・달던　ダラットン・ダルドン

❏ 甘いかもしれません　달지도 몰라요　ダルチド モルラヨ

少し甘いかもしれません．

조금 달지도 몰라요．
ジョグム ダルチド モルラヨ

❏ 甘いそうです　달대요　ダルデヨ

このみかんは甘いそうです．

이 귤은 달대요．
イ ギュルン ダルデヨ

❏ 甘かったそうです　달았대요　ダラッテヨ

❏ 甘いでしょう　달겠지요・달겠죠　ダルゲッチヨ・ダルゲッチョ

この桃は甘いでしょう．

이 복숭아는 달겠지요．
イ ボクスンアヌン ダルゲッチヨ

❏ 甘くて　달고　ダルゴ

甘くてやわらかいお菓子です．

달고 부드러운 과자예요．
ダルゴ ブドゥロウン グヮジャイェヨ

ㄹ（リウル）不規則活用

- ❏ 甘いから　다니까・달아서　ダニッカ・ダラソ

| 甘いから食べません． | 다니까 안 먹어요．
ダニッカ アン モゴヨ |

- ❏ 甘かったので　달았으니까・달아서　ダラッスニッカ・ダラソ

| 甘かったので残しました． | 달아서 남겼어요．
ダラソ ナムギョッソヨ |

- ❏ 甘く　달게　ダルゲ

| もっと甘くしてください． | 더 달게 해주세요．
ド ダルゲ ヘジュセヨ |

- ❏ 甘いけれど　달지만・달아도　ダルジマン・ダラド

| 香りは甘いけれど食べてみると甘くありません． | 냄새는 달지만 먹어보면 안 달아요．
ネムセヌン ダルジマン モゴボミョン アン ダラヨ |

- ❏ 甘ければ　달면　ダルミョン

| 甘ければいいのですが． | 달면 좋겠습니다만．
ダルミョン ジョケッスムニダマン |

- ❏ 甘すぎます　너무 달아요　ノム ダラヨ
- ❏ 甘すぎて　너무 달아서　ノム ダラソ

| 甘すぎて食べられません． | 너무 달아서 먹을 수 없어요．
ノム ダラソ モグル ス オプソヨ |

- ❏ 甘いとは　달다고는・달게는　ダルダゴヌン・ダルゲヌン

| 甘いとは感じません． | 달다고는 느끼지 않아요．
ダルダゴヌン ヌッキジ アナヨ |

- ❏ 甘そうな　달 것 같은　ダル コッ ガトゥン

| 甘そうな桃です． | 달 것 같은 복숭아예요．
ダル コッ ガトゥン ボクスンアイエヨ |

- ❏ 甘そうです　단 것 같아요・달 것 같아요　ダン ゴッ ガタヨ・ダル コッ ガタヨ

ㄹ(リウル)不規則活用

멀다 /モルダ/ 遠い

＊遠い将来・遠い親戚・遠い関係（親しくない）などにも使います。

	辞書形	丁寧体	会話体	連体形
現在形	遠い 멀다 モルダ	遠いです 멉니다 モムニダ	遠いです 멀어요 モロヨ	遠い〜 먼 モン
過去形	遠かった 멀었다 モロッタ	遠かったです 멀었습니다 モロッスムニダ	遠かったです 멀었어요 モロッソヨ	遠かった〜 멀던 / 멀었던 モルドン/モロットン

❏ 遠いです　멀어요　モロヨ

学校は遠いです．　　　　　　　학교는 멀어요．
　　　　　　　　　　　　　　　ハクキョヌン モロヨ

❏ 遠いですか　멀어요？・머나요？・먼가요？　モロヨ・モナヨ・モンガヨ

ソウルから遠いですか．　　　　서울에서 멀어요？
　　　　　　　　　　　　　　　ソウレソ モロヨ

❏ 遠くありません　멀지 않아요・안 멀어요　モルジ アナヨ・アン モロヨ

そんなに遠くありません．　　　그렇게 안 멀어요．
　　　　　　　　　　　　　　　グロケ アン モロヨ

❏ 遠かったです　멀었어요　モロッソヨ

❏ 遠くなかったです　멀지 않았어요・안 멀었어요　モルジ アナッソヨ・アン モロッソヨ

❏ 遠い〜　먼・멀困　モン・モル

遠い親戚より近くの他人　　　　먼 친척보다 가까운 이웃
　　　　　　　　　　　　　　　モン チンチョクポダ ガッカウン イウッ

❏ 遠かった　멀었던・멀던　モロットン・モルドン
❏ 遠いかもしれません　멀지도 몰라요　モルチド モルラヨ

歩けば遠いかもしれません．　　걸으면 멀지도 몰라요．
　　　　　　　　　　　　　　　ゴルミョン モルチド モルラヨ

❏ 遠いそうです　멀대요　モルデヨ
❏ 遠かったそうです　멀었대요　モロッテヨ
❏ 遠いでしょう　멀겠지요？・멀겠죠？　モルゲッチヨ・モルゲッチョ
❏ 遠くて　멀고　モルゴ

遠くて不便な場所です．　　　　멀고 불편한 장소예요．
　　　　　　　　　　　　　　　モルゴ ブルピョナン ジャンソイェヨ

❏ 遠いから　머니까・멀어서　モニッカ・モロソ

ㄹ(リウル)不規則活用

遠いから行きません. 머니까 안 가요.
モニッカ アン ガヨ

❏ 遠かったので　멀었으니까・멀어서　モロッスニッカ・モロソ
遠かったので車で行きました. 멀어서 차로 갔어요.
モロソ チャロ ガッソヨ

❏ 遠く　멀게・멀리　モルゲ・モルリ
彼は遠くに行ってしまいました. 그는 멀리 가버렸어요.
グヌン モルリ ガボリョッソヨ

❏ 遠いけれども　멀지만・멀어도　モルジマン・モロド
遠いけれども交通の便はいいところです. 멀지만 교통편은 좋은 곳이에요.
モルジマン ギョトンピョヌン ジョウン ゴシエヨ

❏ 遠ければ　멀면　モルミョン
職場が遠ければ近くに越したらどうですか. 직장이 멀면 가까운 곳으로 이사하는게 어때요?
ジクチャンイ モルミョン ガッカウン ゴスロ イサハヌンゲ オッテヨ

❏ 遠くてもかまいません　멀어도 괜찮아요　モロド グェンチャナヨ
❏ 遠すぎます　너무 멀어요　ノム モロヨ
❏ 遠すぎて　너무 멀어서　ノム モロソ
遠すぎて通えません. 너무 멀어서 다닐 수 없어요.
ノム モロソ ダニル ス オプソヨ

❏ 遠いとは　멀다고는　モルダゴヌン
遠いとは感じませんでした. 멀다고는 느끼지 않았어요.
モルダゴヌン ヌッキジ アナッソヨ

❏ 遠そうです　먼 것 같아요・멀 것 같아요　モン コッ ガタヨ・モル コッ ガタヨ

나쁘다 /ナップダ/ 悪い

	辞書形	丁寧体	会話体	連体形
現在形	悪い 나쁘다 ナップダ	悪いです 나쁩니다 ナップムニダ	悪いです 나빠요 ナッパヨ	悪い〜 나쁜 ナップン
過去形	悪かった 나빴다 ナッパッタ	悪かったです 나빴습니다 ナッパッスムニダ	悪かったです 나빴어요 ナッパッソヨ	悪かった〜 나쁘던 / 나빴던 ナップドン/ナッパットン

으(ウ)不規則活用

❏ 悪いです　　나빠요　ナッパヨ

体調が悪いです. / 天気が悪いです.　　　몸 상태가 나빠요 . / 날씨가 나빠요.
　　　　　　　　　　　　　　　　　　モムサンテガ ナッパヨ / ナルッシガ ナッパヨ

❏ 悪いですか　　나빠요 ? · 나쁘나요 ? · 나쁜가요 ?　ナッパヨ・ナップナヨ・ナップンガヨ

部屋の空気が悪いですか.　　　방 공기가 나쁜가요 ?
　　　　　　　　　　　　　　パン ゴンギガ ナップンガヨ

❏ 悪くありません　　나쁘지 않아요 · 안 나빠요　ナップジ アナヨ・アン ナッパヨ

品質は悪くありません.　　　품질은 나쁘지 않아요 .
　　　　　　　　　　　　　プムジルン ナップジ アナヨ

❏ 悪かったです　　나빴어요　ナッパッソヨ

運が悪かったんです.　　　운이 나빴어요 .
　　　　　　　　　　　　ウニ ナッパッソヨ

❏ 悪くなかったです　　나쁘지 않았어요 · 안 나빴어요　ナップジ アナッソヨ・アン ナッパッソヨ

サービスも悪くなかったです.　　　서비스도 나쁘지 않았어요 .
　　　　　　　　　　　　　　　　ッソビスド ナップジ アナッソヨ

❏ 悪い〜　　나쁜 · 나쁠 困　ナップン・ナップル

悪い人 / 悪いニュース　　　나쁜 사람 / 나쁜 뉴스
　　　　　　　　　　　　　ナップン サラム/ ナップン ニュス

❏ 悪かった　　나빴던 · 나쁘던　ナッパットン・ナップドン

評判が悪かった俳優　　　평판이 나빴던 배우
　　　　　　　　　　　ピョンパニ ナッパットン ベウ

❏ 悪いかもしれません　　나쁠지도 몰라요　ナップルチド モルラヨ
❏ 悪いそうです　　나쁘대요　ナップデヨ
❏ 悪かったそうです　　나빴대요　ナッパッテヨ

成績が悪かったそうです.　　　성적이 나빴대요 .
　　　　　　　　　　　　　　ソンジョギ ナッパッテヨ

431

❏ 悪いでしょう　나쁘겠지요・나쁘겠죠　ナップゲッチヨ・ナップゲッチョ

明日は天気が悪いでしょう．

내일은 날씨가 나쁘겠지요．
ネイルン ナルッシガ ナップゲッチヨ

❏ 悪くて　나쁘고　ナップゴ

性格も悪くて態度も悪いです．

성격도 나쁘고 태도도 나빠요．
ソンキョクト ナップゴ テドド ナッパヨ

❏ 悪いから　나쁘니까・나빠서　ナップニッカ・ナッパソ

頭が悪いからもっと頑張らないといけません．

머리가 나쁘니까 더 열심히 해야 해요．
モリガ ナップニッカ ド ヨルッシミ ヘヤ ヘヨ

❏ 悪かったので　나빴으니까・나빠서　ナッパッスニッカ・ナッパソ

体調が悪かったので休みました．

몸 상태가 나빠서 쉬었어요．
モム サンテガ ナッパソ シュィウォッソヨ

❏ 悪く　나쁘게　ナップゲ

悪く思わないでください．

나쁘게 생각하지 마세요．
ナップゲ センガカジ マセヨ

❏ 悪いけれど　나쁘지만・나빠도　ナップジマン・ナッパド

見た目は悪いけれど味は保障します．

겉보기는 나쁘지만 맛은 보장해요．
ゴッポギヌン ナップジマン マスン ボジャンヘヨ

❏ 悪ければ　나쁘면　ナップミョン

体調が悪ければ寝ていてください．

몸 상태가 나쁘면 누워 있으세요．
モム サンテガ ナップミョン ヌウォ イッスセヨ

❏ 悪くても　나쁘더라도・나빠도　ナップドラド・ナッパド

天気が悪くても出かけます．

날씨가 나빠도 나갈거예요．
ナルッシガ ナッパド ナガルッコイェヨ

❏ 悪そうです　나쁜 것 같아요・나쁠 것 같아요　ナップン ゴッ ガタヨ・ナップル コッ ガタヨ

具合が悪そうですね．

몸 상태가 나쁜 것 같아요．
モム サンテガ ナップン ゴッ ガタヨ

으(ウ)不規則活用

바쁘다 /バップダ/ 忙しい

	辞書形	丁寧体	会話体	連体形
現在形	忙しい 바쁘다 バップダ	忙しいです 바쁩니다 バップムニダ	忙しいです 바빠요 バッパヨ	忙しい〜 바쁜 バップン
過去形	忙しかった 바빴다 バッパッタ	忙しかったです 바빴습니다 バッパッスムニダ	忙しかったです 바빴어요 バッパッソヨ	忙しかった〜 바쁘던 / 바빴던 バップドン / バッパットン

으(ウ)不規則活用

❏ 忙しいです　바빠요　バッパヨ

仕事が忙しいです．　　　일이 바빠요
　　　　　　　　　　　イリ バッパヨ

❏ 忙しいですか　바빠요? · 바쁘나요? · 바쁜가요?　バッパヨ · バップナヨ · バップンガヨ

仕事が忙しいですか．　　일이 바빠요?
　　　　　　　　　　　イリ バッパヨ

❏ 忙しくありません　바쁘지 않아요 · 안 바빠요　バップジ アナヨ · アン バッパヨ

今日は忙しくありません．　오늘은 바쁘지 않아요．
　　　　　　　　　　　　オヌルン バップジ アナヨ

❏ 忙しかったです　바빴어요　バッパッソヨ

昨日は忙しかったです．　　어제는 바빴어요．
　　　　　　　　　　　　オジェヌン バッパッソヨ

❏ 忙しくなかったです　바쁘지 않았어요 · 안 바빴어요　バップジ アナッソヨ · アン バッパッソヨ

今日は忙しくなかったです．　오늘은 바쁘지 않았어요．
　　　　　　　　　　　　　オヌルン バップジ アナッソヨ

❏ 忙しい〜　바쁜 · 바쁠 困　バップン · バップル

忙しいところすみません．　　바쁜데 미안해요．
　　　　　　　　　　　　　バップンデ ミアンヘヨ

忙しいときは手伝いますよ．　바쁠 때는 돕겠어요．
　　　　　　　　　　　　　バップル ッテヌン トプケッソヨ

❏ 忙しかった〜　바빴던 · 바쁘던 · 바쁜　バッパットン · バップドン · バップン

忙しかった1日が終わりました．　바쁜 하루가 끝났어요．
　　　　　　　　　　　　　　バップン ハルガ ックンナッソヨ

❏ 忙しいかもしれません　바쁠지도 몰라요　バップルチド モルラヨ

明日は忙しいかもしれません．　내일은 바쁠지도 몰라요．
　　　　　　　　　　　　　　ネイルン バップルチド モルラヨ

❏ 忙しいそうです　바쁘대요　バップデヨ

明日は忙しいそうです.	내일은 바쁘대요. ネイルン パップデヨ

❏ 忙しかったそうです　바빴대요　パッパッテヨ

昨日は忙しかったそうです.	어제는 바빴대요. オジェヌン パッパッテヨ

❏ 忙しいでしょう　바쁘겠지요・바쁘겠죠　パップゲッチヨ・パップゲッチョ

明日も忙しいでしょう.	내일도 바쁘겠지요. ネイルド パップゲッチヨ

❏ 忙しくて　바쁘고　パップゴ

忙しくて長い一日でした.	바쁘고 긴 하루였어요. パップゴ ギン ハルヨッソヨ

❏ 忙しいから　바쁘니까・바빠서　パップニッカ・パッパソ

忙しいから手伝ってください.	바쁘니까 도와주세요. パップニッカ ドワジュセヨ

❏ 忙しかったので　바빴으니까・바빠서　パッパッスニッカ・パッパソ

忙しかったので電話できませんでした.	바빠서 전화를 못 했어요. パッパソ ジョンファルル モッテッソヨ

❏ 忙しく　바쁘게・바삐　パップゲ・パッピ
❏ 忙しいけれども　바쁘지만・바빠도　パッピジマン・パッパド

忙しいけれども楽しいです.	바쁘지만 즐거워요. パップジマン ジュルゴウォヨ

❏ 忙しければ　바쁘면　パップミョン

忙しければ手伝いますよ.	바쁘면 돕겠어요. パップミョン ドプケッソヨ

❏ 忙しくても　바빠도　パッパド

忙しくてもかまいません.	바빠도 상관없어요. パッパド サングノプソヨ

❏ 忙しすぎます　너무 바빠요　ノム パッパヨ

年末は忙しすぎます.	연말은 너무 바빠요. ヨンマルン ノム パッパヨ

❏ 忙しすぎて　너무 바빠서　ノム パッパソ

忙しすぎて病気になりそうです.	너무 바빠서 병에 걸릴 것 같아요. ノム パッパソ ピョンエ ゴルリル コッ ガタヨ

❏ 忙しそうです　바쁜 것 같아요・바쁠 것 같아요　パップン ゴッ ガタヨ・パップル コッ ガタヨ

来月は忙しそうです.	다음 달은 바쁠 것 같아요. ダウム ッタルン パップル コッ ガタヨ

으(우) 不規則活用

배고프다 /ペゴプダ/ お腹がすいている

	辞書形	丁寧体	会話体	連体形
現在形	お腹がすいている 배고프다 ペゴプダ	お腹がすいています 배고픕니다 ペゴプムニダ	お腹がすいています 배고파요 ペゴパヨ	お腹がすいている～ 배고픈 ペゴプン
過去形	お腹がすいていた 배고팠다 ペゴパッタ	お腹がすいていました 배고팠습니다 ペゴパッスムニダ	お腹がすいていました 배고팠어요 ペゴパッソヨ	お腹がすいていた～ 배고프던 / 배고팠던 ペゴプドン／ペゴパットン

❑ お腹がすいています　**배고파요**　ペゴパヨ

❑ お腹がすいていますか　**배고파요？・배고프나요？・배고픈가요？**　ペゴパヨ・ペゴプナヨ・ペゴプンガヨ

❑ お腹がすいていません　**배고프지 않아요・배 안 고파요**　ペゴプジ アナヨ・ペ アン ゴパヨ
　まだお腹がすいていません．　　아직 배 안 고파요．
　　　　　　　　　　　　　　　　アジッ ペ アン ゴパヨ

❑ お腹がすいていました　**배고팠어요**　ペゴパッソヨ

❑ お腹がすいていませんでした　**배고프지 않았어요・배 안 고팠어요**　ペゴプジ アナッソヨ・ペ アン ゴパッソヨ

❑ お腹がすいている～　**배고픈・배고플**　囲　ペゴプン・ペゴプル
　お腹がすいている時は何を食べてもおいしいです．　배고플 때는 무얼 먹어도 맛있어요．
　　　　　　　　　　　　　　　　　　　　　　　　ペゴプル ッテヌン ムオル モゴド マシッソヨ

❑ お腹がすいているかもしれません　**배고플지도 몰라요**　ペゴプルチド モルラヨ

❑ お腹がすいているそうです　**배고프대요**　ペゴプデヨ
　子どもがお腹がすいているそうです．　아이가 배고프대요．
　　　　　　　　　　　　　　　　　　アイガ ペゴプデヨ

❑ お腹がすいているでしょう　**배고프겠지요・배고프겠죠**　ペゴプゲッチヨ・ペゴプゲッチョ
　ジムから戻ったらお腹がすいているでしょう．　헬스클럽에서 돌아오면 배고프겠지요．
　　　　　　　　　　　　　　　　　　　　　　ヘルスクルボエソ ドラオミョン ペゴプゲッチヨ

❑ お腹がすいて　**배고프고**　ペゴプゴ
　お腹がすいてのども渇いています．　배고프고 목도 말라요．
　　　　　　　　　　　　　　　　　ペゴプゴ モクト マルラヨ

❑ お腹がすいているから　**배고프니까・배고파서**　ペゴプニッカ・ペゴパソ
　お腹がすいているから早く食べさせてください．　배고프니까 빨리 먹게 해 주세요．
　　　　　　　　　　　　　　　　　　　　　　　ペゴプニッカ ッパルリ モッケ ヘ ジュセヨ

❑ お腹がすいていたので　**배고팠으니까・배고파서**　ペゴパッスニッカ・ペゴパソ
　お腹がすいていたので全部食べました．　배고파서 전부 먹었어요．
　　　　　　　　　　　　　　　　　　　ペゴパソ ジョンブ モゴッソヨ

으(우)不規則活用

슬프다 /スルプダ/ 悲しい

①悲しい. ②かわいそう・気の毒だ.

	辞書形	丁寧体	会話体	連体形
現在形	悲しい 슬프다 スルプダ	悲しいです 슬픕니다 スルプムニダ	悲しいです 슬퍼요 スルポヨ	悲しい〜 슬픈 スルプン
過去形	悲しかった 슬펐다 スルポッタ	悲しかったです 슬펐습니다 スルポッスムニダ	悲しかったです 슬펐어요 スルポッソヨ	悲しかった〜 슬프던 / 슬펐던 スルプドン / スルポットン

❏ 悲しいです　슬퍼요　スルポヨ

❏ 悲しいですか　슬퍼요 ?・슬프나요 ?・슬픈가요 ?　スルポヨ・スルプナヨ・スルプンガヨ

❏ 悲しくありません　슬프지 않아요・안 슬퍼요　スルプジ アナヨ・アン スルポヨ

　全然悲しくありません.　　　　　　　전혀 슬프지 않아요.
　　　　　　　　　　　　　　　　　　ジョンヒョ スルプジ アナヨ

❏ 悲しかったです　슬펐어요　スルポッソヨ

　とても悲しかったです.　　　　　　　매우 슬펐어요.
　　　　　　　　　　　　　　　　　　メウ スルポッソヨ

❏ 悲しくありませんでした　슬프지 않았어요・안 슬펐어요　スルプジ アナッソヨ・アン スルポッソヨ

　全然悲しくありませんでした.　　　　전혀 슬프지 않았어요.
　　　　　　　　　　　　　　　　　　ジョンヒョ スルプジ アナッソヨ

❏ 悲しい〜　슬픈・슬플 困　スルプン・スルプル

　悲しい出来事 / 悲しい気持ち　　　　슬픈 일 / 슬픈 기분 [마음]
　　　　　　　　　　　　　　　　　　スルプン イル / スルプン ギブン [マウム]

❏ 悲しかった〜　슬펐던・슬프던・슬픈　スルポットン・スルプドン・スルプン

　悲しかったことは何ですか.　　　　　슬펐던 일은 무엇인가요 ?
　　　　　　　　　　　　　　　　　　スルポットン イルン ムオシンガヨ

❏ 悲しいかもしれません　슬플지도 몰라요　スルプルチド モルラヨ

　その映画は少し悲しいかもしれません.　그 영화는 조금 슬플지도 몰라요.
　　　　　　　　　　　　　　　　　　グ ヨンファヌン ジョグム スルプルチド モルラヨ

❏ 悲しいそうです　슬프대요　スルプデヨ

　少し悲しいそうです.　　　　　　　　조금 슬프대요.
　　　　　　　　　　　　　　　　　　ジョグム スルプデヨ

❏ 悲しかったそうです　슬펐대요　スルポッテヨ

으(ウ) 不規則活用

❏ 悲しいでしょう　슬프겠지요・슬프겟죠　スルプゲッチヨ・スルプゲッチョ

그 이야기를 들으면 그녀는 슬프겠지요.
그 이야기를 들으면 그녀는 슬프겠지요.
グ イヤギルル ドゥルミョン グニョヌン スルプゲッチヨ

そのことを聞いたら彼女は悲しいでしょう.

❏ 悲しくて　슬프고　スルプゴ

悲しくて寂しくて涙が出ました.

슬프고 외로워서 눈물이 났어요.
スルプゴ ウェロウォソ ヌンムリ ナッソヨ

❏ 悲しいから　슬프니까・슬퍼서　スルプニッカ・スルポソ
❏ 悲しかったので　슬펐으니까・슬퍼서　スルポッスニッカ・スルポソ

悲しかったので泣きました.

슬퍼서 울었어요.
スルポソ ウロッソヨ

❏ 悲しく　슬프게・슬피　スルプゲ・スルピ

悲しく泣きました.

슬프게 울었어요.
スルプゲ ウロッソヨ

❏ 悲しいけれども　슬프지만　スルプジマン

悲しいけれどもあきらめます.

슬프지만 포기하겠어요.
スルプジマン ポギハゲッソヨ

❏ 悲しければ　슬프면　スルプミョン

悲しければ泣いてもいいんです.

슬프면 울어도 돼요.
スルプミョン ウロド ドェヨ

❏ 悲しくていらっしゃいます　슬프세요　スルプセヨ

母上は悲しくていらっしゃいます.

어머님은 슬프세요.
オモニムン スルプセヨ

❏ 悲しくていらっしゃいました　슬프셨어요　スルプショッソヨ

母上は悲しくていらっしゃいました.

어머님은 슬프셨어요.
オモニムン スルプショッソヨ

❏ 悲しすぎて　너무 슬퍼서　ノム スルポソ

悲しすぎて涙も出ません.

너무 슬퍼서 눈물도 안 나와요.
ノム スルポソ ヌンムルド アン ナワヨ

❏ 悲しそうです　슬픈 것 같아요・슬플 것 같아요　スルプン ゴッ ガタヨ・スルプル コッ ガタヨ

으(ウ)不規則活用

아프다 /アプダ/ 痛い

①痛い・(体の)具合が悪い. ②心が苦しい.

	辞書形	丁寧体	会話体	連体形
現在形	痛い 아프다 アプダ	痛いです 아픕니다 アプムニダ	痛いです 아파요 アパヨ	痛い〜 아픈 アプン
過去形	痛かった 아팠다 アパッタ	痛かったです 아팠습니다 アパッスムニダ	痛かったです 아팠어요 アパッソヨ	痛かった〜 아프던 / 아팠던 アプドン/アパットン

☐ 痛いです　아파요　アパヨ

頭が痛いです.　　　머리가 아파요.
　　　　　　　　　モリガ アパヨ

☐ 痛いですか　아파요?・아프나요?・아픈가요?　アパヨ・アプナヨ・アプンガヨ

足が痛いですか.　　다리가 아파요?
　　　　　　　　　ダリガ アパヨ

☐ 痛くありません　아프지 않아요・안 아파요　アプジ アナヨ・アン アパヨ

もう痛くありません.　이제 아프지 않아요.
　　　　　　　　　　イジェ アプジ アナヨ

☐ 痛かったです　아팠어요　アパッソヨ

胸が痛かったです.　가슴이 아팠어요.
　　　　　　　　　ガスミ アパッソヨ

☐ 痛くなかったです　아프지 않았어요・안 아팠어요　アプジ アナッソヨ・アン アパッソヨ

全く痛くなかったです.　전혀 아프지 않았어요.
　　　　　　　　　　　ジョンヒョ アプジ アナッソヨ

☐ 痛い〜　아픈・아플 困　アプン・アプル

痛いところはどこですか.　아픈 곳은 어디에요?
　　　　　　　　　　　　アプン ゴスン オディエヨ

☐ 痛かった〜　아팠던・아프던・아픈　アパットン・アプドン・アプン

痛かった頭が治りました.　아프던 머리가 나았어요.
　　　　　　　　　　　　アプドン モリガ ナアッソヨ

☐ 痛いかもしれません　아플지도 몰라요　アプルチド モルラヨ

少し痛いかもしれません.　조금 아플지도 몰라요.
　　　　　　　　　　　　ジョグム アプルチド モルラヨ

☐ 痛いそうです　아프대요　アプデヨ

お腹が痛いそうです.　배가 아프대요.
　　　　　　　　　　ベガ アプデヨ

으(ウ)不規則活用

❏ 痛かったそうです　아팠대요　アパッテヨ
　昨日から痛かったそうです．　　　　　어제부터 아팠대요．
　　　　　　　　　　　　　　　　　　　オジェブト アパッテヨ

❏ 痛いでしょう　아프겠지요・아프겠죠　アプゲッチヨ・アプゲッチョ
　かなり痛いでしょう．　　　　　　　　많이 아프겠지요．
　　　　　　　　　　　　　　　　　　　マニ アプゲッチヨ

❏ 痛くて　아프고　アプゴ
　頭が痛くて熱もあります．　　　　　　머리가 아프고 열도 있어요．
　　　　　　　　　　　　　　　　　　　モリガ アプゴ ヨルド イッソヨ

❏ 痛いから　아프니까・아파서　アプニッカ・アパソ
　痛いから眠れません．　　　　　　　　아프니까 잠이 안 와요．
　　　　　　　　　　　　　　　　　　　アプニッカ ジャミ アン ワヨ

❏ 痛かったので　아팠으니까・아파서　アパッスニッカ・アパソ
　胃が痛かったので病院に行きました．　위가 아파서 병원에 갔어요．
　　　　　　　　　　　　　　　　　　　ウィガ アパソ ビョンウォネ ガッソヨ

❏ 痛く　아프게　アプゲ
❏ 痛いけれども　아프지만・아파도　アプジマン・アパド
　痛いけれども我慢できます．　　　　　아프지만 참을 수 있어요．
　　　　　　　　　　　　　　　　　　　アプジマン チャムル ス イッソヨ

❏ 痛ければ　아프면　アプミョン
　痛ければ病院に行ってください．　　　아프면 병원에 가세요．
　　　　　　　　　　　　　　　　　　　アプミョン ビョンウォネ ガセヨ

❏ 痛くていらっしゃいます　아프세요　アプセヨ
❏ 痛くていらっしゃいました　아프셨어요　アプショッソヨ
❏ 痛くても　아파도　アパド
　痛くてもすぐ治ります．　　　　　　　아파도 금방 나아요．
　　　　　　　　　　　　　　　　　　　アパド グムバン ナアヨ

❏ 痛そうです　아픈 것 같아요・아플 것 같아요　アプン ゴッ ガタヨ・アプル コッ ガタヨ
　かなり痛そうです．　　　　　　　　　꽤 아플 것 같아요．
　　　　　　　　　　　　　　　　　　　ックェ アプル コッ ガタヨ

으(ウ)不規則活用

크다 /クダ/ 大きい

	辞書形	丁寧体	会話体	連体形
現在形	大きい 크다 クダ	大きいです 큽니다 クムニダ	大きいです 커요 コヨ	大きい〜 큰 クン
過去形	大きかった 컸다 コッタ	大きかったです 컸습니다 コッスムニダ	大きかったです 컸어요 コッソヨ	大きかった〜 크던 / 컸던 クドン / コットン

❏ **大きいです　커요** コヨ

声が大きいです．　　　　　　　　목소리가 커요．
　　　　　　　　　　　　　　　モクソリガ コヨ

❏ **大きいですか　커요？・크나요？・큰가요？** コヨ・クナヨ・クンガヨ

声が大きいですか．　　　　　　　목소리가 커요？
　　　　　　　　　　　　　　　モクソリガ コヨ

❏ **大きくありません　크지 않아요・안 커요** クジ アナヨ・アン コヨ

大きさはそんなに大きくありません．　크기는 그렇게 크지 않아요．
　　　　　　　　　　　　　　　クギヌン グロケ クジ アナヨ

❏ **大きかったです　컸어요** コッソヨ

スーツが大きかったです．　　　　양복이 컸어요．
　　　　　　　　　　　　　　　ヤンボギ コッソヨ

❏ **大きくなかったです　크지 않았어요・안 컸어요** クジ アナッソヨ・アン コッソヨ

靴は大きくなかったです．　　　　신발은 크지 않았어요．
　　　　　　　　　　　　　　　シンバルン クジ アナッソヨ

❏ **大きい〜　큰・클**困 クン・クル

大きい傘を買います．　　　　　　큰 우산을 사요．
　　　　　　　　　　　　　　　クン ウサヌル サヨ

❏ **大きかった〜　컸던・크던・큰** コットン・クドン・クン

声が大きかった人　　　　　　　　목소리가 컸던 사람．
　　　　　　　　　　　　　　　モクソリガ コットン サラム

❏ **大きいかもしれません　클지도 몰라요** クルチド モルラヨ

帽子が大きいかもしれません．　　모자가 클지도 몰라요．
　　　　　　　　　　　　　　　モジャガ クルチド モルラヨ

❏ **大きいそうです　크대요** クデヨ

ズボンが大きいそうです．　　　　바지가 크대요．
　　　　　　　　　　　　　　　バジガ クデヨ

으〈ウ〉不規則活用

❏ 大きかったそうです　컸대요　コッテヨ
　右側にいた人が大きかったそうです．　오른쪽에 있던 사람이 컸대요．
　　　　　　　　　　　　　　　　　　　オルンッチョゲ イットン サラミ コッテヨ

❏ 大きいでしょう　크겠지요・크겠죠　クゲッチヨ・クゲッチョ

❏ 大きくて　크고　クゴ
　大きくて形のよい実がなりました．　크고 모양 좋은 열매가 열렸어요．
　　　　　　　　　　　　　　　　　　クゴ モヤン ジョウン ヨルメガ ヨルリョッソヨ

❏ 大きいから　크니까・커서　クニッカ・コソ
　大きいから入りません．　크니까 필요 없어요．
　　　　　　　　　　　　　クニッカ ピリョ オプソヨ

❏ 大きかったので　컸으니까・커서　コッスニッカ・コソ
　テレビの音が大きかったので小さくしました．　TV 소리가 커서 줄였어요．
　　　　　　　　　　　　　　　　　　　　　　 ティブイソリガ コソ ジュリョッソヨ

❏ 大きく　크게　クゲ
　大きく（大きな声で）話してください．　크게 이야기 해주세요．
　　　　　　　　　　　　　　　　　　　 クゲ イヤギ ヘ ジュセヨ

❏ 大きいけれども　크지만・커도　クジマン・コド
　大きいけれども軽いバッグです．　크지만 가벼운 가방이에요．
　　　　　　　　　　　　　　　　 クジマン ガビョウン ガバンイエヨ

❏ 大きければ　크면　クミョン
　大きければ取り替えましょう．　크면 바꾸죠．
　　　　　　　　　　　　　　　　クミョン パックジョ

❏ 大きくていらっしゃいます　크세요　クセヨ
❏ 大きくていらっしゃいました　크셨어요　クショッソヨ

❏ 大きくても　커도・크더라도　コド・クドラド
　大きくてもかまいません．　커도 상관 없어요．
　　　　　　　　　　　　　　コド サングヮノプソヨ

❏ 大きすぎます　너무 커요　ノム コヨ
❏ 大きすぎて　너무 커서　ノム コソ

낮다 / ナッタ / 低い

①低い（程度・割合・能力などが）．②劣っている．

	辞書形	丁寧体	会話体	連体形
現在形	低い 낮다 ナッタ	低いです 낮습니다 ナッスムニダ	低いです 낮아요 ナジャヨ	低い～ 낮은 ナジュン
過去形	低かった 낮았다 ナジャッタ	低かったです 낮았습니다 ナジャッスムニダ	低かったです 낮았어요 ナジャッソヨ	低かった～ 낮던 / 낮았던 ナットン / ナジャットン

❏ 低いです　낮아요　ナジャヨ
　建物が低いです．　　건물이 낮아요．
　　　　　　　　　　　ゴンムリ ナジャヨ

❏ 低いですか　낮아요? ・ 낮나요? ・ 낮은가요?　ナジャヨ・ナンナヨ・ナジュンガヨ
　血圧が低いですか．　혈압이 낮아요?
　　　　　　　　　　　ヒョラビ ナジャヨ

❏ 低くありません　낮지 않아요 ・ 안 낮아요　ナッチ アナヨ・アン ナジャヨ
　建物は低くありません．　건물은 안 낮아요．
　　　　　　　　　　　　　ゴンムルン アン ナジャヨ

❏ 低かったです　낮았어요　ナジャッソヨ
　打率が低かったです．　타율이 낮았어요．
　　　　　　　　　　　　タユリ ナジャッソヨ

❏ 低くなかったです　낮지 않았어요 ・ 안 낮았어요　ナッチ アナッソヨ・アン ナジャッソヨ
　視聴率は低くなかったです．　시청률은 안 낮았어요．
　　　　　　　　　　　　　　　シチョンリュルン アン ナジャッソヨ

❏ 低い～　낮은 ・ 낮을囷　ナジュン・ナジュル
　出生率が低い国　　출산율이 낮은 나라
　　　　　　　　　　チュルッサンニュリ ナジュン ナラ

❏ 低かった～　낮았던 ・ 낮은　ナジャットン・ナジュン
　低かった建物　　낮았던 건물
　　　　　　　　　ナジャットン ゴンムル

❏ 低いかもしれません　낮을지도 몰라요　ナジュルチド モルラヨ
　この椅子はあなたには低いかもしれません．　이 의자는 당신에게는 낮을지도 몰라요．
　　　　　　　　　　　　　　　　　　　　　　イ ウィジャヌン ダンシネゲヌン ナジュルチド モルラヨ

❏ 低いそうです　낮대요　ナッテヨ
　彼の椅子は低いそうです．　그의 의자는 낮대요．
　　　　　　　　　　　　　　グウィ ウィジャヌン ナッテヨ

規則活用

低かったそうです　낮았대요　ナジャッテヨ

| 椅子が低かったそうです． | 의자가 낮았대요．
ウィジャガ ナジャッテヨ |

低いでしょう　낮겠지요・낮겠죠　ナッケッチヨ・ナッケッチヨ

| 体感温度はもっと低いでしょう． | 체감온도는 더 낮겠지요．
チェガムオンドヌン ド ナッケッチヨ |

低くて　낮고　ナッコ

| 低くて安定感のある椅子です． | 낮고 안정감 있는 의자예요．
ナッコ アンジョンガム インヌン ウィジャイェヨ |

低いから　낮으니까・낮아서　ナジュニッカ・ナジャソ

| カロリーが低いから安心してください． | 칼로리가 낮으니까 안심하세요．
カルロリガ ナジュニッカ アンシムハセヨ |

低かったので　낮았으니까・낮아서　ナザッスニッカ・ナジャソ

| 椅子が低かったので疲れました． | 의자가 낮아서 피곤했어요．
ウィジャガ ナジャソ ピゴンヘッソヨ |

低く　낮게　ナッケ

| 音をもっと低くしてください． | 음을 더 낮게 해 주세요．
ウムル ド ナッケ ヘ ジュセヨ |

低いけれど　낮지만・낮아도　ナッチマン・ナジャド

| あの山は低いけれど険しいです． | 저 산은 낮지만 험해요．
ジョ サヌン ナッチマン ホムヘヨ |

低ければ　낮으면　ナジュミョン

| 音が低ければもっと上げましょうか． | 음이 낮으면 더 높일까요？
ウミ ナジュミョン ド ノピルッカヨ |

低くても　낮아도　ナジャド

| もう少し低くてもかまいません． | 좀 더 낮아도 상관 없어요 [괜찮아요]．
ジョム ド ナジャド サングヮノプソヨ [グェンチャナヨ] |

低すぎます　너무 낮아요　ノム ナジャヨ

| 血圧が低すぎます． | 혈압이 너무 낮아요．
ヒョラビ ノム ナジャヨ |

低そうです　낮은 것 같아요・낮을 것 같아요　ナジュン ゴッ ガタヨ・ナジュル コッ ガタヨ

| カロリーが低そうです． | 칼로리가 낮을 것 같아요．
カルロリガ ナジュル コッ ガタヨ |

規則活用

넓다 /ノルタ/ 広い

	辞書形	丁寧体	会話体	連体形
現在形	広い 넓다 ノルタ	広いです 넓습니다 ノルスムニダ	広いです 넓어요 ノルボヨ	広い〜 넓은 ノルブン
過去形	広かった 넓었다 ノルボッタ	広かったです 넓었습니다 ノルボッスムニダ	広かったです 넓었어요 ノルボッソヨ	広かった〜 넓던 / 넓었던 ノルトン・ノルボットン

❏ 広いです　넓어요　ノルボヨ

駐車場が広いです．
주차장이 넓어요．
ジュチャジャンイ ノルボヨ

❏ 広いですか　넓어요？・넓나요？・넓은가요？　ノルボヨ・ノルナヨ・ノルブンガヨ

❏ 広くありません　넓지 않아요・안 넓어요　ノルチ アナヨ・アン ノルボヨ

部屋は思ったより広くありません．
방이 생각보다 넓지 않아요．
パンイ センガクポダ ノルチ アナヨ

❏ 広かったですか　넓었어요？・넓었나요？　ノルボッソヨ・ノルボッナヨ

❏ 広くありませんでした　넓지 않았어요・안 넓었어요　ノルチ アナッソヨ・アン ノルボッソヨ

❏ 広い〜　넓은・넓을　ノルブン・ノルブル

広い家に住みたいです．
넓은 집에 살고 싶어요．
ノルブン ジベ サルゴ シポヨ

❏ 広かった〜　넓었던・넓던　ノルボットン・ノルトン

広かった部屋が狭く見えます．
넓었던 방이 좁아 보여요．
ノルボットン パンイ ジョパ ボヨヨ

❏ 広いかもしれません　넓을지도 몰라요　ノルブルチド モルラヨ

❏ 広いそうです　넓대요　ノルテヨ

❏ 広かったそうです　넓었대요　ノルボッテヨ

❏ 広いでしょう　넓겠지요・넓겠죠　ノルケッチヨ・ノルケッチョ

こんどの家は広いでしょう．
이번 집은 넓겠지요．
イボン ジブン ノルケッチヨ

❏ 広くて　넓고　ノルコ

チョルスさんは心が広くて親切です．
철수 씨는 마음이 넓고 친절해요．
チョルス ッシヌン マウミ ノルコ チンジョルヘヨ

❏ 広いから　넓으니까・넓어서　ノルブニッカ・ノルボソ

❏ 広かったので　넓었으니까・넓어서　ノルボッスニッカ・ノルボソ

規則活用

部屋が広かったので快適でした.	방이 넓어서 쾌적했어요. パンイ ノルボソ クェジョケッソヨ

❏ 広く　넓게 ノルケ

狭い空間を広く使う方法	좁은 공간을 넓게 쓰는 방법 ジョブン ゴンガヌル ノルッケ ッスヌン バボブ

❏ 広いけれども　넓지만・넓어도 ノルチマン・ノルボド

広いけれども暗い部屋です.	넓지만 어두운 방이에요. ノルチマン オドゥウン パンイエヨ

❏ 広ければ　넓으면 ノルブミョン

部屋が広ければもっと物が置けます.	방이 넓으면 물건을 더 놓을 수 있어요. パンイ ノルブミョン ムルゴヌル ド ノウル ス イッソヨ

❏ 広すぎます　너무 넓어요 ノム ノルボヨ
❏ 広すぎて　너무 넓어서 ノム ノルボソ

試験範囲が広すぎて大変です.	시험범위가 너무 넓어서 힘들어요. シホムボムィガ ノム ノルボソ ヒムドゥロヨ

❏ 広くても　넓더라도・넓어도 ノルトラド・ノルボド

広くても高い部屋は借りません.	넓더라도 비싼 방은 안 빌려요. ノルトラド ピッサン パンウン アン ビルリョヨ

❏ 広いとは　넓다고는 ノルタゴヌン

広いとは思いません.	넓다고는 생각하지 않아요. ノルタゴヌン センガカジ アナヨ

❏ 広そうです　넓은 것 같아요・넓을 것 같아요 ノルブン ゴッ ガタヨ・ノルブル コッ ガタヨ

部屋は広そうです.	방은 넓은 것 같아요. パンウン ノルブン ゴッ ガタヨ

높다 /ノプタ/ 高い

	辞書形	丁寧体	会話体	連体形
現在形	高い 높다 ノプタ	高いです 높습니다 ノプスムニダ	高いです 높아요 ノパヨ	高い〜 높은 ノプン
過去形	高かった 높았다 ノパッタ	高かったです 높았습니다 ノパッスムニダ	高かったです 높았어요 ノパッソヨ	高かった〜 높던 / 높았던 ノフトン／ノパットン

❏ 高いです　　높아요　ノパヨ
血圧が高いです．　　　　　　　　　혈압이 높아요．
　　　　　　　　　　　　　　　　　ヒョラビ ノパヨ

❏ 高いですか　　높아요？・높나요？・높은가요？　パヨ・ノナナヨ・ノプンガヨ

❏ 高くありません　　높지 않아요・안 높아요　ノプチ アナヨ・アン ノパヨ

❏ 高かったです　　높았어요　ノパッソヨ

❏ 高くなかったです　　높지 않았어요・안 높았어요　ノプチ アナッソヨ・アン ノパッソヨ

❏ 高い〜　　높은・높을囲　ノプン・ノプル
あの高いビルのレストランに行きました．　　저 높은 빌딩의 레스토랑에 갔어요．
　　　　　　　　　　　　　　　　　　　　　ジョ ノプン ビルディンウィ レストランエ ガッソヨ

❏ 高かった〜　　높았던・높던　ノパットン・ノフトン

❏ 高いかもしれません　　높을지도 몰라요　ノプルチド モルラヨ
ちょっと音程が高いかもしれません．　　　조금 음정이 높을지도 몰라요．
　　　　　　　　　　　　　　　　　　　　ジョグム ウムジョンイ ノプルチド モルラヨ

❏ 高いそうです　　높대요　ノプテヨ
この学校の進学率は高いそうです．　　　　이 학교의 진학률은 높대요．
　　　　　　　　　　　　　　　　　　　　イ ハクキョウィ ジンハンニュルン ノプテヨ

❏ 高かったそうです　　높았대요　ノパッテヨ

❏ 高いでしょう　　높겠지요・높겠죠　ノプケッチヨ・ノプケッチョ

❏ 高くて　　높고　ノプコ
気温も高くて湿度も高いです．　　　　　　기온도 높고 습도도 높아요．
　　　　　　　　　　　　　　　　　　　　ギオンド ノプコ スプトド ノパヨ

❏ 高いので　　높으니까・높아서　ノプニッカ・ノパソ
かかとが高いので歩きにくいです．　　　　굽이 높으니까 걷기 힘들어요．
　　　　　　　　　　　　　　　　　　　　グビ ノプニッカ ゴッキ ヒムドゥロヨ

❏ 高かったので　　높았으니까・높아서　ノパッスニッカ・ノパソ

規則活用

❏ ハードルが高かったので跳べませんでした． 허들이 높아서 못 뛰어넘었어요．
ホドゥリ ノパソ モッ ットゥィオノモッソヨ

❏ 高く　　높게・높이　ノフケ・ノピ
天井をもう少し高くしたいです． 천장을 좀 더 높게 하고 싶어요．
チョンジャンウル ジョム ド ノフケ ハゴ シポヨ

❏ 高いけれど　　높지만・높아도　ノフチマン・ノパド
気温は高いけれど湿度は低いです． 기온은 높지만 습도는 낮아요．
ギオヌン ノフチマン スフトヌン ナジャヨ

❏ 高ければ　　높으면　ノプミョン
椅子が高ければ取り替えましょうか． 의자가 높으면 바꿀까요？
ウィジャガ ノプミョン パックルッカヨ

❏ 高くても　　높더라도・높아도　ノフトラド・ノパド
かかとが高くても履けます． 굽이 높아도 신을 수 있어요．
グビ ノパド シヌル ス イッソヨ

❏ 高すぎます　　너무 높아요　ノム ノパヨ
税率が高すぎます． 세율이 너무 높아요．
セユリ ノム ノパヨ

❏ 高すぎて　　너무 높아서　ノム ノパソ
高すぎて上れません． 너무 높아서 올라갈 수 없어요．
ノム ノパソ オルラガル ス オプソヨ

❏ 高いとは　　높다고는　ノフタゴヌン
高いとは思いません． 높다고는 생각하지 않아요．
ノフタゴヌン センガカジ アナヨ

❏ 高そうです　　높은 것 같아요・높을 것 같아요　ノプン ゴッ ガタヨ・ノプル コッ ガタヨ
音程が高そうです． 음정이 높은 것 같아요．
ウムジョンイ ノプン ゴッ ガタヨ

規則活用

늦다 / ヌッタ / 遅い

（時間・時期が）遅い．

	辞書形	丁寧体	会話体	連体形
現在形	遅い 늦다 ヌッタ	遅いです 늦습니다 ヌッスムニダ	遅いです 늦어요 ヌジョヨ	遅い〜 늦은 ヌジュン
過去形	遅かった 늦었다 ヌジョッタ	遅かったです 늦었습니다 ヌジョッスムニダ	遅かったです 늦었어요 ヌジョッソヨ	遅かった〜 늦던 / 늦었던 ヌットン / ヌジョットン

＊「速度」については，느리다 も使います．

❏ 遅いです　늦어요　ヌジョヨ

もう時間が遅いです．　　　　　　　　　　이미 시간이 늦었어요．
　　　　　　　　　　　　　　　　　　　　イミ シガニ ヌジョッソヨ

❏ 遅いですか　늦어요?・늦나요?　ヌジョヨ・ヌンナヨ

速度が遅いですか．　　　　　　　　　　　속도가 늦어요?
　　　　　　　　　　　　　　　　　　　　ソクトガ ヌジョヨ

❏ 遅くありません　늦지 않아요・안 늦어요　ヌッチ アナヨ・アン ヌジョヨ

まだ遅くはありません．　　　　　　　　　아직 늦지 않아요．
　　　　　　　　　　　　　　　　　　　　アジク ヌッチ アナヨ

❏ 遅かったです　늦었어요　ヌジョッソヨ

配達が遅かったです．　　　　　　　　　　배달이 늦었어요．
　　　　　　　　　　　　　　　　　　　　ペダリ ヌジョッソヨ

❏ 遅くなかったです　늦지 않았어요・안 늦었어요　ヌッチ アナッソヨ・アン ヌジョッソヨ

❏ 遅い〜　늦은・늦을 困　ヌジュン・ヌジュル

遅い時間に来てすみません．　　　　　　　늦은 시간에 와서 미안해요．
　　　　　　　　　　　　　　　　　　　　ヌジュン シガネ ワソ ミアンヘヨ

❏ 遅かった〜　늦었던・늦은　ヌジョットン・ヌジュン

出勤が遅かったせいで残業をしました．　　출근이 늦었던 탓에 잔업을 했어요．
　　　　　　　　　　　　　　　　　　　　チュルグニ ヌジョトン タセ ジャノブル ヘッソヨ

❏ 遅いかもしれません　늦을지도 몰라요　ヌジュルチド モルラヨ

今行ったら遅いかもしれません．　　　　　지금 가면 늦을지도 몰라요．
　　　　　　　　　　　　　　　　　　　　ジグム ガミョン ヌジュルチド モルラヨ

❏ 遅いそうです　늦대요　ヌッテヨ

回復が遅いそうです．　　　　　　　　　　회복이 늦대요．
　　　　　　　　　　　　　　　　　　　　フェボギ ヌッテヨ

規則活用

❏ 遅かったそうです　늦었대요　ヌジョッテヨ

彼は今日も遅かったそうです．
그는 오늘도 늦었대요．
グヌン オヌルド ヌジョッテヨ

❏ 遅いでしょう　늦겠지요・늦겠죠　ヌッケッチョ・ヌッケッチョ

彼の帰りは遅いでしょう．
그의 귀가는 늦겠지요．
グウィ グィガヌン ヌッケッチョ

❏ 遅くて　늦고　ヌッコ

作業スピードも遅くてエラーも多い機械
작업 속도도 늦고 에러도 많은 기계
ジャゴプ ソクトド ヌッコ エロド マヌン ギゲ

❏ 遅いので　늦으니까・늦어서　ヌジュニッカ・ヌジョソ

配達が遅いのでいらいらします．
배달이 늦으니까 답답해요．
ペダリ ヌジュニッカ ダプタペヨ

❏ 遅かったので　늦었으니까・늦어서　ヌジョッスニッカ・ヌジョソ

発送が遅かったので配達が遅れました．
발송이 늦어서 배달이 늦어졌어요．
パルソンイ ヌジョソ ペダリ ヌジョジョッソヨ

❏ 遅く　늦게・늦기　ヌッケ・ヌッキ

遅くならないうちに帰りましょう．
늦기 전에 돌아가죠．
ヌッキ ジョネ ドラガジョ

❏ 遅いけれども　늦지만・늦어도　ヌッチマン・ヌジョド

速度は遅いけれども安全です．
속도는 늦지만 안전해요．
ソクトヌン ヌッチマン アンジョンヘヨ

❏ 遅ければ　늦으면　ヌジュミョン

癌の発見が遅ければ完治は難しいです．
암의 발견이 늦으면 완치는 힘들어요．
アムィ パルギョニ ヌジュミョン ワンチヌン ヒムドゥロヨ

❏ 遅くても　늦어도　ヌジョド

遅くてもかまいません．
늦어도 상관 없어요 [괜찮아요]．
ヌジョド サングヮノプソヨ[グェンチャナヨ]

❏ 遅すぎます　너무 늦어요　ノム ヌジョヨ

２時なら遅すぎます．
두 시면 너무 늦어요．
ドゥ シミョン ノム ヌジョヨ

❏ 遅すぎて　너무 늦어서　ノム ヌジョソ

昨日は遅すぎて電話しませんでした．
어제는 너무 늦어서 전화 안 했어요．
オジェヌン ノム ヌジョソ ジョンファ アン ヘッソヨ

規則活用

똑같다 /ットゥカッタ/ そっくりだ・全く[ちょうど]同じだ

	辞書形	丁寧体	会話体	連体形
現在形	そっくりだ 똑같다 ットゥカッタ	そっくりです 똑같습니다 ットゥカッスムニダ	そっくりです 똑같아요 ットゥカタヨ	そっくりな〜 똑같은 ットゥカトゥン
過去形	そっくりだった 똑같았다 ットゥカタッタ	そっくりでした 똑같았습니다 ットゥカタッスムニダ	そっくりでした 똑같았어요 ットゥカタッソヨ	そっくりだった〜 똑같던 / 똑같았던 ットゥカットン / ットゥカタットン

❑ **そっくりです 똑같아요** ットゥカタヨ

私たちは双子なので顔がそっくりです。　우리는 쌍둥이라 얼굴이 똑같아요。
　　　　　　　　　　　　　　　　　　ウリヌン ッサンドゥンイラ オルグリ ットゥカタヨ

❑ **そっくりですか　똑같아요 ? · 똑같나요 ? · 똑같은가요 ?** ットゥカタヨ・ットゥカンナヨ・ットゥカトゥンガヨ

❑ **全く同じではありません　똑같지 않아요 · 안 똑같아요** ットゥカッチ アナヨ・アン ットゥカタヨ

❑ **全く同じでした　똑같았어요** ットゥカタッソヨ

靴下が全く同じでした。　양말이 똑같았어요。
　　　　　　　　　　　ヤンマリ ットゥカタッソヨ

❑ **全く同じではありませんでした　똑같지 않았어요 · 안 똑같았어요** ットゥカッチ アナッソヨ・アン ットゥカタッソヨ

❑ **全く同じ〜　똑같은 · 똑같을** 困 ットゥカトゥン・ットゥカトゥル

全く同じシャツをください。　똑같은 셔츠를 주세요。
　　　　　　　　　　　　　ットゥカトゥン ショチュルル ジュセヨ

❑ **そっくりだった〜　똑같았던** ットゥカタットン

❑ **全く同じかもしれません　똑같을지도 몰라요** ットゥカトゥルチド モルラヨ

長さが全く同じかもしれません。　길이가 똑같을지도 몰라요。
　　　　　　　　　　　　　　　ギリガ ットゥカトゥルチド モルラヨ

❑ **全く同じだそうです　똑같대요** ットゥカテヨ

これと同じだそうです。　이것과 똑같대요。
　　　　　　　　　　　イゴックヮ ットゥカテヨ

❑ **全く同じだったそうです　똑같았대요** ットゥカタッテヨ

大きさが全く同じだったそうです。　크기가 똑같았대요。
　　　　　　　　　　　　　　　　クギガ ットゥカタッテヨ

❑ **全く同じでしょう　똑같겠지요 · 똑같겠죠** ットゥカケッチヨ・ットゥカケッチョ

親の心はみんな同じでしょう。　부모의 마음은 다 똑같겠죠。
　　　　　　　　　　　　　　ブモウィ マウムン ダ ットゥカケッチョ

規則活用

450

❏ そっくりで　　똑같고　ットゥカッコ

彼らは顔もそっくりで年齢も同じです．
그들은 얼굴도 똑같고 나이도 같아요．
グトゥルン オルグルド ットゥカッコ ナイド ガタヨ

❏ そっくりなので　　똑같으니까・똑같아서　ットゥカトゥニッカ・ットゥカタソ

本物とそっくりなので見分けがつきません．
진짜와 똑같으니까 분간이 안 돼요．
ジンチャワ ットゥカトゥニッカ ブンガニ アン ドェヨ

❏ そっくりだったので　　똑같았으니까・똑같아서　ットゥカタッスニッカ・ットゥカタソ

彼らはそっくりだったので兄弟に間違われました．
그들은 똑같아서 형제로 오해 받았어요．
グドゥルン ットゥカタソ ヒョンジェロ オヘ バダッソヨ

❏ 全く同じに　　똑같이・똑같게　ットゥカチ・ットゥカッケ

これと全く同じにしてください．
이것과 똑같이 해 주세요．
イゴックヮ ットゥカチ ヘ ジュセヨ

❏ そっくりですが　　똑같지만・똑같아도　ットゥカッチマン・ットゥカタド

そっくりですがこれはにせものです．
똑같지만 이 것은 가짜예요．
ットゥカッチマン イ ゴスン ガッチャイェヨ

❏ 同じならば　　똑같으면　ットゥカトゥミョン

おかずが毎日全く同じだと飽きます．
반찬이 매일 똑같으면 질려요．
パンチャニ メイル ットゥカトゥミョン ジルリョヨ

規則活用

많다 /マンタ/ 多い・たくさんだ・豊富だ

	辞書形	丁寧体	会話体	連体形
現在形	多い 많다 マンタ	多いです 많습니다 マンスムニダ	多いです 많아요 マナヨ	多い〜 많은 マヌン
過去形	多かった 많았다 マナッタ	多かったです 많았습니다 マナッスムニダ	多かったです 많았어요 マナッソヨ	多かった〜 많던 / 많았던 マントン/マナットン

☐ 多いです　많아요　マナヨ

量が多いです. 　　　　양이 많아요.
　　　　　　　　　　　ヤンイ マナヨ

☐ 多いですか　많아요？・많나요？・많은가요？　マナヨ・マンナヨ・マヌンガヨ

☐ 多くありません　많지 않아요・안 많아요　マンチ アナヨ・アン マナヨ

☐ 多かったです　많았어요　マナッソヨ

人が多かったです. 　　　사람이 많았어요.
　　　　　　　　　　　　サラミ マナッソヨ

☐ 多くなかったです　많지 않았어요・안 많았어요　マンチ アナッソヨ・アン マナッソヨ

☐ 多くの〜　많은・많을 困　マヌン・マヌル

多くの人が訪れました. 　많은 사람이 방문 했어요.
　　　　　　　　　　　　マヌン サラミ パンムン ヘッソヨ

☐ 多かった〜　많았던・많던　マナットン・マントン

あんなに多かった客もめっきり減りました. 　그렇게 많던 손님도 부쩍 줄었어요.
　　　　　　　　　　　　　　　　　　　　　グロケ マントン ソンニムド ブッチョク ジュロッソヨ

☐ 多いかもしれません　많을지도 몰라요　マヌルチド モルラヨ

ちょっと多いかもしれません. 　조금 많을지도 몰라요.
　　　　　　　　　　　　　　　ジョグム マヌルチド モルラヨ

☐ 多いそうです　많대요　マンテヨ

☐ 多かったそうです　많았대요　マナッテヨ

☐ 多いでしょう　많겠지요・많겠죠　マンケッチヨ・マンケッチョ

明日は客が多いでしょう. 　내일은 손님이 많겠죠.
　　　　　　　　　　　　　ネイルン ソンニミ マンケッチョ

☐ 多くて　많고　マンコ

荷物も多くて重いです. 　짐도 많고 무거워요.
　　　　　　　　　　　　ジムド マンコ ムゴウォヨ

規則活用

- 多いので　많으니까・많아서　マヌニッカ・マナソ
- 多かったので　많았으니까・많아서　マナッスニッカ・マナソ

ご飯が多かったので残しました．　｜　밥이 많아서 남겼어요．
　　　　　　　　　　　　　　　　　パビ マナソ ナムギョッソヨ

- 多く　많이　マニ

もっと多く入れてください．　｜　더 많이 넣어 주세요．
　　　　　　　　　　　　　ド マニ ノオ ジュセヨ

- 多いけれども　많지만・많아도　マンチマン・マナド

多いけれども食べます．　｜　많지만 먹을래요．
　　　　　　　　　　　マンチマン モグルレヨ

- 多ければ　많으면　マヌミョン

多ければ残してください．　｜　많으면 남기세요．
　　　　　　　　　　　　マヌミョン ナムギセヨ

- 多くても　많아도　マナド

多くてもかまいません．　｜　많아도 괜찮아요．
　　　　　　　　　　　マナド グェンチャナヨ

- 多すぎます　너무 많아요　ノム マナヨ
- 多すぎて　너무 많아서　ノム マナソ

多すぎてあふれます．　｜　너무 많아서 넘쳐요．
　　　　　　　　　　ノム マナソ ノムチョヨ

- 多いとは　많다고는　マンタゴヌン

多いとは思いません．　｜　많다고는 생각하지 않아요．
　　　　　　　　　　マンタゴヌン センガカジ アナヨ

- 多そうです　많은 것 같아요・많을 것 같아요　マヌン ゴッ ガタヨ・マヌル コッ ガタヨ

人が多そうです．　｜　사람이 많은 것 같아요．
　　　　　　　　サラミ マヌン ゴッ ガタヨ

規則活用

맛없다 /マドゥプタ/ まずい

	辞書形	丁寧体	会話体	連体形
現在形	まずい 맛없다 マドゥプタ	まずいです 맛없습니다 マドゥプスムニダ	まずいです 맛없어요 マドゥプソヨ	まずい〜 맛없는 マドゥプヌン
過去形	まずかった 맛없었다 マドゥプソッタ	まずかったです 맛없었습니다 マドゥプソッスムニダ	まずかったです 맛없었어요 マドゥプソッソヨ	まずかった〜 맛없던 / 맛없었던 マドゥプトン/マドゥプソットン

❏ **まずいです** 맛없어요 マドゥプソヨ

1人で食べるご飯はまずいです．
혼자서 먹는 밥은 맛없어요．
ホンジャソ モンヌン パブン マドゥプソヨ

❏ **まずいですか** 맛없어요？・맛없나요？ マドゥプソヨ・マドゥプナヨ

コーヒーがまずいですか
커피가 맛없어요？
コピガ マドゥプソヨ

❏ **まずくありません** 맛없지 않아요・맛있어요 マドゥプチ アナヨ・マシッソヨ

まずくありません．
맛없지 않아요．
マドゥプチ アナヨ

＊活用形は맛없지 않아요ですが，日常的には맛있어요をよく使います．

❏ **まずかったです** 맛없었어요 マドゥプソッソヨ

思ったよりまずかったです．
생각보다 맛없었어요．
センガクポダ マドゥプソッソヨ

❏ **まずくありませんでした** 맛없지 않았어요・맛있었어요 マドゥプチ アナッソヨ・マシッソッソヨ

＊活用形は맛없지 않았어요ですが，日常的には맛있었어요をよく使います．

❏ **まずい〜** 맛없는・맛없을 困 マドゥムヌン・マドゥプスル

まずいパンです．
맛없는 빵이에요．
マドゥムヌン ッパンイエヨ

❏ **まずかった〜** 맛없던・맛없었던 マドゥプトン・マドゥプソットン

まずかった料理は二度と注文しません．
맛없었던 요리는 두 번 다시 주문 안 해요．
マドゥプソットン ヨリヌン ドゥ ボン ダシ ジュムン アン ヘヨ

❏ **まずいかもしれません** 맛없을지도 몰라요 マドゥプスルチド モルラヨ
❏ **まずいそうです** 맛없대요 マドゥプテヨ
❏ **まずかったそうです** 맛없었대요 マドゥプソッテヨ
❏ **まずいでしょう** 맛없겠지요・맛없겠죠 マドゥプケッチヨ・マドゥプケッチョ

あの店はまずいでしょう．
저 가게는 맛없겠지요．
ジョ ガゲヌン マドゥプケッチヨ

規則活用

- ❏ まずくて　맛없고　マドゥプコ

  まずくて高いケーキです。　맛없고 비싼 케이크예요.
  マドゥプコ ピッサン ケイクイェヨ

- ❏ まずいから　맛없으니까・맛없어서　マドゥプスニッカ・マドゥプソソ

  まずいから食べられません。　맛없어서 못 먹겠어요.
  マドゥプソソ モッ モクケッソヨ

- ❏ まずかったので　맛없었으니까・맛없어서　マドゥプソッスニッカ・マドゥプソソ

  まずかったので捨てました。　맛없어서 버렸어요.
  マドゥプソソ ポリョッソヨ

- ❏ まずく　맛없게　マドゥプケ

  見た目はまずく見えますがおいしいです。　보기에는 맛없게 생겼지만 맛있어요.
  ポギエヌン マドゥプケ センギョッチマン マシッソヨ

- ❏ まずいけれども　맛없지만・맛없어도　マドゥプチマン・マドゥプソド

  まずいけれども我慢します。　맛없지만 참겠어요.
  マドゥプチマン チャムケッソヨ

- ❏ まずければ　맛없으면　マドゥプスミョン

  まずければ食べないでください。　맛없으면 먹지 마세요.
  マドゥプスミョン モクチ マセヨ

- ❏ まずくても　맛없더라도・맛없어도　マドゥプトラド・マドゥプソド

  まずくても食べます。　맛없더라도 먹겠어요.
  マドゥプトラド モクケッソヨ

- ❏ まずすぎます　너무 맛없어요　ノム マドゥプソヨ

밝다 /パクタ/ 明るい

① (色・光：性格が) 明るい. ② 精通している. ③ 公正だ.

	辞書形	丁寧体	会話体	連体形
現在形	明るい 밝다 パクタ	明るいです 밝습니다 パクスムニダ	明るいです 밝아요 パルガヨ	明るい〜 밝은 パルグン
過去形	明るかった 밝았다 パルガッダ	明るかったです 밝았습니다 パルガッスムニダ	明るかったです 밝았어요 パルガッソヨ	明るかった〜 밝던 / 밝았던 パクトン/パルガットン

❑ **明るいです　밝아요** パルガヨ

見通しが明るいです.　　　　　전망이 밝아요.
　　　　　　　　　　　　　　ジョンマンイ パルガヨ

❑ **明るいですか　밝아요? · 밝나요? · 밝은가요?** パルガヨ・パンナヨ・パルグンガヨ

見通しが明るいですか.　　　　전망이 밝아요?
　　　　　　　　　　　　　　ジョンマンイ パルガヨ

❑ **明るくありません　밝지 않아요 · 안 밝아요** パクチ アナヨ・アン パルガヨ

表情が明るくありません.　　　표정이 안 밝아요.
　　　　　　　　　　　　　　ピョジョンイ アン パルガヨ

❑ **明るかったです　밝았어요** パルガッソヨ

性格が明るかったです.　　　　성격이 밝았어요.
　　　　　　　　　　　　　　ソンキョギ パルガッソヨ

❑ **明るくなかったです　밝지 않았어요 · 안 밝았어요** パクチ アナッソヨ・アン パルガッソヨ

性格が明るくなかったです.　　성격이 밝지 않았어요.
　　　　　　　　　　　　　　ソンキョギ パクチ アナッソヨ

❑ **明るい〜　밝은 · 밝을** 困 パルグン・パルグル

明るい性格 / 明るい色 / 明るい場所　　밝은 성격 / 밝은 색 / 밝은 장소
　　　　　　　　　　　　　　　　　　パルグン ソンキョク/ パルグン セク/ パルグン ジャンソ

❑ **明るかった〜　밝았던 · 밝은** パルガットン・パルグン

明るかった性格が暗くなりました.　　밝았던 성격이 어두워졌어요.
　　　　　　　　　　　　　　　　　パルガットン ソンキョギ オドゥウォジョッソヨ

❑ **明るいかもしれません　밝을지도 몰라요** パルグルチド モルラヨ

性格が明るいかもしれません.　　성격이 밝을지도 몰라요.
　　　　　　　　　　　　　　　ソンキョギ パルグルチド モルラヨ

❑ **明るいそうです　밝대요** パルテヨ

外は明るいそうです.　　　　　밖은 밝대요.
　　　　　　　　　　　　　　パクン パルテヨ

規則活用

- **明るかったそうです　밝았대요**　バルガッテヨ

  性格が明るかったそうです．　　성격이 밝았대요．
  　　　　　　　　　　　　　　　ソンキョギ バルガッテヨ

- **明るいでしょう　밝겠지요・밝겠죠**　バルケッチヨ・バルケッチョ

  見通しは明るいでしょう．　　전망이 밝겠지요．
  　　　　　　　　　　　　　　ジョンマンイ バルケッチヨ

- **明るくて　밝고**　バルッコ

  明るくて楽しい人です．　　밝고 재미있는 사람이에요．
  　　　　　　　　　　　　　バルッコ ジェミインヌン サラミエヨ

- **明るいから　밝으니까・밝아서**　バルグニッカ・バルガソ

  性格が明るいからみんなに好かれます．　　성격이 밝으니까 모두가 좋아해요．
  　　　　　　　　　　　　　　　　　　　　ソンキョギ バルグニッカ モドゥガ ジョアヘヨ

- **明るかったので　밝았으니까・밝아서**　バルガッスニッカ・バルガソ

  明るかったので電気を消しました．　　밝아서 전기를 껐어요．
  　　　　　　　　　　　　　　　　　　バルガソ ジョンギルル ッコッソヨ

- **明るく　밝게**　バルッケ

  明るく暮らしましょう．　　밝게 살아요．
  　　　　　　　　　　　　　バルッケ サラヨ

- **明るいけれども　밝지만・밝아도**　パッチマン・バルガド

  この部屋は明るいけれども狭いです．　　이 방은 밝지만 좁아요．
  　　　　　　　　　　　　　　　　　　　イ バンウン パッチマン ジョバヨ

- **明るければ　밝으면**　バルグミョン

  心が明るければ顔も明るくなります．　　마음이 밝으면 얼굴도 밝아져요．
  　　　　　　　　　　　　　　　　　　　マウミ バルグミョン オルグルド バルガジョヨ

- **明るくても　밝아도**　バルガド

  明るくてもかまいません．　　밝아도 상관없어요．
  　　　　　　　　　　　　　　バルガド サングヮノプソヨ

- **明るすぎます　너무 밝아요**　ノム バルガヨ

  部屋が明るすぎます．　　방이 너무 밝아요．
  　　　　　　　　　　　　バンイ ノム バルガヨ

- **明るすぎて　너무 밝아서**　ノム バルガソ

  明るすぎて目が疲れます．　　너무 밝아서 눈이 피곤해요．
  　　　　　　　　　　　　　　ノム バルガソ ヌニ ピゴンヘヨ

規則活用

비싸다 /ビッサダ/ （値段が）高い

	辞書形	丁寧体	会話体	連体形
現在形	高い 비싸다 ビッサダ	高いです 비쌉니다 ビッサムニダ	高いです 비싸요 ビッサヨ	高い〜 비싼 ビッサン
過去形	高かった 비쌌다 ビッサッタ	高かったです 비쌌습니다 ビッサッスムニダ	高かったです 비쌌어요 ビッサッソヨ	高かった〜 비싸던 / 비쌌던 ビッサドン/ビッサットン

❑ 高いです　비싸요　ビッサヨ

あの店は高いです． 　　　　저 가게는 비싸요．
　　　　　　　　　　　　ジョ ガゲヌン ビッサヨ

❑ 高いですか　비싸요？・비싸나요？・비싼가요？　ビッサヨ・ビッサナヨ・ビッサンガヨ

❑ 高くありません　비싸지 않아요・안 비싸요　ビッサジ アナヨ・アン ビッサヨ

❑ 高かったです　비쌌어요　ビッサッソヨ

❑ 高くなかったです　비싸지 않았어요・안 비쌌어요　ビッサジ アナッソヨ・アン ビッサッソヨ

❑ 高い〜　비싼・비쌀 困　ビッサン・ビッサル

高い服は買えません． 　　　　비싼 옷은 살 수 없어요．
　　　　　　　　　　　　ビッサン オスン サル ス オプソヨ

❑ 高かった〜　비쌌던・비싸던・비싼　ビッサットン・ビッサドン・ビッサン

高かった指輪を失くしました． 　　　　비싼 반지를 잃어버렸어요．
　　　　　　　　　　　　　　ビッサン パンジルル イロボリョッソヨ

❑ 高いかもしれません　비쌀지도 몰라요　ビッサルチド モルラヨ

❑ 高いそうです　비싸대요　ビッサデヨ

❑ 高かったそうです　비쌌대요　ビッサッテヨ

❑ 高いでしょう　비싸겠지요・비싸겠죠　ビッサゲッチヨ・ビッサゲッチョ

新製品は高いでしょう． 　　　　신제품은 비싸겠지요．
　　　　　　　　　　　　シンジェプムン ビッサゲッチヨ

❑ 高くて　비싸고　ビッサゴ

❑ 高いから　비싸니까・비싸서　ビッサニッカ・ビッサソ

高いから売れません． 　　　　비싸니까 안 팔려요．
　　　　　　　　　　　　ビッサニッカ アン パルリョヨ

❑ 高かったので　비쌌으니까・비싸서　ビッサッスニッカ・ビッサソ

高かったので買いませんでした． 　　　　비싸서 안 샀어요．
　　　　　　　　　　　　　　ビッサソ アン サッソヨ

規則活用

❏ 高く　비싸게　ピッサゲ
値段を高く設定しました．

값을 비싸게 설정했어요．
ガプスル ピッサゲ ソルチョンヘッソヨ

❏ 高いけれども　비싸지만・비싸도　ピッサジマン・ピッサド
高いけれども品質は最高です．

비싸지만 품질은 최고예요．
ピッサジマン プムジルン チュェゴイェヨ

❏ 高ければ　비싸면　ピッサミョン
高ければ値切ります．

비싸면 값을 깎아요．
ピッサミョン ガプスル ッカッカヨ

❏ 高くてもかまいません　비싸도 상관없어요　ピッサド サングヮノプソヨ
❏ 高すぎます　너무 비싸요　ノム ピッサヨ
❏ 高そうです　비싼 것 같아요・비쌀 것 같아요　ピッサン ゴッ ガタヨ・ピッサル コッ ガタヨ

規則活用

싫다 /シルタ/ 嫌だ・嫌いだ

	辞書形	丁寧体	会話体	連体形
現在形	嫌だ 싫다 シルタ	嫌です 싫습니다 シルスムニダ	嫌です 싫어요 シロヨ	嫌な～ 싫은 シルン
過去形	嫌だった 싫었다 シロッタ	嫌でした 싫었습니다 シロッスムニダ	嫌でした 싫었어요 シロッソヨ	嫌だった～ 싫던 / 싫었던 シルトン / シロットン

❑ 嫌です　싫어요　シロヨ
注射は嫌です．　　　　　주사는 싫어요．
　　　　　　　　　　　　ジュサヌン シロヨ

❑ 嫌ですか　싫어요? · 싫나요 · 싫은가요?　シロヨ · シルラヨ · シルンガヨ
学校に行くのが嫌ですか．　학교에 가는게 싫어요?
　　　　　　　　　　　　　ハクキョエ ガヌンゲ シロヨ

❑ 嫌ではありません　싫지 않아요 · 안 싫어요　シルチ アナヨ · アン シロヨ

❑ 嫌でしたか　싫었어요? · 싫었나요?　シロッソヨ · シロッナヨ
その人が嫌でしたか．　　　그 사람이 싫었어요?
　　　　　　　　　　　　　グ サラミ シロッソヨ

❑ 嫌ではなかったです　싫지 않았어요 · 안 싫었어요　シルチ アナッソヨ · アン シロッソヨ

❑ 嫌な～　싫은 · 싫을 困　シルン · シルル
嫌なことはしたくありません．　싫은 일은 하기 싫어요．
　　　　　　　　　　　　　　　シルン イルン ハギ シロヨ

❑ 嫌[嫌い]だった～　싫었던　シロットン
嫌いだった人と仲良くなりました．　싫었던 사람과 사이가 좋아졌어요．
　　　　　　　　　　　　　　　　　シロットン サラムグヮ サイガ ジョアジョッソヨ

❑ 嫌かもしれません　싫을지도 몰라요　シルルチド モルラヨ
彼女はカラオケが嫌かもしれません．　그녀는 노래방이 싫을지도 몰라요．
　　　　　　　　　　　　　　　　　　グニョヌン ノレバンイ シルルチド モルラヨ

❑ 嫌だそうです　싫대요　シルテヨ

❑ 嫌だったそうです　싫었대요　シロッテヨ
その人と会うのが嫌だったそうです．　그 사람과 만나는게 싫었대요．
　　　　　　　　　　　　　　　　　　グ サラムグヮ アンナヌンゲ シロッテヨ

❑ 嫌でしょう　싫겠지요 · 싫겠죠　シルケッチヨ · シルケッチョ

❑ 嫌で～　싫고　シルコ

友だちと会うのも嫌で話すのも嫌です．　친구와 만나기도 싫고 말하기도 싫어요．
チングワ マンナギド シルコ マルハギド シロヨ

❏ 嫌いなので　　싫으니까・싫어서　シルニッカ・シロソ
嫌いなので見るのも嫌です．　싫으니까 보는 것도 싫어요．
シルニッカ ボヌン ゴット シロヨ

❏ 嫌だったので　　싫었으니까・싫어서　シロッスニッカ・シロソ
嫌だったので断りました．　싫어서 거절했어요．
シロソ ゴジョルヘッソヨ

❏ 嫌いに　　싫어　シロ
嫌いになりました／嫌いにならないでください．　싫어졌어요．・싫어하지 마세요．
シロジョッソヨ・シロハジ マセヨ

❏ 嫌いだけれども　　싫지만・싫어도　シルチマン・シロド
嫌いだけれども我慢して食べます．　싫지만 참고 먹어요．
シルチマン チャムコ モゴヨ

❏ 嫌ならば　　싫으면　シルミョン
嫌ならば言ってください．　싫으면 말하세요．
シルミョン マルハセヨ

❏ 嫌いでも　　싫더라도・싫어도　シルトラド・シロド
嫌いでも食べなくてはいけません．　싫더라도 먹지 않으면 안 돼요．
シルトラド モクチ アヌミョン アン ドェヨ

❏ 嫌そうです　　싫은 것 같아요・싫을 것 같아요　シルン ゴッ ガタヨ・シルル コッ ガタヨ
嫌そうですね．　싫은 것 같네요．
シルン ゴッ ガンネヨ

規則活用

싸다 /ッサダ/ 安い

	辞書形	丁寧体	会話体	連体形
現在形	安い 싸다 ッサダ	安いです 쌉니다 ッサムニダ	安いです 싸요 ッサヨ	安い〜 싼 ッサン
過去形	安かった 쌌다 ッサッタ	安かったです 쌌습니다 ッサッスムニダ	安かったです 쌌어요 ッサッソヨ	安かった〜 싸던 / 쌌던 ッサドン/ッサットン

❏ **安いです　싸요** ッサヨ
あの食堂はおいしくて値段も安いです．　　저 식당은 맛있고 값도 싸요．
　　　　　　　　　　　　　　　　　　　ジョ シクタンウン マシッコ ガプト ッサヨ

❏ **安いですか　싸요? ・싸나요? ・싼가요?** ッサヨ・ッサナヨ・ッサンガヨ

❏ **安くありません　싸지 않아요・안 싸요** ッサジ アナヨ・アン ッサヨ

❏ **安かったです　쌌어요** ッサッソヨ

❏ **安くなかったです　싸지 않았어요・안 쌌어요** ッサジ アナッソヨ・アン ッサッソヨ

❏ **安い〜　싼・쌀**困 ッサン・ッサル
安いほうを買います．　　싼 것을 사요．
　　　　　　　　　　　ッサン ゴスル サヨ

❏ **安かった〜　싸던・쌌던・싼** ッサドン・ッサットン・ッサン

❏ **安いかもしれません　쌀지도 몰라요** ッサルチド モルラヨ

❏ **安そうです　싸대요** ッサデヨ
この店が安そうです．　　이 가게가 싸대요．
　　　　　　　　　　　イ ガゲガ ッサデヨ

❏ **安かったそうです　쌌대요** ッサッテヨ
彼のパソコンは安かったそうです．　　그의 컴퓨터는 쌌대요．
　　　　　　　　　　　　　　　　　グウィ コムピュトヌン ッサッテヨ

❏ **安いでしょう　싸겠지요・싸겠죠** ッサゲッチョ・ッサゲッチョ
ネットで買えば安いでしょう．　　인터넷에서 사면 싸겠죠．
　　　　　　　　　　　　　　　イントネッエソ サミョン ッサゲッチョ

❏ **安くて　싸고** ッサゴ
安くて丈夫なバッグです．　　싸고 튼튼한 가방이에요．
　　　　　　　　　　　　　ッサゴ トゥントゥンハン ガバンイエヨ

❏ **安いから　싸니까・싸서** ッサニッカ・ッサソ
安いからたくさん買いました．　　싸서 많이 샀어요．
　　　　　　　　　　　　　　　ッサソ マニ サッソヨ

- **安かったので** 쌌으니까・싸서 ッサッスニッカ・ッサソ
  - 安かったので買いました． 　싸서 샀어요． ッサソ サッソヨ

- **安く** 싸게 ッサゲ
  - 安くしてください． 　싸게 해 주세요． ッサゲ ヘ ジュセヨ

- **安いけれども** 싸지만・싸도 ッサジマン・ッサド
  - 安いけれども物は良いです． 　싸지만 물건은 좋아요． ッサジマン ムルゴヌン ジョアヨ

- **安ければ** 싸면 ッサミョン
  - 安ければ安いほどうれしいです． 　싸면 쌀수록 좋아요． ッサミョン ッサルスロｸ ジョアヨ

- **安くても** 싸더라도・싸도 ッサドラド・ッサド
  - 安くてもいりません． 　싸더라도 필요없어요． ッサドラド ピリョオプソヨ

- **安すぎます** 너무 싸요 ノム ッサヨ
- **安そうに** 싼 것처럼 ッサン ゴッチョロム
  - 安そうに見えます． 　싼 것처럼 보여요． ッサン ゴッチョロム ボヨヨ

規則活用

없다 /オプタ/ ない・いない

	辞書形	丁寧体	会話体	連体形
現在形	ない 없다 オプタ	ないです 없습니다 オプスムニダ	ないです 없어요 オプソヨ	ない〜 없는 オプヌン
過去形	なかった 없었다 オプソッタ	なかったです 없었습니다 オプソッスムニダ	なかったです 없었어요 オプソッソヨ	なかった〜 없던 / 없었던 オプトン/オプソットン

❏ **ありません　없어요** オプソヨ

時間がありません．
시간이 없어요．
シガニ オプソヨ

❏ **ありませんか　없어요？・없나요？** オプソヨ・オプナヨ

夫婦げんかをしたことはありませんか．
부부싸움을 한 적은 없어요？
ブブサウムル ハン ジョグン オプソヨ

❏ **なくありません　없지 않아요** オプチ アナヨ

合格する可能性もなくはないです．
합격할 가능성도 없지 않아요．
ハプキョカル ガヌンソンド オプチ アナヨ

❏ **ありませんでした　없었어요** オプソッソヨ

間違った問題はありませんでした．
틀린문제는 없었어요．
トゥルリンムンジェヌン オプソッソヨ

❏ **ない〜　없는・없을** オムヌン・オプスル

ないものもあります．
없는 것도 있어요．
オムヌン ゴット イッソヨ

❏ **なかった〜　없었던・없던** オプソットン・オプトン

お金がなかったときもあります．
돈이 없었던 때도 있어요．
ドニ オプソットン ッテド イッソヨ

❏ **ないかもしれません　없을지도 몰라요** オプスルチド モルラヨ

今日は仕事がないかもしれません．
오늘은 일이 없을지도 몰라요．
オヌルン イリ オプスルチド モルラヨ

❏ **ないそうです　없대요** オプテヨ

この製品は説明書がないそうです．
이 제품은 설명서가 없대요．
イ ジェプムン ソルミョンソガ オプテヨ

❏ **なかったそうです　없었대요** オプソッテヨ

コーラはなかったそうです．
콜라는 없었대요．
コルラヌン オプソッテヨ

規則活用

❏ **ないでしょう** 없겠지요・없겠죠 オプケッチヨ・オプケッチョ

今は電車がないでしょう. 　　　　지금은 전차가 없겠지요.
　　　　　　　　　　　　　　　　ジグムン ジョンチャガ オプケッチヨ

❏ **なくて** 없고 オプコ

実力がなくて運もない人　　　　실력도 없고 운도 없는 사람
　　　　　　　　　　　　　　　　シルリョクト オプコ ウンド オムヌン サラム

❏ **ないから** 없으니까・없어서 オプスニッカ・オプソソ

お金がないから買えません. 　　돈이 없어서 못 사요.
　　　　　　　　　　　　　　　　ドニ オプソソ モッサヨ

❏ **なかったので** 없었으니까・없어서 オプソッスニッカ・オプソソ

卵がなかったのでオムライスは作れませんでした. 　계란이 없어서 오므라이스는 못 만들었어요.
　　　　　　　　　　　　　　　　　　　　　　　　　ゲラニ オプソソ オムライスヌン モッ マンドゥロッソヨ

❏ **なく** 없이・없게 オプシ・オプケ

加入手続きなく利用可能です. 　　가입수속 없이 이용할 수 있어요.
　　　　　　　　　　　　　　　　　ガイプスソク オプシ イヨンハル ス イッソヨ

❏ **ないけれども** 없지만・없어도 オプチマン・オプソド

お金はないけれども幸せです. 　　돈은 없지만 행복해요.
　　　　　　　　　　　　　　　　　ドヌン オプチマン ヘンボケヨ

❏ **なければ** 없으면 オプスミョン

なければしかたありません. 　　　없으면 할 수 없죠.
　　　　　　　　　　　　　　　　　オプスミョン ハル ス オプチョ

❏ **なくても** 없어도 オプソド

なくてもかまいません. 　　　　　없어도 괜찮아요.
　　　　　　　　　　　　　　　　　オプソド グェンチャナヨ

❏ **なさそうです** 없는 것 같아요・없을 것 같아요 オムヌン ゴッ ガタヨ・オプスル コッ ガタヨ

解決方法がなさそうです. 　　　　해결방법이 없는 것 같아요.
　　　　　　　　　　　　　　　　　ヘギョルバンボビ オムヌン ゴッ ガタヨ

規則活用

작다 /ジャクタ/ 小さい・背が低い

① (大きさ・年齢・度量などが) 小さい・背が低い. ② 些細である.

	辞書形	丁寧体	会話体	連体形
現在形	小さい 작다 ジャクタ	小さいです 작습니다 ジャクスムニダ	小さいです 작아요 ジャガヨ	小さい～ 작은 ジャグン
過去形	小さかった 작았다 ジャガッタ	小さかったです 작았습니다 ジャガッスムニダ	小さかったです 작았어요 ジャガッソヨ	小さかった～ 작던 / 작았던 ジャクトン / ジャガットン

❏ **小さいです 작아요** ジャガヨ

| 服が小さいです / 背が低いです. | 옷이 작아요. / 키가 작아요.
オシ ジャガヨ / キガ ジャガヨ |

❏ **小さいですか 작아요? ・ 작나요? ・ 작은가요?** ジャガヨ・ジャクナヨ・ジャグンガヨ

| 靴が小さいですか. | 신발이 작아요?
シンバリ ジャガヨ |

❏ **小さくありません 작지 않아요 ・ 안 작아요** ジャクチ アナヨ・アン ジャガヨ

❏ **小さかったです 작았어요** ジャガッソヨ

| ホテルが思ったより小さかったです. | 호텔이 생각보다 작았어요.
ホテリ センガクポダ ジャガッソヨ |

❏ **小さくなかったです 작지 않았어요 ・ 안 작았어요** ジャクチ アナッソヨ・アン ジャガッソヨ

❏ **小さい～ 작은・작을** ジャグン・ジャグル

| 小さいことにこだわらないでください | 작은 일에 구애받지 마세요.
ジャグン イレ グエパッチ マセヨ |
| 小さい子 | 작은 아이
ジャグン アイ |

❏ **小さかった～ 작았던・작은** ジャガットン・ジャグン

❏ **小さいかもしれません 작을지도 몰라요** ジャグルチド モルラヨ

| このシャツはあなたに小さいかもしれません. | 이 셔츠는 당신에게 작을지도 몰라요.
イ ショチュヌン ダンシネゲ ジャグルチド モルラヨ |

❏ **小さいそうです 작대요** ジャクテヨ

| パンツが小さいそうです. | 바지가 작대요.
パジガ ジャクテヨ |

❏ **小さかったそうです 작았대요** ジャガッテヨ

❏ **小さいでしょう 작겠지요・작겠죠** ジャケッチヨ・ジャケッチョ

今年のりんごは小さいでしょう．　　올해 사과는 작겠죠．
　　　　　　　　　　　　　　　　　オレヘ サグヮヌン ジャクケッチョ

❏ 小さくて　　작고　ジャッコ
小さくて赤い実です．　　작고 빨간 열매예요．
　　　　　　　　　　　ジャッコ ッパルガン ヨルメイェヨ

❏ 小さいから　　작으니까・작아서　ジャグニッカ・ジャガソ
小さいから着られません．　　작아서 입을 수 없어요．
　　　　　　　　　　　　　ジャガソ イブル ス オブソヨ

❏ 小さかったので　　작았으니까・작아서　ジャガッスニッカ・ジャガソ
声が小さかったので聞き取れませんでした．　　목소리가 작아서 들을 수 없었어요．
　　　　　　　　　　　　　　　　　　　　　モクソリガ ジャガソ ドゥルル ス オブソッソヨ

❏ 小さく　　작게　ジャッケ
小さく（小さな声で）話しましょう．　　작게 이야기해요．
　　　　　　　　　　　　　　　　　　ジャッケ イヤギヘヨ

もっと小さく切ってください．　　더 작게 잘라 주세요．
　　　　　　　　　　　　　　　ド ジャッケ ジャルラ ジュセヨ

❏ 小さいけれども　　작지만・작아도　ジャクチマン・ジャガド
車体は小さいけれども室内は広いです．　　차체는 작지만 실내는 넓어요．
　　　　　　　　　　　　　　　　　　　チャチェヌン ジャクチマン シルネヌン ノルボヨ

❏ 小さければ　　작으면　ジャグミョン
小さければ別のにしましょう．　　작으면 다른 것으로 해요．
　　　　　　　　　　　　　　　ジャグミョン ダルン ゴスロ ヘヨ

❏ 小さくても　　작더라도　ジャットラド
小さくてもかまいません．　　작더라도 괜찮아요．
　　　　　　　　　　　　　ジャットラド グェンチャナヨ

❏ 小さすぎます　　너무 작아요　ノム ジャガヨ
❏ 小さすぎて　　너무 작아서　ノム ジャガソ
字が小さすぎて見えません．　　글씨가 너무 작아서 안 보여요．
　　　　　　　　　　　　　　グルッシガ ノム ジャガソ アン ボヨヨ

規則活用

재미있다 /ジェミイッタ/ おもしろい・興味がある

	辞書形	丁寧体	会話体	連体形
現在形	おもしろい 재미있다 ジェミイッタ	おもしろいです 재미있습니다 ジェミイッスムニダ	おもしろいです 재미있어요 ジェミイッソヨ	おもしろい〜 재미있는 ジェミインヌン
過去形	おもしろかった 재미있었다 ジェミイッソッタ	おもしろかったです 재미있었습니다 ジェミイッソッスムニダ	おもしろかったです 재미있었어요 ジェミイッソッソヨ	おもしろかった〜 재미있던 / 재미있었던 ジェミイットン / ジェミイッソットン

❏ **おもしろいです** 재미있어요 ジェミイッソヨ

この小説はおもしろいです. 　　　　　이 소설은 재미있어요.
　　　　　　　　　　　　　　　　　　イ ソソルン ジェミイッソヨ

❏ **おもしろいですか** 재미있어요? ・ 재미있나요? ジェミイッソヨ・ジェミインナヨ

映画がおもしろいですか. 　　　　　　영화가 재미있어요?
　　　　　　　　　　　　　　　　　　ヨンファガ ジェミイッソヨ

❏ **おもしろくありません** 재미있지 않아요 ・ 재미없어요 ジェミイッチ アナヨ・ジェミオプソヨ

映画がおもしろくありません. 　　　　영화가 재미없어요.
　　　　　　　　　　　　　　　　　　ヨンファガ ジェミオプソヨ

＊会話形は 재미있지 않아요 ですが, 日常的には 재미없어요 をよく使います.

❏ **おもしろかったです** 재미있었어요 ジェミイッソッソヨ

映画がおもしろかったです. 　　　　　영화가 재미있었어요.
　　　　　　　　　　　　　　　　　　ヨンファガ ジェミイッソッソヨ

❏ **おもしろくなかったです** 재미있지 않았어요 ・ 재미없었어요 ジェミイッチ アナッソヨ・ジェミオプソッソヨ

映画がおもしろくなかったです. 　　　영화가 재미없었어요.
　　　　　　　　　　　　　　　　　　ヨンファガ ジェミオプソッソヨ

＊会話形は 재미있지 않았어요 ですが, 日常的には 재미없었어요 をよく使います.

❏ **おもしろい〜** 재미있는 ・ 재미있을 困 ジェミインヌン・ジェミイッスル

おもしろい話 / おもしろいこと　　　　재미있는 이야기 / 재미있는 일.
　　　　　　　　　　　　　　　　　　ジェミインヌン イヤギ / ジェミインヌン イル

❏ **おもしろかった〜** 재미있었던 ・ 재미있던 ジェミイッソットン・ジェミイットン

もっともおもしろかった映画　　　　　가장 재미있었던 영화.
　　　　　　　　　　　　　　　　　　ガジャン ジェミイッソットン ヨンファ

❏ **おもしろいかもしれません** 재미있을지도 몰라요 ジェミイッスルチド モルラヨ

この映画はおもしろいかもしれません. 이 영화는 재미있을지도 몰라요.
　　　　　　　　　　　　　　　　　　イ ヨンファヌン ジェミイッスルチド モルラヨ

規則活用

❏ おもしろいそうです　재미있대요　ジェミイッテヨ

映画がおもしろいそうです．
영화가 재미있대요．
ヨンファガ ジェミイッテヨ

❏ おもしろかったそうです　재미있었대요　ジェミイッソッテヨ

原作がもっとおもしろかったそうです．
원작이 더 재미있었대요．
ウォンジャギ ド ジェミイッソッテヨ

❏ おもしろいでしょう　재미있겠지요・재미있겠죠　ジェミイッケッチヨ・ジェミイッケッチョ

続編もおもしろいでしょう．
속편도 재미있겠지요．
ソクピョンド ジェミイッケッチヨ

❏ おもしろくて　재미있고　ジェミイッコ

おもしろくてハンサムな人です．
재미있고 잘생긴 사람이에요．
ジェミイッコ ジャルセンギン サラミエヨ

❏ おもしろいから　재미있으니까・재미있어서　ジェミイッスニッカ・ジェミイッソソ

あの映画はおもしろいから何度も見ました．
저 영화는 재미있어서 몇 번이나 봤어요．
ジョ ヨンファヌン ジェミイッソソ ミョッ ボニナ ブヮッソヨ

❏ おもしろかったので　재미있었으니까・재미있어서　ジェミイッソッスニッカ・ジェミイッソソ

おもしろかったので友だちに教えました．
재미있어서 친구에게 가르쳐 주었어요．
ジェミイッソソ チングエゲ ガルチョ ジュオッソヨ

規則活用

❏ おもしろく　재미있게　ジェミイッケ

❏ おもしろいけれども　재미있지만・재미있어도　ジェミイッチマン・ジェミイッソド

おもしろいけれどもその映画は見ません．
재미있지만 그 영화는 안 봐요．
ジェミイッチマン グ ヨンファヌン アン ブヮヨ

❏ おもしろければ　재미있으면　ジェミイッスミョン

おもしろければいいのですが．
재미있으면 좋을 텐데요．
ジェミイッスミョン ジョウル テンデヨ

❏ おもしろそうです　재미있는 것 같아요・재미있을 것 같아요　ジェミインヌン ゴッ ガタヨ・ジェミイッスル コッ ガタヨ

映画がおもしろそうです．
영화가 재미있는 것 같아요．
ヨンファガ ジェミインヌン ゴッ ガタヨ

❏ おもしろくなさそうです　재미없는 것 같아요・재미없을 것 같아요　ジェミオプヌン ゴッ ガタヨ・ジェミオプスル コッ ガタヨ

映画がおもしろくなさそうです．
영화가 재미없는 것 같아요．
ヨンファガ ジェミオプヌン ゴッ ガタヨ

적다 /ジョッタ/ 少ない

	辞書形	丁寧体	会話体	連体形
現在形	少ない 적다 ジョッタ	少ないです 적습니다 ジョッスムニダ	少ないです 적어요 ジョゴヨ	少ない〜 적은 ジョグン
過去形	少なかった 적었다 ジョゴッタ	少なかったです 적었습니다 ジョゴッスムニダ	少なかったです 적었어요 ジョゴッソヨ	少なかった〜 적던 / 적었던 ジョットン/ジョゴットン

❏ **少ないです** 적어요 ジョゴヨ

彼は経験が少ないです．

그는 경험이 적어요．
グヌン ギョンホミ ジョゴヨ

❏ **少ないですか** 적어요？・적나요？・적은가요？ ジョゴヨ・ジョンナヨ・ジョグンガヨ

収入が少ないですか．

수입이 적어요？
スイビ ジョゴヨ

❏ **少なくありません** 적지 않아요・안 적어요 ジョッチ アナヨ・アン ジョゴヨ

❏ **少なかったです** 적었어요 ジョゴッソヨ

❏ **少なくなかったです** 적지 않았어요・안 적었어요 ジョッチ アナッソヨ・アン ジョゴッソヨ

❏ **少ない〜** 적은・적을 [慣] ジョグン・ジョグル

少ない人数で終わらせました．

적은 인원수로 마쳤어요．
ジョグン イヌォンスロ マチョッソヨ

❏ **少なかった〜** 적었던・적은 ジョゴットン・ジョグン

雪が少なかった冬でした．

눈이 적었던 겨울이었어요．
ヌニ ジョゴットン ギョウリオッソヨ

❏ **少ないかもしれません** 적을지도 몰라요 ジョグルチド モルラヨ

天気が悪いので人が少ないかもしれません．

날씨가 나빠서 사람이 적을지도 몰라요．
ナルッシガ ナッパソ サラミ ジョグルチド モルラヨ

❏ **少ないそうです** 적대요 ジョッテヨ

農作物の被害は少ないそうです．

농작물의 피해는 적대요．
ノンジャンムルイ ピヘヌン ジョッテヨ

❏ **少なかったそうです** 적었대요 ジョゴッテヨ

❏ **少ないでしょう** 적겠지요・적겠죠 ジョッケッチヨ・ジョッケッチョ

出席者は少ないでしょう．

출석자는 적겠지요．
チュルソクチャヌン ジョッケッチヨ

❏ **少なくて** 적고 ジョッコ

規則活用

469

量は少なくて値段は高いです。　양은 적고 가격은 비싸요.
ヤンウン ジョッコ ガギョグン ピッサヨ

❏ 少ないから　　적으니까・적어서　ジョグニッカ・ジョゴソ

少ないから分けられません。　적으니까 나눌 수 없어요.
ジョグニッカ ナヌル ス オプソヨ

❏ 少なかったので　　적었으니까・적어서　ジョゴッスニッカ・ジョゴソ

少なかったので1人で食べてしまいました。　적어서 혼자서 다 먹어 버렸어요.
ジョゴソ ホンジャソ ダ モゴ ポリョッソヨ

❏ 少なく　　적게　ジョッケ
❏ 少ないけれども　　적지만・적어도　ジョッチマン・ジョゴド
❏ 少なければ　　적으면　ジョグミョン

少なければもっと入れてください。　적으면 더 넣으세요.
ジョグミョン ド ノウセヨ

❏ 少なくても　　적더라도・적어도　ジョットラド・ジョゴド

量が少なくても十分満足します。　양이 적더라도 충분히 만족해요.
ヤンイ ジョットラド チュンブンヒ マンジョケヨ

❏ 少なすぎます　　너무 적어요　ノム ジョゴヨ
❏ 少なすぎて　　너무 적어서　ノム ジョゴソ

少なすぎて味がわかりません。　너무 적어서 맛을 모르겠어요.
ノム ジョゴソ マスル モルゲッソヨ

規則活用

짜다 /ッチャダ/ 塩辛い・しょっぱい

①塩辛い・しょっぱい．②点数がからい．③けちだ・けちくさい．

	辞書形	丁寧体	会話体	連体形
現在形	塩辛い **짜다** ッチャダ	塩辛いです **짭니다** ッチャムニダ	塩辛いです **짜요** ッチャヨ	塩辛い〜 **짠** ッチャン
過去形	塩辛かった **짰다** ッチャッタ	塩辛かったです **짰습니다** ッチャッスムニダ	塩辛かったです **짰어요** ッチャッソヨ	塩辛かった〜 **짜던 / 짰던** ッチャドン/ッチャットン

❏ 塩辛いです　**짜요**　ッチャヨ

| スープがしょっぱいです． | **국이 짜요．**
グギ ッチャヨ |

❏ 塩辛いですか　**짜요？・짜나요？・짠가요？**　ッチャヨ・ッチャナヨ・ッチャンガヨ

❏ 塩辛くありません　**짜지 않아요・안 짜요**　ッチャジ アナヨ・アン ッチャヨ

❏ 塩辛かったですか　**짰어요？・짰나요？**　ッチャッソヨ・ッチャッナヨ

❏ 塩辛くなかったです　**짜지 않았어요・안 짰어요**　ッチャジ アナッソヨ・アン ッチャッソヨ

❏ 塩辛い〜　**짠・짤**困　ッチャン・ッチャル

| 塩辛いものを食べ | **짠 것을 (너무) 많이 먹지 마세요．**
ッチャン ゴスル (ノム) マニ モクチ マセヨ |

❏ 塩辛かった〜　**짜던・짰던・짠**　ッチャドン・ッチャットン・ッチャン

❏ 塩辛いかもしれません　**짤지도 몰라요**　ッチャルチド モルラヨ

| 塩辛いかもしれません． | **짤지도 몰라요．**
ッチャルチド モルラヨ |

❏ 塩辛いそうです　**짜대요**　ッチャデヨ

| ちょっと塩辛いそうです． | **조금 짜대요．**
ジョグム ッチャデヨ |

❏ 塩辛かったそうです　**짰대요**　ッチャッテヨ

| 塩辛かったそうです． | **짰대요．**
ッチャッテヨ |

❏ 塩辛いでしょう　**짜겠지요？・짜겠죠？**　ッチャゲッチヨ・ッチャゲッチョ

| 塩をもっと入れたら塩辛いでしょう． | **소금을 더 넣으면 짜겠지요？**
ソグムル ド ノウミョン ッチャゲッチヨ |

❏ 塩辛く　**짜고**　ッチャゴ

| 塩辛くてぴりぴり辛いです． | **짜고 몹시 매워요．**
ッチャゴ モプシ メウォヨ |

規則活用

❏ 塩辛いから　짜니까・짜서　ッチャニッカ・ッチャソ

塩辛いから食べられません．　　　짜서 못 먹어요．
　　　　　　　　　　　　　　　　ッチャソ モッ モゴヨ

❏ 塩辛かったので　짰으니까・짜서　ッチャッスニッカ・ッチャソ

塩辛かったのでのどが渇きます．　짜서 목이 말라요．
　　　　　　　　　　　　　　　　ッチャソ モギ マルラヨ

❏ 塩辛く　짜게　ッチャゲ

塩辛くしないでくださいね．　　　짜게 하지 마세요．
　　　　　　　　　　　　　　　　ッチャゲ ハジ マセヨ

❏ 塩辛いけれど　짜지만・짜도　ッチャジマン・ッチャド

少し塩辛いけれどおいしいです．　조금 짜지만 맛있어요．
　　　　　　　　　　　　　　　　ジョグム ッチャジマン マシッソヨ

❏ 塩辛ければ　짜면　ッチャミョン

塩辛ければ残してください．　　　짜면 남기세요．
　　　　　　　　　　　　　　　　ッチャミョン ナムギセヨ

❏ 塩辛くても　짜더라도・짜도　ッチャドラド・ッチャド

塩辛くてもおいしいです．　　　　짜도 맛있어요．
　　　　　　　　　　　　　　　　ッチャド マシッソヨ

❏ 塩辛すぎます　너무 짜요　ノム ッチャヨ
❏ 塩辛すぎて　너무 짜서　ノム ッチャソ

塩辛すぎて食べられません．　　　너무 짜서 먹을 수 없어요．
　　　　　　　　　　　　　　　　ノム ッチャソ モグル ス オプソヨ

짧다 / ッチャルタ / 短い

	辞書形	丁寧体	会話体	連体形
現在形	短い 짧다 ッチャルタ	短いです 짧습니다 ッチャルスムニダ	短いです 짧아요 ッチャルパヨ	短い〜 짧은 ッチャルブン
過去形	短かった 짧았다 ッチャルパッタ	短かったです 짧았습니다 ッチャルパッスムニダ	短かったです 짧았어요 ッチャルパッソヨ	短かった〜 짧던 / 짧았던 ッチャルトン / ッチャルパットン

❑ 短いです　짧아요　ッチャルパヨ

ベルトが短いです.　　　벨트가 짧아요.
　　　　　　　　　　　　ベルトゥガ ッチャルパヨ

❑ 短いですか　짧아요 ? ・ 짧나요 ? ・ 짧은가요 ?　ッチャルパヨ・ッチャルナヨ・ッチャルブンガヨ

ベルトが短いですか.　　벨트가 짧아요 ?
　　　　　　　　　　　　ベルトゥガ ッチャルパヨ

❑ 短くありません　짧지 않아요 ・ 안 짧아요　ッチャルチ アナヨ・アン ッチャルパヨ

ベルトは短くありません.　벨트는 안 짧아요.
　　　　　　　　　　　　　ベルトゥヌン アン ッチャルパヨ

❑ 短かったです　짧았어요　ッチャルパッソヨ

会議は短かったです.　　회의는 짧았어요.
　　　　　　　　　　　　フェウィヌン ッチャルパッソヨ

❑ 短くなかったです　짧지 않았어요 ・ 안 짧았어요　ッチャルチ アナッソヨ・アン ッチャルパッソヨ

会議は短くなかったです.　회의는 짧지 않았어요.
　　　　　　　　　　　　　フェウィヌン ッチャルチ アナッソヨ

❑ 短い〜　짧은 ・ 짧을 [未]　ッチャルブン・ッチャルブル

短い時間 / 短い距離　　짧은 시간 / 짧은 거리.
　　　　　　　　　　　ッチャルブン シガン / ッチャルブン ゴリ

❑ 短かった〜　짧았던 ・ 짧은　ッチャルパットン・ッチャルブン

短かった休暇　　　　　짧았던 휴가
　　　　　　　　　　　ッチャルパットン ヒュガ

❑ 短いかもしれません　짧을지도 몰라요　ッチャルブルチド モルラヨ

会議は短いかもしれません.　회의는 짧을지도 몰라요.
　　　　　　　　　　　　　　フェウィヌン ッチャルブルチド モルラヨ

❑ 短いそうです　짧대요　ッチャルテヨ

スカートが短いそうです.　치마가 짧대요.
　　　　　　　　　　　　　チマガ ッチャルテヨ

規則活用

❏ 短かったそうです　짧았대요　ッチャルパッテヨ

会議は短かったそうです．

회의는 짧았대요．
フェウィヌン ッチャルパッテヨ

❏ 短いでしょう　짧겠지요・짧겠죠　ッチャルケッチヨ・ッチャルケッチョ

今年の夏休みは短いでしょう．

올해 여름 방학은 짧겠지요．
オルヘ ヨルム パンハグン ッチャルケッチヨ

❏ 短くて　짧고　ッチャルコ

短くて太いペンです．

짧고 두꺼운 펜이에요．
ッチャルコ ドゥッコウン ペニエヨ

❏ 短いから　짧으니까・짧아서　ッチャルプニッカ・ッチャルパソ

ホースが短いから届きません．

호스가 짧으니까 안 닿아요．
ホスガ ッチャルプニッカ アン ダアヨ

❏ 短かったので　짧았으니까・짧아서　ッチャルパッスニッカ・ッチャルパソ

ロープが短かったので役に立ちませんでした．

로프가 짧아서 도움이 되지 않았어요．
ロプガ ッチャルパソ ドウミ ドェジ アナッソヨ

❏ 短く　짧게　ッチャルケ

髪を短く切りました．

머리를 짧게 잘랐어요．
モリルル ッチャルッケ ジャルラッソヨ

❏ 短いけれども　짧지만・짧아도　ッチャルチマン・ッチャルパド

短いけれども十分な長さです．

짧지만 충분한 길이에요．
ッチャルチマン チュンブンハン ギリイェヨ

❏ 短ければ　짧으면　ッチャルプミョン

コードが短ければ長いのを買ってきます．

코드가 짧으면 긴 것으로 사올게요．
コドゥガ ッチャルプミョン ギン ゴスロ サオルケヨ

❏ 短くても　짧아도・짧더라도　ッチャルパド・ッチャルトラド

短くてもかまいません．

짧아도 상관 없어요．
ッチャルパド サングヮ ノプソヨ

❏ 短すぎます　너무 짧아요　ノム ッチャルパヨ

昼食の時間が短すぎます．

점심 시간이 너무 짧아요．
ジョムシム シガニ ノム ッチャルパヨ

❏ 短すぎて　너무 짧아서　ノム ッチャルパソ

休みが短すぎて何もできません．

휴가가 너무 짧아서 아무것도 할 수 없어요．
ヒュガガ ノム ッチャルパソ アムゴット ハル ス オプソヨ

規則活用

파랗다 /パラタ/ 青い

	辞書形	丁寧体	会話体	連体形
現在形	青い 파랗다 パラタ	青いです 파랗습니다 パラッスムニダ	青いです 파래요 パレヨ	青い〜 파란 パラン
過去形	青かった 파랬던 パレットン	青かったです 파랬습니다 パレッスムニダ	青かったです 파랬어요 パレッソヨ	青かった〜 파랬던 / 파랐던 パレットン/パラットン

❏ 青いです　파래요　パレヨ

空が青いです．　　　　　하늘이 파래요．
　　　　　　　　　　　　ハヌリ パレヨ

❏ 青いですか　파래요？・파랄나요？・파란가요？　パレヨ・パランナヨ・パランガヨ

空はなぜ青いですか．　　하늘은 왜 파래요？
　　　　　　　　　　　　ハヌルン ウェ パレヨ

❏ 青くありません　파랗지 않아요・안 파래요　パラチ アナヨ・アン パレヨ

❏ 青かったです　파랬어요　パレッソヨ

彼は目が青かったです．　그는 눈이 파랬어요．
　　　　　　　　　　　　グヌン ヌニ パレッソヨ

❏ 青くなかったです　파랗지 않았어요・안 파랬어요　パラチ アナッソヨ・アン パレッソヨ

❏ 青い〜　파란・파랄 困 パラン・パラル

青いリンゴ　　　　　　　파란 사과
　　　　　　　　　　　　パラン サグヮ

❏ 青かった　파랬던・파란　パレットン・パラン

❏ 青いかもしれません　파랄지도 몰라요　パラルッチド モルラヨ

まだ熟してないので青いかもしれません．　아직 안 익어서 파랄지도 몰라요．
　　　　　　　　　　　　　　　　　　　　アジゥ アン イゴソ パラルッチド モルラヨ

❏ 青いそうです　파랄대요　パラテヨ

❏ 青かったそうです　파랬대요　パレッテヨ

❏ 青いでしょう　파랄겠지요？・파랄겠죠？　パラケッチヨ・パラケッチョ

❏ 青くて　파랄고　パラコ

空が青くて高かったです．　하늘이 파랗고 높았어요．
　　　　　　　　　　　　　ハヌリ パラコ ノパッソヨ

❏ 青いから　파라니까・파래서　パラニッカ・パレソ

❏ 青かったので　파랬으니까・파래서　パレッスニッカ・パレソ

規則活用

- 青く　파랗게 パラケ
- 青いけれども　파랗지만・파래도 パラチマン・パレド

  青いけれども料理すると赤くなります。　파랗지만 요리하면 빨개져요. パラチマン ヨリハミョン ッパルゲジョヨ

- 青ければ　파라면 パラミョン
- 青くてもかまいません　파래도 괜찮아요 パレド グェンチャナヨ
- 青すぎます　너무 파래요 ノム パレヨ
- 青すぎて　너무 파래서 ノム パレソ

  青すぎてまぶしいです。　너무 파래서 눈이 부셔요. ノム パレソ ヌニ ブショヨ

- 青そうです　파랄 것 같아요 パラル コッ ガタヨ

付録

主な助詞について

(*가 / 이のような場合は，その助詞の付く語が「パッチム無し / パッチム有り」を表します)

가 / 이

①…が ：主語

お腹が空きます。　　　　　　　배가 고파요．
　　　　　　　　　　　　　　　ペガ コパヨ

映画が見たいです。　　　　　　영화가 보고 싶어요．
　　　　　　　　　　　　　　　ヨンファガ ボゴ シポヨ

今日が誕生日です。　　　　　　오늘이 생일이에요．
　　　　　　　　　　　　　　　オヌリ センイルイエヨ

パンがおいしいです。　　　　　빵이 맛있어요．
　　　　　　　　　　　　　　　ッパンイ マシッソヨ

②께서 ：가 / 이の尊敬形

両親が喜んでいます。　　　　　부모님께서 좋아하세요．
　　　　　　　　　　　　　　　ブモニムッケソ ジョアハセヨ

先生が教えてくださいました。　선생님께서 가르쳐 주셨어요．
　　　　　　　　　　　　　　　ソンセンニムッケソ ガルチョ ジュショッソヨ

*되다「～になる」の助詞には，가 / 이を使います。【例】教師に（が）なります。교사가 되겠어요．
先生に（が）なります。선생님이 되겠어요．

는 / 은

①…は ：主題

私は大学生です。　　　　　　　저는 대학생이에요．
　　　　　　　　　　　　　　　ジョヌン デハッセンイエヨ

私は英語が好きです。　　　　　나는 영어가 좋아요．
　　　　　　　　　　　　　　　ナヌン ヨンオガ ジョアヨ

キュウリは嫌いです。　　　　　오이는 싫어요．
　　　　　　　　　　　　　　　オイヌン シロヨ

明日は日曜日です。　　　　　　내일은 일요일이에요．
　　　　　　　　　　　　　　　ネイルン イリョイルイエヨ

冬は寒いです。　　　　　　　　겨울은 추워요．
　　　　　　　　　　　　　　　ギョウルン チュウォヨ

今は忙しいです。　　　　　　　지금은 바빠요．
　　　　　　　　　　　　　　　ジグムン バッパヨ

②께서는 ：는 / 은の尊敬形

母は反対しました.	어머니께서는 반대하셨어요.
	オモニッケソヌン パンデハショッソヨ
先生はいらっしゃいません.	선생님께서는 안 오세요.
	ソンセンニムッケソヌン アン オセヨ

의　…の：所有・所属

先生のカバン	선생님의 가방
	ソンセンニムィ ガバン
彼の妹	그의 여동생
	グウィ ヨドンセン

*의は省略される場合が多くあります. また, 저 / 나「私」너「あなた」に의が付くときには, それぞれ제 / 내「私の」네「あなたの」と縮約された形になります.【例】私の責任です. 제 책임이에요. 君の責任だ. 네 책임이다.

도　…も

①追加・添付

私も行きます.	나도 가요.
	ナド ガヨ
パンも食べます.	빵도 먹어요.
	ッパンド モゴヨ
指輪も買いました.	반지도 샀어요.
	パンジド サッソヨ

②께서도　：도の尊敬形

| 母も来ました. | 어머니께서도 오셨어요. |
| | オモニッケソド オショッソヨ |

로 / 으로

①…で　：手段・方法

タクシーで行きます.	택시로 가요.
	テクシロ ガヨ
ネットで予約します.	인터넷으로 예약해요.
	イントネスロ イェヤッケヨ

②…へ・…に　：方向

左へ曲がります.	왼쪽으로 돌아요.
	ウェンチョグロ ドラヨ
社長室に来てください.	사장실로 오세요.
	サジャンシルロ オセヨ

에서

①…で　：場所

カフェで休みます. 　　　　카페에서 쉬어요.
　　　　　　　　　　　　　　カペエソ シュイウォヨ

部屋で寝ます. 　　　　　　방에서 자요.
　　　　　　　　　　　　　　パンエソ ジャヨ

学校で勉強します. 　　　　학교에서 공부해요.
　　　　　　　　　　　　　　ハッキョエソ ゴンブヘヨ

②…から　:始まり・起点
駅から家まで5分かかります. 　역에서 집까지 오 분 걸려요.
　　　　　　　　　　　　　　ヨゲソ ジッカジ オ プン ゴルリョヨ

와 / 과

①…と　:並列
牛乳とパン 　　　　　　　　우유와 빵
　　　　　　　　　　　　　　ウユワ ッパン

花とチョコレート 　　　　　꽃과 초콜릿
　　　　　　　　　　　　　　ッコックヮ チョコルリッ

②(人)と　:…ともに
両親と住んでいます. 　　　　부모님과 살아요.
　　　　　　　　　　　　　　プモニムグヮ サラヨ

彼と釣りに行きます. 　　　　그와 낚시를 가요.
　　　　　　　　　　　　　　グワ ナクシルル ガヨ

③랑/이랑　:와 / 과 の会話形
友だちと行きます. 　　　　　친구랑 가요.
　　　　　　　　　　　　　　チングラン ガヨ

妹と行きます. 　　　　　　　여동생이랑 가요.
　　　　　　　　　　　　　　ヨドンセンイラン ガヨ

에게

①(人・動物)에　:対象
友だちに電話をしました. 　　친구에게 전화를 했어요.
　　　　　　　　　　　　　　チングエゲ ジョンファルル ヘッソヨ

犬に餌をやります. 　　　　　개에게 먹이를 줘요.
　　　　　　　　　　　　　　ゲエゲ モギルル ジュォヨ

②한테　:에게の会話形
友だちにメールします. 　　　친구한테 메일을 보내요.
　　　　　　　　　　　　　　チングハンテ メイルル ボネヨ

③께　：에게，한테の尊敬体

先生に花をあげました．　　　　선생님께 꽃을 드렸어요．
　　　　　　　　　　　　　　　ソンセンニムッケ ッコチュル ドゥリョッソヨ

에　…に：場所・対象・時間など

アメリカに行きます．　　　　　미국에 가요．
　　　　　　　　　　　　　　　ミグゲ ガヨ

6時に出かけます．　　　　　　여섯 시에 나가요．
　　　　　　　　　　　　　　　ヨソッ シエ ナガヨ

日曜日に彼が来ます．　　　　　일요일에 그가 와요．
　　　　　　　　　　　　　　　イリョイレ グガ ワヨ

에다(가)　…に：追加・添加

コーヒーに砂糖を入れてください．　커피에다 설탕을 넣어 주세요．
　　　　　　　　　　　　　　　　　コピエダ ソルタンウル ノオ ジュセヨ

8に1をたします．　　　　　　팔에다 일을 더해요．
　　　　　　　　　　　　　　　パレダ イルル ドヘヨ

를 / 을　…を：目的

電話をしました．　　　　　　　전화를 했어요．
　　　　　　　　　　　　　　　ジョンファルル ヘッソヨ

日記を書きます．　　　　　　　일기를 써요．
　　　　　　　　　　　　　　　イルギルル ッソヨ

果物を食べます．　　　　　　　과일을 먹어요．
　　　　　　　　　　　　　　　グワイルル モゴヨ

花を買いました．　　　　　　　꽃을 샀어요．
　　　　　　　　　　　　　　　ッコチュル サッソヨ

＊좋아하다「好き」타다「(乗り物に)乗る」모르다「わからない」만나다「会う」の助詞にも，를 / 을を使います．【例】牛乳が(を)好きです．우유를 좋아해요．車に(を)乗ります．차를 타요．韓国語が(を)わかりません．한국어를 몰라요．タレントに(を)会います．탤런트를 만나요．

부터　…から：始まり・起点

明日から夏休みです．　　　　　내일부터 여름휴가예요．
　　　　　　　　　　　　　　　ネイルプト ヨルムヒュガイェヨ

5時からニュースを見ます．　　다섯 시부터 뉴스를 봐요．
　　　　　　　　　　　　　　　ダソッ シブト ニュスルル ボワヨ

ここから有料道路です．　　　　여기서부터 유료도로예요．
　　　　　　　　　　　　　　　ヨギソプト ユリョドロイェヨ

에게서

①（人）から　：始まり・起点

友だちから借りた本　　　　　친구에게서 빌린 책
　　　　　　　　　　　　　　チングエゲソ ビルリン チェク

彼からもらったCDです。　　그에게서 받은 씨디
　　　　　　　　　　　　　　グデゲソ パドゥン ッシディ

②한테서　：에게서 の会話形
友だちから聞いた話　　　　　친구한테서 들은 이야기
　　　　　　　　　　　　　　チングハンテソ ドゥルン イヤギ

까지　…まで　：時間・空間の終わり

7時まで寝ます。　　　　　　　일곱 시까지 자요.
　　　　　　　　　　　　　　イルゴプ シッカジ ジャヨ

学校まで自転車で行きます。　　학교까지 자전거로 가요.
　　　　　　　　　　　　　　ハッキョッカジ ジャジョンゴロ ガヨ

만　…だけ・…ばかり　：限定

一度だけ会ってください。　　　한 번만 만나 주세요.
　　　　　　　　　　　　　　ハン ボンマン マンナ ジュセヨ

ゲームばかりしていないで勉強もしなさい。　게임만 하지 말고 공부도 해라.
　　　　　　　　　　　　　　　　　　　　　ゲイムマン ハジマルゴ ゴンブド ヘラ

뿐　…だけ・…のみ　：限定

持っているのはこれだけです。　가진 것은 이것 뿐이에요.
　　　　　　　　　　　　　　ガジン ゴスン イゴッ ップニエヨ

知っている人は一人だけです。　아는 사람은 한 명뿐이에요.
　　　　　　　　　　　　　　アヌン サラムン ハン ミョンップニエヨ

라도 / 이라도　…でも　：例として

コーヒーでも飲みましょうか。　커피라도 마실까요.
　　　　　　　　　　　　　　コピラド マシルッカヨ

パンでも食べますか。　　　　　빵이라도 먹을래요.
　　　　　　　　　　　　　　ッパンイラド モグルレヨ

든지 / 이든지　…でも　：…であろうが許容

誰でもできます。　　　　　　　누구든지 할 수 있어요.
　　　　　　　　　　　　　　ヌグドゥンジ ハル ス イッソヨ

いくらでも待てます。　　　　　얼마든지 기다릴 수 있어요.
　　　　　　　　　　　　　　オルマドゥンジ ギダリル ス イッソヨ

覚えておきたい単語

ㄱ・ㄲ

가게 [ガゲ] 名 店
가끔 [ガックム] 副 たまに
가방 [ガバン] 名 かばん
가수 [ガス] 名 歌手
가슴 [ガスム] 名 胸
가운데 [ガウンデ] 名 真ん中
가을 [ガウル] 名 秋
가장 [ガジャン] 副 最も
가족 [ガジョク] 名 家族
간호사 [ガンホサ] 名 看護師
갈비 [ガルビ] 名 カルビ
감기 [ガムギ] 名 風邪
감사 [ガムサ] 名 感謝
갑자기 [ガッチャギ] 副 いきなり・急に
값 [ガプ] 名 値段・価格
강 [ガン] 名 川・河
같이 [ガチ] 副 共に・一緒に
개¹ [ゲ] 名 犬
개² [ゲ] 依存 …個
개월 [ゲウォル] 依存 …か月
거¹ [ゴ] 代 もの・こと
거² [ゴ] 依存 …もの・こと
거기 [ゴギ] 代 そこ
거리 [ゴリ] 名 街・町
거울 [ゴウル] 名 鏡
걱정 [ゴクチョン] 名 心配
건강 [ゴンガン] 名 健康
건물 [ゴンムル] 名 建物
검은색 [ゴムンセク] 名 黒

것 [ゴッ] 依存 …もの・こと
게임 [ゲイム] 名 ゲーム
겨울 [ギョウル] 名 冬
결혼 [ギョロン] 名 結婚
결혼식 [ギョロンシク] 名 結婚式
경복궁 [ギョンボックン] 固有 景福宮
경주 [ギョンジュ] 固有 慶州
경찰 [ギョンチャル] 名 警察
경찰관 [ギョンチャルグァン] 名 警察官
경찰서 [ギョンチャルソ] 名 警察署
경치 [ギョンチ] 名 景色
계란 [ゲラン] 名 卵
계절 [ゲジョル] 名 季節
계획 [ゲフェク] 名 計画
고기 [ゴギ] 名 肉
고등학교 [ゴドゥンハッキョ] 名 高等学校
고등학생 [ゴドゥンハクセン] 名 高校生
고양이 [ゴヤンイ] 名 猫
고향 [ゴヒャン] 名 故郷
곧 [ゴッ] 副 すぐ・間もなく
곳 [ゴッ] 名 所
공 [ゴン] 名 ボール
공부 [ゴンブ] 名 勉強
공원 [ゴンウォン] 名 公園
공중전화 [ゴンジュンジョンファ] 名 公衆電話
공책 [ゴンチェク] 名 ノート
공항 [ゴンハン] 名 空港
공휴일 [ゴンヒュイル] 名 休日
과 [グァ] 名 課
과일 [グァイル] 名 果物
과자 [グァジャ] 名 菓子
교과서 [ギョックァソ] 名 教科書
교수 [ギョス] 名 教授
교실 [ギョシル] 名 教室
교통 [ギョトン] 名 交通
교회 [ギョフェ] 名 教会
구 [グ] 数 九
구경 [グギョン] 名 みもの
구두 [グドゥ] 名 靴
구름 [グルム] 名 雲
구십 [グシプ] 数 九十
구월 [グウォル] 名 九月
군인 [グニン] 名 軍人
권 [グォン] 依存 …巻
귀 [グィ] 名 耳
그¹ [グ] 代 そ(の)
그² [グ] 冠 そ(の)
그³ [グ] 感 そのう・あのう
그거 [グゴ] 代 それ
그것 [グゴッ] 代 それ
그곳 [グゴッ] 代 そこ
그날 [グナル] 名 その日
그동안 [グドンアン] 名 その間
그때 [グッテ] 名 その時

그래¹ [グレ] 感嘆 そう・うん・ああ
그래² [グレ] 感嘆 それで
그래서¹ [グレソ] 副 それで
그래서² [グレソ] 感嘆 それで
그러나 [グロナ] 副 しかし
그러니까 [グロニッカ] 副 だから
그러면 [グロミョン] 副 そうすると
그런데 [グロンデ] 副 ところで・しかし
그럼¹ [グロム] 副 そうすると
그럼² [グロム] 感嘆 それでは
그렇지만 [グロッチマン] 副 そうではあるが・しかし
그릇 [グルッ] 名 器
그리고 [グリゴ] 副 そして
그림 [グリム] 名 絵
그분 [グブン] 代 その方
그쪽 [グッチョク] 代 そちら
극장 [グクチャン] 名 劇場
근처 [グンチョ] 名 近所
금요일 [グミョイル] 名 金曜日
급 [グプ] 名 級
기분 [ギブン] 名 気分
기숙사 [ギスクサ] 名 寄宿舎
기차 [ギチャ] 名 汽車
길 [ギル] 名 道
김밥 [ギムパプ] 名 のり巻き
김치 [ギムチ] 名 キムチ
꼭 [ッコク] 副 必ず
꽃 [ッコッ] 名 花

꿈 [ックム] 名 夢
끝 [ックッ] 名 終わり・果て・おしまい

ㄴ

나 [ナ] 代 私
나라 [ナラ] 名 国
나무 [ナム] 名 木
나이 [ナイ] 名 歳
나중 [ナジュン] 名 あと
날 [ナル] 名 日
날씨 [ナルッシ] 名 天気
날짜 [ナルッチャ] 名 日付
남녀 [ナムニョ] 名 男女
남대문 [ナムデムン] 固有 南大門
남대문시장 [ナムデムンシジャン] 固有 南大門市場
남동생 [ナムドンセン] 名 弟
남자 [ナムジャ] 名 男
남쪽 [ナムッチョク] 名 南側
남편 [ナムピョン] 名 夫
남학생 [ナムハクセン] 名 男子学生
낮 [ナッ] 名 昼
내년 [ネニョン] 名 来年
내일 [ネイル] 副,名 明日
냉면 [ネンミョン] 名 冷麺
냉장고 [ネンジャンゴ] 名 冷蔵庫
너 [ノ] 代 君
너무 [ノム] 副 あまりに
네 [ネ] 冠 はい

네 [ネ] 感嘆 はい
넥타이 [ネクタイ] 名 ネクタイ
넷 [ネッ] 数 四
넷째 [ネッチェ] 冠,数 四番目
년 [ニョン] 依存 …年
노란색 [ノランセク] 名 黄色
노래 [ノレ] 名 歌
노트 [ノトゥ] 名 ノート
누구 [ヌグ] 代 誰
누나 [ヌナ] 名 姉
눈¹ [ヌン] 名 目
눈² [ヌン] 名 雪
눈물 [ヌンムル] 名 涙
뉴스 [ニュス] 名 ニュース

ㄷ・ㄸ

다 [ダ] 副 全部
다른 [ダルン] 冠 違う
다리 [ダリ] 名 足・橋
다섯 [ダソッ] 数 五
다섯째 [ダソッチェ] 冠,数 五番目
다시 [ダシ] 副 再び・もう一度・改めて
다음 [ダウム] 名 次
단어 [ダノ] 名 単語
달¹ [ダル] 名 月
달² [ダル] 依存 …月
달러¹ [ダルロ] 名 ドル
달러² [ダルロ] 依存 …ドル
달력 [ダルリョク] 名 カレンダー
닭 [ダク] 名 鶏

닭고기 [ダクコギ] 名 鶏肉
담배 [ダムベ] 名 たばこ
대답 [デダブ] 名 返事
대사관 [デサグヮン] 名 大使館
대학 [デハク] 名 大学
대학교 [デハクキョ] 名 大学
대학생 [デハクセン] 名 大学生
대화 [デファ] 名 会話
댁 [デク] 名 宅
더 [ド] 副 もっと
도서관 [ドソグヮン] 名 図書館
도시 [ドシ] 名 都市
도착 [ドチャク] 名 到着
독일 [ドギル] 固有 ドイツ
돈 [ドン] 名 お金
동물 [ドンムル] 名 動物
동생 [ドンセン] 名 弟・妹
동안 [ドンアン] 名 間(時間)
동쪽 [ドンチョク] 名 東側
돼지 [ドェジ] 名 豚
돼지고기 [ドェジゴギ] 名 豚肉
두 [ドゥ] 冠 二
둘 [ドゥル] 数 二つ
둘째¹ [ドゥルッチェ] 数 二番目
둘째² [ドゥルッチェ] 冠 二番目
뒤 [ドゥイ] 名 後ろ
등산 [ドゥンサン] 名 登山
딸 [ッタル] 名 娘
딸기 [ッタルギ] 名 イチゴ
때 [ッテ] 名 時
때문 [ッテムン] 依存 …のため・…のせい

떡 [ットク] 名 餅
또 [ット] 副 また
똑바로 [ットクパロ] 副 真っ直ぐ・正しく

ㄹ

라디오 [ラディオ] 名 ラジオ
라면 [ラミョン] 名 ラーメン
러시아 [ロシア] 固有 ロシア

ㅁ

마리 [マリ] 依存 …匹
마음 [マウム] 名 心
마지막 [マジマク] 名 最後
마흔 [マフン] 数 四十
만¹ [マン] 冠 万
만² [マン] 数 万
많이 [マニ] 副 たくさん
말 [マル] 名 話
말씀 [マルッスム] 名 お話
맛 [マッ] 名 味
매우 [メウ] 副 非常に・とても
매일¹ [メイル] 副 毎日
매일² [メイル] 名 毎日
맥주 [メクチュ] 名 ビール
머리 [モリ] 名 頭
먼저 [モンジョ] 副 先に
메뉴 [メニュ] 名 メニュー
며칠 [ミョチル] 名 何日
명 [ミョン] 依存 …名
몇¹ [ミョッ] 数 いくつ
몇² [ミョッ] 冠 いくつ

모두¹ [モドゥ] 名 みんな
모두² [モドゥ] 副 みんな・全部
모든 [モドゥン] 冠 すべて
모자 [モジャ] 名 帽子
목 [モク] 名 のど
목요일 [モギョイル] 名 木曜日
목욕 [モギョク] 名 入浴・沐浴
몸 [モム] 名 体
못 [モッ] 副 …できない・…しない
무슨 [ムスン] 冠 どんな
무엇 [ムオッ] 代 なに
문 [ムン] 名 門
문제 [ムンジェ] 名 問題
물 [ムル] 名 水
물건 [ムルゴン] 名 物
물론 [ムルロン] 副 もちろん
뭐¹ [ムォ] 代 何
뭐² [ムォ] 感嘆 何?
미국 [ミグク] 固有 アメリカ
미터 [ミト] 依存 メートル
밑 [ミッ] 名 下

ㅂ・ㅃ

바나나 [バナナ] 名 バナナ
바다 [バダ] 名 海
바람 [バラム] 依存 …のせいで
바람 [バラム] 名 風
바로 [バロ] 副 正しく・きちんと
바지 [バジ] 名 ズボン
박물관 [バクムルグヮン] 名 博物

館
박 [パク] 名 外
반¹ [パン] 名 半
반² [パン] 名 班
발 [パル] 名 足
발음 [パルム] 名 発音
밤 [パム] 名 夜
밥 [パプ] 名 ご飯
방 [パン] 名 部屋
방학 [パンハク] 名 (学校の) 休み
배¹ [ペ] 名 腹
배² [ペ] 名 船
배³ [ペ] 名 梨
백¹ [ペク] 数 百
백² [ペク] 冠 百
백화점 [ペクァジョム] 名 百貨店
버스 [ポス] 名 バス
번 [ボン] 依存 …番
번호 [ポンホ] 名 番号
벌써 [ポルッソ] 副 すでに・とっくに
별 [ビョル] 名 星
병¹ [ビョン] 名 病気
병² [ビョン] 名 びん
병원 [ビョンウォン] 名 病院
보다 [ポダ] 副 もっと・より
보통 [ポトン] 名 普通
볼펜 [ポルペン] 名 ボールペン
봄 [ポム] 名 春
부모 [プモ] 名 父母

부모님 [プモニム] 名 父母
부부 [ブブ] 名 夫婦
부산 [プサン] 固有 釜山
부엌 [プオク] 名 台所
부인 [プイン] 名 (他人の) 奥さん・夫人
북쪽 [ブクチョク] 名 北側
분¹ [プン] 依存 方・様
분² [プン] 依存 (時間の)…分
불 [プル] 名 火
불고기 [プルゴギ] 名 プルコギ
비 [ピ] 名 雨
비누 [ピヌ] 名 せっけん
비디오 [ビディオ] 名 ビデオ
비빔밥 [ビビムパプ] 名 ビビンバ
비행기 [ビヘンギ] 名 飛行機
빨간색 [ッパルガンセク] 名 赤
빨리 [ッパルリ] 副 早く
빵 [ッパン] 名 パン

ㅅ・ㅆ

사 [サ] 数 四
사과 [サグァ] 名 リンゴ
사람 [サラム] 名 人
사랑 [サラン] 名 愛・恋
사십 [サシプ] 数 四十
사월 [サウォル] 名 四月
사이 [サイ] 名 (時間・空間) 間・間柄・仲
사장 [サジャン] 名 社長
사전 [サジョン] 名 辞典

사진 [サジン] 名 写真
사탕 [サタン] 名 飴
산 [サン] 名 山
산책 [サンチェク] 名 散策
살 [サル] 依存 …歳
삼 [サム] 数 三
삼십 [サムシプ] 数 三十
삼월 [サムォル] 名 三月
새¹ [セ] 名 鳥
새² [セ] 冠 新しい
색 [セク] 名 色
색깔 [セッカル] 名 色
샌드위치 [センドゥウィチ] 名 サンドイッチ
생각 [センガク] 名 考え
생선 [センソン] 名 魚
생일 [センイル] 名 誕生日
생활 [センファル] 名 生活
샤워 [シャウォ] 名 シャワー
서로 [ソロ] 副 お互い
서른 [ソルン] 数 三十
서울 [ソウル] 固有 ソウル
서울역 [ソウルヨク] 固有 ソウル駅
서점 [ソジョム] 名 書店
서쪽 [ソッチョク] 名 西側
선물 [ソンムル] 名 プレゼント
선생 [ソンセン] 名 先生
선생님 [ソンセンニム] 名 先生
설명 [ソルミョン] 名 説明
설악산 [ソラクサン] 固有 雪嶽山
설탕 [ソルタン] 名 砂糖

세¹ [セ] 依存 …歳
세² [セ] 冠 三
세수 [セス] 名 顔を洗うこと
세탁기 [セタッキ] 名 洗濯機
센티미터 [センティミト] 依存 センチメートル
셋 [セッ] 数 三つ
셋째 [セッチェ] 冠 三番目
셋째 [セッチェ] 数 三番目
소금 [ソグム] 名 塩
소파 [ソパ] 名 ソファー
소풍 [ソプン] 名 遠足
속 [ソグ] 名 中
손 [ソン] 名 手
손가락 [ソンカラグ] 名 手の指
손님 [ソンニム] 名 お客
쇠고기 [スェゴギ] 名 牛肉
쇼핑 [ショピン] 名 ショッピング
수 [ス] 依存 方法
수건 [スゴン] 名 タオル
수박 [スパッ] 名 スイカ
수업 [スオプ] 名 授業
수영 [スヨン] 名 水泳
수영장 [スヨンジャン] 名 プール
수요일 [スヨイル] 名 水曜日
숙제 [スクチェ] 名 宿題
숟가락 [スッカラグ] 名 さじ
술 [スル] 名 酒
술 [スル] 依存 …さじ
쉰 [シュィン] 数 五十
슈퍼마켓 [シュポマケッ] 名 スーパーマーケット
스무 [スム] 冠 二十
스물 [スムル] 数 二十
스키 [スキ] 名 スキー
스트레스 [ストゥレス] 名 ストレス
스포츠 [スポチュ] 名 スポーツ
시¹ [シ] 名 市
시² [シ] 依存 …時
시간¹ [シガン] 依存 …時間
시간² [シガン] 名 時間
시계 [シゲ] 名 時計
시월 [シウォル] 名 十月
시작 [シジャク] 名 始まり
시장 [シジャン] 名 市場
시험 [シホム] 名 試験
식당 [シクタン] 名 食堂
식사 [シクサ] 名 食事
식탁 [シクタク] 名 食卓
신문 [シンムン] 名 新聞
신발 [シンバル] 名 靴 (履物の総称)
실례 [シルレ] 名 失礼
십 [シプ] 数 十
십이월 [シビウォル] 名 十二月
십일월 [シビルオル] 名 十一月
쓰레기 [ッスレギ] 名 ゴミ
씨 [ッシ] 依存 …氏

ㅇ

아 [ア] 感嘆 あ
아기 [アギ] 名 赤ん坊
아내 [アネ] 名 家内・女房
아니 [アニ] 副 いいえ
아니요 [アニヨ] 感嘆 いいえ
아들 [アドゥル] 名 息子
아래 [アレ] 名 下
아마 [アマ] 副 たぶん
아무¹ [アム] 代 だれ
아무² [アム] 冠 だれ
아버지 [アボジ] 名 お父さん
아빠 [アッパ] 名 お父さん
아이 [アイ] 名 子供
아이스크림 [アイスクリム] 名 アイスクリーム
아저씨 [アジョッシ] 名 おじさん
아주 [アジュ] 副 非常に・とても
아주머니 [アジュモニ] 名 おばさん
아줌마 [アジュンマ] 名 おばさん
아직 [アジク] 副 まだ
아침 [アチム] 名 朝
아파트 [アパトゥ] 名 マンション
아홉 [アホプ] 数 九
아흔 [アフン] 数 九十
안¹ [アン] 名 中・内・内部
안² [アン] 副 いいえ・…しない
안경 [アンギョン] 名 めがね
안녕 [アンニョン] 感嘆 安寧
안녕히 [アンニョンヒ] 副 安寧

に
앞 [アプ] 名 前
야구 [ヤグ] 名 野球
약 [ヤク] 名 薬
약국 [ヤクク] 名 薬局
약속 [ヤクソク] 名 約束
양말 [ヤンマル] 名 靴下
양복 [ヤンボク] 名 スーツ
얘기 [イェギ] 名 話
어 [オ] 感嘆 ああ
어깨 [オッケ] 名 肩
어느 [オヌ] 冠 どれ
어디¹ [オディ] 代 どこ
어디² [オディ] 感嘆 どこ
어떤 [オットン] 冠 どんな
어른 [オルン] 名 大人
어린이 [オリニ] 名 子供
어머니 [オモニ] 名 お母さん
어서 [オソ] 副 早く・さあ
어제¹ [オジェ] 名 昨日
어제² [オジェ] 副 昨日
언니 [オンニ] 名 姉 (妹から見て)
언제¹ [オンジェ] 代 いつ
언제² [オンジェ] 副 いつ
언제나 [オンジェナ] 副 いつも・常に
얼굴 [オルグル] 名 顔
얼마 [オルマ] 名 いくら
얼마나 [オルマナ] 副 どれほど
엄마 [オムマ] 名 お母さん
에어컨 [エオコン] 名 エアコ

ン
여권 [ヨクォン] 名 パスポート
여기 [ヨギ] 代 ここ
여덟 [ヨドル] 数 八
여동생 [ヨドンセン] 名 妹
여든 [ヨドゥン] 数 八十
여러 [ヨロ] 冠 多くの・いろいろ
여러분 [ヨロブン] 代 みなさん
여름 [ヨルム] 名 夏
여보세요 [ヨボセヨ] 感嘆 もしもし
여섯 [ヨソッ] 数 六つ
여자 [ヨジャ] 名 女子
여학생 [ヨハクセン] 名 女子学生
여행 [ヨヘン] 名 旅行
역 [ヨク] 名 駅
역사 [ヨクサ] 名 歴史
연습 [ヨンスプ] 名 練習
연필 [ヨンピル] 名 鉛筆
열 [ヨル] 数 十 (とお)
열쇠 [ヨルスェ] 名 カギ
열심히 [ヨルッシムヒ] 副 熱心に
영국 [ヨングク] 固有 イギリス
영어 [ヨンオ] 名 英語
영화 [ヨンファ] 名 映画
옆 [ヨプ] 名 横
예 [イェ] 感嘆 はい
예순 [イェスン] 数 六十
옛날 [イェンナル] 名 昔

오 [オ] 数 五
오늘 [オヌル] 副 今日
오늘 [オヌル] 名 今日
오래 [オレ] 副 長く・長らく
오래간만 [オレガンマン] 名 久しぶり
오랜만 [オレンマン] 名 久しぶり
오렌지 [オレンジ] 名 オレンジ
오른쪽 [オルンッチョク] 名 右側
오빠 [オッパ] 名 兄
오십 [オシプ] 数 五十
오월 [オウォル] 名 五月
오전 [オジョン] 名 午前
오후 [オフ] 名 午後
올해 [オルヘ] 名 今年
옷 [オッ] 名 服
왜 [ウェ] 副 なぜ
왜냐하면 [ウェニャハミョン] 副 なぜなら
외국 [ウェグク] 名 外国
외국어 [ウェグゴ] 名 外国語
외국인 [ウェグギン] 名 外国人
왼쪽 [ウェンッチョク] 名 左側
요리 [ヨリ] 名 料理
요일 [ヨイル] 名 曜日
요즈음 [ヨジュウム] 名 最近・この頃
요즘 [ヨジュム] 名 最近・この頃
우리 [ウリ] 代 私たち
우리나라 [ウリナラ] 名 我が

国

우산 [ウサン] 名 傘
우유 [ウユ] 名 牛乳
우체국 [ウチェグク] 名 郵便局
운동 [ウンドン] 名 運動
운동장 [ウンドンジャン] 名 運動場
운동화 [ウンドンファ] 名 運動靴
운전 [ウンジョン] 名 運転
원 [ウォン] 依存 …ウォン
월 [ウォル] 依存 …月
월요일 [ウォリョイル] 名 月曜日
위 [ウィ] 名 上
위험 [ウィホム] 名 危険
유월 [ユウォル] 名 六月
육 [ユク] 数 六
육십 [ユクシプ] 数 六十
은행 [ウンヘン] 名 銀行
음식 [ウムシク] 名 飲食
음악 [ウマク] 名 音楽
의사 [ウィサ] 名 医者
의자 [ウィジャ] 名 椅子
이[1] [イ] 名 歯
이[2] [イ] 代 こ(の)
이[3] [イ] 冠 こ(の)
이[4] [イ] 数 二
이거 [イゴ] 代 これ
이것 [イゴッ] 代 これ
이곳 [イゴッ] 代 ここ
이때 [イッテ] 名 この時
이런 [イロン] 冠 こんな

이름 [イルム] 名 名前
이번 [イボン] 名 こんど
이분 [イブン] 代 この方
이십 [イシプ] 数 二十
이야기 [イヤギ] 名 話
이월 [イウォル] 名 二月
이제 [イジェ] 名 ただいま
이제 [イジェ] 副 すぐに・直ちに
이쪽 [イッチョク] 代 こちら
인사[1] [インサ] 名 人士・人物
인사[2] [インサ] 名 人事
인천 [インチョン] 固有 仁川
일[1] [イル] 名 仕事
일[2] [イル] 依存 …日
일[3] [イル] 数 一
일곱 [イルゴプ] 数 七つ
일본 [イルボン] 固有 日本
일본어 [イルボノ] 名 日本語
일요일 [イリョイル] 名 日曜日
일월 [イルォル] 名 一月
일주일 [イルッチュイル] 名 一週間
일찍 [イルッチク] 副 早めに・早々
일흔 [イルフン] 数 七十
입 [イプ] 名 口
잎 [イプ] 名 葉

ㅈ・ㅉ

자동차 [ジャドンチャ] 名 自動車
자리 [ジャリ] 名 席

자장면 [ジャジャンミョン] 名 ジャジャ麺
자전거 [ジャジョンゴ] 名 自転車
자주 [ジャジュ] 副 たびたび・しばしば・しょっちゅう
작년 [ジャンニョン] 名 去年
잔 [ジャン] 名 杯・盃
잘 [ジャル] 副 よく・うまく・立派に
잠 [ジャム] 名 眠り
잠깐 [ジャムッカン] 副, 名 ちょっとの間
잠시 [ジャムシ] 副 しばらく・ちょっと
잡지 [ジャプチ] 名 雑誌
장 [ジャン] 依存 …枚
장미 [ジャンミ] 名 バラ
장소 [ジャンソ] 名 場所
재미 [ジェミ] 名 楽しみ
저[1] [ジョ] 代 私
저[2] [ジョ] 代 あ(の)
저[3] [ジョ] 冠 あ(の)
저거 [ジョゴ] 代 あれ
저것 [ジョゴッ] 代 あれ
저곳 [ジョゴッ] 代 あそこ
저기 [ジョギ] 代 あそこ
저녁 [ジョニョク] 名 夕方
저쪽 [ジョッチョク] 代 あちら
전[1] [ジョン] 名 前
전[2] [ジョン] 冠 全
전[3] [ジョン] 冠 前
전화 [ジョンファ] 名 電話

전화번호 [ジョンファボンホ] 名 電話番号
점심 [ジョムシム] 名 昼ごはん
점심시간 [ジョムシムシガン] 名 昼休み
젓가락 [ジョッカラク] 名 箸
정류장 [ジョンリュジャン] 名 停留場
정말 [ジョンマル] 副 正に
제일 [ジェイル] 名 第一
제주도 [ジェジュド] 固有 済州島
조금¹ [ジョグム] 名 少し
조금² [ジョグム] 副 少し・ちょっと
졸업 [ジョロプ] 名 卒業
좀 [ジョム] 副 少し・ちょっと
종이 [ジョンイ] 名 紙
주¹ [ジュ] 依存 …週
주² [ジュ] 名 週
주말 [ジュマル] 名 週末
주소 [ジュソ] 名 住所
주스 [ジュス] 名 ジュース
주인 [ジュイン] 名 持ち主
준비 [ジュンビ] 名 準備
중국 [ジュングク] 固有 中国
중국어 [ジュングゴ] 名 中国語
중학교 [ジュンハッキョ] 名 中学校
중학생 [ジュンハッセン] 名 中学生
지갑 [ジガプ] 名 財布

지금¹ [ジグム] 名 今
지금² [ジグム] 副 只今
지난달 [ジナンダル] 名 先月
지난주 [ジナンジュ] 名 先週
지도 [ジド] 名 地図
지우개 [ジウゲ] 名 消しゴム
지하 [ジハ] 名 地価
지하철 [ジハチョル] 名 地下鉄
질문 [ジルムン] 名 質問
집 [ジプ] 名 家
쪽 [ッチョク] 依存 …の方向
찌개 [ッチゲ] 名 チゲ

ㅊ

차¹ [チャ] 名 車
차² [チャ] 名 茶
참 [チャム] 副 本当に・実に
창문 [チャンムン] 名 窓
책 [チェク] 名 本
책상 [チェクサン] 名 机
처음 [チョウム] 名 最初
천¹ [チョン] 数 千
천² [チョン] 冠 千
천천히 [チョンチョンヒ] 副 ゆっくり
첫째 [チョッチェ] 冠 一番目
첫째 [チョッチェ] 数 一番目
청바지 [チョンバジ] 名 ジーンズ
청소 [チョンソ] 名 掃除
초대 [チョデ] 名 招待
초등학교 [チョドゥンハッキョ] 名 小学校

초콜릿 [チョコルリッ] 名 チョコレート
축구 [チュック] 名 サッカー
춤 [チュム] 名 踊り
취미 [チュィミ] 名 趣味
층 [チュン] 名 階
치마 [チマ] 名 スカート
치약 [チヤク] 名 歯磨き粉
친구 [チング] 名 友達
칠 [チル] 数 七
칠십 [チルシプ] 数 七十
칠월 [チルォル] 名 七月
칠판 [チルパン] 名 黒板
침대 [チムデ] 名 ベッド
칫솔 [チッソル] 名 歯ブラシ

ㅋ

카드 [カドゥ] 名 カード
카메라 [カメラ] 名 カメラ
칼 [カル] 名 ナイフ・刃物
캐나다 [ケナダ] 固有 カナダ
커피 [コピ] 名 コーヒー
컴퓨터 [コムピュト] 名 コンピューター
컵 [コプ] 名 カップ
코 [コ] 名 鼻
콜라 [コルラ] 名 コーラ
크리스마스 [クリスマス] 名 クリスマス
키 [キ] 名 背丈

ㅌ

태권도 [テクォンド] 名 テコン

ド
택시 [テクシ] 名 タクシー
테니스 [テニス] 名 テニス
테이블 [テイブル] 名 テーブル
텔레비전 [テルレビジョン] 名 テレビ
토요일 [トヨイル] 名 土曜日
티브이 [ティブイ] 名 テレビ
팀 [ティム] 名 チーム

ㅍ

파란색 [パランセク] 名 青
파티 [パティ] 名 パーティ
팔¹ [パル] 名 腕
팔² [パル] 数 八
팔십 [パルシプ] 数 八十
팔월 [パルォル] 名 八月
퍼센트 [ポセントゥ] 依存 …パーセント
편지 [ピョンジ] 名 手紙
포도 [ポド] 名 ブドウ
표 [ピョ] 名 票
프랑스 [プランス] 固有 フランス
피아노 [ピアノ] 名 ピアノ
피자 [ピジャ] 名 ピザ
필요 [ピリョ] 名 必要

ㅎ

하나¹ [ハナ] 名 ひとつ
하나² [ハナ] 数 ひとつ
하늘 [ハヌル] 名 空
하지만 [ハジマン] 副 しかし

학교 [ハッキョ] 名 学校
학년 [ハンニョン] 名 学年
학생 [ハクセン] 名 学生
한 [ハン] 冠 約・ほぼ・およそ
한강 [ハンガン] 固有 ハンガン 漢江
한국 [ハンク] 固有 韓国
한국말 [ハンクンマル] 名 韓国語
한국어 [ハンクゴ] 名 韓国語
한글 [ハングル] 名 ハングル
한번 [ハンボン] 名 一回・一度
한복 [ハンボク] 名 韓服
한자 [ハンチャ] 名 漢字
할머니 [ハルモニ] 名 祖母
할아버지 [ハラボジ] 名 祖父
함께 [ハムッケ] 副 一緒に
항상 [ハンサン] 副 常に・いつも
해 [ヘ] 名 太陽
핸드폰 [ヘンドゥポン] 名 携帯電話
햄버거 [ヘムボゴ] 名 ハンバーグ
허리 [ホリ] 名 腰
형 [ヒョン] 名 兄
호 [ホ] 依存 …号
호주 [ホジュ] 固有 オーストリア
호텔 [ホテル] 名 ホテル
혼자 [ホンジャ] 名 一人で
화 [ファ] 名 怒り
화요일 [ファヨイル] 名 火曜日

화장실 [ファジャンシル] 名 化粧室・お手洗い
환자 [ファンジャ] 名 患者
회사 [フェサ] 名 会社
회의 [フェウイ] 名 会議
후 [フ] 名 後
휴일 [ヒュイル] 名 休日
휴지 [ヒュジ] 名 ちり紙・ごみ
휴지통 [ヒュジトン] 名 ごみ箱
흰색 [ヒンセク] 名 白
힘 [ヒム] 名 力

2008年4月10日　初版発行

韓国語 動詞と形容詞の使い方辞典
CD付き

2010年10月1日　第2刷発行

監修	泉　文　明	（いずみ・ふみあき）
	宋　美　姸	（ソン・ミョン）
編集	三省堂編修所	
発行者	株式会社 三省堂　代表者 北口克彦	
印刷者	三省堂印刷株式会社	
	（DTP　株式会社ジャレックス）	
発行所	株式会社 三省堂	

〒101-8371
東京都千代田区三崎町二丁目22番14号
　　　電話 編集 （03）3230-9411
　　　　　営業 （03）3230-9412
　　　http://www.sanseido.co.jp/
　　　振替口座 00160-5-54300

〈韓国語動詞と形容詞・512 pp.〉

落丁本・乱丁本はお取替えいたします
ISBN978-4-385-12315-8

Ⓡ本書の全部または一部を無断で複写複製（コピー）する
　ことは、著作権法上での例外を除き、禁じられています。
　本書からの複写を希望される場合は、日本複写権
　センター（03-3401-2382）にご連絡ください。